Gedruckt mit finanzieller Unterstützung des Bischöflichen Fonds
zur Förderung der Katholisch-Theologischen Privatuniversität Linz.

Verlag | ID: 128-50040-1010-1082

Dieses Buch wurde klimaneutral hergestellt. CO_2-Emissionen vermeiden,
reduzieren, kompensieren – nach diesem Grundsatz handelt der oekom verlag.
Unvermeidbare Emissionen kompensiert der Verlag durch Investitionen in ein
Gold-Standard-Projekt. Mehr Informationen finden Sie unter www.oekom.de.

Bibliografische Information der Deutschen Nationalbibliothek:
Die Deutsche Nationalbibliothek verzeichnet diese Publikation in der
Deutschen Nationalbibliografie; detaillierte bibliografische Daten sind
im Internet unter http://dnb.d-nb.de abrufbar.

© 2014 oekom, München
oekom verlag, Gesellschaft für ökologische Kommunikation mbH,
Waltherstraße 29, 80337 München

Layout und Satz: Reihs Satzstudio, Lohmar
Umschlagentwurf: Elisabeth Fürnstein, oekom verlag
Umschlagabbildung: © olhaafanasieva – Fotolia.com
Druck: Bosch-Druck GmbH, Ergolding

Dieses Buch wurde auf 100%igem Recyclingpapier gedruckt.

ISBN 978-3-86-581687-0

RECYCLED
Papier aus
Recyclingmaterial
FSC® C011862

Michael Rosenberger

Im Brot der Erde den Himmel schmecken

*Ethik und Spiritualität
der Ernährung*

Inhalt

6

Die ganze Welt an einem Tisch.
Das Problem des »Welthungers«

Vorwort

In den letzten Jahren erlebt das Thema Ernährung einen unglaublichen Boom. Kochshows in den Fernsehprogrammen überbieten sich gegenseitig; Kücheneinrichtungen können gar nicht teuer und edel genug sein; Sternerestaurants vermehren sich merklich. Und doch verharrt der prozentuale Anteil des Einkommens, den die Deutschen für Essen und Trinken ausgeben, unverrückt bei mageren 14 Prozent. Kann man das anders interpretieren als so, dass die Menschen einerseits eine tiefe Sehnsucht nach gutem Essen und Trinken verspüren, andererseits aber auch eine große Hilflosigkeit wahrnehmen, die nicht nur das Einkaufen und Kochen betrifft, sondern auch Zeit und Zeitrhythmen für die Mahlzeiten, Geschmacksschulung und Qualitätsbewusstsein, Gemeinschaftsleben und Lebenskultur?

Sind gutes Essen und Trinken in der modernen Industriegesellschaft ein verlorenes Paradies? Auch wenn man nicht in geschichtsvergessener Romantik die »guten alten Zeiten« beschwört, die sicher nicht besser, sondern schlicht anders waren, kann man sich des Eindrucks nicht erwehren, dass mit der Ernährungsfrage Paradiesessehnsucht und Heilserwartungen verbunden sind. Zugleich vollzieht sich eine gewaltige Ethisierung der Ernährung. Fleischkonsum, umweltzerstörende Methoden der Landwirtschaft, Welternährung, Gesundheit und vieles mehr sind Fragen, die heute spürbar in jedem Bissen und jedem Schluck enthalten sind. Manchen verdirbt es die Lust am Essen und Trinken, wenn sie an solche ethischen Probleme denken.

Insofern lohnt es, sich nach einer in sich stimmigen Ethik und Spiritualität der Ernährung zu fragen. In meinen Vorlesungen, Vorträgen und wissenschaftlichen Publikationen tue ich das seit etwa fünfzehn Jahren. Jetzt ist es an der Zeit, die gewonnenen Erkenntnisse in einem umfassenden Werk zusammenzufügen. Dieses Buch ist also Frucht langjähriger Vorarbeiten. Als ich mit ersten Notizen und Skizzen begann, hätte ich nie gedacht, dass es zum Zeitpunkt seiner Publikation auf einen solchen Boom des Ernährungsthemas treffen könnte.

Ich sage Dank für die vielfältige Infrastruktur, die die Abfassung dieses Buches ermöglicht und gefördert hat:

- meinen studentischen Hilfskräften Olga Schnutt, Jennifer Mostögl und Rosemarie Brenn, die in den Jahren 2007 bis 2011 einen breiten Grundstock an Literatur recherchiert und zusammengestellt haben;

- meiner Universitätsassistentin Dr.in Edeltraud Koller, die den nervenaufreibenden Transfer der Literaturdaten in die Online-Datenbank Laechaem am Ende doch erfolgreich bewältigt hat;

- dem Bibliotheksdirektor Ingo Glückler, der das Projekt der Online-Datenbank ebenso tatkräftig unterstützt hat wie den Aufbau eines Literaturschwerpunkts »Ethik und Spiritualität der Ernährung« in der Bibliothek der Katholisch-Theologischen Privatuniversität Linz;

- der Katholisch-Theologischen Privatuniversität Linz für das Privileg eines Forschungsfreisemesters, wie es außerhalb des akademischen Bereichs kaum ein Beruf genießen kann;

- dem Pontificium Collegium Germanicum et Hungaricum für die Gastfreundschaft während meines römischen Studienaufenthalts und der Pontificia Universitas Gregoriana für die unkomplizierte Nutzung der Bibliothek, die mir die romanischsprachigen Zugänge zum Thema erschloss.

Ebenso sage ich Dank für die inhaltlichen Impulse, die ich jenseits der verwendeten Literatur in zahlreichen Kontexten des direkten Gesprächs und des unmittelbaren Erlebens empfangen durfte:

- Dr. Reinhard Hermle, Jörg Siebert, Dagmar Schumann und Herwart Groll vom Bischöflichen Hilfswerk Misereor, denen ich neben vielen intensiven Gesprächen auch die Teilnahme an einer ExpertInnenreise zu landwirtschaftlichen Projekten in Nordargentinien und Paraguay im März 2001 verdanke.

- Karl Ludwig Schweisfurth und den Herrmannsdorfer Landwerkstätten sowie Prof. Dr. Franz-Theo Gottwald und der Schweisfurth-Stiftung, mit denen ich mich seit vielen Jahren zu ökologischen und tierethischen Themen der Ernährung austauschen kann.

- Der Projektgruppe des Forschungsprojekts »Umgang mit der Schöpfung«, das von 2009 bis 2012 unter der Leitung von Prof. Dr. Bernhard Freyer von der BOKU Wien die Frage nachhaltiger Lebens- und Wirtschaftsstile in Benediktinerklöstern untersucht hat, sowie den beteiligten benediktinischen Partnerklöstern Altenburg, Kremsmünster, Seitenstetten, St. Paul im Lavanttal, Münsterschwarzach und Plankstetten. Auf dem Hintergrund dieser Arbeit entstanden vor allem die Überlegungen zu den Impulsen der Regel Benedikts, die in diesem Buch enthalten sind.

- Zahlreichen LandwirtInnen aus dem ökologischen Landbau in Deutschland und Österreich, deren tagtägliche Praxis die Nagelprobe für meine Thesen ist.

- Der Projektgruppe »Jeder Bissen eine Gabe« im Krankenhaus der Elisabethinen Linz, die sich seit 2012 für einen achtsameren Umgang mit Lebensmitteln einsetzt.

- Dem Filmproduzenten Valentin Thurn (»Taste the Waste«), mit dem ich seit der erwähnten Reise nach Argentinien und Paraguay verbunden bin.

- Privatdozentin Dr.in Birgit Herting, Dott. Luigi Iacomelli und Dr. Thomas Wallnig, die mir in konkreten Einzelfragen sehr wertvolle Hinweise aus ihrer Fachkompetenz beigesteuert haben.

- Allen, mit denen ich das Thema im Laufe der Jahre diskutieren und vertiefen durfte, ob wissenschaftlich oder nicht, ob vor religiösem Hintergrund oder nicht.

Ich widme dieses Buch all jenen, mit denen ich in den Jahren meines Leben gepflegt und qualitätvoll essen und trinken durfte – ganz besonders aber meinen italienischen FreundInnen. Sie sind uns Deutschsprachigen in puncto guten Essens und Trinkens noch immer einen großen Schritt voraus.

Würzburg,
am Vorabend des »fetten Donnerstags« 2014
Michael Rosenberger

1

Im Christentum eine »ethikfreie Zone«?

Zu Relevanz, Inhalt und Potenzial der Fragestellung

In einem leidenschaftlichen Plädoyer für eine ethisch reflektierte und verantwortete Praxis der Ernährung beschreibt der bekannte Philosoph Peter Singer eine merkwürdige Alleinstellung, die das Christentum seiner Wahrnehmung nach unter den großen Weltreligionen und sogar unter den Traditionen abendländischer Philosophie einnehme (Peter Singer 2005: 18–19): Während im antiken Griechenland und Rom wie auch im traditionellen Ethos von Judentum, Islam, Hinduismus und Buddhismus das Ernährungsethos mindestens so relevant sei wie das Sexualethos, werde im Christentum das Ernährungsethos ausgeblendet: Jesus verbreite gegenüber den Fragen der Ernährung eine »Atmosphäre der Sorglosigkeit« – Nahrung sei für ihn ethisch unbedeutend geworden: »What is so striking in the food ethic proclaimed by Jesus, is the basic atmosphere of carelessness it conveys. All of a sudden, food intake seems to have become completely insignificant, from a moral point of view.« (Hub Zwart 2000: 117; zit. nach Peter Singer 2005: 19) Auch die christliche Tradition der Fleischabstinenz an Freitagen und in der Fastenzeit habe den Fleischverzehr nicht prinzipiell infrage gestellt. Ethische Überlegungen habe es im Christentum – unter der Perspektive der Tugend der Maßhaltung und des entgegengesetzten Kapitallasters der Völlerei – nur noch zur Menge, nicht aber zur Qualität des Essens gegeben. Womöglich, so die Vermutung Singers, habe die Absicht Jesu, die pharisäische Kasuistik des Essens auszuhebeln, ins gegenteilige Extrem geführt: Essen werde jedenfalls im Christentum zu einer weitgehend »ethikfreien Zone« (»eating has, until recently, been largely an ›ethics-free zone.‹« Peter Singer 2005: 19). Für die Zeit seit etwa 1975 diagnostiziert Peter Singer jedoch eine bemerkenswerte Wende im christlichen Abendland: Nun konsumiere man plötzlich bewusst vegetarisch, ökologisch und fair gehandelt.

Mit seiner These einer »ethikfreien Zone« von den Zeiten Jesu bis in die 1970er-Jahre geht Singer deutlich über das hinaus, was sein Referenzautor Hub Zwart in dem von Singer zitierten Aufsatz behauptet. Zwart beschränkt die »ethikfreie Zone« des Christentums in puncto Nahrungsmittel nämlich zunächst einmal auf die ersten drei bis vier christlichen Jahrhunderte: »Early Christian morality simply refused to attach any moral significance to food intake.« (Hub Zwart 2000: 113)

Im Mönchtum hingegen, das ab dem 4. Jahrhundert aufkommt, hätte eine enorm starke (aus seiner Sicht freilich höchst ambivalente) Ernährungsethik gegolten. Diese sei allerdings, so Zwart im Anschluss an Michel Foucault, mit zunehmendem Ausufern der Sexualmoral in der lateinischen Kirche des Westens (und nur dort) zurückgedrängt worden, bis sie ganz verschwand (Michel Foucault 1995: 607; Hub Zwart 2000: 113).

Anders als Singers sieht auch Zwarts Ursachenanalyse für die christliche Schaffung der »ethikfreien Zone« Ernährung aus: Jesus und das frühe Christentum hätten sich einerseits von der griechisch-römischen Philosophie abgesetzt, die eine Diätetik der Maßhaltung als Inbegriff des guten und naturgemäßen Lebens propagierte. Denn angesichts der nahenden Gottesherrschaft sei die Frage nach dem guten Leben überflüssig geworden: »Placing all his hopes on the Kingdom of Heavens, Jesus simply urges those who follow him to loose all interest in food production and consumption.« (Hub Zwart 2000: 117) Jesus und das frühe Christentum hätten sich andererseits von der jüdischen Unterscheidung reiner und unreiner Speisen abgesetzt. Denn sie wollten die Frage erlaubter oder unerlaubter Speisen entproblematisieren: »Food intake is of no concern to one's moral identity. Indeed, the early Christian food ethic is an ethic of de-problematization.« (Hub Zwart 2000: 117)

Schließlich entlastet Zwart – wiederum anders als Singer – das Christentum mit Blick auf die neuzeitliche Entwicklung. Seit dem 17. Jahrhundert sei die Ernährungsfrage den Naturwissenschaften zugewiesen worden und habe dort eine rege Forschung ausgelöst. Diätetik sei fortan nicht mehr als Teil der Ethik angesehen worden, sondern als technisch-naturwissenschaftliche Frage, weil sie nicht nach dem Gesetz der Freiheit frage, wie Immanuel Kant formuliert (Immanuel Kant, Kritik der Urteilskraft, AA V: 195–196).

Dennoch bleibt die Frage der beiden Autoren Zwart und Singer virulent, ob das Christentum in puncto Ernährung tatsächlich eine »ethikfreie Zone« geschaffen hat – gleich wie viele Jahrhunderte sie nun gedauert und auf welche Teilkirchen sie sich erstreckt hat. Stimmt es wirklich, dass das Christentum die Ernährung phasenweise oder prinzipiell zur ethisch indifferenten Materie erklärt hat? Und wenn ja, wie weit stimmt es für die theologische Ethik als Reflexion und wie weit für das gelebte christliche Ethos, also die alltägliche Glaubenspraxis, die sich keineswegs in normativen Sätzen und festen Regeln erschöpft?

Augenfällig ist jedenfalls, dass in der gegenwärtigen Theologie – und hier meine ich nicht nur die Moraltheologie – das Phänomen menschlicher Ernährung, ja menschlichen Sich-ernähren-Müssens, relativ wenig Aufmerksamkeit findet. Zwei Gründe dafür vermutet L. Shannon Jung darin, dass die Theologie erstens seit der Aufklärung keine Aufmerksamkeit mehr auf naturale Vorgänge gerichtet, sondern sich allein für das transzentdentale Subjekt Mensch interessiert habe, und zweitens, dass sie die Leiblichkeit des Menschen ohnehin traditionell eher negativ konnotiert und repressiv behandelt habe – allen voran beim Thema Sexualität (L. Shannon Jung 2004: 36–38). Shannon Jung möchte daher das Thema der Nahrungsmittel und der Ernährung insgesamt »auf den theologischen Tisch bekommen« (»Getting Food on the theological table«, L. Shannon Jung 2004: 36).

Wohl niemand im deutschsprachigen Raum hat dieses Anliegen in den letzten Jahrzehnten ähnlich engagiert verfolgt wie Gottfried Bachl. Auch Bachl konstatiert eine weitgehende Blindheit der gegenwärtigen Theologie und Philosophie, die meinten, das Essen und Trinken genügend mitbedacht zu haben, wenn sie sich »grundsätzlicheren Fragen« zuwendeten. Theologie vergeistige den Ernährungsvorgang zumeist, verwende ihn metaphorisch. Aber als Teil der irdischen und menschlichen Realität komme er in theologischen Abhandlungen nicht vor (Gottfried Bachl 2008: 53–59).

Dies gelte freilich, so Bachl weiter, über weite Strecken auch für die Philosophie. Bezeichnend sei für ihn, dass Hans Jonas im Jahr 1993 in einer Rückschau auf sein Studium enttäuscht feststellt, dass seine Lehrer Husserl und Heidegger weder die Frage berührt hätten, warum der Mensch essen muss, noch wie viel. Die erste sei für sie eine Frage der Naturwissenschaften gewesen, die zweite zu wenig »qualitativ«. Dabei, so Jonas, bezögen sich die Heidegger'schen Existenzialien doch reihenweise auf den Leib und das Essen – allen voran die Existenzialien der Sterblichkeit und der Sorge (Hans Jonas 1993: 13–22). Bachl wie Jonas führen dieses Ignorieren der menschlichen Ernährungsbedürftigkeit auf die idealistische Tradition der deutschen Philosophie zurück und räumen ein, dass es unter den idealismuskritischen Philosophen der letzten beiden Jahrhunderte durchaus Repräsentanten gab, die die Frage der Ernährung zu einem philosophischen Gegenstand erster Güte machten – allen voran Ludwig Feuerbach.

Diese Analyse teilt auch Holger Zaborowski, der die idealistische Ahnenlinie sogar noch einmal zweihundert Jahre weiter bis zum Rationalismus Renè Descartes' zurückführt (Holger Zaborowski 2007: 38–43). Seit der Descartes'schen Unterscheidung von res extensa und res cogitans habe die Philosophie die leiblichen Grundvollzüge des menschlichen Lebens wie Ernähren, Wohnen, Schlafen und Arbeiten kaum mehr thematisiert. Stattdessen konzentriere sie sich auf die geistigen Grundvollzüge und überlasse alle Fragen der res extensa den Naturwissenschaften. Zaborowski macht aber noch eine zweite Ursache aus: Die Lebensstilfrage und die Frage nach dem guten

Leben, die in der Antike im Zentrum philosophischen Nachdenkens standen, seien später aus der Philosophie ausgegliedert und der Ratgeberliteratur überlassen worden. Man habe sie nicht mehr wissenschaftlich behandelt, bis es in den letzten Jahrzehnten zu einer Neuentdeckung gekommen sei. So sei man endlich wieder da angekommen, wo die griechische Philosophie ihren Ausgang nahm: In den antiken Symposien seien Essen und Philosophieren als zwei Seiten einer Medaille untrennbar verbunden gewesen.

Zu diesem letzten Prozess, den Zaborowski an der Philosophie beobachtet, sehe ich durchaus eine Parallele in der Theologie: Auch sie hat seit dem Mittelalter die praktischen Fragen nach dem guten oder »frommen« Leben aus ihrem Themenkreis ausgegliedert und der spirituellen Begleitung und Unterweisung überlassen. In der praktischen Spiritualität und der diesbezüglichen Literatur, die dazu Anleitung gibt, bleibt das Thema des Essens und Trinkens stets ein wichtiges. Doch auf Dauer kann es nicht gut gehen, wenn die Theologie die spirituellen MeisterInnen als unwissenschaftlich belächelt und aus ihren Forschungen ausblendet, ebenso wenig wie die geistlichen MeisterInnen ihrerseits gut daran tun, das Grundgefüge zeitgemäßer Theologie zu ignorieren. Theologie und praktische Spiritualität müssen sich ebenso aufeinander beziehen wie Philosophie und praktische RatgeberInnen guten Lebens.

Vielleicht war das Christentum während bestimmter Phasen seiner Geschichte und in bestimmten Teilkirchen in puncto Ernährung tatsächlich eine »eth*ik*freie Zone«, nämlich frei von ethischer Reflexion auf den Umgang mit Lebensmitteln – wir werden es im Laufe dieser Abhandlung eingehend analysieren. Aber eine »eth*os*freie Zone« im Sinne eines gelebten verantwortungsvollen Umgangs mit der Ernährung und den Nahrungsmitteln als den Gaben des Schöpfers war das Christentum sicher nie. Dafür – ich werde es ausführlich darstellen – gibt es eine viel zu umfassende Palette von Praxen, die die Nahrung und den Ernährungsvorgang spirituell und verantwortungsbewusst zu gestalten versuchen. Im alltäglichen Leben konnte das Christentum ebenso wenig wie andere Religionen dem gläubigen Umgang damit entkommen, und es hat sich dieser Aufgabe vielleicht gar nicht so schlecht gestellt.

1.1
Mehr als »Food Ethics«
Die Vielschichtigkeit menschlichen Essens

Im angelsächsischen Bereich hat sich in den letzten zehn Jahren eine neue Bereichsethik etabliert, die unter dem schwungvollen Namen »Food Ethics« geführt wird. Während in den 1990er-Jahren erst ein einzelner Sammelband unter diesem Titel erschien, sind seit 2010 mindestens drei Monografien und knapp ein Dutzend wissenschaftliche Artikel mit dieser Überschrift herausgekommen*, und 2014 soll ein vier-bändiges Lexikon der »Food and Agricultural Ethics« erscheinen. In Europa hat sich bereits 1999 die »European Society for Agricultural and Food Ethics« zusammenge-schlossen**. »Food Ethics« ist im Englischen also mittlerweile zum feststehenden Be-griff geworden, parallel zu »Food Politics«, »Food Law« und »Food Philosophy«.

Wenn ich es halbwegs richtig sehe, trifft der gewählte Begriff tatsächlich sehr exakt den Ansatz, der im angelsächsischen Raum verfolgt wird: »Food« heißt auf Deutsch Essen, Lebensmittel, Nahrungsmittel, Nahrung, Speise, Verpflegung. Der Akzent liegt stark auf dem, was gegessen wird. Unterschieden davon ist »diet«, das ebenfalls das Nahrungsmittel meint, aber wie das deutsche Wort »Diät« im Sinne einer gesunden, bewusst gewählten Kost. Liegt hingegen der Akzent auf dem Vorgang der Ernährung, dem Essen und Trinken, dem Mahlhalten und Feiern, dann kommen andere Begriffe zum Zug:

+ »nourishment« meint die Ernährung im biologisch-physiologischen Sinne der Nährstoffversorgung,
+ »sustenance« kann dasselbe meinen, aber auch den (Lebens-)Unterhalt allgemein,
+ »alimentation« zielt ausschließlich auf den Unterhalt,
+ »nutrition« bezeichnet die Ernährung im Sinne einer bewussten oder ausgewoge-nen Ernährungsweise,
+ »nurture« steht für die fürsorgliche, hegende und pflegende Ernährung, und
+ »feeding« meint die Fütterung, Speisung, Verköstigung oder auch das Stillen an der mütterlichen Brust.

Wir haben im Englischen also für das deutsche Wort »Ernährung« eine ganze Palette von Begriffen. Manche beziehen sich primär auf das Lebensmittel, manche auf den Vorgang an sich, manche auf den Vorgang, wenn er sich in einer Fürsorgebeziehung abspielt. Zudem kann man die englische Begriffsvielfalt auch unter dem Gesichts-punkt der Perspektive differenzieren: Manche Begriffe sind eher sachlich-deskriptiv, andere tragen ein erhebliches hermeneutisches Gewicht mit sich, und wieder andere sind sogar stark normativ aufgeladen.

Müsste ich mich wie die KollegInnen des angelsächsischen Bereichs für einen Be-griff entscheiden, ich hätte meine liebe Not. Mit dem von mir gewählten deutschen Titel »Ethik und Spiritualität der Ernährung« lässt sich jedoch ein sehr breiter Bereich

---

* Der Sammelband: Ben Mepham (Hg.) 1996, Food Ethics, London. Die Monografien: Franz-Theo Gottwald/ Hans Werner Ingensiep/Marc Meinhardt 2010, Food ethics, New York/London; Paul Pojman 2011, Food ethics, Boston MA. Das Lexikon: Paul B. Thompson/David M. Kaplan/Kate Millar/Lisa Heldke/Richard Bawden (Hg.) 2014, Encyclopedia of Food and Agricultural Ethics, 4 Bände. Christian Coff 2006, The taste for ethics. An ethic of food consumption. Dordrecht, behauptet im Buch selber, »Food Ethics« zu entwickeln, aber es ist – wie der Titel zurecht sagt – nur eine »Food consumption ethic«.

** Siehe deren Homepage unter: www.eursafe.org/ (Stand: 23.10.2013)

an Bedeutungen abdecken, und das ist eine Chance. Denn alle acht aufgeführten englischen Begriffe haben ja ihre genuine Bedeutung, wenn man das Thema des Essens und Trinkens umfassend betrachten will. Eines aber wäre mir selbst dann klar, wenn ich englisch publizieren würde: »Food Ethics« oder »Food Spirituality« würde ich nicht als Überschrift und Schlüsselbegriff wählen wollen. Statt dem Lebensmittel, das gegessen wird, möchte ich ganz klar den Vorgang, den Prozess der Ernährung in den Vordergrund rücken. Natürlich kann dieser nicht ohne das »Material«, das Lebensmittel oder das Getränk, stattfinden. Aber er reicht doch weit darüber hinaus.

Es geht eben um mehr als jene Frage, die Peter Singer und Jim Mason 2006 zum Titel ihres einschlägigen Buchs gemacht haben: »The way we eat« – dieser Obertitel ließe eine ungeheure Bandbreite der Darstellung erwarten. Die wird aber im Untertitel gewaltig reduziert: »Why our food choices matter« – damit ist klar, was Singer und Mason alles nicht in den Blick nehmen: die Frage von Lust und Ekel am Essen; die Frage der Tischgemeinschaft und Gastfreundschaft; die Frage von Trost und Bestärkung, Trauer und Freude, Konflikt und Versöhnung, die im Miteinander-Essen erlebt werden; die Frage nach dem Zusammenhang von sozialethischer Verantwortung und bewusst gestalteter Mahlkultur; schließlich die Frage, welche psychischen, sozialen und kommunikativen Kräfte wirken, wenn Menschen ihre Ernährung so oder anders gestalten.

1.2
Ethik und Spiritualität
auf der Suche nach einer Ernährungsgestalt
Zur Herangehensweise dieser Untersuchung

All diese Fragen haben aber Einfluss und komplexe Rückwirkungen auf die von Singer gestellte Frage, was wir essen dürfen oder sollen. Deswegen schlage ich im Folgenden einen breiteren Zugang zum Thema der Ernährung vor. Die menschliche Ernährung soll in all ihren Dimensionen und deren Wechselwirkung untereinander analysiert und diskutiert werden. Mein leitender Begriff ist dabei die Frage nach der *Gestalt* einer guten Ernährungskultur. Gestalt meint in der modernen Psychologie und Wahrnehmungslehre das Strukturganze eines Seienden und damit nicht nur die Summe seiner Bestandteile, sondern auch deren innere Ordnung und Verbindung untereinander. Eine Gestalt braucht innere Schlüssigkeit und Stimmigkeit. Die einzelnen Strukturelemente müssen zueinander passen, damit sich ein sinnvolles Ganzes ergibt.

Letztlich war genau diese Frage nach einer Gestalt guter Ernährung (und guten Lebens) die Frage der antiken Philosophie und ihrer Diätetik. Denn ihr ging es um weit mehr als um eine medizinische Betrachtung. Sie nahm die Ernährungsfrage als Schlüsselfrage zu einem umfassend verstandenen guten Leben wahr. Auch die neuzeitlichen vegetarischen Gesellschaften haben ihre Option von Anfang an als Lebens-*form* und Lebens*reform* verstanden. Vegetarier sein meint(e) für sie weit mehr als den Verzicht auf Fleisch. Und schließlich hat die gesamte Tradition der christlichen Spiri-tualität stets nach einer stimmigen Lebensgestalt im Kontext des Glaubens gesucht. Für sie ging und geht es darum herauszufinden, wie das von Jesus verheißene »Leben in Fülle« (Joh 10,10) in der konkreten Situation der Menschen gefunden werden kann.

Die Frage nach der Lebensgestalt und spezieller der Ernährungsgestalt ist für Mo-raltheologie und Theologie der Spiritualität die maßgeschneiderte Frage. Während die *christliche Sozialethik* ihr Augenmerk auf die Gestaltung gesellschaftlicher Strukturen richtet und damit die Rahmenbedingungen einer individuellen Ethik der Ernährung vorschlägt, sind Moraltheologie und Theologie der Spiritualität auf das individuelle Verhalten des Menschen ausgerichtet. Freilich bleiben auf beiden Seiten die Wechsel-wirkungen zwischen individuellen und gesellschaftlichen Normierungen zu beachten. Eine Sozialethik, die die Frage nach dem guten Leben völlig ausblendet, verliert den orientierenden Maßstab für die Richtigkeit der Gestaltung gesellschaftlicher Struk-turen. Umgekehrt riskieren Moraltheologie und Theologie der Spiritualität ohne die Frage einer rechten Normierung von Strukturen, dass ihre ethischen Sollensansprü-che bloße Appelle bleiben, die den Einzelmenschen überfordern, weil »die Welt eben anders ist«. Daher wird diese Untersuchung, die genuin individualethisch angelegt ist, nicht um erhebliche Reflexionen sozialethischer Natur herumkommen.

Wie aber verhalten sich moraltheologische und spiritualitätstheologische Über-legungen zueinander? *Moraltheologie* oder theologische Ethik ist diejenige Disziplin der Theologie, »die den Anspruch des Glaubens an die sittliche Lebensführung zum Gegenstand hat« (Konrad Hilpert 1998: 462). Ihr Materialobjekt ist das menschliche Handeln und die es disponierenden Grundhaltungen. Ihr Formalobjekt ist ein dop-peltes: Ethisch betrachtet die Moraltheologie (gemeinsam mit der Moralphilosophie oder philosophischen Ethik) menschliches Handeln unter der Perspektive von Kön-nen und Sollen. Und theologisch betrachtet die Moraltheologie (anders als die Moral-philosophie) menschliches Handeln unter dem Zuspruch und Anspruch des Evan-geliums und dessen Zusage der bedingungslosen, Heil schaffenden Liebe Gottes zu seinen Geschöpfen.

Die *Theologie der Spiritualität* hingegen richtet ihren Blick vorrangig auf Grundge-stalten des gläubigen, geistgewirkten Umgangs mit der Wirklichkeit, wie sie im Laufe der Christentumsgeschichte entwickelt und gelebt wurden. Diese verkörpern ihr Materialobjekt. Das erkenntnisleitende Interesse dieser Disziplin kann dabei verschie-den sein. Hier wird es in Verbindung mit der Moraltheologie gebracht, und damit ist das Formalobjekt letztlich das moraltheologische, nämlich das menschliche Han-deln unter dem Zuspruch und Anspruch des Evangeliums. Stärker als in einer reinen Moraltheologie werden aber spirituelle Praxen zur Sprache kommen – nicht nur im

Sinne einer inspirierenden materialen Quelle, sondern auch als Elemente einer gelingenden Gestalt guter Ernährung. Wie kann der Mensch unter dem Zuspruch und Anspruch des Evangeliums zu einer stimmigen und guten Gestalt der Ernährung gelangen, so lautet also die zentrale Frage.

Moraltheologie und Theologie der Spiritualität beanspruchen *Relevanz und Geltung* nicht nur ad intra im Blick auf glaubende ChristInnen, sondern zumindest im Bereich allgemeiner ethischer Forderungen und Anregungen auch ad extra im Blick auf alle Menschen. Dies hat Alfons Auer in seinem Ansatz der »Autonomen Moral« dargelegt und reflektiert (Alfons Auer 1989²: 188–195, 212–215). Ihr zufolge teilt der Glaube mit der säkularen Vernunft die normativen Vorstellungen vom Humanum. Das Menschliche ist für ChristInnen ebenso menschlich wie für Nicht- oder Andersglaubende. Zugleich hat der Glaube in »weltethischen« Fragestellungen keine genuine, sondern nur eine abgeleitete Kompetenz. Die praktische Vernunft ist autonom in der Suche nach und der Findung von sittlicher Wahrheit. Unter voller Wahrung ihrer Autonomie kann der Glaube aber in dreifacher Weise auf sie Einfluss nehmen: Er kann sittliche Urteile in einen größeren Horizont *integrieren*, zur Suche noch besserer und tieferer ethischer Einsicht *motivieren* und geltende ethische Standards *kritisieren*, wenn diese zu mittelmäßig sind. Umgekehrt muss sich auch der Glaube von der säkularen Vernunft hinterfragen und kritisieren lassen, wo gute Gründe dafür sprechen.

Auers Autonome Moral ist erklärtermaßen auf den *Dialog in einer pluralen Gesellschaft* ausgerichtet. Sein Verständnis des kirchlichen Amts sieht keine Belehrung der »Welt« von oben herab vor, sondern die Teilnahme am gesellschaftlichen Diskurs unter Gleichen, den sie von anderen einfordert, aber zu dem sie auch selbst bereit ist. Damit steht die Autonome Moral in der Tradition des katholischen Naturrechts, das von seinen Ursprüngen her immer auf den Dialog mit Anders- und Nichtglaubenden hin angelegt war. Gleichwohl geht sie über das Naturrecht hinaus, wenn sie jenseits des Vernunftdiskurses eine spezifische, klar umrissene Funktion des Glaubens, man könnte auch sagen: der Spiritualität, postuliert. Diese Funktion können Glaube und Spiritualität deswegen ausüben, weil sie nicht nur über die Rationalität wirksam werden, sondern ganzheitlich rational und emotional angelegt sind: In Erzählungen der Bibel, Ritualen und Zeichen der Kirche, Liedern, Bildern und vielen anderen Medien mehr rührt die Spiritualität die Tiefenschichten des Menschen an und vermittelt ihm Werterfahrungen, die die Glaubensgemeinschaft im Laufe ihrer langen Geschichte gesammelt hat.

Der so skizzierte Ansatz hat Auswirkungen auf die *Auswahl der verwendeten Erkenntnisquellen*: Wie schon das klassische Naturrecht ist auch die moderne Moraltheologie verpflichtet, autonome Erkenntnisse naturwissenschaftlicher, medizinischer, psychologischer, soziologischer, kulturwissenschaftlicher, ökonomischer und anderer Forschungen zu rezipieren, wo dies die ethischen Diskurse vorantreiben kann. Deswegen wird diese Abhandlung eine Fülle von Studien anderer Wissenschaftsdisziplinen verarbeiten. Dies geschieht selbstverständlich immer unter der Begrenzung dessen, was unter der dargestellten Leitfrage nach einer schlüssigen Gestalt guter Ernährung nötig und hilfreich ist.

Bei aller Aufmerksamkeit für die nichttheologischen Wissenschaften sollen die *Erträge theologischer Forschung* jenseits von Moraltheologie und Theologie der Spiritualität nicht vergessen werden. Die christliche Sozialethik als unerlässliche Ergänzung der theologisch-ethischen Perspektive wurde bereits erwähnt. Darüber hinaus werden die bibelwissenschaftlichen Fächer eine große Rolle spielen – die Bibel als norma normans christlichen Lebens bietet eine unerschöpfliche Fülle von Anstößen zum Themenbereich Ernährung, die in der Exegese der letzten Jahrzehnte intensiv reflektiert wurden. Schließlich haben die Ordensregeln als Versuche, für eine bestimmte Lebenssituation eine Gestalt guter Ernährung festzulegen, große Bedeutung. Auch sie wurden in der historischen und systematisch-theologischen Literatur der letzten Jahrzehnte neu entdeckt und erschlossen. Herzstück einer theologischen Ethik und Spiritualität der Ernährung muss aber jenes Mahl sein, das »Höhepunkt und Quelle« (II. Vatikanisches Konzil, Sacrosanctum Concilium, Nr. 10) christlichen und kirchlichen Lebens darstellt: die Eucharistie.

1.3
Mahlreligion par excellence
Die Sonderstellung des Christentums

Keine andere der großen Weltreligionen behauptet von sich, dass ein Mahl »Höhepunkt und Quelle« ihres religiösen und gemeinschaftlichen Lebens sei. Keine andere der großen Weltreligionen folgt einem Gründer, der von seinen Gegnern als »Fresser und Säufer« beschimpft wurde, diesen Titel selbst aber als Ehrentitel und Auszeichnung empfand, weil es stimmte, dass er mit Freuden aß und trank (Lk 7,34; Mt 11,19). Keine andere der großen Weltreligionen hat als zentrales Erkennungsmerkmal ihres Gründers die Art und Weise genannt, wie er das Brot brach (Lk 24,30–31,35). Und keine andere der großen Weltreligionen hält es für so unerlässlich, das Mahl des Gründers wieder und wieder zu feiern.

In der Tat ist es ein Alleinstellungsmerkmal des Christentums unter allen großen Glaubensgemeinschaften der Erde, dass es eine Mahlreligion par excellence darstellt. Wenn also überhaupt von theologischer Seite etwas zu einer Ernährungsethik beigesteuert werden soll, dann gehört – ohne die anderen Religionen auch nur irgendwie abzuwerten oder auszuschließen – der christlichen Theologie eindeutig die »pole position«. Und auch gegenüber säkularen Ethiken hat das Christentum einen Erfahrungsschatz mitzubringen, der selbst durch maximale Auswertung philosophischer

Reflexion über die antiken Symposien nicht annähernd erreicht werden kann. Denn die christliche Mahlpraxis der Eucharistie dauert von ihren Ursprüngen bis heute fort, während die Symposien antiker Philosophen mit dem Ausgang des Altertums ihr Ende fanden. Das Christentum hat also eine einzigartig reiche und vielfältige Mahlerfahrung, und die muss eine Ernährungsethik rezipieren, sei sie theologisch oder nicht. Nicht zufällig analysieren in dieser Frage auch zahlreiche ForscherInnen der Philosophie, Geschichts- und Kulturwissenschaften und anderer Disziplinen das christliche Mahlsakrament.

Nun könnte man einwenden, dass zwischen dem Sakrament der Eucharistie und den alltäglichen Sättigungsmählern der Menschen ein so großer Unterschied bestehe, dass die Tatsache, Mahlreligion zu sein, keine Relevanz für eine moderne Ernährungsethik habe. Dieser Einwand könnte sowohl aus dem Innern der christlichen Religion kommen – nämlich von jenen, die die Heiligkeit des Sakraments auf Kosten seines Mahlcharakters etablieren wollen – als auch aus deren Außenbereich – nämlich von Anders- oder Nichtglaubenden, denen das Mahlhafte der Eucharistie nicht ersichtlich und erkenntlich ist.

Mit diesem Buch möchte ich die radikale Trennung von Eucharistie und alltäglicher menschlicher Mahlpraxis hinterfragen und widerlegen. Das aber hat Auswirkungen nicht nur für das Verständnis menschlicher Ernährung, sondern auch für die Interpretation des christlichen Zentralsakraments. Wenn es wirklich um ein Mahl und um eine Speise geht, muss die Theologie weit stärker als bisher diesen Charakter der Eucharistie deutlich machen. Und wenn dieses eucharistische Mahl normative Bedeutung für eine christliche und indirekt auch für eine allgemein-menschliche Ethik beanspruchen will, dann muss die Feier dieses Sakraments selbst eine neue, ethisch begründete und reflektierte Ausdrucksgestalt finden. Das II. Vatikanische Konzil hat dazu zweifellos wesentliche Prozesse angestoßen, vollendet sind diese aber auch fünfzig Jahre nach dem Konzil noch lange nicht. Aus diesem Grund steht am Ende jedes Kapitels ein Abschnitt, der die Rückbindung des Themas an die Eucharistie in den Blick nimmt.

1.4

Die Globalisierung des Tellers
Essen in der industrialisierten und ökonomisierten Weltgesellschaft

Gerade wenn einem Mahl starke normative Bedeutung zugemessen werden soll, das vor 2000 Jahren stattfand, muss den umwälzenden Veränderungen Rechnung getragen werden, die sich seitdem ereignet haben. Industrialisierung, Ökonomisierung und Globalisierung haben sich in einem Maße des Tellers bemächtigt, wie das noch vor 100 Jahren unvorstellbar war. Globalisierung: Der Fisch aus dem Viktoriasee ist heute ebenso schnell auf unserem Tisch wie die Traube aus Chile oder die Kiwi aus Neuseeland. Ökonomisierung: Steigende Getreidepreise in den Industrieländern sorgen für leere Kornkammern in den Entwicklungsländern. Energiepreise schlagen durch auf Lebensmittelpreise. Preisgarantien für die nächste Ernte, sogenannten »futures«, werden an den Börsen gehandelt wie Aktien von Unternehmen. Industrialisierung: Nutzpflanzen und Nutztiere werden in Labors gezüchtet und auf die Wünsche der ProduzentInnen hin »optimiert«. Landwirtschaftliche Produktionsprozesse werden maschinisiert und computergesteuert. Und Lebensmittel haben zunehmend ein hochentwickeltes »Design«.

Jakob Tanner nennt sieben Umbrüche von der vormodernen zur vollendet-modernen Art der Ernährung (Jakob Tanner 2003: 27–52): Angebotsseitig sieht er folgende vier Charakteristika: 1) die Agrarrevolution hin zu besserer Züchtung, Maschinisierung und Chemisierung; 2) das Entstehen von globalen Lebensmittelunternehmen; 3) den Aufbau einer weltumspannenden Transportkette und Verkehrsinfrastruktur; 4) die Vervielfältigung der Konservierungsmethoden, die erst den Transport über weite Strecken ermöglichen. Nachfrageseitig nimmt Tanner drei Aspekte wahr: 5) die Kommerzialisierung – praktisch alle Lebensmittel werden heute gekauft; dies ist nur möglich durch die Privatisierung allen Landes, auch der früheren »Allmende«, also der aller Menschen einer Gemeinschaft gehörenden Flächen; 6) Lebensmittelfälschungen und Qualitätsverschlechterungen; 7) Die räumliche Trennung von Arbeiten und Wohnen, die die räumliche Trennung von Essen und Wohnen zur Folge hat; das Essen wird zunehmend außer Haus und schnell gegessen.

Wenn ich auch beim sechsten von Tanners Charakteristika meine Fragen und Zweifel hätte (Lebensmittelfälschungen gab es, seit Menschen mit Lebensmitteln handeln, und Qualitätsverschlechterungen stehen auch enorme Qualitätsverbesserungen gegenüber!), umreißen die übrigen sechs doch gesellschaftliche Umbrüche, die für die Art und Weise der Ernährung kaum dramatischer gedacht werden können. Es scheint mir daher logisch, dass die Ernährungsethik in den letzten beiden Jahrhunderten signifikante Paradigmenwechsel durchlaufen musste, wie sie Hub Zwart zutreffend konstatiert: Während die vormoderne Ernährungsethik auf den Verzehr der Nahrung konzentriert war, fokussiert die moderne auf deren Produktion. Während die antike Ethik auf den privaten Bereich des eigenen Haushalts konzentriert war, blickt die moderne vor allem auf (öko-)soziale Aspekte (Hub Zwart 2000: 114).

Jedoch möchte ich wie gesagt – anders als der Mainstream der »food ethics« – keinem Entweder-oder das Wort reden. Vielmehr deutet die gegenwärtige Renaissance der Frage nach dem guten Leben an, dass eine alleinige Betrachtung sozialethischer Fragen, wie sie Zwart als typisch modern kennzeichnet, für den Einzelmenschen irrelevant ist, wenn sie nicht mit den klassischen individualethischen Fragen verknüpft wird. Eine rein sozialethische »food ethics« erwartet letztlich alles von der »food politics«.

Das muss nicht heißen, dass sie alles nur von den PolitikerInnen erwartet – im Gegenteil fordert sie meist politisch korrekten Konsum von allen Menschen ein. Und doch wird hier der Mensch auf den Konsumenten reduziert. Sobald das richtige Lebensmittel gekauft ist, blendet die »food ethics« aus – dabei finge es jetzt erst an, richtig spannend zu werden.

Wie kann der Mensch unter den Bedingungen einer globalisierten, industrialisierten und ökonomisierten »Lebensmittelwelt« gut essen und trinken? Wie kann er seine Verantwortung rund um den Globus und über alle Speziesgrenzen hinweg gerecht werden und sich zugleich voller Lust und Freude ernähren? Wie kann er die Chancen und die guten Seiten der modernen Weltgesellschaft für sein persönliches Wohlergehen nutzen und zugleich negative Wirkungen für sich selbst und andere wirksam vermeiden? Es ist evident, dass ein naives »Zurück in die Vergangenheit« keine Lösung darstellt. Es wäre ein Zurück zu Hunger und Mangelernährung, zu Krankheiten und Notzeiten. Was aber ist die bessere Alternative? Darum wird es im Folgenden gehen.

1.5

Vom Kleinen zum Großen
Die Gliederung dieses Buchs

Nach einer Darstellung meines methodischen Zugangs in *Kapitel 2* werde ich mich dem dargelegten Thema in sechs konzentrischen Themenkreisen zuwenden. Der erste Themenkreis ist am engsten gezogen, der letzte am weitesten. Schritt für Schritt weitet sich der Blick. Diese Reihung ist deswegen sinnvoll, weil die weiter gezogenen Themenkreise die Fragen und Antworten der engeren in sich enthalten. So kann Schritt für Schritt jeweils ein weiterer Ring um die Mitte gelegt werden. Das Thema entwickelt sich in »wachsenden Ringen« (Rainer Maria Rilke, 20.9.1899, Berlin-Schmargendorf).

Der kleinste, am engsten gezogene Ring untersucht das *Essen und Trinken* als »Einverleiben« und damit als den Grundvollzug aller Geschöpfe *(Kapitel 3)*. Hier wird die unerbittliche Abhängigkeit des Menschen von der Ernährung im Mittelpunkt stehen, zusammen mit der Frage, welche Konsequenzen sich daraus für eine gesunde und achtsame Ernährung ergeben.

Im zweiten Schritt weitet sich die Perspektive auf die spezifisch menschliche Gestaltung der *Mahlzeiten* ebenso wie der *Fastenzeiten (Kapitel 4)*, jedoch noch ohne auf die Frage des gemeinschaftlichen Essens und Trinkens zu schauen. Zeiten und Orte des Essens und Trinkens werden dabei ebenso in den Blick genommen wie die Vorbereitung einer Mahlzeit einschließlich des Einkaufs der Lebensmittel. Parallel werden Praxis und Bedeutung des komplementären Vollzugs, des Fastens, in den Blick genommen.

Der dritte Kreis befasst sich mit der *Tischgemeinschaft (Kapitel 5)*. In allen Kulturen wird das Essen und Trinken primär als ein gemeinschaftlicher Vollzug verstanden. Die Nahrungsaufnahme allein stellt nur einen Not- und Ausnahmefall dar. Daher erhält gerade das gemeinschaftliche Essen und Trinken zahllose Normierungen: Tischsitten, Gastfreundschaft und offizielle Gemeinschaftsmähler werden bis in die kleinsten Details hinein reglementiert.

Im vierten Themenkreis wird die imaginäre Tischgemeinschaft der Weltbevölkerung betrachtet. Das Problem der *Welternährung* ist auch im 21. Jahrhundert ungelöst, ja es verschärft sich durch die ungehemmte ökonomische Dynamik der Globalisierung zunehmend *(Kapitel 6)*. Land grabbing, Spekulation mit Lebensmitteln und die Konkurrenz der Agrofuels sind gigantische Herausforderungen.

Der vorletzte Kreis weitet den Blick über die Menschheit hinaus: Über Ernährung lässt sich nicht sprechen ohne die *Tiere* als NahrungslieferantInnen und NahrungskonkurrentInnen wahrzunehmen *(Kapitel 7)*. Insbesondere die neuere Diskussion um Vegetarismus und Fleischverzehr sowie die Frage eines Ethos' des Schlachtens werden hier im Vordergrund stehen.

Schließlich geht es im letzten Kreis um die *ökologischen Aspekte* der Ernährung *(Kapitel 8)*. Noch jenseits der Mitgeschöpfe muss das alle Lebewesen umfangende und nährende Lebenshaus der Schöpfung betrachtet werden. Moderne Lebensmittelproduktion hat gravierende Konsequenzen für dieses Lebenshaus. Die Bedingungen der Lebensmittelgewinnung umweltfreundlich zu gestalten ist daher eine der großen Zukunftsfragen der Menschheit.

Bevor ein Ertrag des gesamten Durchgangs durch die Ethik und Spiritualität der Ernährung erhoben werden kann, soll in *Kapitel 9* jene Dimension ins Spiel kommen, die diese Erde überschreitet. Man mag es einen weiteren, alleräußersten Kreis bezeichnen oder nicht: Christliche Ernährungsethik wird inspiriert von der Hoffnung auf ein Mehr. Und dieses Mehr, traditionell *Himmel* genannt, illustriert die christliche Überlieferung in Orientierung an Jesus von Nazaret *im Bild eines (Hochzeits-)Mahles*. Hier liegt der ultimative, nicht mehr zu überbietende ethische Impuls des Christentums.

1.6
Essen und Trinken als
Kristallisationskern menschlicher Identität
Das Potenzial einer Ernährungsethik und -spiritualität

Der kurze Überblick über Aufbau und Gedankengang der Abhandlung dürfte hinreichend gezeigt haben: Die Ernährung durchdringt formal alle Dimensionen des menschlichen Lebens und hat material Auswirkungen auf die gesamte Schöpfung. Soziologisch betrachtet ist sie ein »soziales Totalphänomen«, in dem alle Arten gesellschaftlicher Institutionen gleichzeitig vorkommen: »religiöse, rechtliche und moralische (…), ökonomische, (…) ästhetische« (Marcel Mauss 1968: 17–18). Und auch natural darf man ruhig von einem solchen »Totalphänomen« sprechen. Damit ist klar, dass eine Ethik der Ernährung keine »Bereichsethik« ist wie Medizinethik, Tierschutzethik, Umweltethik, Ethik des Sozialen oder Wirtschaftsethik, sondern eine Querschnittsmaterie, die sich durch alle Bereichsethiken hindurchzieht. Das macht eine adäquate Behandlung nicht leichter. Es wäre viel einfacher, könnte man sich formal auf einige wenige Dimensionen des menschlichen Lebensvollzugs und material auf einen klar eingrenzbaren Wirkungsbereich beschränken. Das aber würde die Ernährungsethik im Sinne der Suche nach einer Gestalt guter Ernährung verunmöglichen.

Mit der Komplexität des Themas im Sinne einer Querschnittsmaterie wächst aber auch das Potenzial, das eine Ethik der Ernährung für andere Wissenschaftsdisziplinen und -zweige besitzt. Namentlich sehe ich ein enormes Potenzial für

- alle »Bereichsethiken« – theologisch und philosophisch –, denn Medizinethik, Tierschutzethik, Umweltethik, Ethik des Sozialen und Wirtschaftsethik interferieren in hohem Maße mit Fragen der Ernährung;

- alle dogmatischen Traktate der Theologie, denn meines Erachtens hätten alle höchst intensive Bezüge zum anthropologischen Angewiesensein auf Nahrung; womöglich würden manche von ihnen im Sinne von Gottfried Bachl »revolutioniert«, würden sie sich mehr an den Basisgegebenheiten des Menschseins orientieren;

- die Bibeltheologie, die historisch-theologischen und die praktisch-theologischen Fächer, wie es im Laufe der Darstellung vielfach deutlich werden wird;

- andere Teilbereiche der Theologie der Spiritualität wie Ordensspiritualität, Laienspiritualität, Ehespiritualität, ja sogar für die Theologie der Mystik;

- eine Reihe nichtnormativer Wissenschaften, seien es Geistes- oder Naturwissenschaften, denn deren Beschreibung menschlicher Ernährung ist – bei aller metho-

1 Im Christentum eine »ethikfreie Zone«?

dischen Exaktheit – nie einfach wertfrei und interesselos, sondern wird von mehr oder weniger transparent offengelegten erkenntnisleitenden, ethisch relevanten Interessen geleitet.

Das Buch versteht sich als Diskursangebot an alle KollegInnen, die sich von welcher Disziplin und mit welchem Interesse auch immer dem Thema der menschlichen Ernährung annähern. Gleichzeitig speist es sich aus vielen Quellen dieses Diskurses.

Ist das Christentum im Umgang mit der Ernährung eine »ethikfreie Zone«, wie Peter Singer meint? Meine Skepsis ist groß. Aber möge sich jedeR selbst ein Bild machen, wenn er oder sie die folgenden Ausführungen gelesen hat.

2

Die verborgenen Botschaften der Ernährung

Zur Methodik des Vorgehens

Wenn wir zu einer normativen Gestalt guter Ernährung vordringen wollen, stellt sich zunächst die Frage nach der angemessenen Methode: Mit welcher übergreifenden Perspektive können wir den Vorgang der Ernährung so interpretieren, dass diese Deutung ethisch fruchtbar wird? Um diese Frage zu beantworten, muss zunächst der Doppelcharakter der Ernährung, ja des Menschseins insgesamt betrachtet werden: Alle Vorgänge menschlicher (und ich ergänze: sogar viele Vorgänge tierlicher!) Ernährung sind zugleich natürlich, geschehen mit einer gewissen Unausweichlichkeit, und kulturell geformt, unterliegen freier menschlicher (ich ergänze wiederum: in vielen Fällen auch freier tierlicher) Gestaltung. Diese Grundspannung, in der der Ernährungsvorgang steht, muss näher beleuchtet werden.

2.1

Zwischen Hunger und Essen liegt die Küche
Ernährung in der Spannung von Natur und Kultur

Die Ernährung als Prozess der Selbstreproduktion ist für die menschliche Existenz ähnlich zentral wie die Sexualität als Akt der Fremdreproduktion. Sie ist Möglichkeitsbedingung von Leben und Tod, Gesundheit und Krankheit und als solche ein zentraler Teil der menschlichen Natur (Monika Setzwein 2004: 17). Zugleich ist die Ernährung ein ebenso zentraler Teil der menschlichen Kultur: »Fast nichts wird so verzehrt, wie die Natur es bereithält. Was die Menschen (neben anderem) von Tieren unterscheidet, ist, dass sie zwischen das Nahrungsbedürfnis und dessen Befriedigung das kulturelle System der Küche setzen.« (Monika Setzwein 2004: 18) In der Tat hat der Mensch den Ernährungsvorgang mehr als die Tiere gestaltet und überformt. Auch intelligente Tiere haben keine Küche, obgleich man ihnen nach heutigem Stand der Verhaltensforschung die Zubereitung von Nahrung und die Vereinbarung von Regeln des gemeinsamen Verzehrs nicht absprechen kann. Die Küche ist also die soziologische Chiffre für die hochentwickelte Kulturalität menschlichen Essens und Trinkens. Dort werden aus Naturalien Nahrungsmittel, aus diesen Speisen, und aus denen wiederum Mahlzeiten.

Dann stellt sich aber die Frage nach dem Verhältnis der beiden Dimensionen, der naturalen und der kulturalen. Monika Setzwein identifiziert in der gegenwärtigen Gesellschaft zwei Hauptströmungen normativer Bewertungen (Monika Setzwein 2004: 17–28): Auf der einen Seite gibt es eine die Natur idealisierende Kulturkritik bzw. einen Kulturpessimismus, der die Kultur bestenfalls als eine praktische Prothese der Natur betrachtet. Auf der anderen Seite steht ein die Natur als primitiv und rück-ständig abwertender Fortschrittsoptimismus, der seinerseits die Kultur idealisiert. Zwischen beiden Positionen sieht sie jene Minderheiten, die wie Helmut Plessner für eine gleichberechtigte Verbindung beider plädieren. Plessners anthropologisches Grundgesetz der »natürlichen Künstlichkeit« interpretiere die Kultur als zweite Natur und damit nicht als Gegensatz, sondern als Gegenüber, als »Weiterführung mit ande-ren Mitteln« (Monika Setzwein 2004: 24). Ähnlich hatte schon Eva Barlösius argu-mentiert (Eva Barlösius 1999: 33–40). Nun halte ich zwar die biologische Grundlage der Plessner'schen Anthropologie mit ihrer fundamentalen Entgegensetzung von fest-gelegten, »unfreien« Tieren und nicht festgelegten, »freien« Menschen für überholt. Seine ebenbürtige Verschränkung von Natur und Kultur ist gleichwohl auch dann richtig, wenn man sie nicht in dieser Weise auf Kosten der Tiere etabliert.

Eva Barlösius (1999: 25–30) nennt drei Konzepte, wie in der neueren Soziologie das *Verhältnis Natur–Kultur* für die menschliche Ernährung näher bestimmt wird:

1) *Biokulturelle Erklärungen* sehen die gesamte Kultur des Mahls nur als Ausprä-gung biologischer Notwendigkeiten. Der Mensch sei dabei kaum frei, sondern gestalte das gemeinsame Essen und Trinken so, wie es die natürlichen Bedürfnisse erzwingen. Dieses Modell, das Barlösius etwa bei Solomon H. Katz gegeben sieht (Solomon H. Katz 1974; 1979), bewertet sie als eine »Naturalisierung der Kultur« (Eva Barlösius 1999: 32).

2) *Modelle der doppelten Zugehörigkeit* sehen den Menschen zwar an seine Physiolo-gie gebunden, als Omnivore habe er aber auch viele Freiheiten. Kultur und Natur sind in diesen Modellen zwei autonome Prinzipien, die beide das Ernährungsver-halten beeinflussen, manchmal miteinander Hand in Hand gehen, manchmal je-

doch zueinander in Widerstreit treten. Die Schwäche dieser Zuordnung zum Beispiel bei Claude Fischler (Claude Fischler 1992) sieht Barlösius darin, dass »für die Kultur nur eine die Natur ergänzende Funktion« übrigbleibt (Eva Barlösius 1999: 32).

3) *Strukturalistische Modelle* sehen die Natur als symbolisch konstituiert: Natur werde vom Menschen immer schon kulturell wahrgenommen und im Wahrnehmungsvorgang zum Zeichensystem gemacht. In der symbolischen Codierung von Natur, die nicht nachträglich, sondern gleichursprünglich mit deren Wahrnehmung stattfinde, werde Natur zum Zeichensystem sozialer Strukturen – daher der Begriff Strukturalismus. Die schon erwähnte Küche ist dann die gesellschaftlich konstruierte Vermittlungsinstanz zwischen Natur und Kultur (Claude Lévi-Strauss 1973: 514). Diese Position findet sich in den Arbeiten von Claude Lévi-Strauss und Mary Douglas (Claude Lévi-Strauss 1971; 1973; Mary Douglas 1988).

Welches der drei Modelle beschreibt die Beziehung zwischen Natur und Kultur am besten? Für Barlösius ist dies eindeutig das strukturalistische Modell, weil nur dieses das Ernährungsthema als anthropologisches Querschnittsthema deuten könne: »Nur die strukturalistische Theorie würdigt diese herausgehobene Stellung des Nahrungsbedürfnisses, indem sie die Küche für vergleichbar fähig hält wie die Sprache, gesellschaftliche Strukturen auszudrücken. Die beiden anderen Theorien beschränken sich darauf, das Natur- und Kulturverhältnis beim Essen zu deuten, ohne dieses in eine übergeordnete Anthropologie einzubinden.« (Eva Barlösius 1999: 32) Der Mensch sei in diesem Modell ein Handelnder und nicht nur ein sich Verhaltender (Eva Barlösius 1999: 32–33), und das sei soziologisch unerlässlich.

Die beiden Argumente, die Barlösius anführt, sind aus theologischer Perspektive ebenso gewichtig wie aus soziologischer. Schon im vorangehenden Kapitel hatte ich den Soziologen Marcel Mauss zitiert, der die Ernährung als »soziales Totalphänomen« einschätzt, in dem alle Arten gesellschaftlicher Institutionen gleichzeitig vorkommen – »religiöse, rechtliche und moralische (…), ökonomische, (…) ästhetische« (Marcel Mauss 1968: 17–18). Wenn man nun in theologisch-ethischer Perspektive die gesellschaftliche Konstruktion von Religion und Moral methodisch ausblendet, ist die menschliche Ernährung folglich ebenso ein anthropologisches, ein moralisches und letztlich auch ein religiöses »Totalphänomen«.

Die Menschen verleiben sich soziologisch betrachtet alle sozialen Strukturen essend und trinkend ein (Monika Setzwein 2004: 29). Es gibt kein gesellschaftsloses Individuum, weil es kein absolut solipsistisches Essen und Trinken gibt. Zumindest als Kleinkind hat jeder Mensch in Gemeinschaft gegessen und getrunken und dadurch sozial gestaltete Attribute und Signifikate der Ernährung aufgenommen. Die Menschen verleiben sich theologisch betrachtet aber ebenso alle religiösen Strukturen essend und trinkend ein. Was und wie sie glauben, hoffen und lieben, wird in ihrem Essen und Trinken aufgenommen und einverleibt, kundgetan und weitergegeben. Der Mensch ist, was und wie er isst, und daraus folgt auch, dass er glaubt, hofft und liebt, was und wie er isst. Nichts an Religion lässt sich unabhängig von der Ernährung denken. Oder noch provokanter gesagt: Gäbe es in einer Religion einen Glaubensinhalt, der absolut ohne Bezug zur Ernährung dastünde, würde er per se eine Häresie darstellen.

Der Prozess der Einverleibung unsichtbarer gesellschaftlicher Regelsysteme mittels sichtbarer Speisen und Getränke, Sitzordnungen und Tischsitten erfolgt nun aber über symbolische Vermittlung. Im Folgenden müssen wir daher genauer reflektieren, was Symbole sind und welche Potenziale sie mitbringen.

2.2
»Der Mensch ist, was er isst.
Und er isst, was er ist.«
Die symbolisch-rituelle Codierung der Nahrungsaufnahme

»Der Mensch ist, was er isst.« (Ludwig Feuerbach 1971: 367) Nur wenige Zitate werden so häufig verwendet und sind trotz ihrer Abnutzung so wahr. Die gesamte Identität des Menschen lässt sich an seinem Essen und Trinken erkennen. Denn im Essen und Trinken interagiert der Mensch – ganz gleich ob er allein oder in Gesellschaft ist – mit all jenen Menschen, zu denen er unmittelbar oder mittelbar Sozialbeziehungen besitzt – und das heißt mit allen Menschen. Die Ernährung ist Schlüsselmedium sozialer Beziehungen, Symbol für Identität und Differenz aller sich ernährenden Individuen (David Sutton 2008: 157–159).

In seinem Ansatz des »symbolischen Interaktionismus« zeigt der Philosoph und Sozialpsychologe George Herbert Mead, dass der Mensch seine Identität vor allem durch symbolische Interaktionen gewinnt. Mead unterscheidet zwischen dem I und dem me, dem Ich und dem Mich: Das Ich (I) ist das erkennende Subjekt, der Mensch in seiner Unergründlichkeit und Unvertretbarkeit, in seinem Personkern. Das Mich (me) hingegen ist die Vergegenständlichung seiner selbst im eigenen (Selbst-)Erkennen, eine »individuelle Spiegelung des gesellschaftlichen Gruppenverhaltens« (George Herbert Mead 1968: 201): Die Gruppe weist dem erkennenden Menschen symbolisch verschlüsselt bestimmte Rollen zu und äußert über die symbolisierten Rollen Erwartungen an ihn. Durch Übernahme solcher gesellschaftlichen Haltungen, Rollen und Erwartungen entsteht das Mich, das heißt das verobjektivierte Selbstbild im Inneren des Menschen. Dem Ich ist dieses Rollen-Mich bewusst, es kann darauf reagieren und sich zu den von außen kommenden Erwartungen verhalten. Genau in diesem Wechselspiel zwischen Ich und Außenwelt entsteht das Selbst (self). Das Selbst ist damit nie eine fertige Größe, sondern stets im Fluss. Die Identität des Menschen ist prozessual.

Alle Vorgänge der Ernährung sind, wie wir gleich sehen werden, höchst privilegierte Orte solcher symbolischer Interaktion und tragen damit in vorzüglicher Weise zur Identitätsbildung des Menschen bei. Was aber ist ein Symbol? In einer wörtlichen Herleitung aus dem Griechischen bedeutet συμβάλλειν das »Zusammenwerfen«. In der antiken Welt ist ein Symbol ein in zwei Teile zerbrochener Gegenstand, der bestimmte Abmachungen zweier Vertragspartner dokumentiert und durch neuerliche Zusammenfügung beider Teile die Echtheit des Vertrags beweist. Später löst sich der Begriff aus diesem juristischen Kontext und bezeichnet zwei miteinander verbundene Komponenten, die völlig unterschiedlichen Dimensionen angehören: Die eine Komponente ist etwas Sichtbares und sinnlich Wahrnehmbares (also etwas Naturales), die andere etwas Unsichtbares (also ein kulturelles Konstrukt). Doch gerade durch das Zusammenbinden von Sichtbarem und Unsichtbarem gewinnt das Symbol ein Sinnpotenzial, das über das Wahrnehmbare hinausreicht.

Religionen, die sich per definitionem auf unsichtbare Wirklichkeiten richten, die sie irgendwie sichtbar machen wollen, sind von daher besonders symbolaffin. In der christlichen Tradition hat man die ersten Glaubensbekenntnisse als »Symbola« bezeichnet. Die Kernanliegen ihrer Botschaft kann Religion gar nicht anders als symbolisch vermitteln. Theologie ist folglich eine Symbolwissenschaft (als Wissenschaft von Symbolen) und eine symbolische Wissenschaft (die ihre Erkenntnisse nur in Symbolen ausdrücken kann). Ob sie das mit der Soziologie und manchen anderen Geisteswissenschaften gemeinsam hat? Wenn ich die Soziologie der Ernährung beobachte, vermute ich schon.

Nun werden die symbolischen Codes der Ernährung vom Kleinkind bereits in einem Alter gelernt, da es noch kein Wort sprechen kann. Der Wunsch, die Nahrung der Erwachsenen zu probieren und daran teilzuhaben, ist jenseits der natürlichen Neugier, wie etwas schmeckt, auch der kulturell geformte Wunsch nach Teilhabe und Gemeinschaft. Das Zuprosten mit einem Becher löst Begeisterung aus, obgleich das Wort »prost!« noch gar nicht über die Lippen geht. Die Frage der gewünschten TischnachbarInnen ist von höchster Virulenz, lange bevor das Kind die Tischordnung in ihrer Gänze versteht. Auf diese Weise nimmt ein Kind bereits im frühesten Alter die Symbolsprache der Ernährung wahr, verinnerlicht sie gleichsam »mit der Muttermilch«.

Die meisten symbolischen Muster weisen eine wesentlich höhere Informationsdichte auf als Sprache, die ihrerseits ein hoch abstrahiertes symbolisches Geflecht darstellt. Das macht Symbole – sofern ihnen nicht eine eindeutige sprachliche Interpretation mitgegeben ist – vieldeutig und plurifunktional. Innerhalb einer gewissen Bandbreite lassen sie Raum für verschiedene Deutungen und können so Menschen miteinander verbinden, die zu einer bestimmten Frage inhaltlich unterschiedliche Positionen einnehmen. Symbole haben von daher höchste Bedeutung für soziale Beziehungen. Symbole sind zudem in ihrer »naturalen« Komponente sinnlich und richten sich daher weniger an das Denken der Beteiligten. Anders als Sprache wirken sie viel stärker auf deren Emotionen ein. Das gilt auch für die symbolischen Codierungen der Ernährung. Das Essen und Trinken ist ein Vollzug, der zugleich höchst intim und höchst öffentlich ist und gerade deswegen symbolisch so mächtig (David Sutton 2008: 160; vgl. Jon Holtzman 2006: 373). Bis in die tiefsten Schichten des menschlichen Bewusstseins reichen die Wirkungen der Ernährungssymbole und setzten sich dort fest. Sie gehen im wörtlichen Sinne »unter die Haut«.

Hinzu kommt die starke Ritualisierung des Essens und Trinkens. Diese Ritualisierung sichert die symbolischen Codierungen bleibend ab und verfestigt sie. In steter Regelmäßigkeit werden sie wiederholt und den am Essen Teilnehmenden »eingetrichtert«. Das geschieht oft ohne bewusste Überlegung – es geht unterschwellig und unbemerkt vonstatten. Eine »food ethics«, die diese Dimension von Essen und Trinken ausblendet, verkürzt die ethisch relevante Wirklichkeit dramatisch. Sie wird nicht verstehen können, warum die rationale Begründung für eine Reduktion des Fleischverzehrs allein nicht die geringste Änderung des realen Essverhaltens von Menschen bewirkt. Ja, sie wird vielleicht sogar bei denen eine »kognitive Dissonanz« erzeugen, die dieser Ethik Gehör schenken: Menschen bekommen beim Essen eines Schnitzels ein schlechtes Gewissen, finden aber keinen Weg, ihre Ernährungsgewohnheiten zu verändern. Was bleibt, ist eine tiefe Frustration.

Der strukturalistische Ansatz von Claude Lévi-Strauss, der Kultur als symbolischen Codierung von Natur und Natur als Zeichenvorrat sozialer Wirklichkeiten versteht, bietet also gerade theologisch und ethisch eine hervorragende Methodik, um den Prozessen der Ernährung gerecht zu werden. Die Frage, die sich nun stellt, ist aber die, ob sich die symbolischen Codes der Ernährung in irgendeiner Weise kategorisieren lassen, um sie der Interpretation leichter zugänglich zu machen. Angeregt von Pierre Bourdieu hat Hans-Jürgen Teuteberg hierzu einen Vorschlag gemacht, der mich auch nach fünfzehn Jahren intensiven Umgangs mit ihm überzeugt und fasziniert (Pierre Bourdieu 1974; Hans-Jürgen Teuteberg 1997: 6–7). Teuteberg unterteilt sämtliche symbolischen Codierungen rund um die Ernährung in vier Kategorien (Hans-Jürgen Teuteberg 1997: 11–12): Prestige, Status, Hedonismus und Sekurität / Fetisch. Um diese Kategorien präziser und verständlicher zu fassen und Missverständnissen vorzubeugen, wie sie insbesondere beim Begriff »Status« auftauchen können, habe ich sie in Nuancen weiterentwickelt und verwende im Folgenden diese vier Kategorien:

* Ansehen und Prestige
* Zugehörigkeit und Verortung

* Lust und Wohlergehen
* Sicherheit und Geborgenheit

Natürlich sind alle vier Kategorien symbolischer Codierung skalar zu interpretieren: Ansehen und Prestige haben am anderen Ende der Skala Nichtbeachtung und Bedeutungslosigkeit; Zugehörigkeit und Verortung korrespondieren mit Beziehungsarmut und Ortlosigkeit; Lust und Wohlergehen reichen hinab bis zu Lustlosigkeit und Leid; Sicherheit und Geborgenheit schließlich erstrecken sich auch auf Unsicherheit und Mangel an Geborgenheit. Immer können symbolische Codes ein Mehr oder Weniger und im Extremfall ein »ganz« oder »gar nicht« der betreffenden Eigenschaft anzeigen. Das ist aber nur ein sekundärer Aspekt. In erster Linie sind symbolische Codes nicht quantitativ, sondern qualitativ zu verstehen. Mehr als das Wieviel eines partikularen Teilaspekts codieren sie das Wie und Was der (ganzheitlich wahrgenommenen) Identität. Hier deutet sich bereits die unterschiedliche Methodik von strukturalistisch-symboltheoretischen und funktionalistisch-systemtheoretischen Theorien an.

Selbstverständlich können symbolische Codierungen mehrere der vier Kategorien umfassen. Es ist nicht nur je eine Codierungskategorie symbolisierbar, ja vermutlich nicht einmal der Regelfall, sondern meist werden zwei oder mehr Codierungsdimensionen vorfindbar sein. Dadurch entstehen Spannungen, weil zum Beispiel Zugehörigkeit und Prestige miteinander konkurrieren: Zugehörigkeit bewirkt zumindest unter jenen, die zur betreffenden Gruppe gehören, Egalität. Prestige hingegen schafft zumindest gegenüber jenen, die am Prestigesymbol nicht teilhaben, asymmetrische, ja mitunter sogar hierarchische Verhältnisse. Zugehörigkeitssymbole zielen auf Inklusion, sonst ist man zu niemandem zugehörig, Prestigesymbole zielen auf Exklusion, denn wenn alle am Prestigesymbol teilhaben, ist das Prestige dahin. Ein Symbol, das zugleich für Zugehörigkeit und für Prestige steht, gerät daher in eine intrinsische Spannung, die es dynamisiert. Und das gilt für alle mehrdimensionalen Symbolisierungen. Genau dies scheint mir der Vorteil eines mehrdimensionalen Sets an Symbolkategorien zu sein.

Massimo Montanari weist zurecht auf eine noch höhere Komplexität des Symbolsystems der Ernährung hin, wenn er von »der Grammatik der Speisen« spricht (»La grammatica del cibo«, Massimo Montanari 2012: 23–42). Der Ernährungsvorgang sei ein Ensemble, eine Struktur, in der wie in der Sprache jedes Element seine Bedeutung habe (Massimo Montanari 2012: 24). Darin gebe es ein »Lexikon« der Einzelbegriffe bzw. -elemente, eine »Morphologie«, also eine Art und Weise ihrer Verwendung, eine klar geregelte »Syntax« der Zusammenstellung einer Mahlzeit aus verschiedenen Einzelspeisen sowie eine »Rhetorik«, die vor allem durch konkrete Tischsitten und Gewohnheiten das soziale Ziel der Mahlzeit zu erreichen sucht. Hier ist Montanari dem von mir im vorangehenden Kapitel eingeführten Gestaltbegriff sehr nahe und warnt uns, die Komplexität der Ernährungsvorgänge nicht unbesehen zu reduzieren. Genau das ist auch mein Anliegen, wenn ich mit den vier Symbolkategorien einen pluridimensionalen Bedeutungsraum aufspanne.

Für die vier Kategorien Teutebergs habe ich bisher weder einen Nachweis noch eine Bestreitung oder Widerlegung ihrer Vollständigkeit gefunden. Insgesamt handelt es sich zweifellos um vier Grundbedürfnisse und Grundstrebungen des Menschen. Alle vier tragen maßgeblich zur Identitätsbildung bei. Insofern ist ihre Plausibilität kaum in Abrede zu stellen. Aber es könnte durchaus sein, dass der Liste weitere Kategorien zugefügt werden müssten. Da ich in meinen eigenen Arbeiten jedoch mit den vier Kategorien sehr gut auskomme, möchte ich bis zum Erweis ihrer Unvollständigkeit dabei bleiben und von ihrer Vollständigkeit ausgehen.

Im Folgenden möchte ich die vier Kategorien kurz erläutern und zur besseren Verständlichkeit eine verhältnismäßig große Zahl an Beispielen von Codierungen im Ernährungsbereich anführen. Diese Beispiele beziehen sich jeweils auf die Benennung von Speisen, die Kategorien der Speisen, die Speiserituale und die nichtritualisierten Speisepraktiken. Sie sollen bereits in dieser frühen Phase meiner Darlegungen die Kreativität der LeserInnen anregen und beflügeln.

2.2.1
Ansehen und Prestige

In der ersten Kategorie geht es um die symbolische Verknüpfung eines Nahrungsmittels oder eines Ernährungsvorgangs mit einer Person oder Position, die für alle erkennbar Ansehen und Prestige repräsentiert, mit dem Ziel, durch reale Teilhabe an dieser Speise symbolisch auch an Ansehen und Prestige der Person oder Position teilzuhaben. Macht wird in dieser strukturalistischen Perspektive eher indirekt zugeschrieben. Sie ist ein soziales Konstrukt, das nur solange funktioniert, wie es von Menschen anerkannt wird. Aufgrund dieses implizit mitintendierten Machtgefälles wird es im Erfolgsfall zur Etablierung oder Verstärkung einer asymmetrischen oder hierarchischen Beziehung kommen: Die Ermächtigten stehen höher als die Nichtermächtigten – es sei denn, wirklich alle Individuen werden ermächtigt.

Speisenbenennungen: Wenn wir eine Speise »Fürst-Pückler-Eiscreme«, »Königin-Pastete«, »Kir Royal«, »Kaiserschmarren«, »Prälatenwein«, »Kardinalschnitte« oder »Götterspeise« nennen, dann beanspruchen wir mit ihrem Verzehr, wie ein Fürst, eine Königin, ein Kaiser, ein Prälat, ein Kardinal oder sogar wie die Götter zu essen. Mozartkugeln und Sachertorte geben ebenso Anteil am Image einer konkreten prominenten Person oder Einrichtung wie die Gummibärchen, für die im deutschen Sprachraum ein beliebter Fernsehmoderator wirbt.

Speisenkategorien: Der Verzehr von Fleisch ist ein uraltes und starkes Prestigesymbol, denn er zeigt die menschliche Macht, einem Tier das Leben zu nehmen. »Fleisch ist ein Stück Lebenskraft«, lautet demzufolge ein bewährter Slogan der Werbung für Fleisch. Umgekehrt trägt vegetarische Ernährung immer die Botschaft von Gewalt-losigkeit und Prestigeverzicht mit sich, was natürlich auch als Schwäche und Verweich-lichung gedeutet werden kann.

Speiserituale: Die Sitzordnung bei einem Mahl zeigt die Rangverhältnisse derer, die miteinander essen – man denke nur an den Wunsch der Zebedäussöhne, beim himm-lischen Mahl rechts und links von Jesus zu sitzen (Mk 10,37), oder an die Regeln zur Sitzordnung bei offiziellen Feierlichkeiten, bei denen es fast immer klar erkennbare Vorstandstische gibt. Hier zählt der »exhibitionistische Schaueffekt« (Hans-Jürgen Teuteberg 1997: 11). Das Symbol funktioniert, weil es alle sehen, und es wird aus-schließlich dazu eingesetzt, damit es alle sehen. Auf die ambivalenten Mechanismen der Gastfreundschaft weist in diesem Zusammenhang Ekkehard W. Stegemann hin: Ein Gastgeber lädt höher gestellte Personen ein, um Prestige zu gewinnen, und nied-riger Gestellte, um seine »Klientel« zu befriedigen und auch dadurch Prestige zu erlan-gen – und macht beides durch Sitzordnung und womöglich sogar wie in der Antike durch unterschiedliche Speisenqualität sichtbar (Ekkehard W. Stegemann 1990: 134).

Speisepraktiken: Mächtige hatten in der Geschichte solange einen mächtigen Appetit und einen mächtigen Körper, wie Nahrungsmittel knapp waren. Ihr Wohlgenährt-sein »verkörperte« ihr Prestige und ihr Ansehen: »Es zieht sich wie ein roter Faden durch die Geschichte des Essens, dass die Götter und Helden, Herrscher und Krie-ger, Kapitalisten und Kirchenmänner durch starkes Essen gekennzeichnet sind. Die Geschichte der Macht könnte als Geschichte der Völlerei und der opulenten Mahl-zeiten beschrieben werden … Macht braucht Fülle … Esshunger und Machthunger sind eng beieinander.« (Roman Sandgruber 2007: 3–4) Und auch die früher weitver-breitete Essensverteilung der Reichen an die Armen manifestierte ihre Überlegenheit. Erst seit Lebensmittel im Überfluss vorhanden sind, funktioniert dieses Symbol in den reichen Industrieländern nicht mehr. Seit dem 18. Jahrhundert wird die Schlank-heit zum Körperideal, denn ein gutes Essen können sich jetzt die meisten leisten – dick sind jetzt die Armen (Roman Sandgruber 2007: 5). Heute wird zunehmend die Nahrungsverweigerung zum Machtsymbol – ob im Zusammenhang der Magersucht oder in Form eines Hungerstreiks. Wer Nahrung verweigert, steht im Zentrum der Aufmerksamkeit.

2.2.2
Zugehörigkeit und Verortung

In der zweiten Kategorie geht es um die symbolische Verknüpfung eines Nahrungsmittels oder eines Ernährungsvorgangs mit einer Gruppe oder deren Position in Raum
und Zeit, mit dem Ziel, durch reale Teilhabe an dieser Speise symbolisch Erkennbarkeit, Zuordenbarkeit, Zugehörigkeit und raumzeitliche wie soziale »Verortung« zu
gewinnen. Aufgrund der implizit mitintendierten Inklusion der Gruppenmitglieder
wird es im Erfolgsfall zur Etablierung oder Verstärkung einer symmetrischen und
egalitären Beziehung unter diesen kommen. Diese wird oft die sichtbare Gestalt von
Gruppenkonformität annehmen. Nicht notwendig, aber de facto oft gegeben ist eine
gleichzeitige Abwertung jener Individuen, die nicht zur entsprechenden Gruppe gehören.

Lebensmittel und Essgewohnheiten verorten Menschen im Sozialgefüge: »An dem,
was sie essen und wie sie es essen, kann man erkennen, was sie wirklich sind und
welchen Platz sie in der Gesellschaft einnehmen dürfen.« (Jakob Tanner 1996: 404)
Die Zuweisung von Zugehörigkeit und Verortung hat also zugleich eine eminent
orientierende Funktion.

Da die Zuweisung von Zugehörigkeit und Verortung zweifelsohne die meistver-
breitete der vier Symbolkategorien darstellt, werde ich sie material in vier Bereiche
aufgliedern: Zugehörigkeit und Verortung werden zugesprochen im Raum, in der
Zeit, in gesellschaftlichen Gruppen und im Geschlecht (gender). Raum und Zeit sind
nicht weniger konstruierte Ordnungsprinzipien als soziale Gruppen oder das soziale
Geschlecht (gender).

Räumliche Zugehörigkeit und Verortung

Speisenbenennungen: Die Bezeichnung von Speisen nach ihrer Herkunft macht diese
zu einem Merkmal regionaler Identität. Ob Fränkische Mostsuppe, Altwiener Suppen-
topf, Münchner Weißwürste oder Wiener Schnitzel, Pfälzer Saumagen, Mühlviertler
Erdäpfel oder Salzburger Nockerl, Burgunderbraten, Spaghetti Bolognese oder Böh-
mische Knödel und vieles andere mehr, immer geht es um die Verbindung einer Speise
mit einer Region. Für die, die in dieser Region leben, erzeugt das Heimatgefühle und
-verbundenheit, für jene, die nicht von dort kommen, können der Reiz des Fernen
ebenso wie eine gewisse Weltläufigkeit eine Rolle spielen.

Speisenkategorien: Das eben Gesagte gilt auch, wenn bestimmte Lebensmittel ihre
Sortenbezeichnungen über Ortsangaben erhalten: Schinkensorten werden nach der
Region benannt und heißen dann Parmaschinken, Schwarzwälder Schinken, West-
fälischer Schinken. Käsesorten nennen wir ebenfalls häufig nach ihrer Herkunft, zum

Beispiel Parmesankäse, Emmentaler, Appenzeller, Greyerzer, Edamer, Tilsiter Käse usw. Weine benennen wir in Europa seit Jahrhunderten nach Anbauregionen. Und gerade diese Regionalbezeichnungen erfahren in der Gesetzgebung der Europäischen Union gegenwärtig höchsten Schutz – je mehr sich Europa vereinheitlicht, umso wichtiger wird die regionale Identität, um sich in dem großen Sozialgebilde einer halben Milliarde von Menschen noch orientieren zu können (siehe unten Kapitel 8.4.2). Die symbolische Bezeichnung von Nationalcharakteren über Nahrungsmittel entsteht im 18. Jahrhundert (Jakob Tanner 1996: 412) – also zeitgleich mit Idee und Aufbau der Nationalstaaten: Ganze Nationen werden mitunter sehr despektierlich nach Speisen benannt, etwa wenn die Deutschen von den Engländern als »Krauts« bezeichnet werden oder die Türken von den Deutschen als »Knoblauchfresser« oder »Kümmelfresser«. Aber es gibt auch die sympathischeren Identifikationen von Nationen mit Lebensmitteln, etwa wenn die Pizza für Italien steht, der Ouzo für Griechenland, Döner für die Türkei, Taco für Mexiko und der »Schweizer Käse« (gemeint ist in diesem Fall der löchrige Emmentaler!) für die Schweiz.

Speiserituale: Die in einer Region oder Nation verwendeten Ess- und Trinkgefäße und das Besteck haben oft eine sehr spezifische Form und Größe: Der tönerne bayerische Bierkrug sieht anders aus als das norddeutsche Bierglas. Die bayerische »Maß« fasst einen ganzen Liter, das Kölschglas nur ein Fünftel davon. Franken füllen den Wein in den Bocksbeutel und trinken ihn aus dem »Römer«, der einen Viertelliter fasst, Österreicher füllen den Wein in die Flasche, bevorzugen das dünnstielige Weinglas und schenken nur ein Achtel ein. Die meisten Nationen essen Spaghetti mit Gabel und Löffel, ItalienerInnen empfinden den Löffel als Beleidigung und nehmen allein die Gabel. ChinesInnen essen den klebrigen Reis mit Stäbchen, InderInnen denselben mit der Hand und US-AmerikanerInnen den lockeren Reis mit der Gabel. In Franken ist Rindfleisch mit Kren das Hochzeitsessen, in Österreich das Essen beim Begräbnis.

Speisepraktiken: Der Besuch in einer Pizzeria vermittelt uns italienische Lebensfreude und erinnert viele an ihren letzten Italienurlaub. Ähnlich ist es, wenn wir in einem griechischen Lokal Retsina trinken und Moussaka essen. Wir essen und trinken das jeweilige Land und die dort real gemachten oder fiktiv erträumten Erfahrungen mit (weswegen die Lokale stets landestypisch ausgestaltet sind).

Zeitliche Zugehörigkeit und Verortung

Speisenbenennungen: Wir sprechen von der chinesischen »Frühlingsrolle« und vom »Neujahrsessen« und nennen damit Zeiträume oder Zeitpunkte, die diese Speisen anzeigen. Vor allem aber sind es religiöse Feste, die im Namen von Speisen auftauchen:

Martins- und Weihnachtsgans, Christstollen und Weihnachtsplätzchen, Fastenbier und Osterei – immer sind die Zeiten für den Konsum dieser Speisen im Namen enthalten.

Speisenkategorien: Die Spargelzeit im April und Mai, die Erdbeeren im Juni, die Kürbiswochen im Herbst – trotz oder gerade wegen der Globalisierung und Entsaisonalisierung des Lebensmittelangebots in den Supermärkten gewinnen solche »geprägten« Zeiten auf dem Teller neue Bedeutung. Anders lässt sich der Boom des Spargels nicht erklären. Die Gans gehört in den Spätherbst und Winter, ebenso die »Wildwochen« in vielen Restaurants.

Speiserituale: Kaum in einem anderen Bereich fallen Speisenbenennungen, Speisenkategorien und Speiserituale so zusammen wie bei der zeitlichen Markierung durch Essen und Trinken: Am Martinstag muss es die Gans sein, an Weihnachten auch. Der Christstollen ist spätestens an Maria Lichtmess aufgegessen, dem vorkonziliaren Ende der Weihnachtszeit, und Ostern ohne Ostereier (reale und solche aus Schokolade) geht ebenso wenig wie der Geburtstag ohne Geburtstagskuchen. Neben diesen jahreszeitlichen Bezügen können Speiserituale auch Wochentage signalisieren: Mittwoch und Freitag sind in der christlichen Tradition fleischfrei, Samstag ist der Restetag, damit am Sonntag das Festtagsessen auf den Tisch kommen kann, von dem man meist auch noch am Montag isst. So jedenfalls galt es bis vor wenigen Jahrzehnten. Schließlich ist die Menüfolge von Frühstück, Mittagessen und Abendessen eine je andere – man erkennt die Tageszeit an dem, was auf den Tisch kommt.

Speisepraktiken: Wenn ich es richtig sehe, gibt es zur Codierung der zeitlichen Verortung nur wenige Praktiken, die nicht ritualisiert sind. Am ehesten sind noch für die Tageszeiten bestimmte nichtritualisierte Indikatoren denkbar. Müsli essen die meisten am Morgen, Wein trinken die meisten am Abend – wobei die Umkehrung nicht gelten muss, dass Müsli zum Frühstück oder Wein am Abend Pflicht sind.

Gruppenzugehörigkeit und -verortung

Speisenbenennungen: Nicht wenige Speisen tragen Gruppen im Namen – mit sehr unterschiedlichen Wertungen und Emotionen. Die Fastenspeise der »armen Ritter« mag Mitleid und Solidarität hervorrufen, jene der »Kartäuserklöße« Respekt, Bauernbrot, Holzfällersteak und Speisen nach »Hausfrauen Art« bezeichnen die Wertschätzung bodenständiger Qualität, während »Negerkuss« und »Zigeunerschnitzel« – obgleich heute politisch inkorrekt, noch immer vielfach verwendet – mindestens ambivalente Gefühle auslösen.

Speisenkategorien: Der Verzehr von Wildbret war aufgrund des Jagdprivilegs des europäischen Adels lange Zeit ein Statussymbol dieser Gruppe. Genau deswegen genoss der Wilderer im Volk hohe Sympathiewerte, weil er den Status des Adels infrage stellte. Heute gilt Kaviar als Symbol der Oberschicht. »Pfeffersäcke« waren ursprünglich die Händler der Hanse, heute sind damit reiche Leute gemeint. »Körnerfresser« sind umweltbewusste Menschen und gegebenenfalls die Angehörigen grüner Parteien. Aber auch die Altersgruppen sind über die Ernährung symbolisch codiert: Kinder und Jugendliche werden mit Milch, Kakao, Obstsaft, Limonade und allen Arten von Süßigkeiten assoziiert, Erwachsene mit Wein, höherprozentigen Spirituosen, Kaffee und bitter schmeckendem Gemüse. Auch die sozialen Schichten definieren sich teilweise über ihre präferierten Speisekategorien: Fleisch, früher ein Symbol der Oberschicht, ist in Deutschland zu einem Code der Unterschicht abgestiegen, die rund ein Viertel mehr davon konsumiert als die höheren Schichten (Bundesministerium für Ernährung, Landwirtschaft und Verbraucherschutz 2008b: 60–61). Schließlich markieren die Speisetabus mancher Kulturen oder Religionen die Zugehörigkeit ihrer Mitglieder.

Speiserituale: Die Aufnahme in die Handwerkerzunft wurde im Mittelalter ebenso mit Speise- und Trinkritualen vollzogen wie in jüngerer Vergangenheit die Mitgliedschaft in einer Studentenverbindung. Das gemeinsame Anschneiden der Hochzeitstorte ist ein sichtbares Symbol dafür, dass das Paar nun verheiratet ist. Auch die Tatsache, dass auf die Gleichheit des Geschirrs und Bestecks aller anwesenden Gäste an einer Tafel höchster Wert gelegt wird, ist ohne das darin verborgene Zugehörigkeitssignal nicht zu verstehen.

Speisepraktiken: Es dürfte wohl kaum eine Gruppe in der Gesellschaft geben, die nie miteinander isst und trinkt. Selbst in Unternehmen ist die Kantine keine lästige Nebensache und kein notwendiges Übel, sondern essenziell für den »team spirit« einer Belegschaft. Ein Vorgesetzter, der um die Kantine permanent einen Bogen macht, wird als distanziert oder elitär wahrgenommen.

Geschlechtszugehörigkeit und -verortung

Speisenbenennungen: Es gehört zu den erstaunlichen Beobachtungen, dass die Geschlechtszugehörigkeit in Speisenbenennungen kaum direkt angesprochen wird. Das mag einerseits daran liegen, dass zu der Zeit, als die Namen von Speisen und Getränken entstanden, auf die gender-Frage noch keine Aufmerksamkeit gelenkt wurde. Es könnte aber für moderne Speisenbenennungen auch mit einem unbewussten schlechten Gewissen zu tun haben: Eigentlich sollte man Männer und Frauen ja gleich behandeln. Dass man die Gleichberechtigung unterläuft, gibt man nicht gerne zu.

Speisenkategorien: Männer konsumieren in Deutschland circa sechsmal so viel Bier wie Frauen – 253 zu 39 Gramm pro Tag im Jahr 2008 (Bundesministerium für Ernährung, Landwirtschaft und Verbraucherschutz 2008b: 55). Daher rührt die zeitliche Nähe der Bierreklame im Fernsehen zur Übertragung von Fußballspielen. Beim Wein liegen die Frauen hingegen nur knapp hinter den Männern. Dafür gibt es je nach Charakter der Rebsorte typische Frauen- bzw. Männerweine. Auch Zigarettenmarken werden entweder für Frauen oder für Männer konzipiert und beworben. Schließlich übertrifft der Fleischkonsum der Männer in Mitteleuropa den der Frauen bei Weitem (in Deutschland 2007 im Mittel 103 Gramm pro Tag im Vergleich zu 53 Gramm pro Tag, siehe Bundesministerium für Ernährung, Landwirtschaft und Verbraucherschutz 2008b: 44). Umgekehrt essen Frauen weit mehr Gemüse und Salate. Monika Setzwein (2004: 117) weist darauf hin, dass es diese klaren Unterscheidungen zwischen typisch männlichen und typisch weiblichen Speisen erst seit dem 18. Jahrhundert gibt: Seitdem gelten als weiblich Speisen mit leichtem, süßlichem, mildem Geschmack, die keinen großen Aufwand beim Kauen und keine intensiven Reizungen hervorrufen. Als männlich gelten Speisen, die stark, deftig und schwer sind, einen zupackenden Biss brauchen und scharf, bitter und herb schmecken. Damit wird das Bild vom passiven und schwachen Geschlecht der Frau ebenso verstärkt wie das vom aktiven und starken Mann. Die Genderisierung der Speisen unterstreicht die Hierarchisierung zwischen Mann und Frau. So entsteht ein hermeneutischer Zirkel: Weiblich ist, was Frauen essen – Frauen essen, was als weiblich deklariert wird.

Speiserituale: Insbesondere der Umgang mit Fleisch ist stark gender-prägend und gender-geprägt. Das Anschneiden eines Bratens ist traditionell Männersache, das Grillen sowieso, und das beste Stück vom Braten bekommt noch immer der Mann. Liegt es vielleicht auch daran, dass das vegetarische Mahl der Eucharistie allen Deklarationen zum Trotz, man esse Fleisch und trinke Blut, mehr Frauen als Männer anzieht? Den Wein bekommen die Männer ja meistens ebenso wenig zu trinken wie die Frauen, selbst wenn es ein Männerwein ist! – Männerrunden treffen sich am Stammtisch im Wirtshaus, Frauenrunden beim Kaffeekränzchen daheim.

Speisepraktiken: Frauen achten weit mehr auf gesunde und maßvolle Ernährung als Männer. 20,7 Prozent der 15-jährigen Mädchen in Deutschland machten 2009/10 eine Diät, im Vergleich zu nur 8,5 Prozent der 15-jährigen Jungen (Health Behaviour in School-aged Children 2009/10: 3).

2.2.3
Lust und Wohlergehen

In der dritten Kategorie geht es um die symbolische Verknüpfung eines Nahrungsmittels oder eines Ernährungsvorgangs mit einer Vorstellung von Lust und Wohlergehen, mit dem Ziel, durch reale Teilhabe an dieser Speise symbolisch vermittelt auch Lust und Wohlergehen zu spüren. Lust signalisiert Wohlstand und Überfluss, die Abwesenheit von Lust suggeriert Mangel und Knappheit – egal ob diese real vorhanden sind oder nicht. Lustspeisen und -getränke wären physisch nicht lebensnotwendig, und genau das macht sie so attraktiv: In ihnen überschreitet der Mensch die Grenze des Unerlässlichen, des unbedingt Notwendigen. Hinzu kommt, dass sie rein physiologisch dazu prädestiniert sind, im menschlichen Gehirn Stimmungen des Wohlbefindens, des Glücks oder des Rausches zu erzeugen: Alkohol hebt, in Maßen genossen, die Stimmung ebenso wie die zuckerhaltigen Süßspeisen, die im Gehirn den Botenstoff Serotonin ausschütten.

Speisenbenennungen: Ob »Götterspeise«, »Liebestrank«, »Wellnesstee«, »Vitalweckerl« oder »Fitnesssalat« – gerade in der Gegenwart entwickeln sich vermehrt Namen, die den Wohlfühlwert von Speisen und Getränken zum Ausdruck bringen. »Muntermacher« und »Energieriegel« sollen bei Müdigkeit und Erschöpfung Lebendigkeit und Lebensfreude vermitteln. Und da alles, was Lust bereitet, durch die traditionelle christliche Moral in die Nähe der Sünde gebracht wurde, reden wir gerade im Zusammenhang lustbetonender Speisen und Getränke oft augenzwinkernd davon, dass wir »sündigen«. Allerdings haben auch frühere Zeiten bereits Namen für lustfördernde Speisen verwendet: Die Tomate wurde zum »Paradeiser«, der Met zum Trank der germanischen Götter und der Wein zum »Freudentrunk«.

Speisenkategorien: Schokolade und Süßspeisen, Kaffee und Wein, Knabbereien und Eiscreme sind nur einige der zahlreichen »Genussmittel«. Bis ins Mittelalter trug vor allem der Honig das Image von Glück und Erfüllung – und wurde nach der Entdeckung Amerikas vom Zucker abgelöst (Gerhard de Haan 1994).

Speiserituale: Dass Menschen einander bei einem Festmahl mit einem Glas Wein oder Sekt zuprosten und Gesundheit und Wohlergehen wünschen, ist sicher eines der auffälligsten Rituale. Aber auch das Riechen der »Blume« des Weins und das vorsichtige Schlürfen in winzigen Schlucken zeigen an, dass es hier nicht um die Erfüllung eines elementaren Grundbedürfnisses, sondern um das ausgiebige Genießen eines überfließenden Geschenks geht. Ebenso werden Tee und Kaffee geschlürft. Und die englische Tea Time ist ein faszinierendes Ritual der Gemütlichkeit.

Speisepraktiken: Viele Menschen trösten sich in traurigen Momenten mit Nahrungsmitteln oder Getränken, die die Stimmung heben. Nach großen Leistungen und Anstrengungen »belohnen« sie sich ebenfalls mit derartigen Produkten.

2.2.4

Sicherheit und Geborgenheit

In der vierten Kategorie geht es um die symbolische Verknüpfung eines Nahrungsmittels oder eines Ernährungsvorgangs mit einer Vorstellung von Sicherheit und Geborgenheit, mit dem Ziel, durch reale Teilhabe an dieser Speise symbolisch vermittelt auch diese Sicherheit und Geborgenheit zu spüren. Mitunter kann ein übersteigertes Sicherheitsbedürfnis dazu führen, dass Lebensmittel und Ernährungsgewohnheiten zum Fetisch werden. Ohne sie geht es aus der Wahrnehmung des betreffenden Menschen nicht mehr. Er wird abhängig und fixiert sich auf diese Speisen oder Gewohnheiten.

Das Bedürfnis von Sicherheit in puncto Ernährung hat eine sehr reale Grundlage: Die Ernährungssicherheit, also die Sicherheit, jeden Tag genügend Nahrung zur Verfügung zu haben, ist aus Überlebensgründen für jeden Menschen und jede Gesellschaft oberste Priorität. Auch wenn die Menschen in den Industrieländern diese Sorge kaum noch kennen, ist sie im kollektiven Unbewussten ihrer Gesellschaften tief verankert. In der ersten »Wir-Bitte« des Vaterunsers ist sie direkt angesprochen und zeigt, dass sie für betende ChristInnen die wichtigste und unerlässliche Sorge darstellt. An zweiter Stelle – und auch das erfahren die Menschen in den Industrieländern mit schöner Regelmäßigkeit – geht es um Lebensmittelsicherheit: Lebensmittel sollen gesund sein, nicht vergiftet oder gesundheitsgefährdend. Die Folgen von Lebensmittelskandalen um BSE, Gammelfleisch oder andere verdorbene oder minderwertige Lebensmittel sind winzig verglichen mit den Folgen des Straßenverkehrs. Aber die öffentliche Erregung darüber ist weit größer und intensiver als die über Unfallstatistiken. Das zeigt, dass der Mensch Ernährungsfragen mit weit stärkerer Emotionalität begegnet als anderen vergleichbar lebenswichtigen Fragen. Für die Frage nach einem ethisch verantworteten Umgang mit der Ernährung wird dies zu berücksichtigen sein.

Die symbolische Codierung von Ernährungsmitteln und -vorgängen in der Kategorie Sicherheit geht weit über die realen Notwendigkeiten der Ernährungs- und Lebensmittelsicherheit hinaus. Diese sind gleichsam der harte Kern für Verlässlichkeit und Geborgenheit in zwischenmenschlichen Beziehungen, die oft ebenfalls durch Ernährungsvorgänge symbolisiert werden.

Speisenbenennungen: Der »Beruhigungstee«, die Nüsse als »Nervennahrung« und das »Betthupferl« signalisieren Schutz und Sicherheit in prekären, oft angstbesetzten Momenten. Ein »Schlaftrunk« dient denen, die sich vor unruhigen Nächten und aufwühlenden Alpträumen fürchten. Die »Friedenspfeife« der Indios hat es in der Westernliteratur zu Berühmtheit gebracht.

Speisenkategorien: Der Kaffee am Morgen – oft zugleich ein Ritual – lässt den Tag gelingen, fällt er hingegen aus, »geht es ja schon gut los«. Ein Stück Schokolade bei Frust, Trauer oder Depression ist für viele Menschen zum Automatismus geworden und lässt sie ihre Handlungsfähigkeit und Selbstsicherheit zurückgewinnen. Baldrian- oder Kamillentee gelten gemeinhin als hoch wirksame Beruhigungsmittel.

Speiserituale: Eine uralte Regel besagt: Dem, mit dem man gegessen hat, darf man nichts Böses mehr antun – das Mahl ist ein Friedenssymbol, das eine neue Wirklichkeit stiftet. Höchster Strafe verfiel in vormoderner Zeit, wer dagegen verstieß. Zwar ist diese Regel heute so explizit nicht mehr in Kraft, doch die Mähler der PolitikerInnen miteinander, über die in den Medien detailliert berichtet wird (was haben sie gegessen?, wer hat neben wem gesessen?), knüpfen an diese alte Tradition an: Haben sie gut miteinander gespeist, dann signalisiert das ihren Völkern Sicherheit und Frieden – wirksamer als alle erzielten Verhandlungsergebnisse.

Speisepraktiken: Die meisten Menschen haben sich für Situationen der Verunsicherung und Angst ihre persönliche Ernährungsstrategie zugelegt. Ob sie dann nach einem Stück Schokolade greifen, einen Tee trinken oder eine Zigarette rauchen, immer geht es um die emotionale Beruhigung. Lebensmittel werden zu Quasi-Therapeutika, nehmen Angst und Anspannung und bringen eine vorübergehend verlorene innere Stärke zurück. Und auch die Art und Weise, wie man das beruhigende Lebensmittel in solchen Situationen zu sich nimmt, ist meist stark standardisiert.

2.2.5
Kulturabhängigkeit und naturale Unbeliebigkeit symbolischer Codes

Die Sprache symbolischer Codes ist – das dürfte hinreichend bewusst geworden sein – zu einem erheblichen Teil kulturbedingt. In Asien oder Afrika gelten andere Codes als in Europa, in Deutschland andere als in Frankreich, im Islam andere als im Christentum. Und doch gibt es kulturübergreifende Aspekte der Codierungen. Diese hängen meist eng mit »der Natur der Sache« zusammen: Fleisch hat verglichen mit pflanzlicher Nahrung die höhere Energiedichte (Prestige und Macht), setzt das Töten eines Tieres voraus (ebenfalls Prestige) und hat als Braten meist bessere und schlechtere Stücke (wiederum Prestige). Schokolade, Süßigkeiten und Kaffee setzen im Gehirn Botenstoffe frei, die uns ein Gefühl des Trostes und der Zufriedenheit vermitteln (Lust). Alkoholika versetzen uns schon lange vor dem echten Rausch in eine Leichtigkeit, die Wohlergehen und Glück signalisiert (Lust). Man mag den Prestige- und Machtfaktor von Fleisch oder den Lustfaktor von Süßigkeiten und Alkohol unterschiedlich bewerten und einordnen. Man wird aber kaum behaupten können, dass Fleisch nicht Prestige codiere oder Süßigkeiten und Alkohol nicht Lust. Darin dürften sich alle Kulturen eins sein.

Diese Zuordnung von Kulturbedingtheit und naturaler Unbeliebigkeit symbolischer Codes entspricht erkenntnistheoretisch einem gemäßigten Konstruktivismus. Während der radikale Konstruktivismus alle Wirklichkeit als reines gesellschaftliches Konstrukt betrachtet und ihr jede Beziehung zu einer vorgegebenen »Natur« abspricht, nimmt der gemäßigte Konstruktivismus an, dass Kultur die Natur überformt. Es gibt für ihn keine »reine Natur«, die nicht kulturell gestaltet wäre, aber auch keine »reine Kultur«, die nicht naturbasiert wäre. Dabei ist es methodisch oft höchst komplex, das natürlich Gewachsene und das kulturell Gestaltete einer Codierung zu unterscheiden. Denn Menschen lernen die Codierungen der Ernährung und ihre (Be-)Deutung wie gesagt von Kindesbeinen an, teilweise noch vor der gesprochenen Sprache. Es bedarf daher eines hohen Maßes an hermeneutischem Aufwand, um gedanklich hinter diese Lernprozesse zurückzugehen und die beiden Dimensionen voneinander zu unterscheiden, die als de facto schon immer verbundene erlebt werden. Diese Hermeneutik, die dem oben beschriebenen strukturalistischen Ansatz der Soziologie nahekommt, muss im Folgenden geleistet werden.

2.2.6
Zum Verhältnis von
symboltheoretischen und systemtheoretischen Modellen

Die vier dargestellten Kategorien symbolischer Codierung der Ernährung sind relativ formal und partikular gefasst. Sie beschreiben eng eingegrenzte, »einfache« Aspekte symbolischer Codierung. Durch ihre je unterschiedliche Zusammensetzung entsteht aber eine große Fülle komplexer holistischer Lebensstilmuster. Erst diese Letzteren können im Vollsinn des Wortes als Ernährungsgestalten angesprochen werden. Ein mittelalterlicher Adeliger, ein christlicher Mönch, ein moderner Anhänger der Umweltbewegung – sie alle haben je eigene Muster entwickelt, wie sie ihren Speisencode in den vier Dimensionen so ausbuchstabieren, dass daraus ein zumindest in der Eigenwahrnehmung stimmiges Ganzes entsteht.

Diesen strukturalistischen und symbol- bzw. identitätstheoretischen Erklärungsmodellen stehen in der Soziologie funktionalistische bzw. systemtheoretische Modelle gegenüber. Oft werden sie gegeneinander in Stellung gebracht. Mir scheint aber ein Miteinander unumgänglich, wenn man die genuinen methodischen Reduktionen der beiden Modellfamilien betrachtet. Gleichzeitig kann die erkenntnis- und wissenschaftstheoretische Verortung beider Modellfamilien zeigen, wie sie sachgerecht miteinander in Verbindung gebracht werden können. Dies muss im Methodenkapitel unbedingt angedeutet werden.

Symboltheoretische Modelle, wie ich sie vereinfachend nennen möchte, betrachten den Menschen und die Gesellschaft aus der Erste-Person-Perspektive von TeilnehmerInnen. Sie fragen nach Interpretationen und Bedeutungen und versuchen, das menschliche Selbstverständnis zu erhellen. Dafür benötigen sie die Wahrnehmung von Strukturganzheiten, von (Lebens-)Gestalten. Zu diesem Behufe blenden sie methodisch bewusst die Dritte-Person-Perspektive von BeobachterInnen aus. Sie fragen nicht nach dem Funktionieren eines Menschen oder einer Gesellschaft, so als wären diese seelenlose Maschinen. Sie gehen vielmehr vom freien Menschen als autonom handelndem Individuum aus, das nach einem sinnerfüllten Leben fragt und dieses zu verwirklichen sucht.

Systemtheoretische Modelle, wie ich sie ebenfalls pauschalisiert nennen möchte, betrachten den Menschen und die Gesellschaft aus der Dritte-Person-Perspektive von BeobachterInnen. Sie fragen nach Funktionen und Mechanismen und versuchen, das Zwangsläufige des menschlichen Verhaltens zu erhellen. Dafür benötigen sie die Wahrnehmung von isolierten, heraussezierten Einzelprozessen. Zu diesem Behufe blenden sie methodisch bewusst die Erste-Person-Perspektive von TeilnehmerInnen aus. Sie gehen vom Menschen als durch Gesellschaft vollständig determiniertem Individuum aus, das wie ein Rädchen in einem Getriebe funktioniert. Sie fragen nach dem Funktionieren von Menschen und Gesellschaften unter der methodischen Annahme, diese wären seelenlose Maschinen.

Beide Modelle arbeiten – weil das gar nicht anders geht – mit einer je eigenen methodischen Reduktion. Diese Reduktionen sind nicht aufeinander rückführbar, weshalb die Perspektiven autonom bleiben, doch sie sind komplementär. Eine umfassende Sicht der Wirklichkeit ist nur durch die Verbindung beider Perspektiven zu gewinnen. Genau das bedeutet Konstruktivismus: durch Dekonstruktion und Rekonstruktion die beiden sich gegenseitig ausschließenden Perspektiven zusammenzubringen. Dabei wird die umfassende Perspektive allerdings immer die Erste-Person-Perspektive bleiben. Denn ein Lebensvollzug in nahezu reiner subjektiver Unmittelbarkeit (Erste-Person-Perspektive) ist prinzipiell denkbar. Ein Lebensvollzug in völliger objektiver Distanz hingegen ist ein Widerspruch in sich – es wäre kein Lebensvollzug mehr.

Offenkundig ist, dass die symboltheoretischen Modelle reichere Erklärungen bieten. Sie sind vielschichtiger und erlauben die Abbildung von Qualitäten, die in systemtheoretischen Modellen per definitionem unzugänglich sind. Diese ihrerseits stellen

Quantitäten dar, die in Symbolkategorien nicht fassbar wären und doch entscheidenden Einfluss auf menschliches Verhalten haben. Der Mensch ist nicht völlig frei, sondern vielfach von außen bestimmt.

Damit wird nun auch deutlich, was der Wahrheitsgehalt marxistischer und existenzialistischer Kritik am Strukturalismus eines Claude Lévi-Strauss ist: Ja, symboltheoretische Modelle wie der Strukturalismus sind in gewissem Sinne »systemblind« und neigen ungewollt dazu, bestehende gesellschaftliche Strukturen zu belassen, wie sie sind. Sie verstehen ja deren Mechanismen nicht, können sie also auch nicht verändern. Hier haben systemtheoretische Ansätze ihren unersetzlichen Wert. Umgekehrt muss aber auch deren Begrenzung gesehen werden: Allzu leicht meinen sie nämlich, die Veränderung eines bestimmten gesellschaftlichen Mechanismus würde alle sozialen Probleme lösen, die mit diesem in Verbindung stehen. Das Leben ist aber komplizierter.

Machen wir es konkret: Im Feld der Soziologie begegnen uns derzeit vor allem zwei funktionalistische Diskurse:
- der Diskurs von Macht und Ohnmacht,
- der Diskurs von Inklusion und Exklusion.

Beide Diskurse haben im Laufe der letzten hundert Jahre eine enorme Wirkmacht gewonnen. In einer von technischem Denken geprägten Welt besitzen mechanistische Erklärungen hohe Plausibilität. Und ich will gar nicht bestreiten, dass diese beiden Diskurse Großes geleistet haben und noch immer leisten. Doch sollten wir uns der Grenzen ihrer BeobachterInnenperspektive sehr wohl bewusst bleiben. Wenn sich ein Deutscher und ein Italiener begegnen, hat diese Begegnung eine weit umfassendere Bedeutung als es in Begriffen von Macht und Ohnmacht, Inklusion und Exklusion zu fassen ist. Und wenn ein Mensch mit Behinderung in eine Regelschule integriert werden soll, stellen sich oft weit komplexere Herausforderungen, als es uns die simple mechanistische Rhetorik von Inklusion und Exklusion vorgaukelt.

Die beiden systemtheoretischen Diskurse von Macht und Ohnmacht sowie von Inklusion und Exklusion spielen selbstverständlich auch für eine Ernährungsethik eine prominente Rolle. Es fällt allerdings auf, dass sie nur zwei der vier Kategorien symbolischer Codes in die funktionalistische BeobachterInnenperspektive übersetzen:

- Ansehen und Prestige konstituieren funktionalistisch gewendet den Machtdiskurs.

- Zugehörigkeit und Verortung entsprechen der funktionalistischen Debatte von Inklusion und Exklusion.

Die beiden anderen Kategorien symbolischer Codes, die uns strukturalistische Theorien anbieten, haben, soweit ich sehe, keine Entsprechung im funktionalistischen

Denken gefunden. Auch das sollte uns vorsichtig machen, sie nicht überzubewerten. Gleichwohl, ich wiederhole es, bleiben sie eine unerlässliche und wertvolle Ergänzung, auf die ich in der weiteren Abhandlung regelmäßig zurückkommen werde.

2.3
Werte und Tugenden
als ethischer und spiritueller Gehalt der Symbole

»Erst kommt das Fressen, dann die Moral«, heißt es in Bert Brechts berühmter Dreigroschenoper (Bert Brecht 1997: 247). An dem pointierten Brecht'schen Impuls, dass man dem Hungernden keine langen Moralpredigten halten darf, sondern ihm erst einmal zu essen geben muss, ist nichts auszusetzen. Aber das heißt nicht, dass Essen und Trinken eine ethisch neutrale Zone wären. Im Gegenteil: Beim Essen und Trinken ist die Moral immer schon dabei (so der Gedanke auf dem Klappentext des Buchs von Alexander Schuller/Jutta Anna Kleber [Hg.] 1994). Und zwar nicht nur in Gestalt jener Normen, die sich unmittelbar auf die Nahrungsmittel und die Tischgemeinschaft beziehen. Nein, Essen und Trinken transportieren die gesamte Moral einer Gesellschaft oder Religion, einer Familie oder Gruppe. Woran liegt das?

Symbole sind sinnlich und richten sich daher weniger an das Denken der Beteiligten. Anders als Sprache wirken sie viel stärker auf Emotionen ein. Weil es aber die Gefühle sind, in denen sich die grundlegenden Werterfahrungen von Menschen speichern und abbilden (vgl. die neurowissenschaftliche These der »somatischen Marker« in Antonio Damasio 1997: 227–273), haben Symbole einen viel größeren Einfluss auf das moralische Verhalten von Menschen als abstrakte ethische Gebote oder Lehrsätze. Symbole sagen nicht nur etwas, sie tun und bewirken etwas. In ihnen werden Wertkonflikte nicht aus sicherer Distanz rein theoretisch angesprochen, sondern ganz lebenspraktisch ausgetragen und befriedet. Gerade aus ethischer Perspektive ist es daher unerlässlich, das Augenmerk auf Symbole und ihre Wertgehalte zu richten. Symbole sind privilegierte Erkenntnisorte für die theologische und philosophische Ethik.

Diese hohe Bedeutung der Symbole für die Ethik wird noch kaum wahrgenommen. Aufgrund des stark rationalistisch geprägten Ansatzes der zeitgenössischen Ethik, die sich noch immer vorwiegend am Denken der Aufklärung orientiert, sei es am Utilitarismus Benthams, sei es an der Ethik Kants, ist der Zugang zu vorwiegend emotional funktionierenden Symbolen zumindest erheblich erschwert, wenn nicht gar blockiert. Damit zusammen hängt die moderne Tendenz, die Tugendethik zugunsten der Normethik zu vernachlässigen – eine Tendenz, die in den letzten beiden Jahrzehnten zunehmend infrage gestellt wird. Tugenden sind Modelle, Bilder von ganzheitlichen Werthaltungen. Sie repräsentieren Strukturganzheiten und skizzieren damit

Lebensgestalten. Damit stehen sie Symbolen weitaus näher als Normen, die sich auf den Spezialfall einer sehr konkreten Situation beziehen, für die sie eine Verhaltensregel angeben.

Tugenden (und in Korrespondenz natürlich auch Laster) werden in Symbolen dargestellt. Das geteilte Brot kann für Geschwisterlichkeit stehen. Das gleiche Geschirr und Besteck aller TischgenossInnen wird als Zeichen von Gleichheit und Gerechtigkeit verstanden. Das Essen an einem Tisch bedeutet Respekt und Anerkennung. Aber auch: Nichtgeteiltes Essen steht für fehlende Geschwisterlichkeit, mangelnde Gerechtigkeit und verweigerte Anerkennung.

Dieses Potenzial der Symbole – so eine zentrale These dieses Buchs – haben sich alle Kulturen und Religionen je schon zunutze gemacht, um in den Vorgang der Ernährung die Deutung von Werten und Unwerten hineinzulegen. Und sie haben – so der zweite Teil dieser These – mittels dieser Wertdeutung der Ernährung die vier Kategorien symbolischer Codierung zu interpretieren versucht. Zunächst einmal sind diese vier Kategorien ja rein deskriptiv zu verstehen: Sie beschreiben Realitäten von Ansehen und Bedeutungslosigkeit, Zugehörigkeit und Ausschluss, Lust und Leid, Geborgenheit und Unsicherheit. Aber dabei bleibt es nicht. Gleichursprünglich wird ihnen immer schon eine Bewertung mitgegeben, denn Symbole transportieren Emotionen, und Emotionen verweisen auf Werte.

Dabei kann es dank der ungeheuren menschlichen Kreativität gelingen, etwas, das auf den ersten Blick einen Wertmangel darstellt, in einen Wertüberschuss umzudeuten. Es passiert ständig eine »Umwertung von Werten«. Am Beispiel der christlichen Askese sei das kurz gezeigt: An sich bedeutet Askese Imageverlust, Unlust, Nichtzugehörigkeit zur Durchschnittsgesellschaft, Verunsicherung. Doch sie wird umgedeutet in eine Erfahrung von Prestige und Lust, Zugehörigkeit und Sicherheit. Da wird das Wasser zum »Gänsewein« (Lust), die Fastenspeise gebackenen trockenen Brots zu »Kartäuserklößen« (Prestige), das simple Freitagsgericht zum »Kaiserschmarren« (Prestige). Das Fasten als solches wird in der modernen Diktion zur »Reinigung« und zum »Heilfasten« (Wohlergehen), und überlieferte Fastenregeln vermitteln durch ihre alljährliche Wiederholung Geborgenheit und zeitliche Verortung. Auch die moderne säkulare Askese deutet um: Ökologisch – fair – saisonal – regional (vgl. Kapitel 8.4) sind positive Umdeutungen von Einschränkungen im Rahmen der vier Kategorien symbolischer Codierung.

Welche ethischen Werte oder Tugenden werden in den zahlreichen Vorgängen der Ernährung ganz besonders symbolisch codiert? Was ist gleichsam das ethische Grundraster, mit dem ich in den folgenden Kapiteln auf die Ernährung schauen werde? Und: Wie beziehen sich diese Tugenden auf die vier soziologischen Symbolkategorien, wie sie Teuteberg dargelegt hat? Im Folgenden möchte ich acht Tugenden nennen, von denen sich je zwei vorrangig auf eine der Symbolkategorien beziehen:

- Dankbarkeit und Demut in Bezug auf die Kategorie von Ansehen und Prestige;
- Ehrfurcht und Gerechtigkeit in Bezug auf die Kategorie von Zugehörigkeit und Verortung;
- Maßhaltung und Genussfähigkeit in Bezug auf die Kategorie von Lust und Wohlergehen;
- Gelassenheit und Hingabe in Bezug auf die Kategorie von Sicherheit und Geborgenheit.

2.3.1
Dankbarkeit als Wertschätzung des Gegebenen

Dankbarkeit ist die momentane und dauerhafte Anerkennung und Wertschätzung dessen, was einem unverdient zukommt, was einem also (auf-)gegeben worden ist. Damit Dankbarkeit entstehen kann, braucht es zunächst Nachdenklichkeit im wörtlichen Sinne des Nach-Denkens und anschauliche Erinnerung an das Empfangene. Ohne Gedächtnis (hebräisch zikkaron) kann Dankbarkeit nicht wachsen. Aber anders als Groll und Hader bejaht die Dankbarkeit das Gegebene als einen Teil der insgesamt guten eigenen Lebenswirklichkeit.

Die *Blickrichtung* der Dankbarkeit geht nach außen, denn sie ist die ethisch gute Antwort auf die Frage: Woher empfange ich? Was empfange ich? Dabei weiß die Dankbarkeit durchaus nicht nur das vordergründig Gute zu würdigen, sondern auch das Schwere und Dunkle. Rückblickend kann es dankbar angenommen werden, weil es die eigene Persönlichkeit hat reifen und wachsen lassen und weil es Teil des eigenen Lebens geworden ist. Dankbarkeit ist die andere Seite der *Demut*: Während Demut den Blick nach innen auf die eigene Bedürftigkeit richtet, schaut die Dankbarkeit nach außen und entdeckt das Empfangene als Reichtum.

Gemeinsam mit der Demut interpretiert und formt die Tugend der Dankbarkeit vor allem den Aspekt von *Ansehen und Prestige*. Der dankbare Mensch erkennt: Ich empfange unverdient, ohne vorher gegeben zu haben. Ich habe nicht die Macht, alles aus eigener Leistung zu erwerben oder zu »machen«. Der Dankbare gesteht die fundamentale Begrenzung eigener Mächtigkeit ein und erkennt zugleich die Macht der gebenden Instanz, gleich ob er sie im Letzten »das Schicksal« nennen mag, »das Leben«, »die Natur« oder eben »Gott«, und gleich ob er konkret an die eigenen Eltern denkt, von denen er vieles unverdient empfangen hat, an das ihm Nahrung gebende Tier oder die Pflanze, an die alle Lebewesen tragende »Mutter« Erde oder etwas anderes.

Gerade die *Ernährung* kann das unverdient Gegebene bestens repräsentieren. Denn selbst der Landwirt kann zwar den Boden bereiten, säen, pflegen und ernten, aber wachsen lassen kann er nicht. Dankbarkeit verweist an andere Instanzen, und das ist für ein Geschöpf, das sich von Stoffen ernähren muss, die es nicht selber schon verkörpert, unumgänglich.

2.3.2
Demut als Freiwerden in Begrenzungen

Demut ist die freie und bejahende Anerkennung der eigenen Begrenztheit und Abhängigkeit, Zerbrechlichkeit und Sterblichkeit als einer guten Eigenschaft des Geschöpfseins. Damit bedeutet Demut zunächst eine nüchterne und realistische Selbsteinschätzung, ist dabei aber keineswegs resignativ, sondern erspürt und erkennt die positive Seite des Begrenztseins aller irdischen Wirklichkeit. Demut, lateinisch humilitas, leitet sich ab von humus, Erde. Demut meint also Erdverbundenheit, ein Am-Boden-Bleiben, ein Mit-beiden-Beinen-auf-dem-Boden-Stehen. Demut weiß: Als Geschöpf ist der Mensch von der Erde genommen, nährt sich von der Erde und ihren Gaben und kehrt am Ende zur Erde zurück (Gen 3, 19) – und das ist gut so!

Die *Blickrichtung* der Demut wendet sich nach innen, denn sie bringt die Erkenntnis: »Was hast du, das du nicht empfangen hättest? Wenn du es aber empfangen hast, warum rühmst du dich, als hättest du es nicht empfangen?« (1 Kor 4, 7) In der frühen Kirche haben viele Theologen die Demut als die wahre Selbsterkenntnis bezeichnet (zum Beispiel Aurelius Augustinus, In Iohannis Evangelium tractatus 25, 16). Doch gerade im nüchternen Annehmen der eigenen Grenzen und Hinfälligkeiten liegt die Wahrnehmung ihres Werts: Knappe Güter sind wertvoll, und umso wertvoller, je knapper sie sind. Demut ist damit die andere Seite der *Dankbarkeit* – nur der Demütige, Erdverbundene kann dankbar sein.

Gemeinsam mit der Dankbarkeit interpretiert und formt die Tugend der Demut vor allem den Aspekt von *Ansehen und Prestige*. Der demütige Mensch erkennt seine eigene Machtlosigkeit, ja Ohnmacht, aber er erlebt das als befreiend. Um gut leben zu können, braucht man nicht mit Gewalt Macht an sich reißen oder ihr mit aller Kraft nachjagen. Der Demütige hat begriffen, dass er schwach und begrenzt sein darf und dass darin eine Chance zu einem größeren Reichtum des Lebens liegt.

Gerade der *Ernährungsvorgang* ist ein privilegierter Ort der Erfahrung eigener Ohnmacht: Der Essende muss anderes Leben zerstören, um selbst leben zu können. Er ist gezwungen, sich auf Kosten anderer Lebewesen am Leben zu halten. Demut bedeutet das liebende, schweigende Vertrauen darauf, dass das gut ist und seinen Sinn hat – auch wenn der sich dem menschlichen Verstand nicht erschließen kann.

Ehrfurcht als Zurücktreten vor dem Geheimnis

Ehrfurcht ist das andächtige Staunen und scheue Zurücktreten vor dem Du des anderen Geschöpfs, dessen unergründliches und unverfügbares Geheimnis man ahnt, aber in seiner Unantastbarkeit belässt und schätzt. Ehrfurcht bedeutet vor allem den Verzicht auf völlige Verzweckung und restlose Inbesitznahme eines Mitgeschöpfs. Sie lässt dem anderen Seienden Raum, damit sich dieses entfalten und verwirklichen kann. Wissend um dessen Sensibilität und Zerbrechlichkeit bemüht sich die Ehrfurcht, das andere Seiende »mit Samthandschuhen anzufassen« und selbst das scheinbar nichtigste Seiende wie einen kostbaren Schatz zu behandeln.

Die *Blickrichtung* der Ehrfurcht wendet sich nach außen, schaut auf die Größe und Unergründlichkeit des Du. Nach innen gewendet entspricht ihr die *Genussfähigkeit*, die die Faszination und den Reichtum des Anderen als Wert erfährt und als Bereicherung der eigenen Identität in sich aufnimmt. Wer zu genießen gelernt hat, wird durch jede Erfahrung und jede Begegnung ehrfürchtiger. Der Ehrfürchtige erkennt die Kostbarkeit eines Seienden an sich, der Genussfähige nimmt diese Kostbarkeit für sich wahr und in sich auf.

Die *Handlungsform* der Ehrfurcht besteht eher in einem passiven Seinlassen. Primär wird im Begriff der Ehrfurcht, der Achtung oder des Respekts das angesprochen, worauf man verzichtet – aus einer gesunden und realistischen »Furcht« heraus, das Du verletzen oder zerstören zu können. Ehrfurcht ist damit das passive Gegenstück zur Tugend der *Gerechtigkeit*, die sich aktiv für das Wohlergehen der anderen Seienden einsetzt und jedem das Seine zu geben bemüht ist. Nur die, vor denen man Respekt hat, wird man gerecht behandeln. Gerechte Behandlung aber beweist den Respekt vor den so Behandelten.

Gemeinsam mit der Gerechtigkeit interpretiert und formt Ehrfurcht vor allem den Aspekt von *Verortung und Zugehörigkeit*: Im Respekt wird dem Du eine fundamentale Eigenständigkeit und Eigengesetzlichkeit zugesprochen, die als Grund von Gleichheit und Zusammengehörigkeit fungiert. Das autonome Ich spricht dem autonomen Du seine Achtung aus – beide begegnen einander auf Augenhöhe und sind einander verbunden.

Gerade *Essen und Trinken* drängen auf vielfältige Weise zur Ehrfurcht: Der Ehrfurcht vor dem Lebensmittel, das verzehrt wird, und seinen Resten; vor den Lebewesen, die uns nähren – mit ihrer Milch, ihren Eiern, ihrem Fleisch und Blut; vor dem Lebenshaus Erde, das alles Wachsen und Gedeihen beheimatet und ermöglicht; vor allen, die das Lebensmittel von Acker und Stall über Supermarkt und Küche bis zu Tisch und Teller bereiten; vor den TischgenossInnen; und für gläubige Menschen auch und vor allem, aber keineswegs allein vor dem Schöpfergott.

2.3.4
Gerechtigkeit als unparteiliches Engagement

Gerechtigkeit ist das feste und beständige Bestreben, jedem das Seine zukommen zu lassen (Platon, Politeia IV 433e) und umgekehrt von jedem das Seine zu verlangen (Platon, Politeia IV 433a). Gerechtes Handeln zielt auf ein Geben, das niemandem zu viel, aber auch niemandem zu wenig gibt, und auf ein Nehmen, das von niemandem zu viel, aber auch von niemandem zu wenig verlangt. Das Geben soll den Bedürfnissen, das Nehmen den Fähigkeiten und Möglichkeiten des Anderen entsprechen.

Die *Blickrichtung* der Gerechtigkeit wendet sich nach außen und schaut auf die (Austausch-)Beziehungen zwischen Individuen und Institutionen. Sie versucht, im Spannungsfeld von Gemeinwohl und Einzelwohl für jeden Konfliktfall einen angemessenen Ausgleich zu erwirken. Gerechtigkeit ist folglich die Zwillingsschwester der nach innen gerichteten *Maßhaltung*, die ihrerseits bemüht ist, die eigenen Bedürfnisse des Handelnden in einem verantwortbaren Rahmen zu halten.

Die *Handlungsform* der Gerechtigkeit besteht in einem aktiven, ja oft leidenschaftlichen Engagement. Primär wird im Begriff der Gerechtigkeit das unparteiliche Eintreten für die Benachteiligten und Vergessenen angesprochen. Gerechtigkeit ist damit das aktive Gegenstück zur *Ehrfurcht*, die ihrerseits vor allem in einem passiven Verzicht auf übergriffige, sich bemächtigende Handlungen besteht. Nur die, die man gerecht behandelt, können sich respektiert fühlen. Ungerechte Behandlung impliziert immer auch einen Mangel an Respekt.

Gemeinsam mit der Ehrfurcht interpretiert und formt die Gerechtigkeit den Aspekt von *Verortung und Zugehörigkeit*: Gerechte Behandlung impliziert die formale Gleichheit aller (die klassische iustitia legalis). Gerade weil alle formal gleich sind, dürfen sie aufgrund ihrer Unterschiedlichkeit material nicht gleich behandelt werden. Jedem das Gleiche zu geben und von jedem das Gleiche zu verlangen wäre in höchstem Maße ungerecht. Die Konsequenz formaler Gleichheit ist es, jedem etwas anderes, ihm entsprechendes zuzugestehen.

Das Phänomen der *Ernährung* verlangt auf vielfältige Weise Gerechtigkeitsmaßstäbe. Schon soziale Tiere entwickeln ein komplexes Regelwerk der Nahrungsverteilung, das keineswegs die stärkeren Individuen immer begünstigt – im Gegenteil! Erst recht wird unter Menschen die Gerechtigkeitsfrage gerade dann besonders virulent, wenn sie miteinander am selben Tisch sitzen und aus derselben Schüssel speisen. Nichts ist emotional auch nur annähernd so sensibel wie die gerechte Verteilung der Lebensmittel.

2.3.5
Maßhaltung als Zusammenklingen mit der Schöpfung

Als Maßhaltung bezeichnet man seit der griechischen Antike das feste Bemühen, die eigenen Ansprüche (ψυχή) mit den Ansprüchen der anderen Menschen (πόλις) und der nichtmenschlichen Geschöpfe (κόσμος) in Einklang (συμφωνία, vgl. Platon, Politeia IV 430e) zu bringen. Maßhaltung ist also durch das Zusammenleben der Geschöpfe und das Teilen der Ressourcen auf einem endlichen Planeten motiviert und begründet. Wo sie gelingt, führt sie zu mehr als nur einem passiven Lebenlassen der Anderen, nämlich zu einem wunderbaren Zusammenklingen, einer großartigen Symphonie, die gegenüber der Summe aller Einzelstimmen ein gewaltiges Plus bedeutet. Mehr als alle anderen Tugenden bringt schon der Begriff der Maßhaltung immanent zum Ausdruck, dass er auf einen Mittelweg zwischen charakterlichen Extremen abzielt. Maßhaltung ist die gesunde Mitte zwischen Gier und Völlerei auf der einen und übertriebener, leib- und lustfeindlicher Askese auf der anderen Seite.

Die *Blickrichtung* der Maßhaltung wendet sich nach innen und prüft die eigenen Ansprüche darauf, ob sie wirkliche, nicht oder nur schwer verzichtbare Bedürfnisse darstellen und ob bzw. wie sie sich mit den Bedürfnissen aller anderen abgleichen lassen. Sie versucht, im Spannungsfeld von Gemeinwohl und Einzelwohl für jeden Konfliktfall eine angemessene Selbstbeschränkung zu erwirken. Maßhaltung ist folglich die Zwillingsschwester der nach außen gerichteten *Gerechtigkeit*, die ihrerseits bemüht ist, aktiv den intcrindividuellen Ausgleich zu verwirklichen, wo dieser »von Natur aus« nicht gegeben ist.

Gemeinsam mit der *Genussfähigkeit* interpretiert und formt die Maßhaltung den Aspekt von *Lust und Wohlergehen*: Während die Maßhaltung aber die Lust quantitativ erfasst und die gesunde Mitte ihres Maßes bestimmt, zielt die Genussfähigkeit auf die qualitative Seite der Lust, bei der es nie ein Zuviel, sondern nur ein Zuwenig geben kann. Die Logik des beliebten Slogans »weniger ist mehr« rekurriert auf diese Verbindung: Ein Weniger an konsumierten Gütern kann ein Mehr an Genussfähigkeit erzeugen, weil die Lust nicht im Überfluss erstickt, sondern zum immer intensiveren Schmecken und Kosten animiert wird. Gerade *Essen und Trinken* sind seit der griechischen Antike mit der Maßhaltung in Verbindung gebracht worden. Aristoteles bezieht die Maßhaltung sogar ausschließlich auf die Mäßigung des »Tastsinns« in den drei Dimensionen Essen, Trinken und Sexualität (Aristoteles, Nikomachische Ethik 1117b 21–1119b 20). Auch Thomas von Aquin sieht die virtus specialis der temperantia einzig in diesem Kontext (Thomas von Aquin, summa theologiae II-II 141,2). Ob diese Exklusivität der Maßhaltung angemessen ist, mag bezweifelt werden. Sicher aber gehören alle Vorgänge der Ernährung zu den großen Versuchungen, entweder über die Stränge zu schlagen oder sich ängstlich übertrieben zu enthalten.

2.3.6
Genussfähigkeit als Geschmack am Leben

Genussfähigkeit meint die Bereitschaft und das stete Bemühen, die genutzten, das heißt »genossenen« Dinge in ihrem ganzen Reichtum auszukosten und zu verinnerlichen. Genießen meint nicht ein quantitativ maximiertes und ökonomisch optimiertes Ausnutzen, sondern ein »Verspüren und Verkosten der Dinge von innen her« (»el sentir y gustar de las cosas internamente«, so Ignatius von Loyola, Exerzitienbuch Nr. 2). Wer genießen kann, hat Geschmack am Leben. Und: »Das Organ des Geschmacks ist nicht die Zunge, sondern das Gehirn.« (Massimo Montanari 2012: 245) Genussfähigkeit ist in hohem Maße ein geistiges Tun. Genau das sind Genusssucht und Genussfeindlichkeit als zwei extreme Formen der Genussunfähigkeit nicht: Beide bleiben an der Oberfläche und vermögen nicht in die Tiefe geistigen Genusses einzutauchen.

Die *Blickrichtung* der Genussfähigkeit wendet sich nach innen und versucht, augenblickliche Sinneseindrücke mit höchster Aufmerksamkeit und Differenzierungsfähigkeit wahrzunehmen, so dass diese sich als dauerhafte Vorstellungsbilder im Gedächtnis speichern lassen. Genussfähigkeit spürt die Kostbarkeit und den Wert einzelner Wahrnehmungen und ist bemüht, diese präsent zu halten. Sie ist folglich die Zwillingsschwester der nach außen gerichteten Ehrfurcht. Man könnte auch sagen: Genussfähigkeit ist die nach innen gewendete *Ehrfurcht* vor den Dingen, das wahre Verinnerlichen von deren Einzigartigkeit. Echter Genuss bewirkt von selbst ehrfürchtiges Staunen.

Gemeinsam mit der *Maßhaltung* interpretiert und formt die Genussfähigkeit den Aspekt von *Lust und Wohlergehen*: Während die Maßhaltung die Lust quantitativ erfasst und die gesunde Mitte ihres Maßes bestimmt, zielt die Genussfähigkeit auf die qualitative Seite der Lust, auf ihre stetige Vertiefung und Intensivierung. Genussfähige Menschen brauchen immer weniger äußere Anreize, um eine tiefe Lust zu spüren, und können diese immer besser präsent halten, auch wenn das genossene Objekt entschwunden ist.

Gerade der *Ernährungsvorgang* ist ein privilegierter Ort der Erfahrung von Sucht, aber auch von Überdruss und Übersättigung; von Berührungsängsten im wörtlichen Sinne und innerer Leere, die oft als »Hunger« beschrieben wird. Umso mehr muss alarmieren, dass die Genussfähigkeit in den klassischen Tugendkatalogen nicht auftaucht. Hier liegt vermutlich ein blinder Fleck der griechisch-römischen Mainstream-Philosophie, die sich vor allem in ihrem stoischen und neuplatonischen Gewand dezidiert gegen den epikuräischen Hedonismus wandte. Tasten und Schmecken galten unter den fünf Sinnen als die niedrigsten, weil sie die Dinge anrühren und sich schmutzig machen müssen (Massimo Montanari 2012: 245–259). Das Christentum hat dieses philosophische Erbe aufgesogen und lernt erst in den letzten Jahrzehnten, dass ein wenig mehr Epikur nicht so schlecht und schon gar nicht so unbiblisch wäre.

Weil die Genussfähigkeit lange im Schatten der abendländischen Aufmerksamkeit stand, soll an dieser Stelle ausnahmsweise auf einen interessanten »Dissidenten« hingewiesen werden, den »Tractatus de quinque sensibus sed specialiter de saporibus« eines Anonymus aus dem 13. Jahrhundert (publiziert in Charles Burnett 1991: 235–238). Dieser Text weist dem Geschmackssinn eine privilegierte Rolle für echte Erkenntnis zu. Denn nur der Geschmackssinn erfasse die Essenz der Dinge erstens von innen und damit ganz und zweitens vollkommen, weil er sich die Dinge völlig einverleibe: »solus gustus proprie et principaliter ad rerum naturas investigandas pre ceteris sensibus est destinatus.« (Massimo Montanari 2012: 250) Etymologisch hat man immer um den intimen Zusammenhang von Schmecken und weisheitlichem Wissen gewusst: Die lateinischen Begriffe sapor (Geschmack), sapere (schmecken, aber übertragen auch wissen) und sapientia (Weisheit) entstammen derselben Wurzel. Und so entwickelt der Anonymus des 13. Jahrhundert, der sich vermutlich in Salerno aufgehalten und Kontakte zur arabischen Philosophie und Medizin gepflegt hat (Charles Burnett 1991: 232–234), eine Schule des guten Geschmacks. Diese mag aus unserer Perspektive ein wenig zu intellektualistisch konzipiert sein und die Lust am Schmecken zu wenig betonen – sie bleibt doch ein beredtes Zeugnis dafür, dass die Wertschätzung des Geschmacks im Abendland nie völlig verloren gegangen war.

2.3.7
Gelassenheit als Freisein von sich selbst

Gelassenheit ist die Fähigkeit, auch in schwierigen Situationen von den eigenen Bedürfnissen und Ängsten abzusehen und eine zuversichtliche und offene Grundeinstellung zu bewahren. Solche Gelassenheit erwächst aus einem Grundvertrauen in die Gutheit des Lebens und aus der inneren Sicherheit, getragen und geborgen zu sein. Die mittelalterliche (Männer-)Mystik kann als Weg zur Gelassenheit verstanden werden. Das mittelhochdeutsche Wort »Ledigheit«, von dem das neuhochdeutsche »Gelassenheit« stammt, zeigt noch deutlich die Anklänge an das Ledigsein im Sinne von Freisein. Der Gelassene ist in der Lage, sich selber loszulassen – seine Gedanken und Gefühle, Ängste und Sehnsüchte, Bedürfnisse und Wünsche. Gerade so aber wird er offen für Glück und Erfüllung. Genau darum geht es im ethischen Schlüsselsatz Jesu von Nazaret: »Wer sein Leben retten will, wird es verlieren; wer aber sein Leben … verliert, wird es retten.« (Mk 8,35)

Die *Blickrichtung* der Gelassenheit ist nach innen gerichtet. Sie sucht sich von inneren Fesseln und Zwängen freizumachen, indem sie alle Potenziale aktiviert, die Vertrauen und Zuversicht stärken können. Vertrauen ist der Nährboden der Gelassenheit. Nicht umsonst motiviert Jesus in der Bergpredigt zur Gelassenheit, indem er auf die väterliche und mütterliche Liebe Gottes verweist, der für Nahrung (väterlich) und Kleidung (mütterlich) sorgen wird (Mt 6, 25–34). Die Innenorientierung der Gelassenheit entspricht der Außenorientierung der *Hingabe*: Wer sich selbst loslassen kann, wird fähig, sich anderen hinzugeben. Und wer sich hingibt, findet sich selbst. Gelassenheit und Hingabe sind zwei Seiten derselben ethischen Medaille.

Gemeinsam mit der Hingabe interpretiert und formt die Gelassenheit den Aspekt von *Sicherheit und Geborgenheit*: Jeder Mensch sucht nach Sicherheit und braucht diese, um sich entwickeln zu können. Aber Sicherheit lässt sich nicht machen. Sie wird einem geschenkt. Genau dieses Paradox spricht das oben zitierte Jesuswort an. Wer krampfhaft nach Sicherheit sucht, wer sich durch Geld, Besitz oder Verträge absichern will, wird am Ende doch keine innere Sicherheit gewonnen haben. Letztlich muss man sich fallen lassen, um erfahren zu können, dass man aufgefangen und getragen wird.

Das Phänomen der *Ernährung* ist eng mit der Frage nach Sorglosigkeit und Gelassenheit verbunden. Keine andere Sicherheit ist so fundamental wie die Ernährungssicherheit, die Jesus in der zitierten Stelle der Bergpredigt anspricht. Keine Angst übertrifft die Angst vor dem Verhungern. Aber auch in unserer modernen Welt ist Gelassenheit unerlässlich, wiewohl keine Selbstverständlichkeit: Sowohl jene, die das Welternährungsproblem agrartechnisch lösen wollen, als auch jene, die dabei eher auf Selbstbestimmung der Armen und Umweltverträglichkeit schauen, neigen zu einer Perspektive des (mitunter verbissenen) Machens und der Machbarkeit. Dem gegenüber ist zu betonen, dass bei aller Wichtigkeit menschlicher Anstrengungen das Hungerproblem nicht durch Machen allein lösbar ist. Gelassenheit und Vertrauen bekommen hier eine neue Relevanz, wie noch gezeigt wird.

2.3.8
Hingabe als Bereitschaft, sich zu verschenken

Hingabe bezeichnet die Bereitschaft, sich selbst mit seiner Energie, seinen Fähigkeiten, seinen Ressourcen und seiner Zeit an andere zu verschenken, die das brauchen. Hingeben kann sich nur der innerlich starke Mensch. Er entwickelt die nötige Gelassenheit, von den eigenen Bedürfnissen abzusehen und wahrzunehmen, dass die Nöte anderer größer und dringlicher sind. Starke verzichten um der Gemeinschaft und Verbundenheit mit den Hilfsbedürftigen willen – weil sie selbst einmal empfangen haben. Gleichwohl hat Hingabe Grenzen: Es macht keinen Sinn, sich im Engagement für andere derart aufzureiben, dass man am Ende nicht mehr helfen kann. Echte Hingabe im Sinne der ethischen Tugend wird nachhaltig denken und die eigenen Kräfte realistisch einteilen.

Die *Blickrichtung* der Hingabe ist nach außen gerichtet. Sie schaut auf die Nöte und Ängste der Mitmenschen und Mitgeschöpfe, fühlt sich in diese ein (Empathie) und ist bereit, ohne übermäßige Rücksicht auf die eigenen Bedürfnisse zu helfen. Der Außenorientierung der Hingabe entspricht die Innenorientierung der Gelassenheit: Es ist dabei die Hingabe, die den Gelassenen vor selbstgenügsamer Egozentrik und selbstbeschränktem Egoismus bewahrt.

Gemeinsam mit der Gelassenheit interpretiert und formt die Hingabe den Aspekt von *Sicherheit und Geborgenheit*: Gelassenheit macht engagierte Hingabe nicht überflüssig, im Gegenteil: Jene ermöglicht diese erst als wahrhaft freie Gabe, die nicht von inneren Zwängen getrieben ist. Es ist die Gelassenheit, die vor dem Helfersyndrom bewahrt, weil sie auch das Helfen loslassen und aus der Distanz kritisch begutachten kann. So kann gerade der Gelassene ehrlich und unvoreingenommen einschätzen, wo die Grenzen seiner Hilfsmöglichkeiten überschritten werden.

Gerade der *Ernährungsvorgang* ist ein privilegierter Ort von Hingabe und Fürsorglichkeit. Alles Trinken und Essen beginnt an der Mutterbrust, die zugleich ein starkes Symbol der Hingabe ist. Die Mutter gibt etwas von ihrer Substanz, ihrem Leib her, um das Kind zu nähren, und zugleich gibt sie ihm gerade so die Sicherheit und Geborgenheit, die es in seiner Hilflosigkeit braucht. Liebende nähren einander, und Schwerkranke und Sterbende werden wiederum wie das Baby gefüttert und versorgt. Hier und in vielen anderen Hinsichten spielt die Hingabe für die Gestaltung von Ernährungsvorgängen eine unersetzliche Rolle.

2.3.9
Individualethische Tugenden und sozialethische Normen

Acht Tugenden wurden vorgestellt, die in besonderer Weise die symbolische Codierung von Ernährungsvorgängen zu gestalten versuchen – je zwei pro Kategorie symbolischer Codes. Andere Tugenden ließen sich hinzufügen – es gibt hier keine Grenze nach oben. Und doch mögen die acht repräsentativ genug sein, um eine Gestalt guter Ernährung in der Moderne zu entwickeln, wie es das Ziel dieses Buches ist. Wenn in den folgenden Kapiteln einzelne Problem- und Handlungsfelder der Ernährung betrachtet werden, sollen jedenfalls stets Rückbindungen an die relevanten Tugenden und ihre symbolische Darstellung hergestellt werden. Mit dem hier vorgestellten Fokus auf Symbole und Tugenden ist ein dezidiert moraltheologischer Ansatz gewählt. Moraltheologie setzt im Gegensatz zur Sozialethik beim Individuum und seiner Verantwortung an. Natürlich kommt auch sie nicht um die Diskussion ethischer Normen herum, die überindividuelle gesellschaftliche Systeme regulieren. Aber der Hauptakzent wird nicht auf der Frage nach Regeln und Rahmenbedingungen des Handelns liegen, sondern auf dem Handeln und der handelnden Person selbst.

Damit ist jedoch keineswegs gesagt, dass eine moraltheologische Annäherung an das Phänomen der Ernährung den sozialethischen Zugang ausblenden könnte. Es wäre im Gegenteil fahrlässig, würde der Moraltheologe so tun, als ob alles nur am individuellen Verhalten läge. Juristische, politische und ökonomische Normensysteme geben Rahmenbedingungen vor, die individuelles Verhalten steuern und erleichtern oder erschweren, ermöglichen oder verunmöglichen. Selbstverständlich werden also Überlegungen der »Schwesterdisziplin« Sozialethik eine bedeutende Rolle spielen, wenn nach einer schlüssigen Gestalt der Ernährung gefragt wird. Dem interdisziplinären Diskurs – innerhalb der Ethik wie jenseits ihrer Grenzen – sollen hier keine Grenzen gesetzt werden. Es geht allerdings darum, diesen Diskurs von einer klaren eigenen Verortung aus zu führen. Der Verweis auf Interdisziplinarität ersetzt nicht die saubere Anwendung fachspezifischer Methoden. Im Gegenteil – er macht sie umso mehr erforderlich.

2.4
Die Eucharistie
als christliche Gestalt der Ernährung

Wenn hier ein Buch über ethische und spirituelle Fragen der Ernährung aus der Perspektive christlicher Theologie geschrieben wird, dann darf man über einen Umstand nicht hinwegsehen: Das absolute Alleinstellungsmerkmal des Christentums unter den großen Weltreligionen ist, dass sein zentraler symbolischer Ritus ein Mahl ist: die Eucharistie. Sie ist der Markenkern, der identity marker, ja das Wesen des christlichen Glaubens. Wo ChristInnen einander verbunden sind, feiern sie mehr oder weniger häufig, aber doch unverzichtbar, Eucharistie. Und umgekehrt: Wo in einer Glaubensgemeinschaft Eucharistie gefeiert wird, kann man selbst als Unkundiger schnell das Christentum erkennen.

Wie hat sich die Eucharistie im frühen Christentum entwickelt? Einige wenige sozialgeschichtliche Bemerkungen, orientiert an den Ideen von Gerd Theißen, müssen genügen (Gerd Theißen 2000: 171–194). Je mehr sich das Urchristentum von seinem Mutterboden im Judentum löste, weil es sich den »HeidInnen« öffnete, umso drängender wurde die Aufgabe, eine eigene rituelle Zeichensprache zu entwickeln. Aufgrund der Quellenlage lässt sich deren Genese relativ gut rekonstruieren. Sie kristallisiert sich innerhalb weniger Jahrzehnte um zwei Kernriten (Gerd Theißen 2000: 174 f.): Den Initiationsritus der Taufe und den Integrationsritus der Eucharistie. Warum aber, fragt Theißen, haben sich gerade diese beiden als christliche Kernriten etabliert? Es gab schließlich Konkurrenten: die Zungenrede (Glossolalie) in Korinth, die Fußwaschung in den kleinasiatischen johanneischen Gemeinden usw.

Theißens These lautet: Nur Taufe und Eucharistie konnten in ihrer Deutung eine immanente Verbindung zum Tod Christi herstellen. Die aber war nötig, denn schließlich handelte es sich beim Tod Jesu um die größte Klippe, die die junge Gemeinde theologisch zu bewältigen hatte: Wie konnte es sein, dass ein Hingerichteter, ein Geschändeter und auf die damals schmählichste und grausamste Weise Ermordeter als Herr der ganzen Schöpfung bekannt und verehrt wurde? War das nicht töricht oder sogar skandalös (vgl. 1 Kor 1,23; Gal 5,11)? Taufe und Eucharistie deuten den Tod Jesu als Zeichen seiner Hingabe, als Opfer. Damit sind sie zugleich in der Lage, als gültiger »Ersatz« für die Opferkulte der antiken Religionen anerkannt zu werden. Glossolalie und Fußwaschung haben dieses doppelte Potenzial nicht, und auch andere Rituale, die damals denkbar gewesen wären, scheiden aus diesem Grund aus.

Flankierend zu diesem primären Grund nennt Theißen aber zwei weitere Faktoren, die im frühen Christentum zur Ablösung der traditionellen Opferriten durch Eucharistie und Taufe führten (Gerd Theißen 2000: 193): Sozialhistorisch und soziologisch betrachtet brachte der Prozess zur gleichberechtigten Anerkennung der HeidenchristInnen einen starken Druck mit sich, eigene Rituale zu entwickeln, da den HeidenchristInnen die jüdischen Rituale verschlossen waren. Schließlich spielte drittens die Politik dem Christentum in die Hand, denn mit der Zerstörung des Jerusalemer Tempels 70 n. Chr. durch Titus war dem Judentum sein einziger Kultort genommen.

Wenn ich Theißens sozialhistorische Ausführungen anthropologisch und moraltheologisch lese, führte zur Etablierung von Taufe und Eucharistie als zentralen Riten des Christentums erstens ein Aspekt von Prestige und Ansehen, nämlich die theologische Deutung eines schändlichen Todes als eines Opfertodes, wodurch erst die Herrschaft Jesu begründet werden konnte; zweitens ein Aspekt von Zugehörigkeit und Verortung, nämlich die Absicht, die HeidenchristInnen als vollgültige Mitglieder in die Gemeinschaft aufzunehmen; und drittens ein Aspekt von Sicherheit und Geborgenheit, denn diese war den JudenchristInnen durch den Verlust des Tempels genommen, den HeidenchristInnen aber analog durch die zunehmend weiter erodierende und schwindende Plausibilität der heidnischen Tempelkulte, die in den ersten nachchristlichen Jahrhunderten in vollem Gang war.

Meine Frage liegt auf der Hand: Ob Theißen nicht einen vierten Grund übersehen hat, der den Aspekt von Lust und Wohlergehen abdeckt, vielleicht weil dieser allzu selbstverständlich vorausgesetzt werden kann? Ich denke, dieser Aspekt sollte auf jeden Fall nachgetragen werden. Denn ohne Zweifel lässt sich hier die lustvolle Praxis des historischen Jesus anführen, wenn er mit den Menschen Mahl gehalten hat. Solche Mähler haben die Menschen eindeutig als wohltuend und befreiend erlebt, als heilend und versöhnend. Sie haben diese Mähler mit Freude, ja mit Lust gefeiert und sich später ebenso lustvoll daran erinnert. Jesus selbst und später die Seinen verglichen diese Mähler mit einem Hochzeitsmahl, und der Überfluss von zwölf Körben Brotstückchen anlässlich der Speisung der 5.000 (Mk 6,30–44) muss ihnen wie das Schlaraffenland vorgekommen sein. Keine Frage also – das Mahlhalten Jesu mit den Menschen war lustbetont – so sehr, dass er von seinen Gegnern »Fresser und Säufer« genannt wurde und ihnen die Richtigkeit dieser Titulierung indirekt bestätigte (Lk 7,34 par). – Es erscheint paradigmatisch, dass ausgerechnet der Lustaspekt in Theißens spannenden Ausführungen unter den Tisch fällt. Doch gerade aus seiner Perspektive macht Theißens Frage, wie sich die beiden zentralen Rituale des Christentums bilden und etablieren konnten, ein viertes Mal Sinn: Die Fußwaschung kann nicht ein annähernd vergleichbares Lustpotenzial anbieten wie die Eucharistie*.

Manfred Josuttis (1980: 25–28) nennt bei seiner Analyse der Eucharistie im Schnittfeld von Anthropologie und Theologie gar nur zwei der vier Dimensionen: Die Frage nach Zugehörigkeit und Verortung steht für ihn unter dem Stichwort »Mahl und Gemeinschaft«, die Frage nach Prestige und Ansehen unter der Überschrift »Mahl und Macht« sowie »Mahl und Tod«. Theologiegeschichtlich sind das zweifelsohne die dominierenden Aspekte des Eucharistieverständnisses bis heute. Umso mehr scheint es an der Zeit, die beiden anderen Kategorien ebenfalls mit dem ihnen gebührenden Gewicht in die Debatte einzubringen.

Die vier Kategorien symbolischer Codes ergeben nicht durch Zufall intensive Bezüge zur Eucharistie, sondern sind ihre »Geschäftsgrundlage«, treibende Faktoren ihrer Genese. Das jedenfalls ist meine weiterführende, anthropologische These im Anschluss an Theißen. Die Eucharistie stellt (gemeinsam mit der Taufe) eine gezielte Antwort auf die grundlegenden ethischen und spirituellen Fragen jener Menschen dar, die sich dem Christentum nähern. In allen vier Dimensionen greift sie dabei auf die allgemein anerkannten symbolischen Codes zurück und versucht, diese für Spiritualität und Ethik fruchtbar zu machen. Das tut sie insbesondere, indem sie die Grundbedürfnisse, die hinter den vier Symbolkategorien stehen, mittels der ethischen Tugenden deutet:

◆ Eucharistie bedeutet Dankbarkeit als Wertschätzung des Gegebenen – das griechische Wort εὐχαριστία heißt wörtlich übersetzt Danksagung.

◆ Eucharistie drückt Demut als Freiwerden in Begrenzungen aus, denn der große Gott ist sich nicht zu schade, dem Menschen in sehr alltäglichen Zeichen zu begegnen.

◆ Eucharistie drängt zur Ehrfurcht als dem Zurücktreten vor dem Geheimnis, denn sie ist das »Allerheiligste« der christlichen Religion.

◆ Eucharistie fordert Gerechtigkeit als unparteiliches Engagement, denn das Teilen des einen Brotes und des einen Kelches duldet keine Ungerechtigkeit.

---

* Wie es mit dem Lustpotenzial der Taufe aussieht, kann hier offen bleiben. Sofern aber von einem Untertauchen des gesamten Körpers ausgegangen werden kann, liegt auch hier das Lustvolle und Befreiende des Auftauchens auf der Hand.

- Eucharistie impliziert Maßhaltung als Zusammenklingen mit der Schöpfung, denn in ihr steht die gesamte Schöpfung geschwisterlich vereint vor dem Altar Gottes (IV. Eucharistisches Hochgebet).

- Eucharistie erzieht zur Genussfähigkeit als dem Geschmack am Leben, denn sie ist eine köstliche Speise, »die alle Süßigkeit in sich enthält« (Gebet zur eucharistischen Anbetung).

- Eucharistie ermöglicht Gelassenheit als Freisein von sich selbst, denn sie zieht die Teilnehmenden in die selbstlose Hingabe Jesu hinein.

- Eucharistie lädt ein zur Hingabe als der Bereitschaft, sich zu verschenken, denn wer in ihr alles Notwendige und noch viel mehr empfängt, der kann auch frei und gerne geben.

Die Ernährung wurde oben (in Kapitel 2.1) in Fortschreibung von Marcel Mauss als religiöses »Totalphänomen« bezeichnet. Theologisch betrachtet verleiben sich die Menschen alle religiösen Strukturen essend und trinkend ein. Nichts an Religion lässt sich unabhängig von der Ernährung denken. Gott ist in einem privilegierten Sinne Ernährer und als solcher Schöpfer im Sinne der creatio continua, der dauernden Schöpfung, und Erlöser im Sinne der redemptio continua: Indem er nährt, schafft er die Lebewesen (Ps 104,27–29) und lässt sie teilhaben am künftigen Heil. – In verschärfter Weise lässt sich all das von der Eucharistie sagen. Sie ist das christliche »Totalphänomen« par excellence. Was und wie ChristInnen glauben, ist in der Eucharistie abgebildet und gespeichert. Sie ist das Schlüsselsymbol des Christentums.

Aus diesem Grund ergibt sich im Lichte christlicher Theologie die Notwendigkeit, die gesamte »profane« Ernährung im Lichte der Eucharistie und die gesamte eucharistische Praxis im Lichte »profaner« Ernährung zu lesen. Indem ich den Begriff »profan« in Anführungszeichen setze, deute ich bereits an, dass ich keinen fundamentalen Graben zwischen Profanem und Heiligem erkenne. Im Gegenteil, gerade im Christentum geht es um die Heiligung der gesamten Welt und die Weltwerdung (Einfleischung, Inkarnation) der gesamten Religion. Und doch führt es zu einer fruchtbaren Wechselwirkung, wenn der scheinbar weltliche Akt der Ernährung und das dezidiert religiöse Ritual der Eucharistie einander auf Augenhöhe begegnen und ins Gespräch kommen. Auch für Nicht- oder Andersglaubende kann es befruchtend sein, ihre Ernährungspraxis von der Eucharistie hinterfragen zu lassen. Warum auch nicht! Umgekehrt sollten christlich Glaubende bereit sein, ihre eucharistische Praxis durch profane Ernährungsvorgänge infrage zu stellen.

Ich sage: Ernährung (Teil der »Weltvernunft«) und Eucharistie (Teil der »Glaubensvernunft«) sollen einander auf Augenhöhe begegnen. Das meine ich sehr ernst. Beide haben einander viel zu geben. Beide dürfen und sollen einander aufrichtig kritisieren, kreativ inspirieren und in größere Horizonte integrieren (Alfons Auer 1989[2]: 212). Beide müssen einander dazu aber als ebenbürtig und gleichberechtigt betrachten. Insofern lade ich mit diesem Buch zugleich zum Dialog auf Augenhöhe zwischen ChristInnen und Anders- oder Nichtglaubenden ein.

2.5
Konzentrisch sich weitende Kreise
Der Aufbau der Abhandlung

In den folgenden sieben Kapiteln wird der Ernährungsvorgang in konzentrischen Kreisen wachsender Reichweite betrachtet: Kapitel 3 betrachtet die Ernährung als Einverleiben primär unter ihrem körperlichen Aspekt, der für Ethik und Spiritualität aufgeschlossen werden soll. Kapitel 4 fragt – noch immer beim individuellen Essvorgang verbleibend – nach den Zeitmaßen und Zeitrhythmen des Essens und Trinkens sowie des Fastens. In Kapitel 5 wird der Blick auf die Tischgemeinschaft gerichtet: Was bedeutet es, dass wir im Regelfall gemeinsam essen (wollen)? Darauf folgend schaut Kapitel 6 auf die globale Tischgemeinschaft aller Menschen und greift die Frage des Welthungers auf. Kapitel 7 zieht den Kreis nochmals weiter und fragt, was es heißt, dass der Mensch sich von Lebewesen anderer Spezies ernährt, insbesondere von Tieren. Kapitel 8 ist den Fragen der Ökologie gewidmet und weitet damit den Horizont von den Lebewesen auf den sie umfassenden Lebensraum aus. In einer theologischen Abhandlung schließlich darf Kapitel 9 nicht fehlen, das die Vollendung der Welt in der Wirklichkeit Gottes betrachtet, in der das »Manna« nicht so fad schmeckt, wie es Alois Hingerl, der »Münchner im Himmel« (Ludwig Thoma 1911) vermutet. Doch davon mehr am Schluss dieses Buches.

3

Essen und Trinken
als Ein-verleiben und Ver-zehren

»Der Mensch lebt nicht nur von Luft und Liebe!« mahnt ein altes Sprichwort. Offenbar ist es eine urmenschliche Gefahr, Essen und Trinken zu schnell zu vergeistigen (theoretisieren) und zu vergeistlichen (spiritualisieren) – nicht nur in den philosophischen Weltanschauungen oder in den Religionen, sondern unabhängig von ihnen als anthropologisch universale Versuchung aller Menschen. Es scheint einfach oft lästig, sich Lebensmittel zu besorgen, ein Essen zuzubereiten, es zu essen und nachher die Spuren des Verzehrs zu beseitigen. Die wahren Höhenflüge des Lebens beginnen erst, so die Überzeugung, wenn man das Leibliche hinter sich lässt und sich zum Geistigen emporschwingt – eben zu Luft und Liebe.

Doch Nahrung und Trank sind zunächst Leib-Speise. Das gilt es ernst zu nehmen. Und zwar in seiner fundamentalen Ambivalenz. Im Regelfall wird das obige Sprichwort heute verwendet, um für ein gutes Essen zu werben – im Feinkostladen, im Nobelrestaurant, bei FreundInnen am festlich gedeckten Tisch. Doch der Ernährungsvorgang war nicht immer so bequem und leicht zu vollziehen wie heute. Und für knapp eine Milliarde hungernder Menschen und für Schwerkranke, die kaum noch schlucken können, ist er es auch heute nicht. Ganz zu schweigen von vorübergehenden Schluckbeschwerden bei einer banalen Mandelentzündung, Magenverstimmungen, Durchfallerkrankungen oder Darmverstopfung, die jeder Mensch ab und zu erlebt. Ernährung hat etwas Widerspenstiges, Mühsames, mitunter Quälendes. Eine einseitige Romantisierung des Essens und Trinkens ist zumindest in einer wissenschaftlichen Abhandlung fehl am Platz.

Wenige alltägliche Vorgänge machen uns unsere Leiblichkeit so deutlich bewusst wie Essen und Trinken, Verdauen und Ausscheiden. In diesem Kapitel soll die Aufmerksamkeit daher vor allen weiteren Überlegungen auf den leiblichen Vorgang der Ernährung gerichtet werden: Welche Bedeutung messen wir dem realen materiellen Vorgang von Essen und Trinken zu? Was passiert da eigentlich physiologisch, und wie gehen wir damit um? Das werden die leitenden Fragen sein. Wir bleiben damit zunächst noch stark auf der naturalen Ebene des Ernährungsvorgangs – die aber anthropologisch und theologisch gedeutet werden soll. Dabei kann uns die Bezeichnung des Leibes als »Bruder Esel« bei Franz von Assisi leiten: Wie der Esel ist der Leib manchmal träge, störrisch, vielleicht auch ungelenk. Doch gleich dem Grautier ist er ebenso oft geduldig, ausdauernd, gehorsam. Insofern kann die ethische Aufgabe nur darin liegen, mit dem eigenen Leib geduldig und nachsichtig und zugleich liebevoll und zärtlich umzugehen. Das gilt an hervorragender Stelle auch dort, wo der Leib seine Nahrung verlangt.

In den ersten vier Schritten des Kapitels wird es darum gehen, den physischen Vorgang des Verzehrens von Nahrung auf dem Hintergrund der vier Symbolkategorien zu deuten und mittels der acht präsentierten ethischen Tugenden zu gestalten (3.1 bis 3.4). Auf dieser Basis muss die Frage nach einer umfassenden Diätetik gestellt werden, die im Blick auf die Leiblichkeit allen vier Symbolkategorien Rechnung trägt (3.5), und die Frage nach dem Umgang mit Essstörungen, die unter anderem ein gestörtes Verhältnis zum eigenen Körper implizieren (3.6). Schließlich soll – wie in allen Folgekapiteln auch – die Interferenz des Dargestellten mit dem Verständnis und der Praxis der Eucharistie untersucht werden (3.7).

3.1
Einverleiben und Prestige:
Abhängigkeit schätzen

Alles beginnt mit Hunger und Durst. Sie machen uns deutlich, dass wir keine Wahl haben. Zu essen und zu trinken ist aufs Ganze gesehen ein Zwang. Dazu gibt es keine Alternative. Im Alltag haben wir uns an diesen Zwang gewöhnt – in den Wohlstandsgesellschaften lässt sich dem Mangel auch leicht abhelfen. Und doch bleibt es eine Nötigung, und nicht immer schmeckt sie uns gut: »Die Nötigung, stoffliche Nahrung aufzunehmen. Sie wird einmal selbstverständlich befolgt und genossen, ein anderes Mal als erniedrigender Zwang empfunden.« (Gottfried Bachl 2008: 16) Da haben wir es: Hunger und Durst sind nicht nur ein Zwang, sondern werden mitunter als Demütigung empfunden. Wenn Hunger oder Durst sich bis ins Extrem steigern; wenn sie unerträglich werden; wenn Menschen einem gezielt Nahrung oder Trank verweigern, obgleich sie diese reichen könnten; dann wird der Magen zum »Instrument der Knechtung« (Gottfried Bachl 2008: 17). Das Bedürfnis des Menschen nach

Ansehen und Prestige, das hinter der ersten Kategorie symbolischer Codes steht, wird mit Füßen getreten und in sein Gegenteil verkehrt.

»Ihr Gott ist der Bauch«, schreibt Paulus über die »Feinde des Kreuzes Christi« (Phil 3,19), meint das aber in einem anderen Sinn. Da geht es um Menschen, die im Überfluss nicht von der Gier nach immer mehr lassen können. Die Gier des Heißhungers oder des brennenden Durstes ist eine andere als die Gier der Unersättlichen. Es ist die Gier nach einem winzigen Brocken Brot, einem einzigen Tropfen Wasser. Doch das Ergebnis ist das gleiche: Wenn Hunger und Durst den Menschen im wörtlichen Sinne überwältigen, dann wird er zum Sklaven und zur Sklavin seines Magens. In diesem Zustand noch ruhig zu bleiben wie ein Maximilian Kolbe im Hungerbunker von Auschwitz setzt ein Maß an Heiligkeit voraus, das nur wenige besitzen.

Wie können wir mit der »Knechtung« durch unseren Magen umgehen? Drei Wege sind möglich: Der Mensch kann seine Abhängigkeit von Speise und Trank ignorieren oder leugnen – theoretisch, nicht praktisch. Er kann so tun, als gäbe es diese Abhängigkeit nicht. Dann hebt er gedanklich vom Wurzelboden seiner eigenen Existenz ab und gerät in einen fundamentalen Selbstwiderspruch. Die ethische Tradition nennt das klassisch Hochmut und identifiziert in ihm das am tiefsten reichende der sieben bzw. acht kapitalen Laster. Im Hochmut entfremdet sich der Mensch von der ihn tragenden und nährenden Erde und von der Schöpfungsgemeinschaft, in der alle »fressen und gefressen werden«, aber auch füttern und gefüttert werden. Er nimmt sich gedanklich aus dem Kreislauf des Werdens und Vergehens heraus und ist damit nicht mehr bei sich selbst. Eine fatalere Sackgasse kann es nicht geben.

Der Mensch kann sich aber auch gegen die Knechtung durch den Magen auflehnen und in einer permanenten Revolte leben wie die Hauptpersonen der großen Romane von Albert Camus. Dann nimmt er die Knechtung in ihrer vollen Härte wahr, ehrlich und nüchtern und nicht bereit, sie in ihrer Dramatik zu verharmlosen. Leidenschaftlich stellt er sich ihr entgegen, vor allem durch seinen engagierten Kampf gegen Hunger und Durst in der Welt. Dieser Kampf ist ohne Zweifel notwendig (siehe Kapitel 6).

Die Frage ist aber, ob man diesen Kampf als einen im wörtlichen Sinne verzweifelten und doch schon verlorenen Kampf gegen die Absurdität des Lebens verstehen muss, weil man sonst, wie Camus behauptet, dem Absurden eben doch wieder ausweicht. Oder ob man ihn auch anders, als Kampf aus innerer Freiheit und Gelassenheit, verstehen kann, dessen Ausgang man einfach offenlässt – mit einem kleinen, aber nicht unbedeutenden »vielleicht endet es ja doch gut – wer weiß das schon«. Im letzten Satz seines »Mythos des Sisyphos« schreibt Camus, wir müssten uns »Sisyphos als einen glücklichen Menschen vorstellen.« (Albert Camus 2004[6]: 160) Ob er da nicht die Tür einen Spalt breit öffnet für eine Gelassenheit, die das Ergebnis des Weltlaufs offenlassen kann (vgl. Kapitel 6.7)?

In jedem Fall aber ist der zweite Weg nur mit dem dritten zusammen zu denken, der darin besteht, die in der Knechtung des Magens sichtbar werdende fundamentale Abhängigkeit anzunehmen, weil gerade in ihr die unersetzliche Kostbarkeit jedes Stückchens Brot und jedes Tropfens sauberen Wassers aufstrahlt. Kostbarkeit bemisst sich – wenigstens auf Erden – am Verhältnis von Knappheit und Begehrtheit eines Gutes. Ökonomisch spricht man vom Verhältnis von Angebot und Nachfrage. Dabei sind beide Maßstäbe, Knappheit wie Begehrtheit, höchst subjektive Parameter. Am Meeresstrand gibt es unzählige Muscheln, aber die eine, die eine Liebende ihrem Partner schenkt, gibt es von diesem Moment des Schenkens an nur ein einziges Mal. Und selbst wenn er vorher nicht vorhatte, Muscheln zu sammeln, weil er sie nicht für so begehrenswert hielt, wird er doch jetzt die geschenkte Muschel nicht hergeben.

Wäre Knappheit nicht erlebbar, könnte der Mensch die Kostbarkeit irdischer Güter nicht wahrnehmen. Daher kann man der »Knechtung des Magens« durchaus einen Sinn geben – wenn man denn will. Die christliche Theologie hat das am großartigsten dadurch zum Ausdruck gebracht, dass sie in der Abhängigkeit den Inbegriff des Geschöpfseins erkannte: »Schöpfung meint keine Veränderung, sondern die Abhängigkeit selbst, auf den Ursprung unserer Herkunft hin geschaffen zu sein.«* (Thomas von Aquin, Summa contra Gentiles II, 18) Das ist die geheimnisvolle, dunkle und zugleich bergende Eigenheit des Geschöpfseins: Dass die permanente Verwiesenheit auf den tragenden Ursprung nicht nur zur Revolte aufruft, sondern auch dazu, sich vertrauend fallen zu lassen, um zu spüren, dass der Grund trägt.

Diese doppelte Bewegung von protestierendem Auflehnen und dankbarem Annehmen kennzeichnet die christliche Tugend der Demut. Humilitas – es wurde im vorangehenden Kapitel bereits gesagt – meint das bejahende Bewusstsein, vom Humus genommen zu sein, sich vom Humus zu nähren und zum Humus zurückzukehren, um andere Geschöpfe zu nähren (ob diese dann Mikroben, Gräser, Würmer oder Aasgeier sind, ist in dieser Perspektive ziemlich sekundär!). Humilitas ist folglich kein passives, achselzuckendes Hinnehmen, sondern meint die nüchterne Erdverbundenheit, die weiß, dass das eigene Handeln die Welt nicht aus den Angeln hebt, die aber trotzdem kraftvoll handelt.

Der Humilitas zur Seite steht die Dankbarkeit. Sie sorgt dafür, dass das Handeln tatsächlich aus einer inneren Freiheit erwächst. Denn der dankbare Mensch schaut auf das, was er empfangen hat, und schenkt weiter, weil ihm selbst geschenkt worden ist. Sein Handeln ist Antwort auf empfangene Gaben. Er gibt, weil er schon viel mehr empfangen hat, als er je geben können wird. Er füttert und nährt, weil er selbst in weit größerem Maße genährt worden ist. Dankbarkeit macht frei. Alles Engagement,

---

* »Non enim est creatio mutatio, sed ipsa dependentia esse creati ad principium a quo statuitur.«

alle Leidenschaft, alle Auflehnung gegen die Knechtung des Magens geschehen nun nicht mehr zähneknirschend, sondern gelassen, locker und gerade so sehr wirksam.

Gottfried Bachl schreibt, die Dankbarkeit sei beim Essen (und folglich auch beim Tischgebet) nicht das Erste, da es bei der Ernährung um einen Zwang gehe (Gottfried Bachl 2008: 80f.). Diese Begründung erschließt sich mir nicht. Natürlich ist die Dankbarkeit wie jede spirituelle Haltung immer auch kontrafaktisch. Es gibt Dinge und Ereignisse im Leben, für die man beim besten Willen nicht danken möchte, weil man sie sich nicht gewünscht hat. Aber jedes unerwünschte Ereignis und jeder Zwang öffnen auch neue Freiheitsräume. Ein Zwang ist nie total. Die Kreativität des Menschen findet Wege, Zwänge auch von ihrer anderen Seite her zu sehen, von dem her, was sie eröffnen und ermöglichen. Genau das möchte ich »Glauben« nennen: Wahrnehmen, dass der Zwang zu essen Freiheit eröffnen kann: die Freiheit, die nährende Welt wertzuschätzen; die Freiheit, sorgsam mit ihr umzugehen; die Freiheit, sie zu genießen, auch wenn man an sie gekettet ist; die Freiheit, in ihr geborgen zu sein, auch wenn sie zugleich ein Gefängnis ist.

Ob man das Angewiesensein auf Nahrung nur als Zwang und Knechtung versteht oder ob man darüber hinaus noch etwas anderes erkennt, das ist Glaubenssache. Der erste Timotheusbrief bezeichnet es als Nichtglauben, wenn jemand es sich nicht zugesteht, dankbar zu essen und zu genießen (1 Tim 4,1–5): »In späteren Zeiten werden manche vom Glauben abfallen … Sie verbieten die Heirat und fordern den Verzicht auf bestimmte Speisen, die Gott doch dazu geschaffen hat, dass die, die zum Glauben und zur Erkenntnis der Wahrheit gelangt sind, sie mit Danksagung zu sich nehmen. Denn alles, was Gott geschaffen hat, ist gut, und nichts ist verwerflich, wenn es mit Dank genossen wird; es wird geheiligt durch Gottes Wort und durch das (Tisch-) Gebet.«

Das Tischgebet ist zuallererst ein Dankgebet – vielleicht das erste und ursprünglichste, das der gläubige Mensch sprechen kann. Der glaubende Mensch dankt, weil es nicht selbstverständlich ist, guten Gewissens alles essen und trinken zu dürfen und zu können, was ihm gut tut. In vielen Familien ist das Tischgebet heute die letzte gemeinschaftliche Äußerung des christlichen Glaubens, in vielen bereits aus dem Tischritual verschwunden. Es hat viele Funktionen – manche werden später noch angesprochen werden. Sein erster und ursprünglichster Grund aber ist der: sich daran zu erinnern, wie gut es der Schöpfer mit einem meint. Schnell ist das in Zeiten des Wohlstands und der Sattheit vergessen – auch das weiß die Bibel. Darum mahnt das Buch Deuteronomium das Volk Israel vor dem Einzug ins Gelobte Land zweimal sehr eindringlich:

»Wenn der Herr, dein Gott, dich in das Land führt, von dem du weißt:
er hat deinen Vätern Abraham, Isaak und Jakob geschworen, es dir zu geben –
große und schöne Städte, die du nicht gebaut hast,
mit Gütern gefüllte Häuser, die du nicht gefüllt hast,
in den Felsen gehauene Zisternen, die du nicht gehauen hast,
Weinberge und Ölbäume, die du nicht gepflanzt hast –,
wenn du dann isst und satt wirst:
nimm dich in Acht, dass du nicht den Herrn vergisst,
der dich aus Ägypten, dem Sklavenhaus, geführt hat.«

(Dtn 6, 10–12)

»Wenn der Herr, dein Gott, dich in ein prächtiges Land führt,
ein Land mit Bächen, Quellen und Grundwasser, das im Tal und am Berg hervorquillt,
ein Land mit Weizen und Gerste, mit Weinstock, Feigenbaum und Granatbaum,
ein Land mit Ölbaum und Honig,
ein Land, in dem du nicht armselig dein Brot essen musst, in dem es dir
    an nichts fehlt, …
wenn du dort isst und satt wirst
und den Herrn, deinen Gott, für das prächtige Land, das er dir gegeben hat, preist,
dann nimm dich in acht und vergiss den Herrn, deinen Gott, nicht,
missachte nicht seine Gebote, Rechtsvorschriften und Gesetze,
    auf die ich dich heute verpflichte.
Und wenn du gegessen hast und satt geworden bist …
dann nimm dich in Acht, dass dein Herz nicht hochmütig wird
und du den Herrn, deinen Gott, nicht vergisst,
der dich aus Ägypten, dem Sklavenhaus, geführt hat; …
der für dich Wasser aus dem Felsen der Steilwand hervorsprudeln ließ;
der dich in der Wüste mit dem Manna speiste, das deine Väter noch nicht kannten, …
Dann nimm dich in Acht und denk nicht bei dir:
Ich habe mir diesen Reichtum aus eigener Kraft und mit eigener Hand erworben.
Denk vielmehr an den Herrn, deinen Gott:
Er war es, der dir die Kraft gab, Reichtum zu erwerben, …«

(Dtn 8, 7–18)

Nichts kann Demut und Dankbarkeit im Beten und Handeln so sehr inspirieren wie
ein gutes, sättigendes Essen. Nichts aber kann auch Hochmut und Ignoranz so sehr
fördern wie ein gutes, sättigendes Essen. Das ist die Paradoxie der »Knechtung durch
den Magen«.

3.2
Einverleiben und Zugehörigkeit:
Beziehungen verzehren

In geradezu poetischer Weise erzählt Gottfried Bachl von einem zweiten »Ärgernis« des Ernährungsprozesses. Als er in seinen Garten geht, bemerkt er: Sein Komposthaufen, den er vor Monaten angelegt hat, ist zu Humus geworden. Was ist da eigentlich geschehen? fragt er. Bachl erkennt einen Transformationsprozess, eine »Verwandlung der Gestalten in diese ganz andere Gestalt« (Gottfried Bachl 2008: 14). So weit, so harmlos. Doch: »Das Auffallendste ... an diesem Prozess wird zugleich ... am leichtesten übersehen: Das Verschwinden der Gestalten.« (Gottfried Bachl 2008: 14)

Was für den Komposthaufen gilt, ist auch für jeden Vorgang der Ernährung, jedes Essen und Trinken wahr: »Die ganze Gestalt muss zerstört werden, wenn die Geschmackswerte wahrgenommen werden sollen.« (Gottfried Bachl 2008: 14) »Der Genuss, auf den viel gegeben wird, ist mit der Zerlegung der Lebenssubstanzen verbunden. Die Freundlichkeit, die der Esser verspürt, ergibt sich auch aus der zerstörenden Behandlung der Nahrungsobjekte.« (Gottfried Bachl 2008: 17) Bachl verwendet für diese metabolischen biochemischen Prozesse den Begriff der »Transsubstantiation«: Eine Substanz geht in eine andere über. – Der Begriff ist hochgradig theologisch aufgeladen. In der mittelalterlichen Scholastik erklärte man damit, wie in der Eucharistie aus der materiellen Substanz Brot die immaterielle Substanz des Leibes Christi wird. Beim Ernährungsvorgang allerdings geht es um die Transformation einer materiellen Substanz in eine andere materielle Substanz. Man darf also annehmen, dass der Dogmatiker Bachl mit seinen Anspielungen den Transsubstantiationsbegriff »transsubstantiieren« möchte. Aber das kann in einer moraltheologischen Abhandlung wie dieser guten Gewissens offenbleiben.

Im Ernährungsvorgang erhält die Transsubstantiation jedoch anders als beim Komposthaufen den Charakter der Einverleibung: »Alle Teile sind nun im genießenden Menschen oder im Abort.« (Gottfried Bachl 2008: 34) Und diese Einverleibung ist total. Das Lebensmittel wird »ver-zehrt«, wobei die Vorsilbe »ver-« die Totalität des Geschehens bezeichnet: »Auf diese Weise geht ein Lebewesen, eine Pflanze oder ein Tier, ein so oder so geformter Stoff in den menschlichen Organismus ein und so in ihm auf, dass nichts von ihm selbst zurückbleibt.« (Gottfried Bachl 2008: 34)

Und hier kommt der eigentliche Skandal des Essens und Trinkens zum Vorschein: Dem Lebensmittel wird Gewalt angetan, größtmögliche Gewalt, es wird vernichtet: »Die Einverleibung der Nahrung ist ein Vorgang der Vernichtung ... Die verfügende Gewalt ist ein unübersehbares Element der Einverleibung.« (Gottfried Bachl 2008: 34)

Zum Geschöpfsein gehört es offensichtlich unweigerlich dazu, dass Genuss und Kräftigung nicht ohne Zerstörung, Gewalt, Vernichtung möglich sind: »Das Vernichten ist engstens mit dem Genießen verbunden. Nur indem das gebotene Nahrungsmittel in seiner Substanz aufgelöst wird, liefert es Kraft und Lust.« (Gottfried Bachl 2008: 38) Und so schlussfolgert Bachl: »Die große Ambivalenz der Einverleibung. Wir sehen, wie die vertrauteste Notwendigkeit auch ungewöhnlich und unheimlich ist. Der Genuss, der in der Nahrungsaufnahme erlebt werden kann, ist verbunden mit einem Vorgang der Vernichtung. Das Lebewesen, das sich ernährt, greift immer nach einem anderen, nicht nach sich selbst, es ist auf das Nahrungsmittel angewiesen und zugleich eine Bedrohung für Anderes.« (Gottfried Bachl 2008: 51)

Bachls Beobachtung kann noch weiter zugespitzt werden: Dass wir ein Lebensmittel essen, ist ja Ausdruck von Wertschätzung und Zugehörigkeit. Wir haben die Speise oder den Trank »zum Fressen gern«. Aber indem wir unserer Liebe zu der Nahrung auf unserem Tisch freien Lauf lassen, zerstören wir das Geliebte. Eine seltsame Weise der Inklusion.

Aus diesem Dilemma kann kein irdisches Wesen entfliehen: Leben lebt von fremdem Leben – die körperliche Erhaltung des einen Lebewesens ist von der Zerstörung des anderen abhängig. Diese Grundeinsicht gilt es klar und unverkürzt im Blick zu behalten. Denn sie gilt auch für den Vegetarier, der einen Salatkopf zerstört, um zu leben. Und selbst für einen Fructarier, der zwar keine ganze Pflanze tötet, um sich zu ernähren, aber doch Teile eines Lebewesens zerstört, nämlich Früchte. Ohne Zerstörung und Vernichtung kann niemand sich am Leben halten. Dieser unbequemen Wahrheit müssen wir ehrlich und nüchtern ins Auge schauen, soll eine Ethik und Spiritualität der Ernährung nicht rosarot romantisch werden. Wie schon beim ersten Ärgernis des Abhängigseins ist auch beim zweiten Ärgernis des Zerstörenmüssens Wegschauen und Ignorieren kein angemessener Weg.

Jedoch bedeutet ein Anerkennen der zerstörenden Gewalt im Ernährungsvorgang noch nicht, dass Essen und Trinken sündhaft seien. Ausgeübte Gewalt bezeichnet zunächst einmal eine Handlung, die gegen die Interessen und Bestrebungen eines anderen Lebewesens gerichtet ist (Manfred Wienand et al. 1998: 145). Sie tut diesem Zwang an und bewirkt so ganz allgemein die Einschränkung oder Vernichtung von Lebensmöglichkeiten (Michael Rosenberger 2001[1]/2008[2]: 45–49). Grundsätzlich ist kein Leben ohne derartige Gewalt vorstellbar: »Das Leben ist Räuberei« – dieser berühmte Satz von Alfred North Whitehead (1994[2]: 204) ist schlicht unwiderlegbar. Das Leben ist »Fressen und Gefressenwerden«. Doch ist mit der Berufung auf diese Tatsache noch keine Begründung gegeben, jede Zerstörung, jede Tötung, jeden Eingriff in die Schöpfung als berechtigt oder gar belanglos abzutun. Im Gegenteil: »Genau an diesem Punkt wird im Zusammenhang mit dem Leben das Problem der Moral akut. Der Räuber muss sich rechtfertigen.« (Alfred North Whitehead 1994[2]: 204f.).

Die erste angemessene Reaktion auf das Ärgernis des Zerstörenmüssens ist also die Tugend der Gerechtigkeit. Der Gerechte sucht zwischen allen Betroffenen einen fairen Ausgleich von Geben und Nehmen herzustellen. Gewalt ist dann keine Sünde, wenn sie sich rechtfertigen kann, wenn sie aufs Ganze gesehen zur Gerechtigkeit beiträgt. Die Anwendungsbedingungen der Gerechtigkeit sind ja nur gegeben, wenn Knappheit und Konkurrenz herrschen – im Schlaraffenland könnte jeder nehmen ohne zu geben. Die Erde ist aber – warum auch immer – kein Schlaraffenland. Wir hatten es schon aus dem Timotheusbrief gehört (1 Tim 4, 4–5): »Nichts ist verwerflich, wenn es mit Dank genossen wird; es wird geheiligt durch Gottes Wort und durch das Gebet.«

Die von Bachl aufgestellte Behauptung, dass das Tischgebet in erster Linie eine Bitte um Entschuldigung sei (Gottfried Bachl 2008: 80 f.), mag religionsgeschichtlich stimmen, moraltheologisch ist sie jedoch nicht zutreffend: Gewalt ist nicht schon dadurch Schuld oder Sünde, dass sie Irdisches zerstört. Dafür, dass der Mensch essen muss, braucht er sich nicht entschuldigen. Aber Gewalt kann sich umgekehrt nur rechtfertigen, wenn aufs Ganze gesehen ein gerechter Ausgleich geschaffen wird. Dazu verpflichtet die zerstörende Prozessualität der Ernährung. Insofern ginge es darum, alles nur Mögliche und Zumutbare für eine Minimierung der den Pflanzen, Tieren und Menschen durch die Ernährung angetanen Gewalt zu sorgen. Dass wir davon derzeit weit entfernt sind, bedarf wohl keiner näheren Erläuterung.

Minimierung der Gewalt auf das Unumgängliche und gerechter Ausgleich für vollzogene Gewalt sind die beiden Leitlinien der Gerechtigkeit, wenn es um das Zerstörungspotenzial der Ernährung geht. Parallel dazu geht es darum, sich dem zur Zerstörung vorgesehenen Lebensmittel scheu und ehrfürchtig, man könnte auch sagen: andächtig, zu nähern. Die Haltung der Ehrfurcht, die dem entspricht, lädt dazu ein, das Lebensmittel »mit Samthandschuhen anzufassen«, es als große Kostbarkeit zu behandeln. Wenn es schon zerstört wird, dann soll aus ihm das Maximum an Kräftigung und das Optimum an Genuss gezogen werden. Das ist der Essende dem Lebensmittel, dem Tier, der Pflanze schuldig. Konkret kann das heißen (siehe Kapitel 8.4 und 8.5.6):

- Eine ganze Pflanze oder ein ganzes Tier, die ihr Leben lassen müssen, auch ganz verwerten, und nicht nur die vermeintlich besten Teile (oder gar nur die »Trophäe«, wie es manche Jäger tun!).

- Nichts ungenießbar werden oder verderben lassen.

- Essensreste aufheben und kreativ weiter- bzw. wiederverwerten. Der klassische Wochentag des Resteessens war früher der Samstag, damit am Sonntag keine Reste mehr im Hause sind, wenn das Festessen auf den Tisch kommt. Und es gab eine Fülle von Ideen, wie die Reste einer konkreten Speise leicht und wohlschmeckend weiterverarbeitet werden können. Von diesem Wissen ist in den letzten Jahrzehnten viel verlorengegangen.

Symbolisch für die Achtsamkeit selbst gegenüber dem kleinsten Krümel oder Brocken des Essens steht der uralte Brauch, die Brotreste einzusammeln, wenn eine Mahlzeit beendet ist. Offensichtlich war das schon zu Zeiten Jesu ein fester Brauch, denn bei der Speisung der Fünftausend wird wie selbstverständlich davon berichtet (Mk 6, 43). Klaus Berger (1993: 115–118) vermutet hinter dieser Praxis abergläubische Gründe, denn der babylonische Talmud begründe sie damit, dass durch herumliegendes Brot böse Geister angelockt werden könnten (Chullin: 105b). Doch wenn man den Text genau liest, geht es dort um den Dämon der Armut – die Mahnung dürfte also metaphorisch gemeint sein*: Wer die Brotreste nicht ehrt, wird irgendwann in Armut landen.

Anstatt die Brotreste für den menschlichen Verzehr weiterzuverwenden, gab es zur Zeit Jesu offenbar auch Tendenzen, diese im heidnisch-römischen Bereich den Schweinen und im jüdischen Bereich den Hunden hinzuwerfen (vgl. Philostratos, Leben des Apollonius von Tyana I: 19). Jesus tadelt diese Praxis: »Es ist nicht recht, das Brot den Kindern wegzunehmen und den Hunden vorzuwerfen.« (Mk 7, 27 par) Den daraufhin geäußerten Einwand, dass die Hunde zumindest die heruntergefallenen Stücke fressen dürfen, lässt Jesus aber gelten: Was auf den Boden gefallen ist, braucht man nicht mehr verzehren. In der Bergpredigt findet sich eine Variante dieser Anweisung, die noch deutlicher wird: »Gebt das Heilige nicht den Hunden und werft eure Perlen nicht den Schweinen vor!« (Mt 7, 6): Mit dem »Heiligen« ist Brot gemeint, das wie damals üblich gesegnet war – und Hunde und Schweine sind ein drastisches, aber verbreitetes Bild für die Nichtglaubenden.

Auch in den frühen monastischen Gemeinschaften scheint das Aufbewahren der Brotreste üblich gewesen zu sein (Regula Magistri 6; vgl. Massimo Montanari 2012: 59–68). Und letztlich hat sich dieser Brauch bis in die jüngste Vergangenheit gehalten. Brot ist das abendländische Grundnahrungsmittel – mit ihm muss man ganz besonders achtsam umgehen.

Auf seiner CD »Mairegen« von 2010 veröffentlichte der Liedermacher Reinhard Mey unter anderem ein Lied mit dem Titel »Das Butterbrot«. Während einer Autofahrt, bei der er im Stau landet, beginnt Mey über ein Butterbrot nachzudenken, das ihm seine Schwester Ilse auf die Reise mitgegeben hat. Erinnerungen gehen ihm durch den Kopf: An seine Großmutter, die ihm im Falle des Stubenarrests heimlich ein But-

---

* »Abaye also said: At first I thought the reason why one collects the crumbs [from the floor] was mere tidiness, but now my Master has told me: It is because it might lead to poverty. Once the angel of poverty was following a certain man but could not prevail over him, because the man was extremely careful about [collecting the] crumbs. One day he ate some bread upon the grass. ›Now‹ [said the angel] ›he will certainly fall into my hand‹. After he had eaten he took a spade, dug up the grass, and threw it all into a river. He then heard [the angel] exclaiming. ›Alas, he has driven me out of his house‹.« Entnommen aus: The Soncino Babylonian Talmud Book IV: Folios 89b–120a, Chullin, translated into English with Notes. Reformatted by Reuven Brauner, Raanana 5771, auf: http://halakhah.com/rst/kodoshim/43d%20-%20Chullin%20%20 89b-120a.pdf (Stand: 15. 11. 2013)

terbrot aufs Zimmer brachte. An den Vater, der den Kindern am Feierabend das von der Arbeit wieder mit nach Hause gebrachte »Hasenbrot« anbot, das diese begeistert aßen. An die junge Mutter, die in der Notzeit nach dem Krieg eine alte Leica-Kamera für ein steinhartes Butterbrot hergab, damit die Kinder überhaupt etwas zu beißen hatten. Und an die alte, pflegebedürftige Mutter, der er auf einem Tellerchen kleine, von der Rinde befreite Brotstückchen anbot, weil sie nichts anderes mehr essen konnte. So begreift Mey im Angesicht des Butterbrotes neu, dass er »alle Reichtümer der Welt« besitzt. Und ihm fällt die alte Weisheit ein: »Den Spruch hab ich früh gelernt, begriffen und mir wohl bewahrt: Keinen Bissen soll ich kriegen oder ersticken daran, wenn ich jemals ein Stück Brot achtlos zu Boden werfen kann!«

In den letzten Jahrzehnten sind beide hier angesprochenen Bräuche der Andacht und Ehrfurcht weitgehend verlorengegangen: Sowohl das selbstverständliche Segnen des Brotes, indem man vor dem Anschneiden mit dem Messer ein Kreuz auf seinen Rücken zeichnete, als auch das Tabu des Wegwerfens von Brot. Mit ihnen schwindet die Haltung des Respekts vor dem Lebensmittel. Dass gegenwärtig eine neue Debatte über Lebensmittelmüll und Lebensmittelverschwendung stattfindet, ist angesichts dessen höchst erfreulich. Da sie wesentlich ökologisch motiviert ist, werde ich in Kapitel 8.4 darauf zurückkommen.

3.3

Einverleiben und Lust:
Maßvoll genießen

Essen und Trinken sind nicht nur eine Sache des Geschmacksinns, sondern umfassen alle fünf Sinne (Monika Setzwein 2004: 302–340)*:

Der Gesichtssinn: »Das Auge isst mit«, sagt ein altes Sprichwort – und wie hat es Recht! Ein Beispiel soll genügen: Der Orangengeschmack eines Orangensafts wurde dann von 80 Prozent der Versuchspersonen richtig erkannt, wenn der Saft orange gefärbt war; hatte er eine andere Farbe, erkannten den Orangengeschmack nur 30 Prozent der Versuchspersonen (Gisela Gniech 2002: 60). »Das Auge isst mit«, diese Aussage bezieht sich also nicht nur auf die Emotionen beim Essen und Trinken, die zum Beispiel durch eine feine Tischdecke oder eine zum Essen angezündete Kerze gehoben werden, sondern auch auf die Kognitionen. Wir erkennen den »richtigen« Geschmack erheblich besser und leichter, wenn der visuelle Eindruck mit dem geschmacklichen übereinstimmt. Das Kinder- und Liebesspiel »Mund auf – Augen zu« mag als Spiel

---

* Für wertvolle neurowissenschaftliche Hinweise über die Sinneswahrnehmungen danke ich PD Dr. Birgit Herting.

zwischen vertrauten Menschen (oder auch als Geschmacksschulung) lustig sein, es würde uns aber einer wesentlichen Dimension des Esserlebnisses berauben, müssten wir permanent blind verkosten. Wenn blinde Menschen dazu gezwungen sind, kompensieren sie deshalb die Erlebnisminderung im visuellen Bereich durch eine Erlebnismehrung im Bereich der anderen Sinne – ihr Gehirn stellt sich um und verwendet die gleiche »Speicherkapazität« für vier Sinneseindrücke wie vorher für fünf.

Der Gehörsinn: Auch das Ohr ist beim Essen keineswegs unbeteiligt – obgleich das oberflächlich so scheinen mag. Doch es hört sehr genau die Zubereitungsgeräusche (von Kaffeemaschine, Käsereibe, Grillfeuer, vom Öffnen einer Flasche und dem Zischen des sprudelnden Getränks oder dem Klappern des Bestecks), Geräusche von Tischritualen (das Klingen der Weingläser beim Anstoßen) und Verzehrgeräusche (Kaugeräusche, das Knacken knuspriger Nahrung, das Schlürfen, gegebenenfalls auch Schmatzen und Rülpsen). Wie beim Gesichtssinn sind auch beim Gehörsinn die kognitiven Anteile erheblich und keinesfalls zu unterschätzen.

Der Tastsinn: Durch die sukzessive Einführung von Löffel, Messer und schließlich in der frühen Neuzeit auch Gabel als individuelle Esswerkzeuge (im Unterschied zu ihrer Nutzung als Arbeitsgeräte in der Küche) sind die Möglichkeiten des Tastsinns ziemlich ins Hintertreffen geraten, das Essen und Trinken sensorisch zu begleiten. Natürlich spüren Menschen auch mit Besteck etwas von der Konsistenz und Beschaffenheit der Speisen und Getränke. Aber die Wahrnehmungen sind doch erheblich reduziert. Hier hat sich die zivilisierte Welt Beschränkungen auferlegt, die nicht zu unterschätzen sind (Norbert Elias 1992[17])*. Ungemein tief hat sich eingeprägt, dass jede Benetzung der Hände und des Gesichts mit Speisen sofort zu beseitigen ist – die Serviette ist die kulturelle Antwort auf dieses unvermeidliche Problem. Aber wenn man die Menschen anderer Kulturkreise mit den Händen essen sieht oder die Freude eines Kleinkindes erlebt, das sich das ganze Gesicht mit Marmelade oder Schokocreme verschmiert hat, weiß man, was an Lustverlust mit der Verwendung des Bestecks verbunden ist. Denn gerade der Tastsinn könnte die erotische Komponente des Ernährungsvorgangs (siehe unten) intensiv vermitteln. So bleibt als wich-

---

* Der erste Bericht über Gabeln in Mitteleuropa stammt von der Hochzeit des Dogen Orseolo II. von Venedig mit der byzantinischen Prinzessin Argillo im Jahr 995. Zum Hochzeitsmahl brachte die Prinzessin ihre Gabel mit und »rührte auch ihre Speisen nicht mit den Fingern an, sondern ließ die Nahrung von ihren Eunuchen in mundgerechte Stücke klein(er)schneiden, die sie bald darauf mit einem goldenen und zweizinkigen Gäbelchen naschend ihrem Mund zuführte.« – »Cibos quoque suos manibus non tangebat, sed ab eunuchis eius alimenta quaeque minutius concidebantur in frusta; quae mox illa quibusdam fuscinulis aureis atque bidentibus ori suo, liguriens, adhibebat.« Petrus Damiani verurteilt das noch fünfzig Jahre später übereinstimmend mit der empörten venezianischen Gesellschaft als »Verzärtelung und Verweichlichung« – »tam tenere, tam delicate«. Kein Zweifel – die Venezianer wollten sich diese Beraubung ihrer taktilen Lust nicht bieten lassen. Quelle: Petrus Damiani, Institutio monialis 11, in: Migne PL 145,744. Vgl. dazu auch Hasso Spode 1994: 21–22.

Der sogenannte »Homunculus«
für die sensorischen und motorischen Gehirnareale.

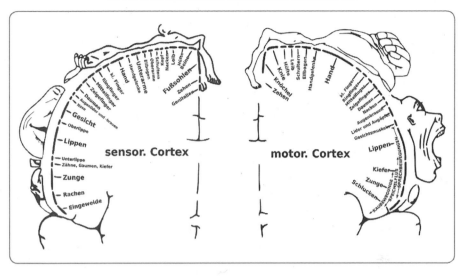

Quelle: Darstellung entnommen aus: DocCheck® Medical Services GmbH 2013, Homunculus,
in: DocCheck® Flexikon. Das Medizinlexikon zum Medmachen,
http://flexikon.doccheck.com/de/Homunculus. Allgemeine Lizenz zur Nutzung gemäß
http://creativecommons.org/licenses/by/3.0/de/legalcode (Stand 6.12.2113).

tigstes Tastorgan des Essens und Trinkens die Zunge: Sie nimmt nicht nur über die Geschmacksknospen den Geschmack der Speisen auf, sondern über ihr Tastvermögen auch Temperatur, Konsistenz, Größe, Form, Viskosität und Adhäsion der Speisen und Getränke.

Um die Bedeutung des Tastsinns für die Nahrungsaufnahme zu erfassen, lohnt sich ein Blick auf den sogenannten »Homunculus« der Neurologie. Was hat es damit auf sich? Im Großhirn gibt es unterschiedliche Areale, die jeweils (Wahrnehmungs-)Signale aus ganz bestimmten Körperteilen (die »Afferenzen«) aufnehmen und verarbeiten, was im sogenannten »sensorischen« Cortex geschieht – wobei »sensorisch« hier nicht für alle Sinneswahrnehmungen steht, wie es das lateinische Wort nahelegen würde, sondern nur für taktile Reize. Zudem gibt es Großhirnareale, die jeweils (Steuerungs-)Signale in ganz bestimmte Körperteile (die »Efferenzen«) vorbereiten und senden, was im sogenannten motorischen Cortex geschieht. Nun kann man sowohl die Größe als auch die Anordnung dieser Hirnregionen für die beiden Cortexteile bildhaft darstellen, indem man die korrespondierenden Körperteile an der jeweiligen Stelle der Cortexoberfläche abbildet. Dies geschieht mit dem sogenannten »Homunculus«, dem

»Menschlein«, wie sich der Fachbegriff in der Neurologie eingebürgert hat. Betrachtet man den Homunculus, fallen einem übereinstimmend in beiden Cortexteilen sofort drei im Vergleich zur morphologischer Größe der korrespondierenden Körperteile extrem überdimensionierte Gehirnbereiche auf: Die Areale für Signale von und zu Händen, Gesicht und Zunge. Verglichen mit diesen dreien kommen selbst die Genitalien bei Weitem nicht mit, nicht einmal im sensorischen Cortex, obwohl man gemeinhin den Eindruck hat, es gäbe keine sensiblere Stelle des menschlichen Körpers als den Genitalbereich. Hände, Gesicht und Zunge lassen ihn weit hinter sich.

Nun hat der abendländische Zivilisationsprozess wie gesagt das Tasten von Händen und Gesicht weitgehend aus dem Ernährungsvorgang eliminiert – was unter Lustaspekten eine gewaltige asketische Herausforderung bedeutet. Übrig bleibt von den drei »Mega-Arealen« nur das der Zunge, um die taktilen Reize der Getränke und Speisen zu verinnerlichen. Ihr ist damit eine enorme Last auferlegt.

Der Geruchssinn: Er ist evolutionsbiologisch betrachtet der älteste Sinn der Lebewesen und sendet als einziger der fünf Sinne den überwiegenden Teil seiner Signale am Thalamus vorbei direkt in das limbische System, eine sehr alte Hirnstruktur. Die Verarbeitung seiner Informationen geschieht daher zu einem großen Teil unbewusst. Doch gerade die unbewussten Eindrücke sind jene, die entscheidenden Einfluss auf das Verhalten haben. Ihr kognitiver Gehalt ist weitaus geringer, doch über die im limbischen System erzeugten Gefühle wird eine entscheidende Verhaltensdisposition bereitgestellt. »Ich mag dich riechen« bedeutet: »Ich habe dich gern.« Ein abstoßender Geruch ist eines der größten Hindernisse, um zu einer positiven Wahrnehmung zu gelangen. Das gilt insbesondere beim Essen und Trinken: Was nicht gut riecht, wird abgelehnt. Und es braucht lange Lernphasen, um einen als negativ empfundenen Geruch einer positiveren Wertung zuzuführen, weil das limbische System nicht durch das Denken steuerbar ist, sondern nur durch fühlbare Eindrücke verändert werden kann. – Das Riechen ist neben dem Schmecken am unmittelbarsten an der Geschmacksbildung beteiligt. Denn beim Kauen der Nahrung bilden sich im Mund Gerüche, die über den Rachen in die Nasenhöhle gelangen und dort die Riechzellen ansprechen. Riechen und Schmecken sind so eng miteinander verknüpft, dass ein verschnupfter Mensch nicht nur nichts riecht, sondern auch kaum etwas schmeckt.

Der Geschmackssinn: Evolutionsbiologisch betrachtet hat sich der Geschmackssinn zum Auffinden und Prüfen der Nahrungsmittel entwickelt. Ohne diese Fähigkeiten wäre ein Lebewesen schnell dem Tod geweiht. Fünf Geschmacksqualitäten können die Geschmacksknospen der Zunge erfassen: Süß zeigt Kalorienreichtum an, das erst seit 1908 bekannte »umami« (japanisch für fleischig, herzhaft, wohlschmeckend) den Geschmack der Glutaminsäure, die auf proteinreiche Nahrung verweist und in Ostasien vielen Speisen zugesetzt wird, salzig den Salzgehalt, sauer und bitter hingegen tendenziell ungenießbare Nahrung. Aus diesem Grund ziehen Kinder süße und umami Nahrung vor (die Muttermilch ist beides, da sie Kalorien und Protein enthält), salzige Nahrung nehmen sie zunächst neutral auf, während sie die Wertschätzung von bitteren und sauren Speisen erst sehr allmählich durch langwierige kulturelle Erziehungsprozesse lernen. Eine sechste Geschmackskategorie, nämlich für Fett, wurde 2011 nachgewiesen und wird derzeit gründlicher erforscht. – Es dürfte kein Zufall sein, dass wir das ästhetische Empfinden eines Menschen insgesamt mit dem Begriff vom »guten Geschmack« beschreiben – ein Sinn steht pars pro toto für alle fünf, weil er kognitiv die größte Komplexität dessen wahrnehmen und differenzieren kann, was Lust erzeugt. Von einem, der den einzigen falschen Ton in einem einstündigen Symphoniekonzert heraushört, sagen wir, er habe ein feines Gehör. Wer auf einen Kilometer Entfernung einen Vogel am Himmel fliegen sieht, hat ein scharfes Auge. Wer wie die Prinzessin im Märchen die Erbse unter vielen Matratzen spürt, hat »Takt«gefühl und Sensibilität (oder auch Hypersensibilität, wie das Märchen meint) – eine zwar umfassend verstandene, aber moralisch konnotierte Eigenschaft. Wer jedoch die winzige Prise eines seltenen Gewürzes in einem Essen erschmecken und benennen kann, der Feinschmecker, der Gourmet, gilt als Meister aller ästhetischen Wahrnehmungen.

Zu beachten ist selbstverständlich, dass alle Sinneswahrnehmungen *kulturell erlernt* sind. Die Sinnesorgane senden zwar physiologisch betrachtet halbwegs »objektive« Signale, aber das Gehirn muss sie deuten und interpretieren. Ein neugeborenes Kind braucht lange, bis es menschliche Gestalten als Menschen erkennen kann – es konnte das Sehen im Mutterleib noch nicht einüben wie die Anwendung der anderen Sinne. Sinneswahrnehmungen sind also biografisch und kulturell geformt und werden ein Leben lang weiter verfeinert. »Die Augen« des Individuums sind damit »die Augen« der Eltern, der Familie, der Gesellschaft, des Kollektivs (Monika Setzwein 2004: 302–340). Interpretationen, Bedeutungszuschreibungen und Wertungen anderer Individuen werden im Lernprozess internalisiert, weiterverarbeitet und geformt – und so »transsubstantiiert«, um nochmals den Begriff von Bachl zu verwenden.

Gleichwohl bedürfen die Sinneswahrnehmungen der *natürlichen Basis*: Praktisch alle fünf Sinne werden mit zunehmendem Alter schwächer. Doch während es seit langem technisch unterstützende Seh- und Hörhilfen gibt, sind die Möglichkeiten zur technischen Unterstützung der anderen Sinne noch nicht vorhanden. Die Appetitlosigkeit alter Menschen hat viel mit ihrer schwindenden Fähigkeit zu tun, die Nahrung zu riechen und zu schmecken. – Natur und Kultur sind also auch hier engstens miteinander verbunden. »Guter Geschmack« braucht beide Dimensionen, um sich entwickeln oder erhalten zu können.

Um die sinnesphysiologischen und neurologischen Aspekte abschließend *evolutionsbiologisch* zu deuten: Die Evolution hat den Lebewesen für die zwei zentralen Lebensvollzüge Selbsterhaltung und Arterhaltung starke Triebfedern mitgegeben. Kein anderer Lebensvollzug ist so verlässlich und regelmäßig mit so viel Lust und Zufriedenheit verbunden wie Essen, Trinken und Sexualität. Dieser gewaltige Lustüberschuss scheint verhaltensbiologisch nötig zu sein, weil sich die Lebewesen sonst zu leicht dieser beiden Vollzüge enthalten würden – das Sterben der Individuen und das Aussterben der Arten wären die Folge. Insbesondere das Kleinkind, das noch nicht gelernt hat, sich überlegt und bewusst am Leben zu erhalten, braucht einen unbändigen Impuls, beim geringsten Hunger nach der Mutterbrust zu verlangen. Doch im Vergleich zu allen anderen Tieren, auch allen anderen Säugetieren, ist beim Menschen die Verbindung der beiden Lebensdynamiken Ernährung und Fortpflanzung am engsten: Die weibliche Brust ist vom ersten Lebensmoment an zugleich Inbegriff von Sättigung und Zärtlichkeit. Und so bleibt als Quintessenz dieses biologischen Exkurses: Wir müssen essen – das ist ein Zwang, eine »Knechtung«, wie Bachl sagt –, aber es bereitet uns zugleich enorm viel Freude und Befreiung – oder soll man sagen: Erlösung?

Allerdings hat auch die Lust einen hohen Preis: Lust bedeutet Verlust. Etymologisch stammen beide Begriffe von ver-lösen = ganz loslassen, verlieren (englisch to loose!): Das Freie, Gelöste der Lust bedeutet gleichzeitig einen Verlust an Kontrolle, an Selbststeuerung, an Rationalität. Und je größer die Lust, umso größer der Kontrollverlust. Aber es geht um noch mehr: Lust bedeutet Selbstverlust: In der Lust steht man außerhalb seiner selbst, ist in Ek-stase. Und das ist der größte Verlust, der anthropologisch überhaupt denkbar ist. Zugleich bedeutet Lust Loslassen, Sich-Lösen, Lösung und Erlösung. All diese Begriffe gehen etymologisch betrachtet aus derselben Wurzel hervor. Auch die Lust ist also ambivalent – es wäre naiv, etwas anderes zu erwarten: Die Lust ist zugleich das Schönste und das Gefährlichste im Leben. Denn im Zustand der Lust (oder der Sucht nach ihr) brennen mitunter alle Sicherungen menschlicher Vernunft durch. Es ist kein Zufall, dass in den Industrieländern die meisten Morde aus Eifersucht und enttäuschter Liebe begangen werden. Und dieser Verlust an Rationalität ist keine sekundäre, akzidenzielle Wirkung der Lust, sondern ihr immanentes, essenzielles Moment – gleichsam ihre andere Seite: Nur wenn der Mensch die Kontrolle loslässt, freigibt, kann er erleben, wie ihn die Lust rauschhaft mit sich reißt.

Genau hierher rühren die griechisch-römische Skepsis gegenüber der Lust und der starke Drang der abendländischen Ethik, jeglichen intensiven Genuss zu bändigen und zu mäßigen. Wie schon erwähnt bezieht bereits Aristoteles die Maßhaltung ausschließlich auf den »Tastsinn« in den drei Dimensionen Essen, Trinken und Sexualität (Aristoteles, Nikomachische Ethik 1117b 21–1119b 20). Thomas von Aquin und die an ihm orientierte Moraltheologie bis Mitte des 20. Jahrhundert folgen ihm darin (Thomas von Aquin, summa theologiae II–II 141,2). Moraltheologisch mag es fragwürdig sein, die Maßhaltung nur an den drei am meisten lustbeflügelten Dynamiken der menschlichen Natur festzumachen. Aber eine gewisse empirische und strategische Plausibilität dieser Option ist nicht von der Hand zu weisen.

Wie aber kann eine ausgewogene Balance von Genussfähigkeit und Maßhaltung beschrieben werden? Das soll im Folgenden die leitende Frage sein.

3.3.1
Das maßvolle Einverleiben

Um unsere abendländische kulturelle Vorprägung besser zu verstehen, beginne ich mit einem kleinen ideengeschichtlichen Durchgang durch die abendländische Ethik. Die griechisch-römische Mainstreamphilosophie beschäftigte sich mit der Ernährung fast ausschließlich unter der Frage nach dem naturgemäßen, und das heißt maßvollen Essen und Trinken. Sie bildete den Kern der Diätetik: »In mainstream ancient Greek and Roman ethics the connection between ›nature‹ and ›temperance‹ was self-evident somehow – a ›historical a priori‹, as Foucault calls it.« (Hub Zwart 2000: 115) Die Diätetik aber wird zu mehr als nur einem Gesundheitsratgeber, sie ist ein Lebensstil, eine Lebensphilosophie: »Indeed – dietetics entails a way of life. In order to maintain health and wellbeing, the selection and preparation of food becomes an item of major concern.« (Hub Zwart 2000: 116) In dieser Lehre des rechten Maßes hat der Exzess keinen Platz.

Das frühchristliche Mönchtum der ägyptischen Wüstenväter und -mütter des 3. und 4. Jahrhundert geht teilweise über dieses Maß hinaus – nach unten. Die EremitInnen in ihren Kellionen treiben das Fasten auf die Spitze – quantitativ wie qualitativ. Aber kann man das so auch für das abendländische Mönchtum, ja Klosterwesen insgesamt sagen, wie dies Jutta Anna Kleber tut: Im Kloster gehe es um das Abtöten der fleischlichen Lüste und das Unterbinden der Geselligkeit? »Der Spaß am Essen wird systematisch unterhöhlt.« (Jutta Anna Kleber 1994: 240–241) Faktisch mag das oft so gewesen sein – aber entspricht es der Intention der Ordensregeln? Stimmt es weiterhin, dass das mittelalterliche Mönchtum dem Essen und Trinken zunächst gar keine eigene Bedeutung beimaß, sondern es nur als Mittel zur moralischen Übung ansah, um den »homo naturalis« zu unterwerfen? Dass die Enthaltsamkeit von Essen und Trinken dann aber zur Obsession und zum Selbstzweck geworden seien? »Up to a certain point, the monastic food ethic elaborated during the middle ages adhered to the Christian principle of disregard, namely insofar as food in itself was unimportant. Food and food intake merely functioned as a means, an object for moral exercise … the strengthening of self-discipline and the gradual submission of the homo naturalis. Gradually, however, monastic concern with food grew into something of an obsession, and abstention from food intake became an objective in its own right. The ancient Greek morale of temperance, directed towards the ›right measure‹ – that is, askesis, in the original sense of exercise –, was replaced by ›asceticism‹ in the sense of excessive abstention.« (Hub Zwart 2000: 118)

Ich habe da meine Zweifel – vor allem in dieser Pauschalität. Schauen wir uns die Regel Benedikts (RB) an, die Ordensregel des großen Vaters des abendländischen Mönchtums (vgl. dazu Michael Rosenberger 2012a): Das Maß der Speisen, sagt Benedikt, sei aufgrund der Unterschiedlichkeit der Individuen und ihrer Charismen »nur mit einigem Bedenken« allgemein bestimmbar (RB 40, 1–2). Eine genaue Maßangabe nennt er daher nur für das Brot und den Wein: Als Grundnahrungsmittel erhält jeder Mönch ein reichliches Pfund Brot pro Tag (RB 39, 4–5). Und was den Alkoholkonsum angeht, erlaubt Benedikt wie ein Teil der monastischen Tradition den täglichen Konsum einer Hemina Wein – zwischen einem viertel und einem halben Liter (RB 40, 3). Asketische Übertreibungen sorgen auf Dauer nur für ein Erodieren zu harter Normen, endlose Debatten für ein Zermürben der Gemeinschaft – nachhaltiger ist es, das Maß so zu bestimmen, dass es auf Dauer von allen als lebbar empfunden wird und Freude am Leben schenkt. Wer es fassen kann, dem empfiehlt Benedikt den freiwilligen Verzicht auf Wein (RB 40, 4).

Umfangreicher sind Benedikts Hinweise zu Art und Vielfalt der Speisen: Damit eine gewisse Wahl besteht, ordnet er für die Hauptmahlzeit zwei gekochte Speisen als Alternative an – mehr brauchen es aber nicht sein, denn schließlich sollte bei zwei Speisen jeder eine finden, die ihm schmeckt. Je nach Jahreszeit und Vorräten sollen dazu Obst und frisches Gemüse angeboten werden (RB 39, 1–3). Damit wird schon deutlich, dass Benedikt unter Askese weder Freudlosigkeit noch Raubbau an der eigenen Gesundheit versteht. Das Essen soll bei aller maßvollen Bescheidenheit schmecken, die Mönche dürfen sich auf die Mahlzeit und an ihr freuen. Dieser bescheidenen Freude an Gottes Gaben dient die Wahlmöglichkeit des Menüs ebenso wie die Vielfalt der Beilagen. Letztere garantiert zugleich eine gesunde Ernährung, die für Benedikt hohen Wert hat, wie sich an seinen Sonderregelungen für die Ernährung Kranker leicht ablesen lässt (RB 36, 9; 39, 11).

Benedikts Absicht einer Freude am Essen und Trinken widerspricht nicht seine wiederholte Warnung vor der Gaumenlust. Vielmehr unterstreicht diese, dass das rechte Maß die Freude an den Schöpfungsgaben Gottes erst ermöglicht, wie die Mahnungen vor Unmäßigkeit im Essen (crapula, RB 39, 7–8; 40, 5) und Trinken (satietas, RB 40, 5–6) eindrücklich belegen. Der Mönch soll sich den Genüssen nicht suchtartig hingeben (RB 4, 12), sondern sich vor Trunksucht und Gefräßigkeit hüten (RB 4, 35 f.), damit er nicht zum Sklaven der Gelüste des Gaumens (RB 1, 11) und damit unfrei wird. Maßhaltung ist Bedingung von Genussfähigkeit. Von »Obsession« (Zwart) und

»systematischem Unterhöhlen des Spaßes« (Kleber) finden wir also zumindest im benediktinischen Kloster keine Spur – wenn es sich an die Regel hält.

Die Benediktsregel atmet ganz den Geist des griechisch-römischen Kulturkreises. Anders sieht es nördlich der Alpen aus. Kelten und Germanen halten den »großen Esser« für eine positive Persönlichkeit. Bär und Wolf sind beliebte Attribute ihrer Führungspersonen, weil sie Stärke ausdrücken – dementsprechend beweisen die Anführer einen »Bären«- bzw. »Wolfshunger« (wobei man hinterfragen könnte, ob Bären und Wölfe wirklich so gefräßig sind, wenn sie nicht tagelang gehungert haben). Wer am meisten isst, gilt unter ihnen als der Stärkste (vgl. das Wettessen zwischen Loki und Logi in der Edda, Kapitel 46). Daher setzt sich das Maßhalten sowohl beim Essen als auch beim Fasten außerhalb des romanischen Kulturkreises nur langsam durch (Massimo Montanari 1994: 30–36). Die »kontrollierte Maßlosigkeit« wird aber seitens der Kirche nie völlig ausgemerzt – nur eingegrenzt: auf die kirchlichen Feste, den Karneval und andere Zeiten erlaubter Exzesse (siehe Kapitel 4.2).

Mir scheint der regelmäßige Wechsel von Zeiten der Zucht und des Maßes einerseits und der Lust und des Exzesses andererseits eine höchst weise Strategie zu sein. Nicht um der strengen Zucht des Alltags ein Ventil zu schaffen – das vielleicht auch. Vor allem aber, damit beide sich wechselseitig befruchten und durchdringen können. Maßhalten ist nicht nur nötig, um HerrIn seiner selbst zu sein, sondern auch, um das lustvolle Verkosten und Auskosten besser zu lernen. Wer nur lustvolle Tage kennt, ist ihrer schnell überdrüssig. Das erste Glas Wein nach vierzig Tagen Fastenzeit schmeckt besser als alle anderen, die man im Laufe eines Jahres trinkt. Zeiten des Maßhaltens sind eine Schule der Genussfähigkeit. Allerdings nur, wenn sie nicht zu lange dauern und einen Heißhunger hervorrufen, der alle Dämme brechen lässt und jeden Genuss verunmöglicht. Umgekehrt schenken Zeiten des Genusses die innere Freiheit, davon auch wieder zu lassen. Genuss sorgt für die Freiheit, Maß zu halten.

3.3.2
Das genussvolle Einverleiben

Der deutsche Begriff »genießen« stammt von »nutzen« – das ist noch an manchen Rechtsbegriffen wie dem »Nutznießer« oder dem »Nießbrauch« zu erkennen. »Genießen« mit dem Präfix »ge«- bedeutete damit das gemeinsame Nutzen einer Sache. Seine emotionale Aufladung im Sinne einer freud- und lustvollen Nutzung hat der Begriff erst in der Neuzeit erhalten. In der Bibel geht es viel schlichter um Freude am Essen und Trinken. Die Maßhaltung als Tugend kommt dort nicht vor. Schon in der zweiten Schöpfungserzählung wird das Essen als ein nahezu grenzenloses Angebot Gottes verstanden, das nur ein winziges Verbot einer einzigen Frucht kennt (Gen 2,16 f.): Von allen Bäumen des Gartens darfst du essen – nur vom Baum in der Mitte nicht!

Essen wird also als paradiesisches Tun verstanden, als Nutzen des überreichen Angebots Gottes an seine Geschöpfe (vgl. Ps 104, 14 f.).

Lebensmittel sind im Sinne der Bibel daher immer auch Genussmittel – und das ist gut so! Wie in Hesiods Goldenem Zeitalter (Hesiod, Werke und Tage: 106–201) soll auch im Gelobten Land Honig in Fülle vorhanden sein (Gerhard de Haan 1994: 171–175). Ja, es ist das »Land, in dem Milch und Honig fließen«, wie die Bibel achtzehnmal formuliert (siehe Kapitel 9.1). Der Honig ist die Speise des irdischen Paradieses, die Milch als Speise des Säuglings ist die Nahrung des unschuldigen Anfangs (Gerhard de Haan 1994: 175–177).

Was bis ins Hochmittelalter der Honig blieb, ist seitdem der Zucker (Gerhard de Haan 1994: 184–185): der universale Süßstoff. Zuckerrohr ist in Europa seit den Kreuzzügen aus dem Orient bekannt und wird seit 1425 in Sizilien und seit dem 16. Jahrhundert in Lateinamerika angebaut. Schokolade mit den Hauptbestandteilen Zucker und Kakao kommt seit dem 16. Jahrhundert in Südeuropa in den Handel, der seine Blüte im 17. und 18. Jahrhundert erlebt. Genossen wird sie zunächst als Heißgetränk (Gerhard de Haan 1994: 185–189). Die heutige Verteufelung des Zuckers durch manche Kreise ist also zumindest historisch und symboltheoretisch betrachtet eine Ablehnung des »Paradieses auf Erden«, das die Bibel den Menschen durchaus gewünscht und zugestanden hat – wohl wissend um dessen Fragilität.

Von Jesus überliefert die Bibel keine besonderen Ereignisse im Zusammenhang mit Süßspeisen. Sein primäres Genussmittel ist der Wein, denn er wird als »Fresser und Weinsäufer« (οινοποτες) beschimpft und ist stolz auf diesen Titel, den ihm seine Gegner geben (Lk 7, 34 par). Wo Jesus an Mählern teilnimmt, werden sie unvergessliche Feste der Lebensfreude und des Genusses. Aus biblischer Perspektive lässt sich also nicht erklären, warum die griechisch-römische Tugend der Maßhaltung im Christentum so sehr die Oberhand über die Genussfähigkeit gewann.

Die Überzeugung, dass der Mensch die irdischen Gaben genießen darf und soll, weil er sonst die Geschenke seines Schöpfers verachtet, setzt eine große innere Gelassenheit und Freiheit voraus. Maßhaltung lässt sich »machen« – zu ihr kann und muss man sich vielleicht auch zwingen. Sie kommt vom Verstand her, wird vom Kopf gesteuert. Genussfähigkeit muss eher eingeübt werden, weil sie darin besteht, sich der Freude hinzugeben, sich in sie hineinsinken zu lassen, passiv und empfangend zu werden. Augustinus betont, der Mensch könne nicht von der Süßigkeit Gottes reden, wenn er sie nie erfahren habe, so wie er auch nicht von der Süßigkeit einer Speise reden könne, wenn er sie nie gegessen habe (Aurelius Augustinus, Enarrationes in psalmos 51, 18). Genuss kann man nicht befehlen. Genuss muss man erleben, um ihn zu erlernen.

Was kann der Einübung der Genussfähigkeit dienlich sein? Zunächst einmal setzt Genussfähigkeit das Schmeckenkönnen voraus. Aber man beachte: »Das Organ des

Geschmacks ist nicht die Zunge, sondern das Gehirn.« (Massimo Montanari 2012: 245; übers. MR) Es ist also eine Übung des Denkens, seinen Geschmack zu schulen und zu immer differenzierterer Wahrnehmung fähig zu machen. Wer nie im Fünf-Sterne-Restaurant gegessen hat, wird mit den feinen Geschmacksnoten seiner Speisen nichts anfangen können. Das muss vielleicht auch gar nicht sein. Aber eine langsame, behutsame und stetige Weiterentwicklung der eigenen Geschmacksfähigkeit ist sehr wohl eine lohnende Lebensaufgabe.

Auch wenn das eigentliche Geschmacksorgan das Gehirn ist, braucht es umfassende Informationen der Sinne. Insofern schmeckt derjenige besser und differenzierter, der alle fünf Sinne auf das Essen richtet. Das kann nur geschehen, wenn die Rahmenbedingungen stimmen und eine Tischkultur gepflegt wird, wie sie das nächste Kapitel beschreiben wird. Hinzu kommt eine Art und Weise des Einverleibens, die dem Geschmackssinn als dem in dieser Hinsicht wichtigsten der fünf Sinne optimale Bedingungen bietet, »ganz Geschmack« zu sein. Dazu gehört es, die Speise langsam und gründlich zu zerkauen, sie »auf der Zunge zergehen zu lassen«, Getränke wie Wein ebenfalls zu kauen und über die Zunge zu rollen und das Hinunterschlucken so lange wie möglich zu verzögern. Hastiges Verschlingen ist der größte Feind der Genussfähigkeit.

Zur Genussfähigkeit gehört drittens auch die Kommunikation über den Geschmack der Lebensmittel. Zum einen, weil die Sprache eine Intensivierung und Präzisierung der Wahrnehmung ermöglicht (Spracherweiterung ist Welterweiterung), zum anderen, weil über die Sprache die Wahrnehmungen anderer Menschen zugänglich werden. Es war schon die Rede davon, dass der Geschmack immer der Geschmack der Gesellschaft ist und nicht nur des Individuums. Schmecken lernt man am besten gemeinsam.

Und schließlich scheint mir ein viertes Element des Einübens der Genussfähigkeit das Achten auf die übrigen Körpersignale, vor allem des eigenen Verdauungsapparats. Untrüglich signalisiert dieser, was dem Körper gut tut, was er braucht, was ihm zu viel ist usw. Über diese letzte Übung kommen dann Genussfähigkeit und Maßhaltung ein weiteres Mal einander nahe. Denn ein Übermaß an Nahrung verdirbt den Genuss. Wer genießen will, muss sein Maß kennen.

Das schließt fünftens ein rechtes Maß des Esstempos unbedingt mit ein. Langsame EsserInnen essen nicht nur weniger und sind dadurch eher normalgewichtig, weil sie schneller satt sind (Rei Otsuka et al. 2006; Alexander Kokkinos et al. 2010; Martin Hofmeister 2011), sondern genießen auch intensiver. Sie kosten Speise und Trank im wörtlichen Sinne aus. Die Ratschläge zum langsamen Essen reichen bis ins 17. Jahrhundert zurück. Aus ethischer Sicht ist die Frage des Ess- und Trinktempos auch eine Frage der Ehrfurcht vor den Speisen und Getränken.

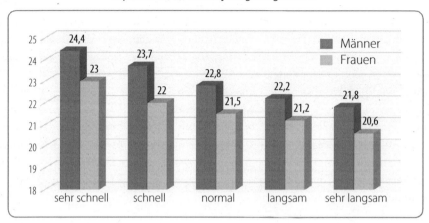

Body-Mass-Index in Relation zur Essgeschwindigkeit.
Japan 2006, 35- bis 69-jährige Angestellte.

Quelle: Nach Rei Otsuka et al 2006.

Die Herausforderung der Geschmackserziehung stellt sich von frühester Kindheit an, und sie wird in einer Gesellschaft, in der immer öfter beide Elternteile Vollzeit arbeiten, zur hauptsächlichen Aufgabe von Schulen. Klaus Dürrschmid, Eva Unterberger und Sabine Bisovsky testeten 2008 die Geschmacks- und Geruchsdifferenzierungsfähigkeit von 385 österreichischen Schulkindern im Alter von 10 bis 13 Jahren. Es wurden vier Grundgeschmacksarten (süß, sauer salzig und bitter) und elf Gerüche getestet (Orange, Schuhleder, Zimt, Pfefferminze, Banane, Zitrone, Kaffee, Gewürznelke, Ananas, Rose und Fisch). Folgende Ergebnisse traten zutage:

Erkennen der Grundgeschmacksarten,
10- bis 13-jährige Kinder – quantitativ (Österreich 2008).

Erkannte Geschmacksarten	Alle 4	3	2	1	0
Anteil der SchülerInnen (%)	27,3	5,2	35,8	23,6	8,1

Quelle: Klaus Dürrschmid/Eva Unterberger/Sabine Bisovsky 2008: 4–5.

Erkennen der Grundgeschmacksarten,
10- bis 13-jährige Kinder – qualitativ (Österreich 2008).

Erkannte Geschmacksart	Süß	Salzig	Bitter	Sauer
Anteil der SchülerInnen (%)	71,2	58,2	45,7	44,9

Quelle: Klaus Dürrschmid/Eva Unterberger/Sabine Bisovsky 2008: 4–5.

3 Essen und Trinken als Ein-verleiben und Ver-zehren

Erkannte Geruchsarten	Alle 11	Mehr als 8	6 bis 8	Weniger als 6
Anteil der SchülerInnen (%)	11,2	57,1	36,1	6,8

Quelle: Klaus Dürrschmid/Eva Unterberger/Sabine Bisovsky 2008: 4–5.

Qualitativ zeigt sich: »Von den untersuchten Gerüchen wurden Orange, Pfefferminze und Banane am besten, Kaffee, Gewürznelke und Schuhleder am schlechtesten erkannt.« (Klaus Dürrschmid/Eva Unterberger/Sabine Bisovsky 2008: 4–5) Bedeutsam war aber die Korrelierung der Differenzierungsfähigkeiten mit sozialen Indikatoren:

• HauptschülerInnen erkennen weniger als GymnasiastInnen.

• Landkinder erkennen mehr als Stadtkinder.

• Je mehr Fast Food, Süßgetränke und Weißbrot die Kinder konsumierten, umso weniger konnten sie Geschmacks- und Geruchsrichtungen erkennen.

• Je mehr Obst und Gemüse die Kinder konsumierten, umso mehr konnten sie Geschmacks- und Geruchsrichtungen erkennen.

Offen blieb nach Angaben der AutorInnen, ob das Ernährungsverhalten für die Entwicklung der Geschmacksfähigkeit kausal ist oder ob beide koevolutiv durch eine gemeinsame, unbekannte Ursache bedingt sind. Das konnte die Studie nicht zeigen. Wahrscheinlicher scheint mir aber die erste der beiden Alternativen: Je einheitlicher, standardisierter und fader der Geschmack dessen ist, was die Kinder verzehren, umso weniger brauchen sie im Alltag auf ihren Geschmack achten. Geschmacksentwicklung geschieht durch Übung, Lernen am Beispiel – und je mehr und vielfältiger die Beispiele sind, umso eher wird die Entwicklung gefördert.

Ich sagte, Geschmackserziehung werde immer mehr zur Aufgabe von Schulen. Damit meine ich weniger den theoretischen Unterricht, auch wenn dieser nicht unwichtig ist, sondern mehr die Schulkantinen. Für immer mehr Kinder ist es normal, dass sie mehr Mahlzeiten außer Haus als in der eigenen Familie einnehmen. Umso bedeutsamer wird es, auf diese Situation angemessen zu reagieren. Je vielfältiger und gesünder das Essen der Schulkantinen ist, umso eher lernen die Kinder, ihre Geschmacks- und Geruchsdifferenzierung zu entwickeln.

3.3.3
Zweierlei Lust: Ernährung und Sexualität

Vielfach war in diesem Kapitel von der Nähe von Essen und Sexualität die Rede. Sie soll an dieser Stelle eigens in den Blick genommen werden, um sie weiter zu vertiefen.

Ein Grund für diese Nähe sind zweifellos die engen körperlichen Bezüge zwischen den beiden Vollzügen (Monika Setzwein 2004: 94–107). Nicht nur die Nahrungsaufnahme, sondern auch die sexuelle Begegnung wird großenteils mit dem Mund vollzogen. Der Mund ist einerseits das Eingangstor für die Nahrung, hat aber andererseits auch eine enorm wichtige erotische Funktion – wir hatten es bereits beim Betrachten des Homunculus gesehen. Auch die Nähe der Ausscheidungs- und der Genitalzone ist kaum größer denkbar. Die primären Geschlechtsorgane dienen gleichzeitig als Ausgang der Flüssigkeit und liegen in unmittelbarer Nähe zum Ausgang der Feststoffe. Der Eingang und der Ausgang des Nahrungsweges durch den menschlichen Körper sind also zugleich die wichtigsten erogenen Zonen.

Entwicklungspsychologisch von höchster Bedeutung ist die menschliche Urerfahrung des Gestilltwerdens (Karin Becker 2000: 48–57). Neurologisch betrachtet registriert das Gehirn das gleichzeitige Eintreten der satten Zufriedenheit im Bauch (viszeral) und der erotischen Reizung der Lippen durch das Saugen an der Mutterbrust. Durch das wiederholte gleichzeitige Erleben beider Gefühle findet im Gehirn eine starke Verschaltung zwischen den Bereichen statt, die die Nahrungsaufnahme steuern, und jenen, die für die erotischen Gefühle zuständig sind. Psychologisch formuliert wird beim Stillen die körperliche Nähe und Geborgenheit des Kindes bei der Mutter zugleich mit der Sättigung erlebt. Die weibliche Brust nährt und erregt zugleich.

Neben die morphologischen und erfahrungsbezogenen Verbindungen tritt ein dritter, phänomenologischer Aspekt: Der Prozess des Essens und Trinkens ist – das wurde schon analysiert – ein Prozess der Einverleibung. Christian Coff unterscheidet an ihm zwei Phasen: das Einverleiben, Inkorporieren im engen Sinne, das im Mund beginnt, und das Einfleischen, das Inkarnieren, das im Magen stattfindet (Christian Coff 2006: 6–11). Nun weist der Geschlechtsakt eine analoge zweiphasige Schrittfolge auf, jedenfalls sofern er zu einer Schwangerschaft führt: Das Einverleiben findet mit dem Einbringen des männlichen Samens in den weiblichen Geschlechtstrakt statt, das Einfleischen mit der Befruchtung der weiblichen Eizelle (oder, weil man diese erst seit dem 19. Jahrhundert kennt, unwissenschaftlicher formuliert mit dem Schwangerwerden der Frau). Diese beiden Schritte des Einverleibens und Einfleischens stellen nach Coff im wörtlichen Sinne eine starke Intimität des Essens und Trinkens wie des Sexualakts her. Intimität aber braucht Vertrautheit, denn sie birgt enorme Gefahren in sich. Wenn ein Mensch etwas ihm Äußeres, Fremdes, in sein Inneres hereinnimmt, macht er sich in höchstem Maße angreifbar und verletzbar. Essen und Trinken können ebenso leicht krank machen oder töten wie Geschlechtsverkehr. Und das gilt nicht nur im biologischen, sondern auch im psychologischen Sinne: Wer einen anderen Menschen verletzt, mit dem er Tisch- oder gar Bettgemeinschaft gepflegt hat, oder wer ihn während der Tisch- oder Bettgemeinschaft verletzt, der trifft ihn weitaus stärker und unmittelbarer als außerhalb dieses Kontextes.

Eine ethisch zwingende Folge ist es, dass alle Gesellschaften und Kulturen für beide Bereiche – Ernährung wie Sexualität – starke Tabuisierungen und Regulierungen entwickeln. Die Intimität dieser Vorgänge braucht starken normativen Schutz (siehe dazu den folgenden Abschnitt 3.4). Teilweise werden Restriktionen sogar mit demselben Begriff benannt: »Abstinenz« kann sowohl sexuelle als auch kulinarische Enthaltsamkeit bedeuten. Und oft gehen die beiden Formen der Abstinenz Hand in Hand: Ordensleute verzichten auf das eine (sexuelle Aktivität) ganz, auf das andere (Essen und Trinken) zumindest überdurchschnittlich, indem sie mehr und strenger fasten als die Durchschnittsgläubigen.

Eine weniger ethisch, aber durchaus spirituell bedeutsame Folge ist es, dass die Redeweisen über Essen und Sexualität zahlreiche Analogien und symbolische Beziehungen aufweisen (Monika Setzwein 2004: 94–107): »Liebe geht durch den Magen«; jemand ist »zum Anbeißen«, man hat ihn »zum Fressen gern«, möchte ihn »vernaschen«; jemand ist »knackig« oder »junges Gemüse«. Auch die Körperteile, besonders die Geschlechtsorgane werden häufig mit Früchten bzw. anderen Speisen verglichen. Die Frau hat einen »Erdbeermund«, apfel- oder melonengleiche Brüste, eine »Pfirsichhaut«, ihre Vagina nennt man »Pflaume« oder »Muschel«. Die männlichen Hoden bezeichnet man als »Eier« oder »Nüsse«, den Penis als »Banane« oder »Würstchen«. Solche Bezeichnungen mögen manchmal sehr banalisierend verwendet werden, sie können aber auch im Kontext hoher erotischer Poesie vorkommen wie im Hohen Lied der Liebe des Alten Testaments. In diesem Buch wird die körperliche Liebe zwischen Mann und Frau in die Nähe der Erfahrung Gottes gerückt. Dort heißt es unter anderem: »Süßer als Wein ist deine Liebe.« (Hld 1, 2.4; 4, 10) Die »Frucht« des Geliebten wird mit einem Apfel verglichen – »wie süß schmeckt sie meinem Gaumen.« (Hld 2, 3) »Sein Mund ist voll Süße.« (Hld 5, 16) Er wiederum antwortet ihr: »deine Brüste sind wie Trauben.« (Hld 7, 8) An zwei Stellen wird das Bild der sexuellen Begegnung als Essen sogar in allen Einzelheiten ausgemalt:

> »Von deinen Lippen, Braut, tropft Honig; Milch und Honig ist unter deiner Zunge.
> Der Duft deiner Kleider ist wie des Libanon Duft.
> Ein verschlossener Garten ist meine Schwester Braut, ein verschlossener Garten,
>   ein versiegelter Quell.
> Ein Lustgarten sprosst aus dir, Granatbäume mit köstlichen Früchten, Hennadolden,
>   Nardenblüten,

Narde, Krokus, Gewürzrohr und Zimt, alle Weihrauchbäume, Myrrhe und Aloe,
    allerbester Balsam.
Die Quelle des Gartens bist du, ein Brunnen lebendigen Wassers,
    Wasser vom Libanon …
Ich komme in meinen Garten, Schwester Braut; ich pflücke meine Myrrhe, den Balsam;
esse meine Wabe samt dem Honig, trinke meinen Wein und die Milch.
Freunde, esst und trinkt, berauscht euch an der Liebe!«

(Hld 4, 11–15; 5, 1)

»Wie eine Palme ist dein Wuchs; deine Brüste sind wie Trauben.
  Ich sage: Ersteigen will ich die Palme; ich greife nach den Rispen.
  Trauben am Weinstock seien mir deine Brüste, Apfelduft sei der Duft deines Atems,
  dein Mund köstlicher Wein, der glatt in mich eingeht, der Lippen und Zähne
    mir netzt …
  – Die Liebesäpfel duften; an unsrer Tür warten alle köstlichen Früchte, frische
    und solche vom Vorjahr;
  für dich hab ich sie aufgehoben, Geliebter.«

(Hld 7, 8–10, 14)

Die Texte des Hohen Lieds der Liebe wurden jahrhundertelang spiritualisiert – dabei sind sie zunächst als erotische Gedichte und Lieder verfasst worden. Dass sie in einer zweiten Relecture als Metapher der lustvollen, ja ekstatischen (mystischen) Gotteserfahrung des Menschen interpretiert werden können, ist in Ordnung, ja sogar wünschenswert. Denn es gibt der sexuellen Begegnung eine besondere Dignität und Tiefendimension. Aber diese Relecture ersetzt nicht die erste, direkte Lesart auf die sexuelle Begegnung hin, sondern ergänzt sie. Es gehört zur Tragik der christlichen Spiritualitätsgeschichte, dass sie das fast zweitausend Jahre nicht zulassen wollte.

Bezogen auf die Perspektive dieses Buches, die keine sexualethische, sondern eine ernährungsethische ist, bleibt vor allem festzuhalten: Eine bewusste Analogiebildung zwischen Ernährung und Sexualität kann die Lusterfahrung in beiden Vollzügen steigern. Unmittelbar möchten die zitierten Passagen des Hohen Lieds die sexuelle Lust intensivieren. De facto fördert ihre Lektüre aber ebenso die Genussfähigkeit im Blick auf Essen und Trinken.

3.4
Einverleiben und Sicherheit:
Dem Leben trauen

Als Anfang 1996 in Großbritannien etliche Fälle von boviner spongiformer Enzephalopathie, auf Deutsch schwammartiger Gehirnkrankheit der Rinder, kurz BSE, publik wurden, brach eine weltweite Hysterie aus. Naturwissenschaftlich war schnell klar, dass BSE die Verfütterung von Tiermehl als Ursache hat. Man hätte also einfach die Ursache per Gesetz beseitigen (das geschah), jedes Rind vor der Schlachtung auf BSE untersuchen (das geschah nicht) und ansonsten Ruhe bewahren können. Die Reaktionen waren hingegen gravierend: »Tod im Topf?«, titelte die seriöse Wochenzeitung »Die Zeit« (Jürgen Krönig 1996: 9). In den USA las man vom »nationalen Identitätstrauma« der Engländer, da Rindfleisch der Inbegriff englischer Lebenskultur ist (Simon Schama 1996, Mad Cows and Englishmen, in: The New Yorker 8. 4. 1996: 61–62). Der damalige englische Premier John Major sprach gar von der schwersten Krise Englands seit dem Falklandkrieg 1982 – nur dass diesmal Argentinien gewonnen habe, wie ausländische Zeitungen süffisant anmerkten (Jakob Tanner 1996: 401). Die bittere Folge war die wahllose Vernichtung von Millionen gesunden Rindern.

Was hier kurz am BSE-Skandal angedeutet wurde, ließe sich leicht an weiteren Lebensmittelskandalen zeigen: Gemessen an den realen Gefahren reagiert der Mensch bei ernährungsbedingten Gefahren extrem sensibel. Insbesondere ist der europäische Diskurs über die sogenannte grüne Gentechnik in Lebens- und Futtermittelpflanzen nicht ohne das Faktum der tief im Menschen verankerten Tendenz zur Überemotionalisierung von Fragen der Lebensmittelsicherheit zu verstehen. Ich gehöre, wie sich in den Kapiteln 6.2.2 und 8.5.4 zeigen wird, nicht zu den Befürwortern grüner Gentechnik. Aber meine Argumente gegen sie berühren die Fragen der Sicherheit gentechnisch veränderter Lebensmittelsubstanzen kaum. Meines Erachtens geht es viel eher um ökologische und soziale Fragen als um gesundheitliche. Doch bin ich sicher, dass der Gentechnikdiskurs nie so vehement und emotional geführt würde, wäre da nicht bei vielen DiskursteilnehmerInnen das unterschwellige Gefühl, Lebensmittel aus gentechnisch veränderten Organismen könnten gesundheitlich bedenklich sein. Freilich: Gäbe es diesen emotionalen Schub nicht, wären Europas Äcker vermutlich längst mit gentechnisch veränderten Organismen überflutet.

Nur der Vollständigkeit halber sei erwähnt, dass die Frage der Sicherheit nicht nur im Blick auf die Qualität angebotener Lebensmittel relevant ist, für die Hersteller und Verarbeiter zuständig sind. Das von Coff bereits zitierte Verinnerlichen von Fremdem im Sinne des Einverleibens und Einfleischens (Christian Coff 2006: 6–11) beinhaltet auch die Möglichkeit gezielter Vergiftungen. Zwar sind die Zeiten weitgehend vorüber, in denen die Mächtigen und Tyrannen (manchmal ebenfalls sehr hysterisch getrieben) einen Vorkoster anstellten, der alle Speisen auf Gift testete, indem er sich selbst dem Risiko der Schädigung oder Tötung aussetzte. Aber Fälle wie der des russischen Dissidenten Alexander Walterowitsch Litwinenko, der 2006 in London starb, nachdem er wenige Tage zuvor über seine Nahrung mit radioaktivem Polonium-210 vergiftet worden war, zeigen, dass auch heute zumindest eine kleine Personengruppe höchst gefährdet ist, wenn sie isst. Im Folgenden möchte ich jedoch den Blick vor allem auf das erste Problem der durch Herstellung und Verarbeitung bedingten Gesundheits- und Lebensgefährdung konzentrieren.

Gemessen an den realen Gefahren reagiert der Mensch in Fragen der Lebensmittelsicherheit weit emotionaler, man könnte auch sagen: unverhältnismäßiger. Sobald die Sicherheit von Essen und Trinken berührt ist, setzt der Verstand weitgehend aus und wird durch stärkste Emotionen überdeckt. Evolutionsbiologisch mag das plausibel erklärbar sein: Solange das Gefahrenpotenzial von Lebensmitteln hoch war, bedeutete die überschießende Emotion ein höchst notwendiges Warnsignal und trug maßgeblich zur Überlebenswahrscheinlichkeit des aufgerüttelten Lebewesens bei. Auch für den Zusammenhalt einer Gesellschaft ist das Vertrauen in die Sicherheit der Lebensmittel wichtiger als das Vertrauen in die Sicherheit zum Beispiel des Verkehrs oder selbst von Wohnhäusern, die an sich ebenfalls einen Bereich starker Intimität darstellen. Aufgrund ihrer hohen symbolischen Valenz für die menschliche Identität haben Essen und Trinken anthropologisch gesehen eine Sonderstellung, die von keinem anderen Lebensvollzug erreicht wird. Essen und Trinken müssen daher sicherer sein als alle anderen Lebensvollzüge – ohne dass eine völlige Sicherheit je erreichbar wäre.

Wie ist also mit der Herausforderung der Sicherheit des Einverleibens ethisch und spirituell umzugehen? Man kann zurecht fragen, ob in modernen Industriegesellschaften nicht etwas weniger emotionale Reaktionen auf Lebensmittelskandale dienlich wären. Die sind aber nur möglich, wenn die politischen Hausaufgaben gemacht werden. Hier gilt es, strengste Normierungen und Kontrollen der staatlichen und überstaatlichen Stellen zu gewährleisten. Schon im Mittelalter war die Lebensmittelkontrolle zurecht schärfer als die Kontrolle anderer sicherheitsrelevanter Lebensbereiche. Grundsätzlich haben alle modernen Demokratien Behörden und Institute, die sich diesem Anliegen widmen. In Deutschland ist dies das Robert-Koch-Institut, das direkt dem Bundegesundheitsministerium zugeordnet ist, in Österreich das Bundesamt für Ernährungssicherheit und als ihm zugeordnetes Institut die AGES, die Österreichische Agentur für Gesundheit und Ernährungssicherheit. In beiden Fällen werden aber die konkreten Kontrollen vor Ort, in landwirtschaftlichen Betrieben, bei Lebensmittelherstellern und im Lebensmittelhandel sowie in der Gastronomie von einer Fülle nachgeordneter Behörden durchgeführt. Meistens liegen Probleme auf dieser Ebene, denn solche Behörden sind teuer und müssen sich ständig mit den

Gewerbetreibenden anlegen. Oft wird ihnen der Zugang zu den Produktionsstätten nur widerwillig oder nach langem Prozedere gewährt, gerade bei den »schwarzen Schafen«. Gleichzeitig steht das Kontrollbedürfnis in Konkurrenz mit anderen berechtigten Anliegen. Extrem strenge Hygienevorschriften für Schlachträume sorgen zum Beispiel dafür, dass viele ÖkolandwirtInnen ihre Hausschlachtungen aufgeben. Diese wären aber aus tierethischen und ökologischen Belangen wünschenswert.

Strenge Normen und Kontrollen sind also nötig und ethisch richtig. Und sie sollen strenger sein als in allen anderen Lebensbereichen. Doch muss man sich auch vor einem Sicherheitsfanatismus bewahren. Kontrolle ist nötig, doch Vertrauen ist unerlässlich. Der Ernährungsvorgang wird immer riskant bleiben, wie sehr wir die Kontrollsysteme auch ausbauen. Das berühmte »Restrisiko« lässt sich bei keinem Lebensvollzug eliminieren. Die Notwendigkeit von Vertrauen ist ein starkes Argument für eine bevorzugte Regionalisierung der Lebensmittelströme. Denn wenn KundInnen direkt bei LandwirtInnen kaufen oder nahezu direkt bei einer regionalen Kooperative, lässt sich weitaus leichter Vertrauen herstellen als auf anonymisierten globalen Märkten. Wer dem Lebensmittelproduzenten face to face gegenübersteht, kann sich weit besser von dessen Seriosität und Integrität überzeugen als an der Kauftheke im Supermarkt.

Ohne die Skandale der letzten Jahrzehnte kleinzureden, muss gewürdigt werden, dass die Lebensmittelsicherheit in der Menschheitsgeschichte vermutlich nie so hoch war wie derzeit in den Industrieländern. Und das lädt in spiritueller Sicht ein, dem Leben grundsätzlich zu trauen. Wir sollen und brauchen beim Essen und Trinken nicht ständig Gefahren wittern. Wir dürfen die Nahrung vertrauensvoll zu uns nehmen. Das gilt über die Frage der Lebensmittelsicherheit dann auch für die Frage der Lebensmittelgesundheit bestimmter Stoffe. In bestimmten gesellschaftlichen Kreisen hat sich eine fast panische Angst vor Zucker, Glutamaten, tierischen Fetten und Cholesterin etabliert, um nur einige der einschlägigen Substanzen zu nennen. Wer Lebensmittel so angstbesetzt wahrnimmt, beraubt sich jeder Freude daran. Natürlich ist es wichtig, sich Gedanken über gute und gesunde Ernährung zu machen – das wird gleich noch entfaltet –, aber wenn die Sorge um die eigene Gesundheit jeden Spaß am Essen verdirbt, dann sind die beiden Kategorien Lust und Sicherheit aus der Balance geraten. Lust ist ohne Risikobereitschaft nicht zu haben, das sollte im vorangehenden Abschnitt deutlich geworden sein. Das Risiko soll gemäßigt, also begrenzt sein, doch eliminieren lässt es sich nur um den Preis absoluter Lustlosigkeit.

Erst das (kritisch geprüfte und gut überlegte) Vertrauen in das Lebensmittel ermöglicht es, sich dem Lebensmittel hinzugeben. Und das ist die letzte unserer acht Ernährungstugenden: die Hingabe. Unter der Perspektive des Einverleibens geht es nicht um die Hingabe an Menschen, sondern an das Einzuverleibende bzw. Einverleibte. Es ist eben nicht nur so, dass die Nahrung sich dem Essenden oder Trinkenden ausliefert, so dass sie vernichtet und zerstört wird, es ist umgekehrt ebenfalls richtig, dass sich der Essende und Trinkende seiner Nahrung ausliefert. Es geht nicht anders. Und es kann sehr gut sein! Denn hingebungsvolles Essen ist die wichtigste Bedingung für Lust und Wohlergehen. Wer angstbesetzt und misstrauisch ständig Vorbehalte im Hinterkopf bewegt, wird nicht entspannt und gelöst essen können.

3.5
Gutes gut einverleiben.
Hinweise für eine umfassende Diätetik

Alle vier Kategorien symbolischer Codierung haben ambivalente Spannungen des Vorgangs der Einverleibung aufgezeigt. Als immanente Spannungen des Ernährungsvorgangs lassen sie sich nicht auflösen, sondern nur gestalten. Auf diesem Hintergrund können nun ethische und spirituelle Hinweise für eine zeitgemäße Diätetik formuliert werden. Diese muss alle vier Dimensionen des Einverleibens in den beschriebenen Spannungen berücksichtigen. Zwei Aspekte möchte ich daher besonders hervorheben:

1) Diätetik ist mehr als Funktionalismus: Ab dem 19. Jahrhundert wurde die Diätetik, einst eine philosophisch-ethische Disziplin, rein naturwissenschaftlich funktional betrachtet und nicht mehr ganzheitlich wie zuvor. Die wenig später einsetzende Gegenbewegung der Naturheilkunde und des Naturismus hat Recht, wenn sie die Ernährung nicht als rein medizinisches oder physiologisches Phänomen betrachten, sondern daran erinnern, dass es einen entsprechenden Lebensstil braucht, in den der Ernährungsvorgang eingebettet ist (Hans-Jürgen Teuteberg 1997: 13–16).

2) Diätetik funktioniert über Gemeinschaften: Diätetik bedeutet, wie wir in Kapitel 5 sehen werden, immer soziale Vergemeinschaftung und Distanzierung: Alle, die der gleichen Diät folgen, gehören zusammen, jene, die einer anderen Diätetik folgen, sind distanziert oder exkludiert (Eva Barlösius 1999: 53–57). Keine Diätetik lässt sich solipsistisch verwirklichen. Wenn also eine bestimmte Ernährungsweise favorisiert wird, muss gefragt werden, durch welche sozialen Prozesse sie gefördert und verbreitet werden kann.

Ein Beispiel, wie man diese beiden Aspekte nicht umsetzen kann, geben die »Dietary Guidelines for Americans 2010«, die vom amerikanischen Landwirtschafts- und Gesundheitsministerium gemeinsam verfasst worden sind (vgl. U.S. Department of

Agriculture/U.S. Department of Health and Human Services 2010). Zwar räumen die Guidelines ein, dass es um vielschichtige Umstellungen der Lebensgewohnheiten geht, wenn Menschen zu einer guten Ernährung gelangen wollen (Ulrich Keller/Robin A. Chanda 2003: 111–120): Das letzte Kapitel 6, »Helping Americans Making Healthy Choices« (U.S. Department of Agriculture/U.S. Department of Health and Human Services 2010: 55–60) spricht sogar ausführlich die »sozioökologischen« Faktoren an, die die Ernährung der Menschen beeinflussen, von Familie über Schule und Arbeitsplatz bis zu kulturellem Hintergrund und Religion, von sozialen bis zu regionalen Bedingungen. Aber es bleibt beim bloßen Appell an diese Instanzen, die gesunde Ernährung der Menschen zu ermöglichen und zu fördern: Nicht ein einziger Ratschlag wird gegeben, wer was wie umsetzen sollte – nicht einmal für die Regierung im Blick auf die tristen amerikanischen Schulkantinen. Zudem wird gute Ernährung ganz auf den Gesundheits- und Sicherheitsaspekt reduziert: Die anderen drei Kategorien symbolischer Codierung kommen nicht in den Blick, insbesondere nicht der Lustaspekt, der für die Geschmacksentwicklung so hohe Bedeutung hat.

Was bleibt, sind folgende technische Appelle: Kalorien kontrollieren; Salz, gesättigte Fettsäuren, Cholesterin, Transfette, feste Fette und Zucker und Alkohol auf ein gutes Maß reduzieren; Gemüse und Obst und ihre Vielfalt, Vollkorn, fettarme Milchprodukte, Eiweißvielfalt und Pflanzenöl anstelle tierischer Fette vermehren; Bewegung vermehren, um kein Übergewicht zu bekommen; weniger elektronische Medien konsumieren. Natürlich braucht es solche technischen, leicht merkbaren, wenn auch sicher vergröberten Richtlinien, an denen sich die Menschen orientieren und festhalten können. Aber ohne Einbettung in größere Kontexte scheint mir die Chance gering, dass die Guidelines tatsächlich größere Wirkung entfalten.

Auf einer ähnlichen Linie bewegt sich die »Gesundheitsampel«, die in Großbritannien seit 2004 im Gebrauch ist und in Deutschland im Jahr 2008 als Reaktion auf die Nationale Verzehrsstudie gefordert, aber nicht eingeführt wurde: Rot – gelb – grün, diese drei Farben sollten für fünf Indikatoren angegeben werden: Brennwert, Zucker, Fett, ungesättigte Fettsäuren und Salz. Die Probleme beginnen dort, wo es um die Farben der fünf Indikatoren geht: Wie viel von der Packung ist die Referenzgröße, deren Gesundheitseffekt gekennzeichnet wird? Die ganze Packung? Eine durchschnittliche Portion? Und woran werden deren Inhaltsstoffe gemessen, an der Tagesration eines Erwachsenen oder eines Kindes? Wenn das der Lebensmittelhersteller selbst entscheiden kann, wie es 2008 in Deutschland geplant war, bleiben viele Möglichkeiten, wie er seine Produkte grünwaschen kann. In Großbritannien regelt das die Food Standard Agency, die sich an Kriterien weltweit anerkannter Gremien orientiert. So kann die Ampel prinzipiell funktionieren – ihre Sicht auf die Wirklichkeit bleibt aber enorm eng und eindimensional. Der Ernährungsstil eines Menschen ist, wie wir gesehen haben, weitaus komplexer. Mich wundert es nicht, dass in Großbritannien

3.5 Gutes gut einverleiben. Hinweise für eine umfassende Diätetik

97

erste empirische Untersuchungen für Fertiggerichte und Sandwiches auch nach drei Jahren Gesundheitsampel keine relevanten Veränderungen des Ernährungsverhaltens der Bevölkerung finden konnten (Gary Sacks/Mike Rayner/Boyd Swinburn 2009).

Wie es anders gehen könnte, deuten sozialwissenschaftliche Untersuchungen an: So haben Manfred J. Müller, Sandra Plachta Danielzik und Dominique Lange (2008: 37–59) die Frage untersucht, wie sich soziale Ungleichheit auf Gesundheit, Lebensstile und Ernährung von Menschen auswirkt. Auf der Datengrundlage der Kieler Adipositaspräventionsstudie (kurz KOPS, Kiel Obesity Prevention Study), die zwischen 1996 und 2006 rund 13.000 Kinder im Alter von fünf bis 14 Jahren erfasste und jeweils im Zeitraum von acht Jahren mehrfach interviewte (und die bis heute jährlich weitergeführt und aktualisiert wird), zeigen sie zunächst, dass Übergewicht und Adipositas eng mit dem sozialen Status korrelieren. Als übergewichtig wird definiert, wessen Body Mass Index (BMI, errechnet als Körpergewicht dividiert durch das Quadrat der Körpergröße) 25 Kilogramm je Quadratmeter, als adipös, wessen Body Mass Index 30 Kilogramm je Quadratmeter überschreitet.

Übergewicht/Adipositas in Relation zum sozialen Status,
5- bis 14-jährige Kinder (Deutschland 1996–2006).

sozioökonomischer Status	Niedrig	Mittel	Hoch
übergewichtig	10 %	9 %	6 %
adipös	8 %	5 %	3 %

Quelle: Manfred J. Müller, Sandra Plachta Danielzik und Dominique Lange (2008: 37–59)

Die Tabelle zeigt eindrücklich, dass Kinder mit niedrigem sozioökonomischem Status rund doppelt so oft von Übergewicht und Adipositas betroffen sind wie Kinder mit hohem sozioökonomischem Status. Technisch sind die zwei direkten Ursachen für Übergewicht und Adipositas schnell klar: Der Überschuss an Energie, der für diese Fehlentwicklungen sorgt, resultiert einerseits aus hochkalorischer Ernährung (viel Fast Food, Fett, Zucker, wenig Obst und Gemüse) und andererseits aus Bewegungsmangel (viel Medienkonsum). Doch für die Lösung reicht nach Auffassung der AutorInnen ein rein technischer Ansatz nicht aus, der zum Beispiel über den Ernährungsunterricht in der Schule die nötigen theoretischen Informationen bereitstellt. Vielmehr plädieren sie für einen Public Health Ansatz, der die gesellschaftlichen Ursachen mitberücksichtigt. Die Frage müsse sein, wie man die gesündere Lebensweise für sozial Benachteiligte leichter zugänglich machen kann (»making the healthier choice the easier choice«, vgl. Manfred J. Müller/Sandra Plachta Danielzik/Dominique Lange 2008: 53). Intrinsische Lösungsansätze müssten bei den Bedürfnissen der Menschen ansetzen und mit ihnen, nicht für sie Lösungen entwickeln. Die Partizipation der Betroffenen müsse für die Lösungssuche genützt und geachtet werden. Die AutorInnen plädieren damit für einen holistischen Ansatz der Gesundheitsprävention in allen gesellschaftlich relevanten Feldern. Konkret bedeute das die Einbeziehung der Schulen, unterstützende Beratung und Hilfe für die Eltern und Familien, Bewegungsangebote (Sporteinrichtungen etc.) für die Kinder (Manfred J. Müller / Sandra Plachta Danielzik / Dominique Lange 2008: 56–57).

Auch die zweite Nationale Verzehrsstudie 2008, die das deutsche Bundesministerium für Ernährung, Landwirtschaft und Verbraucherschutz in Zusammenarbeit mit dem Bundesforschungsinstitut für Ernährung und Lebensmittel, dem Max-Rubner-Institut zwischen 2005 und 2007 erhob, bringt sehr relevante, teilweise alarmierende Daten zutage (Bundesministerium für Ernährung, Landwirtschaft und Verbraucherschutz 2008a und 2008b):

- *Gesamtsituation* (Bundesministerium für Ernährung, Landwirtschaft und Verbraucherschutz 2008a: XI): Insgesamt sind in Deutschland 66 Prozent der Männer und 50,6 Prozent der Frauen übergewichtig, davon 20,5 bzw. 21,2 Prozent adipös.

- *Altersverteilung* (ebd.): »Nur« 18,1 Prozent der Jungen und 16,4 Prozent der Mädchen zwischen 14 und 17 Jahren sind übergewichtig, aber 84,2 Prozent Männer bzw. 74,1 Prozent Frauen zwischen 70 und 80 Jahren. Untergewicht haben 6,7 Prozent der Männer und 6,4 Prozent der Frauen im Alter von 18 Jahren. In höheren Altersgruppen fällt diese Quote bei beiden Geschlechtern auf unter 1 Prozent.

- *Bildung* (Bundesministerium für Ernährung, Landwirtschaft und Verbraucherschutz 2008a: 89): Je höher der Schulabschluss, desto geringer ist der BMI – in allen Altersgruppen und für beide Geschlechter. Während 74,6 Prozent der Männer und 65,6 Prozent der Frauen mit Hauptschulabschluss übergewichtig sind, trifft dies nur auf 54,9 Prozent der Männer und 30,9 Prozent der Frauen mit Abitur zu.

- *Einkommen* (Bundesministerium für Ernährung, Landwirtschaft und Verbraucherschutz 2008a: 90): Je höher das Einkommen, desto geringer ist der BMI – in allen Altersgruppen und für beide Geschlechter. Während 69 Prozent der Männer und 53,4 Prozent der Frauen mit einem Monatseinkommen zwischen 500 und 1.000 Euro übergewichtig sind, trifft dies nur auf 63,8 Prozent der Männer und 40,6 Prozent der Frauen mit einem Monatseinkommen über 2.000 Euro zu. Nur ganz Arme (unter 500 Euro Monatseinkommen) fallen verständlicher Weise aus diesem Raster und sind weniger übergewichtig. Dass insgesamt etwas mehr Frauen als Männer adipös sind, heißt indirekt, dass mehr Frauen arm sind.

3.5 Gutes gut einverleiben. Hinweise für eine umfassende Diätetik

99

- *Geschlecht:* An den bisher präsentierten Zahlen kann man gut ablesen, dass der Unterschied zwischen Frauen und Männern insgesamt nicht sehr hoch ist. Wohl aber ist die bildungs- und einkommensabhängige Spreizung bei den Frauen weitaus größer als bei den Männern.

- *Familienstand* (Bundesministerium für Ernährung, Landwirtschaft und Verbraucherschutz 2008a: 91): Bei den Frauen sind die Alleinlebenden (32,8 Prozent) am wenigsten, Verheiratete (54 Prozent) und Geschiedene (53 Prozent) durchschnittlich und die Verwitweten (74,4 Prozent) mit Abstand am meisten übergewichtig. Bei den Männern sind ebenfalls die Alleinlebenden (45,7 Prozent) am wenigsten übergewichtig, in weitem Abstand folgen Geschiedene (70,9 Prozent), Verheiratete (76,5 Prozent) und Verwitwete (80,7 Prozent).

- *Vergleich Bildung – Einkommen – Familienstand – Geschlecht:* Es fällt auf, dass die Spreizung der Anteile übergewichtiger Personen deutlich stärker bildungs- als einkommensabhängig ist. Zwischen HauptschulabsolventInnen und Menschen mit Abitur gehen die Werte um 20 Prozent bei den Männern bzw. 35 Prozent bei den Frauen auseinander, bei den Einkommen nur um 6 Prozent bzw. 13 Prozent. Das ist etwa der Faktor 3: Bildung schlägt dreimal so stark zu Buche wie Einkommen. Die Menschen ernähren sich nicht deswegen ungesund, weil sie sich bessere Lebensmittel nicht leisten können, sondern weil sie damit nicht umzugehen wissen. Der Familienstand wirkt sich erstaunlicherweise ähnlich gravierend aus wie das Bildungsniveau, während das Geschlecht wiederum eher geringeren Einfluss hat.

- *Lebensmittelpräferenzen:* Analoge Erkenntnisse ergeben sich, wenn man auf die spezifischen Lebensmittel schaut, die konsumiert werden (Bundesministerium für Ernährung, Landwirtschaft und Verbraucherschutz 2008b): Jene Personengruppen, die eher normalgewichtig sind, konsumieren auch mehr gesunde Lebensmittel, jene, die eher zum Übergewicht neigen, konsumieren eher ungesunde Lebensmittel. Dies gilt insbesondere für die spezifische Differenz zwischen den Geschlechtern: Frauen ernähren sich deutlich gesünder als Männer, und das wirkt sich außer im hohen Alter auch deutlich in ihrem Körpergewicht aus (Monika Setzwein 2004: 168–197).

Wer den Anteil gesund ernährter Menschen erhöhen will, muss auf die vier genannten Faktoren entscheidend achten: In allererster Linie geht es um eine *Bildungsaufgabe*. Sowohl Erwachsene als auch und noch mehr (aber eben nicht allein!) Kinder und Jugendliche brauchen eine weit bessere und intensivere Ernährungsbildung. Diese wird aber, so legt es der Ansatz dieses Buchs nahe, nicht primär über Theorievermittlung, sondern über erlebte Praxis geschehen müssen: Schulen wie auch sekundäre und tertiäre Bildungseinrichtungen müssen etwas dafür tun, dass Menschen gutes Essen und Trinken erleben und genießen können. Die Küchen der gesamten Bildungseinrichtungen von Kindertagesstätten, Schulen und Universitäten sind hier gefordert – nicht nur bei der Frage, was es zu essen gibt, sondern auch bei der Frage der Gestaltung der Räumlichkeiten und Esssituationen. Wenn wie dargelegt der Verzehr alle Sinne umfasst, braucht es eine Esssituation, in der diese Sinne zum Zuge kommen können. Hallige Speisesäle mit vielen lärmenden Kindern werden dem kaum entsprechen. Die Speisesäle (und, wie unten gezeigt wird, natürlich auch die Schulküchen) müssen zu Heiligtümern der Kindergärten, Schulen und Hochschulen und zu Tempeln der Lust werden!

Der zweitwichtigste Faktor ist der *Familienstand*. Die Nationale Verzehrsstudie verzichtet hier wie überall auf Erklärungsversuche. Dass sich Verwitwete Kummerspeck anessen, mag ja noch am ehesten zu erraten sein und lässt sich wohl auch kaum ganz vermeiden. Aber warum leben Ledige gesünder? Treiben sie mehr Sport, weil sie mehr Zeit haben? Essen sie gesünder, weil sie Sport treiben und deswegen mehr darauf achten? Werden Verheiratete einfach träge? Essen Verheiratete gemeinsam gepflegter und regelmäßiger als Singles? Setzen sie das nach Scheidung oder Tod des Partners schlicht aus Gewohnheit fort? Hier müssten dringend weitere Daten erhoben werden, um angemessene Maßnahmen zu konzipieren.

Die beiden anderen Faktoren haben offensichtlich nicht dieselbe Durchschlagskraft, dennoch sind sie wirksam: *Einkommensverhältnisse* und *Geschlechterrollen*. Wer die Ernährungspraxis positiv verändern möchte, kann mit Sozialpolitik offenbar manches erreichen. Und wenn sich die Geschlechterrollen zu einem egalitären Modell hin entwickeln, dürften Männer eher dazu geneigt sein, die gesündere Ernährungsweise der Frauen zu übernehmen. Schließlich kommen zwischen diesen beiden Aspekten die engsten Rückkopplungen zum Tragen: Wie gesehen gibt es weit mehr arme Frauen als arme Männer. Würde man die Ernährungsgewohnheiten der Frauen um den Einkommensaspekt bereinigen, wären sie den Männern derzeit noch weit höher überlegen. Eine Sozialpolitik, die vorrangig die Armut der Frauen zu beseitigen trachtet, könnte daher doppelte Erfolge einfahren.

Wie können Maßnahmen in dieser Richtung in Gang kommen? Oder anders gefragt: Warum gibt es sie bisher kaum? Die Antwort kann wie fast bei allen Problemen mit Bill Clinton gegeben werden: »It's the economy, stupid!« Wenn gute Ernährungspolitik ganzheitlich ansetzen soll, kostet sie sehr viel Geld. Doch woher nehmen in Zeiten knapper Kassen? Umgekehrt sind die großen Lebensmittelproduzenten gerne bereit, Unterrichtsmaterial und Probepackungen ihrer Produkte für Schulen und Kindergärten bereitzustellen, wie die Organisation Foodwatch zurecht anprangert. Wenn man die auf ihrer Homepage www.foodwatch.org veröffentlichten Beispiele liest, wird

3.5 Gutes gut einverleiben. Hinweise für eine umfassende Diätetik

101

einem ganz schummrig vor den Augen. Im Jahr 2010 wurden in Deutschland laut einer Studie des Marktforschungsinstituts Nielsen insgesamt 3,24 Milliarden Euro für Lebensmittelwerbung ausgegeben, über ein Fünftel davon für die Werbung für Süßigkeiten. Die Ausgaben der Bundesregierung für Ernährungsbildung dürften im Promillebereich dessen liegen. Und so richtete man die regierungsamtliche »Plattform Ernährung und Bewegung e.V.« (PEB) ein – gesponsert unter anderem von Coca Cola, Ferrero und Nestlé, McDonald's und Unilever (siehe www.ernaehrung-und-bewegung.de/mitglieder.html – Stand 5.12.2013). Wie soll man das anders als »Korruption« nennen?

3.6
Essstörungen als Störung der Leibbeziehung und der (Tisch-)Gemeinschaft

Laut Kinder- und Jugendgesundheitssurvey (KiGGS) des Robert Koch-Instituts (www.kiggs-studie.de – Stand 1.12.2013; vgl. Heike Hölling/Robert Schlack 2007: 794–799) liegt bei etwa einem Fünftel aller 11- bis 17-Jährigen in Deutschland der Verdacht auf eine Essstörung vor. Bei den jüngsten Befragten ist der Anteil von auffälligen Jungen und Mädchen etwa gleich hoch. Mit zunehmendem Alter nimmt jedoch der Anteil der auffälligen Mädchen zu, der der Jungen ab. Bei jedem dritten Mädchen zwischen 14 und 17 Jahren gibt es Hinweise auf eine Essstörung, bei den Jungen sind 13,5 Prozent auffällig. Einzelne Formen der Essstörung werden im Rahmen des Survey nicht gesondert erfasst.

Häufigkeit von Essstörungen bei Mädchen im Alter von 11 bis 17 Jahren in Deutschland im Jahr 2006.

11 Jahre	12 Jahre	13 Jahre	14 Jahre	15 Jahre	16 Jahre	17 Jahre
20,20 %	25,40 %	24,80 %	31,90 %	32,20 %	35,20 %	30,10 %

Quelle: Laut Kinder- und Jugendgesundheitssurvey (KiGGS) des Robert Koch-Instituts (www.kiggs-studie.de – Stand 1.12.2013).

Häufigkeit von Essstörungen bei Jungen im Alter von 11 bis 17 Jahren in Deutschland im Jahr 2006.

11 Jahre	12 Jahre	13 Jahre	14 Jahre	15 Jahre	16 Jahre	17 Jahre
19,50 %	17,60 %	16,30 %	15,00 %	12,30 %	14,10 %	12,80 %

Quelle: Laut Kinder- und Jugendgesundheitssurvey (KiGGS) des Robert Koch-Instituts (www.kiggs-studie.de – Stand 1.12.2013).

Die häufigsten anerkannten Essstörungen sind unspezifische Ess-Sucht, Magersucht (Anorexia nervosa), bei der kaum oder gar nichts gegessen wird, Ess-Brech-Sucht (Bulimia nervosa) und Fressattacken (englisch »Binge Eating«). Nicht immer sind diese Krankheitsbilder klar voneinander abgrenzbar, doch geben sie ein Raster, mit dem man diagnostisch und therapeutisch vernünftig arbeiten kann. Allen Formen der Essstörung gemeinsam ist, dass die Betroffenen sich zwanghaft mit dem Thema Essen beschäftigen.

Prävalenz und Inzidenz von Essstörungen in Deutschland.

in %	Frauen		Männer		Gesamt
	Vollbild	subklinisch	Vollbild	subklinisch	
Anorexia nervosa	1,0	1,3	0,1	0,4	1,4
Bulimia nervosa	1,7	1,5	0,0	0,6	1,9
Gesamt	2,7	2,8	0,1	1,0	3,3
	5,5		1,1		

Quelle: Nach Hans Ulrich Wittchen /Christopher B. Nelson /Gabriele Lachner 1998: 117.

Bei allen chronisch gewordenen Essstörungen sind lebensgefährliche körperliche Schäden möglich: Unterernährung, Mangelernährung und Fettleibigkeit. Bei Frauen treten auch Störungen im Menstruationszyklus auf, bis zum totalen Aussetzen der Menstruation (Amenorrhoe). In Einzelfällen können Essstörungen zum Tod führen.

Todesfälle aufgrund von Essstörungen (ICD 10: F50) in Deutschland in den Jahren 1998 bis 2011.

1998	1999	2000	2001	2002	2003	2004	2005	2006	2007	2008	2009	2010	2011
33	41	57	40	64	49	36	45	77	72	100	77	82	85

Quelle: destatis.

Was sind die Risikofaktoren, die zu Essstörungen führen? Ruth H. Striegel-Moore und Cynthia M. Bulik (2007: 181–198) führen folgende erwiesene oder zumindest wahrscheinliche Faktoren an:

1) Weibliches Geschlecht: Außer bei Binge Eating, wo ein exakt gleiches Risiko beider Geschlechter zu beobachten ist, treten Essstörungen weit überdurchschnittlich bei Frauen bzw. Mädchen auf.

3.6 Essstörungen als Störung der Leibbeziehung und der (Tisch-)Gemeinschaft

2) Lebensalter der Adoleszenz: Jugendliche in der Phase von zehn Jahren bis zum Erwachsenwerden sind erheblich höheren Risiken ausgesetzt, eine Essstörung zu entwickeln. Auch dies gilt vermutlich nicht für Binge Eating.

3) Hoher sozioökonomischer Status: Essstörungen sind vornehmlich ein Problem von Jugendlichen aus Familien mit höherem oder hohem Einkommen.

4) Genetische Vorbelastungen in der Familie: Zumindest für Anorexia Nervosa deutet sich nach Auswertung der Zwillingsforschung eine gewisse Rolle der Gene an. Wie meist scheint auch hier eine Interaktion von Genen und sozialer Umwelt wirksam zu sein.

3.6.1
Essstörungen als symbolische Kommunikation

Wie sind die medizinischen Daten aus anthropologischer, ethischer und spiritueller Perspektive zu deuten? In der Antwort auf diese Frage muss sich der hier vorgestellte gemäßigt konstruktivistische Ansatz bewähren, der Ernährung und Körperlichkeit als Medien von Bedeutungen versteht, die symbolisch codiert sind. Um seine Brauchbarkeit zu beweisen, gehe ich entlang der drei nichtbiologischen Faktoren vor, die für Essstörungen als »förderlich« erwiesen wurden:

Weibliches Geschlecht: Der Körper ist generell ein Medium der Aneignung sozialer Strukturen (Monika Setzwein 2004: 221–244). Soziale Gegebenheiten halten »Einzug in den Körper« (Monika Setzwein 2004: 226), einschließlich der Geschlechterrollen. Diese Körpersozialisation beginnt bereits im Mutterleib: Eltern bewerten das Verhalten ihres ungeborenen Kindes anders, je nachdem ob sie glauben, es sei ein Junge oder ein Mädchen (Monika Setzwein 2004: 250): Ungeborene, die für einen Jungen gehalten werden, werden von den Eltern taktil und motorisch stimuliert, Ungeborene, die für ein Mädchen gehalten werden, verbal. Der so initiierte Prozess der Sozialisation setzt sich nachgeburtlich fort, auch im Blick auf die Ernährung: Eltern und andere erwachsene Bezugspersonen stimulieren Jungen zum Essen, damit sie »groß und stark werden«, und zügeln die Esslust der Mädchen, damit sie nicht dick werden« (Monika Setzwein 2004: 226). Kleinen Mädchen schenken Erwachsene einen Schminkkoffer, das Kind freut sich daran und internalisiert so zunächst völlig unkritisch die Körperideale der Erwachsenenwelt. Die Körpersozialisation ist stark geschlechtsspezifisch codiert.

Nun wurde und wird das Körperbild von Frauen in der gesamten abendländischen Geschichte weit mehr gesellschaftlich gesteuert und normiert als das der Männer. Und diese Normierung wird mehr durch die Männer als durch die Frauen vorgenommen.

Männer bestimmen, wofür sie Frauen schön und nützlich finden. Wenn hierin ein wesentlicher Faktor von Essstörungen liegt, sollte man folglich erwarten, dass sie nicht erst im 20. und 21. Jahrhundert bei Frauen auftauchen. Und das ist tatsächlich so: Seit Mitte der 1980er-Jahre wird, ausgelöst durch zwei Monografien von Carolin Walker Bynum und Rudolf Bell, eine intensive und sehr kontroverse Debatte über heilige Frauen des Mittelalters geführt, die erkennbar Essstörungen hatten wie zum Beispiel Katharina von Siena (siehe Kapitel 3.6.4). Ein zentrales Ergebnis dieser Debatte lautet: Obwohl die mittelalterlichen Frauen biologisch betrachtet dieselben Essstörungen hatten wie Frauen heute, wurden diese sowohl von ihnen selbst als auch von der sie umgebenden Gesellschaft anders gedeutet (Elizabeth N. Hopton 2011: 175–183). Das mittelalterliche Körperideal der Frau war ein anderes als das postmoderne. Aber die Prozesse gesellschaftlicher Idealisierung, die mehr den Frauenkörper als den Männerkörper betrifft und mehr von Männern als von Frauen bestimmt wird, sind die gleichen geblieben. Mittelalterliche Mystikerinnen zeigen, dass es sich um ein formal überkulturelles, material aber kulturgebundenes Phänomen handelt (Ines Testoni / Adriano Zamperini / Marisa Cemin 2008: 108).

Das gegenwärtige Körperideal der Schlankheit gibt es erst seit dem 19. Jahrhundert Prinzipiell gilt es für beide Geschlechter, wird aber für Frauen strenger eingefordert als für Männer: Weibliches Dicksein assoziieren wir mit Mütterlichkeit, die aber kein Ideal der modernen Gesellschaft mehr ist. Männliches Dicksein wird mit Gutmütigkeit und einem Bonvivant verbunden, was auch heute positiv besetzt ist. Zudem wird die männliche Attraktivität weniger über den Körper als vielmehr über Macht und beruflichen Erfolg codiert (Monika Setzwein 2004: 244–274). Deswegen kann es nicht verwundern, dass weit mehr Männer übergewichtig sind als Frauen, wie die oben dargestellten Zahlen der zweiten Nationalen Verzehrsstudie 2008 eindrücklich belegen (siehe Kapitel 3.5).

Adoleszenz: Der zweite Risikofaktor ist, wie dargelegt wurde, die Lebensphase von Pubertät und Adoleszenz. Es ist genau jene Lebensphase, in der junge Menschen sich anlässlich der körperlichen Veränderungen, die sie an sich wahrnehmen, intensiv nach der Bedeutung ihres Körpers fragen. Dieser reift zum Erwachsenenkörper heran und wird deshalb mit extremer Aufmerksamkeit bedacht. In dieser Lebensphase kommt es daher zur intensivsten Konfrontation mit den Körperbildern der Gesellschaft. Zudem ist die Pubertät die Phase der intensivsten kritischen Auseinandersetzung mit den Leitbildern und Lebensvorstellungen der eigenen Eltern und der gesamten Gesellschaft. Wenn nun aber Eltern und Gesellschaft ihre Leitbilder und Erwartungen an Frauen vorwiegend über Körperbilder vermitteln, verbinden sich die beiden Frontlinien pubertärer Auseinandersetzungen bei jungen Frauen zu einer einzigen Front, die umso mächtiger auf sie zukommt. Alle Auseinandersetzungen laufen über den Körper.

Hoher sozioökonomischer Status: Viele Probleme im Zusammenhang mit Essen und Trinken stellen sich mehr für sozial schlechter gestellte Menschen. Das Problem der Essstörungen hingegen ist ein Problem höher gestellter Gesellschaftsgruppen. Warum? Menschen höherer Gesellschaftsschichten orientieren sich vermutlich nicht mehr an gesellschaftlichen Erwartungen als Menschen der unteren Einkommensgruppen. Aber erstens interpretieren sie die gesellschaftlichen Erwartungen anders: Ärmere Menschen empfinden Dicksein noch eher als Zeichen eines gewissen Wohlstands – der Dicke hat wenigstens genug zu essen. Die Nationale Verzehrsstudie hat gezeigt, dass Menschen mit niedrigem Einkommen eher zu Übergewicht neigen.

Zweitens vermute ich, dass Menschen mit hohem ökonomischen Status mehr Ehrgeiz und Leistungsbereitschaft aufbringen, um gesellschaftliche Erwartungen zu erfüllen. Schließlich erfordert die Nahrungsrestriktion ein hohes Maß an Selbstdisziplin. Auffallend ist, dass junge Mädchen mit Essstörungen in Schule und Freizeit meist extrem leistungsbereit sind. An ihnen zeigt sich die Ambivalenz dieser Eigenschaften. In der Ethik bezeichnet man Ehrgeiz und Leistungsbereitschaft nicht als primäre, in sich selbst wertvolle Tugenden, sondern allenfalls als »sekundäre Tugenden«, die nur dann wertvoll werden, wenn sie auf primäre Tugenden ausgerichtet sind, wobei der Tugendbegriff dann genau besehen nicht mehr angemessen ist. Ehrgeiz und Leistungsbereitschaft können zur Falle werden, die einem das Leben sehr schwer macht.

Ernährung und Körperlichkeit: Warum zeigt sich die Auseinandersetzung junger, ehrgeiziger Mädchen aber so besonders intensiv im Bereich der Ernährung? Das ist die letzte, alles zusammenbindende Frage. Der Vorgang der Ernährung ist, wie bereits in den ersten beiden Kapiteln dargestellt wurde, ähnlich stark auf die Identität des Menschen bezogen wie dessen Körper. Diese Identität ist – ganz entsprechend der These des symbolischen Interaktionismus von George Herbert Mead – in hohem Maße gesellschaftlich gesteuert – über die Normierung von Körper- und Ernährungsidealen (Ines Testoni/Adriano Zamperini/Marisa Cemin 2008: 108). Die Macht dieser Normierung liegt darin, dass sie symbolisch »funktioniert« und damit mehr unbewusst als bewusst vollzogen und verinnerlicht wird.

Dann muss aber auch die Essstörung als symbolische Kommunikation verstanden werden, die ihre Botschaft deutlicher und mächtiger zur Sprache bringt als jeder gesprochene Satz (Ines Testoni/Adriano Zamperini/Marisa Cemin 2008: 108). Essstörungen sind gleichsam die Bekämpfung gesellschaftlicher Erwartungen mit deren eigenen Waffen. Durch das Verweigern oder Erbrechen von Nahrung nehmen sie die Gestalt einer klaren Distanzierung von den eigenen Eltern und Bezugspersonen und den gesellschaftlichen Erwartungen an (Maria Luisa di Pietro/Andrea Virdis/Dino Moltisanti 2010: 163) und drücken ein persönliches Leiden an ihnen und ein »kulturelles Unbehagen« aus: »A representation of the suffering these subjects feel … a manifestation of cultural discomfort in a strict sense.« (Ines Testoni/Adriano Zamperini/Marisa Cemin 2008: 108–109)

Kernthese: Essstörungen sind also der stille, oft unbewusste und nicht bewusst steuerbare Protest gegen die gesellschaftlichen Körper- und Leistungsideale und die konkreten Bezugspersonen, die diese (wirklich oder vermeintlich) vertreten. Sie sind damit eine Revolte gegen die von außen vorgegebene Identität: »Ich will mit euch und euren Idealen nichts zu tun haben, deswegen esse ich nicht so wie ihr bzw. nicht mit euch!« Dieser Protest ist ebenso symbolisch codiert wie die gesellschaftlichen Normierungen, gegen die er gerichtet ist. Er wird vorzugsweise von jungen Menschen erlitten und gelebt, die sich durch Worte und Aktivitäten nicht gegen diese Normierungen wehren können. Ergebnis der Essstörung ist ein dem eigenen Körper entfremdetes Selbst (»disembodied self«; Maria Luisa di Pietro/Andrea Virdis/Dino Moltisanti 2010: 164).

Auf diesem Hintergrund können Essstörungen nun unter den vier Kategorien symbolischer Codierung betrachtet werden:

◆ *Essstörungen und Prestige:* In jedem Fall sorgt eine Essstörung – im Mittelalter ebenso wie heute – für ein hohes Maß an Aufmerksamkeit der umgebenden Personen. Und weil die Störungen über lange Zeit andauern, ist auch die Aufmerksamkeit über lange Zeit gesichert. Das tut den betreffenden Personen gut, wenngleich sie die Aufmerksamkeit nicht bewusst suchen, sondern unbewusst erhalten. – Hinzu kommt funktionalistisch betrachtet die Erfahrung von Macht (Jakob Tanner 1996: 403): Über die Essstörungen können Betroffene ihren Körper, aber auch die umgebende Gesellschaft steuern und kontrollieren. Essstörungen sind sehr erfolgreiche Steuerungs- und Kontrollinstrumente.

◆ *Essstörungen und Zugehörigkeit:* In erster Linie sind Essstörungen eine Distanzierung gegenüber den von außen auferlegten Rollenzuschreibungen. Zugleich geschieht damit eine Distanzierung von jenen Personen, die diese Rollenzuschreibungen verkörpern. – Wiederum funktionalistisch gewendet funktionieren Essstörungen in den Mechanismen von Inklusion und Exklusion. Beide derzeit dominanten funktionalistischen Diskurse, der Machtdiskurs und der Inklusionsdiskurs, haben hier also besondere Relevanz.

◆ *Essstörungen und Lust:* Sowohl das Fasten als auch das übertriebene Essen beeinflussen massiv das serotonerge System, indem sie weit überdurchschnittlich Serotonin ausschütten. Die Folgen eines hohen Serotoninspiegels sind Glücksgefühle,

Euphorie und Lust. Durch diese Mechanismen des Nervensystems entsteht die Schwierigkeit, dass Essstörungen seitens der Betroffenen nur sehr schwer rational gegengesteuert werden kann. Eine Therapie ist ungeheuer mühsam und braucht extrem langen Atem.

◆ *Essstörungen und Sicherheit:* Essstörungen sind Ausdruck einer fundamentalen Verunsicherung des adoleszenten Menschen. Die eigene Identität wird in allen Belangen infrage gestellt. Die bisherige kindliche Sicherheit einer unhinterfragten Übernahme gesellschaftlicher Erwartungen ist zerbrochen, eine neue, stärker eigenverantwortlich gewonnene Identität ist noch nicht gefunden.

Die symbol- und kommunikationstheoretische Interpretation der Essstörungen in den vier Kategorien bringt ein umfassendes, vielschichtiges Bild zutage und macht deutlich, dass diesen Krankheiten nicht mit trivialen Mitteln beizukommen ist, weil sie nicht monokausal betrachtet werden dürfen (Maria Luisa di Pietro/Andrea Virdis/Dino Moltisanti 2010: 163). Können die ernährungsrelevanten Tugenden, die in diesem Buch als Leitfaden dienen, eine Hilfe sein? Ernährungsgewohnheiten sind Träger von ethischen Entscheidungen und Werten, daher müsste eine Tugendethik hier fruchtbar gemacht werden können (Maria Luisa di Pietro/Andrea Virdis/Dino Moltisanti 2010: 163). Ohne dies im Einzelnen auszubuchstabieren, kann zumindest festgehalten werden, dass Menschen mit Essstörung diese Tugenden sehr wohl helfen können: die demütige und dankbare Annahme und Wertschätzung ihres Körpers, wie er ist; der ehrfürchtige Umgang mit ihm, weil man ihn als »Tempel« (1 Kor 6,19) und Heiligtum wahrnimmt und daher gerecht und gut behandelt; die gelungene Verbindung von Maßhaltung beim Essen wie beim Fasten einerseits und von Genussfähigkeit im tiefen Sinne andererseits; und schließlich das Vertrauen in sich selbst und in das Leben und die daraus resultierende Fähigkeit, sich ganz hinzugeben.

In einem solchen neuen Umgang mit dem eigenen Körper vollzöge sich mittelbar auch ein neuer Umgang mit der eigenen Familie und der Gesellschaft: Die demütige Erkenntnis, dass die eigene Essstörung weder die Gesellschaft noch die Familie verändern wird, dass sie das aber auch gar nicht braucht, weil diese in all ihren Begrenzungen wertvoll und dankenswert sind; die Ehrfurcht vor der »Krippe« der Gesellschaft, in die man bei der eigenen Geburt hineingelegt wurde, eine Gesellschaft von Ochs und Esel und armen Hirten, wie die Weihnachtsbotschaft sagt, die diese Krippe heilig hält und gut behandelt; das Zurückstutzen gesellschaftlicher Ansprüche auf ein wohltuendes Maß, das dann auch Lust an gesellschaftlicher Teilhabe möglich macht; Vertrauen in die Bezugspersonen des eigenen Lebens und ein Sich-hingeben-Können an andere.

Individualethische Tugenden, über Vorbilder vermittelt, können das Problem nicht alleine lösen, aber einen Beitrag leisten. In der Therapie werden, wenn die hier vorgelegte Analyse stimmt, rein funktionalistische Ansätze wie die Verhaltenstherapie nicht alleine helfen. Aber auch symbol- und kommunkationstheoretische Therapieansätze für sich genügen nicht. Systemische Ansätze müssen hinzukommen, insbesondere wenn familiäre Probleme wie eine Ehekrise oder Ehescheidung der Eltern bekannt sind (Silvia Daini/Carla Panetta 2010: 117–136). Aber auch unabhängig von der Ätiologie der Krankheit ist die familiäre Unterstützung und Begleitung von höchster Bedeutung: Essstörungen sind die Chance, dass neue, gesündere Beziehungen zwischen den Familienmitgliedern entstehen, eine Verbesserung der emotionalen Atmosphäre eintritt, die Kommunikation miteinander Klarheit und Transparenz der Gefühle vermittelt und unterschwellige Kritik vermeidet (ebd.).

Zudem muss im Sinne der Ursachenbekämpfung die sozialethische Gestaltung gesellschaftlicher Mechanismen in Angriff genommen werden, und hier hat die funktionalistische Perspektive der BeobachterInnen ihren spezifischen Wert: Essstörungen artikulieren Macht und Exklusion. Sie manifestieren die Weigerung der erkrankten Person, sich den Macht- und Exklusionsansprüchen der Gesellschaft zu unterwerfen. Der männliche Machtanspruch über das Ideal des Frauenkörpers und die Exklusion jener Frauen, die sich dem nicht unterwerfen, muss durch Strukturreformen angegangen werden. Das Arbeiten an einseitigen und damit falschen Körperidealen wie auch an dem darüber ausgeübten Einfluss der männlichen Welt über die Frauen ist daher unerlässlich. Regulierende Normen wie das Verbot zu magerer Models auf den Laufstegen der Modeschauen oder den Titelseiten der Illustrierten können hier zweifellos helfen, sind aber wiederum eher Symptome als Ursachen.

3.6.2
Heiliges Fasten als Anorexie?

Eine sehr originelle, wenn auch auf den ersten Blick vielleicht befremdliche Sicht der Dinge eröffnet ein Diskurs, der im angelsächsischen und romanischen Sprachraum lebhaft betrieben, im deutschen Bereich aber eher übergangen wird: Die Debatte um Frauen mit Essstörungen, die in der christlichen Tradition als heiligmäßig betrachtet und teilweise von der Kirche auch offiziell heiliggesprochen wurden. Man denke an die Mystikerinnen Hadewijch, Beatrix von Nazaret, Katharina von Siena, Katharina von Genua, aber auch an Frauen des 20. Jahrhundert wie Simone Weil und Therese von Konnersreuth.

Den Anstoß zur Debatte gibt 1985 Rudolf Bell mit seinem Buch »Holy Anorexia«. In einer primär phänomenologischen Analyse untersucht Bell rund 170 heilige Frauen ab dem 13. Jahrhundert und stellt fest, dass mehr als die Hälfte von ihnen analoge Symptome hat wie zeitgenössische Menschen mit Essstörung. Allerdings seien bei genauerem Hinsehen nur einige Dutzend Berichte so verlässlich und ausführlich, dass sie wirklich verwertbar scheinen. Als Paradebeispiel führt Bell Caterina Benincasa aus Siena an. Als dreiundzwanzigstes Kind ihrer Eltern beginnt sie nach dem Tod zweier Geschwister mit etwa vierzehn Jahren, nur noch Rohkost, Brot und Wasser zu essen. Parallel dazu praktiziert sie zahlreiche andere körperbezogene Bußübungen wie zum Beispiel Selbstgeißelungen. – Es stimmt zweifellos, dass Bell die Fragestellung eher oberflächlich angeht, wie Joan Jacobs Brumberg 1986 in seiner Rezension moniert. Bell reduziert das breite Feld der Essstörungen auf die anorexia nervosa und übergeht gänzlich die systemischen Ursachen der Essstörungen. Deswegen kommen bei ihm der geistesgeschichtliche Hintergrund des Spätmittelalters und die spezifische Spiritualität der damaligen Frauen nicht in den Blick.

Diese Lücke arbeitet parallel zu Bell, aber ohne seine Arbeit zu kennen, Caroline Walker Bynum auf, die 1987 ihre Monografie »Holy Feast and Holy Fast« publiziert. Ausgehend von der Beobachtung, dass die Zubereitung des Essens im Mittelalter ausschließlich Frauensache war und Frauen hier einen der wenigen unangefochtenen Machtbereiche besaßen, schließt sie, dass für Frauen des 13. und 14. Jahrhundert, auf die sie sich beschränkt, Nahrung, Essen und Fasten die Hauptwege der Gottesbegegnung sind (Caroline Walker Bynum 2001: 2). Nach sorgfältiger Analyse von Texten von und über heilige Frauen in den Niederlanden, Deutschland, Frankreich und Italien und speziell den Mystikerinnen Hadewijch, Beatrix von Nazaret, Katharina von Siena und Katharina von Genua kann sie zur systematischen Reflexion von deren Essstörungen schreiten. Dazu unterscheidet Bynum die soziale Funktionalität, die sie aus der Dritte-Person-Perspektive analysiert und die sie folgerichtig als zeitlos und transkulturell darstellt, und die soziale, damals christlich religiöse symbolische Deutung, die sie aus der Erste-Person-Perspektive zu verstehen sucht und die logischerweise zeit- und kulturgebunden ist (Caroline Walker Bynum 2001: 209–210). Sie schaut also aus zwei Perspektiven auf dasselbe Phänomen und gewinnt dadurch gegenüber Bell ein Plus an Erkenntnis und Verständnis.

Funktionalistisch betrachtet ist das rigide Fasten der heiligen Frauen ihr spezifischer Weg, sich selbst, ihren eigenen Körper und ihre Umwelt zu manipulieren und zu kontrollieren. Die Verweigerung einer Ressource ist den Frauen ja nur dort möglich, wo sie gesellschaftlich anerkannt die Kontrolle haben. Heirat und sexuelle Hingabe können sie schwer verweigern, Besitz schon gar nicht kontrollieren. Doch im Ernährungsbereich ist ihre Hoheit anerkannt. Außerdem, so Bynum, erfüllen Frauen im Fasten genau die Rollenerwartung, die die Männer an sie richten, nur dass sie es übertreiben. Und sie werden ebenso der Rollenerwartung gerecht, Nahrung an Arme zu verteilen – nur dass nicht erwartet wird, dass sie sich dafür das eigene Essen absparen (Caroline Walker Bynum 2001: 212). Auf den Punkt gebracht nutzen die mittelalterlichen heiligen Frauen die geltenden gesellschaftlichen Mechanismen zu ihren Gunsten und kontrollieren so ihr Selbstbild.

Nahrungsverweigerung bedeutet für die fastenden Frauen des Spätmittelalters aber auch Kontrolle ihres Körpers: Bynum bezweifelt die unter HistorikerInnen aller ideologischer Richtungen anerkannte These, dass spätmittelalterliche Frauen ihren Körper und ihre Sexualität hassen (Caroline Walker Bynum 2001: 230). Vielmehr nähmen sie das gängige Bild des Frauenkörpers durchaus an, das sich vor allem in der Erfahrung von Schmerz manifestiere: passiv im Erdulden von Krankheiten, aktiv in der Selbstzufügung von Verletzungen – die in dieser Zeit fast nur von Frauen berichtet werde. Funktionalistisch betrachtet könnten die Frauen ihren Körper gerade so sehr wirksam kontrollieren.

Am wichtigsten ist aus funktionalistischer Perspektive aber die Möglichkeit der Frauen, durch Fasten, Nahrungsverteilung und eucharistische Verehrung ihre Umgebung zu manipulieren und zu kontrollieren: Eine unerwünschte Ehe zu verhindern (weil die Nahrungsverweigerung mit der Pubertät beginnt, in der sie heiratsfähig werden, und weil sie dadurch im Kampf mit ihren Eltern die eigene Option unterstreichen können), Hausarbeit durch religiöse Aktivität zu ersetzen, eine alternative »Familie« zu suchen, die kirchliche Autorität zu kritisieren (durch ihre Weigerung, unkonsekrierte oder von unwürdigen Priestern konsekrierte Hostien zu konsumieren oder zu verdauen, und durch entsprechende Visionen von Frauen, die von Christus selbst die Kommunion empfangen, um sie auszuteilen und damit priesterliche Funktionen übernehmen), die Rolle der Lehre, Beratung und Reform zu beanspruchen (Caroline Walker Bynum 2001: 242). Die damalige Theologie habe diesen Machtanspruch der Frauen durchaus erkannt und zu bändigen versucht, etwa wenn Thomas von Aquin betont, ein Fasten, das die Gesundheit ruiniere, zerstöre die Würde der Person (Thomas von Aquin, summa theologiae II-II qq: 146–147). Doch die Praxis der heiligen Frauen habe die Ein- und Unterordnung durch die moderate Theologie verweigert.

Symbol- und kommunikationstheoretisch lässt das durch die Essstörung bedingte Leiden der heiligen Frauen die Identifikation mit leidendem Christus zu und macht die Frau selbst zur Nahrung: Wie Christus gibt sie ihren Leib hin für das Leben anderer Menschen und der Kirche. Im Mittelalter, so Bynum, kann man körperliche Leiden kaum lindern. Daher wird die imitatio Christi viel körperlicher verstanden: Als Teilnahme an und Gemeinschaft mit seinem Leiden (Phil 3,10), die oft in Bildern des Essens und Verspeisens ausgedrückt wird. Insbesondere das Spätmittelalter ist die Zeit, in der man die Erlösung auf die qualvolle Kreuzigung Jesu konzentriert (Caroline Walker Bynum 2001: 273–281). Nachfolge Christi bedeute in diesem Kontext eine Durchdringung des eigenen Fleisches durch das Fleisch Christi (Caroline Walker Bynum 2001: 279).

Nun wird der Frauenkörper im Spätmittelalter zugleich immer stärker unter dem Bild des nährenden Körpers verstanden und künstlerisch dargestellt (Caroline Walker

Bynum 2001: 283–300). Der Bildtypus der Maria lactans, die dem Jesuskind die Brust gibt, ist weit verbreitet. Maria nährt mit Milch aus ihrer Brust aber auch heilige Männer wie Bernhard von Clairvaux und spendet im Bild der sogenannten Hostienmühle gemeinsam mit den vier Evangelisten die Eucharistie. Parallel dazu entdeckt Bynum in der Kunst dieser Zeit eine Feminisierung Christi: Christus gibt das Blut aus seiner Seitenwunde zu trinken – am Kreuz ist er als Leidender in einer weiblicher Rolle. Die blutende Seitenwunde Jesu gewinnt im Spätmittelalter eine ähnliche Bedeutung wie die milchgebende Brust Mariens.

Die fastenden und Nahrung verteilenden heiligen Frauen verkörpern also durchaus das Frauenbild ihrer Zeit – aber in einer sehr autonomen und von ihnen markant transformierten Weise. Ihr Asketismus wurzle nicht im Leib-Seele-Dualismus, sei damit auch nicht leibfeindlich und erst recht kein Selbsthass der Frauen. Vielmehr wolle er die von der Gesellschaft zugestandenen Möglichkeiten des Körpers bis ins Extrem ausschöpfen (Caroline Walker Bynum 2001: 319–322).

Ist das Fasten der Frauen also »mentale Anorexie«, wie Bell behauptet? fragt Bynum in einem vermutlich nachträglich eingefügten Exkurs (Caroline Walker Bynum 2001: 214–229). Viele der spätmittelalterlichen Frauen, von denen genügend Quellenmaterial vorhanden ist, zeigten tatsächlich klassische Symptome wie Euphorie, Schlaflosigkeit, Hyperaktivität und Angstzustände (Caroline Walker Bynum 2001: 225–226). Insofern könne man die Frage vorsichtig bejahen. Aber, fragt Bynum, was bringe diese Erkenntnis? Jedenfalls nicht so viel wie die Analyse der damaligen soziokulturellen Kontexte und der symbolischen Deutungen, die die Frauen ihrem Leiden gaben (Caroline Walker Bynum 2001: 229).

Der entscheidende Unterschied zwischen mittelalterlichen und heutigen Frauen mit Essstörung liegt auf der Ebene der symbolischen Interpretation ihrer Krankheit. Beide, mittelalterliche und moderne Essstörungen, verweigern sich funktional der Vernichtung von Lebendigem durch Essen und Trinken und der Zeugung neuen Lebens durch Gebären (Ines Testoni / Adriano Zamperini / Marisa Cemin 2008: 110). Damit lehnen sie ein von Männern entworfenes Modell von Schöpfung und Erlösung ab und wehren sich dagegen. Während der Körper jedoch früher symbolisch als Mittel zum Zweck der Erlösung gesehen wurde, ist er heute Selbstzweck (Ines Testoni / Adriano Zamperini / Marisa Cemin 2008: 120). Damit verschärft sich die Problematik von Essstörungen heute erheblich.

3.7
In der Eucharistie Gott verzehren

»Crede et manducasti!« – »Glaube, und du hast schon gegessen!« schreibt Aurelius Augustinus in seinem Kommentar zum Johannesevangelium (Aurelius Augustinus, Tractatus in Iohannis Evangelium 25, 12). Anstatt die leibliche und die geistliche Ebene des Ernährungsvorgangs zu verbinden, gibt er die eine zugunsten der anderen auf (Gottfried Bachl 2008: 56). Brot und Wein sind für ihn mindestens entbehrlich, wenn nicht gar hinderlich, um die göttliche Gnade zu erlangen. Diese Tendenz verschärft sich im Laufe der Theologiegeschichte noch: »Die besondere Form der Eucharistie, in der die Dramatik des Verzehrens zur Sprache kommt, wird verdeckt.« (Gottfried Bachl 2008: 57) Und so fragt Bachl zurecht: »Wohin sind die realen und geträumten Bilder des Fressens in den hochbeinigen Eucharistietraktaten verschwunden? ... Nie ist mit vergleichbarem Aufwand [wie über die Transsubstantiation, erg. mr] darüber gestritten worden, ob es sich in diesem Sakrament um wirkliches Essen und Trinken handelt oder nicht.« (Gottfried Bachl 2008: 58)

In der klassischen Dogmatik wird die Eucharistie nicht als »Nahrungssakrament« (Gottfried Bachl 2008: 58) wahrgenommen. Sie muss aber an dem Brennpunkt angesiedelt werden, an den sie gehört (Gottfried Bachl 2008: 59–65). Denn das zentrale Sakrament des Christentums ist nicht willkürlich so geworden, wie es ist. Anthropologisch betrachtet hätte es gar nicht anders etabliert werden können. Essen ist der Ort äußerster Not und äußersten Glücks – genau da will Gott den Menschen treffen und sein Leben verwandeln, so die Botschaft. Der eben gescholtene Augustinus hat das an anderer Stelle durchaus erkannt: »Nicht du wirst mich in dich wandeln, gleich der Speise deines Fleisches, sondern du wirst gewandelt werden in mich.« (Aurelius Augustinus, Confessiones 7, 10, 2) Bachl betont, dass die Verwandlung auch im natürlichen Ernährungsvorgang bidirektional ist: Die Speise verwandelt sich in den Körper des Speisenden, aber der verwandelt sich auch in die Speise (Gottfried Bachl 2008: 123). Assimilation der Nahrung an den Speisenden und Akkomodation des Speisenden an die Nahrung sind zwei Seiten einer Medaille.

Wird die Eucharistie als Nahrungssakrament verstanden, gewinnt nicht nur ihre eigene Materialität, sondern auch die Körperlichkeit Jesu und der Glaubenden eine neue Bedeutung: »Unsere Körper sind heilige Orte, durch die Gott in der Welt wirkt.« (Andrea Bieler/Luise Schottroff 2007: 184) »Unsere individuellen Körper sind Tempel des Heiligen Geistes ... Christi Gegenwart beim Abendmahl ist nicht nur in Brot und Wein manifest, sondern auch in den wirklichen Körpern, die zum Altar kommen.« (Andrea Bieler/Luise Schottroff 2007: 189–190) Wenn die Eucharistie als »Leib Christi« benannt wird, was nur in der deutschen Sprache einen Unterschied zum

Körper Christi macht, dann besteht dieser Leib aus drei Teilen: Dem Körper Christi, den Körpern von Brot und Wein (der Brot-»laib« heißt deswegen »Leib«) und den Körpern der Glaubenden und Feiernden (Andrea Bieler/Luise Schottroff 2007: 198). Die Eucharistie verkörpert folglich alle drei Körper – in der Spannung von Folter und Befreiung, Sterben und Auferstehen, Tod und Leben. So kann Augustinus in einer Osterpredigt bei der Auslegung von 1 Kor 12, 27 »Ihr aber seid der Leib Christi, und jeder einzelne ist ein Glied an ihm« schreiben: »Wenn ihr also der Leib Christi und dessen Glieder seid, so liegt euer Geheimnis (Sakrament) auf dem Tisch des Herrn: Euer Geheimnis empfangt ihr … Seid, was ihr seht, und empfangt, was ihr seid. Soviel sagt der Apostel zum Brot.«* (Aurelius Augustinus, Sermo: 272)

Gott selbst lässt sich einverleiben und verzehren, so der Kerngedanke der Eucharistie. Christliche Sprache soll, ja muss daher dramatisch sein. »Der Zusammenhang, in dem das christliche Sakrament des Tisches verständlich wird, sind die Gewalten des Verschlingens und des Verzehrens, die alles ergreifenden Mäuler und Verdauungsaggregate in allen realen und symbolischen Gestalten.« (Gottfried Bachl 2008: 118) Erst in diesem Kontext wird die Beziehung zum Tod Jesu plausibel: Da hat sich einer vernichten lassen, um andere zu nähren und einen Ausweg aus dem Kreislauf von Aufnehmen und Vernichten zu öffnen, »aus dem verzehrenden Nähren zum nicht verzehrenden Nähren« (Gottfried Bachl 2008: 123), »aus dem Sog des Verschlingens« (Gottfried Bachl 2008: 124); »wer ihn schluckt, um ihn zu verdauen, öffnet sich dem Unverdaulichen … Wer da isst, verlässt die Region des Verbrauchens« (Gottfried Bachl 2008: 125).

Ähnlich sieht es Gerd Theißen für die frühchristliche Interpretation der Eucharistie: Das klassische Tier- oder Speiseopfer der antiken Religionen sei »eine symbolische Darstellung des Sachverhalts …, dass Leben auf Kosten anderen Lebens lebt …: Durch Hingabe oder gar Zerstörung anderen Lebens soll das eigene Leben gesichert und gemehrt werden.« (Gerd Theißen 2000: 176) Diese menschliche Urerfahrung erhalte in der Eucharistie eine neue Deutung: »Lebenssteigerung geschieht nicht nur durch Hingabe anderen Lebens und nicht nur auf Kosten anderen Lebens – sondern Lebensgewinn kann auch durch Hingabe des eigenen Lebens zugunsten anderen Lebens entstehen.« (Gerd Theißen 2000: 176) Und so kann Theißen für die beiden christlichen Basissakramente resümieren: »In der Taufe geht es … um Schuld- und Todesangst im Blick auf das eigene Leben …, im Abendmahl dagegen um Schuld und Todesangst im Blick auf anderes Leben (das an unserer Stelle als Opfer vernichtet wird). Die Riten sprechen uneingestanden das verborgene antisoziale Wesen des Menschen aus. Aber sie tun es, um dieses … zu prosozialem Verhalten zu verwandeln.«

---

* »Si ergo vos estis corpus Christi et membra, mysterium vestrum in mensa dominica positum est: Mysterium vestrum accipitis … Estote quod uidetis, et accipite quod estis. hoc apostolus de pane dixit.«

(Gerd Theißen 2000: 190) »Im Abendmahl werden alltägliche Lebensmittel gleichmäßig verteilt. Im äußeren Vollzug wird gerade demonstriert, dass Leben nicht auf Kosten anderen Lebens leben muss, sondern alle zu ihrem Anteil kommen.« (Gerd Theißen 2000: 191) Ganz geht Theißens Rechnung allerdings nicht auf: Die eucharistische Nahrung ist zwar vegetarisch, ja sogar vegan, doch sie bedeutet noch immer ein Leben auf Kosten von Pflanzen. Der Weinstock bleibt zwar stehen und lebt weiter, aber die Getreidepflanzen werden abgeschnitten und umgepflügt. Sie werden vernichtet.

Damit ergibt sich eine Gesamtperspektive der Eucharistie als Einverleiben und Verzehren Gottes, die wiederum die vier Kategorien symbolischer Codes und die acht entsprechenden Tugenden aufgreift:

* *Abhängigkeit schätzen:* Wer die eucharistischen Gaben verzehrt, erkennt, dass er geknechtet wird, weil er immer wieder Hunger nach dem Brot des Lebens und dem Kelch des Heiles haben wird. Im Johannesevangelium sagt Jesus zwar: »Ich bin das Brot des Lebens; wer zu mir kommt, wird nie mehr hungern, und wer an mich glaubt, wird nie mehr Durst haben.« (Joh 6, 35) Aber das kann nur auf die Ewigkeit hin gemeint sein – im irdischen Leben sind auch der spirituelle Hunger und Durst auf Dauer nicht stillbar. Der Mensch ist gezwungen, die Knechtung des Magens nicht nur physisch, sondern auch spirituell zu erdulden. In diesem Sinne kann er die Eucharistie dankbar und demütig empfangen: Die beim Empfang des Brotes offen hingestreckten Hände können dafür ein großartiges Symbol sein.

* *Beziehungen verzehren:* Die Eucharistie erinnert daran, dass der Empfang spirituellen Lebens durch den Tod eines Menschen bewirkt ist, der sich gegeben hat. Damit wird das Geheimnis von Fressen und Gefressenwerden, Nähren und Genährtwerden zum zentralen Geheimnis des Lebens und des Glaubens. Die Eucharistie vollzieht das symbolisch nach. Damit ist sie ein starkes Symbol für Gerechtigkeit und Ehrfurcht – und das zuallererst gegenüber den Spezies von Brot und Wein. Mit ihnen gut und achtsam umzugehen ist keine Nebensächlichkeit, sondern Prüfstein und Indikator dafür, ob bzw. dass jemand den dramatischen Charakter der Eucharistie verstanden hat. Was das konkret heißt, wird gleich noch dargestellt werden.

* *Maßvoll genießen:* Das Brot der Eucharistie wird als süße Speise beschrieben, was es physisch nicht ist. Der Wein hingegen ist nicht nur symbolisch, sondern auch ganz real ein Freudentrank. Insofern geht es im christlichen Glauben darum, an der Eucharistie Geschmack zu finden und durch sie Geschmack am Leben. Die Eucharistie kann und soll für die Teilnehmenden eine Schule des guten Geschmacks sein. Wenn heute so wenige Menschen an der Eucharistie teilnehmen, könnte das auch daran liegen, dass das Lustvolle an ihr nicht spürbar ist. Der Kelch wird nicht

getrunken, die Hostie schmeckt nach nichts. In meinem Kommunionunterricht 1970 lernte ich noch, man müsse die Hostie auf der Zunge zergehen lassen und dürfe ja nicht kauen. Das ist heute Gottlob anders, doch auch wenn das Schmecken nicht mehr verboten ist, wird es noch lange nicht gefördert. Dabei ist die Darreichung qualität- und geschmackvoller eucharistischer Spezies die wichtigste Predigt. Die Gläubigen lernen mehr durch Schmecken als durch Zuhören. Mir sagt manchmal ein Gläubiger nach dem Gottesdienst: »Heute hat der Messwein aber gut geschmeckt!« Dieser Mensch hat etwas vom Reich Gottes am eigenen Leib und nicht nur vom Hörensagen erfahren.

- *Dem Leben trauen:* Die Eucharistie wurde seit dem 2. Jahrhundert als φάρμακον ἀθανασίας, als Medikament der Unsterblichkeit bezeichnet (Ignatius von Antiochien, Epistula ad Smyrnaeos, 7, 1; Epistula ad Ephesios 20, 2). Sie ist das eigentliche Viaticum, die Wegzehrung, wenn es ans Sterben geht. Mit ihr genährt – so ist es feste Überzeugung durch zwei christliche Jahrtausende – stirbt man gut. Auf diese Weise wird die Eucharistie zum Schlüssel für ein gesundes Vertrauen in das Leben und zur Möglichkeit, sich dem Leben hinzugeben. Sie gibt Sicherheit und Geborgenheit, insbesondere das Brot, das im Sinne des täglichen Brotes mindestens im abendländischen Kontext immer das Symbol der Ernährungssicherheit war. Eucharistie ist der Wein der Freude und das Brot der Sicherheit. Damit bekommt der Dienst, den Kranken die (Brot-)Kommunion zu bringen, eine herausragende Bedeutung.

An dieser Stelle müssen die Spezies der Eucharistie endlich einmal die Beachtung erfahren, die sie in theologischen Abhandlungen selten genießen. In einem kurzen geschichtlichen Durchgang wird die Spannbreite des Umgangs mit den eucharistischen Gaben deutlich, der zu einer systematischen Schlussfolgerung führen soll.

In den ersten Jahrhunderten brachten die ChristInnen Brot und Wein für die Eucharistie selbst mit. Das Brot konnte drei verschiedene Formen haben (vgl. Max Währen 2004: 11–21):

- *Rundlaib:* Meist handelte es sich um einen runden Laib alltäglichen, gesäuerten Brotes, der mit einer Kreuzkerbe verziert war, wie man in zahlreichen frühchristlichen Bildern erkennen kann. Die 16. Synode von Toledo 693 mahnte, nur ein ganzes, noch nicht angeschnittenes Brot dürfe verwendet werden. Was zunächst allein die Nähe zum alltäglichen Brot sicherstellen sollte, wurde später im Osten zum Distanzierungsmedium von den Juden: Weil diese ungesäuertes Brot verwendeten, nahmen die ChristInnen es gerade nicht (siehe Kapitel 5.16). Bis heute ist in der Ostkirche der gesäuerte Brotlaib die eucharistische Spezies.

- *Kringel:* Verbreitet war auch die Form einer »corona consecrata«. Das ringförmige Gebäck, das wie eine halbe Brezel aussieht, erwähnen der Liber pontificalis I, 339 (Lebensbeschreibung des Papstes Zephyrinus, um 200 n. Chr.) und Gregor der Große (Dialogi IV, 55). Auch wird es auf mehreren frühchristlichen Sarkophagen und im Bodenmosaik der Basilika von Aquileia aus dem 4. Jahrhundert dargestellt. Bis ins Spätmittelalter gibt es viele weitere Darstellungen, im 15. Jahrhundert besonders Darstellungen des Letzten Abendmahls.

- *Oblatenhostie:* Die Hostie in Form einer Geldmünze (»in modum denarii«, so Honorius Augustodunensis zwischen 1110 und 1130) aus ungesäuertem Teig kommt erst gegen Ende des ersten Jahrtausends mit der Erfindung des Backeisens auf. Ihre Verbreitung in der Westkirche wird mit Verweis auf das ungesäuerte Brot des jüdischen Paschamahls propagiert, hat aber vor allem den sehr bedeutsamen praktischen Vorteil, dass sie beim Brechen nicht bröselt (siehe unten). Das Backen der Hostien unterliegt strengen Vorschriften. Zeitweise dürfen sie nur von Klerikern in liturgischen Gewändern gebacken werden – unter Stillschweigen oder begleitet von Psalmengesang. Heute werden Hostien in der Regel in Frauenklöstern gebacken.

Für die Krankenkommunion bewahrt man seit dem 3. Jahrhundert einige wenige Brotstückchen der Eucharistiefeier auf. Ab dem 6. Jahrhundert wird dazu in der »Sakristei«, wörtlich dem Ort des Heiligen, ein schließbarer Tabernakel eingerichtet, der ab etwa 800 allmählich in den Kirchenraum verlegt wird. Die Aufbewahrung von Hostien zur Austeilung in der nächsten Eucharistiefeier ist erst seit 11. Jahrhundert bezeugt und seit dem 17. Jahrhundert üblich (Hans Josef Limburg/Ambrosius Backhaus 2004). Mit anderen Worten: In der Westkirche hat man bis in die Barockzeit auf frisches Brot Wert gelegt – die Verwendung alter, konservierter Spezies ist eine relativ moderne Unsitte. Und sie betrifft nur die Westkirche – in der Ostkirche wird bis heute bei jeder Eucharistiefeier frisches Brot verwendet.

Bis ins 13. Jahrhundert war die Kommunion unter beiden Gestalten Brot und Wein üblich. Erst seit dieser Zeit ist es in der Westkirche der Regelfall, dass nur der Priester die Kelchkommunion empfängt, während in der Ostkirche bis heute beide Spezies gereicht werden. Die Reformatoren des 16. Jahrhundert haben wieder die ursprüngliche Praxis der Kommunion unter beiden Spezies eingeführt. Der Wein ist bis zur Mitte des 15. Jahrhundert ausschließlich Rotwein. 1478 wird durch Papst Sixtus IV. Weißwein zugelassen (Hermann Reifenberg 2001: 1028). Da Weinpanschereien zahlreich waren, erlässt die Kirche Vorschriften zur Reinheit und kontrolliert die Herstellung. Der Wein muss aus Trauben sein, Zuckerzusätze oder andere Zusätze sind verboten. Diese Anforderungen werden in der EU von allen Prädikatsweinen erfüllt. Tafelwein ist hingegen wegen seiner Verdünnung mit Wasser nicht als Messwein zugelassen. Seit 1994 ist es im Ausnahmefall nach ausdrücklicher Erlaubnis durch den Bischof zulässig, Traubenmost zu verwenden. Voraussetzung ist, dass der Priester aus gesundheitlichen Gründen nachweislich keinen Wein trinken darf. Zudem darf der Most nicht in seiner Natur verändert worden sein. Deshalb kommt zur Konservierung nur das Einfrieren infrage, denn durch Sterilisation wird aus Most Traubensaft (Schreiben der Glaubenskongregation vom 22.8.1994 und vom 24.7.2003).

Aktuell gelten folgende Vorschriften (IG = Introductio generalis des Missale Romanum 2002³ [1970¹], RS = Instruktion Redemptionis Sacramentum 2004; die IG ist in den hier referierten Abschnitten im Wesentlichen noch mit der ersten Auflage des nachkonziliaren Missale Romanum von 1970 identisch):

- Das Brot muss ungesäuert, aus reinem Weizenmehl bereitet und frisch sein, so dass keine Gefahr der Verderbnis besteht (IG 320; RS 48).

- Die Logik der Zeichen fordert, dass sie als Speise und Trank wahrnehmbar sind (IG 321).

- Daher muss das Brot in verschiedene Teile gebrochen werden, die einigen Gläubigen auszuteilen sind (IG 321; RS 49).

- Wenn die große Zahl der Gläubigen es erfordert, dürfen auch kleine, nicht teilbare Hostien verwendet werden, doch die Geste des Brotbrechens wird deutlicher als Zeichen der Einheit erkennbar sein, wenn ein einziges Brot gebrochen und ausgeteilt wird (IG 321).

- Der Wein soll naturbelassen und rein sein (IG 322; RS 50).

- Es ist peinlich darauf zu achten, dass Brot und Wein bestens konserviert sind. Auf keinen Fall darf der Wein sauer (IG 323; RS 50) oder das Brot verdorben oder so hart sein, dass es sich kaum mehr brechen lässt (IG 323).

Wie schnell zu sehen ist, schwächt die Instruktion der Kongregation für den Gottesdienst und die Sakramentenordnung von 2004 die an sich ausgezeichneten Bestimmungen der unmittelbaren Nachkonzilszeit schon durch die Auslassungen erheblich ab: Von der Erkennbarkeit als Speise und Trank ist nicht mehr die Rede. Der Wert und die Bedeutung der Geste des Brotbrechens werden nicht mehr erwähnt. Ja, es wird sogar eine Formulierung eingefügt, die diese direkt unterläuft: »Für gewöhnlich sollen weitgehend kleine Hostien verwendet werden, die keiner weiteren Brechung bedürfen.« (RS 49) Damit heißt die Kongregation gut, was de facto in den meisten Kirchen der Welt nach dem II. Vatikanischen Konzil ebenso praktiziert wird wie zuvor. Der Aufbruch zu einer erneuerten eucharistischen Mahlkultur, der in der Introductio generalis zu spüren ist, ist schnell erlahmt.

An sich sind die Bestimmungen in ihren Wertvorstellungen sehr klar: Die besten materiellen Spezies sind für die Eucharistie gerade gut genug. Sie sollen als Speisen erkennbar – und ich ergänze: zu schmecken – sein und miteinander geteilt werden*. Was fehlt, ist eine klarere Option zugunsten der Kelchkommunion aller Anwesenden. Und schließlich wäre es natürlich sehr zu wünschen, dass man von der Oblatenhostie zu einem richtigen Brot oder Gebäck zurückkehrt. Im Hintergrund des Wechsels zur Oblate stand, ich habe es erwähnt, vor allem die Angst, dass Brotkrümel herunterfallen können. Aus dem gleichen Grund wurde der Laienkelch abgeschafft, denn es könnten ja Tropfen des Weins zu Boden fallen. Diese Angst geht zurück in die ersten christlichen Jahrhunderte. So schreibt schon Tertullian (De corona militis 3, 4): »Auch leiden wir ängstlich, dass von unserem Kelch und Brot nichts auf den Boden fällt.« Die Traditio apostolica schreibt (TA 37–38): »Alle sollen dafür Sorge tragen, dass keine Nichtglaubenden von der Eucharistie kosten, keine Maus und kein anderes Tier, und dass nichts davon herunterfällt und verlorengeht. Denn es ist der Leib Christi, der von den Gläubigen gegessen werden soll und nicht verachtet. Nachdem der Kelch im Namen Gottes gesegnet ist, hast du ihn als den Antitypus des Blutes Christi empfangen. Darum verschütte nichts davon für einen fremden Geist, damit er es aufleckt, weil du es verschmäht hast. Du wirst einer sein, der das Blut verachtet, den Preis, mit dem du gekauft worden bist.« So gut es ist, mit den eucharistischen Spezies sorgsam und vorsichtig umzugehen, zeugen die beiden Texte doch von Angst, die an Aberglauben grenzt. Diese Angst, behaupte ich, ist auch heute das größte Hemmnis bei der Einführung echten Brots und des Kelchs für alle. Zumindest für einen Teil der Priester und Gläubigen.

Und dann höre ich da noch die Pfarrer einwenden: »Was soll ich denn noch alles machen – hast du wirklich keine größeren Sorgen?« Ich antworte solchermaßen Fragenden im vollen Ernst und Bewusstsein meiner Worte: Wenn du überlastet bist, lass im Notfall die Predigt ausfallen. Aber lass die Leute auf jeden Fall das Reich Gottes schmecken!

---

* Um das eucharistische Brot wirklich mit allen Sinnen zu schmecken, könnte – als rein theoretische Erwägung – ein Backofen in der Sakristei hilfreich sein. Um wie viel einladender wären Kirchen, aus denen den Vorbeigehenden der Duft von frischem Brot entgegenströmt. Der Duft von Weihrauch ist eigentlich der Duft der Tempel. Im Gasthaus Jesu von Nazaret wäre der Duft von Brot viel angemessener!

4

Essen und Trinken
zwischen Mahl-Zeit und Fasten-Zeit

»Alles hat seine Stunde. Für jedes Geschehen unter dem Himmel gibt es eine bestimmte Zeit:« (Koh 3,1) Mit diesen Worten beginnt das Buch Kohelet eine seiner bekanntesten Passagen. Es folgen vierzehn Zeitpaare, die jeweils zwei entgegengesetzte Vorgänge oder Zustände nennen und ihnen ihre je eigene Zeit zusprechen: Geborenwerden und Sterben, Pflanzen und Abernten, Weinen und Lachen usw. Essen und Fasten sind Kohelet keine Erwähnung wert, obgleich auch sie ihre einander abwechselnden Zeiten haben. Kohelet erhebt keinen Anspruch auf Vollständigkeit, weswegen ich ergänzen möchte: »Eine Zeit zum Essen und Trinken, und eine Zeit, sich des Essens und Trinkens zu enthalten.«

Es gehört zu den grundlegenden kulturellen Gestaltungsdimensionen der Ernährung, dass sie zeitlich strukturiert und normiert wird. Zugleich gibt es räumliche Festlegungen für Essen und Trinken. Schon höher entwickelte Tiere suchen sich (außer in zu engen und nicht selbst gestaltbaren Ställen) Fressplätze, die von ihren Ausscheideplätzen und Ruheplätzen klar unterschieden sind und ebenso wie diese gestaltet werden. Und feste Fresszeiten gewöhnen sich Tiere schnell an, wenn ihnen ausreichend Futter zur Verfügung steht. Nur Tiere mit knappem Nahrungsangebot fressen sofort und heißhungrig, wenn ihnen die Möglichkeit gegeben wird. Erst recht besitzt der Mensch seit frühester Zeit eine Kochstelle und einen Platz, der für das gemeinsame Essen und Trinken vorgesehen ist, und entwickelt feste Zeiten für die Mahl-Zeit.

Orte und Zeiten sind hervorragende Ausdrucksmittel symbolischer Kommunikation. In diesem Kapitel soll es daher darum gehen, Räume, Zeiten und Raum-Zeit-Relationen des Essens und Trinkens, aber auch der Enthaltung von Essen und Trinken wahrzunehmen und ethisch sowie spirituell auf ihre symbolischen Codes zu analysieren. Nach der Analyse des derzeit größten Ernährungstrends, des Fast Food (4.1), sollen daher Zeiten und Orte für das Mahl (4.2) sowie für seine Vor- und Nachbereitung (4.3) betrachtet werden, ehe der Blick auf das Fasten als zum Essen und Trinken komplementäre Zeit fällt (4.4). Im Diskurs mit der Eucharistie-Theologie sollen die gewonnen Erkenntnisse vertieft und in einen größeren Kontext gestellt werden (4.5).

4.1

Der Trend: Fast Food on the Road

Los Angeles war in den 1940er-Jahren weltweit die Stadt mit den meisten Autos – und die erste »autogerechte« Stadt: weit zerstreute Siedlungsgebiete, riesige Highways im wörtlichen Sinne von höhergelegten Straßen, und passend dazu Drive-in-Restaurants am Rande der Stadt. Unter diesen befand sich seit 1937 auch das erste Lokal der Brüder Richard und Maurice McDonald (Eric Schlosser/Charles Wilson 2006: 19–62). Noch gab es dort Geschirr und Besteck, noch wurde konventionell gekocht, noch war man eines von vielen gewöhnlichen Schnellrestaurants an der Peripherie, mit einem großen Parkplatz vor der Tür. Doch 1948 revolutionierten die beiden Brüder die Arbeitsabläufe: Von jetzt an gab es sämtliche Speisen ohne Besteck und Geschirr – das störte nur die Effizienz (Eric Schlosser/Charles Wilson 2006: 22–23). Ebenso ersetzte in der Küche ein Fließband mit ungelernten HilfsarbeiterInnen, die jeweils nur wenige Handgriffe zu erledigen haben, die vorher tätigen ausgebildeten KöchInnen. Der betriebswirtschaftliche Erfolg war durchschlagend. Um leichter an Kapital für weitere Filialen zu kommen, begannen die Brüder McDonald daher 1954 mit dem Franchising: Eigenunternehmerisch tätige Personen kaufen sich bei McDonald's ausschließlich das Label, das Know-how und die Ausstattung, tragen aber selbst das finanzielle Risiko. Damit entstand eine völlige Konformität aller Lokale – das Label »McDonald's« war geboren. Doch das war schon die Idee von Ray Kroc, der die Brüder McDonald 1961 ausbezahlte und aus dem Unternehmen drängte. 1963 wurde schließlich nach mehreren gescheiterten Versuchen das Maskottchen Ronald McDonald kreiert und der Weg zu den Kinderherzen gebahnt. Wenig später wurden in den Restaurants Spielbereiche für Kinder eingerichtet und Spielzeug verschenkt. Der Welterfolg der Kette war nicht mehr aufzuhalten.

Die Ausgaben der Bevölkerung für Fast Food sind allein in den USA von sechs Milliarden US-Dollar im Jahr 1970 auf 142 Milliarden US-Dollar im Jahr 2006 angewachsen. Sie übertreffen dort die Ausgaben der Menschen für Bildung und Ausbildung ihrer Kinder, für Elektronik und sogar für Autos (Eric Schlosser/Charles Wilson 2006: 10). Allerdings ist Fast Food ein »Food on The Road« geblieben. In den Fußgängerzonen europäischer Großstädte und an berühmten Sehenswürdigkeiten ist Fast

Food eher auf dem Rückzug. Entlang der großen Ausfallstraßen und Autobahnen, in Bahnhöfen und Flughäfen jedoch setzt sich der Siegeszug bislang ungebrochen fort.

Das System des Fast Food, für das McDonald's steht, wirft viele Probleme auf: Ganz vorne stehen Probleme des Umgangs mit den MitarbeiterInnen: Fast-Food-ArbeiterInnen sind in den USA die größte Gruppe von NiedriglöhnerInnen (Eric Schlosser/Charles Wilson 2006: 76), haben extrem lange Arbeitszeiten, keine Krankenversicherung, keine gewerkschaftliche Organisation (Eric Schlosser/Charles Wilson 2006: 79), werden aber strengen Regeln am Arbeitsplatz unterworfen. Daneben gibt es Probleme des Umgangs mit den Tieren, von denen das Fleisch stammt, welches fast vollständig aus gigantischen Tierfabriken bezogen wird (Eric Schlosser/Charles Wilson 2006: 156–201). Schließlich – und das ist unser Fokus hier – wird damit allen Beteuerungen der Fast-Food-Ketten zum Trotz jedes Bemühen um ein gesundes und gepflegtes Essen und Trinken infrage gestellt.

Der Soziologe George Ritzer erforscht seit Jahrzehnten das Phänomen des Fast Food. Seine Kernthese ist, dass die gesamte Gesellschaft zunehmend »McDonaldisiert« wird, wie er es nennt. Unter McDonaldisierung (englisch »McDonaldization«) versteht Ritzer die Gestaltung der Produktion ausschließlich und konsequent nach folgenden Parametern: Effizienz, Berechenbarkeit, Vorhersagbarkeit, Kontrolle. Der Königsweg, diese vier Ziele zu erreichen, sei vor allem das Ersetzen menschlicher durch nichtmenschliche Arbeitsprozesse (George Ritzer 2001: 162).

Die Frage, die sich Ritzer stellt, lautet: Wie rational ist diese Rationalität (George Ritzer 2001: 23–45)? Kein Zweifel, rein technisch betrachtet sei Fast Food höchst rational (englisch rationable) im Sinne von clever. Aber volkswirtschaftlich oder gar anthropologisch-ethisch betrachtet sei Fast Food alles andere als rational, denn es sei nicht vernünftig (englisch reasonable) im Sinne von sinnvoll und gut. Das werde an den Selbstwidersprüchen der Methode deutlich: 1) Die Effizienz impliziert erhebliche Ineffizienzen: Die KundInnen leisten mit der Selbstbedienung und dem Entsorgen des Abfalls unbezahlte Arbeit, die MitarbeiterInnen schuften für zu wenig Geld. 2) Der angeblich günstige Preis erzeugt de facto hohe Kosten: Im Vergleich zum Kochen zu Hause ist ein Besuch im Fast-Food-Restaurant sehr teuer. 3) Die Illusion von Lust und Spaß: Der Spielplatz für die Kinder und das kostenlose Spielzeug sind auf Dauer gar nicht so lustig wie behauptet. 4) Die Illusion von Realität: Die Produkte von Molly McButter enthalten absichtlich keine Butter (damit sie fettfrei sind), schmecken aber angeblich danach. Viele Geschmackskomponenten werden künstlich erzeugt. 5) Falsche Freundlichkeit: Das Lächeln der MitarbeiterInnen der Fast-Food-Branche wird von oben verordnet, die meisten Sprüche sind auswendig gelernt. Echte menschliche Begegnung ist so nicht möglich. 6) Entzauberung: Die Massenproduktion nimmt den Speisen ihr Geheimnis und ihre Faszination. Insbesondere die Vorhersagbarkeit, wie ein konkretes Gericht schmeckt, lässt keinerlei Überraschungseffekt

mehr zu. – Entscheidend für Ritzers Argumentation ist, dass die genannten Selbst-
widersprüche des Fast Food systemimmanent sind, also gleichsam genetische Defekte
darstellen. Eine Heilung ist nur durch Austausch der Gene respektive des Systems
möglich, nicht durch sekundäre Reparaturen.

Die McDonaldisierung hat nicht nur den gastronomischen Bereich erfasst, sie ist
überall – so lautet eine der Kernthesen Ritzers (George Ritzer 2001: 160–180), die er
in zahlreichen Publikationen empirisch zu belegen sucht (Literatur dafür in George
Ritzer 2001: 163). Doch sieht Ritzer, wenn er in die Zukunft schaut, ein grundlegendes
Spannungsverhältnis von Rationalisierung (McDonaldisierung) und Globalisierung.
Schlüsselfaktor beider Prozesse ist die Ökonomie, die einen dramatischen kulturellen
Wandel antreibt, der jedoch auch selbst treibende Kräfte besitzt und eine Eigendynamik entwickelt. Globalisierung erzeugt nämlich per se eine enorme Heterogenität
und Pluralität, Rationalisierung hingegen Homogenität. Hier müsse sich Fast Food
zunächst dem Druck beugen und im Angebot heterogen sein (zum Beispiel koscheres
Fleisch in Israel, Reis in Asien und Slow Food in China anbieten). Doch weil die Produktionsmethoden dieselben blieben und von lokalen Konkurrenten kopiert würden,
näherten sich langfristig auch die Konsummethoden an: In Korea werde mittlerweile
individualisiert gegessen und nicht mehr gemeinsam aus derselben Reisschale wie
noch vor wenigen Jahrzehnten (George Ritzer 2001: 171). Hier finde ein Kulturimperialismus statt, der unter der Hand daherkomme: Nicht die Produkte werden verändert, sondern die Art und Weise des Essens.

Doch mit dem Kulturimperialismus, so Ritzer weiter, werde auch die Gegenbewegung geweckt, traditionelle Gewohnheiten neu zu beleben. Nationalstaaten könnten
der Dynamik des Fast Food zwar wenig entgegensetzen, im Gegenteil werde durch
Fast Food der amerikanische Nationalstaat gestärkt, da sich seine Dominanz über die
Welt verfestige (George Ritzer 2001: 174–176). Auch lokale Unternehmen hätten kaum
eine Chance, gegen die Übermacht der transnationalen Unternehmen anzukommen.
Doch organisiere sich eine zivilgesellschaftliche Gegenbewegung, vor allem im Internet: Berühmt geworden ist in Kontinentaleuropa die in Italien 1989 entstandene
Slow-Food-Bewegung, die mit italienischer Liebenswürdigkeit und Kreativität immer
neue Alternativaktionen startet, die auf Wertschätzung der Lebensmittel und Genussfähigkeit zielen. Im angelsächsischen Bereich legendär ist der sogenannte »McLibel«-
Gerichtsprozess: 1986 hatte die lokale Umweltorganisation »London Greenpeace« Falt-
blätter verteilt, die eine lange Liste schwerer Vorwürfe gegen McDonald's enthielten.
Der Weltkonzern klagte dagegen (englisch libel ist die Verleumdungsklage). Die englischen Gerichte bestätigten die meisten der Vorwürfe der Aktivisten gegen McDonald's,
erkannten jedoch in einigen Punkten der Liste tatsächlich unbewiesene Behauptungen, weswegen die beiden angeklagten Umweltaktivisten zu einer Geldstrafe verurteilt
wurden. Diese gingen jedoch durch alle Instanzen bis zum Europäischen Menschen-

rechtsgerichtshof, der 2005 das englische Gerichtsverfahren aufgrund von Verfahrensmängeln als menschenrechtswidrig einstufte und die englische Regierung zu einer Zahlung an die Aktivisten verurteilte. Aufgrund der fast zwanzigjährigen Prozessdauer und der gerichtlichen Feststellung, dass die meisten Vorwürfe der Aktivisten gegen den Fast-Food-Konzern begründet waren, wurde »McLibel«, wie die Öffentlichkeit den Fall schon bald nannte, zum PR-Desaster für McDonald's.

Neben der McDonaldisierung sieht Ritzer daher auch eine De-McDonaldisierung (George Ritzer 2001: 46–57): Hochpreisige Bäckereien und Lebensmittelgeschäfte blühen auf. Regionale Lebensmittel werden attraktiv, »Mikrobrauereien« sprießen besonders im angelsächsischen Bereich aus dem Boden. Teilweise werde jedoch schon versucht, auch das Hochpreissegment zu McDonaldisieren wie etwa bei Starbucks, oder dem Trend zum maßgeschneiderten Bekleidungsstück zu entsprechen, indem höchst individuelle Schnitte massengefertigt werden. Rationalisierung ist das Credo der Moderne, Entrationalisierung das Credo der Postmoderne. Was also wird herauskommen?, fragt Ritzer. Wird McDonalds dereinst als historisches Überbleibsel einer vergangenen Epoche betrachtet werden? Wird Fast Food völlig verschwinden? Verschmelzen die beiden Dynamiken von Moderne und Postmoderne in einer noch unbekannten Dritten? Oder wird die Moderne über die Postmoderne triumphieren, so dass diese eine kurze, vorübergehende Phase bleibt?

Noch kennt niemand die Antwort auf diese Fragen. Aber Ritzers Verweis auf die Macht der Zivilgesellschaft zeigt, dass der Ausgang der Geschichte beeinflussbar ist. Und so stellt sich umso deutlicher die Frage nach den raumzeitlichen Koordinaten eines guten Essens und Trinkens.

4.2
Zeit(en) und Orte für das Mahl

4.2.1
Rhythmen und Zeitmaße der Mahlzeiten

In seinem legendären Aufsatz über die Soziologie der Mahlzeit merkt Georg Simmel 1910 an: »Zunächst tritt hier die Regelmäßigkeit der Mahlzeiten auf. Von sehr tief stehenden Völkerschaften wissen wir, dass sie nicht zu bestimmten Stunden, sondern anarchisch, wenn ein jeder gerade Hunger hat, essen. Die Gemeinsamkeit des Mahles aber führt sogleich zeitliche Regelmäßigkeit herbei, denn nur zu vorbestimmter Stunde kann ein Kreis sich zusammenfinden – die erste Überwindung des Naturalismus des Essens.« (Georg Simmel 1910: 1–2)

Was Simmel hier beobachtet, nennt die moderne Chronobiologie »Synchronisation«: Sozial lebende Wesen stimmen ihre Aktivitäten zeitlich aufeinander ab. Wie könnte es anders sein, als dass Essen und Trinken als existenzielle Grundvollzüge neben Wachen und Schlafen einen der ersten Gegenstände dieser Synchronisation darstellen. Dabei fließen in diesen Synchronisationsprozess naturale, unbeliebige Faktoren ebenso ein wie kulturelle, frei gestaltbare. Auf naturaler Ebene hat die Sättigung durch die vorangehende Mahlzeit eine gewisse zeitliche Begrenzung – mit zunehmender zeitlicher Entfernung von der letzten Mahlzeit nimmt das Sättigungsgefühl ab, und irgendwann hilft alle kulturelle Anstrengung nicht mehr, den Hunger zu besänftigen. Die Intervalle zwischen zwei Mahlzeiten lassen sich also nicht beliebig ausdehnen. Wohl aber gibt es große Spielräume unterhalb dieser Grenze und im Blick auf die konkrete Verteilung der Mahlzeiten über den Tag.

Das lässt sich mit wenigen Beispielen zeigen: Im Mittelalter gab es üblicherweise zwei Mahlzeiten: eine Morgenmahlzeit mitten am Vormittag (ähnlich dem heutigen Brunch) und eine Nachmittagsmahlzeit. Erst um 1500 wurden die drei Mahlzeiten Frühstück, Mittagessen und Abendessen eingeführt (Ernst Schubert 2006: 245–253), die bis weit ins 20. Jahrhundert hinein Standard waren. Während in Mittel- und Nordeuropa dabei die Rangfolge des deutschen Sprichworts »Frühstücken wie ein Kaiser, Mittagessen wie ein König, Abendessen wie ein Bettelmann« galt und die Mahlzeiten im Laufe des Tages immer kleiner wurden, gingen die mediterranen Kulturen den entgegengesetzten Weg und fingen mit einem winzigen Frühstück an, um nach einem ordentlichen Mittagessen den Tag mit einem opulenten Abendmahl zu beschließen.

Die Ansprüche des modernen Lebens in den Industriegesellschaften haben an den Werktagen zu einer erheblichen Entrhythmisierung und Entritualisierung der ersten beiden Mahlzeiten geführt. Die Menschen werden zu »situativen Einzelessern« (Manuel Schneider 2001: 17), wie eine Umfrage von forsa im Juli 2009 zeigt.

Die positive Nachricht dieser Umfrage ist: Das Abendessen wird unter der Woche von genauso vielen Familien mit Kindern gemeinsam eingenommen wie am Wochenende, nämlich von etwa 80 Prozent. Es gelingt den Familien also erfolgreich, die Abendmahlzeit zu einem »kleinen Wochenende« zu machen, das sie gemeinsam genießen. Tages- und Wochenausklang haben die gleiche Mahlzeitenqualität. Angesichts dessen sind freilich die mediterranen Gesellschaften gegenüber den transalpinen Kulturen im Vorteil: Denn für sie hat es Tradition, das Frühstück klein zu halten und das Abendessen opulent zu gestalten – Mittel- und Nordeuropäer müssen hier umlernen. Doch sie bewältigen diese Herausforderung offenbar besser als man denkt.

Die Zahlen von forsa zeigen, dass der moderne Tagesablauf den Abend eher für alle gleichzeitig freihält als den Morgen. Mittags sind die meisten Menschen am Arbeitsplatz und essen in Kantine oder Mensa. Morgens und abends sind sie daheim. Aber morgens ist die Chance auf eine gemeinsame Mahl-Zeit offenbar weit geringer als am Abend. Die Folge dieser Entwicklungen ist, dass es zumindest beim Frühstück auch in Familien immer mehr »Eigenbrötler« gibt, die nacheinander statt miteinander essen.

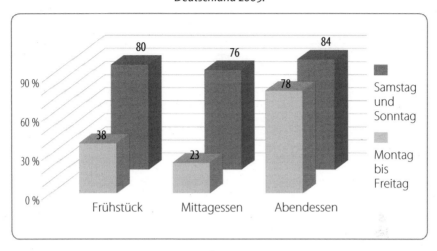

Regelmäßig gemeinsam eingenommene Mahlzeiten,
Deutschland 2009.

Quelle: Forsa.

Das hat Auswirkungen auf die Gestaltung solcher Mahlzeiten: Das Essen allein läuft zwischendurch und nebenher, »wie wenn man das Auto volltankt« (Wolfram Siebeck 1996). Die Zeiterfordernisse der modernen Leistungs- und Effizienzgesellschaft werden dadurch noch nicht zu »Feinden des guten Essens« (Manuel Schneider 2001: 16), wohl aber zur Herausforderung für das Frühstück.

So wie vom Alltag das Abendessen bleibt von der Woche das Wochenende als Raum gemeinsamer Mahlzeiten in der Familie. Die forsa-Umfrage zeigt, dass dann alle drei Mahlzeiten fast gleich oft gemeinsam eingenommen werden. Das gemeinsame Essen und Trinken ist den Familien offensichtlich wichtig.

Wie viel Zeit nehmen sich die Menschen derzeit für das Essen und Trinken? Laut der letzten Zeitbudgetstudie, deren Daten die Jahre 2001 bis 2002 abbilden, nehmen sich Männer wie Frauen täglich fast gleich viel Zeit für das Einnehmen der Mahlzeiten, nämlich im Mittel 1:43 Stunden (Statistisches Bundesamt 2006, Tabelle 1, Zeile 021). Auch in einzelnen Alterskohorten sind die Geschlechterdifferenzen klein. Insgesamt ist das Zeitmaß damit keineswegs gering – im Gegenteil: Eine und eine dreiviertel Stunde sind als täglicher Durchschnitt eine erhebliche Zeitmenge. – Eine große Rolle für das Zeitmaß spielt das Alter: Mit zunehmendem Alter nehmen sich die Menschen mehr Zeit für das Essen. Dabei geht es um eine Entwicklung, die individualbiografisch angelegt ist und keinen Werteverfall bei der jüngeren Generation bedeutet. Denn insgesamt aßen die Deutschen 2001 etwa 21 Minuten länger als 1991. Die Wertschätzung für ein zeitlich entspanntes Essen und Trinken steigt quer durch die Altersgruppen signifikant an. Aber individualbiografisch scheint die Bedeutung eines guten Essens mit steigendem Alter doch recht kontinuierlich zuzunehmen. Ältere Menschen wissen aufgrund ihrer Lebenserfahrung offensichtlich mehr um die Kostbarkeit und Köstlichkeit einer gepflegten Mahlzeit.

Tägliche Zeit für Essen und Trinken in Abhängigkeit vom Alter, Deutschland 2001/02.

Alter	10–17 Jahre	18–29 Jahre	30–44 Jahre	45–64 Jahre	Ab 65 Jahre
Zeit für Mahlzeiten (h)	1:21	1:24	1:38	1:50	2:04

Quelle: Statistisches Bundesamt 2006.

Erschwert wird die Umsetzung des Wunsches nach einem zeitlich entspannten Essen nicht nur durch berufliche Anforderungen, sondern auch durch das Zusammenleben mit Kindern. Sowohl Alleinerziehende als auch Paare, deren Kinder noch mit ihnen zusammenleben, essen schneller als Alleinlebende bzw. Paare ohne Kinder. Kinder wollen nicht lange essen, sie finden das langweilig. Das Zusammenleben als Paar begünstigt hingegen ein längeres Essen. Gemeinsam steht man nicht so schnell vom Tisch auf wie allein.

Tägliche Zeit für Essen und Trinken in Abhängigkeit vom Familienstand, Deutschland 2001/02.

Familienstand	Alleinlebend	Paare ohne Kinder	Alleinerziehende mit Kindern	Paare mit Kindern
Zeit für Mahlzeiten (h)	1:39	1:59	1:31	1:44

Quelle: Statistisches Bundesamt 2006.

Entscheidende Relevanz für Zeit und Zeiten für die Mahlzeit haben ohne Zweifel die (ganzheitlich betrachteten) Lebensstile. Nicht allein die äußeren Zwänge des Berufs und der Familie sind dafür verantwortlich, wie viel Zeit sich Menschen für Essen und Trinken nehmen, sondern auch deren Lebensgewohnheiten und Wertorientierungen. Hans-Joachim Lincke hat in diesem Sinne »Zeitstile« untersucht, das heißt Lebensstile fokussiert auf Zeit (Hans-Joachim Lincke 2007: 18–20). Dabei legt Lincke seiner Untersuchung zwei Kontrastbeispiele zugrunde, die vermutlich etwas künstlich scheinen, aber Unterschiede deutlich hervortreten lassen (Hans-Joachim Lincke 2007: 95–136): Auf der einen Seite stehen die »flexiblen Menschen«. Sie sind echte Zeitmanager, wie sie in der modernen Arbeitswelt gerne gesehen sind, denn sie planen ihre Zeit vor allem nach dem Kriterium der Effizienz. Ihr Hauptziel ist das berufliche

Fortkommen. Ihnen gegenüber stehen die »Zeitpioniere«, die aus der zunehmenden Ökonomisierung der Zeit auszubrechen versuchen. Menschen, die »Zeit nicht nur mit Arbeit sinnvoll ausfüllen« (Hans-Joachim Lincke 2007: 92) und primär als Lebenszeit verstehen. Gerne verzichten diese auf materiellen Wohlstand, wenn sie dafür freie Zeit und Lebensqualität gewinnen, denn ihr Hauptziel ist Erfüllung und Selbstfindung.

Beide Gruppen haben hohe Ansprüche an ihre Lebensmittel und Speisen: Sie verlangen gute Qualität und ruhig auch teure Lebensmittel (Hans-Joachim Lincke 2007: 145–156). Doch während die »flexiblen Menschen« vor allem auf Luxusprodukte und modische Kompositionen schielen, sind den »Zeitpionieren« vor allem regionale, saisonale und ökologisch hergestellte Produkte wichtig (Hans-Joachim Lincke 2007: 260). Auch das Essverhalten der beiden Zeitstile ist grundlegend verschieden: Die Essenszeiten der »flexiblen Menschen« sind sehr unregelmäßig und unstrukturiert. Sie essen oft außer Haus, zwischen zwei Terminen und mit KollegInnen oder KundInnen. Abends hingegen sind sie zu erschöpft, um sich etwas zuzubereiten und greifen oft auf Tiefkühlkost, Fast Food oder einen Lieferservice zurück (Hans-Joachim Lincke 2007: 195). Wenn sie einmal selbst kochen, ist das ein »repräsentativer Event« (Hans-Joachim Lincke 2007: 260). Zeitpioniere hingegen essen disziplinierter, maßvoller und rhythmischer (Hans-Joachim Lincke 2007: 140) und kaufen zudem deutlich planvoller ein (Hans-Joachim Lincke 2007: 144). Insbesondere am Wochenende offenbart sich der Kontrast der beiden Stile: Während die »flexiblen Menschen« dann alles nachzuholen versuchen, was ihnen im Alltag nicht möglich war, und daher äußerst opulente Mähler zelebrieren (ob am Luxusherd daheim oder im Sterne-Restaurant), fällt die Differenz zwischen Alltag und Ruhetag bei den »Zeitpionieren« weit geringer aus (Hans-Joachim Lincke 2007: 263).

Linckes Untersuchungen manifestieren zunächst einmal ganz allgemein, dass »der Mensch ist, was er isst.« Die eigene Lebensorientierung und »-philosophie« korrespondiert stark mit dem Ernährungsstil. Darüber hinaus wird aber durch die Fokussierung auf die Zeit deutlich, dass wiederkehrende Rhythmen für den Einzelmenschen wie für die Gemeinschaft eine entlastende und integrierende Funktion besitzen. Zeitpioniere müssen das Rad nicht jeden Tag neu erfinden, sondern können sich in die gewohnten und vertrauten Abläufe fallen lassen. Unterm Strich haben sie dadurch mehr vom Essen! Das ist auch eine Grundidee der Regel Benedikts (RB), auf die ich an dieser Stelle wiederum zurückkomme (vgl. Michael Rosenberger 2012a). In der rhythmischen Strukturierung des benediktinischen Lebens liegt eine ihrer größten Stärken. Benedikts Maßhaltung definiert sich über weite Strecken durch Zeit-Maße und Zeit-Rhythmen. Diese betreffen Beten und Arbeiten, Lesen und Ruhen, aber auch das Essen.

Im Kloster Benedikts gibt es, wie um das Jahr 500 üblich, zwei Mahlzeiten. Dabei bestimmen zwei wesentliche Faktoren die Zeit für das Mahl: einerseits die Tageslänge und der ihr entsprechende Arbeitsablauf, andererseits das Kirchenjahr mit seinen Fast- und Festtagen. An dieser Stelle werden die Vorschriften für die Fasttage übersprungen – sie folgen zu gegebener Zeit (siehe Kapitel 4.5). Lässt man sie beiseite, findet die Hauptmahlzeit im Frühjahr und Sommer zur sechsten Stunde (etwa 12 Uhr) statt und teilt den langen Arbeitstag in zwei Hälften. Dadurch wird es möglich, während der Zeit der größten Hitze zu essen und anschließend zu ruhen. Abends gibt es eine kleine Stärkung (RB 41, 1–4). In der Winterzeit findet die Hauptmahlzeit grundsätzlich erst zur neunten Stunde (etwa 15 Uhr) statt (RB 41, 6). Die kurzen Tage zwingen zum Ausnutzen der Helligkeit, und womöglich trägt auch die knappere Nahrungsdecke zur Einführung dieser Regelung bei. De facto ist der Winter damit durch ein (werk-)tägliches Fasten bis zum frühen Nachmittag gekennzeichnet.

Bemerkenswert ist die Anweisung, dass die Mahlzeiten auf jeden Fall bei Tageslicht stattfinden sollen (RB 41, 8–9). Mag der Arbeitsdruck noch so hoch sein, das Essen darf nicht in die Nachtstunden verschoben werden. Es ist kein notwendiges Übel, das man an den Rand des klösterlichen Tages schieben und womöglich noch auf Fast Food verkürzen dürfte, sondern ein wesentlicher Ausdruck geschwisterlicher Gemeinschaft und geschöpflicher Dankbarkeit. Essen braucht Zeit – es soll Stil und Kultur haben und mit der nötigen Ruhe geschehen. Hektik ist mit allen Mitteln zu verhindern. Die Rhythmisierung dient diesem Anliegen.

Offensichtlich ist es keine rein moderne Problematik, dass wirtschaftlicher Effizienzdruck und Mahlkultur oft gegeneinander stehen. Und auch wenn die meisten Menschen in der Festlegung ihrer Arbeits- und Essenszeiten nicht so frei sind wie ein Benediktinerkloster, kann die Regel Benedikts in ihren Wertorientierungen doch ein gutes Modell sein: Eine gewisse flexible Rücksichtnahme auf die Arbeit ist in Ordnung, und das sicher nicht nur, wenn die Arbeit von der Helligkeit der Sonne und der Länge des (Sonnen-)Tages abhängig ist. Ein bisschen dürfen wir »flexible Menschen« im Sinne Linckes sein. Doch bei aller Flexibilität gibt es Grenzen. Diese sind überschritten, wenn überhaupt kein klarer Rhythmus mehr zustande kommt, oder dann, wenn das Essen so weit in den Abend gedrängt wird, dass es kurz vor dem Zubettgehen nur noch hastig hinuntergeschlungen wird.

4.2.2
Orte und Räume der Mahlzeiten

Die Orte des Essens lassen ein sehr korrespondierendes Bild zu den Zeiten des Essens und Trinkens erkennen. Über viele Jahre konstant und deutlich erkennbar ist zunächst der Trend zum häufigeren Restaurantbesuch (ohne Kantinen oder Mensen!). Das lassen die Zahlen zweier Umfragen aus Deutschland 2013 bzw. Österreich 2011 gut nachvollziehen.

Essen im Restaurant in der Freizeit
(in Mio. Personen ab 14 Jahren), Deutschland.

	Häufig	Ab und zu	Nie
2007	7,45	48,42	8,95
2013	8,63	48,33	7,58

Quelle: Allensbach.

Essen im Restaurant (in Prozent), Österreich.

	Mehrmals/Woche	Einmal/Woche	2- bis 3-mal/Monat	Einmal/Monat	Seltener	Nie
2005	5	11	23	21	36	4
2011	12	16	25	21	24	1

Quelle: Agrarmarkt Austria/Gesellschaft für Konsumforschung.

In Österreich wurden von 13 Prozent der Befragten unter anderem berufsbedingte Gründe im Sinne von Arbeitsessen genannt, in Deutschland schloss die Statistik solche Restaurantbesuche aus und zählte nur Freizeitaktivitäten. Die Restaurantbesuche sind also großenteils frei gewählt. 26 Prozent der österreichischen Befragten nannten als ein Motiv wachsenden Wohlstand. Wenn von diesem ein Teil in Restaurantbesuche investiert wird, halte ich das grundsätzlich für ein gutes Zeichen, da es eine Wertschätzung guten Essens und Trinkens ausdrückt.

Essen in Mensa oder Kantine (in Prozent), Deutschland.

	Schulmensa	Hochschulmensa	Betriebskantine	Gesamtbevölkerung	Kein Angebot
Frauen	?	53,2	14,5	10,2	17,5
Männer	?	67,5	23,8	17,8	21,9
Gesamt	16,5	59,9	19,1	13,9	19,7

Quelle: Bundesministerium für Ernährung, Landwirtschaft
und Verbraucherschutz 2008a: 111–112.

Jeder siebte Deutsche, aber fast 20 Prozent der Werktätigen und fast 60 Prozent der Studierenden, isst werktags in einer Gemeinschaftsverpflegung wie Kantine oder Mensa. Nahezu jedeR fünfte würde das auch gerne tun, hat aber kein entsprechendes Angebot. Der Anteil der Studierenden zeigt vermutlich am besten, was bei einem flächendeckenden Angebot passieren würde, denn an Hochschulen ist das Mensaangebot

nahezu 100 Prozent vorhanden. Gälte das überall, würden 60 Prozent aller Berufstäti-
gen und Lernenden das Angebot wahrnehmen.

Neben Restaurantbesuchen und Kantinen bzw. Mensen sind für unsere Fragestellung aber auch die Essenssituationen relevant, in denen die Speisen im Vorübergehen
verzehrt werden. Hier zeigt sich zunächst, dass jüngere Menschen häufiger nebenbei
und unterwegs essen als ältere:

Verzehr von Essen unterwegs nach Alter (in Prozent), Deutschland 2013.

Alter	Ich esse gerne etwas unterwegs, das ist praktisch	Ich esse mindestens dreimal in der Woche etwas Schnelles nebenbei	Ich esse nie unterwegs
18–25	31	28	12
26–35	24	23	36
36–45	21	14	35
46–55	12	10	42
56–65	7	6	48
66 und älter	2	o. A.	66

Quelle: forsa, Januar 2013.

In diesem Fall liegen mir keine Vergleichszahlen aus früheren Jahren vor, doch vermute ich auch hier vor allem individualbiografische Faktoren und keinen Wertewandel der Generationen hin zum Schlechteren. Gerade im Zusammenhang mit den
oben präsentierten Zahlen der Zeitbudgetstudie, die durch alle Generationen einen
Trend zeigt, sich mehr Zeit für Essen und Trinken zu nehmen, muss man eigentlich
zum Schluss kommen, dass Fast Food auch künftig vor allem eine Sache der jüngeren Generation bleibt, die das mit zunehmendem Alter ablegen wird, vielleicht sogar
schon früher als die vorangehende Generation, da der Trend dahin geht, sich mehr
Zeit fürs Essen zu nehmen. Diese Vermutung möchte ich mit der Beobachtung unterstützen, dass die »flexiblen Menschen« im Sinne Linckes in der jüngeren Generation
abnehmen. Heutige BerufseinsteigerInnen schauen wesentlich mehr auf die sogenannten »weichen« Faktoren wie Arbeitszeit, Betriebsklima, Vereinbarkeit von Familie und Beruf, als auf die »harten« Faktoren Einkommen und Karrieremöglichkeiten.
Der Wertewandel geht in eine aus ernährungsethischer Sicht positive Richtung.

Eine Betrachtung der Essenshäufigkeit nebenbei und unterwegs in Relation zur
Einkommenssituation unterstreicht das zuvor Gesagte: Personen aus höheren Einkommensgruppen können es sich leisten, öfter unterwegs zu essen, sind aber oft auch

dazu gezwungen, weil sie die größten Zeitrestriktionen haben. Für sie ist die 35-Stunden-Woche eine weit entfernte Utopie. Fast Food ist mindestens für Menschen ab der Lebensmitte alles andere als attraktiv – es ist ein gefühlter Zwang, den die Leistungsgesellschaft vielen auferlegt.

Verzehr von Essen unterwegs nach Einkommen (in Prozent),
Deutschland 2013.

Einkommen	Ich esse mindestens dreimal in der Woche etwas Schnelles nebenbei	Ich esse nie unterwegs
Bis 1.500 Euro / Monat	8	54
1.500 bis 3.000 Euro / Monat	11	46
3.000 bis 4.000 Euro / Monat	13	41
Mehr als 4.000 Euro / Monat	11	34

Quelle: forsa, Januar 2013.

Insgesamt zeichnet sich damit in der Analyse von Orten und Zeiten des Essens und Trinkens ein weit optimistischeres Bild ab, als es gemeinhin im kulturpessimistischen Deutschland und Österreich diskutiert wird. Die Menschen wollen sich Zeit für gemeinsame Mahlzeiten nehmen, und sie schaffen es gar nicht so schlecht. Allen Zwängen der Leistungsgesellschaft zum Trotz hat das gemeinsame Mahl seine Stellung bisher behaupten können – und scheint eher noch Zeit-Raum zu gewinnen als zu verlieren. Dabei ist der präferierte Ort des gemeinsamen und gepflegten Essens und Trinkens weiterhin die eigene Wohnung, mit Abstrichen auch ein gepflegtes Restaurant. Unterwegs zu essen wird zwar v.a. von jüngeren Menschen als praktisch angesehen, verliert aber mit zunehmendem Alter an Attraktivität.

4.2.3
Der gedeckte Tisch als Zeit- und Ortsanzeiger

Vom gedeckten Tisch lässt sich eine Menge ablesen, auch was Zeit und Ort angeht. Zunächst einmal erkennt man auf Anhieb, ob es sich um ein *Festtagsessen* oder eine Werktagsmahlzeit handelt, wie es insbesondere die französische Soziologie des 20. Jahrhunderts ausführlich analysiert hat. Am Festtag müssen sich die Tische biegen, es gibt viele Gänge, und bei jedem bleibt im Überfluss übrig. Würden beim Fest die Schüsseln leer, wäre das kein richtiges Fest. Der Überfluss des Festes wird einerseits an Nachbarn verteilt, die nicht eingeladen waren und auf diese Weise teilhaben können, andererseits in den Folgetagen in der Familie gegessen, so dass sich das Fest noch eine Weile fortsetzt – und mit ihm die Festfreude. Im Alltag hingegen ist es das Ziel guter Hausfrauen oder Hausmänner, die Portion exakt so zu bemessen, dass die Schüsseln leer werden. Das Sprichwort »Wenn alle Schüsseln leer sind, gibt es morgen schönes Wetter« bezieht sich auf den Alltag.

Auch durch andere Regeln unterscheidet sich das Festmahl vom Alltagsessen: Am Fest gibt es reichlich Alkohol, und wenn jemand angeheitert nach Hause geht, ist das keine Schande. Im Alltag wird entweder ganz auf Alkohol verzichtet oder höchstens sehr begrenzt ein Gläschen getrunken, denn man muss ja anschließend wieder arbeiten. Am Werktag sind die Mahlzeiten zeitlich klar begrenzt, am Festtag dauern sie Stunden, ja manchmal bis in den Morgen des nächsten Tages hinein. Auf den Punkt gebracht: Am Alltag wird der Genuss gezielt begrenzt, am Festtag ist er nach Möglichkeit entgrenzt. Ganz zu schweigen von der Kleidung und dem Tischschmuck, oft sogar vom Besteck und Geschirr, die den Festtag ebenfalls vom Alltag abheben.

Nun war bei der Besprechung der beiden Zeitstile entlang der Publikation von Hans-Joachim Lincke davon die Rede, dass die »flexiblen Menschen« die Feste umso heftiger feiern, je mehr sie im Alltag in ihren Möglichkeiten des entspannten Essens und Trinkens eingeengt sind (siehe Kapitel 4.2.1). Das Fest kompensiert in gewisser Weise entgangene Freuden des Alltags, und das kann mitunter zu sehr befremdlichen Exzessen führen. Grundsätzlich aber braucht jeder Mensch den Wechsel zwischen Alltag und Festtag, Arbeit und Ruhe, Effizienz und Verschwendung, Disziplin und Gelassenheit. Insofern kann es nicht darum gehen, jeglichen Exzess zu verdammen, sondern auch den Exzess noch einmal in halbwegs kanalisierte Bahnen zu lenken. Das war durch alle Jahrhunderte das Ansinnen des Christentums.

Aber nicht nur der binäre Code Alltag–Festtag lässt sich am gedeckten Tisch ablesen, sondern oftmals auch der konkrete *Wochentag*. In der Tradition des europäischen Christentums der letzten Jahrhunderte war Montag meist der Tag, an dem die Reste vom Sonntag aufgewärmt wurden, Mittwoch ein Fasttag mit Süßspeise, Donnerstag in Erinnerung an das Letzte Abendmahl Jesu ein Tag besseren Essens, Freitag in Erinnerung an Jesu Tod wiederum ein Fasttag mit Süßspeise oder Fisch, Samstag der Tag des Eintopfs, in den alle Reste der Woche hineingearbeitet wurden, und Sonntag der Tag des Festessens und des Sonntagsbratens.

Es ist ein Reichtum, wenn man jeden Wochentag an seinen Speisen erkennt. Es geht also nicht nur um den Freitag, und auch nicht nur um jene, die an den meisten Tagen Fleisch essen. Selbst die Mönche des weltweit strengsten Ordens, die Kartäuser, heben Donnerstag und Sonntag als zwei wöchentliche Festtage heraus: Nicht nur dass sie an diesen Tagen gemeinsam essen und nicht jeder für sich allein wie an den anderen fünf Wochentagen; nein, an diesen beiden Tagen ernähren sie sich ovolakto-vegetarisch anstatt wie an den anderen Tagen vegan. Käse, Butter und Eier sind für sie die deutlich merkbaren Zeichen der besonderen Wochentage (Consuetudines

Cartusiae 33, 2.5.7). – Im säkularen Umfeld des 21. Jahrhundert sind die Prägungen der Wochentage weitgehend verloren gegangen. Doch in symboltheoretischer Perspektive geht es um weit mehr als die Frage, ob man Fleisch isst oder nicht. Auch christliche VegetarierInnen oder VeganerInnen sollten am Freitag auf etwas Zusätzliches verzichten und am Donnerstag und Sonntag etwas Zusätzliches genießen. Nicht- oder Andersglaubende werden andere Tage wählen. Doch die Erkennbarkeit jedes Wochentags an den Speisen ist ein kultureller Wert, der nicht unterschätzt oder leichtfertig aufgegeben werden sollte.

Vom Mesozeitraum der Woche zum *Makrozeitraum eines Jahres* ist es nur ein kleiner Schritt. Auch hier finden sich zahlreiche Speisen, die Auskunft über den jeweiligen Festtag geben. Meist gehen sie bis ins Mittelalter zurück. So geben bereits die ältesten italienischen Kochbücher aus dem 13. und 14. Jahrhundert Rezepte für die »Lasagne della Vigilia« (Heilig-Abend-Lasagne), die »Fritelle di Carnevale« (in Fett gebackene Teigstreifen für Karneval) und die Allerheiligen- bzw. Martinsente. Diese Traditionen haben sich in Italien bis heute gehalten (Odile Redon / Françoise Sabban / Silvano Serventi 2008: 13). Ein Klassiker ist das Saporetto 80 des Simone Pudenzani aus Orvieto (um 1360 – 1440) (siehe folgende Seite).

In diesem Gedicht sind nicht nur die bereits erwähnten festtagsspezifischen Speisen genannt, die in ganz Italien verbreitet sind. Pudenzani nennt vielmehr auch regionaltypische Speisen wie die Farrata aus Apulien oder das Fette der Giobia, einem Winterfest heidnischen Ursprungs im Piemont und der Lombardei. Die Cenciaie werden zwar in ganz Italien gebacken, haben aber in jeder Region einen anderen Namen. Insgesamt fällt auf, dass die Speisen der offiziellen kirchlichen Festtage stärker vereinheitlicht sind, während gerade die volkstümlichen Winter- und Karnevalsspeisen eher eine regionale Ausprägung erfahren haben. Das scheint in Deutschland ebenso der Fall zu sein.

Die deutschen jahreszeit- oder festzeitspezifischen Speisen habe ich bereits in Kapitel 2.2.2 erwähnt und brauche sie hier nicht wiederholen. Wichtig ist aber die Feststellung, dass solche Bräuche starke raumzeitliche Bezüge herstellen. Und das ließe sich analog für saisonale Alltagsspeisen sagen. Am Spargel erkennt man in Deutschland den April/Mai, an den Erdbeeren den Juni/Juli und an den Weintrauben den September/Oktober. Saisonalität und Regionalität der Lebensmittel sind also nicht nur eine Frage der Ökologie (siehe Kapitel 8.5), sondern auch der kulturellen Gestaltung der eigenen Zugehörigkeit. Das ist am deutlichsten bei den Mikrozeiträumen, die nur der Vollständigkeit halber erwähnt seien. Frühstück, Mittagessen und Abendessen haben ihre je eigenen Speisen und Regeln. Schon ein Kind entdeckt auf den ersten Blick, welche der drei Mahlzeiten gerade aufgedeckt wird.

Rhythmen des Tages, der Woche und des Jahres sowie Verortungen in der eigenen Region sind an Tisch und Teller ablesbar. Sie helfen dem Menschen, sich feste Bezüge

Se voi sapeste la divotione	Wenn ihr die Verehrung kennen würdet,
Ch'ell'à nelle lasagnie di Natale,	die er für die Lasagne zu Weihnachten hat,
En le farrate ancor de Carnovale,	für die Farrate* auch zu Karneval,
Nel cascio et huova della Sensione,	für Käse und Eier zu Himmelfahrt,
Nell'ocha d'Onnisanti et maccheroni	für die Ente und die Maccheroni an Allerheiligen,
Del Giobia grasso ed anco nel maiale	für das Fette der Giobia** und auch für das Schwein
De Santo Antonio e ne l'agnel pasquale,	an Sankt Antonius und das Osterlamm,
Noi porrla dire in sì piccol sermone!	wir könnten es sagen in dieser kleinen Rede!
Per tucto l'oro ch'è sotto a le stelle,	Für alles Gold unter den Sternen
Non lasciarebbe 'l dì de le Cenciaie,	würde er den Tag der Cenciaie*** nicht vergehen lassen,
Che non mangiasse un quarto de frittelle.	ehe er nicht ein Viertel von den Fritelle gegessen hätte.
Vin dolce e grande ancor molto ce vale	Süßer und großer Wein ist auch viel wert,
Et non ce mettrìa acqua per covelle,	Und man gebe nicht ein bisschen Wasser hinein
Perchè dicie che giova ad omne male.	Denn man sagt, dass er alles Übel erleichtere.
(Saporetto 80, 1–14)	*(Übersetzung M. Rosenberger****)*

* Farrata: Eine Tasche aus Dinkelteig (farro = Dinkel), die mit Ricotta und Minze gefüllt und dann gebacken wird. Traditionelles Karnevalsgebäck in Apulien.

** Giobia: Karnevaleskes Fest im Piemont und in der Lombardei am letzten Donnerstag im Januar, an dem die Puppe einer Hexe Giobia verbrannt wird.

*** Fettgebackenes in den Tagen des Karneval.

**** Für wertvolle Hinweise zur Übersetzung aus der mittelalterlichen lingua volgare danke ich Dott. Luigi Iacomelli.

zu schaffen und in diesen Bezügen zu leben. Damit erfüllen sie insbesondere eine der vier Kategorien symbolischer Codes, nämlich die von Verortung und Zugehörigkeit. Doch auch die anderen drei Kategorien sind in ihnen präsent: Festtage werden mit festen Speiseangeboten hervorgehoben und in ihrer Bedeutung unterstrichen – ein klares Symbol ihres Prestiges. Bestimmte Speisen an bestimmten Jahres- oder Wochentagen wecken während des Wartens Vorfreude und beim Eintreffen Lust – in dem zitierten Saporetto 80 ist die Lust mit Händen zu greifen. Schließlich vermitteln die klaren Regeln darüber, wann und wo es welche Speisen gibt, Sicherheit und Geborgenheit. Doch ehe daraus ethische und spirituelle Schlussfolgerungen gezogen werden, gilt es noch auf die raumzeitlichen Koordinaten und Gestalten des Einkaufens und Zubereitens der Mahlzeit zu schauen.

4.3
Zeit(en) und Orte für Einkauf und Zubereitung des Mahles

Das Kochen ist eine der wichtigsten Kulturtechniken des Menschen. Wie schon in Kapitel 2.1 erwähnt ist die Küche für die Soziologie des Essens zur Chiffre geworden, in der sie pars pro toto den menschlichen Ernährungsvorgang zusammenfasst. Mag auch das Tier seine Nahrung zubereiten, es hat jedenfalls keine Küche mit all ihren Geräten und Hilfsmitteln, vor allem mit ihrem Herd und Backofen. Wie also stellt sich die raumzeitliche Verortung des Kochens in der modernen Industriegesellschaft dar? Und was sagt das über die Wertigkeit der Ernährung? Ehe wir uns dieser Frage zuwenden, soll zunächst in einem vorgeschalteten Schritt gefragt werden, wie die nötigen Materialien in die Küche gelangen: Wie findet heute der durchschnittliche Lebensmitteleinkauf statt?

Über die Zeitrhythmen des Einkaufs liegen keine genauen statistischen Angaben vor. Durchschnittlich geht es in Deutschland 2001/02 um etwa vier Einkäufe pro Woche und Person, mit langsam abnehmender Frequenz. Von der Zeitmenge her kaufen Männer 19 und Frauen 26 Minuten täglich ein. In Abhängigkeit vom Alter überholen jedoch in der Altersgruppe über 65 Jahre die Männer mit 28 Minuten die Frauen, die dann auf 26 Minuten täglich kommen (Statistisches Bundesamt 2006, Tabelle 1 und 1.5, jeweils Zeile 361). Betrachtet man den Zeitraum von 1996 bis 2009, geht der Trend zu weniger und kürzeren, aber gleichmäßiger auf die Geschlechter verteilten Lebensmitteleinkäufen (Vivien Procher/Colin Vance 2013: 8).

65,4 Prozent aller Frauen und 28,6 Prozent aller Männer sind in Deutschland alleine für den Einkauf zuständig. Die Altersgruppe der Männer, die am meisten einkauft, sind die 25- bis 34-Jährigen, die 40 Prozent der Einkäufe übernehmen. Selbst allein lebende Männer kaufen nur zu 53,4 Prozent selbst ein, allein lebende Frauen zu 66,4 Prozent (Bundesministerium für Ernährung, Landwirtschaft und Verbraucherschutz 2008a: 116), wobei alte Menschen mitberücksichtigt werden müssen, die zwar noch alleine wohnen, aber zu einem regelmäßigen Einkaufen nicht mehr in der Lage sind.

Nimmt man diese Daten zusammen, dann ist mit durchschnittlich vier Einkäufen pro Woche durchaus ein Kauf von frischen, saisonalen und damit gesunden Produkten möglich, ohne dass diese im Kühlschrank verderben. Entscheidend dürften aber die Wege sein, die zurückgelegt werden müssen. Die großen Supermärkte und Discounter, die autogerecht am Stadtrand liegen, sind für die meisten Menschen leichter »nebenher« erreichbar als der Bäcker, Metzger oder Wochenmarkt in der Fußgängerzone. Das wird an den Bevölkerungsanteilen deutlich, die gemäß der Nationalen Verzehrsstudie 2008 tatsächlich die Geschäfte besuchen (Bundesministerium für Ernährung, Landwirtschaft und Verbraucherschutz 2008: 117–118):

- 89,6 Prozent Supermarkt oder Verbrauchermarkt (zum Beispiel Rewe, Edeka, Spar, Tengelmann, Kaufland, Wal-Mart, Globus, Real),
- 77,4 Prozent Discounter (zum Beispiel Aldi, Lidl, Penny, Plus, Netto),
- 74,5 Prozent Lebensmittelfachgeschäfte (zum Beispiel Bäcker, Fleischer, Gemüsehändler, Fischhändler),
- 41,4 Prozent Wochenmarkt, Direktvermarkter, ab Erzeuger.

Schaut man den Zuspruch in Abhängigkeit von den Einkommensverhältnissen an, sind in den Discountern erwartungsgemäß die niedrigen Einkommensgruppen stärker vertreten, in den Lebensmittelfachgeschäften und auf dem Wochenmarkt eher die höheren Einkommenssegmente. Die meistbesuchte Kategorie der Supermärkte hingegen wird von allen Bevölkerungsschichten ungefähr gleich stark frequentiert. Doch auch von der höchsten Einkommensgruppe (>5.000 Euro Monatseinkommen) kaufen noch 60 Prozent beim Discounter ein und nur 50 Prozent am Wochenmarkt.

In der praktischen Entscheidung über den Ort des Einkaufs steht also Zeiteffizienz an erster Stelle, finanzielle Effizienz an zweiter, und erst lange danach kommen andere Kriterien ins Spiel. Supermärkte bieten das volle Sortiment, man braucht nicht in drei oder vier Geschäfte oder Marktstände gehen, und sie bieten es autogerecht und damit am schnellsten erreichbar. Dafür haben laut der vom Institut für Demoskopie Allensbach und der Boston Consulting Group erstellten »Nestlé-Studie 2009« nur 37 Prozent regelmäßig Spaß am Einkaufen der Lebensmittel und 29 Prozent nie – ganz anders als beim Einkauf von Bekleidung oder Elektronik (Nestlé Deutschland AG 2009).

Wenn man die Topografie der Lebensmittelgeschäfte betrachtet, dann wundert einen der niedrige Spaßfaktor des Lebensmitteleinkaufs kaum. In den Einkaufszentren befinden sich die Supermärkte im Untergeschoss – was sich im Keller befindet, ist am wenigsten wichtig (und würde nicht mehr Leute in das Einkaufszentrum locken, wenn es sich im Erdgeschoss befände). In den Städten befinden sich Supermärkte und Discounter an der Peripherie wie die Fast-Food-Drive-ins. Auch das ist keine ehrenvolle Position und erst recht keine »Fun-Meile«. Fachgeschäfte und Wochenmarkt befinden sich an prestigeträchtigen Plätzen und in attraktiv gestalteten Räumlichkeiten, aber das müsste man mit Zeit und Geld bezahlen.

Nach den Kriterien beim Lebensmitteleinkauf gefragt, die für sie Bedeutung haben, antworten die Deutschen bei Vorlage einer Liste mit 26 möglichen Antworten wie folgt (Bundesministerium für Ernährung, Landwirtschaft und Verbraucherschutz 2008a: 118–119):

- Geschmack: 97,2 Prozent,
- Frische: 96,9 Prozent,
- Mindesthaltbarkeitsdatum: 86,7 Prozent,
- Gesundheit: 83,0 Prozent,
- Saisonalität: 75,8 Prozent,
- artgerechte Tierhaltung: 69,8 Prozent,
- keine gentechnisch veränderten Lebensmittel: 67,7 Prozent,
- wenig Zusatzstoffe: 62,7 Prozent,
- (…),
- geringer Preis: 55,8 Prozent (Platz 12 von 26),
- ökologische Erzeugung, Biosiegel: 38,8 Prozent.

Wohlgemerkt ging es bei dieser Frage der Nationalen Verzehrsstudie 2008 nicht um die Gewichtung der Kriterien, sondern nur um Frage, ob etwas überhaupt ein Kriterium ist. Der Preis ist folglich für etwas mehr als die Hälfte der Befragten von Bedeutung. Doch dürfte er für die, die ihn angaben, vermutlich sehr hohes Gewicht haben. Denn gefragt, ob und wenn ja wie sie beim Lebensmitteleinkauf sparen, antworteten die Deutschen ein Jahr später, also 2009 (Umfrage von The Nielsen Company Februar 2009, Mehrfachnennungen möglich): Ich spare

- gar nicht: 30,7 Prozent,
- über preiswertere Produkte: 52,7 Prozent,
- über die Packungsgröße: 37,7 Prozent,
- über weniger Produkte: 38,3 Prozent.

Das Achten auf den Preis hat in beiden Studien einen fast identischen Prozentwert. Sparen müssen oder wollen aber mehr Menschen, nämlich 69,3 Prozent. Und die meisten von ihnen schauen zuerst auf den Preis und erst danach auf andere Strategien zur Kostenbegrenzung. Der Lebensmittelhandel ist in Deutschland das Segment, in dem der Preiskampf am härtesten tobt. Seit über einem Jahrzehnt geben die Menschen in Deutschland circa 14 Prozent der Konsumausgaben für Lebensmittel aus, fast exakt gleich viel wie für Mobilität (Statistisches Bundesamt 2013: 167).

Gespart wird am Geld, aber noch mehr an der Zeit. Immer mehr werden Produkte gekauft, die schon vorverarbeitet oder ganz verarbeitet sind (Christian Coff 2006: 86–88): »Convenience« ist das smarte Schlagwort dafür. Damit sind die Lebensmittel nicht mehr als Rohprodukte erkennbar, der Bezug der Menschen zur Quelle der Nahrungsmittel, den Pflanzen, Tieren und Boden, geht verloren. Und damit sind wir bei der Frage nach dem Zubereiten und Kochen.

Köche genießen als Kochkünstler seit dem 16. Jahrhundert eine gründliche Ausbildung und aufgrund ihrer Tätigkeit für die Aristokratie einen höheren gesellschaftlichen Status. Sie legen Wert auf eine deutliche Abgrenzung vom Küchenjungen des Bürgertums, der keine Kochkunst entwickeln darf. Nach der französischen Revolution wird diese Monopolstellung zwar eingeebnet, doch die ab dem 17. Jahrhundert etablierte Geschlechteraufteilung bleibt bestehen: Der männliche Koch ist der Restaurantkoch für das Festessen, die weibliche Köchin ist die gutbürgerliche, wenn auch nicht bäuerliche Haushaltsköchin für das alltägliche Essen. Die Köchin definiert sich damit durch eine Abgrenzung nach beiden Seiten (Eva Barlösius 1999: 142–146). Eine gewisse Wertschätzung ist ihr geschenkt, aber eben mit einer Grenze nach oben. Das wirkt bis heute nach.

Kochen ist noch immer überwiegend Frauensache. Das zeigt in einer ersten Näherung die Zeitbudget-Studie 2001/02. Gut die Hälfte der Männer und vier Fünftel der Frauen beteiligen sich an der Zubereitung der Mahlzeiten. Doch die Männer, die sich beteiligen, tun dies mit 44 Minuten täglich, während die aktiven Frauen 81 Minuten investieren. Die insgesamt investierte Zeit aller Männer beträgt ein Drittel der investierten Zeit aller Frauen (23 zu 65 Minuten).

Zeitaufwand bei der Zubereitung von Mahlzeiten,
Deutschland 2001/02.

Aktivitäten	Insgesamt			Männlich			Weiblich		
	Alle	Ausübende	Beteiligungsgrad	Alle	Ausübende	Beteiligungsgrad	Alle	Ausübende	Beteiligungsgrad
	Std:Min		%	Std:Min		%	Std:Min		%
Zubereitung von Mahlzeiten	0:45	1:07	66,7	0:23	0:44	52,7	1:05	1:21	79,7
darunter:									
Mahlzeiten vor- und zubereiten	0:28	0:48	58,3	0:14	0:35	41,9	0:41	0:56	73,5
Backen	0:02	0:58	3,0	(0:00)	(0:58)	(0,7)	0:03	0:57	5,1
Geschirrreinigung/ Tisch decken, abräumen	0:14	0:33	43,2	0:08	0:27	29,8	0:20	0:36	55,7

Quelle: Statistisches Bundesamt 2006, Tabelle 1/Zeilen 31 und 311–313.

Die Küche ist also trotz Jahrzehnten der Gender-Debatte weiterhin fest in Frauen-hand. Dabei ist tatsächlich zu betonen: die Küche. Sobald der Vorgang der Essens-zubereitung ins Freie verlagert wird wie beim Grillen, übernehmen die Männer die führende Rolle. Das entspricht ganz den klassischen raumzeitlichen Settings (Monika Setzwein 2004: 187–194): Frauen kochen im Innenbereich der Wohnung, privat, im kulturell gestalteten und bei Tisch stark regulierten Bereich. Männer grillen draußen, öffentlich, im naturnahen Bereich, in dem es eher zwanglos zugeht. Frauen kochen im Alltag, Männer in der Freizeit, am Wochenende oder im Urlaub. Für Frauen ist das Kochen Arbeit, für Männer ein Hobby. Die raumzeitliche Zuweisung der Essens-zubereitung an die Geschlechter ist also ein höchst vielschichtiger Vorgang – es ent-steht eine Gestalt des Kochs und der Köchin. Dazu gehört auch eine eigene körper-liche Semantik (Monika Setzwein 2004: 214–220): Die gute Hausfrau ist immer in Bewegung, nie fertig. Sie besitzt einen inkorporierten Bewegungs- und Handlungs-antrieb, und das macht ihr sogar Spaß (Jean-Claude Kaufmann 1999: 170–171). Aber wenn dieses Bild infrage gestellt wird, kippt ihre Stimmung schnell in Widerwillen.

Noch weiter ins Detail geht die Frankfurter Verköstigungsstudie (Brigitte Sellach 1996: 184–197; vgl. Monika Setzwein 2004: 198–220): Fast 75 Prozent der Frauen und nur fünf Prozent der Männer bereiten das Essen täglich zu – unabhängig von Alter, Herkunft, Bildung, Einkommen. Männer machen bestenfalls Frühstück, Frauen die Hauptmahlzeit. Größere Kinder helfen beim Einkaufen, Spülen und Müllentsorgen.

Aber wie empfinden die Frauen selbst das? 70,7 Prozent der Frauen fühlen sich grundsätzlich für die Essenszubereitung verantwortlich, 22,9 Prozent manchmal. Trotz dieser eklatanten Ungleichverteilung auf die Geschlechter finden 51,6 Prozent der Frauen die bestehende Arbeitsaufteilung im Haushalt nicht ungerecht, 32,9 Prozent manchmal, aber nur 14,2 Prozent grundsätzlich immer (Brigitte Sellach 1996: 191). Prinzipiell ist Kochen ein attraktiver Bereich der Hausarbeit (Monika Setzwein 2004: 209): Kochen ermöglicht viel Kreativität, ist ein Symbol der mütterlichen oder part-nerschaftlichen Liebe und zeitigt meist ein attraktives Ergebnis. Vielleicht auch des-wegen ist die Familienmahlzeit ein Ausdruck patriarchaler Verhältnisse geblieben (Monika Setzwein 2004: 213): Die Speisenwahl wird noch immer stark am Mann aus-gerichtet. Die Mutter verteilt, der Vater bekommt zuerst, die Mutter gibt sich selbst zuletzt und manifestiert damit ihre dienende Rolle.

Ähnliche Ergebnisse liefern übrigens auch Studien aus Kanada und den USA (Brenda Beagan et al. 2008: 653–671): Die Frauenarbeit im Haushalt nimmt langsam ab, aber die Männerarbeit nimmt nicht zu – sie liegt bei 24 Minuten am Tag im Vergleich zu 54 Minuten weiblicher Haushaltsarbeit. Dennoch finden die Frauen das überwiegend gerecht. Um herauszufinden, wie die amerikanischen und kanadischen Frauen das begründen, führten Beagan und ihre KollegInnen Tiefeninterviews mit allen Familienmitgliedern. Folgende Argumente nannten die Befragten:

- Zeitliche Verfügbarkeit: Wer zuerst daheim ist, bereitet das Essen – behaupten Frauen, Männer und Kinder. Aber auch am Wochenende macht den Löwenanteil der Hausarbeit die Frau, und diese Erklärung gaben auch Familien, in denen beide Partner einen Vollzeitberuf haben.

- Höhere Ansprüche: Frauen haben höhere Ansprüche – sagen Frauen, Männer und Kinder – weswegen Männer und Kinder es ihnen oft nicht recht machen und die Frauen sie kontrollieren wollen.

- Konfliktvermeidung: Beim Einkauf und beim Kochen gibt es keine Konflikte, wenn es die Frauen allein machen – meinen wiederum Frauen, Männer und Kinder.

- Gesundheitsaspekt: Frauen achten beim Kochen mehr auf Gesundheit – das sagen die Frauen, nicht aber Männer und Kinder.

Die beiden mittleren Argumente werden einen gemeinsamen wahren Kern haben und sind sicher nicht aus der Luft gegriffen. Ansonsten sind die Begründungen aller Beteiligten aber auffallend schwach. Die Frage der Geschlechterrollen wird kaum erwähnt. Und wenn sie dann doch zur Sprache kommt, werden Rollenmuster als individuelle Wahl wahrgenommen, nicht als gesellschaftliche Zwänge – die Frau müsste es ja nicht machen! Und so schließen Beagan und ihre KollegInnen, dass die traditionellen Rollen in neuem Gewand wiederkehren: »Traditional gender roles seem to reinvent themselves in new guises.« (Brenda Beagan et al. 2008: 668) Vermutlich beißt sich die Katze an dieser Stelle selbst in den Schwanz: Weil Kochen klassisch eine weibliche Aufgabe war, können Frauen sie besser erfüllen. In der Selbsteinschätzung ihrer Kochkünste liegen die Männer aller Altersgruppen weiterhin um Meilen hinter den Frauen (Bundesministerium für Ernährung, Landwirtschaft und Verbraucherschutz 2008a: 107). Und weil Frauen besser kochen, sind beide Geschlechter davon überzeugt, dass man lieber bei der bestehenden Aufgabenteilung bleibt. Systemveränderungen haben hohe »Transferkosten«. Das hat – man glaubt es kaum – auch weiterhin erhebliche Auswirkungen darauf, wem Mütter das Kochen beibringen: Frauen haben von der Mutter zu 74,2 Prozent das Kochen gelernt, Männer nur zu 46,6 Prozent. Immerhin holen 17 Prozent der Männer das Versäumte bei der Partnerin nach.

Insgesamt sinkt die Bereitschaft, Zeit ins Einkaufen und Kochen zu investieren. Während 2005 in 74 Prozent der deutschen Haushalte täglich warm gekocht wurde, geschah das 2011 nur noch in 67 Prozent der Haushalte. Und während 2005 70 Prozent in der Freizeit gerne kochten, ist ihre Zahl 2011 auf 61 Prozent gesunken, so eine wiederkehrende Umfrage der Gesellschaft für Konsumforschung unter dem Titel »Essen & Trinken in Deutschland« (zitiert nach Susanne Schäfer/Claudia Wüstenhagen 2012: 35). Die Küchen, die in moderne Wohnungen und Häuser eingebaut werden, werden immer aufwändiger und teurer. Aber genutzt werden sie immer seltener.

Von wem die Menschen das Kochen gelernt haben
(in Prozent, Deutschland).

15 mögliche Antworten, Mehrfachnennungen möglich, die häufigsten:	Frauen	Männer
Mutter	74,2	46,6
selbst	56,8	48,1
Kochbücher	42,7	20,9
Schule bzw. Ausbildung	28,1	13,8
Medien	19,6	8,8
Partnerin	o.A.	17,0

Quelle: Bundesministerium für Ernährung, Landwirtschaft
und Verbraucherschutz 2008a: 111.

4.4
Cook it yourself und Slow Food
Ethik und Spiritualität der Mahl-Zeiten und -Orte

Der Trend ist also klar: Die Zeitbudgets für das Essen und Trinken wachsen seit vielen Jahren kontinuierlich an, und die Ansprüche an die gemeinsamen Mahlzeiten am Abend oder am Wochenende steigen. Aber die Zeitbudgets für Einkauf und Zubereitung der Mahlzeit sinken ebenso konstant. Bei den »flexiblen Menschen« dürfte das vielfach den äußeren Zwängen geschuldet sein, denen man sich nicht entziehen kann. Aber bei den »Zeitpionieren« kann man das nicht im selben Maße annehmen. Sie sind ja per definitionem Menschen, die mehr suchen als Geld und Karriere.

Was wären die Ziele einer Ethik und Spiritualität der Mahl-Zeit und ihrer Zubereitung? Vier Prinzipien scheinen mir aus theologisch-ethischer Perspektive wichtig, deren erste beiden bereits ausführlich angeklungen sind:

1) *Rhythmic Slow Food statt Fast Food:* Diese Forderung ist bereits jetzt auf breiter Basis akzeptiert. Ihr folgen immer mehr Menschen, wie die Zeitanalysen gezeigt hatten. Ein gutes Essen und Trinken um den Familientisch in Gemütlichkeit und mit viel Zeit hat ein zunehmend höheres Image. Ebenso spielt eine qualitätvolle Mahlzeit am Arbeitsplatz oder in der Schule eine große Rolle. Immanent ist dem Slow Food die Idee der Rhythmizität, wobei es nicht unbedingt um den regelmäßigen Rhythmus von drei Mahlzeiten gehen muss, wie die Regel Benedikts

gezeigt hat. Slow Food meint darüber hinaus – jedenfalls im Sinne der gleichnamigen Bewegung – nach Möglichkeit auch die eigene Zubereitung des Essens. Daher muss die zweite Forderung hinzutreten:

2) *Cook it yourself statt Convenience Food:* Selbstverständlich ist das eine Forderung, die den objektiv vorhandenen Zeitrahmen der Menschen zu berücksichtigen hat. Aber am Feierabend und am Wochenende haben die meisten Menschen Zeit. Dennoch hatte die Zeitbudgetstudie gezeigt, dass von dieser freien Zeit immer weniger für die Essenszubereitung verwendet wird.

3) *Grow it yourself:* Analog gilt das auch für das Anbauen einiger ausgewählter Lebensmittel im eigenen Garten. Selbst für die, die einen solchen besitzen, wird das nur ein symbolisches Tun sein – die meisten Lebensmittel müssen gekauft werden. Und doch kann es zum Lackmustest der eigenen Mahlkultur werden, ob man bereit ist, dem eigenen Grund und Boden ein wenig Obst und Gemüse zu entlocken.

4) *Event shopping statt Supermarktstress:* Ein gemütlicher Einkauf auf dem Markt oder in verschiedenen spezialisierten Einzelhandelsgeschäften bietet von den angebotenen Produkten her ganz andere Möglichkeiten als der Discounter oder der Allround-Supermarkt. Zudem lässt er bewusster, gezielter und mit mehr Umsicht einkaufen.

Anthropologisch betrachtet entstehen durch diese vier Praktiken viel intensivere Bezüge zu den Lebensmitteln, aber auch zum Essen und Trinken an sich. Sie dienen also einem Essen und Trinken in Fülle, das dem Vorgang jenen Stellenwert einräumt, der ihm im Rahmen der menschlichen Geschöpflichkeit zukommt. Theologisch betrachtet gilt vor diesem Hintergrund die Zusage des Schöpfers, dass der Mensch sich die Zeit dafür nehmen kann und darf – ja sie ist ihm gegeben als geschenkte Zeit.

Wie aber lassen sich die vier raumzeitlichen Aspekte einer guten Gestaltung von Zubereitungs- und Mahlzeiten im Koordinatensystem der vier Kategorien symbolischer Codes verorten? Finden sie dort eine entsprechende Wertschätzung?

Ansehen und Prestige: 1) **Einkaufen:** Der Marktplatz, auf dem oder in dessen Nähe sich in Mitteleuropa hochwertige Lebensmittelgeschäfte befinden, ist in historisch gewachsenen Städten seit Jahrhunderten ein prestigeträchtiger Ort – ganz im Gegensatz zu den Orten, an denen sich Discounter und Supermärkte üblicherweise befinden. Wenn dann noch das Prestige hochwertiger und ethisch hergestellter Ware dazukommt, ist die Symbolik in diesem Punkt kaum noch zu verstärken. 2) **Garten:** Wenn man von Obst oder Gemüse »aus dem eigenen Garten« spricht, hat das in den letzten Jahren wieder einen guten Klang. Es erzeugt Bewunderung, wenn jemand einen Teil seiner Lebensmittel im eigenen Garten anbaut, und es wird geschätzt, wenn sie dann auf dem Tisch landen. 3) **Selber-Kochen:** Die Kochenden selbst lässt dieser Vorgang den Wert der Speisen viel besser begreifen als ein Fertiggericht (Christian Coff 2006: 86–88). Und dieses Begreifen ist durchaus wörtlich gemeint, weil Kochen Handarbeit ist. Aber auch diejenigen, die ZeugInnen des Kochens werden, werden die Kochenden bewundern. Kochen ist eine Kunst und wird als solche wahrgenommen – wer gut kocht, wird dafür bewundert. Schließlich ist auch eine teure Küche heutzutage ein Imageträger geworden. 4) **Mahl-Zeit:** Zeit zu haben ist ein Luxus. Zeitwohlstand ist in der Betriebsamkeit der Moderne einer der größten Reichtümer – ganz besonders wenn es um Zeit zum Essen und Trinken geht. Paradoxerweise fordert ein solcher Zeitwohlstand nicht selten den Verzicht auf Prestige und Karriere im Beruf, wie es die Zeitpioniere schmerzlich spüren. Doch sind zunehmend mehr junge Menschen zu diesem Verzicht bereit. Auch örtlich genießen das Restaurant und der eigene Tisch zu Hause hohes Image und werden von der Mehrheit gerne dem Essen auf der Straße vorgezogen, wenn es rein vom Prestige abhängt.

Zugehörigkeit und Verortung: 1) **Einkaufen:** Im Einzelhandel bzw. am Marktstand ist jedeR KundIn bekannt und wird mit Namen angesprochen. Das ermöglicht Beziehung und Zugehörigkeit. Auch die angebotenen Lebensmittel sind dort tendenziell häufiger regional und saisonal und erlauben damit die raumzeitliche Verortung in Region und Jahreszeit. 2) **Garten:** Diese raumzeitliche Verortung ist im Garten auf ein Maximum gesteigert. Der Gartenbau treibende Mensch verbindet sich mit dem Boden, dem Terrain, das er pflegt und bebaut. Er sieht dorthin auch Tiere kommen – »Schädlinge« und »Nützlinge« gleichermaßen – und verortet sich so zugleich ganzheitlich in der ihn umgebenden Schöpfung. 3) **Selber-Kochen:** Das Zubereiten der Speisen mit den eigenen Händen schafft intensive Bezüge zum Lebensmittel (Christian Coff 2006: 86–88) und dadurch auch zu deren Regionalität und Saisonalität. 4) **Mahl-Zeit:** Das Essen unterwegs und nebenbei entwurzelt, lässt keine Verortung zu. Eine bewusste Gestaltung der Mahlzeit hingegen ermöglicht die Verortung in Raum und Zeit auf vielerlei Weise: Durch Erleben der Saisonalität und Regionalität; durch die Strukturierung des gesamten Tagesrhythmus und die Möglichkeit, in diesem vertrauten Rhythmus zu sich selbst zu kommen, sich ganz in ihn hineinfallen zu lassen; durch die Verortung in der Tischgemeinschaft, denn Zeit für das Mahl bedeutet auch Zeit für die Mitmenschen, wenn man gemeinsam isst (Manuel Schneider 2001: 16–19).

Lust und Wohlergehen: 1) **Einkaufen:** Der Lebensmitteleinkauf auf dem Markt oder im Spezialgeschäft des Einzelhandels, in dem es zum Beispiel nur Käse oder nur Fleisch oder nur Backwaren gibt, hat einen hohen Erlebnis- und damit Lustfaktor, weil er alle Sinne einbezieht und mit viel Zeit betrieben wird. Das merken Menschen aller Bevölkerungsgruppen, wenn sie im Urlaub italienische Märkte oder türkische Basare besuchen. 2) **Garten:** Wer gärtnert, kennt die Freude am Wachsen der Pflanzen, die Neugier am Ergebnis bei der Ernte und die Luststeigerung beim Essen, weil man sich an alle Gartenarbeit zurückerinnert. Letztlich ist es vor allem die intensive Lust an dem, was man nicht selber macht bzw. gemacht hat, sondern was man empfängt. 3) **Selber-Kochen:** Medizin und Psychologie wissen heute um die beachtliche therapeutische Wirkung des Selber-Kochens, zum Beispiel bei Essstörungen oder Demenz. Aber auch auf gesunde Menschen hat das Kochen eine Lust und Zufriedenheit fördernde Wirkung. Im Rahmen der feministischen Analysen wurde deutlich, dass viele Frauen die Lust bzw. das Befriedigende des Kochens sehr klar empfinden – und auch deswegen ihren größeren Beitrag zum Kochen nicht als ungerecht empfinden. 4) **Mahl-Zeit:** Lust braucht Zeit, und das spüren die Menschen offenbar sehr genau, wenn sie sich viel Zeit für das gemeinsame Essen und Trinken nehmen. Diese Zeit haben sie sicher am Wochenende oder am Festtag mehr als im Alltag, aber das ist völlig normal.

Sicherheit und Geborgenheit: 1) **Einkaufen:** Der Einkauf beim persönlich bekannten Einzelhändler oder Bauern gibt KundInnen bessere Informationen über die ProduzentInnen und ihre Anbaumethoden als die in Supermärkten zunehmend häufiger ausgelegten Factsheets. Denn es geht ja nicht nur um einige dürre Fakten, sondern um Vertrauen in die handelnden Personen und ihre Produkte. Auf diese Weise spüren KundInnen das Beziehungsnetz, in das sie eingewoben sind, und lassen sich in dieses hineinfallen. 2) **Garten:** Eine ähnlich große Lebensmittelsicherheit garantiert die Ernährung mit Obst und Gemüse aus dem eigenen Garten. In diesem Fall können die VerbraucherInnen sogar selbst bestimmen, worauf sie besonderen Wert legen. 3) **Selber-Kochen:** »My home is my kitchen« – so ließe sich das Lebensgefühl vieler Menschen umschreiben. Da und dort vergleichen SoziologInnen das Zusammenkommen am eigenen Herd mit dem steinzeitlichen Versammeln ums Lagerfeuer. Herd bzw. Feuer spenden nicht nur physische Wärme. 4) **Mahl-Zeit:** Die Saisonalität und Regionalität der Speisen und die Rhythmen und festen Orte der Mahlzeiten sind eine starke Struktur der Orientierung und des Halts.

Angesichts dieser vielen starken symbolischen Codes zugunsten der hier vorgestellten raumzeitlichen Gestalt des Essens und Trinkens sollte man meinen, dass alle Menschen sofort zugreifen und diese Gestalt in ihrem Leben verwirklichen. Das ist aber nicht der Fall. In den vorangehenden Abschnitten hatten sich drei gewichtige Hindernisse herauskristallisiert: Mangelndes Erfahrungswissen, Zeit und Geld. Wie kann ihnen entgegengewirkt werden?

Als Hauptursache für mangelndes Erfahrungswissen hatte sich der Wissenstransfer herausgeschält. Mindestens teilweise scheitert eine größere Beteiligung der meisten Männer und einer wachsenden Zahl von Frauen daran, dass sie an der klassischen Hauptquelle des Kochwissens zu wenig beteiligt werden – dem Wissen der Mutter. Dieses Problem wird sich weiter verschärfen. Je seltener daheim gekocht wird, umso weniger Gelegenheiten der Wissensvermittlung gibt es und umso geringer werden die Kochkünste der Männer und Frauen sein. Es geht ja um ein praktisches Einüben, um ein learning by doing. Das können Kochshows im Fernsehen und Kochbücher so nicht bieten, und deswegen rangieren sie verständlicherweise auf den hinteren Plätzen der Wissensvermittlung.

Viel unausgeschöpftes Potenzial liegt im Schulbereich. In einer Gesellschaft, die die Ganztagsarbeit und in der Folge die Ganztagsschule zum Standard hat, können junge Menschen das Kochen nur dort lernen, wo sie sich während des Alltags aufhalten – in der Schule. Wenn wir das vielschichtige Ernährungswissen als einen kulturellen Schatz betrachten, der nicht nur in die Hände von bezahlten Profis gehört, sondern allen Menschen vermittelt werden soll, dann müssen Schulen flächendeckend mit Übungsküchen ausgestattet werden. Diese Küchen müssen neben den Mensen zum zweiten Prestigeraum der Schule werden. Nicht Physik-, Chemie- oder Biologiesaal, nicht Zeichen-, Werk- oder Musikraum, nicht die Turnhalle, sondern die Schulküche müsste ganz obenan stehen. Wie viel sich dort über das reine Kochen hinaus lernen ließe – über andere Kulturen und Religionen, über globale Gerechtigkeit, Tierschutz und Ökologie, das wird in den Folgekapiteln entfaltet. Ich erwähne es an dieser Stelle deswegen, um die Forderung von vornherein des Verdachts naiver Träumerei zu entheben. In der Küche lässt sich ganzheitlich lernen. Als Theologe würde ich gerne zehn Prozent der Religionsstunden hergeben, wenn in der Schulküche im selben Zeitmaß religiöse Bezüge der Ernährung erfahren und besprochen würden. Analog sollte das für die meisten Fächer gelten. Wenn die These von Marcel Mauss stimmt, dass Essen und Trinken ein »Totalphänomen« sind, ist es die logische Konsequenz. Und wenn wir noch einen Schritt weitergehen, ist der gute alte Schulgarten die notwendige Komplettierung dieses gestaltpädagogischen Angebots.

In Integrationskursen für Migrantinnen und in der interkulturellen Arbeit hat man die Chance des gemeinsamen Gärtnerns und Kochens längst erkannt. Therapiekonzepte für Jugendliche mit Essstörungen oder für demente SeniorInnen setzen das gemeinsame Kochen ebenfalls mit großem Erfolg ein. Aber im vermeintlich »normalen« Bildungssystem meint man noch immer, auf diese Potenziale verzichten zu können.

Während das nötige Erfahrungswissen (im Gärtnern, Kochen und Essen) unter der Woche über die Schule vermittelt werden muss, kann dies am Wochenende über die Familie geschehen. Hier kommt das vierte Thema des Einkaufs hinzu. Ein familiär organisierter Samstagseinkauf als entspannter Gang über den Markt und in hochwertige Lebensmittelgeschäfte sollte zum Grundbestand familiärer Rituale werden.

Gleichwohl bleiben die beiden anderen Hindernisse: Zeit und Geld. Bei beiden geht es für die meisten Menschen nicht um objektive Restriktionen. Bis auf erfolgsorientierte ManagerInnen hätten die meisten genügend Zeit, und bis auf eine kleine Schicht sozial Benachteiligter hätten sie auch genug Geld. Dennoch geben die Deutschen und ÖsterreicherInnen innerhalb der EU einen deutlich unterdurchschnittlichen Anteil ihres Einkommens für die Ernährung aus. Und in absoluten Zahlen wird die Differenz zu südeuropäischen Ländern noch klarer: Während die ItalienerInnen im Jahr 2005 kaufkraftbereinigt 5.359 Euro für Nahrungsmittel und nichtalkoholische

Durchschnittliche Jahresausgaben pro Kopf
für Nahrungsmittel und alkoholfreie Getränke nach Ländern der EU im Jahr 2005
(in Euro, kaufkraftbereinigt, und in Prozent des Einkommens).

Land	Euro	%	Land	Euro	%
Bulgarien	2.238	31,5 %	Portugal	3.243	15,5 %
Rumänien	2.355	44,2 %	**EU-27**	**3.594**	**16,8 %**
Ungarn	2.413	22,6 %	Frankreich	3.733	13,4 %
Estland	2.440	22,5 %	Österreich	3.933	13,0 %
Tschechien	2.503	20,6 %	Slowenien	3.966	16,7 %
Polen	2.704	25,5 %	Belgien	4.043	13,5 %
Dänemark	2.872	11,9 %	Irland	4.491	12,3 %
Slowakei	2.910	24,5 %	Kroatien	4.564	27,1 %
Schweden	2.913	10,5 %	Spanien	4.685	18,0 %
Finnland	3.086	12,7 %	Griechenland	4.801	15,5 %
Niederlande	3.089	10,5 %	Luxemburg	4.851	9,3 %
Lettland	3.091	29,2 %	Zypern	5.158	15,1 %
Vereinigtes Königreich	3.159	12,7 %	Italien	5.359	18,6 %
Litauen	3.166	33,8 %	Malta	6.082	21,3 %
Deutschland	3.185	11,2 %			

Quelle: Eurostat 2014, http://epp.eurostat.ec.europa.eu/portal/page/
portal/household_budget_surveys/Data/database (14.1.2014).

Getränke ausgaben, investierten die Deutschen nur 3.185 Euro, die ÖsterreicherInnen immerhin 3.933 Euro (siehe Tabelle).

Wie unterschiedlich die Bedeutung von Essen und Trinken in Europa wahrgenommen wird, zeigt der gesamteuropäische Vergleich: Osteuropa gibt pro Kopf in absoluten Zahlen am wenigsten für die Ernährung aus, prozentual aber am meisten. Nord-, West- und Mitteleuropa geben in absoluten Zahlen zwar mehr aus, prozentual liegen sie aber am Schluss der Tabelle. In Relation zum Einkommen im Mittelfeld, in absoluten Zahlen aber mit Abstand am meisten gibt Südeuropa für Essen und Trinken aus. Es ist also nicht nur eine Frage des Einkommens, sondern auch der Wertschätzung. Und zwar der relativen Wertschätzung gegenüber anderen Möglichkeiten, sein Geld und seine Zeit zu investieren. Denn eine grundlegende Wertschätzung bezeugen ja die symbolischen Codierungen von Zeiten und Orten der Ernährung auch im deutschsprachigen Raum.

Der europäische Vergleich spiegelt ein jahrhundertelang gewachsenes Wertebewusstsein der einzelnen Länder. Eine Veränderung kann daher nicht von heute auf morgen »gemacht« werden, sondern muss allmählich wachsen. Unter der Voraussetzung intensiver Bildungsarbeit in den Schulen könnte nur die unterste Bevölkerungsschicht durch mehr finanzielle Hilfe und die oberste durch kürzere Arbeitszeiten gewonnen werden. In der breiten Mitte hilft dagegen nur ein langsamer Kulturwandel über Generationen. Für diesen könnten die ethischen Tugenden eine Rolle spielen, die dieser Arbeit zugrunde liegen:

- Demütig anerkennen, dass es feste Zeiträume und Zeitrhythmen für die Mahlzeit und ihre Vorbereitung braucht, um an Leib und Seele gesund zu bleiben.
- Dankbar wahrnehmen, dass die gegebene Zeit für eine gute Ernährung reicht.
- Ehrfürchtig jeden neuen Tag als kostbare Gabe entgegennehmen.
- Gerecht mit den (Zeit-)Bedürfnissen des eigenen Leibs umgehen.
- Maßvoll mit den Zeitmaßen des eigenen Tagesablaufs umgehen.
- Genussfähig werden für die und in den Zeiten des Essens und Trinkens.
- Gelassen bleiben in der Hektik des Alltags und nicht an der Zeit des Essens sparen.
- Sich der Mahl-Zeit aus ganzem Herzen hingeben.

Die Vermittlung von Tugenden erfordert einen langen Atem. Doch auf lange Sicht lässt sie in den Herzen der Menschen eine neue Haltung wachsen.

4.5
Zeiten des Verzichts.
Das Fasten

In den letzten beiden Jahrzehnten sind an den Volkshochschulen, in Exerzitienhäusern und spirituellen Zentren Fastenkurse wie Pilze aus dem Boden geschlossen. Es gibt kaum noch eine Einrichtung der kulturellen Erwachsenenbildung, die nicht wenigstens ein Angebot begleiteten Fastens im Programm hat. Kaum hat sich die katholische Kirche (anders als die orthodoxe) nach dem II. Vatikanischen Konzil von ihren strengen Fastenvorschriften befreit, kommt ein freiwilliges und individuell begleitetes Fasten – oft außerhalb der verfassten Religion – in Mode. Fasten besitzt also Attraktivität, und zweifellos auch anthropologisches, ja spirituelles Potenzial. Es kann den Menschen in Tiefenerfahrungen seines Lebens hineinführen. In der Realität aber handelt es sich oft um rein sportliche Übungen oder Abnehmprogramme, die in der Leistungsgesellschaft zu erbringen sind, um den Normvorstellungen einer idealen Figur zu entsprechen. Nicht immer kommt das Fasten als ganzheitlicher Vorgang in den Blick. Daher muss an dieser Stelle nach der gesunden, heilsamen Gestalt des Fastens gefragt werden.

Das Fasten als der zum Essen und Trinken komplementäre Vorgang ist in allen Religionen zu Hause. Doch hat es im Christentum eine Bedeutung gewonnen, die es so vorher nicht hatte, besonders nicht im Judentum. Diese soll zunächst in einem spiritualitätsgeschichtlichen Durchgang in ihren Licht- und Schattenseiten durchgegangen werden (4.5.1 bis 4.5.3). Nach diesem geschichtlichen Abriss ist der Boden bereitet für die systematische Reflexion: Auf der Grundlage der Wirkungen des Fastens (4.5.4) soll kommunikationstheoretisch und theologisch-ethisch nach seinen Möglichkeiten im Rahmen einer symbolsensiblen Ethik und Spiritualität der Ernährung gefragt werden (4.5.5).

Dabei geht es im Folgenden vorwiegend um das Fasten im eigentlichen Sinne, das heißt um die freiwillige, zeitlich befristete völlige Enthaltung von Speisen und Getränken (νηστευειν = ieiunare). Die sogenannte Abstinenz (εγκρατεια = abstinentia), also der Verzicht auf einige besondere Speisen, die Xerophagie (ξεροφαγια), die Beschränkung auf trockene Speisen (Brot, Salz, Wasser, eventuell auch Trockenfrüchte und ungekochtes Gemüse) im Gegensatz zu frischem Obst, gekochtem Gemüse und fettem Fleisch, und der Aufschub des einmaligen Essens bis zu einer bestimmten Stunde des Tages (μονοφαγια) werden hier nur am Rande erwähnt. Eine spezifische Abstinenz, die von Fleisch, wird in Kapitel 7 ausführlich behandelt. Der Aufschub des Essens spielt heute im Christentum anders als im Islam mit seinem Fastenmonat Ramadan keine Rolle mehr.

4.5.1
Das maßvolle Fasten in Israel und zu Beginn des Christentums

In *archaischen* Kulten war das Fasten an Riten der Erneuerung und Initiation gebunden, oft zusammen mit einem Komplex von Restriktionen der Arbeit, des Redens und der Sexualität (Placide Deseille 1974: 1165). Von all diesen Übungen der Askese erhoffte man sich einen Energietransfer für die innere Erneuerung.

Im antiken *Israel* gilt das Fasten als eines der am meisten sprechenden Zeichen von Reue und Umkehr und ist folglich an Riten der Buße gebunden. Gemäß der Tora gibt es nur einen verbindlich vorgeschriebenen Fasttag im Jahr, den Versöhnungstag Jom Kippur (Lev 23,27; vgl. Ignazio De Francesco et al. 2011: 22). Im nachexilischen Israel sind nach Sach 8,19 vier Fastentage vorgeschrieben, im vierten, fünften, siebten und zehnten Monat. Konkrete Ereignisse der Geschichte Israels stehen hinter diesen Terminen (detailliert dazu Adele Scarnera 1990: 41–47). Insgesamt geht Israel sehr sparsam und zurückhaltend mit verpflichtendem Fasten um. Aber die Praxis freiwilligen Fastens ist weit verbreitet. Fasten kann dann die Ernsthaftigkeit des eigenen Bittgebets unterstreichen oder auf die persönliche Gottesbegegnung vorbereiten. Die massive Kritik der Propheten richtet sich nicht gegen ein solches Fasten an sich, sondern gegen seinen rein äußerlichen Vollzug ohne innere Teilnahme (zum Beispiel Jes 58,3–7; vgl. Placide Deseille 1974: 1166; Adele Scarnera 1990: 48–51). Die Verbindung zum Dienst an den Armen und zur Übernahme sozialer Verantwortung muss gegeben sein (Sach 7,9; 8,16).

In diese prophetische Linie reiht sich auch *Jesus* ein, wenn er mahnt, sein Fasten nicht zur Schau zu stellen (Mt 6,16–18). Während Johannes der Täufer völlig auf Fleisch und Wein verzichtet, hält Jesus nicht einmal das zu seiner Zeit übliche jüdische Fasten an Dienstagen und Donnerstagen (vgl. Didache 8,1). Er schätzt aber das freiwillige Fasten (Mt 6,16–18), während die Erzählungen vom Fasten Jesu selbst (Mt 4,1–11 par Lk 4,1–13) wohl eher symbolisch gemeint sind (Ignazio De Francesco et al. 2011: 52–63). »Jesus selbst hat das Fasten nicht als vorzügliche Form sozialer Integration betrachtet. Er hat das nicht wirklich geleugnet, aber er hat es auch nicht als wesentliches Zeichen oder Zeugnis eingesetzt. Er hat die Annahme von Speisen Anderer vorgezogen ...« (Adriana Destro / Mauro Pesce 2008: 120; übers. MR)

Die *griechisch-römische Kultur* praktiziert das Fasten in manchen Kreisen hingegen weit intensiver – besonders in den höheren, gebildeten Schichten: Epikuräer und Stoiker, Neuplatoniker und Pythagoräer fasten oft und intensiv, Hippokrates und Galen empfehlen das Fasten aus gesundheitlichen Gründen.

Die *frühe Kirche* fastet in Orientierung am Judentum und an Jesus zunächst wenig. Folgende drei freiwilligen, aber gemeinschaftlichen Termine entwickeln sich im Laufe des 2. Jahrhunderts:

1) Das jährliche »Paschafasten« am Karfreitag und Karsamstag (Tertullian, De ieiunio 13): Im Unterschied zum Teilfasten während der Fastenzeit oder anderen Tagen handelt es sich dabei vermutlich um ein Vollfasten (vollständiger Verzicht auf Essen und Trinken) von vierzig Stunden vor der Osternacht (Tertullian, De ieiunio 2; 13; vgl. Didaskalia V: 18; Johannes Schümmer 1933: 74). Man will für das heilige Mahl, also die Eucharistie der Osternacht den Appetit bewahren (ein Gedanke, der auch im Babylonischen Talmud, Pesachim X, 1 über Rabbi Schescheth berichtet wird) und für die Nacht wach bleiben.

2) Das wöchentliche »Stationsfasten« am Mittwoch und Freitag (Tertullian, De ieiunio 10; 12; vgl. Johannes Schümmer 1933: 82–150): Hierbei handelt es sich um das freiwillige Hinausschieben der ersten Mahlzeit bis nach der neunten Stunde, der Todesstunde Jesu, verbunden mit der Teilnahme an einer besonderen Eucharistiefeier am Morgen vor Sonnenaufgang (Johannes Schümmer 1933: 119–121).

3) Das zweitägige Fasten am Freitag und Samstag, die sogenannte περθεσις = superpositio (Ignazio De Francesco et al. 2011: 63–74; Johannes Schümmer 1933: 150–163), vor den drei Erntefesten von Getreide, Wein und Öl – eingeführt durch Papst Callixtus I. (217–222). Es gleicht dem Paschafasten und kopiert dieses für weitere Feste. So wird es zum Wegbereiter des späteren zweitägigen Quatemberfastens einmal im Vierteljahr.

Darüber hinaus gibt es im frühen Christentum das Initiationsfasten vor der Taufe (Didache 7,4) und das Bußfasten zur Sündenvergebung. Insgesamt bleibt das frühe Christentum aber seinen Wurzeln treu und übernimmt die Zurückhaltung Jesu und des Judentums. Vor allem mahnt es, das Fasten nicht zur Ideologie zu machen, innerhalb der jede Freude am Essen und Trinken verteufelt wird. Tertullian (De ieiunio 15, 1–2) kritisiert Markion, Tatian und den ehemaligen Pythagoräer Jupiter, die das Essen überhaupt als unehrenhaften Vollzug (inhonestum) bezeichnen und damit die Werke des Schöpfers zerstören und geringschätzen (destruenda et despicienda opera creatoris). Auf ähnliche Weise kritisiert Irenäus von Lyon (Adversus haereses 1, 24, 2; 1, 28, 1) den Gnostiker Saturninus in Syrien, der die Ehe als Werk des Satans bezeichne und die Fleischabstinenz als zwingende Verpflichtung propagiere. Ein derartiges Verständnis wäre aber »eine extreme Austreibung des Lebens aus der Welt und dem Körper« (Ignazio De Francesco et al. 2011: 112; übers. MR). In den ersten zweieinhalb Jahrhunderten scheitern also alle innerkirchlichen Versuche, das Fasten zur leib- und schöpfungsfeindlichen Ideologie zu machen, an der Mehrheit, die das Fasten bejaht, aber zugleich moderiert. Repräsentanten, die Essen und Trinken schlecht machen wollen, werden von ihr als Häretiker ausgeschlossen. Dass ihre Ideen dennoch nach und nach Gehör finden, liegt an einem Phänomen, das katalytische Wirkung hat.

4.5.2
Das nahezu immerwährende Fasten
im ägyptischen Mönchtum

Gegen Ende des 3. Jahrhundert taucht ein neues Phänomen auf: Männer und Frauen aus den ägyptischen und syrischen Städten, ja aus dem gesamten Mittelmeerraum ziehen sich in die Wüste zurück, um dort als EinsiedlerInnen in Erdlöchern, Höhlen oder Hütten zu leben. Der erste von ihnen ist wahrscheinlich Antonios der Große (vermutlich 251–356 n. Chr.). Sie beten und arbeiten, schweigen und fasten und gestalten ihr Leben in sexueller Enthaltsamkeit und strenger Askese. Untereinander stehen die »Wüstenväter« und »Wüstenmütter« in regem Austausch, so dass sich nach und nach eine verhältnismäßig einheitliche Grundstruktur ihrer Lebensgestalt entwickelt. In den »Apophtegmata Patrum« (AP), den »Aussprüchen der Väter«, werden im 5. Jahrhundert wichtige Sentenzen ihrer Führungspersönlichkeiten zusammengefasst und überliefert. Aus ihnen lässt sich erkennen, dass das Fasten ein Schlüssel ihres spirituellen Lebens war (Gertrude Sartory 1993: 71–82).

Viele von ihnen fasten täglich bis zum Abend wie der Altvater Pambo, der von sich sagt: »Seitdem ich in der Einsamkeit bin, hat die Sonne mich nie essen gesehen!« (AP 430; vgl. AP 724). Die Regel Benedikts wird sich später davon distanzieren, wenn sie vorschreibt, dass das Essen auf jeden Fall bei Tageslicht stattfinden soll (RB 41,8–9). Verbreitet ist darüber hinaus das Zweitagesfasten, das Vollfasten über zwei ganze Tage und Nächte (AP 102; 763; 1193) oder das Fasten an jedem zweiten Tag (Ignazio De Francesco et al. 2011: 123). Wenn sie nicht fasten, essen die Wüstenväter und -mütter nur Brot und Salz (AP 217; 226), also trockene Speisen (ξεροφαγία) im Gegensatz zu frischem Obst, gekochtem Gemüse und fettem Fleisch, trinken absolut keinen Wein (AP 566; 593; 787; 974 f.) und verzichten fast vollständig auf Öl (AP 169). Sie betrachten das Fasten als privilegiertes Mittel, um die leiblichen Begierden zu überwinden (AP 318; 919). Der »Königsweg der Wüstenväter« ist als Minimum die Monophagie, also die Praxis, täglich nur eine Mahlzeit zu sich zu nehmen (Ignazio De Francesco et al. 2011: 123): »Wenn ein Mensch einmal am Tag isst, ist er ein Mönch; wenn er zweimal am Tag isst, ist er ein fleischlicher Mensch; wenn er dreimal am Tag isst, ist er ein Tier.« (ebd., äthiopisches Apophtegma 14,1) Solch ein einmaliges Essen am Tag war auch Praxis der römischen Soldaten und der Philosophen – hier findet das Verständnis des Mönchtums als Militärdienst Christi seine Entsprechung (Ignazio De Francesco et al. 2011: 124).

Mitunter wird das Fasten in der Wüste zur Obsession: So befiehlt der Gründervater Antonios, jeder Eremit solle seinem geistlichen Vater im Vertrauen sagen, wie viele Tropfen er in seiner Zelle trinkt, um nur ja nicht auf die schiefe Bahn zu geraten (AP 38). Als ein Besucher Äpfel für die Altväter mitbringt, lehnt der Altvater

Achilas dieses Obst für sich und alle anderen Eremiten ab, »und wenn es Manna wäre« (AP 125). Zahlreich sind die Aussprüche, die spöttisch auf eine Verwechslung mit einem Leben im Überfluss anspielen: »Ja glaubst du denn, du bist auf eine Getreidetonne gekommen?« (AP 141) »Bist du denn auf eine Dreschtenne gekommen?« (AP 566) Und Altvater Achilas schlägt einem Mitbruder, den er mittags beim Essen von Salzwasser ertappt, ungerührt vor: »Wenn du Suppe haben willst, dann geh doch nach Ägypten!« (AP 126)

Freilich gibt es auch unüberhörbar Stimmen der Zurückhaltung: So mahnen einige Väter, entweder nur einen Tag voll zu fasten oder nach dem zweitägigen Fasten ausgiebig und sättigend zu essen (AP 102; 536; 605). Die Wüstenmutter Amma Synkletika betont, dass es darum gehe, maßvoll zu fasten und maßvoll zu essen (AP 906). Und der Presbyter Isidor wendet ein, das Fasten habe keinen Wert, wenn es hochmütig mache (AP 412). Schließlich sind sich alle Wüstenväter und -mütter darin einig, dass die Gastfreundschaft das Fastengebot zwingend aufhebt (AP 427; 499; 518; 856). Wenn Gäste kommen, müsse man »aus Liebe essen« (AP 1193) – die Liebe habe immer Vorrang vor der Askese.

Trotz solch mahnender Stimmen haftet dem Fasten der Wüstenväter und -mütter jedoch etwas Heroisches an: Sie verstehen ihr Leben als militia Christi, als Kampf für und mit Christus, und ihr härtester Kampf ist nicht der gegen das Begehren der Sexualität, sondern gegen das Begehren des Bauches. Ihr wichtigstes Ziel ist folglich der »Triumph im Kampf mit dem Hunger« (Peter Brown 1991: 231–232). Wenn der Hunger in ihrer Sicht die stärkste Fesselung des Menschen ist, verkörpert der Wunsch nach dem Triumph über ihn den Traum vom Übermenschen, der autark, souverän und unabhängig ist (Gottfried Bachl 2008: 164–169). Das Fasten ist dann der verzweifelte, aber vergebliche Versuch, »von der Diktatur der Eingeweide loszukommen« (Gottfried Bachl 2008: 167). Das passt perfekt mit der damals üblichen, aber vom Evangelium Jesu völlig abweichenden Vorstellung zusammen, in der Ewigkeit Gottes werde nicht gegessen und getrunken: »Das Fasten ist der Engel Leben – und wer fastet, hat engelgleichen Stand.« (Pseudo-Athanasius, De virginitate 7)

Beim Transfer des ägyptischen und syrischen Mönchtums gen Westen wird versucht, den problematischen Heroismus zu eliminieren und das Fasten spürbar zu moderieren. An Johannes Cassian und Benedikt lässt sich das gut ablesen. Johannes Cassian (um 360 – um 435) geht bei den ägyptischen Wüstenvätern in die Schule, gründet aber später in Marseille ein eigenes Kloster. Dort äußert er sich sehr kritisch, wenn es um ein freiwilliges Fasten jenseits der Ordensregel geht, weil er fürchtet, dass die Mönche übertreiben und überheblich werden (Kenneth C. Russel 2005: 33–45).

Besonders eindrucksvoll lässt sich das Bemühen in der Regel Benedikts aufweisen, das Fasten zu relativieren und in eine positive Gesamtsicht des Essens und Trinkens einzuordnen (Michael Rosenberger 2012a: 192–193): Erst deutlich nach den Regelungen zum Essen und Trinken wendet er sich dem Fasten als dem komplementären Vollzug zu. Aus dieser Reihenfolge spricht eine grundsätzlich positive Sicht des Essens und Trinkens und der Freude daran. Benedikt lehnt die irdischen Genüsse und Bedürfnisse des Menschen nicht ab, sondern schätzt sie und versucht, ihnen den angemessenen Platz im monastischen Leben zu geben, damit niemand murren muss. Dennoch hat das Fasten für ihn fraglos große Bedeutung. Dabei kennt er vier Arten der Verpflichtung zum Fasten:

◆ Das von der Kirche für alle ChristInnen vorgeschriebene Fasten, das von den Gesunden ohne jede Ausnahme einzuhalten ist (RB 53,10).

◆ Das durch die Mönchsregel nur den Mönchen vorgeschriebene Fasten, das um eines höheren Gutes wie der Gastfreundschaft willen vom Abt oder dem Gästebruder gebrochen werden soll (RB 53,11).

◆ Das jenen Brüdern als heilsame Strafe auferlegte Fasten, die den Ausschluss aus der Gemeinschaft aufgrund ihrer begrenzten intellektuellen Möglichkeiten nicht als Strafe empfinden und verstehen können (RB 30,3).

◆ Das Fasten aus eigenem Antrieb und freiem Willen, um etwas mehr als das allgemein Gebotene zu tun (wobei unter diese vierte Kategorie auch andere Opfer als nur der Verzicht auf Speise und Trank fallen; RB 49,7).

Schon in der zweiten der vier Kategorien des Fastens zeigt sich die große Freiheit Benedikts im Umgang mit den asketischen Übungen. Fasten ist keine Leistung, die absolviert werden muss, auch kein Selbstzweck, der in sich selber wertvoll wäre, sondern ein Mittel zu einem intensiveren spirituellen Leben. Und weil es sich um ein Mittel handelt, wird es Situationen geben, in denen es um eines anderen Gutes willen zurückgestellt werden muss. Hier schließt er an die einzige Ausnahme bei den Wüstenvätern und -müttern an, die er dick unterstreicht und im Gesamt der Regel massiv aufwertet.

Große Aufmerksamkeit legt Benedikt auf die vierte Kategorie, das freiwillige Fasten. Denn an diesem offenbart sich am deutlichsten die wahre Motivation des Mönchs: Geht es ihm nur um das lustlose Absolvieren eines Pflichtpensums? Dann würde dem Fasten die innere Freude fehlen, von der es doch getragen sein soll (RB 49,6). Oder hat der Mönch umgekehrt vor, sich und den Mitbrüdern seine Stärke zu beweisen? Das wäre Anmaßung und Ehrsucht und damit eitles Leistungsdenken, das gerade nicht sein soll – weswegen das freiwillige Fasten nur nach Rücksprache mit dem Abt erlaubt ist (RB 49,8–10).

Letztlich geht es um jene Anweisung, die Benedikt im Kapitel über die »Werkzeuge des guten Lebens« gibt: Der Mönch soll »das Fasten lieben« (RB 4,13). Er soll es frei und gerne tun – entsprechend seinem Charisma und aus Dankbarkeit für alle Gaben, die er empfangen hat, aus Ehrfurcht vor seinem Schöpfer, aus Demut und dem Wissen darum, angewiesen zu bleiben auf Nahrung, die er nicht selber macht und nicht selber ist, sondern die ihm von außen zukommt als Geschenk. Um das Fasten aber lieben zu können, braucht es ein klares Maß.

Massimo Montanari vertritt daher für das abendländische Mönchtum die These, dass es das primäre Motiv des Verzichts auf die Sättigung des Körpers sei, die Sättigung der Seele zu fördern. Es gehe also um eine Prioritätenumkehr, nicht um Leibfeindlichkeit. Nur als sekundäres Nebenmotiv ortet Montanari die heroische Elite-Logik eines Triumphs und den identity marker, der das Mönchtum von DurchschnittschristInnen unterscheidet (Massimo Montanari 2012: 194–210).

4.5.3
Das kodifizierte Fasten
in der Geschichte des Christentums

Trotz der signifikanten Mäßigung des Fastens beim Transfer des Mönchtums aus den Wüsten in den Westen bleiben einige Grundhaltungen mindestens teilweise wirksam, die Cassian und Benedikt eigentlich ausschließen wollten. Neben dem Leistungsgedanken ist es vor allem die Haltung der Leibfeindlichkeit, die unterschwellig weiterwirkt und sich im Bewusstsein der ChristInnen tief eingräbt.

Veronika E. Grimm hat dies in ihrer eingehenden Dokumentation von 1996 präzise analysiert. Folgende Kernthesen beschreiben ihren Durchgang durch die Fastenpraxis der ersten fünf christlichen Jahrhunderte: Während die JüdInnen zurückhaltend und sehr differenziert (Veronika E. Grimm 1996: 13–31) und die HeidInnen in ihren Götterkulten gar nicht fasten, propagieren zahlreiche Philosophen der griechischen und römischen Antike aufgrund ihrer dezidierten Leibfeindlichkeit ein relativ strenges und radikales Fasten (Veronika E. Grimm 1996: 32–56). Die frühen ChristInnen fasten zunächst wie ihre Mutterreligion und Jesus selbst relativ wenig (Veronika E. Grimm 1996: 57–84). Doch mit der zunehmenden gesellschaftlichen und staatlichen Anerkennung des Christentums ändert sich das. Clemens von Alexandrien, Tertullian, Origenes und Eusebius bahnen im 3. Jahrhundert den Weg (Veronika E. Grimm 1996: 85–147), Hieronymus und Augustinus vollziehen im 4. Jahrhundert den Durchbruch zu einer Fastenpraxis, die »anorektische Züge« hat (Veronika E. Grimm 1996: 148–179).

Der äußere Grund für diesen allmählichen Wandel sind für Grimm die vielen Getauften, die ihren Glauben nur sehr oberflächlich leben und nach Meinung der Überzeugten verwässern. Von ihnen wollen sich die Überzeugten unterscheiden – das Fasten wird zum identity marker »echten« Glaubens. Der innere Grund ist aber die von der griechischen Philosophie geerbte Leib- und Weltfeindlichkeit. Das Fasten als Ablehnung von Nahrung symbolisiert nunmehr die Ablehnung dieser Welt. Besonders deutlich wird das in der immer stärker verbreiteten Überzeugung, dass sexuelle und nahrungsbezogene Enthaltsamkeit höchste Vollkommenheit bedeuten und Hand in Hand gehen müssen. So schreibt schon Tertullian in De ieiunio 1, dass sexuelle Lust (luxuria, libido) und Gaumenlust (gula) zusammengehören: Schließlich befänden sich die Schamteile nicht zufällig am Bauch in räumlicher Nähe zum Magen: »es ist ein Bezirk« (una regio est). Logischerweise sieht Tertullian in der Gefräßigkeit und der Wollust die zwei niedrigsten Laster: »Durch die Gefräßigkeit kehrt die Geilheit ein« (per edacitatem salacitas transit). Auch die Xerophagie muss in diesem Zusammenhang der rigiden Sexualmoral verstanden werden: Nach antiker Vorstellung fördert der Verzehr trockener Nahrung die Enthaltsamkeit, weil das Verspeisen von feuchtem Obst oder gekochtem Gemüse die Produktion sexueller Körperflüssigkeiten anregt und der Verzehr von Fleisch sexuell »heiß« macht. Als leuchtendes biblisches Beispiel dienen die drei Jünglinge am Königshof Nebukadnezzars in Babylon, die Xerophagie praktizieren (Dan 1, 4–16) und im Feuerofen nicht verbrennen (Dan 3; vgl. Johannes Cassian, Unterredungen mit den Vätern 12, 11).

Entscheidend für die starke Verbreitung des Gedankens von der Verbindung sexueller und kulinarischer Enthaltsamkeit muss der Brief des Hieronymus an Furia (Hieronymus, epistula 54) gewertet werden. Bei aller Wertschätzung der Lebensmittel als Gottesgaben animierten sie junge Leute doch zum sexuellen Begehren und seien schlimmer als Ätna, Vulcano, Vesuv und Olymp, schreibt Hieronymus. Daher empfiehlt er dem jungen Mädchen, an das sein Brief adressiert ist, eine strenge Diät: Kulinarische Abstinenz fördere die sexuelle Kontinenz. Sie sei eine gute Vorbereitung auf die Kontemplation und ein Vorgeschmack des Paradieses, in dem nicht mehr gegessen werde. Neben diesen philosophischen Gedanken greift Hieronymus aber durchaus auch biblische Impulse auf: Die Abstinenz sei Bestandteil eines umfassenden geistlichen Fastens, das zum Beispiel auf böse Worte verzichtet, und Ansporn zum Liebesdienst an den Armen. – Natürlich hat die Verbindung von sexueller und kulinarischer Lust einen wahren Kern (siehe Kapitel 3.3.3). Doch wird beides in den rigiden Praktiken der philosophisch inspirierten Strömung des frühen Christentums in einer Weise negativ gewertet, wie es der biblischen und christlichen Schöpfungstheologie nicht angemessen ist.

Die Thesen von Veronika Grimm haben weitgehend Anerkennung erfahren. Offen bleibt aber die von John F. Donahue (1998: 657) aufgeworfene Frage, ob die von Grimm analysierten Autoren für das damalige Christentum einerseits und die damalige Theologie andererseits repräsentativ sind. Basilius jedenfalls habe eine deutlich moderatere und schöpfungsfreundlichere Sicht des Fastens vertreten – und Basilius ist kein theologischer oder kirchenpolitischer Nobody. Wie sich gleich in der Analyse der Rechtsvorschriften zum Fasten zeigen wird, hat das katholische Christentum die Enthaltsamkeit von Speise und Sexualität nicht so einseitig betont, sondern vielmehr die Vielschichtigkeit der Bedeutungen des Fastens aufrechterhalten (Ignazio De Francesco et al. 2011: 164–165).

Noch zu Tertullians Zeiten war die Zahl verbindlich vorgeschriebener Fastentage im Christentum relativ klein – es ging um wenige Tage im Jahr. Mit dem 4. und 5. Jahrhundert aber beginnt eine stetige und im Ergebnis massive Ausweitung der Fastenpflichten, die schnell Eingang in das kirchliche Recht findet. Der Beginn ist die Einführung des ungefähr vierzigtägige Fastens in der vorösterlichen Zeit, der Quadragese. Galt die Fastenpflicht zunächst nur für die zwei Tage Karfreitag und Karsamstag und später für die eine Karwoche, wird sie nun auf die gesamte neu eingeführte liturgische Zeit der vierzig Tage ausgedehnt. Und waren es zunächst nur Täuflinge und Taufspender, denen die Fastenpflicht auferlegt war, sind es mittlerweile alle Glaubenden (Ignazio De Francesco/Carla Noce/Maria Benedetta Artioli 2011: 74–94).

Gleichwohl fällt die ausgewogene kirchenrechtliche Verortung des verpflichtenden Fastens auf: In den apostolischen Kanones (»canones, qui dicuntur apostolorum«), einer lateinischen, später erweiterten Sammlung früher Kirchenrechtsnormen durch den Abt Dionysius Exiguus (um 500 n. Chr.), finden Fastengebote und Fastenverbote eine ausgewogene Balance. So wird es einerseits hart sanktioniert, wenn jemand an den verpflichtenden Tagen nicht fastet: »Canon 61: Wenn ein Bischof oder Priester oder Diakon oder Lektor oder Kantor in der heiligen vierzigtägigen Fasten nicht fastet oder am Mittwoch oder Freitag, so werde er abgesetzt, außer wenn körperliche Schwäche ihn daran hindert: ist er aber ein Laie, so werde er ausgeschlossen.« Umgekehrt trifft dieselbe Sanktion aber auch jene, die an den gebotenen Festtagen fasten: »Canon 56. Wenn ein Kleriker getroffen wird, welcher am Sonntag fastet oder am Samstage, einen einzigen (den Karsamstag) ausgenommen, so soll er abgesetzt werden. Ist er aber ein Laie, so werde er ausgeschlossen.«

Dass dies kein Einzelfall ist, zeigen die Canones des Konzils von Granges im Jahr 340: Canon 18 spricht das Anathema über jene, die am Sonntag fasten, und Canon 19 über AsketInnen, die die allgemeinen kirchlichen Fastenregeln aus Hochmut nicht beachten, weil sie ihnen zu wenig streng scheinen. Man spürt förmlich, wie heiß umstritten die Fastenfrage nach der konstantinischen Wende ist, und wie die Amtskirche bemüht ist, Extreme nach beiden Seiten abzuwehren.

Dass sich die Ausgewogenheit und Behutsamkeit der kodifizierten Fastenverpflichtungen durch die gesamte Kirchengeschichte erhält, zeigt der Codex Iuris Canonici von 1917 – der letzte, der ausführliche Fastenvorschriften umfasst. Dort werden vier individuelle Zeiten benannt, die zum Fasten verpflichten:

◆ Die Taufe verpflichtet Täufling und Taufspender, einen Tag vor der Taufe zu fasten (can 758 §1).

◆ Die Eucharistie verpflichtet den zelebrierenden Priester (can 808) und alle kommunizierenden Gläubigen, es sei denn sie befinden sich in Lebensgefahr oder wollen mangelnde Ehrfurcht vermeiden (can 858 §1), ab Mitternacht bis zum Kommunionempfang zu fasten. Eine anerkannte Ausnahme sind Schwerkranke nach Rücksprache mit ihrem Beichtvater (can 858 §2). Priester, die sich an das eucharistische Fasten vor der Zelebration nicht gehalten haben, werden von ihrem Ortsbischof für eine angemessene Zeit suspendiert (can 2321).

◆ Eine Kirchweihe verpflichtet den weihenden Bischof und alle Gläubigen der zu weihenden Kirche zum Fasten für einen Tag (can 1166 §2).

◆ Die Beichte bietet die Gelegenheit zum freiwilligen Fasten als einem von fünf herausragenden Mitteln der Buße (can 2313 §1 Nr. 3º).

Es ist leicht erkennbar, dass einzig das Fasten vor dem Empfang der Eucharistie eine echte Schwierigkeit darstellt. Faktisch führt es dazu, dass bis zum II. Vatikanischen Konzil nur früh am Morgen Eucharistiefeiern stattfinden – sonst hätten Priester und Gläubige sehr viele Fasttage einhalten müssen.

Neben den individuell definierten Zeiten des Fastens gibt es jene, die für alle Gläubigen gleichzeitig verbindlich sind. Zu unterscheiden sind sie je nachdem, ob das Fast- oder Abstinenzgebot oder beide gelten: Das Abstinenzgebot verbietet Fleisch, nicht aber andere tierische Produkte (can 1250). Das Fastengebot schreibt die einmalige Sättigung am Tag vor, wobei kleine Nebenmahlzeiten erlaubt sind (can 1251).

◆ Das Abstinenzgebot allein gilt an den Freitagen (can 1252 §1). Das sind abzüglich der Fastenzeit, die strenger geregelt ist, rund 45 Tage im Jahr.

◆ Abstinenzgebot und Fastengebot gemeinsam gelten am Aschermittwoch, an den Freitagen und Samstagen der Fastenzeit, den vierteljährlichen Quatembermittwochen und -freitagen, den Vortagen von Pfingsten, Mariä Aufnahme in den Himmel, Allerheiligen und Weihnachten (can 1252 §2). Das sind rund 27 Tage im Jahr.

◆ Das Fastengebot allein gilt an allen übrigen Tagen der Fastenzeit (can 1252 §3). Das sind 32 Tage.

◆ An Sonn- und Feiertagen sowie am Karsamstag ab Mittag sind Fasten und Abstinenz aufgehoben (can 1252 §4).

An diesen Vorschriften darf durch Partikularnachlässe, Gelübde oder Ordensregeln nichts geändert werden – weder nach unten an den Fasten- und Abstinenztagen noch nach oben an den Sonn- und Feiertagen (can 1253). Auch hier finden wir also die bereits aus dem 4. Jahrhundert bekannte Balance des Kirchenrechts, das sich gegen

Laxismus ebenso wehrt wie gegen Rigorismus. Rechnet man alles zusammen, gibt es vor dem II. Vatikanischen Konzil etwa 72 Tage mit verpflichtender Fleischabstinenz und etwa 59 Tage mit verpflichtendem Fasten. Das ist nicht wenig, aber andererseits auch nicht so viel wie oft dargestellt wird, indem man die nicht allzu schwere Fleischabstinenz und das weit mehr fordernde Fasten miteinander vermengt.

Dennoch blieb die Frage, ob man nicht allein aus pädagogischen Gründen die komplizierten kirchlichen Vorschriften radikal vereinfachen und den Rest der mündigen Entscheidung der Glaubenden überlassen sollte. Genau dies tut das II. Vatikanische Konzil. Im Codex Iuris Canonici von 1983 finden sich nur noch der Aschermittwoch und der Karfreitag als Fast- und Abstinenztage und die Freitage des Jahres als Abstinenztage, wobei der Fleischverzicht an diesen durch ein anderes Opfer ersetzt werden kann (can 1251). Somit sind Anfang und Ende der Fastenzeit und der Freitag als Wochentag herausgehoben: Ein wöchentlich und ein jährlich wiederkehrender Zeitraum. Alles andere überlässt die nachkonziliare Fastenordnung der Eigenverantwortung der Glaubenden.

4.5.4
Beobachtbare Wirkungen des Fastens

Wie kann der neu gewonnene Freiraum verantwortungsvoll genützt werden? Wie kann ein Fasten so gestaltet und praktiziert werden, dass es zur größeren Lebensfülle und zu einem bewussteren Umgang mit der Ernährung beiträgt? Wie kann es Wege zu einem tieferen Erfassen des Geheimnisses des eigenen Lebens öffnen?

Costi Bendaly (2009: 65–94) nennt in tiefenpsychologischer Perspektive zwei Kriterien, die ein gesundes Fasten voraussetzt: Erstens soll die Oralität des Ernährungsvorgangs beim Fasten nicht ausradiert, sondern sublimiert werden. Es geht um das Verkosten anderer, spiritueller Güter, nicht um die Verneinung des Werts des Verkostens. Zweitens muss die Rückkehr des im Fasten Zurückgelassenen verhindert werden: Etwa die kulinarische Raffinesse, die den Buchstaben des Fastengebots erfüllt, aber nicht seinen Geist; oder die Aggressivität gegen sich und andere, die beim Fasten Gefahr läuft, noch stärker zu werden. Aus diesen beiden Kriterien folgert Bendaly, dass ein maßvolles Fasten entscheidend ist, das den Fastenden nicht überfordert, sondern stärkt.

Ein solches Fasten braucht eine klare, einfache Gestalt. Die spirituelle Tradition zeigt, dass dafür wöchentlich wiederkehrende Fastenbräuche ebenso unersetzlich sind wie jährlich wiederkehrende. Im Rhythmus liegt nicht nur das Geheimnis der Mahl-Zeit, sondern auch der Fasten-Zeit. Und wie sich ein Mahlzeiten-Rhythmus am leichtesten in Gemeinschaft verwirklichen lässt, so auch ein Fastenzeiten-Rhythmus. Dass auch in der säkularen Moderne viele Menschen während der christlichen Fastenzeit auf Genussmittel verzichten, zeigt, dass dieses Institut der verfassten Religion sehr lebensdienlich sein muss.

Welche Wirkungen kann ein derartiges, individuell gestaltetes freiwilliges Fasten haben? Am deutlichsten sind diese zweifelsohne in seiner Reinform, dem Vollfasten, erkennbar. In einem ersten Schritt sollen daher beobachtbare Wirkungen des mehrtägigen Vollfastens betrachtet werden, bei dem auf feste Nahrung und aufputschende (Alkohol, Koffein oder Tein enthaltende) Getränke vollständig verzichtet, aber viel getrunken wird (vgl. dazu insgesamt Michael Rosenberger 1998). Bedauerlicherweise gibt es hierzu noch keine adäquaten empirischen Untersuchungen. Die meisten Studien analysieren ein Fasten über Nacht, eine Studie immerhin ein dreitägiges Vollfasten (Julia Pönicke et al. 2005: 86–94). Doch nach drei Tagen ist der Körper eben erst auf das Fasten eingestellt – die entscheidenden körperlichen und geistigen Wirkungen ergeben sich danach. So muss an dieser Stelle auf valides empirisches Material verzichtet werden.

Formal wird Fasten als Transformationsprozess beschrieben (Kathleen M. Dugan 1995: 543, 548). Dieser Prozess hat unterschiedliche Komponenten auf je eigenen Ebenen des menschlichen Existenzvollzugs. Deshalb ist es von Bedeutung, zunächst jede Komponente für sich wahrzunehmen, ehe sie zueinander in Beziehung gesetzt werden.

Die zeitlich gesehen ersten Wirkungen des Fastens spielen sich auf der *psychischen Ebene* ab. Besonders an den ersten Fastentagen (und auch später wiederholt, wenn mehrere Wochen gefastet wird) werden Fastende intensiv mit den eigenen Sehnsüchten konfrontiert. Sie sind überdurchschnittlich gereizt und nehmen mehr als sonst wahr, welches Aggressionspotenzial und wie viele verdrängte Probleme sich in ihnen aufgestaut haben. Das Fasten kann Anstoß sein, diese Probleme anzuschauen und anzugehen. – Unwillkürlich suchen viele Fastenden auch nach Ersatzbefriedigungen für die wegfallende Nahrungsaufnahme. Dabei springen ihnen die schlechten Gewohnheiten ins Auge, die sie sich im Laufe der Zeit angeeignet haben – nicht nur in Bezug auf das Essen. Die Fastenden bemerken diese Gewohnheiten und können während und nach einer Fastenwoche gezielte Korrekturen vornehmen. Sie lernen die innere Freiheit kennen, Dinge zu lassen. Sie üben sich in Verzicht und Maßhalten. Daher ist der entscheidende Punkt einer Fastenwoche deren Ende: Ob es gelingt, die gewonnenen Impulse im Alltag zu entfalten, liegt ganz wesentlich an den ersten Schritten »hinaus«.

Das Bewusstwerden der eigenen Sehnsüchte und Gewohnheiten löst (im günstigen Fall) in den Fastenden einen psychischen Prozess aus. Man könnte ihn als inneres Reifen und Wachsen bezeichnen – oder auch als Schritt der Selbstwerdung. In ihn einbezogen sind Prozesse des Loslassens von Altem. Daher lässt sich die Transformation als Läuterung und Reinigung präzisieren – in allen Religionen und Kulturen kennt man seit Jahrtausenden die kathartische Wirkung des Fastens.

Nach einigen Tagen, wenn sich der Körper umgestellt hat, bewirkt das Fasten auf der *physischen Ebene* eine spürbare körperliche Entlastung und daraus resultierend größere Leistungsfähigkeit. Rund 30 Prozent der Energiezufuhr werden normalerweise vom Verdauungsapparat verbraucht. Der Körper fastender Menschen bezieht seine Energien aus Depots, die er sich in Zeiten guter Ernährung angelegt hat. Zwar drosselt er den Gesamtumsatz der Energie im Vergleich zur Phase normaler Nahrungsaufnahme, hat dafür aber die volle Leistung für körperliche und geistige Aktivitäten zur Verfügung. Kurzzeitige Spitzenleistungen sind nicht möglich, wohl aber langanhaltende Dauerleistungen auf hohem Niveau. Überdies brauchen Fastende deutlich weniger Schlaf. Sie erfahren eine gesteigerte Wachheit. Auch das haben sich die Religionen seit Jahrtausenden zunutze gemacht, indem sie die Fastenden zu Gebetswachen anhalten.

Was die Prozesse auf *neurophysiologischer Ebene* angeht, nennt man als Frucht des Fastens schon seit Jahrtausenden übereinstimmend die Erfahrung von Freiheit, Freude, Klarheit, innerer Ruhe und Schärfung der physischen und geistlichen Sinne (Kathleen M. Dugan 1995: 545). Bis vor wenigen Jahren konnten diese Wirkungen allerdings nur phänomenologisch beschrieben, nicht neurowissenschaftlich erklärt werden. Gerald Hüther hat nun gezeigt, dass das Fasten nach einigen Tagen zur erhöhten Synthese und Freisetzung von Serotonin führt (Gerald Hüther et al. 1998). Serotonin ist ein Neurotransmitter, ein Botenstoff zwischen den einzelnen Gehirnzellen, der insbesondere für Stimmungen verantwortlich ist. Ist Serotonin in erhöhter Konzentration vorhanden, steigt die Stimmung. Nun lässt sich eine Serotoninerhöhung nach Hüther auf unterschiedliche Weise erzielen: kurzfristig, aber wenig nachhaltig durch die Einnahme bestimmter Drogen (Ecstasy, LSD) oder den übermäßigen Verzehr von kohlehydrat- bzw. fettreicher Nahrung (Schokolade, Süßigkeiten). Mittelfristig nach zwei bis drei Tagen, dafür mit langanhaltender Wirkung durch Fasten.

4.5.5
Fasten als symbolische Kommunikation.
Spirituell-theologische Zugänge

Fasten besitzt also ein beachtliches Transformationspotenzial. Dieses umfasst körperliche, psychische und geistige Prozesse. Besonders die letzten beiden Kategorien spielen eine große Rolle, wenn nun abschließend nach den symbolisch-kommunikativen Bedeutungen des Fastens gefragt wird. Zunächst einmal spielt sich Fasten de facto immer im Rahmen der vier Kategorien symbolischer Codes ab:

♦ *Ansehen und Prestige:* Fastende werden zweifellos für ihre »Leistung« bewundert. Das Fastenziel zu erreichen ist eine Prestigefrage. Nicht nur in der frühen Kirche, in der sich Fastende von den laxen DurchschnittschristInnen absetzen wollten, war Fasten ein Elitemerkmal.

- *Zugehörigkeit und Verortung:* Fastende werden untereinander auf intensive Weise zusammengeschweißt. Wo Menschen gemeinsam fasten, verbindet das mehr als das feierlichste gemeinsame Mahl, weil die nötige Anstrengung und die existenzielle Betroffenheit größer sind. – Zugleich trennt das Fasten die Fastenden von den Essenden. Wenn in einer Familie oder in einer Ordensgemeinschaft einzelne Personen fasten, andere aber nicht, drängt das die Essenden zur Annäherung und stellt dennoch die Gemeinschaft auf eine beachtliche Probe.

- *Lust und Wohlergehen:* Nach einigen Tagen des Fastens hebt sich die Stimmung. Fasten ist dann durchaus lustvoll. Es besitzt eine (evolutionsbiologisch betrachtet vermutlich sehr vorteilhafte!) Eigendynamik zu tiefer Zufriedenheit und widerlegt das Vorurteil, nur Essen und Trinken könnten Lust erzeugen.

- *Sicherheit und Geborgenheit:* Fastende suchen klare Regeln, was sie während des Fastens dürfen und was nicht. Im ersten Moment reißt das Fasten aus dem gewohnten Ablauf heraus und verunsichert. Aber schon bald stellt sich eine neue, oft tiefe Sicherheit ein.

Noch sind die gefundenen symbolischen Kategorien sehr ambivalent. Doch die acht Tugenden, die unseren Gang der Darstellung begleiten, können dafür sorgen, dass das Fasten zum Gelingen des Lebens beiträgt:

Demut: Fasten bietet die Möglichkeit, die eigene Abhängigkeit von Nahrung viel klarer zu spüren. Insofern ist es recht betrachtet eine Einladung, nicht überheblich zu werden. Fasten ist keine Leistung, sondern ein Geschenk. Die Demut hilft, elitäres Denken im Keim zu vermeiden, wie manche Wüstenväter selbstkritisch anmahnen.

Dankbarkeit: Wer fastet, kann aufs Neue die Kostbarkeit der Lebensmittel erfahren und es intensiver schätzen, gut genährt zu sein. Gleichzeitig ist es ein Geschenk, fasten zu dürfen und zu können. Die Zeit des Fastens braucht keine Last zu sein, sondern darf und kann zur befreienden Chance werden.

Ehrfurcht: Fasten bietet das Potenzial, mehr und bewusster respektvoll zu leben. Es kann die Ehrfurcht vor dem Lebensmittel ebenso fördern wie vor dem eigenen Leib, auf dessen Signale Fastende im Regelfall viel stärker achten als Essende.

Gerechtigkeit: Fasten kann ein starkes Zeichen der Solidarität mit den Hungernden und Notleidenden sein. Es unterstreicht die Ernsthaftigkeit der mit Worten beteuerten Solidarität, weil es unter die Haut geht. Ein Zeichen der Solidarität im Glauben ist das fürbittende Gebet. Fasten intensiviert und erleichtert das Beten: »Das Gebet des Fastenden ist gleich dem jungen Adler, der sich in die Lüfte schwingt« (Nilus, Über die acht Geister, zit. nach Johannes Schümmer 1933: 212). Befruchtend ist zudem der Vergleich zwischen Fasten und Hungerstreik, wie ihn Frédéric Rognon präsentiert (Frédéric Rognon 2008: 23–30): Beide haben medialen Charakter und transportieren starke symbolische Botschaften zugunsten der Gerechtigkeit. Während sich das Fasten aber symbolisch an GesinnungsgenossInnen wendet, richtet sich der Hungerstreik an GegnerInnen. Beide brauchen dabei vor allem Demut, niemanden zu etwas zwingen zu wollen.

Maßhaltung: Fastende können ihr eigenes Maß neu und besser kennenlernen: Ihr Maß des Essens, aber auch ihr Maß des Fastens. Damit Letzteres geschehen kann, gilt es, das Fasten zum rechten Zeitpunkt zu beenden. Die Versuchung, das Hochgefühl des Fastens maßlos zu verlängern, kann mitunter sehr hoch sein. Damit Ersteres geschehen kann, müssen bereits vor der Beendigung des Fastens ein oder maximal zwei konkrete Vorsätze gefasst werden, durch die der »Jojo-Effekt« nach dem Fasten vermieden werden kann, dass man nämlich mehr und gieriger isst als vorher. Der behutsame Wiederbeginn des Essens und Trinkens ist die schwierigste Aufgabe für Fastende. Schon die Wüstenväter warnen vor einem übertriebenen Fasten, das den Heißhunger vergrößert und hinterher gieriger macht als vorher.

Genussfähigkeit: Fasten zielt unter anderem auf die Steigerung der Genussfähigkeit. Es geht darum, im Fasten die Sinne zu schärfen und anschließend die Nahrung neu schmecken, riechen, sehen, hören und tasten zu lernen. Nicht selten sind Fastende am Ende erstaunt, wie gut ihnen der erste Apfel, das erste Glas Wein, die erste Tasse Kaffee schmeckt. Ganz im Gegensatz zur radikalen Strömung des frühen Christentums soll Fasten die leiblichen Begierden nicht abtöten, sondern formen, so dass sie im umfassenden Sinne das Wunder des Lebens kosten können.

Gelassenheit: Fastende können die Angst um eine ausreichende Ernährung loslassen – und das Vertrauen vertiefen, dass auch morgen genug zum Essen da ist. Im Sich-Hineinbegeben in die Unsicherheit des Nahrungsverzichts lernen sie Vertrauen auf den Geber aller Gaben. Oft haben Fastende aber auch Angst, ob sie ihr Vorhaben durchstehen werden. Das Fasten führt sie an ihre Grenze. Indem sie jeweils nur für die nächste Stunde, den nächsten Tag weiterfasten, gewinnen sie eine größere Gelassenheit, was die eigenen Möglichkeiten und Kräfte angeht.

Hingabe: In der Bergpredigt ist das Fasten mit dem Tun guter Werke verbunden (Mt 6,1–18). Keine Frage: Fasten kann die Nächstenliebe wecken und nähren (Johannes Schümmer 1933: 222–223). Wer seine inneren Widerstände überwunden und sich zum Fasten durchgerungen hat, gewinnt nicht nur eine größere Hingabefähigkeit, sondern auch eine größere Hingabebereitschaft. Denn wer fastet, kann sich besser in die Not der Mitmenschen einfühlen. Fasten nährt die Empathie.

Für gläubige ChristInnen hat das Fasten nicht nur eine kathartische oder therapeutische Bedeutung auf der Ebene eines ethisch guten Lebens. Durch das Einüben aller acht Tugenden ermöglicht es das Fasten, mit dem Geheimnis Gottes in Berührung zu kommen – der mit den Menschen isst und trinkt, der sich verzehren lässt, der aber auch hungert und dürstet nach Brot und Gerechtigkeit.

4.6
Mahl-Zeiten und Fasten-Zeiten der Eucharistie

Realistisch betrachtet ist die Zeit-Kultur der Eucharistie in der katholischen Kirche derzeit ziemlich verwahrlost. Was das *Zeitmaß* angeht, verkörpert sie ein spirituelles Fast Food. Schnell soll es gehen, weil viele GottesdienstbesucherInnen auf die Uhr schauen, sobald es etwas länger dauert. Diesem Zeitdiktat besonders unterworfen sind die Predigt und der Kommuniongang. Beide werden in den meisten Kirchen unter dem Gesichtspunkt maximaler Zeiteffizienz gestaltet. Damit sind aber gerade jene beiden Elemente betroffen, die in besonderer Weise etwas verkosten und schmecken lassen könnten – einmal im übertragenen Sinne das Wort Gottes, einmal im wörtlichen Sinne Brot und Wein und wiederum im übertragenen Sinne das Reich Gottes.

Was die *Zeitrhythmen* angeht, herrscht seit dem II. Vatikanischen Konzil völliges Chaos. In größeren Städten wird am Sonntag praktisch zu jeder Viertelstunde eine Eucharistie angeboten. Die kirchliche Gastronomie hat rund um die Uhr geöffnet – wiederum ein typisches Kennzeichen des Fast Food. Der Wochenrhythmus hebt immerhin den Sonntag klar hervor, der seit dem Konzil von Trient durch eine Predigt ausgezeichnet wird und zudem einige weitere Besonderheiten gegenüber Wochentagsmessen aufweist (Gloria, drei statt zwei Schriftlesungen, Glaubensbekenntnis). Aber entgegen der säkularen Tradition haben die Werktage kein spezifisches Profil, das sie untereinander unterscheidet. Diese wenigen Beobachtungen sollen genügen, um den gravierenden Mangel eucharistischer Zeitkultur deutlich zu machen. Weitere Aspekte werden im Folgenden durch genauere Analyse zutage treten.

Bei der Suche nach geeigneten *Zeit-Rhythmen der Eucharistie* sind wie schon bei profanen Mahl-Zeiten Tages-, Wochen- und Jahresrhythmen relevant. Wie im säkularen Leben sollte es auch für die Eucharistie eine *feste Tageszeit* geben. Immer geöffnet sind nur Fast-Food-Restaurants. Spitzenrestaurants und gutbürgerliche Gaststätten sowie Landgasthöfe haben eingeschränkte Öffnungszeiten, außerhalb deren es keine Speisen gibt. Wenn die Eucharistie kein Fast Food sein will, kann sie nicht rund um die Uhr angeboten werden.

Was aber ist die geeignete Tageszeit für die Eucharistie? Diese lässt sich von unterschiedlichen Gesichtspunkten her bestimmen:

- *Anthropologisch bzw. soziologisch:* Wie gesehen ist das Abendessen unter der Woche zunehmend stärker die einzige gemeinsame Mahlzeit der Familien. Am Wochenende hingegen werden alle drei Mahlzeiten von den meisten Familien gemeinsam eingenommen. Die Eucharistie müsste sich also anthropologisch betrachtet in dieser Zeitschiene verorten, entweder kurz vor oder kurz nach dem Zeitpunkt einer Familienmahlzeit, damit keine Konkurrenz zu dieser entsteht. Kurz vorher wäre es besser, um auf die nach hinten offene Familienmahlzeit keinen Druck auszuüben, kurz nachher würde es den KöchInnen des Familienmahls die Teilnahme erleichtern.

- *Von den eucharistischen Spezies her:* Wein und Brot sind charakteristische Speisen eines Abendessens. Am Morgen trinkt man keinen Wein, am Mittag (in Mitteleuropa) höchstens an Sonn- und Feiertagen.

- *Theologisch:* Die Evangelien, die vermutlich die frühchristliche Praxis der Sonntagseucharistie spiegeln, nennen sehr deutlich zwei Zeiten, an denen die JüngerInnen dem Auferstandenen begegnen: Am ersten Wochentag, dem Sonntag, früh am Morgen noch vor Sonnenaufgang (so die Erzählungen vom leeren Grab Mt 28,1; Mk 16,2; Lk 24,1; Joh 20,1 und die Erzählung vom reichen Fischfang Joh 21,4). Und am Abend desselben ersten Wochentags nach Sonnenuntergang (so die Erzählungen von Mählern mit dem Auferstandenen Lk 24,29.36; Joh 20,19). Nun sind die Erzählungen vom Auffinden des leeren Grabes nicht notwendig mit Erscheinungen Jesu verbunden. Matthäus und Johannes berichten solche, Markus und Lukas nicht. Zudem isst der Auferstandene nichts, wenn er am Morgen erscheint. Theologisch betrachtet sollte der Regelfall für die Eucharistie also der Abend sein, gerade auch am Sonntag.

Die drei Gesichtspunkte sind nicht ganz spannungsfrei in Einklang zu bringen. Am Werktag ergibt sich ein eindeutiges Plädoyer für den Abend als angemessene Abendmahls-Zeit. Am Sonntag hingegen ist der Abend zwar ebenso klar vorzuziehen, aber auch der frühe Morgen hat eine gewisse, freilich geringere Berechtigung. Anthropologisch könnte man auch an eine Zeit kurz vor dem sonntäglichen Mittagessen denken, aber die wäre aufgrund des theologischen Kriteriums nur schwach verankert. Was hingegen aufgrund der präsentierten Überlegungen gar nicht geht, sind Gottesdienstzeiten mitten am Vormittag oder mitten am Nachmittag.

Natürlich bin ich mir bewusst, dass die vorgeschlagene Idealzeit am Abend deutlich von der jetzigen Praxis abweicht. Man sollte aber bedenken, dass diese erst fünfzig Jahre alt ist. Bis zum II. Vatikanischen Konzil diktierte ein einziges Gebot alle zeitlichen Überlegungen: Das Gebot des eucharistischen Fastens ab Mitternacht. Um diese »eucharistische Nüchternheit« möglichst kurz zu halten, fanden Eucharistiefeiern praktisch nur am frühen Morgen statt. Sie lagen also auf der »zweitbesten« Zeit. Doch als nach dem Konzil das Nüchternheitsgebot wegfiel, fiel auch jegliche Zeitbindung der Eucharistie.

Soziologisch gesehen ist der Sonntagabend im deutschen Sprachraum die klassische Tatort-Zeit: Ab 20.15 Uhr sitzt die Familie vor dem Fernseher, um gemeinsam einen neuen Kriminalfall aus einer deutschen oder österreichischen Stadt zu lösen. Das scheint zunächst ein Hindernis für die Sonntagabendeucharistie zu sein. Mittelfristig könnte es aber sogar eine Unterstützung bedeuten: Die mediale Ritualisierung des Sonntagabends spricht ja dafür, dass gerade dieser Abend für feste Zeiten besonders geeignet ist. Gewiss aber sind bei einer Einführung langsame Übergänge nötig. Von heute auf morgen lässt sich die Eucharistiefeier nicht dorthin verlegen. Doch die Frage ist, ob man überhaupt dahin kommen und eine neue Zeitkultur der Eucharistie einführen will.

Ich gehe noch einen Schritt weiter. Für ein gleichartiges kulinarisches Angebot, wie es die Eucharistie darstellt, empfehlen sich *einheitliche Zeiten*. Unter deutschen Fußballfans bildete sich Anfang der 2000er-Jahre die Initiative »PRO 15:30«, die sich (erfolglos) für eine einheitliche Anstoßzeit in allen Stadien der deutschen Fußball-Bundesliga einsetzte. Diese einheitliche Zeit am Samstag um 15.30 Uhr hatte es jahrzehntelang gegeben, und sie war für die Vermarktung des deutschen Fußballs sehr erfolgreich gewesen. Doch um mehr Fußballspiele im Fernsehen übertragen zu können, verteilte man die neun Spiele auf fünf verschiedene Zeitpunkte. Damit mögen die Vereine mehr Fernsehgelder verdienen, aber den Fans wird es viel schwerer gemacht, live im Stadion dabei zu sein. »PRO 15:30« hatte es richtig erkannt: Damit die Zeit des Fußballs eine »heilige Zeit« sein kann, muss es ein und dieselbe Zeit für alle Spiele sein.

Ob die sonntägliche Eucharistie nicht eine heilige Zeit verdient hat? Natürlich müsste man in Kauf nehmen, dass manchmal jemand nicht kommen kann, der eigentlich kommen will. Aber wäre das so schlimm? Der jüdische Synagogengottesdienst am Freitagabend und die muslimischen fünf Gebetszeiten jeden Tag haben jedenfalls einheitliche Zeiten, die durch den örtlichen Sonnenlauf vorgegeben werden. In einer postmodern individualisierten Welt mag das archaisch scheinen, weil es sich der Pluralisierung sperrt und quer zu aktuellen Gewohnheiten liegt. Doch eine einheitliche, nicht diskutierbare Zeit macht auch Prioritäten deutlich: Es gilt, den Tagesablauf vom Gottesdienst her zu strukturieren und nicht umgekehrt. Juden und Muslime in westlichen Ländern beweisen, dass sich diese Prioritätensetzung weitgehend mit postmodernen Tagesabläufen vereinbaren lässt, wenn man nur will.

Auch der *Wochenrhythmus* der Eucharistie könnte vielgestaltiger sein. Ursprünglich wurde die Eucharistie, das »Herrenmahl« (1 Kor 11,20), nur am »Herrentag« (Offb 1,10), dem Sonntag gefeiert. Die tägliche Eucharistie, die erst ab dem 4. Jahrhundert in Übung kam, wurde nie zur allgemeinen ChristInnenpflicht. Aber wenn schon an den Wochentagen Eucharistie gefeiert wird, dann sollte man an der Art des Mahlhaltens jeden Wochentag individuell ablesen können. Der Donnerstag als der Tag des letzten Abendmahls Jesu und der Sonntag als Tag seiner Auferstehung müssten auf jeden Fall besonders feierlich gestaltet werden. Am Freitag und Samstag würde sich hingegen ganz bewusst ein eucharistisches Fasten anbieten, um jede Woche als mysterium paschale, als Nachfeier der österlichen Ereignisse zu begehen, wie es in der Gemeinschaft von Taizè seit ihrer Gründung geschieht. Zuallererst müsste aber am Karfreitag auf die Kommunionspendung (ohne Eucharistiefeier!) verzichtet werden, wie es die Liturgiewissenschaft seit langem fordert.

Der *Jahresrhythmus* lässt sich in der Eucharistie nicht wie beim profanen Essen und Trinken am Teller ablesen. Doch wird die Saisonalität einerseits durch die geprägten Zeiten mit ihren je eigenen liturgischen Farben und andererseits durch den Lesezyklus zumindest der Sonntage leicht erkennbar. Die Jahreszeit lesen ChristInnen also nicht am Tisch des Brotes und Weines, sondern am Tisch des Wortes ab. Im Vergleich zum Tages- und Wochenrhythmus ist der Jahresrhythmus der Eucharistie ausreichend entwickelt.

Bisher haben wir unsere Aufmerksamkeit auf die Zeiten des eucharistischen Mahles konzentriert. Was ist zu ihren *Orten* zu sagen? Natürlich gibt es da und dort Drive-in-Kirchen am Rande der Städte, die autogerecht an den großen Einfallstraßen liegen und zu denen die Menschen fast ausschließlich auf vier Rädern gelangen. Wenn man deren GottesdienstbesucherInnenfrequenz analysiert, stellt man fest, dass sich dort bei gutem Angebot oft viele Auswärtige zu den Gottesdiensten sammeln. Es tritt dasselbe Phänomen ein wie bei profanen Mahlzeiten. Daher sollte man in solchen Kirchen erst recht Slow Food anbieten. Aus eigener Erfahrung kann ich bestätigen, dass das angenommen wird. – Die meisten Kirchen liegen aber sehr zentral mitten in den Städten und Dörfern, oft sogar auf einer Anhöhe, und haben damit eine höchst prominente Lage. Sie sind ähnlich lokalisiert wie gutbürgerliche Restaurants. Die Anfahrt per Auto, die viele wünschen, mag das erschweren, das Prestige hebt es jedoch eindeutig.

Wie ist das mit der *Regionalität* der angebotenen Speisen? Zunächst einmal: Wenn es sich um eine Weinbaugegend handelt, sollte der Messwein aus größtmöglicher Nähe stammen. Es ist absurd und doch wahr, dass in vielen Kirchen ein Wein aus fernen Ländern angeboten wird, obwohl der Ort mitten in den Weinbergen liegt. Analog sollte natürlich auch das eucharistische Brot möglichst regional bezogen werden. Doch was ist, wenn ein Land keinen Weinbau betreiben kann oder wenn das Grundnahrungsmittel nicht Getreide, sondern Mais oder Reis ist? Müssen dann nicht andere Symbole an die Stelle von Brot und Wein treten, um denselben Symbolinhalt vermitteln zu können? In der unmittelbaren Nachkonzilszeit wurde diese Debatte lebhaft geführt – im Rahmen der Frage, wie der christliche Glaube, der erkennbar von der mediterranen Kultur geprägt ist, in andere Weltregionen »inkulturiert« werden kann. Die Debatte wurde aber von der römischen Kirchenleitung schnell unterbunden. In diesem keineswegs trivialen Fall entschied sie sich für die Globalität und gegen die Regionalität. Und so ist die Kirche in diesem Sinne der älteste globalisierte Restaurantkettenbetrieb, der rund um den Globus dasselbe Speisenangebot bietet. Die Konkurrenz mit McDonald's kann er durchaus aufnehmen.

Das sollte allerdings keinesfalls beim *Zeitmaß* gelten: Eucharistie soll Slow Food sein, und das stößt auf zunehmendes Verständnis, weil der Trend säkularer Mahlzeiten exakt in diese Richtung geht. Ältere Menschen, so hatten wir gesehen (Kapitel 4.2.1), wissen aufgrund ihrer Lebenserfahrung noch mehr um die Kostbarkeit und Köstlichkeit einer gepflegten und geruhsamen Mahlzeit. Es scheint daher völlig normal, dass sie häufiger zur Eucharistie kommen als jüngere Menschen. Allerdings nimmt die Wertschätzung der Eucharistie in den Industrieländern gegenwärtig in allen Generationen ab, während die Wertschätzung säkularer Mahlzeiten in allen Generationen zunimmt. Ob das vielleicht auch daran liegt, dass sie das Christentum nicht als Mahlreligion wahrnehmen? Oder eben als Fast Food ohne gepflegte Mahlkultur?

Wie beim profanen Essen und Trinken erhöht die *selbstständige Zubereitung* den Wert und die Erlebnisintensität des anschließenden Mahles: Im Idealfall sollte die Eucharistie feiernde Gemeinde ihr Brot selber backen und den Wein selber keltern, wenn WinzerInnen in der Gemeinde sind, oder wenigstens selber beim Weinhändler aussuchen und mitbringen. Was in großen Pfarrgemeinden sicher einen längeren Vorbereitungsweg braucht, kann bei Gruppenmessen im kleinen Kreis sehr einfach organisiert werden. Es gibt genügend Rezepte, nach denen ein Brot gebacken werden kann, das allen kirchlichen Vorschriften genügt. Welche hohe Attraktivität es hätte, wenn das Brot selbst gebacken würde, kann man an dem enormen Ansehen ablesen, das das Brotbacken im Rahmen der Erstkommunionkatechese bei Kommunionkindern genießt. Kaum ein Kind, das es nicht als schönsten Moment der Vorbereitung nennt!

Schließlich muss die Frage der *Zubereitung* mit dem *Genderdiskurs* in Beziehung gesetzt werden: Wie oben gesehen ist der männliche Koch in der mitteleuropäisch-neuzeitlichen Wahrnehmung entweder ein Sternekoch der Spitzenklasse oder ein Junggeselle, der gerade mal ein Spiegelei in die Pfanne hauen kann. Für männliche

»This is my body!«
Alexander Kosolapov, 2001
(Digitaldruck).

Quelle: Homepage des Künstlers –
http://www.sotsart.com/category/projects/#.U2e5C1cXlxU
(Stand: 5.5.2014).

Köche gilt seit der frühen Neuzeit: hopp oder top. Auf den kirchlichen Koch, den Priester übertragen: Derzeit erkennen die Menschen im Priester nicht ohne Grund meist den Junggesellenkoch, der nicht viel zuwege bringt, und bleiben dem eucharistischen Essen fern. Sie suchen eher ein gutbürgerliches oder gepflegt bäuerliches Herrenmahl. Genau das wäre das realistische Niveau, das die Kirche (von der Qualifikation ihres Personals her) im Durchschnitt erreichen kann und (von den Zielgruppen her) erreichen sollte. Ein Sternerestaurant schreckt ärmere und durchschnittlich situierte Menschen ab, die Junggesellenküche lockt gleich gar niemanden an. Nun hatten wir allerdings gesehen, dass gutbürgerliche und gepflegt ländliche Verköstigung seit der frühen Neuzeit der weiblichen Köchin zugeschrieben wird. Daher stellt sich die Frage nach weiblichen kirchlichen »Köchinnen« (Priesterinnen) von einer ganz anderen Seite als bisher üblich. So wie die Geschlechterrollen verteilt sind, trauen die Menschen das, was Kirche anbietet, eher einer Frau als einem Mann zu. Es wäre zu diskutieren, ob diese Tatsache theologische Relevanz besitzt.

4.7
Epilog: »This is my body«

Unter dem Titel »Verbotene Kunst« stellte der russische Kurator Andrej Jerofejew im Jahr 2007 rund 25 Kunstwerke nicht namentlich genannter Künstler aus, die von der russisch-orthodoxen Kirche und rechtsnationalistischen Gruppen wegen angeblicher Blasphemie verfemt wrden. Aus Vorsicht, vielleicht aber auch mit einem kleinen Schuss Provokation präsentierte Jerofejew die Bilder hinter Gucklöchern. Er wurde dennoch vor Gericht angeklagt und wegen Verletzung religiöser Gefühle 2010 »nur« zu einer Geldstrafe verurteilt, während die Anklage mehrere Jahre Haft gefordert hatte.

Unter den ausgestellten und vor Gericht als urteilsbegründend angeführten Kunstwerken befand sich ein Digitaldruck, auf dem ein Jesusportrait neben dem Logo von McDonald's platziert ist. Unter dem Logo befindet sich die Inschrift: »This is my body!« – »Das ist mein Leib!« Blasphemie? Ich interpretiere das Bild eher als ausgesprochen gute Theologie und Spiritualität: Der unbekannte Künstler, dessen Name Jahre später bekannt wurde – es ist der Exilrusse Alexander Kosolapov, macht deutlich, dass Eucharistie und Fast Food Gegensätze sind, und stellt das auf provokante, aber treffende Weise dar. Die Anfrage richtet sich an viele Seiten: An die KonsumentInnen, an die Fast-Food-Konzerne und im weiteren Sinne an alle LebensmittelproduzentInnen, an die ChristInnen und an die Kirchenverantwortlichen. Ihnen allen stellt das Bild die Gretchenfrage, wie sie es mit den Mahl-Zeiten halten.

5

Essen und Trinken
als Tisch-Gemeinschaft

»Von allem nun, was den Menschen gemeinsam ist, ist das Gemeinsamste: dass sie essen und trinken müssen. Und gerade dieses ist eigentümlicherweise das Egoistischste, am unbedingtesten und unmittelbarsten auf das Individuum Beschränkte: was ich denke, kann ich andere wissen lassen; was ich sehe, kann ich sie sehen lassen; was ich rede, können Hunderte hören – aber was der einzelne isst, kann unter keinen Umständen ein anderer essen. In keinem der höheren Gebiete findet dies statt, dass auf das, was der eine haben soll, der andere unbedingt verzichten muss. Indem aber dieses primitiv Physiologische ein absolut allgemein Menschliches ist, wird es gerade zum Inhalt gemeinsamer Aktionen, das soziologische Gebilde der Mahlzeit entsteht, das gerade an die exklusive Selbstsucht des Essens eine Häufigkeit des Zusammenseins, eine Gewöhnung an das Vereinigtsein knüpft, wie sie durch höher gelegene und geistige Veranlassungen nur selten erreichbar ist.« (Georg Simmel 1910: 1–2)

Mit diesen Sätzen aus seinem berühmten Essay über die Soziologie des Essens stellt Georg Simmel die gemeinsam eingenommene Mahlzeit in eine Grundspannung, der kein essender und trinkender Mensch entkommt: Was der oder die eine isst, kann der oder die andere nicht essen. Nahrung gehört zu den wenigen Ressourcen, deren Nutzung exklusiv ist und damit maximale Konkurrenz zwischen Individuen erzeugt – jedenfalls solange die Nahrung knapp ist. Die Nahrungsaufnahme braucht daher eine starke soziale Befriedung, und die geschieht im gemeinsamen Essen. Die Mahl-Zeit wird zur »Kommunion«, da alle »dasselbe« essen und miteinander teilen (Christian Coff 2006: 13 f.). Der intrinsische Egoismus des Sich-Ernährens wird überwunden und das Essen zur besten Möglichkeit, Gemeinschaft zu konstituieren.

Etymologisch betrachtet ist der Kumpan oder Compagnon der »Mitbrötler« im Gegensatz zum »Eigenbrötler«. Wieder steht das Brot stellvertretend für jegliche Nahrung: Mit wem man zusammen Brot gegessen hat, mit dem gehört man zusammen: Als Soldaten, die füreinander im Kampf einstehen; als »Saufkumpane«, die gemeinsam am Stammtisch sitzen; als Vereinsmitglieder derselben »Compagnie«; als TeilhaberInnen eines gemeinsamen Unternehmens in der Wirtschaft; oder gar als Ordensbrüder im Jesuitenorden, der sich seit seiner Gründung im 16. Jahrhundert »Compagnia di Gesù« nennt, »Kumpanei Jesu« – also wörtlich die, die mit Jesus gemeinsam das Brot essen.

Eva Barlösius warnt zurecht davor, die Entstehung der Mahlgemeinschaft rein funktionalistisch zu erklären, sei es natural-funktionalistisch, wenn das gemeinsame Essen allein dem natürlichen Streben nach sozialer Kontrolle der physischen Bedürfnisse zugeschrieben wird, wie Barlösius es bei Margot Berghaus wahrnimmt, sei es ökonomisch-funktionalistisch, wenn die Mahlgemeinschaft ausschließlich aus der größeren Effizienz begründet wird, gemeinsam Erwirtschaftetes gemeinsam zu verzehren und das knappe Gut Feuer gemeinsam zu nutzen, wie Barlösius es bei Max Weber und Ferdinand Tönnies ortet. Im Unterschied zu deren Ansätzen teilt Barlösius mit Georg Simmel und Norbert Elias den Wunsch, den bloßen Naturalismus in der Erklärung des Gemeinschaftsmahles zu überwinden: Sie sehen im Ernährungsvorgang als menschlichem Grundvollzug eine besondere Chance, Kultur zu entwickeln und über das natürlich Zweckmäßige hinaus kommunikative Botschaften zu transportieren (Eva Barlösius 1999: 168–175). Wiederum erweist sich der strukturalistische Ansatz als reicher, ohne dass er den funktionalistischen Ansatz aufheben oder bestreiten würde.

Erstaunlich ist, dass in den fünfzehn Jahren seit der Publikation von Barlösius auch die Naturwissenschaften immer klarer erkennen, dass eine rein funktionalistische Erklärung des »Food Sharing« nicht ausreichend ist. Adrian V. Jaeggi und Michael Gurven (2013) zeigen mit ihren Forschungen, dass das Teilen der Nahrung mit ArtgenossInnen auch bei Tieren kein unmittelbares »tit for tat« darstellt, also keine Tauschhandlung, bei der die Tauschpartner sich gegenseitig etwa gleich wertvoll betrachtete Güter geben, sondern dass eine Reziprozität über lange Zeiträume entsteht, über Dritte gespielt wird und sogar über das nur beobachtete Geben an jemanden zur virtuellen Gegengabe animiert (Individuen, die einem schwachen Mitglied Nahrung geben, erhalten dafür von der Gruppe Prestige).

Noch weiter kam eine Forschung des Jahres 2014 am Max-Planck-Institut Leipzig. Sie untersuchte die naheliegende Beziehung zwischen Food Sharing und der Konzentration des Bindungshormons Oxytozin im Urin bei Schimpansen. Food Sharing wird definiert als freie Überlassung von Nahrung im eigenen Besitz, ohne dass eine Gewaltanwendung des potenziell Empfangenden vorliegt (Roman M. Wittig et al. 2014: 4). Solches Food Sharing kann die Nahrungsgabe entweder passiv erlauben oder aktiv anbieten (Roman M. Wittig et al. 2014: 4–5). Es unterscheidet sich vom »Social Feeding«, dem zeitlich und räumlich gemeinsames Essen ohne die Nahrung zu teilen

(Roman M. Wittig et al. 2014: 3). Natürlich kann dem Food Sharing ein gewaltfreies Betteln vorausgehen. Wittig und seine Gruppe unterscheiden vier Stufen solchen Bettelns: Ein auffälliges Hinschauen ohne Annäherung, die Annäherung an den Essenden, das geringfügig belästigende sanfte Berühren des Nahrungsbesitzers oder der Nahrung, das deutlicher belästigende Berühren des Munds des Nahrungsbesitzers (Roman M. Wittig et al. 2014: 5).

Schon länger bekannt ist, dass es im Tierreich Food Sharing zwischen Verwandten (bei Vögeln und Säugetieren) und zwischen Sexualpartnern (bei Insekten, Vögeln und Säugetieren) gibt. Doch jenseits dieser Beziehungen ist das Food Sharing bisher selten beobachtet worden: bei Vampirfledermäusen, Schimpansen und Bonobos, und zwar besonders bei Individuen, die auch sonst beim Geben von Zärtlichkeiten (grooming) und in der alltäglichen Hilfeleistung enger kooperieren. Von Schimpansen ist bekannt, dass das Food Sharing nicht nur Fleisch betrifft, sondern auch große Früchte und Honig, den ein Individuum in einem Baumstrunk entdeckt hat (Roman M. Wittig et al. 2014: 4).

Wie also verhielten sich die beobachteten Schimpansen beim Teilen der Nahrung? In allen beobachteten Fällen wurde die Nahrung erst nach dem Betteln des Empfängers geteilt. Doch die Belästigung durch das Berühren des Munds des Nahrungsbesitzers kam nicht vor. Betteln gehört also zum Ritual, bleibt aber durchaus diskret. NahrungsbesitzerInnen werden weniger belästigt als bislang angenommen (Roman M. Wittig et al. 2014: 7). Betrachtet man die Sozialbeziehung zwischen GeberIn und EmpfängerIn, so ließ sich in drei Viertel der Fälle des Teilens zwischen Nichtverwandten beobachten, dass ein dominantes Individuum mit einem sozial niederrangigen Individuum teilte. Und auch das überraschte die ForscherInnen: Der Tausch »meat for sex«, also das Teilen der Nahrung, um anschließend vom Empfänger sexuelle Dienste zu erhalten, fand nur in zehn Prozent der Fälle statt (Roman M. Wittig et al. 2014: 5–6). Sexuelles Begehren ist also nicht der vorrangige Motor für Food Sharing.

Haben Schimpansen, die ihre Nahrung teilen, einen höheren Oxytozinspiegel im Urin als ArtgenossInnen, die zeitgleich essen ohne zu teilen? Das war die leitende Frage von Wittig und seiner Gruppe. Folgende Ergebnisse stellten sich heraus: Ein höherer Spiegel von Oxytozin im Urin nach Food Sharing war im gleichen Maße bei GeberInnen und EmpfängerInnen, Verwandten und Nichtverwandten, GeschlechtspartnerInnen und NichtpartnerInnen, beim Teilen von Fleisch und vegetarischer Kost nachweisbar. Und dieser Oxytozinspiegel lag signifikant höher als nach dem Austausch von Zärtlichkeiten beim Grooming (Roman M. Wittig et al. 2014: 7). Es muss also eine starke, direkte und exklusive Verbindung zwischen Food Sharing und Oxytozin respektive sozialer Bindung geben (Roman M. Wittig et al. 2014: 6): »It seems likely that food sharing is an act linked with social bonding.« (Roman M. Wittig et al. 2014: 7) Höchstwahrscheinlich, so die These der AutorInnen, ist diese Verbindung zwischen Nahrungsteilen und sozialer Bindung evolutiv aus der Bindung zwischen Mutter und Säugling in der Säugephase entstanden: »Food-sharing events between unrelated adults link into ancient mammalian neural ›hardware‹ that evolved in the context of lactation related oxytocin release. Initially, this mechanism may have evolved to maintain bonds between mother and offspring beyond the age of weaning. It may then have evolved further, promoting bond formation and maintenance in non-kin cooperative relationships.« (Roman M. Wittig et al. 2014: 9) In der Phase des Säugens ist die Bindung zwischen Mutter und Kind für den Säugling überlebensnotwendig. Beide müssen sich so eng wie möglich an den anderen binden. Doch hat die Evolution diesen Mechanismus, der ursprünglich rein funktional entstand, nach und nach jenseits dieser Funktionalität weiterentwickelt. Daher schließt Wittig: »In the end, the word ›companion‹ … may be more literal than previously thought.« (Roman M. Wittig et al. 2014: 9)

Es scheint mir bemerkenswert, dass der Verhaltensforscher Wittig nahelegt, biologische Mechanismen so zu deuten, dass sie rein mechanistische Funktionalitäten überschreiten können und Spielräume für ihre kulturelle Gestaltung öffnen. Oxytozin ist nicht nur nützlich zum Überleben, sondern entwickelt eine Eigendynamik, die auf Bindungen jenseits des Überlebensnotwendigen zielt und diesen philosophisch betrachtet Eigenwert verleiht. Die These von Eva Barlösius, dass das Nahrungsteilen sich einer rein funktionalistischen Deutung entzieht, kann so naturwissenschaftlich bestätigt werden.

Was Wittig und seine Gruppe bei Schimpansen beobachteten, dürfte bei deren nächsten Verwandten der Gattung homo sapiens nicht wesentlich anders ablaufen. Das Teilen des Tischs trägt mehr zur zwischenmenschlichen Bindung bei als das Teilen des Betts. So wichtig das Geben und Empfangen von Zärtlichkeiten auch sein mag, für die individuelle, ja personale Bindung ist die Gemeinschaft im Essen und Trinken weitaus wichtiger. Die eheliche Beziehung wurde klassisch durch beides umschrieben, durch das Teilen von Tisch und Bett. Aber die seit der Romantik vorherrschende Populärmeinung, das Bett sei wichtiger als der Tisch, ist eine grobe Fehleinschätzung. Wenn im Folgenden die einzigartige Vielschichtigkeit und Komplexität menschlichen Nahrungsteilens ein klein wenig umschrieben und analysiert wird, dann mag darin die gewaltige kulturelle Leistung aufscheinen, die sich in jeder Tischgemeinschaft ausdrückt.

Menschliche Tischgemeinschaft ist im Normalfall Food Sharing und nicht nur Social Feeding. Letzteres mag es geben, wenn sich ein Verein auf einer Wanderung zum Picknick niederlässt und jedeR isst, was er oder sie mitgebracht hat. Doch schnell beginnt man selbst in einer solchen Situation zu teilen. Hier lässt sich die sehr generalisierte These von Marcel Mauss dick unterstreichen: »Es gehört zum Wesen der Nahrung, geteilt zu werden« (Marcel Mauss 1968: 142). Zwar gehört es auch zum

Wesen des Eigentums, geteilt zu werden – man spricht von der Sozialpflichtigkeit –, doch ist das Teilen der Nahrung fundamentaler, weil diese die notwendige Bedingung des (Über-)Lebens darstellt: Wenn der, der genügend Nahrung hat, sie nicht teilt, verhungert der andere. Das spürt der Mensch intuitiv, wenn er isst und trinkt.

Im gemeinsamen Essen als einem Nahrungsteilen sind Ethik und Spiritualität folglich mit angesprochen. Teilen steht unter der Frage von Gerechtigkeit und Maßhaltung und indirekt auch unter der Frage der anderen Tugenden, die das ethische Raster dieser Abhandlung darstellen. Im Folgenden soll die Tischgemeinschaft daher zunächst unter den vier Kategorien symbolischer Codierung betrachtet werden, die diese Abhandlung strukturieren (5.1 bis 5.4). Anschließend sollen die Tischregeln als Versuch der ethischen und konventionellen Normierung der Tischgemeinschaft reflektiert werden (5.5). Ein Spezialfall der Tischgemeinschaft ist es, wenn ein Gast anwesend ist. Zwischen GastgeberIn und Gast besteht ein beachtliches Gefälle, das besonders behutsamer Normierung bedarf und daher eigens analysiert wird (5.6). Schließlich kann die Praxis der Tischgemeinschaften Jesu und der frühen ChristInnen inspirierende ethische und spirituelle Einsichten liefern (5.7 und 5.8), ehe wie gewohnt die Kontrastierung von profanen Tischgemeinschaften und der Eucharistie als Brotbrechen abschließende Impulse bereitstellt (5.9).

5.1
Den Anderen zulassen
Mahlgemeinschaft und Zugehörigkeit

Wenn von Tischgemeinschaft die Rede ist, stellt sich natürlich zuerst und am wichtigsten die Frage, wer Zugang zum Tisch hat. Daher wird ausnahmsweise die übliche Reihenfolge der vier Kategorien symbolischer Codes verlassen und die in der bisherigen Reihung zweite Kategorie an den Anfang gestellt. Sie verkörpert den umfangreichsten Punkt des ganzen Kapitels.

Funktionalistisch wird die Frage der Zugehörigkeit zur Tischgemeinschaft unter dem binären Code von Inklusion und Exklusion verhandelt (siehe Kapitel 2.2.6). Gesellschaften und ihre Subsysteme werden aus der Dritte-Person-Perspektive als deterministisch betrachtet. Die kritische Frage ist dabei, wie diese Systeme funktionieren (deskriptiv) und wie sie im Rahmen ihrer Funktionsmechanismen gerecht(er) gestaltet werden können (normativ). Zweifellos ist das eine berechtigte, ja notwendige Perspektive, wenn man systemische Blockaden lösen will. Doch fragen wir nach einer umfassenden Gestalt guter Ernährung. Sie impliziert die Suche nach einer glückenden Identität jedes einzigartigen Menschen, der »ist, was er isst«. Daher muss auch an dieser Stelle, an der die Versuchung naheläge, sich ausschließlich funktionalistischen Theorien zuzuwenden, immer deren Einbettung in die umfassendere Erste-Person-Perspektive strukturalistischer, das heißt symboltheoretischer Modelle in Erinnerung bleiben.

Identität gewinnt der Mensch nur aus Abgrenzung. Um sich zu *de-finieren*, muss er sich durch symbolische Interaktion abgrenzen, wie der lateinische Begriff wörtlich sagt. Eine rein auf Inklusion orientierte politische oder soziale Theorie übersieht diese Notwendigkeit und steht in Gefahr, das Individuum kollektivistisch zu vereinnahmen. Prinzipiell soll die Inklusion jedem Menschen offenstehen, wo immer sie möglich ist. Und wo Inklusionstheorien angeblich unüberwindbare Barrieren als reine Denkbarrieren entlarven, ist das zu begrüßen. Doch als gemäßigter Konstruktivist bin ich nicht davon überzeugt, dass Barrieren generell nur im Kopf existieren. Die »Natur« setzt jedem Menschen Grenzen seiner Integrationsmöglichkeiten, und die gilt es zu respektieren, damit dieser Mensch seine Identität finden und annehmen kann. Identität entwickelt sich ja gerade auch im Reiben an solchen »naturhaft« vorgegebenen Grenzen.

Identität wächst dort, wo ein Mensch sich Gruppen zugehörig fühlt, und wo er sich damit gleichzeitig von anderen Gruppen unterscheidet. Der Deutsche ist kein Chinese und auch kein Russe. Er kann es durch eine jahrzehntelange Inkulturation in die betreffende Kultur und Mentalität werden, doch kostet ihn das eine enorme Anstrengung und Geduld, die im Laufe seines Lebens bestenfalls wenige Male leistbar ist. Identitäten wechselt man nicht wie Kleidungsstücke, sondern wandelt sie in Lebensprozessen.

Gesellschaftliche Gruppen konstituieren ihre Identität über die Gruppenzugehörigkeit. Das bedeutet aber noch lange nicht, dass sie nicht offen für neue Mitglieder sind oder dass sie andere Gruppen als minderwertig betrachten. Genau das ist der ethische Fokus der folgenden Abschnitte. Mit den der symbolischen Codierung der Zugehörigkeit korrespondierenden Tugenden Ehrfurcht und Gerechtigkeit lässt sich sehr gezielt sicherstellen, dass eine (dann vermeintliche!) Identitätsbildung zwar in Differenz, nicht aber auf Kosten der Identitätsbildung anderer Individuen oder Gruppen geschieht (Ehrfurcht) und dass Gruppen sich prinzipiell immer offenhalten für neue Mitglieder und für Anregungen von Außenstehenden (Gerechtigkeit).

Der Gang der Darstellung geht vom Allgemeinen zum Besonderen: Zunächst wird auf die Zugehörigkeit zum »Tisch« gesellschaftlicher Gruppen ganz allgemein geschaut (5.1.1), dann auf regionale, nationale und internationale Gruppenbildungen (5.1.2). Die Frage der Geschlechterrolle darf in einer Diskussion von Zugehörigkeit nicht fehlen (5.1.3). Schließlich wird das relativ spezifische, aber theologisch nicht unbedeutende Problem von Speisetabus, insbesondere in Gestalt der jüdischen Speisegesetze und der typisch christlichen Exklusionsmechanismen von der Tischgemeinschaft in den Blick genommen (5.1.4 bis 5.1.6).

5.1.1
Die Zugehörigkeit zum »Tisch« gesellschaftlicher Gruppen

Essgewohnheiten verorten Menschen im Sozialgefüge: »An dem, was sie essen und wie sie es essen, kann man erkennen, was sie wirklich sind und welchen Platz sie in der Gesellschaft einnehmen dürfen.« (Jakob Tanner 1996: 404) In Tanners Formulierung wird bereits deutlich, dass die vom Individuum angenommenen Essgewohnheiten teils frei gewählt, teils aber auch von der Gesellschaft auferlegt werden. Identitätsbildung, so hatten wir bei George Herbert Mead gesehen, läuft zwischen gesellschaftlicher Rollenzuweisung (Me) und eigenverantwortlicher Auseinandersetzung damit (I) ab.

Dieser Prozess der Identitätsbildung verläuft in einem hermeneutischen Zirkel, den vermutlich niemand so treffend beschrieben hat wie Pierre Bourdieu in seinem bahnbrechenden Werk »Die feinen Unterschiede« (Pierre Bourdieu 1982). Einerseits wird der »individuelle« Geschmack des einzelnen Menschen von der Gesellschaft geprägt, genauerhin von der jeweiligen sozialen Gruppe, dem Milieu, in dem dieser Mensch aufwächst. Geschmack, nicht nur bezüglich des Essens und Trinkens, sondern auch im Blick auf Musik und Kunst, Kleidung und Wohnungseinrichtung und viele anderen Gesichtspunkte mehr, ist nicht Ergebnis der »Natur«, sondern der Kultur, anerzogen, nicht angeboren. Doch jede Kultur, jedes Milieu möchte sich andererseits auch von anderen unterscheiden. Daher entwickeln die Mitglieder eines Milieus je eigene »Habitus«, Grundhaltungen, die über die Pluralität von Situationen hinweg konstant bleiben und aus denen milieuspezifische Lebensstile erwachsen. Die Mitglieder desselben Milieus »verleiben« den entsprechenden Habitus »ein« und definieren über ihn ihre Zugehörigkeit zur sozialen Gruppe. So wächst in ihnen der Sinn für soziale Distinktion.

Diese Dynamik, sich einer Gruppe zugehörig und von anderen Gruppen unterschieden fühlen zu wollen, hat Bourdieu empirisch nachgewiesen und höchst detailliert analysiert. Seine Stoßrichtung ist dabei eine politische und emanzipatorische: Dort, wo Systeme die Abschottung der Gruppen gegeneinander zementieren und undurchlässig sind, bedarf es der Öffnung. Das gilt insbesondere im Bildungssystem, das für den sozialen Aufstieg von Menschen das bestmögliche Sprungbrett bildet. Wenn zum Beispiel GrundschullehrerInnen in Deutschland dem Akademikerkind zum Gymnasium raten und dem Arbeiterkind zur Realschule, obwohl beide Kinder dieselben Noten haben, oder wenn Arbeitereltern sich scheuen, ihr hochbegabtes Kind, das beste Noten hat, ans Gymnasium zu schicken, dann muss an dieser Ungerechtigkeit gearbeitet werden.

Auch im Ernährungsverhalten gibt es durchaus ethisch relevante Faktoren sozialer Distinktion. Wie in Kapitel 3.5 gezeigt, ernähren sich Menschen aus sozial schlechter gestellten Gruppen im Durchschnitt ungesünder. Ohne ihre Freiheit zu missachten muss dem durch subsidiäre staatliche Maßnahmen wirksam entgegengearbeitet werden. Doch sollte man sich hüten, jegliche soziale Distinktion zu moralisieren und als beseitigenswert zu betrachten. Viele Distinktionen im Bereich von Essen und Trinken sind ethisch neutral und dienen nicht einer Besser- oder Schlechterstellung von Gruppen, sondern nur einer Andersstellung (»Alleinstellungsmerkmal«). Distinktion ist zur Identitätsbildung unumgänglich und muss daher gefördert werden, wo sie den beiden ethischen Tugenden Ehrfurcht und Gerechtigkeit nicht widerspricht.

Wie verhalten sich zum Beipsiel Menschen verschiedener sozialer Gruppen, wenn sie in einem Restaurant aufeinandertreffen? Diese Frage stellte sich eine ForscherInnengruppe, die zwei Wochen lang über 3.000 BesucherInnen einer multiethnischen Cafeteria in Nordwestengland beobachtete, die Weiße, AsiatInnen und Schwarze frequentieren. Wohin setzen sich die Personen, die diese Cafeteria betreten (Beverley Clack et al. 2005: 1–16)? Folgendes Ergebnis stellte sich im Laufe des Beobachtungszeitraums heraus (Beverley Clack et al. 2005: 13–14): Insbesondere einzelne KundInnen setzen sich an einen Tisch, der bereits von der eigenen Ethnie besetzt ist. So entwickeln sich wie von selbst Sektoren, in denen einzelne Ethnien dominieren. Zwei Hauptfaktoren beeinflussen die Mischung der Ethnien: 1) Gender: Rein weibliche Gruppen mischen sich nur halb so oft wie rein männliche oder gemischtgeschlechtliche Gruppen – eine bereits in anderen Studien gefundene Beobachtung. 2) Die Gesamtzahl der Anwesenden: Bei mehr als vierzig im Restaurant anwesenden KundInnen halbierte sich die Wahrscheinlichkeit einer ethnischen Vermischung – ein für die ForscherInnengruppe unerwartetes Resultat.

Die AutorInnen beschreiben – sie interpretieren nicht und bewerten nicht. Die ihnen bereits bekannte Abhängigkeit der Bereitschaft, sich an den Tisch einer fremden Ethnie zu setzen, vom Geschlecht ist leicht einsichtig. Frauen zögern, sich an einen Männertisch einer fremden Ethnie zu setzen, weil sie nicht wissen, wie sie dort behandelt werden. Männer und gemischte Gruppen brauchen sich darüber in einer mehrheitlich patriarchalen Welt weniger Gedanken zu machen. Die für die ForscherInnen überraschende Abhängigkeit der Bereitschaft, sich an den Tisch einer fremden Ethnie zu setzen, von der Zahl anwesender Personen ist aber ebenfalls erklärbar. Sind wenige Menschen im Raum, sinkt die Wahrscheinlichkeit, eine Tischgruppe der eigenen Ethnie zu finden. Wenn man sich also nicht allein in ein Eck setzen will, muss man sich zwangsläufig häufiger an den Tisch einer fremden Ethnie setzen. Alles in allem scheint es also ein großes Bedürfnis zu geben, mit Menschen am Tisch zu sitzen, die aus dem eigenen Kulturkreis oder der eigenen Weltregion stammen. Dort vermutet man eine höhere Wahrscheinlichkeit, Zugehörigkeit und Verortung erleben zu dürfen.

Ethisch betrachtet ist es natürlich wünschenswert, dass sich verschiedene Ethnien, die in einer Stadt leben, begegnen und einander kennen- und schätzen lernen. Ein dauerhafter sozialer Zusammenhalt ist gar nicht möglich, wenn diese Gruppen völlig voneinander getrennt nebeneinanderher leben. Deswegen sind Kochkurse für MigrantInnen, die gegenseitige Einladung der ethnischen Gruppen zu Festen oder das gezielte Organisieren eines »Fests der Völker« wichtige Schritte, um Gemeinschaft aufzubauen. »Essen und Trinken bringt die Leute zusammen«, lautet ein altes Sprichwort, das in einer multikulturellen Gesellschaft neue Dringlichkeit gewinnt. Aber es braucht ein entsprechendes Setting, um interkulturelle bzw. interethnische Tischgemeinschaften in einer gewissen Zwanglosigkeit und Unverkrampftheit anzubahnen. Der spontane Besuch in einem Café ist dafür offenbar nur begrenzt geeignet. Es braucht Gelegenheiten, wo ethnische Gruppen unter sich sein können, und Gelegenheiten, wo sich diese Gruppen begegnen. Eine gesunde Balance ist der Schlüssel zum Erfolg.

Was hier exemplarisch für ethnische Gruppen beim Cafébesuch dargestellt wurde, gilt ebenso für soziale, alters- oder milieuspezifische Gruppen. Jugendliche etwa brauchen Orte und Zeiten, zu denen sie unter sich sein und essen können. Es ist aber ebenso wichtig, dass sie sich nicht völlig gegenüber den anderen Generationen abschotten, sondern an Orte und Tische geführt werden, die der intergenerationellen Begegnung dienen. Solche Tische des Miteinanderessens verschiedener sozialer Gruppen werden deren Differenzen Gruppen nicht aufheben (Ekkehard W. Stegemann 1990: 134). Das ist auch gar kein wünschenswertes Ziel, wenn es um Identitätsbildung geht. Doch sie können für eine ausgewogene Balance zwischen Nähe und Distanz, Gemeinsamem und Individuellem, Gleichheit und Verschiedenheit sorgen. Gerechtigkeit und Ehrfurcht sind die beiden Tugenden, die für das Erreichen dieser Balance besondere Bedeutung haben.

5.1.2
Der »Tisch« von Regionen und Nationen
und die Internationalität

In einer Welt, die zunehmend mehr globalisiert wird, in der sich Kulturen vermischen und ihre Spezifika eingeebnet werden, geht den Menschen leicht und unmerklich ein wichtiger Teil ihrer Identität verloren. Dass daher gerade heute die regionalen Bezüge der Lebensmittel und Essgewohnheiten immer größere Bedeutung gewinnen, scheint einleuchtend. Und dass entgegen dem Trend zum freien Welthandel zunehmend schärfere Restriktionen gesetzt werden, wo die Regionalität von Lebensmitteln verschleiert oder zum Etikettenschwindel missbraucht wird, ist die ebenso verständliche normative Antwort auf dieses Bedürfnis.

Regionale Lebensmittel und nationalitätsspezifische Restaurants symbolisieren die Tischgemeinschaft mit den Menschen dieser Region oder Nation. Es geht nicht darum, dass man zu den Schweinen eine Beziehung sucht, aus denen der Parmaschinken hergestellt wird, sondern zu den Menschen der Region Reggio Emilia oder der Nation Italien und ihrer Kultur. Mit dem Verspeisen eines regional oder national codierten Lebensmittels setzt man die Menschen und ihren Lebensstil mit an den Tisch. Dabei nimmt man eine gewisse Fiktionalität des angeblichen Regionalitätsbezugs durchaus in Kauf (Eva Barlösius 1999: 154).

Regionaltypische Speisen und Speisegewohnheiten sind historisch sehr früh entstanden. Als nationaltypisch können sie allerdings erst betrachtet werden, seit es das Konzept der Nationalstaaten im modernen Sinn gibt, mithin seit dem 18. Jahrhundert (Jakob Tanner 1996: 412). In jedem Fall aber geht es um mehr als um einzelne Lebensmittel. Vielmehr wird im Regelfall eine ganze Ernährungskultur nachgebildet: Italienische Restaurants in Deutschland müssen Bilder vom Vesuv bei Neapel oder von der Blauen Grotte auf Capri an die Wand hängen. Sie bieten ein konsequentes Ensemble italienischer Speisen an, bis hin zum Mineralwasser, dessen Herkunft kein Gast schmecken könnte, wenn die Flasche ohne Etikett wäre. Italienisches Geschirr kommt auf den Tisch, von der Weinkaraffe über den Pizzateller bis zur Espressotasse. Und ein paar italienische Brocken des Kellners gehören ebenso dazu wie italienische Musik im Hintergrund. Das ortstypische Ambiente soll möglichst perfekt nachgebildet werden, damit es mit allen Sinnen erfahrbar ist.

Damit man die interkulturelle Harmonie, die sich in der Internationalisierung der mitteleuropäischen Gastronomie andeutet, nicht zu sehr verklärt, hilft es, mit Maren Möhring auf ihre Ursprungsbedingungen zu schauen (Maren Möhring 2012): Die italienischen ebenso wie die griechischen, jugoslawischen und türkischen Gaststätten in Deutschland entstanden vorwiegend in der Wirtschaftskrise Anfang der 1970er-Jahre, als die Gastarbeiter ihre bisherige Arbeit verloren. Von Seiten der Restaurantbetreiber war also die pure Not die treibende Kraft. Doch traf sie seitens der BesucherInnen auf die neue Offenheit der 1968er und auf die positiven Urlaubserfahrungen der Wirtschaftswundergeneration, die sich gern an den Urlaub in Italien, Griechenland oder auf dem Balkan erinnerte. Bis ins Luxussegment hat es allerdings bis heute nur die italienische Küche gebracht, die anderen Nationalküchen blieben im mittleren oder gar unteren Segment stecken, in Letzterem etwa die türkischen Dönerbuden. Dennoch wird an den Nationalgastronomien das Potenzial wertschätzender Identitätsbildung und interkultureller Begegnung erkennbar.

Unterschwellig liegt nämlich meist eine Wertung darin, wenn von Regional- oder Nationalküchen die Rede ist. Eva Barlösius (1999: 146–164) erkennt vor allem zwei Arten der Wertkennzeichnung nationaler oder regionaler Küchen (Eva Barlösius 1999: 149): Idealbilder, die meist als Selbstbilder entwickelt und durch Edelrestaurants transportiert werden wie zum Beispiel das der französischen Haute Cuisine. Und abschätzige Etikettierungen, die meist als distanzierende Fremdbilder entwickelt und auf Speisen bezogen werden, die im betreffenden Land selber in der Speisenhierarchie eher unten stehen. Letztere seien besonders sichtbar in der Bewertung von MigrantInnenküchen, sofern sich diese nicht der Mehrheitsgesellschaft anpassten. Nach und nach könne aber der Wandel vom abschätzigen zum wertschätzenden Fremdbild gelingen: Die italienische Küche sei in Europa und den USA seit den 1960er-Jahren anerkannt, obwohl sie vorher abschätzig betrachtet wurde. Den entscheidenden Grund sieht Barlösius nicht in den Urlaubsreisen nach Italien, sondern in der Ausbreitung gehobener italienischer Restaurants. Die Pizzeria habe weiterhin eine eher geringe Wertschätzung (Eva Barlösius 1999: 163).

Dass nationaltypische Restaurants und Lebensmittelläden nicht nur für die Begegnung der Kulturen sorgen, sondern oft zur Beheimatung der MigrantInnen aus den entsprechenden Ländern dienen, zeigt Francis Leo Collins (2008: 151–169) am Beispiel von KoreanerInnen, die nach Neuseeland ausgewandert sind. Den MigrantInnen geht es dabei, wie Collins nachweist, nicht primär darum, ihre Identität zu wahren oder zu demonstrieren, sondern um das alltagspraktische Wissen, wie man bestimmte Speisen kocht (Lebensmittelläden), und um die Gelegenheit, mit ihren Landsleuten zusammenzukommen und sich auszutauschen (Restaurants).

Auch die Werbung macht sich die zunehmende Bedeutung der Regionalität von Speisen zunutze. Vom Jahr 1985 bis zum Jahr 2000 war der Rindfleischkonsum in der kanadischen Provinz Alberta von 65 auf 50 Pfund pro Kopf und Jahr gefallen. Durch eine geschickte regionalpolitische und unternehmerische Marketingkampagne wurde der Konsum von »Alberta Beef« in den 2000er-Jahren trotz BSE-Krise stark erhöht – der Verweis auf die Regionalität überzeugte offenbar viele KonsumentInnen. Gwendolyn Blue, die diese Entwicklung wissenschaftlich analysiert hat, erklärt sich das so: Kanada lebe zwischen der Sehnsucht nach nationaler Einheit und regionaler Beheimatung. Alberta sei hoch industrialisiert und verstädtert, wirtschaftlich aber hin und her pendelnd zwischen Boom und Bust. Schon seit vielen Generationen sehe es sich daher vom Rest der Nation entfremdet und ausgebeutet. Das Rindfleisch als Symbol der früheren Cowboy-Kultur passe ideal in diesen regionalen Opfermythos hinein (Gwendolyn Blue 2008: 70–85).

Dieser zugegebenermaßen enorm kurz gehaltene Durchgang durch die Bedeutung der Regionalität und Nationalität für Speisen und Tischsituationen kann vielleicht besser als der vorangehende Abschnitt verdeutlichen, dass es nicht um die Auflösung regionaler oder nationaler Codierungen geht. Vielmehr können diese in unschätzbarer Weise zur Vielfalt und Intensität symbolischer Kommunikation beitragen. Gerade über die Kategorie der Zugehörigkeit und Verortung besitzen Speisen, Getränke und Ernährungsstile ein unendliches Potenzial an Identity Markern. Ethisch entscheidend ist es, diese über die Tugenden der Ehrfurcht vor der anderen Region oder Nation und der Gerechtigkeit im Zugang zur eigenen wie zur fremden Regionalität zu regulieren und zu gestalten. Schimpfwörter wie die in Kapitel 2.2.2 genannten »Kümmelfresser«

oder »Krauts« zeigen deutlich, wie beleidigend und verletzend gerade Äußerungen über die fremde Küche sein können. Sie treffen die gemeinte Gruppe ähnlich stark wie Äußerungen über ihre Körpermerkmale, aber weit stärker als alle anderen Äußerungen, die man über diese Gruppe machen kann. Der Leib spielt eine besondere Rolle für die Identitätsbildung, weil er trotz Schönheitschirurgie nicht beliebig austauschbar ist. Essen und Trinken gehen aber ebenso unter die Haut wie körperliche Eigenschaften, sie haben einen intrinsischen Leibbezug. Daher sind Aussagen über den Leib und über Essen und Trinken Chancen zum Ausdruck höchster Geringschätzung, aber auch höchster Wertschätzung.

5.1.3

Die Geschlechterdifferenz(-hierarchie) bei Tisch

Keine andere symbolische Codierung der Ernährung dürfte geschichtlich so weit zurückreichen und daher so ausdifferenziert sein wie die der Geschlechterrollen. Auch in diesem Buch kommt die Genderthematik praktisch in jedem Kapitel vor (siehe vor allem Kapitel 2.2.2, Kapitel 3.6.1, Kapitel 4.3 und Kapitel 7).

Monika Setzwein zeigt, dass die geschlechterspezifische Codierung der Ernährung sich auf vier Ebenen abspielt:

- auf der Ebene der Nahrungsmittel im Sinne von Gendersemantiken;
- auf der Ebene der Ernährungsvorgänge im Sinne von Genderhandeln (doing gender);
- auf der Ebene der Ernährungsstrategien im Sinne einer Gendersomatisierung;
- auf der Ebene der Leiberfahrung im Sinne einer gefühlten Gender-Realität.

Dieser Gliederung folgend sollen kurz und knapp wesentliche Erkenntnisse wiederholt und zusammengefasst werden:

1) **Gendersemantiken der Nahrungsmittel** (vgl. Kapitel 2.2.2 und Kapitel 7): Männer konsumieren in Deutschland circa sechsmal so viel Bier wie Frauen – 253 Gramm pro Tag zu 39 Gramm pro Tag im Jahr 2008 (Bundesministerium für Ernährung, Landwirtschaft und Verbraucherschutz 2008b: 55). Beim Wein liegen die Frauen hingegen nur knapp hinter den Männern. Dafür gibt es je nach Charakter der Rebsorte typische Frauen- bzw. Männerweine. Auch Zigarettenmarken werden entweder für Frauen oder für Männer konzipiert und beworben. Schließlich übertrifft der Fleischkonsum der Männer in Mitteleuropa den der Frauen bei Weitem (in Deutschland 2007 im Mittel 103 Gramm pro Tag im Vergleich zu 53 Gramm pro Tag, siehe Bundesministerium für Ernährung, Landwirtschaft und Verbraucherschutz 2008b: 44). Umgekehrt essen Frauen weit mehr Gemüse und Salate. In einer Liste der am meisten präferier-

ten Speisen nennen Frauen sechs Fisch- und drei Fleischgerichte, aber 32 vegetarische Speisen. Männer hingegen nennen ein Fischgericht, fünf vegetarische Gerichte und 34 Fleischspeisen (Monika Setzwein 2004: 177).

Monika Setzwein (2004: 117) weist darauf hin, dass es diese klaren Unterscheidungen zwischen typisch männlichen und typisch weiblichen Speisen erst seit dem 18. Jahrhundert gibt: Seitdem gelten Speisen mit leichtem, süßlichem, mildem Geschmack, die keinen großen Aufwand beim Kauen und keine intensiven Reizungen hervorrufen, als weiblich. Als männlich gelten Speisen, die stark, deftig und schwer sind, einen zupackenden Biss brauchen und scharf, bitter und herb schmecken. Damit wird das Bild vom passiven und schwachen Geschlecht der Frau ebenso verstärkt wie das vom aktiven und starken Mann. Die Gendersemantik der Speisen unterstreicht die Hierarchisierung zwischen Mann und Frau. So entsteht ein hermeneutischer Zirkel: Weiblich ist, was Frauen essen – Frauen essen, was als weiblich deklariert wird.

2) Genderhandeln (doing gender) bei Ernährungsvorgängen (vgl. Kapitel 4.3): Die geschlechtsspezifische Zuordnung der Essenszubereitung war bereits Thema und soll hier nicht wiederholt werden. Aber auch der Essensvorgang selbst ist stark gegendert: Frauen essen vorwiegend gesundheitsorientiert, was sie meist demonstrativ zeigen (Monika Setzwein 2004: 178), aber auch attraktivitätsorientiert, was sie meistens verdecken (Monika Setzwein 2004: 179). Männer hingegen stellen selbst das Essen gerne als Arbeit dar, wollen schwitzen und schnaufen (Monika Setzwein 2004: 185 f.).

Mehr noch als die Art des Essens scheint aber die Portionsgröße geschlechtsspezifisch codiert zu sein (Susan Basow 1993: 335–344). Während das gesunde Essen eines Salatgerichts durch eine Frau Männern und Frauen gleichermaßen Schönheit und Attraktivität (attractiveness) der essenden Frau vermittelt, und zwar unabhängig von der Portionsgröße des Salats, signalisiert das Essen einer kleinen Portion durch dieselbe Frau Männern und Frauen gleichermaßen eine höhere soziale Anziehung und Wärme (social appeal). Isst wiederum dieselbe Frau hingegen eine große Portion eines Fleischgerichts, wird sie von Männern und Frauen gleichermaßen weder als attraktiv noch als sozial anziehend wahrgenommen. Dabei erleben die sie beobachtenden Versuchspersonen die Frau in allen drei Essenssituationen als gleich weiblich. Die de facto vorhandene geschlechterdifferente Wahrnehmung des Essverhaltens von Frauen ist also schon so stark internalisiert, dass sie von niemandem mehr als solche wahrgenommen wird: »Eating ›lightly‹ is a cultural norm for women, not one imposed by men.« (Susan Basow 1993: 343) Und Basow schließt, dass die unsichtbaren Restriktionen weiblicher Ernährung viel weiter reichen als das Schlankheitsideal: »Fat is a feminist issue. The social control of women's eating and the social pressure on women to be thin are just pieces of the larger package of restrictions on women.« (Susan Basow 1993: 343)

3) **Gendersomatisierung der Ernährungsstrategien** (vgl. Kapitel 3.6.1): Auch wenn Basow zurecht darauf hinweist, dass die Ernährungsrestriktionen für Frauen wesentlich weiter reichen als das Körperideal, spielt dieses dennoch eine große Rolle. Das zeigt sich am unmittelbarsten beim Diätverhalten von Frauen schon in sehr jungen Jahren: 20,7 Prozent der 15-jährigen Mädchen in Deutschland machte 2009/10 eine Diät, im Vergleich zu nur 8,5 Prozent der 15-jährigen Jungen (Health Behaviour in School-aged Children 2009/10: 3). Die deutlich geschlechtsspezifische Inzidenz von Essstörungen hat vor allem darin ihre Ursache.

Der Körper ist generell ein Medium der Aneignung sozialer Strukturen (Monika Setzwein 2004: 221–244). Die sozialen Gegebenheiten halten »Einzug in den Körper« (Monika Setzwein 2004: 226), einschließlich der Geschlechterrollen. Diese Körpersozialisation beginnt bereits im Mutterleib: Eltern bewerten das Verhalten ihres ungeborenen Kindes anders, je nachdem ob sie glauben, es sei ein Junge oder ein Mädchen (Monika Setzwein 2004: 250): Ungeborene, die für einen Jungen gehalten werden, werden von den Eltern taktil und motorisch stimuliert, und Ungeborene, die für ein Mädchen gehalten werden, verbal. Der so initiierte Prozess der Sozialisation setzt sich nachgeburtlich fort, auch im Blick auf die Ernährung: Eltern und andere erwachsene Bezugspersonen stimulieren Jungen zum Essen, damit sie »groß und stark werden«, und zügeln die Esslust der Mädchen, damit sie nicht dick werden (Monika Setzwein 2004: 226). Die Körpersozialisation ist also stark geschlechtsspezifisch codiert.

4) **Leiberfahrung als gespürte Gender-Realität:** Aufgrund der höchst differenzierten, vielschichtigen und umfassenden Gender-Codierung der Ernährung auf den drei vorgenannten Ebenen wird ihre kulturelle Konstruktion für die beteiligten Personen unsichtbar. So wird die gesellschaftliche Konstruktion des weiblichen bzw. männlichen Körpers als eine gefühlte Realität wahrgenommen, die »naturgegeben« ist und nicht mehr verändert werden kann. Erst durch die umfangreichen Gender Studies der letzten Jahrzehnte ist hier das Bewusstsein für die Gestaltetheit und Gestaltbarkeit weiblicher und männlicher Körperbilder und Ernährungsweisen gewachsen.

Was wäre das ethische Ziel einer Neuinterpretation der Geschlechterrollen, besonders im Bereich von Körper und Ernährung? Wiederum plädiere ich nicht für eine Auflösung der Geschlechterdifferenzen, wie sie Gayle Rubin in dem berühmten Schlagwort von der »genderless society« zuerst formuliert hat. In ihrem berühmten Aufsatz schreibt sie: »I personally feel that the feminist movement must dream of the elimination of obligatory sexualities and sex roles. The dream I find most compelling is one of an androgynous and genderless (though not sexless) society, in which one's sexual anatomy is irrelevant to who one is, what one does, and with whom one makes love.« (Gayle Rubin 1975: 204) Mir scheint Rubin in diesem Zitat das Kind mit dem Bade auszuschütten: Natürlich geht es darum, dass Geschlechtsstereotype zurückgefahren und ihrer an Zwang grenzenden, weil unsichtbaren Macht beraubt werden. Natürlich geht es erst recht darum, aus einer Geschlechterdifferenz keine Werthierarchie abzuleiten. Aber ist es wirklich realistisch, dass das körperliche Geschlecht (sex) keinerlei Bedeutung mehr für die eigene Identität hat (who one is)? Identitätsfragen sind engstens an die eigene Körpererfahrung gebunden – wie könnte es da sein, dass der winzige, aber grundlegende Unterschied des körperlichen Geschlechts keine Rolle mehr spielt? Hier vertritt Rubin einen radikalen Konstruktivismus, der das »Natürliche« in seiner Eigendynamik unterschätzt – bei allem Zugeständnis, dass auch das »Natürliche« immer gesellschaftlicher Interpretation unterliegt.

Wie schon in den vorangehenden Unterkapiteln plädiere ich also auch in der Geschlechterfrage für eine Beibehaltung einer offenen, nicht metaphysisch überhöhten oder binär erstarrten Seinsdifferenz unter Abschaffung der Wertdifferenz: Die Gleichwertigkeit und Gleichberechtigung beider Geschlechter ist ethisch betrachtet ein unverzichtbarer Maßstab: Über die beiden Tugenden Ehrfurcht und Gerechtigkeit, die ich der Symbolkategorie der Zugehörigkeit zugeordnet habe, lassen sie sich angemessen begründen.

5.1.4
Speisetabus und Theorien ihrer Erklärung

Noch im frühen 19. Jahrhundert wurden in Wien folgende Tiere und Körperteile von Tieren gegessen: Eingeweide, Euter, Hoden und Augen von Rindern; Schnecken, Frösche, Eichhörnchen, Murmeltiere, Bärentatzen und ungeborene Hasen. Im 18. Jahrhundert waren neben diesen auch Marder, Fischotter, Igel, Singvögel und Insekten eine akzeptierte und gebräuchliche Nahrung. Schon damals nicht gegessen wurden Pferde, Katzen und Hunde, aber auch Ratten, Mäuse sowie Heuschrecken, Ameisen, Würmer, Raupen und Maden (Roman Sandgruber 2007: 14–15). Innerhalb von zwei Jahrhunderten hat sich die Wiener Speisekarte offenbar gravierend verkleinert.

Schuld an dieser Verkleinerung der Palette essbarer Tiere und ihrer Körperteile sind Speisetabus. Während Speiseverbote einer Gruppe durch eine Autorität von außen auferlegt werden, wirken Speisetabus von innen in einem Zusammenspiel von Scheu und Ekel (Monika Setzwein 1997, 24). Sie sind verinnerlichte Speiseverbote, deren äußere Herkunft oft nicht mehr nachvollziehbar ist. Um eine sinnvolle Konzentration des Themas zu garantieren, werden im Folgenden pars pro toto nur generelle Speisetabus betrachtet, also zeitlich unbefristete Speisevermeidungen für alle Menschen einer Gesellschaft oder Religion. Im Unterschied zum nachfolgenden Abschnitt über die spezifischen jüdischen Speisetabus wird das Thema zunächst auf Lebensmittel eingegrenzt. Praktiken des Zubereitens oder Verzehrs, die ebenfalls Tabuisierungen unterliegen, sollen hier ausgespart bleiben. Ziel ist es, die gängigen Theorien für Genese und Geltung von Speisetabus zu betrachten und einem kritischen Vergleich zu unterziehen.

Warum wird das Thema an dieser Stelle eingebracht? Würde es nicht eher in das Kapitel 3 über den physischen Vorgang der Ernährung gehören? Die Begründung wird erschöpfend erst gegeben werden können, wenn das Thema entfaltet wurde. Die Antwort sei aber angedeutet: Negativ gesehen können Speisetabus nicht ausschließlich, ja nicht einmal primär mit Speiseunverträglichkeiten erklärt werden. Einzelne tabuisierte Speisen verderben zwar tatsächlich den Magen. In den meisten Fällen ist das aber nicht so. Zudem ist die Wechselwirkung von natürlichen Unverträglichkeiten und kulturellen Meidungen zu bedenken: Die Ablehnung des Milchkonsums in Asien gründet im Laktasemangel der dortigen Bevölkerung, der eine Milchallergie zur Folge hat. Teilweise könnte diese aber auch umgekehrt in dem geringen Milchkonsum begründet sein (Eva Barlösius 1999: 25–47). Positiv gesehen haben Speisetabus – unabhängig von ihrer Genese – starke Auswirkungen auf die Tischgemeinschaft. Gruppen, die ihre Tabus unterschiedlich definieren, haben Schwierigkeiten, miteinander an einem Tisch zu sitzen, es sei denn, sie können die kritischen Differenzen diplomatisch umgehen. Ob das möglich ist, hängt freilich von der Art ihrer Tabus ab.

Speisetabus sind Normen des Essens und Trinkens, die das Kleinkind bereits in der oralen Phase der ersten beiden Lebensjahre lernt, parallel zur Unterscheidung, wer Kompagnon ist und wer nicht, mit wem man also Tischgemeinschaft pflegt und mit wem nicht. Dabei steht das Kind wie auch der erwachsene Mensch in einer fundamentalen Ambivalenz zwischen dem Interesse am Neuen und Unbekannten (Neophilie) und der Scheu und Angst vor dem Neuen (Neophobie). Beim Kleinkind überwiegt die Neophilie, beim älteren Menschen meist die Neophobie: »Was der Bauer nicht kennt, das isst er nicht!«

Auffallend ist bei einem ersten groben Blick auf bekannte Speisetabus, dass es praktisch nur Tabuisierungen tierischer Nahrung einschließlich Milch und Eiern gibt. Pflanzliche Nahrung ist hingegen kaum Tabus unterworfen.

Wie lassen sich Speisetabus begründen? Sind sie mehr als willkürliche Setzungen? Gibt es eine Ratio, einen guten Grund für sie? Entscheidende Fortschritte zur Beantwortung dieser Frage haben die Überlegungen von Marvin Harris gebracht (engl. Original 1985; deutsch 2005). Harris folgt einem rationalistisch-funktionalistischen Ansatz (Marvin Harris 2005: 7–12) und ist überzeugt, dass es vernünftige Erklärungen für Speisetabus geben muss: »Normalerweise haben die Menschen für das, was sie tun, gute und zureichende praktische Gründe, und davon sind die Essgewohnheiten nicht ausgenommen.« (Marvin Harris 2005: 8) Damit wendet sich Harris explizit gegen die französische Soziologie, besonders gegen Claude Fischler, der 1981 behauptet, Nahrungstabus seien reine gesellschaftliche Konstruktion (Marvin Harris 2005: 9). Nach Harris »lassen sich die Hauptunterschiede in den Küchen der Welt auf ökologisch bedingte Zwänge und Chancen zurückführen, die von Region zu Region variieren.« (Marvin Harris 2005: 10)

Die Kernthese von Harris könnte man also folgendermaßen umschreiben: Eine Gesellschaft erkennt, dass eine bestimmte Ernährung ihre ökologischen oder ökonomischen Systeme schwer beschädigt. Weil es aber verlockend bleibt, die Speise zu essen, deren Konsum dem Allgemeinwohl schadet, braucht es ein starkes Tabu. Ohne das zu sagen, lokalisiert Harris also die Speisetabus im Kontext des sogenannten Allmendeproblems: Der Einzelne hat vom Verzehr einer bestimmten Speise einen Vorteil, die Allgemeinheit aber einen Nachteil. Und weil es selten gelingt, Allmendeprobleme vertraglich zu lösen, bietet sich das Tabu als der schnellere und effektivere Weg an. – An mehreren Beispielen zeigt Harris, dass seine Theorie tatsächlich sehr plausibel ist:

- *Die heilige Kuh in Indien* (Marvin Harris 2005: 44–65; vgl. auch Nan Mellinger 2003[2]: 69–75): Das Tabu, Rindfleisch zu essen, entsteht in Indien in dem Moment, als die Bevölkerung wächst und Weideland zu Ackerland umgewandelt werden muss (Marvin Harris 2005: 50), nämlich um 600 v. Chr. In dieser Phase züchten die InderInnen eine Rinderrasse, die mit extrem kargem Futter auskommt und Milch gibt (weibliche Tiere) bzw. pflügt (männliche Tiere), aber nicht geschlachtet wird. Die Tabuisierung des Verzehrs von Rindfleisch entsteht zunächst im Buddhismus und Jainismus, wird aber allmählich auch vom Hinduismus übernommen.

- *Das unreine Schwein im Judentum* (Marvin Harris 2005: 66–88; vgl. auch Roman Sandgruber 2007: 15): Die klassische Erklärung des jüdischen Schweinefleischtabus stammt von Moses Maimonides (1135–1204): »Wenn das Gesetz das Schweinefleisch verbietet, so vor allem deshalb, weil die Lebensgewohnheiten und die Nahrung des Tiers höchst unsauber und ekelerregend sind … Das Maul eines Schweines ist so schmutzig wie der Kot selbst.« (Moses Maimonides, Führer der Unschlüssigen III: 48)*. Diese These scheint naturwissenschaftlich definitiv bestätigt, als 1859 die Trichinen entdeckt werden. Allerdings kann auch das Fleisch anderer Tiere bei Krankheitsbefall gesundheitsgefährdend sein. Und verhaltensbiologisch betrachtet ist das Schwein sehr reinlichkeitsliebend, weit mehr als andere Tiere, deren Fleisch JüdInnen ohne Zögern essen. Die hygienische Erklärung ist also nicht überzeugend. Vielmehr führt Harris drei ökologische Überlegungen an: 1) Alle im Buch

---

* Im Vordergrund dieses Meisterwerks der sogenannten jüdischen Aufklärung steht die Frage nach dem Verhältnis von Vernunft und Glauben, vgl. Moses Maimonides, Führer der Unschlüssigen III: 26: »Alle Gebote haben somit einen Grund, nämlich diese Gebote und Verbote haben einen nützlichen Zweck. Bei manchen von ihnen ist uns der Gesichtspunkt ihrer Nützlichkeit einleuchtend …, bei anderen aber nicht … Diejenigen Gebote, deren Nutzen auch den Ungebildeten einleuchtet, heißen Rechtsvorschriften (Mischpatim), diejenigen aber, bei denen dies nicht der Fall ist, Satzungen (Chuqqim).«

Leviticus zum Verzehr erlaubten Tiere sind Wiederkäuer und fressen harte Zellu-
losepflanzen, die der Mensch nicht essen kann. Zwischen Mensch und erlaubtem
Nutztier besteht also keine Nahrungskonkurrenz. Schweine hingegen fressen Pflanzen, die auch der Mensch essen kann, und sind folglich Nahrungskonkurrenten.
2) Schweine sind hitzeempfindlich, da sie weder schwitzen können noch ein schüt-
zendes Fell haben. Nur der Schatten des Waldes und feuchte Suhlen können sie
kühlen. Wald und Feuchtgebiete gibt es im Nahen Osten aber nicht (mehr), und
vor allem Nomadenwanderungen führen oft durch schattenlose Hitze. 3) Wenn
Schweine nicht in Nahrungskonkurrenz zum Menschen stehen sollen, müssen sie
Waldnahrung, also vor allem Eicheln und Bucheckern fressen. Historisch ist heute
erwiesen, dass die Schweinehaltung im Vorderen Orient um circa 8000 v. Chr. begonnen, aber mit der Rodung der Wälder im zweiten Jahrtausend v. Chr. beendet
wurde (Marvin Harris 2005: 75) – und zwar nicht in Israel allein, sondern im
gesamten Nahen und Mittleren Osten (Marvin Harris 2005: 82). Unterstützend für
diese letzte Begründung analysiert Harris die Wirkungsgeschichte des Schweinefleischtabus im Islam. Einerseits habe der Islam vor allem in jenen Weltregionen
AnhängerInnen gewinnen können, in denen die Schweinezucht aus ökologischen
Gründen nicht infrage komme. Seine Mission sei offensichtlich dort erfolglos geblieben, wo man eine florierende Schweinebewirtschaftung hätte aufgeben müssen. Umgekehrt haben muslimische Bauern dann aber keinen Grund, die noch
vorhandenen Wälder zu bewahren – sie konnten sie zum Beispiel in der Türkei
abholzen, weil die Ziege, ihr Hauptlieferant von Milch und Fleisch, die Bäume
ohnehin kahlfraß (Marvin Harris 2005: 87).

◆ *Das Pferdefleischtabu im mittelalterlichen Christentum* (Marvin Harris 2005: 89–111):
Im Jahr 732 ordnet Papst Gregor III. in einem Brief an Bonifatius ein Verbot des
Genusses von Pferdefleisch an: »Unter anderem hast du auch erwähnt, einige äßen
wilde Pferde und sogar noch mehr äßen zahme Pferde. Unter keinen Umständen,
heiligster Bruder, darfst du erlauben, dass dergleichen jemals geschieht. Schreite
vielmehr mit Christi Hilfe auf jede nur mögliche Art dagegen ein und lege ihnen
die verdiente Buße auf. Denn dieses Tun ist unrein und verabscheuungswürdig.«
(Bonifatii epistula 28) Harris sieht in diesem im Brief selbst nicht weiter begrün-
deten Verbot einen Reflex des Papstes auf den bahnbrechenden Sieg Karl Martells
gegen die Mauren im selben Jahr 732 in der Schlacht von Tours und Poitiers. Dieser sei aufgrund der besseren Kavallerie Karls gelungen. Das Pferdefleischtabu habe
also nicht ökologische, sondern ökonomische Gründe: Pferde verwende man besser
als Kampf- und Arbeitstiere – es wäre dumm, sie zu verzehren. Der Pferdefleisch-
konsum sei in Europa erst wieder seit dem 19. Jahrhundert gebräuchlich geworden,
als das Pferd ökonomisch unbedeutend wurde.

◆ *Das abendländische Tabu von Hunde- und Katzenfleisch* (Marvin Harris 2005: 188–215): Auch hier führt Harris ausschließlich ökonomische Überlegungen an: »Wir im Westen verzichten darauf, Hunde zu essen, nicht weil Hunde unsere Lieblinge unter den Tieren sind, sondern im Grunde deshalb, weil Hunde, da sie selbst Fleischfresser sind, eine ineffektive Fleischquelle darstellen; wir verfügen über eine große Fülle alternativer Quellen tierischer Nahrung, und Hunde können uns lebendig zahlreiche Dienste leisten, die den Wert ihres Fleisches und Kadavers weit übertreffen.« (Marvin Harris 2005: 193).

Insgesamt haben die Überlegungen von Harris zweifelsohne eine hohe Plausibilität. Für Rind und Schwein haben sie uneingeschränkte Zustimmung erfahren. Für Pferd, Hund und Katze hingegen können sie zwar als Teil einer Erklärung dienen, doch wird an diesen Tieren deutlich, dass Harris die Beziehung zwischen Mensch und *Gefährtentieren* stark unterschätzt. Die sehr weit zurückreichenden Bestattungen von Reitern mit ihrem (Lieblings-)Pferd etwa bei Hethitern, Mykenern und Germanen zeigen, dass die Ökonomie nicht allein bestimmend war. Ökonomisch war es höchst absurd, ein Pferd zu töten und mitzubestatten, wenn sein Reiter gestorben war. Doch symboltheoretisch wird hier die intime, fast heilige Beziehung zwischen Mensch und Tier deutlich. Wie aber sollte man annehmen, dass diese bei der Frage des Fleischverzehrs auf einmal ausgeblendet würde? Auch ein Märchen wie das der Bremer Stadtmusikanten macht deutlich, dass Arbeitstiere nicht nur unter ökonomischen Gesichtspunkten gesehen werden sollten, sondern zugleich unter dem Gesichtspunkt einer quasi familiären Beziehung zu dem Menschen, der sie hält. Nach vielen Jahren treuer Arbeit haben sie ein »Gnadenbrot« verdient, eine Art Pension wie der alte Bauer und die alte Bäuerin, die traditionell im Altenteil des Bauernhofs versorgt werden, wenn sie ökonomisch nutzlos geworden sind.

Das Gegenstück zu den Gefährtentieren sind die Nahrungskonkurrenten im Blick auf tierische Nahrung, also die sogenannten *Beutegreifer*, vor allem unter den Land- und Lufttieren. Warum unterliegen sie im Judentum und im christlichen Abendland, aber auch in vielen anderen Kulturen, so starken Nahrungstabus? Diese Frage kommt bei Harris nicht vor. Sie wäre aber sehr aufschlussreich: Geht es hier um den Respekt vor dem Konkurrenten, der ähnlich gut und geschickt jagt? Um Hass, weil der Beutegreifer dem Jäger die besten jagdbaren Tiere wegschnappt? Oder doch um Gefährtenschaft, weil man Beutegreifer wie den Falken schon früh als Jagdgehilfen heranzieht? Hier vermischen sich jedenfalls Speisetabus mit Jagdtabus. Essbarkeit und Jagdbarkeit überschneiden sich. Ein Feld tut sich auf, das noch kaum untersucht wurde.

Auch bezüglich der Tabuisierung von *Insekten* sind die Ausführungen von Harris wenig überzeugend. Ihr Verzehr würde keine Kosten verursachen, aber gegebenenfalls großen Nutzen schaffen, sofern es sich um Nahrungskonkurrenten des Menschen handelt wie die Wanderheuschrecken, die ganze Felder kahlfressen. Außerdem wäre der Verzehr eiweißreicher Insekten extrem nahrhaft. Genau aus diesen Gründen werden sie in afrikanischen und asiatischen Kulturen gerne gegessen. Wie also kam es zu ihrer Tabuisierung in Europa? Hier greift das Erklärungsmuster von Harris nicht.

Aus diesen Gründen plädiere ich mit Eva Barlösius für einen plurikausalen Ansatz (Eva Barlösius 1999: 25–47):

◆ Rationalistische Erklärungsmodelle, die wie Harris hinter Speisetabus ökonomische, ökologische und soziale Ursachen suchen, besitzen ja nach dem konkreten Tabu unterschiedlich viel Erklärungspotenzial und müssen mit anderen Erklärungsmodellen verbunden werden.

◆ Soziologisch-funktionalistische Erklärungsmodelle sehen in Speisetabus vor allem eine Funktion zur Aufrechterhaltung der eigenen sozialen Ordnung. Nach diesen Theorien haben die Tabus eine Eigendynamik entwickelt, die von rationalen Gründen komplett abgekoppelt ist und sie zu Identity Markern macht (so zum Beispiel Frederick J. Simoons).

◆ Soziologisch-strukturalistische Theorien sehen in einer gesellschaftlichen Speiseordnung das symbolische Medium für die kosmische Ordnung. Speisetabus sollen demnach symbolische Ordnung in die Welt bringen (so zum Beispiel Mary Douglas, Claude Lévi-Strauss und Ulrich Tolksdorf).

◆ Kommunikationstheoretische Erklärungen schließlich gehen davon aus, dass das zur Vermittlung des eigentlich intendierten Ziels eines Speisetabus die Komplexität der Wirklichkeit reduziert werden muss – um den Preis von Unschärfen: Relativ einfach merkbare, generalisierte Tabus seien schlicht sicherer als hochdifferenzierte Betrachtungen, die mit einer komplizierten Kasuistik wirklich nur jene Tiere verbieten, deren Verzehr in irgendeiner Weise schädlich wäre.

Wie Barlösius plädiere ich dafür, je nachdem eher der einen oder der anderen Erklärung zu folgen, und oft wohl auch einer Verbindung mehrerer der hier angeführten Erklärungsmuster.

Wie das strukturalistische Erklärungsmodell fruchtbar werden kann, sei an einigen Beispielen von Monika Setzwein gezeigt:

◆ *Ordnungsprinzip Nähe und Distanz* (Monika Setzwein 1997: 134–136): Edmund Leach (1972: 32–73) zeigt in einem bemerkenswerten Aufsatz Strukturanalogien zwischen der Essbarkeit von Tieren und der Heiratbarkeit von Menschen: Bei sehr großer Nähe und Ähnlichkeit und bei sehr großer Ferne und Unähnlichkeit werde in vielen Kulturen zugleich die Essbarkeit von Tieren und die Heiratbarkeit von Menschen negiert. »Es ist daher eine plausible Hypothese, dass die Art und Weise, in der Tiere im Hinblick auf ihre Essbarkeit kategorisiert werden, in gewisser Weise mit der Art korrespondiert, wie Menschen im Hinblick auf ihre Geschlechtsbeziehungen kategorisiert werden.« (Edmund Leach 1972: 52; zitiert nach Monika Setzwein 1997: 135) Sehr nahestehende Menschen, also zum Beispiel enge Verwandte oder Schwager bzw. Schwägerin heiratet man in den meisten Kulturen nicht. Ebenso isst man keine Tiere, die mit dem Menschen in enger Beziehung leben wie Schoßtiere, Pferde oder Hunde. Sehr fernstehende Menschen heirate man in den meisten Kulturen ebenfalls nicht, also zum Beispiel Menschen einer anderen Religion, Hautfarbe oder Kultur. Analog dazu gibt es Speisetabus für Tiere, auf die der Mensch keinen Zugriff hat, wie große, mächtige Beutegreifer. Noch dazu weisen Beutegreifer auf andere Weise eine große Nähe zum Menschen auf, weil sie eine ähnliche Herrschaft über andere Tiere ausüben wie der Mensch.

♦ *Ordnungsprinzip Offenheit und Geschlossenheit* (Monika Setzwein 1997: 147–148): Claude Lévi-Strauss (1973: 508) belegt, dass Indianergesellschaften von »zu geschlossenen« ode »zu offenen« Tieren sprechen, die sie daher nicht verzehren. Auch hier liegt die Analogie zu Heiratskriterien auf der Hand: Wenn innerfamiliär geheiratet wird, sind Gruppen extrem geschlossen und kommen in fatale Rollenkonflikte. Wenn zu interkulturell geheiratet wird, fallen Gruppen und Gesellschaften auseinander. Letztlich läuft beides auf die Zerstörung der Gesellschaft hinaus und muss daher tabuiert werden.

Strukturalistische Erklärungen rechnen eher als rationalistische und funktionalistische Ansätze damit, dass in der Bildung und Begründung (und nicht nur in der Anwendung) von Speisetabus Emotionen eine Rolle spielen. Emotionen sind nicht so trennscharf wie rationale Überlegungen, haben dafür aber nicht nur eine erhebliche motivationale Kraft in der Anwendung, sondern auch eine heuristische Potenz in der Abkürzung endloser rationaler Abwägungsprozesse von Argumenten pro und contra. Ohne Emotionen gäbe es keine Entscheidungen.

Insgesamt zeigt sich, dass Speisetabus wohl nur in seltenen Fällen unmittelbar zur Abgrenzung einer Gruppe oder Religion geschaffen wurden. Gleichwohl sind solche Abgrenzungen oft die Folge. Insbesondere lässt sich das an den jüdischen Speisevorschriften zeigen, die auch für die christliche Theologie höchste Relevanz besitzen, weshalb sie im Folgenden analysiert werden sollen.

Die jüdische Kaschrut
und ihre Folgen für die Tischgemeinschaft

Ausgehend von Vorschriften in der Tora hat sich im Judentum ein höchst differenziertes System von Vorschriften entwickelt, das Speisen und Speisepraktiken als rein (koscher) und damit erlaubt bzw. unrein und damit verboten klassifiziert. Diese sogenannte Kaschrut betrifft drei Bereiche:

1) *Koschere und nicht koschere Tiere:* Maßgeblich hierfür sind die Listen der priesterschriftlichen Überlieferung (Lev 11,1–47) und der deuteronomischen Autoren (Dtn 14,3–21a). Argumentiert wird in beiden ziemlich übereinstimmend mit der kultisch, nicht moralisch verstandenen »Unreinheit« der Tiere (Lev 11, 4–8. 24–40.43–44.47; Dtn 14,7.10.19), der »Heiligkeit« Gottes und Israels (Lev 11, 44–45; Dtn 14,21a) und damit, dass es folglich ein »Gräuel« (Dtn 14,3) und »abscheulich« (Lev 11,10–13.20.23.41–43) sei, solche Tiere zu essen. Die meisten als unrein angeführten Tiere werden auch in anderen Kulturen nicht gegessen. Eine relevante Differenz tut sich allerdings beim Schwein und bei Meeresfrüchten auf.

2) *Das Verbot des Blutgenusses:* Schon sehr früh entwickelt sich in Israel das Gebot, Tiere beim Schlachten restlos ausbluten zu lassen, und nicht vollständig ausgeblutete Tiere nicht zu essen. Dieses sogenannte Schächtgebot, dessen symbolische und tierethische Bedeutung in Kapitel 7.3.2 ausführlich behandelt wird, wird in der Tora unter anderem in Gen 9,4; Lev 17,14; Dtn 12,23 eingeschärft. Zweifelsohne zählt es zu den emotional am tiefsten reichenden Geboten des Judentums.

3) *Die strikte Trennung zwischen Fleisch- und Milchküche:* »Du sollst ein Zicklein nicht in der Milch seiner Mutter kochen.« (Dtn 14,21b; ebenso Ex 23,19; 34,26) Diese Vorschrift, die zunächst entweder die Ablehnung eines magischen Kults repräsentierte oder schlicht tierethisch gedacht war, um der Mutterziege nicht beides zugleich zu nehmen, das Junge und die Milch, wird in der rabbinischen, also nachbiblischen Phase des Judentums zum Ausgangspunkt einer weitreichenden Vorschrift: Milch und Fleisch dürfen sich in der jüdischen Küche unter keinen Umständen berühren, auch nicht in verarbeiteten Produkten, und noch nicht einmal indirekt über die Verwendung desselben Geschirrs für beide Speisen oder ihre Lagerung im selben Kühlschrank.

Wie lassen sich die einzelnen Elemente der jüdischen Kaschrut angemessen erklären? Am ehesten soziologisch-funktionalistisch als Identity Marker dürfte die dritte Kategorie der Trennung von Fleisch- und Milchküche entstanden sein, denn sie stammt aus einer Zeit, in der das Judentum sich bereits als winzige Minderheit in die große Welt zerstreut sieht. Die zweite Vorschrift des Blutgenusstabus hat meines Erachtens vorrangig symboltheoretisch-tierethische Gründe, wie ich in Kapitel 7.3.2 zeige. Für die erste Kategorie der Klassifikation reiner und unreiner Tiere wird, wie im vorangehenden Abschnitt gezeigt, eine Kombination aus strukturalistischen Erklärungen (im Sinne der Ordnung des Kosmos) und kommunikationstheoretischen Überlegungen (im Blick auf die Unschärfen der Klassifizierung) schlagend sein, punktuell ergänzt durch Erkenntnisse der rationalistische Theorie (etwa für das Schweinefleischtabu). Funktionalistische Begründungen werden dagegen überhaupt nicht gesehen (Walter J. Houston 2003: 151). Die strukturalistische Lesart dominiert, die Mary Douglas in ihren zahlreichen Publikationen (1966; 1999; 2002 und andere mehr) ausführlich ausgearbeitet und entfaltet hat: Nach ihr geht es bei der Klassifikation von reinen und unreinen Tieren nicht um eine Wertung, da die Bibel alle Tiere als von Gott und geliebt und als gleich wertvoll betrachtet. Vielmehr ordnen die beiden Listen die Tierwelt in ihrem Bezug auf den Menschen. Die meisten AutorInnen folgen Douglas, wie zum Beispiel Walter J. Houston (2003: 142–161) und Seth D. Kunin (2004). Hier besteht ein beeindruckender Konsens.

An dieser Stelle lohnt zur Reflexion und Vertiefung der jüdischen Speisetabus ein Blick auf ihre Wirkungsgeschichte. Sie kann präziser aufzeigen, wie am Ende doch massiv die abgrenzende, vermeintlich Identität sichernde Funktion wirksam wird. Hier hat der jüdische Rabbiner David M. Freidenreich eine bemerkenswerte Arbeit vorgelegt, in der er der inneren Logik der abgrenzenden Funktion der Speisetabus in den monotheistischen Religionen nachgeht. Zunächst weist Freidenreich darauf hin, dass die jüdische Bibel in zahlreichen entstehungsgeschichtlich alten Texten von einer selbstverständlichen, nicht problematisierten Tischgemeinschaft zwischen IsraelitInnen und AusländerInnen erzählt (David M. Freidenreich 2011: 17–29). Natürlich könne es theoretisch Speisevorschriften geben, die um der Abgrenzung der eigenen Gruppe gegenüber anderen Gruppen willen geschaffen worden seien. Doch die Speisetabus in Lev 11,1–47 und Dtn 14,3–21a gehörten vom Ursprung im 6. und 5. Jahrhundert v. Chr. her nicht dazu: »Biblical dietary laws do not rest upon this kind of contradistinction, as they claim to establish Israelites not as dissimilar to foreigners but rather as similar to God ... These laws classify food stuffs, not people, and play no direct role in maintaining the proper social order.« (David M. Freidenreich 2011: 25)

In der hellenistische Ära ab dem 4. Jahrhundert v. Chr., die den Beginn des Jüdischseins (jewishness) verkörpert, ändern sich jedoch die Dinge (David M. Freidenreich 2011: 31–46): Jetzt brauchen die JüdInnen die Abgrenzung gegenüber anderen zur Identitätsbildung – deren konkrete Umsetzung allerdings eine beachtliche Differenz zwischen den beiden Zentren jüdischen Lebens aufweise: Während in Alexandria die Speisegesetze der Tora so verstanden werden, dass sie der Unterscheidung dienen, nicht aber der Trennung, verschärft man in Judäa die Speisegebote durch Ergänzungen derart, dass eine perfekte Trennung zwischen jüdischer und nichtjüdischer Bevölkerung entsteht. In Alexandria isst man koschere Speisen auch dann, wenn sie von Andersglaubenden zubereitet werden (Aristeasbrief 139.142 und 182–186; vgl. David M. Freidenreich 2011: 33). In Judäa hingegen wird das gemeinsame Essen von jüdischen und nichtjüdischen Personen nun verpönt, wie die griechische Übersetzung des Esterbuchs im Vergleich mit dem hebräischen Original zeigt. Während Ester im hebräischen Originaltext an den Mählern des königlichen Verwalters Haman teilnimmt, betont sie in der griechischen Übersetzung der Septuaginta in Ester 4,17x: »Deine Magd hat nicht am Tisch Hamans gegessen, ich habe keinem königlichen Gelage durch meine Anwesenheit Glanz verliehen und habe keinen Opferwein getrunken.« Auch Dan 1,4–16 betont das getrennte Essen Daniels und seiner Gefährten am babylonischen Königshof, und Tobit isst das Brot der Heidenvölker nicht (Tob 1,10–13: τον αρτον των εθνων). In allen drei Texten, die aus dem 4. bis 2. Jahrhundert v. Chr. stammen, wird das getrennte Essen positiv gewertet, aber nicht auf die Speisevorschriften der Tora zurückgeführt, was auch unmöglich wäre. Der Gewinn ist eine klare Distanzierung vom Götzenopferfleisch der HeidInnen, wie sie an zwei anderen Stellen der Tora eingeschärft wird (Ex 34,15–16; Num 25,1–3), weil das Götzenopfer theoretisch im Rahmen eines profanen Mahls vollzogen werden kann. Der Preis ist aber eine radikale Trennung von der Tischgemeinschaft mit HeidInnen. Den AlexandrinerInnen sind diese Kosten zu hoch – sie suchen Brücken.

Die frühe rabbinische Literatur, wie sie in Mischna und Tosefta um 200 n. Chr. dokumentiert wird, schwächt die Barriere des getrennten Essens erkennbar ab, verschärft aber zugleich die Barriere gegen von HeidInnen zubereiteten Speisen (David M. Freidenreich 2011: 47–64). Dtn 14,21 wird nun so gelesen, dass die JüdInnen ihre Speisen selbst verarbeiten müssen. »Verarbeiten« bedeutet dabei, etwas von flüssig nach fest zu verwandeln. Von daher wäre heidnischer Wein trinkbar. Er wird aber wegen seiner Verwendung als Opferwein (auch im häuslichen Kontext) strikt verboten. Ja, es gilt sogar umgekehrt: Wenn ein Heide beim Juden isst, und der Jude muss kurz den Raum verlassen, wird der Wein für ihn untrinkbar – der Heide könnte in der Zwischenzeit ein Trankopfer dargebracht haben (Mischna Avoda Sara 5,5). Das bedeutet eine legalistische Konzentration auf die Regeln, deren Sinn und Intention nicht mehr interessieren, und eine totale Ausblendung der nichtjüdischen Mitmenschen – sie sind bedeutungslos.

Die talmudische Scholastik des 3. bis 5. Jahrhundert n. Chr. in Persien übernimmt einerseits die rabbinische Kasuistik, verschärft die Trennung zwischen jüdischer und nichtjüdischer Bevölkerung aber noch dadurch, dass man in der interreligiösen Tischgemeinschaft die Anbahnung sexueller Beziehungen befürchtet (David M. Freidenreich 2011: 65–84). Mit diesem Ziel werden Karikaturen der HeidInnen gezeichnet, deren Wohltaten mit Schlangengift verglichen werden (Babylonischer Talmud, Pesikta 13b). Und das rabbinische Verbot des von Heiden gebackenen Brots wird nun als Bollwerk gegen Mischehen interpretiert.

Es ist das Verdienst Freidenreichs, die Genese der Trennung der Tischgemeinschaft von jüdischer und nichtjüdischer Bevölkerung präzise nachgezeichnet zu haben. In seiner Rekonstruktion wird sehr deutlich, dass die Speisevorschriften der Tora zunächst keine abgrenzende Intention hatten. Jedoch wird ebenso klar, dass in ihnen ein Potenzial schlummerte, das umso stärker zur Abgrenzung führte, je stärker das Judentum in eine Minderheitenposition geriet. Mit der formalen Kodifizierung kontingenter Speisetabus in der Heiligen Schrift der Tora und ihrer materialen Begründung mit der Heiligkeit Gottes und seines Volkes wird eine Praxis ideologisch aufs Äußerste überhöht, die in den meisten Kulturen nur ein ungeschriebener Brauch ist, der zwar tief in die Emotionen der Menschen eingegraben ist, aber prinzipiell verändert und noch eher diplomatisch umgangen werden kann. Je mehr die Überhöhung greift, umso weniger kann dies noch gelingen. Hinzu kommt die zunehmende Selbstverlorenheit des Judentums im eigenen Glasperlenspiel seit der Zeit der frühen Rabbinen. Freidenreich gesteht ehrlich ein, dass die nicht jüdischen Mitmenschen schlicht nicht mehr wahrgenommen werden, als die rabbinische Kasuistik nur noch um die Regeln als Regeln kreist.

5.1.6
Jesu Freiheit und
neue Grenzen christlicher Tischgemeinschaft

Wie ist der Jude Jesus mit den Speisevorschriften seiner Mutterreligion umgegangen? Das Schächten stellt er nicht infrage, und die Trennung von Fleisch- und Milchküche gibt es zu seiner Zeit noch nicht. So ist der Kern seiner Auseinandersetzung in der Konfrontation mit den Speisetabus zu finden. Grundlegend ist für ihn der Gedanke, dass Reinheit eine Sache des Herzens ist und nicht der Befolgung äußerer Regeln. Das zeigt die große Auseinandersetzung mit Reinheit und Unreinheit in Mk 7 (vgl. Bruce Chilton 2003: 358–359): Die Reinheit eines Menschen ist nicht am Händewaschen festzumachen (Mk 7,1–5); Reinheit bedeutet, ein Gelübde nicht aus egoistischen Gründen abzulegen (Mk 7,6–13); Reinheit und Unreinheit kommen von innen (Mk 7,14–15); daher geht es darum, keine unreinen Gedanken zu hegen (Mk 7,17–23).

Der Evangelist Markus interpretiert die Aussage Jesu, nur das, was von innen herauskomme, mache den Menschen unrein, so, dass Jesus alle Speisen für rein erklärt (Mk 7,19). Das ist allerdings nur die markinische Interpretation des betreffenden Jesusworts (Bruce Chilton 2003: 358–359). Lukas beispielsweise zielt in Apg 10 darauf, es Gott zu überlassen, wer oder was als rein oder unrein angesehen wird (Burkhard

Jürgens 1999: 153–154). Er ist vorsichtiger in der Interpretation der Differenz zum Judentum. Vor allem geht es dabei natürlich um die Frage, ob JüdInnen, die zur Jesusgemeinschaft dazukommen, noch an die Speisevorschriften der Tora gebunden sind. Das hat das frühe Christentum offenkundig bejaht. Denn während beim Apostelkonzil in Jerusalem (um 48 n. Chr.) das erste Konfliktthema, ob Heiden, die sich zum Christentum bekehren, beschnitten werden müssen, von Petrus entschieden wird, und zwar in Übereinstimmung mit Paulus zugunsten der Heiden, wird das zweite Konfliktthema, ob die Gebote der Tora auch die HeidInnen verpflichten, von Jakobus entschieden, und zwar gegen Paulus im Sinne eines Kompromisses zwischen jüdischen und heidnischen ChristInnen (Apg 15). Faktisch trennen die Jakobusklauseln, die ihnen das Schächtgebot und das Götzenopferfleischverbot einschärfen, die HeidenchristInnen von ihrer Umwelt (Bruce Chilton 2003: 358–382). Anders als Paulus (Gal 2–3) hält die frühe Kirche also die Unterscheidung zwischen JudenchristInnen und HeidenchristInnen für bleibend relevant: Nur die Letzteren sind von den meisten jüdischen Vorschriften befreit. Aber die Speisevorschriften werden nicht mehr als identitätsrelevant angesehen – alle miteinander sind ChristInnen (David M. Freidenreich 2011: 87–100).

Mit der Jakobusklausel gegen das Essen von Götzenopferfleisch erwächst dem jungen Christentum vorübergehend eine neue Barriere (David M. Freidenreich 2011: 101–109). Sie wird zum neuen, vor allem innerkirchlichen Identity Marker: Wer sie verletzt, wie es während der Christenverfolgungen in Nordafrika im 3. Jahrhundert unter Androhung von Folter oft geschieht, der schließt sich aus der innerchristlichen Tischgemeinschaft aus. Doch bleibt das eine überschaubare Episode, denn mit dem Verbot des Götteropfers durch Kaiser Theodosius (379–395) und seine Nachfolger erledigt sich das Thema.

Wer allerdings denkt, nun würden die ChristInnen mit jedem Menschen essen, hat sich getäuscht. Jetzt sind sie es, die ihrerseits die JüdInnen vom gemeinsamen profanen Essen ausschließen, und zwar mit Verweis darauf, diese seien GötzendienerInnen und HäretikerInnen (David M. Freidenreich 2011: 110–128). Die kanonistischen Vorschriften des 5. bis 9. Jahrhundert sprechen eine deutliche Sprache. So beschließt die Synode von Elvira, zu der sich um 300 n. Chr. iberische Bischöfe und Priester versammeln, in ihren Canones 49–50, ChristInnen dürften ihre Speisen nicht von JüdInnen segnen lassen, sonst würden sie aus der Kirche ausgeschlossen; und wer mit JüdInnen esse, werde von der Kommunion ausgeschlossen, bis er sein Verhalten aufgebe. Letztlich werden die JüdInnen hier wie die SünderInnen betrachtet, die Paulus aus der Gemeinschaft von Korinth ausschließt. Anders als die Rabbinen konzentriert sich das christliche »Exklusions-System« also nicht auf die Speisen (das hat Jesus erfolgreich verhindert), sondern auf die Menschen und ihr Tun (da hat Paulus etwas in Gang gesetzt, was er wohl kaum so wollte). Interessant ist übrigens das spiegelbildlich wiederkehrende Verbot von Mischehen zwischen JüdInnen und ChristInnen auf derselben Synode (Canones 16 und 78).

Wegen des Rigorismus, der sämtliche Synodenbeschlüsse von Elvira durchzieht und bis zum Ausschluss von den Sakramenten reicht, sehen etwa Melchior Cano (1509–1560) und Cesare Baronio (1538–1607) die Synode als häretisch an. Auch die Ostkirche erkannte sie nie an. Doch Elvira hatte Einfluss auf die Synoden von Arles 314 und Serdika 342 und sogar auf das Konzil von Nicaea 325. Die Synode blieb kein regionaler Einzelfall, wie Freidenreich belegt: Im Osten wie im Westen, im Norden wie im Süden treffen weitere Regionalsynoden ähnliche Vorschriften. Interessant ist, dass Canon 15 des Konzils von Epaone 517 für das Königreich Burgund sowie die Canones fünf weiterer gallischer Konzilien des 6. Jahrhundert argumentieren, die Teilnahme an einem jüdischen Mahl impliziere die Annahme oder mindestens die Duldung von deren Reinheitsvorstellungen, und das sei ein Sakrileg (David M. Freidenreich 2011: 115). Hier wird gleichsam der Ball der Exklusion an den Gegner zurückgespielt.

Ein Symbol der Distanzierung vom »Götzendienst« der JüdInnen präsentiert zuerst das Konzil von Laodizea in Kleinasien (363–364) in den Canones 37–39: Dort wird das Verbot eingeschärft, anlässlich jüdischer Feste deren Gaben anzunehmen, ungesäuertes Brot zu essen oder an griechischen Festen teilzunehmen. Hier wirkt offenkundig das Götzenopferfleischverbot nach. Auf diesem Hintergrund wächst das ostkirchliche Bemühen, sich unter allen Umständen vom ungesäuerten Brot der jüdischen Religion abzusetzen und für die Eucharistie gesäuertes Brot zu verwenden (vgl. zum Beispiel Ephräm der Syrer, Paschahymnen 17–20; Johannes Chrysostomus, Reden gegen die Juden, 1,5,7; 1,7,5; siehe Kapitel 3.7). Identitätsprobleme quälen also auch das junge Christentum, und es löst sie teilweise ebenso auf Kosten anderer Religionen und Weltanschauungen wie das Judentum.

Ehrfurcht und Gerechtigkeit sind die leitenden Tugenden im Umgang mit Zugehörigkeit und Verortung. Weder das Judentum noch das Christentum hat es nötig, seine Identität durch Abwertung einer anderen Religion zu gewinnen. Beide könnten von ihrem Bruder Jesus lernen, der seine Tischgemeinschaften in größtmöglicher Freiheit zelebrierte, allen TeilnehmerInnen Respekt bezeugte und ihnen Gerechtigkeit widerfahren ließ.

5.2
Einander ansehen
Mahlgemeinschaft und Ansehen

Naturgemäß dominiert in diesem Kapitel über die Tischgemeinschaft die Kategorie der Zugehörigkeit im Vergleich mit den übrigen Kategorien symbolischer Codierung bei Weitem. Dennoch haben auch diese ihre genuine Bedeutung und dürfen daher nicht übergangen werden. Was also trägt die Tischgemeinschaft zum Prestige der einzelnen MahlteilnehmerInnen bei?

Zunächst einmal manifestiert und steigert eine Mahlgemeinschaft das Prestige des oder der Vorsitzenden. Diese Person hat die Letztentscheidung darüber, wer zum Mahl eingeladen wird und wer nicht bzw. wer trotz eines formalen Anrechts vom Mahl ausgeschlossen wird (Massimo Montanari 2012: 216–237). Mitunter gibt es eine relativ gleichrangige Situierung der MahlteilnehmerInnen. Doch quer durch die Menschheitsgeschichte gehört auch die Teilnahme niederrangiger Personen zur Tradition des Mahles hinzu. Wie bei den Schimpansen, die das Food Sharing mit niederrangigen Individuen praktizieren, um bei den anderen Gruppenmitgliedern Ansehen zu erlangen (vgl. die Einführung in dieses Kapitel), ist es auch beim Menschen. Das Hinzubitten ärmerer oder in der Gesellschaftshierarchie niedriger gestellter Personen mehrt das Prestige des oder der Vorsitzenden. Auch die Armenspeisung ist in diesem Kontext zu interpretieren, denn die Essensverteilung der Reichen an die Armen manifestierte ihre Macht und trägt zu ihrem Prestige bei (Jakob Tanner 1996: 403). Dasselbe gilt, wo öffentliche Führungspersonen das »einfache Volk« zu einem Empfang oder Büfett einladen.

EinE GastgeberIn lädt aber auch höher gestellte Personen ein, und zwar mit demselben Ziel, Prestige zu gewinnen (Ekkehard W. Stegemann 1990: 134). Wenn PfarrerIn oder BürgermeisterIn zu einem Familienfest erscheint, gibt das dem Fest besonderes Gewicht und wird als Ehre wahrgenommen. Zugleich wird aber auch deren Image untermauert und gestärkt. Insofern hebt ein Fest das Prestige aller Beteiligten, sofern nicht die Präsenz einer oder mehrerer teilnehmender Personen so imageschädigend ist, dass die gegenteilige Wirkung eintritt. Im Normalfall gewinnen zunächst einmal alle allein durch die Tatsache, dass sie dabei sind. Und je höher das Image des bzw. der Einladenden und der höherrangigen geladenen Personen ist, umso mehr Image gewinnen die übrigen MahlteilnehmerInnen.

Dennoch manifestiert fast jede Tischordnung hierarchische Unterschiede. Je nach Form des Tisches gibt es einen Vorstandsplatz, auf dem der oder die Einladende sitzt. Auf jeden Fall aber sind die prestigeträchtigsten Plätze jene, die dem Einladenden am nächsten sind. Gibt es mehrere Tische, lässt sich die hierarchische Abstufung der

Plätze sogar noch steigern. Schließlich werden die Personen auf den besten Plätzen zuerst bedient bzw. dürfen zuerst etwas auf ihren Teller nehmen, und womöglich sind sogar die Speisenqualität und das Geschirr an ihrem Tisch besser als an den übrigen Tischen. Auf dieser Grundlage können MahlteilnehmerInnen wiederum Image verlieren, wenn sie nicht auf einem ihrem Prestige angemessenen Rang zu sitzen kommen. Die Verteilung der Sitzplätze ist daher eine heikle Angelegenheit. Wird sie nicht zur Zufriedenheit der Teilnehmenden vollzogen, kann sie tiefe Verletzungen hinterlassen, die oft Jahrzehnte im Gedächtnis bleiben.

Die leitenden Tugenden im Umgang mit Ansehen und Prestige sind Demut und Dankbarkeit: Demut, das eigene Prestige nicht zu wichtig zu nehmen und auch nicht zu überschätzen. Und Dankbarkeit, mit so wertvollen und freundlichen Menschen an einem Tisch zu essen und zu trinken. Wenn Menschen, die miteinander am Tisch sitzen, einander diese beiden Tugenden zeigen, wird das ansteckend wirken und Machtkämpfe auf Kosten der anderen im Keim ersticken.

5.3
Die Freude teilen
Mahlgemeinschaft und Lust

Nicht nur Speisen und Getränke sind ein wesentlicher Lustfaktor des Mahles (Kapitel 3), nicht nur Zeiten und Orte können die Lust am Mahl steigern oder verringern (Kapitel 4), nein, auch die Tischgemeinschaft selbst trägt zur Lust an der Ernährung maßgeblich bei. Das Essen allein reduziert die Lustpotenziale jedenfalls schon dadurch erheblich, dass man die Freude an den guten Speisen mit niemandem teilen kann. Geteilte Freude ist eben auch hier doppelte Freude.

Hinzu kommen die luststeigernden Rituale des Essens und Trinkens: die Vorfreude auf die Begegnung mit den anderen; die gepflegte Kleidung, die die Menschen zum Essen anziehen; der Wunsch »Guten Appetit« oder »Gesegnete Mahlzeit«; das Anstoßen mit dem Bierkrug oder dem Weinglas; das wechselseitige Anreichen von Schüsseln und Platten; eine gute Unterhaltung; Trinksprüche oder sogar gemeinsam gesungene Trinklieder – all das sind luststeigernde Faktoren, die nur in Gemeinschaft vollzogen werden können.

Es kann freilich auch der Fall eintreten, dass eine Meinungsverschiedenheit oder ein Streit bei Tisch einem »den Appetit verdirbt«. Dann können die Betroffenen nicht oder nur mit Widerwillen weiteressen, und zwar nicht nur die Streitenden, sondern alle TischgenossInnen. Durch das Miteinander-Essen sitzen sie im selben Boot und werden in Freuden wie Konflikte der Anwesenden mit hineingezogen, sobald sich diese manifestieren. – Dagegen ist der Single-Esser gefeit. Er kann höchstens Konflikte des

Alltags mit an seinen Tisch bringen und »in sich hineinfressen«. Aber direkt bei Tisch kann für ihn kein Streit entstehen.

Die leitenden Tugenden im Umgang mit dem Lustaspekt der Tischgemeinschaft sind Maßhaltung und Genussfähigkeit. In Kapitel 3.5 hatten wir gesehen, dass Alleinlebende am seltensten übergewichtig sind (32,8 Prozent der Frauen und 45,7 Prozent der Männer), Verheiratete und Geschiedene in durchschnittlichen Maße (53 bis 54 Prozent der Frauen und 71 bis 77 Prozent der Männer) und Verwitwete am häufigsten (74,4 Prozent der Frauen und 80,7 Prozent der Männer). Das Vorhandensein einer Tischgemeinschaft hat also Auswirkungen auf das Ernährungsverhalten. Alleinlebende neigen offenbar weniger dazu, über ihr Maß hinaus zu essen und zu trinken – es macht ihnen allein am Tisch einfach weniger Spaß, und vermutlich bereiten sie ihr Essen auch mit weniger Aufwand zu als Zusammenlebende. Verwitwete essen ihre Trauer über den Verlust der ehelichen Tischgemeinschaft offensichtlich in sich hinein und legen sich einen ordentlichen »Kummerspeck« zu. Und Verheiratete haben große Lust am gemeinsamen Mahl, essen aber trotzdem weniger als Trauernde. Bei Geschiedenen schließlich scheinen sich die Erleichterung über das Ende der Konflikte und die Traurigkeit über das Alleinsein die Waage zu halten.

In diesen Daten deutet sich insgesamt an, dass sich das gegenwärtige oder frühere Vorhandensein einer regelmäßigen familiären Tischgemeinschaft luststeigernd und ihr Fehlen lustmindernd auf den Genuss der Speisen auswirken. Dem müssen Verheiratete, Geschiedene und Verwitwete mit der Tugend der Maßhaltung entgegenarbeiten, um nicht übergewichtig zu werden. Zugleich hätten aber gerade Verheiratete die Chance, sich miteinander in eine intensivere Genussfähigkeit einzuüben. Das Schmecken mit allen Sinnen einzuüben fällt leichter, wenn man sich gegenseitig dazu anregt und dabei unterstützt. Ein Tischgespräch darüber, was der Partner oder die Partnerin schmeckt, bereichert, schweißt zusammen und sorgt nebenbei dafür, dass man nicht viel isst, sondern das Wenige intensiv genießt. Die empirischen Daten zeigen freilich, dass die ethische Herausforderung zur Einübung der Genussfähigkeit ziemlich hoch ist.

5.4
Sich binden
Mahlgemeinschaft und Sicherheit

Trägt die Tischgemeinschaft zur Sicherheit und Geborgenheit der miteinander Essenden und Trinkenden bei? Sie ist wie gesagt im Regelfall mehr als nur Social Feeding im Sinne des gleichzeitigen Nebeneinanderher-Essens, sie ist Food Sharing im Sinne des Teilens und Gebens. EinE TischgenossIn teilt mit den anderen. Tischgemeinschaft besitzt also die Form von Geben und Empfangen. Und zurecht kann man sagen:

Tischgemeinschaft ist nicht nur irgendeine, sondern die höchste denkbare Form von Geben und Empfangen. Denn die Gaben bei Tisch sind das fundamentalste, unersetzlichste und unverzichtbarste Gut jedes geschöpflichen Lebens: die Lebens-Mittel. Menschen sind füreinander da, nicht indem sie sich gegenseitig verzehren, sondern indem sie sich Nahrung schenken (Gottfried Bachl 2008: 73–112).

Leben bedeutet Genährtwerden und Nähren, Gefüttertwerden und Füttern. Obwohl (oder auch: gerade weil) eine Speise etwas ist, das nur einer essen kann (anders als beim Sehen, Hören, Riechen, Tasten), wächst im gemeinsamen Essen die Erfahrung der gegenseitigen Zuwendung am intensivsten. »Ist es möglich zu sagen: In der Mahlzeit gehen andere Menschen in mich ein? Ja, wenn der Satz bedeutet: Sie wenden sich mir zu und berühren mich mit dem, was sie an Lebensmitteln aufgetischt haben.« (Gottfried Bachl 2008: 75) Dabei ist die Reihenfolge nicht beliebig: Zuerst macht jeder Mensch die Erfahrung des Gefüttertwerdens. Erst danach wird er selbst zum Fütternden. Füttern bedeutet etwas weiterzugeben, was man selbst zuvor empfangen hat.

In der Einführung in dieses Kapitel hatten wir gesehen, dass neueste Forschungen an Schimpansen belegen, dass beim Teilen von Nahrung das Bindungshormon Oxytozin ausgeschüttet wird (Roman M. Wittig et al. 2014). Die Stärkung der wechselseitigen Bindung ist also der Mehrwert des Food Sharing. Grundgelegt beim Säugling, der ein ins Extrem gesteigertes Sicherheitsbedürfnis hat, das ihm die Mutter an ihrer Brust erfüllt, wird dieser biologische Mechanismus auch zwischen erwachsenen Individuen wirksam und stärkt ihre Verbundenheit.

Der Soziologe Marcel Mauss hat den Mehrwert der Bindung bereits vor knapp einem Jahrhundert an der Praxis des Schenkens und Empfangens indonesischer Urvölker untersucht (Marcel Mauss 1968; französisches Original 1923, Essai sur le don. Forme et raison de l'échange dans les sociétés archaïques in Sociologie et Anthropologie, Paris). Nach Mauss gibt es keine menschliche Kultur der Erde, die nicht in irgendeiner Form das Schenken praktizieren würde, das freiwillige Geben von Dingen oder Leistungen ohne unmittelbaren Lohn. Aber keine Kultur der Erde schenkt, ohne auf einen späteren Lohn zu hoffen. Jede Gabe birgt in sich die Erwartung einer entsprechenden Gegengabe. Und exakt an diesem Punkt entsteht eine Bindung: Geschenke verbinden Menschen, indem sie zum Gegengeschenk verpflichten. Zwar ist die Verpflichtung nicht erzwingbar. Und doch wird eine Gesellschaft Menschen auf lange Sicht ausgrenzen, die nur nehmen ohne je zu geben. Das ungeschriebene Gesetz von Gabe und Gegengabe mag eine Weile straf- und folgenlos missachtet werden, auf Dauer aber sind schwerwiegende Konsequenzen zu erwarten.

Nun ist es der Clou der Mauss'schen Untersuchungen, dass er zeigen konnte: Kulturgeschichtlich sind Geschenkmechanismen die Wurzel ökonomischer Tauschgeschäfte und nicht umgekehrt. Erst wird geschenkt, dann getauscht bzw. gekauft.

Anders ausgedrückt: Auch ökonomische Transaktionen, die nach strengen Nützlichkeitserwägungen ausgehandelt werden, enthalten ein die VertragspartnerInnen persönlich verbindendes Moment. GeschäftspartnerInnen übernehmen eine Verantwortung füreinander, die sich nicht in der Haftung für ihre Produkte erschöpft. Auch wenn die klassische ökonomische Theorie diese personale Bindung in dem Konstrukt des »homo oeconomicus« methodisch eliminiert, bleibt sie in der Realität dennoch gegeben. Die emotionale Bindung zwischen den Beteiligten eines Geschäfts ist selbst in einer stark rational organisierten Ökonomie nicht übergehbar.

Auf lange Sicht sind Gaben und Gegengaben immer gleich groß. Rein ökonomisch betrachtet ist das Wechselspiel von Geben und Empfangen ein Nullsummenspiel. Aber die Bindung der einander Gebenden und voneinander Empfangenden wird mit jeder Gabe gestärkt. »So gibt es in der ganzen menschlichen Entwicklung nur eine Weisheit … Gaben geben, freiwillig und obligatorisch.« (Marcel Mauss 1968: 165) Denn »der austauschende Produzent spürt wieder, … dass er mehr als nur Produkte und Arbeitszeit austauscht, dass er ein Stück von sich selbst, seine Zeit und sein Leben gibt.« (Marcel Mauss 1968: 174) Das Geben und Empfangen ist damit zum Akt symbolischer Kommunikation geworden: In ihm zeigt und vollzieht sich die Hingabe der beteiligten Personen.

Wenn das, was Mauss für Geben und Empfangen ganz allgemein analysiert hat, im Besonderen für die Höchstform des Food Sharing gilt, wird das Verteilen der Speisen und Getränke in der konkreten Tischgemeinschaft zum Schlüsselritual. Insofern ist es kaum verwunderlich, dass sich zahlreiche Tischregeln dem Verteilungsproblem widmen. Wenn die Verteilung misslingt, sorgt das für tiefe Verstimmung. Wenn sie gelingt, wird sie zur Wegbereiterin nachhaltiger Verbundenheit.

Die Bindekraft der Mähler haben sich die Menschen im Dienst von Zusammenhalt, Frieden und Versöhnung schon früh zunutze gemacht. Das Alte Testament erzählt davon, wie Vertragsabschlüsse mit einer Mahlzeit bekräftigt werden. Durch ein Mahl etwa schließen die vorher verfeindeten Abimelech und Isaak einen Bund der Versöhnung: »Eines Tages kam Abimelech aus Gerar mit seinem Vertrauten Ahusat und seinem Feldherrn Pichol zu Isaak. Isaak sagte zu ihnen: Weshalb kommt ihr zu mir? Ihr seid mir doch Feind und habt mich aus eurem Gebiet ausgewiesen. Sie entgegneten: Wir haben deutlich gesehen, dass der Herr mit dir ist, und wir dachten: Zwischen uns und dir sollte ein Eid stehen. Wir wollen mit dir einen Vertrag schließen: Du wirst uns nichts Böses zufügen, wie auch wir dich nicht angetastet haben; wir haben dir nur Gutes erwiesen und dich in Frieden ziehen lassen. Du bist nun einmal der Gesegnete des Herrn. Da bereitete er ihnen ein Mahl und sie aßen und tranken. Früh am Morgen standen sie auf und leisteten einander den Eid. Isaak entließ sie und sie schieden von ihm in Frieden.« (Gen 26, 26–31) Die Erzählung spiegelt uralte Bräuche. Das gemeinsame Mahl ist das Ritual, mit dem der Eid bekräftigt und abgesichert wird. Offenbar würde das Wort des Eides allein nicht ausreichen, um Vertrauen in seine Gültigkeit herzustellen. Erst das Ritual der Tischgemeinschaft stellt dieses Vertrauen her. Symbolische Vollzüge besitzen mehr existenzielle Kraft als Worte allein. Das gilt im Alten Testament sogar beim Bundesschluss Gottes mit Israel am Berg Sinai. Erst das gemeinsame Essen und Trinken derer, die auf den Berg hinaufgestiegen sind und Gottes Bund empfangen, gibt ihnen die nötige Gewissheit, dass der Bund wirklich gilt (Ex 24, 9–11).

Das Ritual eines Mahls, das den Vertrag ratifiziert, durchzieht die Menschheitsgeschichte und betrifft alle Arten von Verträgen. Es gilt im Kreis von Familie und FreundInnen bei einer Hochzeit, die ohne gemeinsames Mahl nicht vorstellbar wäre. Es symbolisiert den autoritativen Akt der Wiederaufnahme eines Ausgeschlossenen, der ebenfalls vertraglich bindet, auch wenn es kein geschriebenes Dokument gibt (und daher ist es nicht belanglos, dass der barmherzige Vater im Gleichnis Jesu Lk 15, 11–32 ein Mahl veranstaltet, als sein verlorener Sohn wieder nach Hause zurückkehrt; erst das Mahl besiegelt die Vergebung und Rehabilitation durch den Vater). Es hat aber ebenso höchste Bedeutung, wenn es um Vertragsabschlüsse in der großen Politik geht.

Der sogenannte »grüne Tisch« war früher der Verhandlungstisch, an dem die politischen Parteien einen Vertrag ausgehandelt und unterzeichnet haben. Der »weiße Tisch« hingegen war der Esstisch, an dem der geschlossene Vertrag ratifiziert und bekräftigt wurde (Jürgen Hartmann 2007: 148–172). Beide Tische waren notwendig, damit es zu einem gültigen, von allen anerkannten Vertrag kam. Dieses Ritual gilt im Grunde noch heute als ungeschriebenes Gesetz, denn nach bedeutenden Vertragsabschlüssen im weltpolitischen Feld kommt dem anschließenden Essen höchste Bedeutung zu. Medien berichten über die Speisenfolge, die Sitzordnung, die Kleidung der beteiligten PolitikerInnen, die Gesprächsatmosphäre und vieles mehr. Doch diese Aufmerksamkeit für scheinbar Nebensächliches hat nichts mit Boulevardjournalismus zu tun, sondern dient der öffentlichen, für alle Menschen sichtbaren Bekräftigung, dass der geschlossene Vertrag wirklich gilt. Die Publizität des Mahles ist gewollt, und sie wird von Anfang bis Ende perfekt inszeniert. Der weiße Tisch politischer Runden ist ein öffentlicher Tisch.

Genau besehen vereinen Vertragsabschlüsse und die in diesem Kontext stattfindenden Mähler alle vier Aspekte symbolischer Codierung in sich: Den Vertrag schließen können nur jene, die die Autorität dazu haben (Ansehen); durch den Vertrag entsteht eine wechselseitige Zugehörigkeit der Vertragsparteien in einer Bindung (Verortung); das gemeinsame Mahl drückt aus, dass der geschlossene Vertrag nicht nur eine Pflichtübung sein soll, sondern Freude oder wenigstens Erleichterung vermittelt (Lust); und schließlich zielen Verträge durch die entstehende Bindung auf eine stabile Sicherheit (Geborgenheit). Alle vier Aspekte wirken also im Vorgang eines Vertragsabschlusses mit. Und doch: Für die ersten drei Aspekte bräuchte man nicht unbedingt die Ratifizierung des Vertrags in einem Mahl. Die ist primär der erhofften Sicherheit geschuldet.

Die leitenden Tugenden im Umgang mit dem Sicherheitsaspekt der Tischgemeinschaft sind Gelassenheit und Hingabebereitschaft. Sie sind nötig im Blick auf das Geben und Empfangen der Speisen, das Food Sharing. Alle Beteiligten, nicht nur die gastgebende Person, müssen loslassen können, was auf dem Tisch steht, weil sie den TischgenossInnen ansonsten nonverbal signalisieren, dass die Tischgemeinschaft nur ein goistisches Kalkül und damit eine Farce ist. Sie müssen bereit sein, nicht nur etwas, sondern sich selbst hineinzugeben in die Verbindung, die am Tisch entsteht. Äußere Tischregeln können solche inneren Haltungen nicht »machen«. Sie können aber Signale setzen, wo die beiden Haltungen der Gelassenheit und Hingabebereitschaft definitiv verletzt würden. Und sie können dafür sorgen, dass auch dort, wo Hingabe und Gelassenheit nur begrenzt gelingen, ein Mindestmaß an Vertrauen und Sicherheit wachsen kann.

5.5
Regeln im Dienst
gelingender Tischgemeinschaft

In jeder Kultur kristallisieren sich mit der Zeit feste, wenn auch nicht unveränderliche *Tischsitten* heraus: ungeschriebene Verhaltensmuster, die alle Mitglieder der Kultur kennen und an die sie sich halten. Ein Teil dieser Verhaltensmuster wird in festen *Tischregeln* tradiert, sei es in mündlichen, aber fixierten Formeln, sei es in schriftlichen Katalogen wie dem berühmten »Knigge«. Solche Tischregeln haben meist eine lange Geschichte (Massimo Montanari 2012: 216–237; Odile Redon et al. 2008), während der sie sich nur geringfügig verändern. Wer zum Beispiel die 122 Verse von »De moribus in mensa servandis« des Giovanni Sulpicio Verulano aus dem Jahr 1481 liest, könnte abgesehen von der altertümlichen Sprache meinen, das Buch sei im 20. oder 21. Jahrhundert geschrieben. Kindern werden Tischregeln schon in den ersten Lebensjahren beigebracht (Susan Grieshaber 1997: 649–666; bes. 658) – und die meisten Eltern geben die Regeln genau so weiter, wie sie sie selbst gelernt haben. Es dürfte wohl kaum einen Bereich des menschlichen Lebens geben, der mit einer solchen Fülle detaillierter Regeln versehen ist wie das gemeinsame Essen und Trinken.

◆ Manche Tischregeln dienen einfach einer *praktischen Festlegung*, etwa wie die verschiedenen Teile des Bestecks und Geschirrs am Platz einer Person angeordnet werden. Solche Regeln dienen der einfacheren Handhabbarkeit der Tischkultur, sie entlasten von einer je neuen Überlegung, wie man etwas gestaltet, und ermöglichen allen TischgenossInnen einen reibungsarmen Ablauf des Mahls.

◆ Andere Tischregeln haben vorwiegend *ästhetische Relevanz*. Sie dienen einer gepflegten Atmosphäre und einem ungestörten Genuss des Mahls. Hierzu zählen vor allem Regeln, die die Körper- und die Handhaltung betreffen, den Umgang mit dem Besteck, dem Glas und der Serviette und das Erzeugen von Geräuschen (Schmatzen, Schlürfen, Rülpsen und Klirren mit Besteck und Essgeschirr).

◆ Schließlich hat eine dritte Gruppe von Regeln *ethische Bedeutung*. Sie will einen verantworteten Umgang mit den symbolischen Valenzen des Mahls regeln, wie er im Blick auf die vier Kategorien symbolischer Codes und ihre ethische Gestaltung aus den acht Tugenden heraus sinnvoll erscheint. Diese letzte Gruppe soll hier einer etwas genaueren Analyse unterzogen werden.

Eine erste Gruppe ethisch relevanter Tischregeln betrifft den sorgsamen und ehrfürchtigen *Umgang mit den Speisen*: Sie sollen dafür sorgen, dass der Teller leer gegessen werden kann und keine Reste weggeworfen werden müssen (Nicht zu viel auf den Teller nehmen! Was auf dem Teller ist, aufessen! Lieber zweimal kleine Portionen nehmen als einmal zu viel! Nicht mit dem Essen spielen!) – Ausdruck der Ehrfurcht vor dem Lebensmittel (vgl. Kapitel 3.2; 8.4 und 8.5.6). Zudem soll ein möglichst intensiver Genuss der Speisen sichergestellt werden (Den Mund nicht zu voll nehmen! Langsam essen – nicht schlingen! Gründlich kauen!) – Vorbedingung für ein echtes Auskosten der Speisen.

Der größte Teil der ethisch relevanten Tischregeln betrifft aber den *Umgang mit der Tischgemeinschaft*: Das beginnt mit räumlichen Anweisungen zur Sitzordnung, die durch feste Plätze Sicherheit garantiert und darauf achtet, niemanden zurückzusetzen (Ansehen). Es setzt sich fort in einer großen Fülle zeitlicher Anweisungen betreffend Beginn und Ende des Mahles (niemand beginnt, bevor nicht alle sitzen und der Tischvorstand das Zeichen zum Beginn gibt; man wünscht sich guten Appetit, gegebenenfalls wird vorher ein Tischgebet gesprochen; am Ende des Essens wird ein Dank an die Küche und gegebenenfalls an Gott ausgesprochen; aufgestanden wird erst, wenn der Tischvorstand »die Tafel aufhebt«) und den Beginn und das Ende des Essens und des Trinkens (zu essen beginnt man erst, wenn alle ihre Speisen auf dem Teller haben; der Tischvorstand erhebt als Erster das Glas; abserviert wird ein Gang erst, wenn der Letzte am Tisch zu essen aufgehört hat). Diese Regeln der Synchronisierung dienen erkennbar dazu, die Nahrungskonkurrenz zu zähmen und die Priorität der Gemeinschaft gegenüber dem physischen Bedürfnis zu sichern. Sie garantieren die Rahmenbedingungen dafür, dass eine gute Kommunikation und ein friedvolles Teilen gelingen können.

Der Kommunikation dienen zudem eigene Regeln (Nicht mit vollem Mund sprechen! Nicht ans Telefon oder an die Haustür gehen, wenn es klingelt! Das Handy ausschalten!). Darüber hinaus gelten selbstverständlich die allgemeinen Gesprächsregeln wie sonst auch. Schließlich zielen einige Regeln auf ein gutes Geben und Empfangen der Speisen und Getränke, also auf ein gerechtes und verbindendes Teilen (Nicht das größte Stück als Erster nehmen! Andere fragen, bevor man die Schüssel leert! Nicht über den Teller des Nachbarn langen, sondern um die Schüssel bitten! Warten, bis man an der Reihe ist! Nicht außerhalb der Mahlzeiten essen!). Die MahlteilnehmerInnen sollen sich eingeladen fühlen, füreinander einen Blick zu bekommen, einander anzureichen und zu bedienen und ihre Verbundenheit untereinander in der Sorge um das Essen der anderen zu bekräftigen.

Es ist interessant, diese profanen Tischregeln der Gegenwart mit den Tischregeln eines alten monastischen Ordens zu vergleichen. Im Grunde bearbeitet die *Regel Benedikts* sämtliche hier genannten Teilbereiche ebenso, teilweise sehr ähnlich, teilweise ein wenig anders (vgl. zum Folgenden Michael Rosenberger 2012a: 185–189).

Auch Benedikt reflektiert die Sensibilität der *räumlichen Tisch- bzw. Sitzordnung* (RB 63). Die Rangordnung sollte im Kontext eines Klosters eigentlich kein Thema sein. Und doch bleibt es zumindest menschlich, wenn nicht nach dem höchsten, so doch nach einem festen Platz zu fragen und zu suchen. Ein ständiges Wechseln der Plätze kann zu Verunsicherung, mehr aber noch zum Recht des Stärkeren und zu Anarchie führen. Daher ist in einer klösterlichen Gemeinschaft wie in jeder Familie eine stabile Tischordnung ratsam. Wie aber kann eine Regel die Plätze gerecht und ohne Ansehen der Person so zuteilen, dass sich darin eine Ordnung, aber eben keine Rangordnung spiegelt?

Die meisten Klosterregeln, auch die Benediktsregel, diskutieren die Ordnung (ordo) der Mönche nicht isoliert für den Tisch. Zwar erwähnt Benedikt ausdrücklich nur die Ordnung beim Gottesdienst im Chor (RB 63,4) sowie bei Tisch (RB 63,18). Aber »die Aufzählung ist nicht erschöpfend« (Michaela Puzicha [Hg.] 2002: 533), sondern exemplarisch für alle Vollzüge der Gemeinschaft zu verstehen. So haben wir in der expliziten Nennung von Gottesdienst und Mahlzeit ein Indiz dafür, dass dies die sichtbarsten und zentralsten Gemeinschaftsvollzüge im Kloster sind und daher am dringlichsten der (Sitz-)Ordnung der Mönche bedürfen.

Wie lässt sich im Kloster als dem modellhaften Leben gleichberechtigter und gleichwertiger Gläubiger bei Tisch und im Gottesdienst eine egalitäre Ordnung sichern? Lebensalter (RB 63,5) oder öffentliche Stellung (RB 63,8) können hier im Gegensatz zur spätantiken Gesellschaft keine Kriterien sein. Und so etabliert sich im frühen Mönchtum das einzig plausible Kriterium, das allen die gleiche Chance gibt: der Zeitpunkt des Klostereintritts (RB 63, 1–3.7–8). Er ist das objektivste, am wenigsten willkürliche Kriterium und gibt jedem die Chance, langsam, aber sicher weiter aufzurücken. Es verkörpert eine starke Gleichheit der Mönche und ist ein »ordo der Gleichberechtigung« (Michaela Puzicha [Hg.] 2002: 531).

Wie gewohnt weist Benedikt auch hier auf denkbare Ausnahmen von der Regel hin: Eine besonders verdienstvolle Lebensführung kann eine begrenzte Vorrückung begründen (RB 63,1), eine besonders schlechte die Zurücksetzung, und Mönche, die aus anderen Klöstern übertreten, können unter Umständen ebenfalls etwas vorgerückt werden (RB 61,11). Hier hat der Abt einen Ermessensspielraum (vgl. auch RB 2,17.19; 61,11–12; 62,6). Zugleich ist die Zurücksetzung eines Mönchs eine empfindliche und für alle sichtbare Strafe (RB 43,4–10; 44,5). – Keine Ausnahme von der Regel stellt es für Benedikt dar, wenn ein Mitglied der Klostergemeinschaft Priester oder Kleriker ist. Nur beim Chorgebet und anderen liturgischen Feiern kann er vorgereiht oder sogar mit spezifischen liturgischen Aufgaben betraut werden (RB 60,4–8; 61,12). Bei allen anderen Gemeinschaftsvollzügen gilt auch für ihn das Eintrittsalter als einzig entscheidendes Kriterium – allem voran bei Tisch. Bei Tisch ist die Ordnung der Mönche also noch egalitärer als beim Gebet – eine bemerkenswerte Tatsache.

Ein zweiter wichtiger Bereich der Tischregeln betrifft die *Synchronisierung der Tisch-Gemeinschaft* (RB 43): Arbeit und Lektüre können relativ frei und individuell gestaltet werden. Mahl- und Gebetszeiten sind hingegen Gemeinschaftsvollzüge und brauchen folglich strikte Synchronizität. Deswegen wird der zu späte Beginn oder das zu frühe Beenden der ersten nicht bestraft, der zweiten hingegen sehr wohl. Anders als die Regula Magistri (RM 73), die ihm sonst ein wichtiges Vorbild ist, straft Benedikt das Zuspätkommen nicht nur beim Gebet, sondern gleichrangig bei der Mahlzeit – und nicht nur das zu späte Kommen, sondern ebenso das zu frühe Weggehen (RB 43,17). Damit erhält die Tischgemeinschaft eine ebenso große Bedeutung für das Zusammenleben der Brüder wie das Chorgebet. Die geschwisterliche Verbundenheit in der Liebe drückt sich in beiden Vollzügen gleichermaßen aus. Es fällt auf, dass in den betreffenden Sätzen (RB 43,13–17) eine Ballung von Worten zu finden ist, mit denen die (Tisch-)Gemeinschaft ausgedrückt wird – und durch die der Kontrast des Zuspätkommens umso deutlicher hervortritt: simul omnes – sub uno omnes – ad mensae communis participationem – consortio omnium (Michaela Puzicha [Hg.] 2007: 388).

Symbol dieser Intensität des Gemeinschaftsvollzugs ist das gemeinsame Beten am Beginn und am Ende des Essens. Es ist nicht nur ein Hinweis auf den Dank für die Schöpfungsgaben Gottes und damit eine fromme Übung von vielen, sondern zugleich wirksame Markierung für Anfang und Ende des gemeinsamen Vollzugs: Die Präsenz der Mönche beim Tischgebet ist das Kriterium für ihr rechtzeitiges Erscheinen. Logischerweise besteht die Strafe für Unpünktlichkeit bei den Mahlzeiten nach zwei Verwarnungen (RB 43,14) darin, solange alleine und ohne Wein zu essen, bis sich der betreffende Mönch gebessert hat (RB 43,15–16). Durch seine Unpünktlichkeit hat er sich aus der (Tisch-)Gemeinschaft ausgeschlossen, das soll er nun spüren, damit er vom Schmerz getrieben in Zukunft achtsamer ist.

Noch die abschließende Bemerkung steht primär unter der Perspektive der Tischgemeinschaft: Außerhalb der gemeinsamen Mahlzeiten soll niemand etwas essen (RB 43,18). Auch wenn ein Mönch zu Besorgungen für einen Tag außerhalb des Klosters unterwegs ist, darf er während seines Ausgangs nichts essen – selbst wenn es ihm aufgenötigt wird (RB 51,1). Selbstverständlich kann der Abt eine Ausnahme erlauben oder sogar befehlen (RB 43,19; 51,2). Tut er das jedoch nicht und isst der Mönch ohne Erlaubnis etwas außerhalb der Mahlzeiten, dann betrachtet Benedikt das als ein »Sich-etwas-Herausnehmen« – an beiden genannten Stellen steht das Verb »praesumere«. Er bildet sich, so Benedikts Vorstellung, ein, er könne seine Gelüste über die Gemeinschaft stellen.

Ein dritter Bereich regelt den wechselseitigen *Küchen- und Tischdienst* (RB 35): »Die Brüder sollen einander dienen.« (RB 35,1) Mit dieser sehr grundsätzlichen Aussage beginnt das Kapitel über den Dienst in der Küche und an den Tischen. Der geschwisterliche Dienst aneinander gehört zu den konstitutiven Elementen christlichen Lebens insgesamt (Joh 13,1–20) und monastischen Lebens speziell. Würde er vernachlässigt, ginge dem klösterlichen Leben seine Herzmitte und sein Markenkern verloren. Wie zur Bekräftigung der Eingangsaussage fährt Benedikt daher fort: »Keiner werde vom Küchendienst ausgenommen!« Alle sollen ihren Teil zum wechselseitigen Dienst beitragen, weil dieser die Liebe wachsen lässt.

Und doch wäre es ein Bruch mit dem benediktinischen Maß, gäbe es keine Berücksichtigung der individuellen Möglichkeiten der einzelnen Mönche. Deswegen benennt Benedikt sogleich Ausnahmefälle, in denen ein Mönch ganz oder teilweise vom Tischdienst befreit ist (RB 35,1–3.5): Kranke und in dringenden Angelegenheiten Beschäftigte (zu denen in einer größeren Gemeinschaft auch der Cellerar gehört) werden gänzlich, »Schwache« wenigstens teilweise befreit. Sie erhalten Hilfe durch die Brüder, sollen aber prinzipiell sehr wohl ihren Dienst verrichten. Keine Befreiung gibt es aufgrund des Alters, des Rangs, der Herkunft oder anderer Kriterien, die in der damaligen Gesellschaft einen Vorrang signalisieren. Einzig die Möglichkeiten des Mönchs entscheiden darüber, ob er zum Tischdienst verpflichtet wird oder nicht.

Der Kontrast zum Gebet ist offenkundig: Weil das Vorbeten oder Vorsingen begehrt ist, da man sich öffentlich präsentieren und darstellen kann, stellt es ein Sichherausnehmen dar, wenn man es ohne Weisung des Abtes tut (RB 47,2–4). Weil umgekehrt der Dienst an den Tischen wenig begehrt ist, da er eine Sklavenaufgabe darstellt, bedeutet es ein Sichherausnehmen, wenn man sich ohne Erlaubnis des Abtes davon dispensieren möchte. Gerade deswegen sorgt Benedikt fürsorglich für jene, die zum Tischdienst eingeteilt sind: Vorher (an Fasttagen) bzw. nachher (an Festtagen) bekommen sie mehr zu essen – sie sollen den Dienst leicht und frohen Herzens tun und nicht als Belastung empfinden (RB 35,12–14).

Der Tischdienst ist ein Wochendienst (RB 35,7). Er beginnt am Sonntag und endet am Samstag. Die Rituale beim Dienstwechsel unterstreichen seine enorme Bedeutung (RB 35,9.15–18): Jene, die den Dienst beenden, waschen am Samstagabend alle Tücher und Geräte und übergeben sie dem Cellerar. Der gibt sie sodann dem neuen Tischdienst zu treuen Händen. Scheidender und beginnender Tischdienst gemeinsam waschen (am Samstagabend?) in Erinnerung an Jesu eigenes Tun allen anderen Brüdern die Füße.

Am Sonntag am Ende des Morgengebets empfängt zunächst der scheidende Tischdienst den Segen, dann der beginnende. Kein anderer Dienst wird im Benediktinerkloster so vielfältig und intensiv in seine Aufgabe hineinbegleitet und daraus wieder verabschiedet. Deutlicher lässt sich die Wichtigkeit kaum illustrieren.

Die Kommunikation der Tischgenossen untereinander wird im benediktinischen Kloster weitestgehend durch die *Tischlesung* ersetzt (RB 38). Wichtiger als die irdische Speise von Brot und Wein ist die himmlische des Wortes Gottes. Daher schärft Benedikt das Schweigen der Mönche während des Essens in detaillierten Anweisungen eigens ein (RB 35,5–9). Es herrsche »größte Stille«, »kein Laut sei zu hören«, damit die Mönche ganz auf die Schrift hören und Gottes Wort in sich aufnehmen können.

Auf Außenstehende mag die klösterliche Tischlesung fremd und eigenartig wirken. Man kann sie aber gerade in der Moderne als einen großen Luxus verstehen: Wo nimmt sich schon noch jemand Zeit, einem anderen etwas vorzulesen? Selbst in Familien mit Kindern ist das zu einer Seltenheit geworden – und doch aus vielerlei Gründen enorm wichtig: Vorlesen fördert die emotionale Bindung zwischen Lesendem und Hörenden, regt zum Nachdenken und zur fantasievollen Vorstellung an, fördert die Sprachkompetenz und gibt ethische und religiöse Orientierung. Man kann darüber diskutieren, ob die Mahlzeit der ideale Ort für die Lesung ist – ihren generellen Wert kann man aber kaum infrage stellen.

Wie der Tischdienst ist auch der Tischleserdienst ein Wochendienst, der am Sonntag beginnt (RB 38,1). Für ihn ist eine analoge liturgische Einführung vorgesehen, die Segnung am Ende der Sonntagsmesse nach der Kommunion (RB 35,2–4). Ein zusätzliches Ritual wie die Fußwaschung durch die Tischdiener gibt es bei diesem Dienst allerdings nicht. Die Fürsorge Benedikts für das Wohlergehen des Tischlesers ist aber nicht geringer als für die Tischdiener: Der Lektor isst vor oder nach dem Gemeinschaftsmahl gemeinsam mit dem Küchen- und Tischdienst, bekommt jedoch bereits vorher etwas Wein zu trinken, damit die Stimme nicht rau ist und er das Warten auf die Mahlzeit besser erträgt (RB 35,10–11).

Abgesehen vom Schweigen und Hören auf die Tischlesung könnte man die meisten Vorschriften Benedikts leicht in eine Familie übertragen. Sie sind ein hervorragendes Zeugnis dafür, wie wichtig es ist, nicht nur Tugenden zu formulieren und an Beispielen zu demonstrieren, sondern in vieler Hinsicht auch höchst detailliert festzulegen, wie diese Tugenden in einer konkreten Gemeinschaft Fleisch werden können. Dass die Regeln immer Ergebnis von Verständigungsprozessen der Gemeinschaft bleiben, ist für Benedikt dabei selbstverständlich.

5.6

Die Bewirtung der Fremden als Prüfstein der Gastfreundschaft

Je sensibler ein Lebensbereich ist, umso genauere und detailliertere Regeln braucht er. Die Mahlgemeinschaft ist offenbar ein besonders sensibler Bereich, denn er ist in allen Kulturen höchstgradig reguliert. Noch einmal sensibler ist allerdings eine spezifische Situation der Tischgemeinschaft, nämlich die Bewirtung von Gästen. Unter allen Mahlsituationen kommt der Gastfreundschaft die umfangreichste, strengste und am strengsten sanktionierte ethische Normierung zu. Das leuchtet ein, denn zwischen GastgeberIn und Gast besteht ein fundamentales Machtgefälle. Dies bedarf der Einhegung durch klare Normen.

Der Gast ist in jedem Fall der Fremde, der Eindringling. Er ist dort, wo er aufgenommen wird, nicht zu Hause. Dabei mag die Fremdheit gering sein, wenn der Gast aus derselben räumlichen Umgebung oder aus derselben Großfamilie kommt. Sie steigert sich aber schier ins Unermessliche, wenn der Gast dem Gastgeber nicht bekannt ist und womöglich aus einem anderen Sprach- und Kulturraum mit einer fremden Religion kommt. Diese enorme Spannweite an Möglichkeiten müssen die Regeln der Gastfreundschaft mitbedenken.

Schauen wir zunächst auf die *Gastfreundschaft unter Verwandten* (Jacques T. Godbout 1997: 35–48): Orientiert an Marcel Mauss ist die Gastfreundschaft eine Gabe (don), die drei Momente umfasst: Geben, Empfangen und Zurückgeben (donner, recevoir, rendre; Jacques T. Godbout 1997: 36). Der zweite Schritt des Empfangens macht die Freiwilligkeit des Gebens deutlich, der dritte des Zurückgebens die moralische Pflicht zur Gegeneinladung. So entsteht ein Kreislauf ohne Ende – man ist nie quitt, weil man immer ein wenig mehr zurückgibt als man empfangen hat (Jacques T. Godbout 1997: 36).

Dennoch ist die Reziprozität der Gastfreundschaft unter Verwandten oft eingeschränkt (Jacques T. Godbout 1997: 39–40): In vielen Großfamilien werden die einen immer eingeladen und die anderen laden immer ein, weil sie besser kochen können, kein Auto besitzen, die größere Wohnung haben oder weil ihre Kinder bereits erwachsen sind. Godbout zitiert ein Sprichwort aus der kanadischen Region Quebec: »Ne comptez pas les tours, on n'aime pas sortir.« – »Rechnet nicht mit dem Gegenbesuch, man liebt das Ausgehen nicht.«

Das Geben des Gastgebers ist dabei klar begrenzt (Jacques T. Godbout 1997: 41): »Fühlt euch wie zu Hause!« lautet die übliche Aufforderung, die man als Gast aber keinesfalls wörtlich nehmen soll. Regeln schützen den Gastgeber vor ungebührlichen Übergriffen in seine Intimsphäre. »Die Gastfreundschaft besteht nicht darin, dem anderen einen Raum zu schenken, sondern ihn im eigenen Raum zu empfangen … Es bleibt der Raum dessen, der empfängt, des Gebers.« (Jacques T. Godbout 1997: 41; übers. MR) Das Empfangen des Gastgebers betrifft weniger die Gastgeschenke als vielmehr den Gast selbst – er ist die Gabe (Jacques T. Godbout 1997: 41–42). Daher rührt auch die Verabschiedung mit den Worten: »Danke für deinen Besuch!« Schließlich wird dem Gastgeber unmittelbar etwas zurückgegeben (Jacques T. Godbout 1997, 42–43): Dabei ist nicht in erster Linie an die Gegeneinladung zu denken, sondern an das freundliche, aufmerksame Verhalten des Gastes.

In der Logik der Gabe gibt es keine Forderung (demande) – in der Gastfreundschaft unter Verwandten aber schon (Jacques T. Godbout 1997: 43–45): die Einladung. Ohne sie darf ein Gast nicht kommen, mit ihr muss er kommen. Die Einladung verleiht ihm den Status des Eingeladenen, der damit Rechte, aber auch Pflichten hat: Er darf nicht länger bleiben als in der Einladung angegeben, ist kein Mitglied der Hausgemeinschaft und muss sich an die Regeln für Gäste halten. Der Gast ist im Unterschied zu KundInnen auf dem Markt nicht auf gleiche Weise KönigIn. Gastfreundschaft ist ein Durchgangsstadium.

In diesen vorwiegend an Jacques T. Godbout orientierten Analysen wird deutlich, dass die Asymmetrie zwischen GastgeberIn und Gast schon unter Verwandten einer sehr behutsamen Austarierung bedarf. Kippt die Balance, kann das zu schweren Verwerfungen führen. Die besondere Bestimmung von Nähe und Distanz, die sich in dieser Beziehung ereignet, ist prekär. EinE GastgeberIn soll dem Gast nicht explizit Grenzen setzen, sondern völlige Offenheit manifestieren. Der Gast aber soll die unausgesprochen existierenden Grenzen der Gastfreundschaft erspüren und respektieren. Das braucht auf beiden Seiten ein hohes Maß an Feingefühl. Dies ist umso mehr nötig, wenn GastgeberInnen *Fremde als Gäste* aufnehmen (vgl. zum Folgenden Michael Rosenberger 2005[1]/2008[2]).

Jeder Gast ist ein Pilger, ein »peregrinus«, das heißt wörtlich einer, der über fremde Erde zieht und dessen Schutzlosigkeit und Ausgesetztheit man spürt. Der Gast ist zunächst draußen vor der Tür und besitzt keine Rückzugsbasis, weil er fern von zu Hause ist. Allen äußeren Bedrohungen preisgegeben befindet er sich in einer äußerst prekären Lage. Zudem kennt er, wenn er wirklich fremd ist, die Gegend nicht, hat bestenfalls eine durch Karten, Führer oder GPS bereitgestellte grobe Orientierung. Und wenn er dann noch nicht einmal die Sprache des Landes versteht oder gar die Schrift nicht lesen kann, ist er extrem abhängig vom guten Willen jener, denen er begegnet. Leicht wird seine Hilflosigkeit ausgenutzt. Und doch ist es erstaunlich, wie selten das geschieht. Starke Tabus im Ethos praktisch aller Kulturen sorgen dafür, dass die Wehrlosigkeit fremder Gäste vor Ausbeutung geschützt und zum Anlass zu Hilfe und Fürsorge genommen wird.

Genau aufgrund dieser Einsicht haben alle Kulturen der einseitigen Gastfreundschaft gegenüber Fremden einen hohen Stellenwert beigemessen. Natürlich hat auch die wechselseitige Gastfreundschaft zwischen Verwandten oder FreundInnen einen hohen Wert. Sie begründet, festigt und vertieft Beziehungen und ist ein wichtiges Element für den sozialen Zusammenhalt einer Gesellschaft oder Gruppe. Aber entscheidend ist die einseitige Gastfreundschaft gegenüber den Hilfsbedürftigen und Fremden.

Ein Zeichen für diesen ausgesprochen hohen Stellenwert der Gastfreundschaft gegenüber Fremden ist darin zu sehen, dass sie praktisch in allen Kulturen religiös begründet wird: Wer den Fremden freundlich aufnimmt, begegnet Gott oder den Göttern selbst. So vollzieht zum Beispiel die griechisch-römische Welt die Gastfreundschaft »unter den Augen der entsprechend titulierten Götter Zeus Xenios und Jupiter hospitalis« (Hubertus Lutterbach 2001: 130). Während allerdings im griechisch-römischen Kulturkreis die Gastfreundschaft primär unter Reichen gepflegt wird und von der eigennützigen Erwartung dominiert ist, im Bedarfsfall auch selber als Gast aufgenommen zu werden (Hubertus Lutterbach 2001: 132), ist die Logik im alttestamentlichen Israel gerade umgekehrt: Weil Israel selbst das Leben in der Fremde Ägyptens geschmeckt und dort die fürsorgliche Zuwendung Gottes erfahren hat, soll es gegenüber allen, besonders aber gegenüber den Fremden, den Armen und Schwachen Gastfreundschaft üben. Der Fremde wird unter dem besonderen Schutz Gottes gesehen, denn Gott hat eine Vorliebe für die Hilfsbedürftigen. Hinzu kommt das auch in Griechenland überlieferte Motiv, es könne ja sogar Gott selber sein, der als Fremder erscheine und gastliche Aufnahme erbitte (vgl. Gen 18,1–33).

Natürlich kommt es zu einer doppelten Schutzbewehrung der Gastfreundschaft: Einerseits soll der Gast den Gastgeber nicht ausnutzen. Er genießt deshalb nicht dieselben Rechte wie dieser, denn er stellt auch eine Bedrohung dar (Karl-Wilhelm Merks 2003: 54–55). Gäste können die Gastfreundschaft ausnutzen, und das wird durch Normen verhindert. Umgekehrt genießt der Gast den höchsten nur denkbaren Schutz: Lieber lässt der alttestamentliche Gastgeber die Misshandlung oder Tötung eigener Familienmitglieder zu als das Leben seines Gastes zu gefährden (Gen 19,1–11; Ri 19,1–30).

Jesus nimmt als Wanderrabbiner die Gastfreundschaft stark in Anspruch (siehe Kapitel 5.7). Bei hochgestellten und reichen Personen ist er ebenso zu Gast wie bei Verachteten und Kleinen. Auch die Wandermissionare der frühen Kirche sind auf die Aufnahme in den Gastgemeinden angewiesen, weshalb das frühe Christentum der Gastfreundschaft weiterhin höchste Wertschätzung entgegenbringt. Besonders wirksam aber wird im frühen Christentum die Einordnung der Gastfreundschaft gegenüber Fremden in die sogenannten »Werke der Barmherzigkeit« aus Jesu Gleichnis vom Weltgericht (Mt 25, 31–46). Die dort genannten sechs Dienste bilden den Grundstock für die bis heute gültige Liste: Hungernde speisen, Durstigen zu trinken geben, Fremde und Obdachlose aufnehmen, Nackte bekleiden, Kranke und Gefangene besuchen. Vier der sechs ursprünglichen Werke sind damit dem Themenkomplex der Gastfreundschaft gewidmet. Um auf die klassische Siebenzahl zu kommen, fügt man später das Begraben der Toten als siebtes Werk hinzu (erstmals bei Lantanz, Epitome divinarum institutionum 60, 7).

Das einleuchtende und einprägsame Motiv, das Jesus in Mt 25 für die tätige Barmherzigkeit nennt, ist die Tatsache, dass er sich ganz in der Tradition alttestamentlicher Propheten mit den Hilfsbedürftigen identifiziert: »Amen, ich sage euch: Was ihr für einen meiner geringsten Brüder oder Schwestern getan habt, das habt ihr mir getan.« (Mt 25, 40) Wohlgemerkt: Die Erlösten haben ihre Werke unwissentlich an Jesus getan, sie haben ihn nicht erkannt und reagieren demzufolge sehr überrascht. Es geht also nicht darum, in einer spirituellen Verbiegung den Menschen gewaltsam »um Jesu willen« zu helfen. Vielmehr soll und wird sich einE FreundIn Jesu mit den Hilfsbedürftigen selbst identifizieren, ihr Leid fühlen und sich davon ansprechen lassen, weil er oder sie wie Jesus fühlt.

Das eingängige Motiv, das Matthäus im Gleichnis vom Weltgericht überliefert, ist der Garant dafür, dass die reale, leibhaftige Zuwendung zu den Hilfsbedürftigen bis heute ein durchschlagender Impuls für die christliche Caritas geblieben ist. Und dieser Impuls hat auf zwei Ebenen Früchte getragen – individuell im Verhalten der Einzelnen und institutionell durch Klöster und Bischofskirchen, aber auch durch Bruderschaften, die sich seit dem Hochmittelalter in den Städten bilden (analoge Institutionen entwickeln sich im Judentum und Islam). Seit dem 5. Jahrhundert entstehen an Klöstern und Bischofskirchen sogenannte Xenodochien, »ein aus dem Osten stammendes Ineinander von Armenversorgungszentrum, Krankenhaus und Pilgerherberge« (Hubertus Lutterbach 2001: 141). Am Xenodochium werden also mindestens die ersten fünf der sieben Werke der Barmherzigkeit institutionell praktiziert, unter tätiger Mithilfe vieler einfacher Gläubiger. Ab dem 9. Jahrhundert werden sie im Westen zunehmend als Hospiz, in Frankreich sogar bis heute als »Hôtel Dieu« bezeichnet – Letzteres ein Name, der das Kernmotiv von Mt 25 sehr sprechend zusammenfasst (berühmt das mittelalterliche Hôtel Dieu in Beaune / Burgund, das noch heute im ursprünglichen Zustand zu besichtigen ist). Erst nach der Jahrtausendwende entsteht zunächst zaghaft, ab dem 14. Jahrhundert dann in größerem Umfang gewerbliche Gastlichkeit – die Wirtschaft, in der der Gast gegen Bezahlung unterkommt. Doch bleibt auch dann die Unterbringung der Reisenden in den Hospizen die normale und mehrheitliche Form der Beherbergung.

Wie hoch die Hospize die Bedeutung der Gäste einschätzten, wird nirgends besser deutlich als im 53. Kapitel der *Regel Benedikts* (vgl. dazu Michael Rosenberger 2012a: 189–190). Die hohe Bedeutung der Gastfreundschaft zeigt sich bereits darin, dass ihr anders als in allen anderen monastischen Regeln ein ganzes Kapitel gewidmet ist. Sodann bindet bereits der erste Satz die Motivation zur Gastfreundschaft zurück an Mt 25,35: »Alle ankommenden Gäste sollen wie Christus aufgenommen werden« (RB 53,1). Noch einmal betont der zweite Satz: Alle Gäste – besonders aber die Glaubensgeschwister und PilgerInnen. »Es gibt keine personellen Einschränkungen und eine völlige Unabhängigkeit von praktischen Erwägungen des Nutzens, des Vorteils oder des Arbeitsaufwandes ebenso wie von sozialen, politischen und religiösen Vorurteilen« (Michaela Puzicha 2002: 447). Jedoch gibt es aus der Sicht des Evangeliums Vorzugsgäste: »Die allergrößte Sorge und Aufmerksamkeit lasse man bei der Aufnahme von Armen und Pilgern walten, denn mehr als in anderen nimmt man in ihnen Christus auf. Das Auftreten der Reichen schafft sich ja von selbst Beachtung.« (RB 53,15)

Im Folgenden schildert die Benediktsregel eine Art Liturgie zur Aufnahme von Gästen. Dabei handelt es sich »um ein geistliches Modell, wie die ganze Gemeinschaft die Fremdenaufnahme einschätzen soll und welche Grundhaltungen wichtig sind.« (Michaela Puzicha 2002: 448) Die Aufnahme der Gäste wird regelrecht zelebriert (RB 53,3–14): Alle Mönche laufen dem Gast entgegen, sobald er gemeldet wird. Nach einem Eingangsgebet tauschen sie mit dem Gast den Friedenskuss, verneigen sich vor ihm und werfen sich zum Zeichen tiefer Demut und Achtung zu Boden. Ein weiteres Gebet und eine Schriftlesung schließen sich an. Schließlich gießt der Abt dem Gast Wasser über die Hände, und gemeinsam mit den Brüdern wäscht er dessen Füße wie einst Christus seinen Jüngern. Damit endet die Aufnahmezeremonie.

Von jetzt an wird die Betreuung des Gastes allein durch den Abt und einen eigens dazu beauftragten Bruder gewährleistet. Die übrige Mönchsgemeinde soll in ihrem gewohnten Lebensrhythmus fortfahren und nicht weiter gestört werden (RB 53, 10–11.16–24). Es handelt sich dabei nicht um eine Geringschätzung oder Ablehnung des Gastes, sondern um die Sicherung der Ernsthaftigkeit des gemeinsamen geistlichen Lebens. Insofern ist es verständlich, dass Benedikt einen eigenen Gästetrakt mit ausreichend Betten sowie einer eigenen Küche und einem eigenen Speisesaal vorsieht (RB 53,16–18.21–22). All diese Bereiche werden mit eigenem Personal ausgestattet, damit die Gäste optimal bedient werden können.

Mit seiner räumlichen und personellen Infrastruktur für die Gastfreundschaft steht Benedikt vor einer doppelten Herausforderung: Einerseits soll das klösterliche Leben durch die Anwesenheit von Gästen so wenig wie möglich beeinträchtigt werden (RB 53,16). Daher werden sie so gut wie möglich von den Mönchen abgeschirmt, damit diese ihr Schweigen und gegebenenfalls auch ihr strengeres Fasten einhalten können, das man den Gästen nicht aufnötigen will. Andererseits sollen die Gäste sich in die klösterliche Tischgemeinschaft einbezogen fühlen; sie sollen nicht den Eindruck bekommen, man »speise sie ab«. Deswegen sollen der Abt oder ein von ihm beauftragter Mönch sowie gegebenenfalls auch weitere Mönche mit den Gästen an der »mensa abbatis« speisen – »immer«, wie Benedikt betont (RB 56,1). Nie sollen die Gäste ohne einen Gastgeber allein am Tisch sitzen müssen. Das geht sogar so weit, dass der Abt oder sein Beauftragter das Fasten brechen muss, wenn es sich um einen rein klosterinternen und nicht allgemein kirchlichen Fasttag handelt (RB 53,10–11). An Letzterem wäre auch der Gast zum Fasten verpflichtet – dann würde man gemeinsam fasten. Man erkennt leicht, wie weit das Entgegenkommen der benediktinischen Gastfreundschaft reicht. Zwar wird für den Gast nicht die gesamte klösterliche Ordnung hintangestellt, wohl aber ein essenzieller Teil davon. Und das gilt insbesondere im Kontext der Mahlgemeinschaft.

Die detailgenaue Beschreibung der Liturgie zur Aufnahme von Gästen, die in ihr immer neu betonte Ehrfurcht vor und Demut gegenüber dem Gast sowie die Sicherung einer umfangreichen personellen und materiellen Infrastruktur zur Betreuung der Gäste bezeugen den hohen Stellenwert, den Gäste in der Sicht Benedikts genießen. Und der Grund dieser Wertschätzung wird wie in einem Kehrvers immer wieder ausdrücklich gemacht: Im Gast begegnet dem Gastgebenden Christus.

Es soll jedoch nicht übersehen werden, dass zwischen GastgeberInnen und Gästen ein wechselseitiges Geben und Nehmen besteht. Der Gast kann von seinem Weg und den gemachten Erfahrungen erzählen und bringt damit ein Stück der großen weiten Welt in den engen Alltag seiner GastgeberInnen. Außerdem nimmt er seine GastgeberInnen und deren Anliegen im Gebet mit. Das »Bete unterwegs für mich!« oder »Denk im Gebet an mich!« ist keine leere Floskel, sondern drückt aus, dass der Gast sehr wohl etwas zu geben hat. Er übernimmt Verantwortung für seine GastgeberInnen, wenn auch »nur« in geistlicher Gestalt. Was der eine eher materiell-leibhaftig gibt, schenkt ihm der Andere geistig-geistlich zurück. Die gastliche Aufnahme von Fremden geschieht in der Tat »um Gottes Lohn«.

Die Gastfreundschaft hat freilich noch eine tiefere Bedeutung: Für glaubende Menschen wird sie zum Vorgeschmack des Himmels: »Gerade der heutige Mensch hat keinen Zugang mehr zur himmlischen Heimat, wenn er nicht um eine irdische, noch so unvollkommene oder ihm sogar genommene Heimat weiß.« (Friedrich Wulf 1988: 52) Solche Beheimatung kann ein Mensch auf vielerlei Weise in der liebenden Zuwendung anderer oder zu anderen spüren. Eine ganz besondere Möglichkeit ist die Gastfreundschaft. Gast wie auch GastgeberIn erfahren darin sehr unmittelbar, was Beheimatung bedeutet und wie gut es ist, dass diese Welt in all ihrer Unvollkommenheit und Fremdheit eben auch ein Stück Heimat bietet: »Wer einen Menschen liebt, menschlich und selbstlos liebt, ihm Liebe erweist, ihm gut ist, der schenkt ihm ein

Stück Heimat. Er erfährt damit aber zugleich auch selbst, was Heimat ist; nämlich hier, an diesem Ort, und jetzt, in dieser Zeit, Menschen lieben zu können.« (Friedrich Wulf 1988: 52–53) Gastfreundschaft wird so betrachtet zum Vorgeschmack auf jenes Gastmahl, das kein Ende und keine Grenzen kennt.

5.7
Jesus als Fresser und Säufer
Die Mahlgemeinschaften Jesu

In den Evangelien gibt es zwölf Erzählungen von Gastmählern Jesu mit insgesamt dreißig Wundern darin. Insgesamt berichten 76 Stellen über das Essen und Trinken Jesu, aber nur 54 über sein Lehren (János Bolyki 1998: 1). Das Lukasevangelium schließlich, das am häufigsten über das Essen und Trinken Jesu erzählt, besteht zu einem Fünftel aus Erzählungen und Gleichnissen von Gastmählern.

Eine der wenigen historisch sicheren Titulierungen bezeichnet Jesus als »Fresser und (Wein-)Säufer« (Mt 11,18–19 par Lk 7,33–35; vgl. János Bolyki 1998: 70–74). Es handelt sich um eine Schmährede seiner Gegner, die Jesus aber durchaus bestätigend aufgreift: Genau das ist er – ein Fresser und Weinsäufer. Jesus bringt sich mit dieser Bezeichnung in einen Kontrast zu Johannes dem Täufer, den die Gegner als vom Dämon besessen sehen, weil er allzu streng fastet. »Fresser und Weinsäufer« ist damit ein Prädikatstitel und Markenzeichen Jesu. Es trifft sein typisches Verhaltensmerkmal. Dabei ist nicht das Essen und Trinken selbst das Skandalöse, sondern die Tischgemeinschaft mit Menschen, die nach jüdischer Vorstellung nicht am Tisch der Gläubigen Platz nehmen dürfen. Hier vollzieht Jesus einen scharfen Bruch mit der anerkannten Ordnung und provoziert bewusst. Unter der herangekommenen Gottesherrschaft sind alle an seinen Tisch geladen.

János Bolyki vermutet, dass das Gleichnis von der königlichen Hochzeit (Mt 22, 1–14 par Lk 14,16–24) einen Rückschluss auf die Entwicklung der Mahlpraxis Jesu erlaubt (János Bolyki 1998: 75–78): Demnach hat Jesus in der Anfangsphase seines öffentlichen Wirkens zunächst mit den Offiziellen des Judentums gespeist. Doch als diese seine Tischgemeinschaft zunehmend ablehnen, weil Jesus ihnen zu provokativ ist, hat er sich den Ausgestoßenen und an den Rand Gedrängten zugewandt. Das ist den Offiziellen allerdings auch nicht recht. Vielfach spiegeln die Evangelien ihre Vorwürfe gegen Jesus:

◆ Wie kann er zusammen mit Zöllnern und Sündern essen? (Mk 2,16 par Lk 5,30)
◆ Dieser Fresser und Säufer, dieser Freund der Zöllner und Sünder! (Lk 7,34 par Mt 11,19)

- Wenn er wirklich ein Prophet wäre, müsste er wissen, was das für eine Frau ist, von der er sich berühren lässt; er wüsste, dass sie eine Sünderin ist. (Lk 7,39 im Unterschied zu den anderen drei Evangelien, die diese Geschichte nicht auf die Sündigkeit der Frau aufbauen)
- Er ist bei einem Sünder eingekehrt. (Lk 19,7)

An allen Stellen wird Jesus also vorgehalten, dass er mit Menschen isst und trinkt, die aufgrund ihrer Sünden der Tischgemeinschaft nicht würdig sind. Zweimal lehnt Jesus diesen Einwand negativ mit Verweis auf die Inkonsistenz der gegnerischen Argumentation bzw. des gegnerischen Verhaltens ab (Lk 7,33–34; 7,40–47). Zweimal werden in den Evangelien ausdrückliche Kernsätze referiert, die das Mahlverhalten Jesu positiv begründen:
- Nicht die Gesunden brauchen den Arzt, sondern die Kranken. Ich bin gekommen, um die Sünder zu rufen, nicht die Gerechten. (Mk 2,17 par Lk 5,31–32)
- Heute ist diesem Haus das Heil geschenkt worden, weil auch dieser Mann ein Sohn Abrahams ist. Denn der Menschensohn ist gekommen, um zu suchen und zu retten, was verloren ist. (Lk 19,9–10)

Auch wenn ein expliziter Akt der Sündenvergebung beim Mahl nur einmal gesetzt und dort vom Evangelisten in den Mund Jesu gelegt wird (Lk 7,48), ist die Zeichenhandlung, mit den SünderInnen Mahl zu halten, ein klarer Akt autoritativer Sündenvergebung im Namen Gottes. Genau das empfinden seine Gegner als Anmaßung – Jesus ist nur ein Rabbiner, ein Lehrer, aber kein Priester.

Wie stark Jesu Mähler als autoritative Akte der Sündenvergebung verstanden werden müssen, zeigt am besten das Gleichnis von den beiden verlorenen Söhnen und dem barmherzigen Vater (Lk 15,11–32). Als der jüngere Sohn sein ausschweifendes Leben bereut, kehrt er nach Hause zurück, um sich bei seinem Vater als Knecht zu verdingen. Er weiß, dass er unendlich viel falsch gemacht hat, und sieht sich nicht berechtigt, wieder an Sohnes statt angenommen zu werden. Er respektiert, dass hier ein Band zerrissen ist, das einmal zwischen dem Vater und ihm existierte. Doch der Vater kleidet ihn neu ein, bereitet ein Mahl vor, lädt FreundInnen und Verwandte ein und nimmt so den Sohn wieder in die volle Gemeinschaft der Familie auf. Das begründet er so: »Denn mein Sohn war tot und lebt wieder; er war verloren und ist wiedergefunden worden.« (Lk 15,24) Das Gleichnis endet aber nicht an dieser Stelle. Vielmehr kommt der ältere Sohn vom Feld und empört sich über das Verhalten des Vaters. Dieser versucht ihn zu überzeugen, lädt ihn ein, am Festmahl teilzunehmen und wiederholt: »Dein Bruder war tot und lebt wieder; er war verloren und ist wiedergefunden worden.« (Lk 15,32) Es bleibt offen, wie sich der ältere Bruder entscheidet, der sich auf andere Weise ähnlich weit von der Liebe des Vaters entfernt hat.

Zu beachten ist, dass Jesus vermutlich nie mit heidnischen Menschen gegessen hat. Hier bleibt er seiner Mutterreligion treu. Nur zu den »verlorenen Schafen des Hauses Israel« fühlt er sich gesandt (Mt 10,6; 15,24). Selbst die Bitte einer syrophönizischen Frau um Heilung ihrer erkrankten Tochter erfüllt er erst nach einigen Diskussionen (Mk 7,24–30 par Mt 15,21–28). Das bedeutet keine bewusste Ablehnung der nicht jüdischen Bevölkerung, sondern eher eine Beschränkung seiner Mission. Andernfalls hätte sich die frühe Kirche nicht so schnell und entschlossen für die HeidenchristInnen öffnen können.

Die Erzählungen von Jesu *letztem Mahl* (Mk 14,12–25; Mt 26,17–29; Lk 22,1–38; Joh 13,1–38) können uns eine verdichtete Anthropologie und Theologie jesuanischer Mähler insgesamt vermitteln (vgl. János Bolyki 1998: 118–156). In ihnen werden nämlich alle vier Kategorien symbolischer Codes sichtbar.

Ansehen und Prestige: Die Vorbereitung des Mahles wird insbesondere bei Markus und Lukas als herrschaftlicher Akt Jesu dargestellt: In Lk 22,8 erteilt Jesus selbst Petrus und Johannes einen ausdrücklichen Auftrag (und reagiert nicht erst auf die Nachfrage der Jünger wie bei Mk und Mt); Mk 14,14 par Lk 22,11 beauftragt Jesus sie mit den Worten »sagt zu dem Herrn des Hauses: Der Meister lässt dich fragen« und erweist sich damit als der eindeutige Mahlherr; Mk 14,15 betont, dass der Raum, den Jesus reservieren möchte, »schon für das Festmahl hergerichtet ist«. Jesus ist also für Markus und Lukas der souveräne Herr des Mahles. – Unter den Jüngern hingegen sind die Positionen noch nicht verteilt: Lk 22,24–30 transportiert den Streit der Apostel um die besten Plätze, der in Mk 10,41–45 par Mt 20,24–28 während seiner öffentlichen Wirksamkeit unterwegs eingeordnet ist, in den Kontext des letzten Mahles. Im Unterschied zu diesen beiden Evangelisten, bei denen sich Jesus als für die Vergabe der Ehrenplätze nicht zuständig erklärt, verspricht er sie hier jedoch den Aposteln, allerdings mit der Einschränkung, dass sie dienen und nicht herrschen sollen. Noch deutlicher greift Johannes den Rangstreit der Jünger auf: Einerseits ist es bei ihm nicht Petrus, sondern der Lieblingsjünger, der den Ehrenplatz beim Mahl einnimmt und an der Brust Jesu ruht (Joh 13,23–25), was eine starke Relativierung des römischen Bischofs signalisiert, andererseits wird mit der Erzählung der Fußwaschung ein kaum überbietbares Signal gegeben, dass derjenige der Erste ist, der den Sklavendienst für alle leistet (Joh 13,4–10a). Insbesondere Petrus, der sich zunächst weigert, sich die Füße waschen zu lassen, muss dies schmerzlich lernen. Liest man diese Erzählung auf dem Hintergrund des Anspruchs römischer Bischöfe gegen Ende des 1. Jahrhundert, als das Johannesevangelium verfasst wird, wird die kirchen- und machtpolitische Sprengkraft der Erzählung unübersehbar.

Die Dynamik von Jesu letztem Mahl auf eine Egalität der Teilnehmenden hin lässt sich noch stärker profilieren, wenn man berücksichtigt, dass die Ungleichheit der klassische Konflikt antiker Symposien ist (János Bolyki 1998: 182–188). So findet sich eine lange Debatte über die ungerechte Verteilung der Speisen (Zeitpunkt, Quantität, Qualität) und der Plätze bei Plutarch (Quaestiones Convivales II, 10, 1), über die Platzverteilung auch bei Plinius (Epistula II, 6) und über die Speisenzuteilung auch bei Lukian (Saturnalia III, 32). Obwohl die Symposien vorgeben, alle Anwesenden gleichberechtigt zu behandeln, ist offenbar das Gegenteil der Normalfall.

Zugehörigkeit und Verortung: Wer ist zum Mahl Jesu eingeladen? Die synoptischen Evangelien erzählen übereinstimmend, dass es die Zwölf sind (Mk 14, 17 parr). Nun steht der Zwölferkreis in Analogie zu den zwölf Söhnen Jakobs im ersten Gottesvolk und damit repräsentativ für das neue Gottesvolk. Die Zwölf sind Stellvertreter für alle, die zum neuen Gottesvolk hinzutreten. Geladen sind also alle, die von sich aus teilnehmen wollen. Das meint auch das Jesaja-Zitat des Blutes, das »für viele« vergossen wird, in Mk 14, 24 par Mt 26, 28 (vgl. Jes 53, 11). Lk 22, 19 und 1 Kor 11, 24 formulieren unter Verzicht auf den Jesaja-Reflex, der für ihre griechischen, heidnisch sozialisierten HörerInnen nicht verständlich wäre, »für euch« (vgl. János Bolyki 1998: 155–156), meinen damit aber dasselbe, nämlich »für alle«. – In vielen Sprachen hat das Messbuch seit dem II. Vatikanischen Konzil »für euch und für alle« formuliert und damit den paulinisch-lukanischen Wortlaut mit dem markinisch-matthäischen Sinn verknüpft. Papst Benedikt XVI. hat in seiner gesamten Amtszeit versucht, wieder den vorkonziliaren Wortlaut durchzusetzen, der »für euch und für viele« (pro vobis et pro multis) hieß (vgl. das Schreiben an die deutschen Bischöfe, eines der Letzten einer Reihe: Benedikt XVI. 2012). Dem Buchstaben nach ist das korrekt. Aber für nicht theologisch geschulte Glaubende erweckt diese Formulierung den Eindruck, Jesus biete seine Erlösung nicht allen Menschen an. Konservative Gruppen in der Kirche mögen das auch so sehen. Doch ist weder das Jesaja-Zitat so gemeint noch verstand Papst Benedikt es so. Schon sein Vorgänger Johannes Paul II. hat unmissverständlich klargestellt, dass das semitische »für viele« inhaltlich »für alle« bedeute (Johannes Paul II. 2005, Nr. 4). Sollte sich Benedikts Forderung also bei der Neuausgabe der Messbücher durchsetzen, was durch den Pontifikatswechsel 2013 nicht ausgemacht ist, wird es auf jeden Fall zu vielen Missverständnissen kommen.

Lust und Wohlergehen: Wie schon mehrfach zu beobachten war, ist der Lustaspekt des Essens und Trinkens der in der christlichen Tradition am wenigsten entfaltete. Das gilt auch für die Erzählungen vom letzten Abendmahl. Einzig für Lukas hat dieser Aspekt größere Bedeutung, wenn er Jesus sagen lässt: »Ich habe mich sehr danach gesehnt, vor meinem Leiden dieses Paschamahl mit euch zu essen. Denn ich sage euch: Ich werde es nicht mehr essen, bis das Mahl seine Erfüllung findet im Reich Gottes.« (Lk 22, 15–16) – Spiritualitätsgeschichtlich und ikonografisch bedeutsamer geworden ist allerdings die kleine Bemerkung aus Joh 13,25, der Lieblingsjünger habe sich an die Brust Jesu zurückgelehnt. Hier wird eine intime und zärtliche Vertrautheit zwischen Jesus und dem namenlosen Jünger angedeutet, der hier das erste Mal erwähnt wird und den doch offenbar in der johanneischen Gemeinde alle kennen. Da er im weiteren Verlauf des Johannesevangeliums zum Prototypen der Jüngerschaft schlechthin stilisiert wird, darf man zurecht schließen, dass das vierte Evangelium allen Glaubenden eine zärtliche und lustvolle Beziehung zu Christus nahelegt. Die mittelalterliche (Frauen-)Mystik hat das in ihrer Auslegung der Stelle sehr richtig verstanden.

Sicherheit und Geborgenheit: Auf der unmittelbaren Ebene der Jesuserzählung wird die vierte Kategorie symbolischer Codes vor allem im Verrat des Judas thematisiert, der in allen Evangelien mit dem Mahlgeschehen narrativ verknüpft ist: Der älteste Evangelist formuliert am deutlichsten: »Einer von euch wird mich verraten und ausliefern, einer von denen, die zusammen mit mir essen.« (Mk 14,18) Damit spielt Markus auf Ps 41,10 an, wo es heißt: »Auch mein Freund, dem ich vertraute, der mein Brot aß, hat gegen mich geprahlt.« Und Markus wiederholt nochmals den brutalen Widerspruch zwischen dem Teilen des Brotes und dem Verrat: »Einer von euch Zwölf, der mit mir aus derselben Schüssel isst.« (Mk 14,20) Matthäus schwächt den Kontrast ab, indem er sowohl die Doppelung als auch das Psalmzitat als auch den Verweis auf das Brot weglässt und nur feststellt: »Der, der die Hand mit mir in die Schüssel getaucht hat, wird mich verraten.« (Mt 26,23) Lukas schwächt noch stärker ab, weil seine griechisch-heidnischen ZuhörerInnen weder die Psalmstelle noch den Brauch gemeinsamer Schüsseln kennen, und sagt nur: »Doch seht, der Mann, der mich verrät und ausliefert, sitzt mit mir am Tisch.« (Lk 22,21) Bei Johannes hingegen ist der Kontrast ähnlich stark wie bei Markus, wobei Johannes die Initiative stärker auf Jesus verlagert, der sich freiwillig in die Hand des Verräters begibt, indem er ihm selbst den Brotbissen reicht: »Der ist es, dem ich den Bissen Brot, den ich eintauche, geben werde. Dann tauchte er das Brot ein, nahm es und gab es Judas, dem Sohn des Simon Iskariot. Als Judas den Bissen Brot genommen hatte, fuhr der Satan in ihn … ging er sofort hinaus.« (Joh 13,26–27.30) Die enge Verknüpfung des Mahles mit dem Verrat zeigt, dass die Sicherheit sehr brüchig ist – und schärft zugleich ein, sich vor einem ähnlichen Verrat zu hüten, wenn man am Mahl Jesu teilnimmt. – Auf der Metaebene der paulinisch-lukanischen Erzählversion wird noch in anderer Weise ein Sicherheitsaspekt deutlich: Jesus erteilt einen Wiederholungsbefehl: »Tut dies zu meinem Gedächtnis!« (1 Kor 11,24; Lk 22,19) Das Ritual der Eucharistie gibt gerade durch seine Wiederholung einen festen Halt.

Insgesamt klingen damit die vier Kategorien symbolischer Codes und die ihnen korrelativen acht Tugenden allesamt in den Abendmahlserzählungen an: Die Dankbarkeit für die Einladung Jesu und die Demut als Mut, den TischgenossInnen zu dienen; die Ehrfurcht vor den anderen MahlteilnehmerInnen und die Gerechtigkeit, niemanden selbstherrlich auszuschließen; die Maßhaltung, weil dieses Mahl einen Abschied bedeutet, und die Genussfähigkeit im Auskosten der intimen Gemeinschaft mit Jesus; die Gelassenheit auch in der äußersten Bedrohung und die Hingabebereitschaft für die anderen. Auf diese Weise sind die Abendmahlserzählungen eine dichte Synthese einer christlichen Theologie der Mahlgemeinschaft.

Nur im Sinne einer Unterstreichung sei darauf verwiesen, dass die lukanischen Ostererzählungen das Mahlhalten Jesu als Erkennungszeichen des Auferstandenen darstellen: Die Emmausjünger erkennen Jesus nicht, als er ihnen die Schrift auslegt, obwohl ihnen »das Herz brennt« (Lk 24,32). Doch als er das Brot bricht, »gingen ihnen die Augen auf, und sie erkannten ihn.« (Lk 24,31) Noch deutlicher wird die zweite Erscheinung Jesu (Lk 24,36–53): Der Auferstandene erscheint, sie sehen und hören ihn, glauben aber nicht, sondern halten ihn für einen Geist. Er zeigt ihnen Hände und Füße, sie dürfen ihn berühren, können es aber immer noch nicht glauben. Dann geben sie ihm ein Stück gebratenen Fisch, er nimmt und isst, und jetzt braucht Lukas nichts mehr sagen, denn es ist klar, dass sie jetzt glauben. Am Mahlhalten ist der Auferstandene erkennbar – und wo immer ChristInnen miteinander das Brot brechen, glauben sie ihn in ihrer Mitte.

Mit großer Behutsamkeit erzählt der sekundäre Schluss des Johannesevangeliums etwas Ähnliches. Auf die Weisung des noch nicht wiedererkannten Jesus werfen die Jünger ihre Netze nach einer erfolglosen Nacht noch einmal aus und machen einen überreichen Fang. Einer erkennt schon da, wer der Unbekannte am Ufer sein muss: der Lieblingsjünger. Alle anderen aber sind noch unsicher. Dann jedoch heißt es: »Als sie an Land gingen, sahen sie am Boden ein Kohlenfeuer und darauf Fisch und Brot … Jesus sagte zu ihnen: Kommt her und esst! Keiner von den Jüngern wagte ihn zu fragen: Wer bist du? Denn sie wussten, dass es der Herr war. Jesus trat heran, nahm das Brot und gab es ihnen, ebenso den Fisch.« (Joh 21,9.12–13)

5.8
Die Gemeinschaftsmähler in den paulinischen Gemeinden

Die urchristlichen Tischgemeinschaften scheinen zunächst auf dem von Jesus vorgezeichneten Weg fortzufahren. Nun kann man die dabei auftretenden Probleme funktionalistisch-systemtheoretisch betrachten, wie das János Bolyki (1998: 216–222) tut. Dann beobachtet man eine Gruppendynamik der Integration, deren Schattenseite eine komplementäre Separation ist: Um der Inklusion der HeidenchristInnen willen vollzieht sich der eigentlich von den JudenchristInnen nicht gewollte Bruch mit der jüdischen Gemeinschaft; um der Vorsicht vor dem Götzenopferfleisch der unsicheren ChristInnen willen vollzieht sich der Bruch mit den HeidInnen.

Interessanter scheint mir aber auch hier die symboltheoretisch-strukturalistische Betrachtungsweise. Sie kann die Vielschichtigkeit der Spannungen und Ambivalenzen und damit auch der ethischen Herausforderungen besser in den Blick nehmen, insbesondere in den paulinischen Gemeinden, deren Entwicklung durch seine Briefe relativ genau fassbar ist:

◆ *Das Götzenopferfleisch* (1 Kor 8,1–13; 10,14–32; Röm 14,1–23): Am eigentlichen Götzenopferkult darf einE ChristIn selbstverständlich nicht teilnehmen. Doch der Verzehr von potenziellem oder sicherem Götzenopferfleisch bei einem profanen Mahl ist für Paulus in Ordnung, solange niemand aus der Gemeinde daran Anstoß nimmt. Einerseits ist es eine klare Erkenntnis des Evangeliums, dass es keine Götzen gibt (1 Kor 8,4), und insofern ist das Götzenopferfleisch nicht vom sonstigen Fleisch zu unterscheiden. Doch gibt es schwache Brüder und Schwestern, die das nicht erkennen (1 Kor 8,7–12). Ihnen soll man keinen Anstoß geben (1 Kor 8,13; Röm 14,13.20–21), sondern auf ihr schwaches Gewissen Rücksicht nehmen (1 Kor 10,28) und aus Liebe zu ihnen (1 Kor 8,1; Röm 14,15) auf den Verzehr des Götzenopferfleisches verzichten. Paulus plädiert also dafür, an dieser Stelle um der Geschwisterliebe willen auf das an sich Richtige zu verzichten. – Im Raster unserer vier Kategorien symbolischer Codierung fällt dieses Problem unter die vierte Kategorie von Sicherheit und Geborgenheit sowie unter die zweite der Zugehörigkeit: Die »Schwachen« haben Angst, es könnte doch Götter und Dämonen geben, die sie bestrafen würden, wenn sie von dem Fleisch äßen. Ihnen möchte Paulus die nötige Sicherheit geben und sie zudem nicht völlig entwurzeln (Zugehörigkeit). Dafür stellt er die Sicherheit der »Starken« zurück, denn die sind ohnehin schon gefestigt in ihrem Glauben.

◆ *Die sozialen Gegensätze beim Agapemahl* (1 Kor 11,17–34): In Korinth kommen die ärmeren Gemeindemitglieder offenbar später zum Agapemahl, weil sie länger arbeiten müssen. Bis sie eintreffen, haben die Reichen die besten Speisen bereits aufgegessen (1 Kor 11,21; David Horrell 1995: 197; János Bolyki 1998: 212). Dieses Verhalten ist in der Antike nicht ungewöhnlich, wie wir aus anderen Quellen wissen, und ist den reichen korinthischen ChristInnen daher womöglich gar nicht als Schuld bewusst geworden. Paulus urteilt dennoch mit größter Härte: »Was ihr bei euren Zusammenkünften tut, ist keine Feier des Herrenmahls mehr.« (1 Kor 11,20) »Paulus sieht in dieser Verletzung der Gleichheit einen Verstoß gegen den Sinn des Abendmahls: Die Teilnehmer werden erneut am Tod Christi schuldig. Das können wir so ›übersetzen‹: Sie praktizieren erneut jenes Leben auf Kosten anderen Lebens, das im Sterben des einen für alle sichtbar geworden ist – und das durch dies Sterben überwunden werden soll.« (Gerd Theißen 2000: 191) Das also meint »unwürdig« essen und trinken: sich nicht mehr als eine Gemeinschaft verstehen, nicht mehr geschwisterlich miteinander teilen, nicht mehr aufeinander warten (David Horrell 1995: 199). – Legen wir auch über diesen sozialen Konflikt das Raster symbolischer Codierungen, kommen gleich drei der vier Kategorien ins Spiel: Die Lust und das Prestige der Reichen stehen gegen die Zugehörigkeit der Armen. Es ist klar, dass Paulus sich hier zugunsten der Letzteren entscheidet.

♦ *Die Tischgemeinschaft von Juden- und HeidenchristInnen* (Gal 2,11–14): In Antiochia essen Petrus und Paulus wie selbstverständlich mit allen ChristInnen, auch jenen, die keine Angehörigen der jüdischen Glaubensgemeinschaft sind. Damit gehen sie einen Schritt weiter als Jesus selbst, tun das aber in der Gewissheit, dass es in seinem Sinne wäre. Doch als konservative JudenchristInnen aus Jerusalem kommen, die ihnen Vorhaltungen machen, zieht sich Petrus aus der Tischgemeinschaft zurück, während Paulus standhaft bleibt: Der Glaube erlöst den Menschen, nicht die Einhaltung des Gesetzes der Tora (Gal 2,16). Das führt zu einem langanhaltenden Streit, den Paulus nur teilweise gewinnen wird. – Letztlich geht es hier um einen Konflikt zwischen der Sicherheit der JudenchristInnen, die sich weiterhin an die Tora gebunden fühlen, und der Zugehörigkeit der HeidenchristInnen, die sich ausgeschlossen fühlen müssen, wenn sich die JudenchristInnen nicht mehr mit ihnen an einen Tisch setzen. Hier urteilt Paulus anders als beim Götzenopferfleisch gegen die Sicherheit der »Schwachen«, aber wie beim Götzenopferfleisch für die Zusammengehörigkeit aller. Insofern zeigen seine Entscheidungen durchaus eine große Konsistenz.

♦ *Der Ausschluss hartnäckiger und uneinsichtiger SünderInnen vom Tisch* (1 Kor 5,9–13): Über Außenstehende, also NichtchristInnen, steht keinem Christen ein Urteil zu, so Paulus. Doch was soll geschehen, wenn jemand aus der Mitte der Gemeinde hartnäckig gegen fundamentale moralische Standards verstößt und allen Ermahnungen der Glaubensgeschwister zum Trotz in seinem Tun verharrt, wie das in Korinth offenbar der Fall ist? Paulus lässt durchblicken, dass er über diese Frage mit den KorintherInnen schon länger debattiert. Es scheint also keine für alle befriedigende Lösung eines konkreten Falles gegeben zu haben. Doch er plädiert als ultima ratio dafür, nicht mehr mit dieser Person zu essen. Im Grunde scheint das wie in einer tief zerrütteten Ehe zu sein: Irgendwann ist die Beziehung nicht mehr heilbar, und dann ist die Trennung von Tisch (und Bett) der einzige Ausweg aus einem Schrecken ohne Ende. Die offene Frage bleibt, ob es für einen solchen Fall wie bei der profanen Ehescheidung ein standardisiertes Verfahren geben soll. – Letztlich geht es hier um einen Konflikt zwischen der Zugehörigkeit der sündigen Person zur Gemeinde und der Sicherheit aller, dass einmal vereinbarte moralische Standards binden. Während Paulus eben noch zugunsten der Zugehörigkeit und gegen die Sicherheit entschied, wählt er diesmal – wohlgemerkt für den Extremfall – die gegenteilige Lösung. Keine Regel ist ohne Ausnahme.

Es zeigt sich, dass die strukturalistische Analyse der vier Mahlkonflikte in den paulinischen Gemeinden manche neuen Klarheiten bringt. Zugleich öffnet sich damit ein Spielraum für die ethische Bearbeitung weiterer Konflikte, die Paulus nie erleben musste, die sich aber der Kirche oder einer anderen Gemeinschaft heute womöglich stellen.

5.9
Die Eucharistie als Brotbrechen

Die markinische Erzählung von der Brotvermehrung (Mk 6,30–44) ist voll von Anspielungen auf das Letzte Abendmahl Jesu (Mk 14,17–25). Zeitlich ist sie wie dieses am Abend angesiedelt (Mk 6,35). Vor allem aber wird beide Male dasselbe Ritual beschrieben: Jesus nahm (λαβὼν) die Brote, segnete sie (εὐλόγησεν), brach sie (κατέκλασεν) und gab sie (ἐδίδου) den Jüngern (Mk 6,41; vgl. 14,22). Es sind exakt dieselben griechischen Begriffe wie im Abendmahlsbericht (Peter J. Scaer 2008: 119–133). Hier deutet sich bereits an, dass die Sequenz nehmen – segnen – brechen – geben zur Zeit der Abfassung des Markusevangeliums wohl schon eine feste rituelle Struktur für die Feier der Eucharistie war. Pars pro toto wird diese dann auch tatsächlich als »Brotbrechen« bezeichnet (vgl. zum Folgenden vor allem Klaus Berger 1993: 97–109).

Der griechische Ausdruck ἀρτοκλασία begegnet außerhalb der Bibel, also außerhalb der griechischen Übersetzung des Alten Testament, der Septuaginta, und des Neuen Testaments, nirgends. Denn anders als im jüdischen Kontext bricht der Hausvater das Brot im griechischen Kulturkreis nicht. Im heidnischen Kontext ist das Brotbrechen etwas ganz Besonderes und hat womöglich auch deswegen besondere Aufmerksamkeit gefunden (Klaus Berger 1993: 97–98). Der Vorgang selber dürfte eher ein Auseinanderreißen als ein Brechen gewesen sein, weil Fladenbrot weich ist. Im Kontext der jüdischen Familie verlief das Ritual folgendermaßen (Klaus Berger 1993: 99): Das Brot wird hingelegt und ein Dankgebet gesprochen, dann teilt der Hausherr das Brot und reicht es herum. Wenn alle etwas bekommen haben, isst er als Erster und setzt damit die »Anfangshandlung der eigentlichen gemeinsamen Mahlzeit« (Klaus Berger 1993: 99). Das griechische Mahl kennt hingegen nur einen gemeinsamen Endpunkt, nämlich das Trankopfer an den guten Dämon. Deswegen ist der

Begriff Brotbrechen als Bezeichnung für das Ganze noch unbesetzt und kann im frühen Christentum leicht eingeführt werden.

Wenn bei der Brotvermehrung (Mk 6,41; Mt 14,19; Lk 9,16; Mk 8,6; Mt 15,36), beim Letzten Abendmahl (1 Kor 11,24; Mk 14,22 par) und in der Emmauserzählung (Lk 24,30.35) beschrieben wird, dass Jesus das Brot bricht, wird er damit als Hausherr und Familienvater der christlichen Familie charakterisiert – eine genau genommen christologische Rollenzuweisung.

Das Brotbrechen der frühen ChristInnen (Apg 2,42.46; 20,7.11; 27,35) muss nicht immer und ausschließlich die Eucharistie meinen, wird aber allmählich daraufhin fokussiert. Die ChristInnen halten an der jüdischen und offenbar typisch jesuanischen Sitte fest und machen sie zu ihrem Markenzeichen, weil es »die entscheidende Erinnerung an Jesus« ist (Klaus Berger 1993: 104). Dabei bleibt das Brotbrechen weiterhin sowohl ein eucharistisches als auch ein nichteucharistisches Zeichen (Agape, Eulogienbrote). Letzteres geht aber in dem Moment verloren, als der jüdische Hintergrund nicht mehr bekannt ist.

Es wurde schon dargestellt, dass die Westkirche das Ritual des Teilens eines einzigen Brotes um die Wende vom ersten zum zweiten Jahrtausend zugunsten vorgefertigter kleiner Oblatenhostien aufgab, weil sie Angst hatte, dass beim Brechen zu viele Brotstückchen auf die Erde fallen (siehe Kapitel 3.7). Damit wurde die entscheidende Körperbewegung, die »typische Handbewegung« Jesu und des Priesters verunmöglicht und abgeschafft. Man kann meines Erachtens gar nicht hoch genug einschätzen, was der symbolisch-rituelle Preis ist, den man mit dieser Preis-Gabe gezahlt hat. Der Kernvollzug der Eucharistie wird unsichtbar, er verschwindet aus den Augen der Gläubigen und vermutlich auch aus ihren Herzen.

Nach dem II. Vatikanischen Konzil hat man versucht, dieses Defizit wieder wettzumachen. So schreibt die Einführung in das Römische Messbuch vor: »Die Aussagekraft des Zeichens verlangt, dass man die Materie der Eucharistie tatsächlich als Speise erkennt. Daher soll das eucharistische Brot, auch wenn es ungesäuert ist und in der herkömmlichen Form bereitet wird, so beschaffen sein, dass der Priester bei einer Gemeindemesse das Brot wirklich in mehrere Teile brechen kann, die er wenigstens einigen Gläubigen reicht. Die kleinen Hostien sind jedoch keineswegs ausgeschlossen, falls die Zahl der Kommunizierenden oder andere seelsorgliche Überlegungen sie erforderlich machen. Das Brotbrechen, das in apostolischer Zeit der Eucharistiefeier ihren Namen gab, bringt die Einheit aller in dem einen Brot wirksam und deutlich zum Ausdruck. Ebenso ist es ein Zeichen geschwisterlicher Liebe, da dieses eine Brot unter Brüdern und Schwestern geteilt wird.« (Kongregation für den Gottesdienst und die Sakramentenordnung 2002³, Nr. 321)

Während man in der unmittelbaren Nachkonzilszeit, in der dieser Text entstanden ist, die hohe Bedeutung eines echten Brotbrechens erkennt und einmahnt, rudert der

Vatikan zu Beginn des dritten Jahrtausends wieder zurück. Jetzt wird die Verpflichtung zum Brotbrechen zwar nicht mehr gänzlich gestrichen, doch soll der Normalfall das Austeilen nicht gebrochener Hostien sein: »Es ist der Zeichenhaftigkeit angemessen, daß einige Teile des eucharistischen Brotes, die aus der Brechung hervorgehen, wenigstens einigen Gläubigen bei der Kommunion ausgeteilt werden. ›Die kleinen Hostien sind jedoch keineswegs ausgeschlossen, falls die Zahl der Kommunikanten oder andere seelsorgliche Überlegungen sie erforderlich machen‹ [Missale Romanum, Institutio Generalis, Nr. 321]. Ja, für gewöhnlich sollen weitgehend kleine Hostien verwendet werden, die keiner weiteren Brechung bedürfen.« (Kongregation für den Gottesdienst und die Sakramentenordnung 2004, Nr. 49)

Ehrlicherweise darf man die Schuld an dieser lehrmäßigen Rückentwicklung nicht allein auf die Kirchenleitung schieben. Wohl wenige Vorschriften des Messbuchs wurden in den Jahrzehnten nach dem Konzil in den Gemeinden so konsequent ignoriert wie die, das Brot für möglichst viele zu brechen. Insofern segnet Rom 2004 ab, was ohnehin nicht anders praktiziert wurde. Besser macht das die Sache aber nicht.

Neben dem Brotbrechen ist auch der Modus der Austeilung der Eucharistie entscheidend dafür, ob sie als geschwisterliche Gemeinschaft rund um den Tisch des Herrn wahrgenommen werden kann. Die Austeilung der Kommunion an einem festen Platz, an dem jedeR wie in einer Kantine einzeln »abgespeist« wird, lässt jedenfalls keine Gemeinschaft entstehen. Die profanen Tischregeln hatten gezeigt, wie wichtig es ist, zu warten, bis alle sich um den Tisch herum eingefunden haben. Dann erst wird ausgeteilt, und erst wenn alle etwas bekommen haben, wird gegessen.

Nimmt man das für die Eucharistiefeier ernst, müsste es wie in den meisten evangelischen Gemeinden der Regelfall sein, sich im Kreis um den Altar zu versammeln. Wenn alle den Kreis gebildet haben, beginnen die KommunionspenderInnen, das Brot auszuteilen, das alle auf der Hand behalten, bis der oder die Letzte bekommen hat – erst dann wird gegessen. Anschließend wandert der Kelch im Kreis, und alle bleiben stehen, bis der oder die Letzte getrunken hat. Erst jetzt gehen die MahlteilnehmerInnen zurück auf ihren Platz. Sofern der Platz um den Altar nicht ausreicht, dass sich alle Teilnehmenden versammeln, führt man das Ritual mehrfach durch. Das kostet Zeit – doch wie gesagt, sollte es keine Frage sein, dass die Eucharistie Slow Food ist.

»Erst das christliche Abendmahl, das das Brot mit dem Leibe Christi identifiziert, hat auf dem Boden dieser Mystik die wirkliche Identität auch des Verzehrten und damit eine ganz einzige Verknüpfungsart unter den Teilhabenden geschaffen. Denn hier, wo nicht jeder ein dem andern versagtes Stück des Ganzen zu sich nimmt, sondern ein jeder das Ganze in seiner geheimnisvollen, jedem gleichmäßig zuteil werdenden Ungeteiltheit, ist das egoistisch Ausschließende jedes Essens am vollständigsten überwunden.« (Georg Simmel 1910: 1–2)

Das gebrochene eucharistische Brot als die »jedem gleichmäßig zuteil werdenden Ungeteiltheit«: Das Ganze im Teil, der gleiche Teil für jedeN – das ist Eucharistie, wie Jesus sie gefeiert hat. Es soll aber nicht vergessen, dass neben den symbolischen Defiziten auch existenzielle für den Niedergang der eucharistischen Praxis der Gläubigen verantwortlich sind: »Es gibt an unseren Tischen keine berüchtigten Sünder, die sich bekehren, und die Pharisäer knurren wegen solcher Sachen nicht entsprechend. Das fröhliche Festmahl des Verzehrs des geschlachteten Mastrindes ist zum sittsamen Teenachmittag mit Kleingebäck geworden.« (János Bolyki 1998: 2)

6

Die ganze Welt an einem Tisch

Das Problem des »Welthungers«

Vermutlich dürfte es kaum ein vergleichbar emotionales globales Problem geben wie dies, dass nahezu eine Milliarde Menschen »hungern«. Wenn Tausende in einem Krieg sterben, belastet das die Menschen zwar auch, aber weit weniger als eine regionale Ernährungskrise, die zur selben Anzahl Toter führt. Insbesondere unterernährte Kinder lösen reflexhafte Gefühlsregungen höchster Intensität aus. Solche Gefühle sind – egal welcher Anteil an ihnen »angeboren« und welcher »anerzogen« ist – wiederum der Sonderstellung der Ernährung als dem unerlässlichen Grundgut des menschlichen Lebens zu »verdanken«.

Hunger (famine) meint ursprünglich das subjektive Empfinden, das Menschen nach einer gewissen Zeit des Nahrungsentzugs wahrnehmen. Im Kontext der Welternährungsdebatte ist Hunger jedoch zu einem ethisch-wertenden Begriff geworden: Unabhängig davon, ob Menschen subjektiv den Hunger spüren oder nicht, werden alle Unter- oder Mangelernährten als »Hungernde« bezeichnet und damit angezeigt, dass dies ein ethisch inakzeptabler Zustand ist.

Die empirisch-beschreibenden Begriffe sammeln sich unter dem Begriff der Fehlernährung. Diese bezeichnet ganz allgemein eine vom Bedarf abweichende Aufnahme von Nahrungsenergie (Kilokalorien) oder von einem oder mehreren Vitaminen oder Nährstoffen. Fehlernährung hat drei Erscheinungsformen:

♦ Quantitative Überernährung (overnourishment) tritt auf, wenn die Aufnahme von Nahrungsenergie den Energiebedarf beständig überschreitet und zu Übergewicht führt. Davon war in Kapitel 3 die Rede.

◆ Quantitative Unterernährung (undernutrition) tritt auf, wenn die Aufnahme von Nahrungsenergie den Energiebedarf beständig unterschreitet (undernourishment) und zu Untergewicht führt. Unterernährung kann auf einer zu geringen Frequenz an Mahlzeiten oder einer ungenügenden Nahrungsmenge pro Mahlzeit beruhen oder aus mangelhaften Gesundheits- und Hygienebedingungen resultieren, die etwa bei Durchfallerkrankungen verhindern, dass der Körper die aufgenommene Nahrung angemessen verwertet. Von akuter Unterernährung spricht man im Zusammenhang mit kurzfristigem, aber extremem Nahrungsmangel. Chronische Unterernährung ist die Folge eines nicht so drastischen, aber langfristigen Mangels an Nahrung mit schleichenden Auswirkungen.

◆ Qualitative Mangelernährung (malnutrition) oder wertend »versteckter Hunger« (hidden hunger) ist gegeben, wenn die bereitgestellte Nahrung aufgrund eines zu einseitigen Angebots oder eines erhöhten Bedarfs nicht ausreicht, um den Bedarf an Vitaminen und Mineralstoffen zu decken.

Die Literatur zum Welternährungsproblem ist unüberschaubar groß. Ihr muss nicht eine weitere Abhandlung hinzugefügt werden. Die hier vertretene These ist jedoch neu, dass auch das Welternährungsproblem an Wahrnehmungsschärfe gewinnt, wenn es im Raster der vier Kategorien symbolischer Codes gelesen wird. Zum einen werden dann die auch in wissenschaftlichen Abhandlungen mitschwingenden Emotionalitäten des Problems klarer, zum anderen können existierende Lösungsvorschläge gezielter auf ihre prinzipielle Plausibilität überprüft werden.

Nach einer sehr kurz gehaltenen Darstellung einiger weniger Fakten (6.1) sollen die am meisten diskutierten Problemlösungsansätze in das Raster der symbolischen Codes eingeordnet werden – in der Reihenfolge ihrer üblichen Erwähnung: Nach dem Motto »safety first« kommt zuallererst die Frage der Ernährungssicherheit in den Blick (Sicherheit, 6.2). Anschließend wird die deutlich jüngere Debatte um Ernährungssouveränität reflektiert (Ansehen, 6.3). Die Frage von Fair Trade im Sinne eines fairen Zugangs zu gerecht geregelten Märkten bezieht sich auf den dritten Symbolaspekt (Zugehörigkeit, 6.4). Noch wenig diskutiert, aber vielleicht dringend nötig ist die Aufmerksamkeit für die Lust an einem global solidarischen Ernährungsverhalten (Lust, 6.5). Einer Zusammenschau (6.6) folgen schließlich biblische Impulse (6.7) und eucharistische Vertiefungen der Problematik (6.8).

6.1

Hunger und Mangelernährung in den armen Ländern
Eine Bestandsaufnahme

Man kann das Problem der Welternährung von mindestens zwei Seiten aus darstellen. Einmal kann man die absoluten Zahlen betrachten, wie es das Millennium Development Goal Nr. 1 der Vereinten Nationen tut. Dieses sieht vor, die Zahl der Unterernährten weltweit bis zum Jahr 2015 im Vergleich zu 1992 zu halbieren. Das Schaubild zeigt, dass dieses Ziel nicht mehr erreichbar ist. Nach einer kurzen Phase Ende der 1990er-Jahre, in der die Zahl der Unterernährten weltweit deutlich zurückging, stagniert die Entwicklung bis heute.

Unterernährung in den Entwicklungsländern
(in Mio. Menschen).

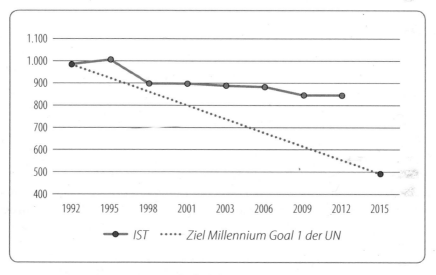

Quelle: FAO 2013: 70.

Eine andere Betrachtungsweise berücksichtigt das beträchtliche Wachstum der Weltbevölkerung und hat sich daher zum Ziel gesetzt, den Prozentsatz der Hungernden an der gesamten Bevölkerung von 1992 bis 2015 zu halbieren. Dies war das Ziel des World Food Summit 1996 in Rom. Nimmt man dies Ziel als Maßstab, ist seine Realisierung zum Greifen nahe. Denn 2012 hatte sich die Zahl der weltweit Unterernährten von 23,2 Prozent im Jahr 1992 bereits auf 14,9 Prozent reduziert. Die weitere Reduktion auf 11,6 Prozent scheint nicht mehr weit entfernt.

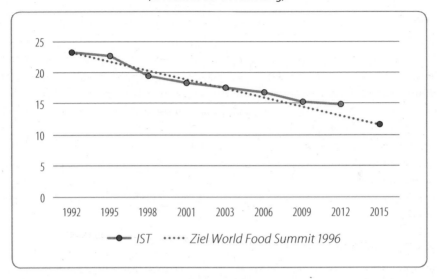

Unterernährung in den Entwicklungsländern (in Prozent der Bevölkerung).

Quelle: FAO 2013: 70.

Je nach Betrachtungsweise sieht man das halbvolle oder das halbleere Glas. Und auch das ist zunächst nur isoliert betrachtet. Der Preis, der für das Füllen des Glases ökologisch zu zahlen ist, wird uns in Kapitel 8 noch beschäftigen – er wird zunächst ausgeklammert.

Die Zahl der ausreichend oder nicht ausreichend Ernährten betrachtet die Output-Seite des Problems. Auch von der Input-Seite her hat sich die Welternährungslage jedoch in den letzten Jahrzehnten enorm verbessert, wie Zahlen der Statistikbehörde der FAO zeigen:

Angebot wichtiger Nahrungsbestandteile (weltweit).

	1961	1970	1980	1990	2000	2009	Soll
Fett (Gramm pro Kopf und Tag)	47,50	53,60	59,60	67,60	74,70	81,80	65,00
Energie (Kilokalorien pro Kopf und Tag)	2.189	2.391	2.492	2.627	2.732	2.831	2.500
Eiweiß (Gramm pro Kopf und Tag)	61,30	64,80	66,80	70,70	75,30	79,30	70,00

Quelle: Statistikbehörde der FAO 2013.

Die in die Tabelle eingefügten Sollwerte sind sehr ungefähre (Mittel-)Werte. Sie hängen vor allem von der Körpergröße und vom Lebensstil ab: Große Menschen brauchen mehr, kleine weniger. Körperlich schwer arbeitende oder sportlich sehr aktive Menschen brauchen mehr, inaktive Menschen weniger. Insgesamt aber belegen die Zahlen, dass die derzeitige Weltbevölkerung theoretisch mit den zur Verfügung stehenden Ressourcen ernährt werden könnte. Es bliebe sogar ein Spielraum von etwa zehn Prozent, der durch Transport, Verarbeitung und andere Faktoren verloren gehen könnte, ohne dass auch nur ein Mensch unter- oder mangelernährt sein müsste. Das Welternährungsproblem ist also nicht primär ein Problem mangelnden Angebots. Vielmehr gelingt es nicht, die Lebensmittel so zu verteilen, dass alle Menschen hinreichend partizipieren können.

Einen gezielteren Blick auf einzelne Länder und Weltregionen ermöglicht der Welthunger-Index (WHI, englisch global hunger index, GHI), den drei Nichtregierungsorganisationen gemeinsam herausgeben, die sich die Bekämpfung des Welthungers zum Anliegen gemacht haben: die deutsche Welthungerhilfe, die irische Organisation Concern worldwide und das US-amerikanische International Food Policy Research Institute (IFPRI). Der Welthunger-Index basiert auf drei gleichwertigen Indikatoren (Welthungerhilfe/Concern worldwide/International Food Policy Research Institute [IFPRI] 2013: 7–9):

- ◆ Anteil der Unterernährten in Prozent der Bevölkerung,
- ◆ Anteil der Kinder unter fünf Jahren mit Untergewicht,
- ◆ Sterblichkeitsrate von Kindern unter fünf Jahren (Indikator, der das fatale Zusammenwirken von mangelnder Nährstoffversorgung und schlechtem gesundheitlichen Umfeld widerspiegelt).

Der WHI-Wert eines Landes wird berechnet, indem der Mittelwert aus den drei genannten Prozentsätzen gebildet wird. Es handelt sich also um eine prozentuale Betrachtung der Situation wie in der Zielsetzung des World Food Summit von 1996. Die genannte Berechnung des WHI ergibt eine Skala von 0 (kein Hunger und kein Kind unter 5 stirbt) bis 100 (alle haben Hunger und alle Kinder unter 5 Jahren sterben) Punkte, wobei in der Praxis keiner der Extremwerte erreicht wird. Ein WHI-Wert unter 5 wird als wenig bezeichnet, ab 5 bis 10 als mäßig, von 10 bis 20 als ernst, von 20 bis 30 als sehr ernst und ab 30 als gravierend.

Insgesamt ist der WHI von 1990 bis 2012 um ein Drittel gesunken (Welthungerhilfe/Concern worldwide/International Food Policy Reserch Institute [IFPRI] 2013: 5). Die gegenwärtigen Hauptschauplätze des Welthungers liegen in Südasien und Subsahara-Afrika, wobei sich das erste in den 1990er-Jahren schneller, in den 2000er-Jahren aber langsamer verbessert hat als das zweite. Hauptfaktoren der Verbesserung waren auf der Makroebene der Staaten die größere politische Stabilität und die verbesserte

Gesundheitsversorgung, die die Kindersterblichkeit senkte. In 19 Ländern ist die Situation nach wie vor gravierend (WHI >30) oder sehr ernst (WHI >20). Praktisch all diese Länder erleben eine höchst instabile politische Lage: Haiti, Burkina Faso, Niger, Tschad, Zentralafrikanische Republik, Kongo, Sudan, Eritrea, Äthiopien, Ruanda, Burundi, Tansania, Sambia, Mozambik, Madagaskar, Komoren, Jemen, Indien, Bangladesch. 80 Prozent aller unterernährten Menschen leben in ländlichen Regionen, zwei Drittel von ihnen sind Frauen.

Auf der Mikroebene der einzelnen Menschen ist der Hauptfaktor die Armut: In den USA schätzt das Landwirtschaftsministerium (US-Department of Agriculture), dass 2006 etwa 35 Millionen US-AmerikanerInnen in Ernährungsunsicherheit lebten, darunter 13 Millionen Kinder (Fred Magdoff 2008: 2). In einem der reichsten Länder der Erde gibt es also einen beträchtlichen Bevölkerungsanteil, der ständig an der Grenze zur Unterernährung steht. Das zeigte auch die kurzfristige Nahrungsmittelkrise im Jahr 2008: Der schlagartige Anstieg der Lebensmittelpreise kam nicht überraschend (Fred Magdoff 2008: 3). Vielmehr war er Resultat eines zeitlichen Zusammenfallens mehrerer erwarteter Ursachen (Fred Magdoff 2008: 3–5): 1) Die Erhöhung der Benzinpreise führte zur Verteuerung der Landwirtschaft und zum Ausweichen des Verkehrssektors auf Agrotreibstoffe. 2) Die wachsende Fleischnachfrage in den Schwellenländern führte zu einer Verringerung der Ackerfläche für den Lebensmittelpflanzenanbau. 3) Der Verlust von Ackerland durch Nutzungsänderung führte in Schwellenländern wie China und Indien dazu, dass sie Lebensmittelimporteure wurden. 4) Der Klimawandel führt zu statistisch häufigeren extremen Wetterphänomenen, die auch 2008 eine Rolle spielten, zum Beispiel die extreme Trockenheit in Australien oder der Wirbelsturm in Bangladesch. Verstärker, aber nicht Ursachen der Nahrungsmittelkrise im Jahr 2008 waren die zunehmende Spekulation mit Lebensmittelpreisen und die Preiserhöhungen beim Meeresfisch.

Will man diese zugegebenermaßen äußerst knappe Analyse der Fakten auf den Punkt bringen, ist der Welthunger menschengemacht. Es ist kein unwiederbringliches Schicksal, dass Menschen hungern, eine Welt ohne Hunger wäre möglich. Lösungsansätze müssen allerdings ein weites Bündel von Maßnahmen umfassen. Ein höchst plurikausales Problem verlangt nach einer ebenso pluridimensionalen Lösung. Für diese sollen in den nachfolgenden Abschnitten wesentliche Elemente zusammengetragen und ethisch reflektiert werden.

6.2
»Unser Brot für morgen gib uns heute« (Lk 11, 3)
Ernährungssicherheit (Sicherheit)

»Unser tägliches Brot gib uns heute« (Lk 11, 3) – so beten Menschen seit 2000 Jahren im Vaterunser, dem Gebet, das Jesus von Nazaret den Seinen gegeben hat. Es ist die erste der sogenannten »Wir-Bitten«: Während sich im ersten Teil des Gebets mit den sogenannten »Du-Bitten« die Aufmerksamkeit ganz auf Gott richtet, sprechen die BeterInnen im zweiten Teil ihre eigenen Sorgen und Nöte aus – und beginnen beim täglichen Brot. Die elementarste Sorge des Menschen richtet sich auf die Sicherheit seiner Ernährung. In ihr ist eine der vier Kategorien symbolischer Codierung von Ernährungsvorgängen direkt angesprochen. Dabei ist Sicherheit einerseits ein objektives Faktum und wird in den Debatten üblicherweise auch so verstanden: Nahrungssicherheit (food security) liegt dann vor, wenn Menschen zu jeder Zeit physisch, sozial und wirtschaftlich Zugang zu ausreichenden, gesunden und nahrhaften Lebensmitteln haben, die ihrem Bedarf und ihren Essgewohnheiten entsprechen. Ernährungssicherheit (nutrition security) fasst die Food and Agriculture Organization FAO der Vereinten Nationen weiter. Sie schließt neben dem sicheren Zugang zu quantitativ und qualitativ angemessener Nahrung auch eine gesunde Umwelt, sauberes Trinkwasser, sanitäre Einrichtungen und den Zugang zu adäquater Gesundheitsversorgung sowie sozialer Fürsorge ein und ermöglicht ein gesundes und aktives Leben.

Ernährungssicherheit hat aber auch eine subjektive Seite – und die wird meist vergessen. Objektiv gesehen hätten die Menschen in Deutschland selbst dann einen verlässlichen Zugang zu den genannten Nahrungsressourcen, wenn alle Lebensmittel aus dem Ausland importiert werden müssten. Deutschland hätte genügend Geld, um sich auf den Weltmärkten alles Notwendige zu besorgen. Aber die gesamte Agrarpolitik der EU zielt auf eine Sicherung der innereuropäischen Eigenversorgung – nur so sind die gewaltigen (mengenbezogenen!) Subventionen für die Landwirtschaft erklärbar. Zwar werden die Mengensubventionen in den letzten Jahren langsam heruntergefahren und Förderungen Schritt für Schritt stärker für ökologische Dienstleistungen der LandwirtInnen gegeben, die im öffentlichen Interesse stehen. Doch wirkt die uralte Angst noch immer nach, im Krisenfall eine hungernde Bevölkerung zu haben.

Nun lassen sich tief verankerte Emotionen nicht mit rationalen Argumenten und generalstabsmäßig geplanten Maßnahmen allein ausräumen. Es wird also von großer Bedeutung sein, die im Folgenden zu erwägenden Schritte auch auf ihre symbolische Kraft zu prüfen.

Gibt es überhaupt eine Verantwortung der reichen Industrieländer, etwas gegen den Hunger in den armen Ländern zu tun? Diese provozierende Frage entfachte in den 1960er- und 1970er-Jahren heftige Debatten. So argumentierte nicht nur der Biologe Garrett Hardin mit dem Bild eines Rettungsboots, das voll ist (Garrett Hardin 1977: 11–21): Die reichen Länder sollten sich als gut ausgestattete Rettungsboote selbst versorgen, keine Lebensmittel aus armen Ländern importieren, aber ihre Überflüsse auch nicht in arme Länder exportieren. Internationale Gerechtigkeit anzustreben führe nur in die Katastrophe: »complete justice, complete catastrophe« (Garrett Hardin 1977: 12). Wenn man die globalen Weideflächen oder gar die Weltmeere zu »commons« (Allmende) erkläre, entspreche die Verantwortung nicht mehr der Nutzung (Garrett Hardin 1977: 14). Überdies lernten schlecht geführte Länder nur durch Ausbaden ihrer Fehler (Garrett Hardin 1977: 16). Und schließlich reduzierten Menschen der armen Länder von selbst ihre Kinderzahl, wenn sie hungerten (Garrett Hardin 1977: 17).

Diese provozierenden, ja zynischen Thesen Hardins, die gleichwohl da und dort auf Zustimmung stießen, blieben nicht unwidersprochen. So betont Peter Singer (1977: 22–36), dass es sehr wohl eine moralische Verpflichtung geben könne, Menschen am anderen Ende der Welt zu helfen. Gemäß der klassischen Handlungstheorie könnten die räumliche Entfernung zu den Betroffenen und die große Zahl anderer potenzieller HelferInnen die Verantwortlichkeit des Einzelnen zwar mindern, aber nicht aufheben (Peter Singer 1977: 25–27). Es sei mehr als eine Frage der Nächstenliebe, Menschen in Hungerländern zu helfen: »The traditional distinction between duty and charity cannot be drawn, or at least, not in the place we normally draw it.« (Peter Singer 1977: 27) Ethisch betrachtet müsse man über den Tellerrand der eigenen Gesellschaft schauen: »The moral point of view requires us to look beyond the interests of our own society.« (Peter Singer 1977: 29) Hier beruft sich Singer interessanterweise auf Thomas von Aquin, der unter Verweis auf das Naturrecht und die Sozialpflichtigkeit des Eigentums folgert, dass jemand alles, was er im Überfluss besitzt, den Armen zu deren Selbsterhalt schuldet (summa theologiae II-II q 66 art 7). Natürlich sei dabei immer das Subsidiaritätsprinzip der Hilfe zur Selbsthilfe zu beachten.

Jan Narveson (1977: 49–65) stellt die damalige Kontroverse in den Zusammenhang unterschiedlicher Begründungsmodelle der normativen Ethik. Sowohl jene »Liberale«, die es für eine Pflicht halten, den Welthunger zu bekämpfen, als auch jene »Konservative«, die das für nicht verpflichtend (wenn auch edel) halten, beriefen sich oft auf die Selbstevidenz ihrer Argumente. Diese gebe es aber nicht. Die Argumente müssten durch Rekurs auf anerkannte allgemeine Prinzipien der Ethik begründet werden. Die konservative Position etwa lasse sich auf das Prinzip des Schädigungsverbots zurückführen, wie es Robert Nozick entwickelt habe: JedeR könne tun, was er oder sie wolle, solange es niemandem anderen schade. Folge man hingegen John Rawls, verpflichte das Differenzprinzip zur Hilfe: Eine Besserstellung der Menschen in den reichen Ländern sei nur verantwortbar, wenn sie den Menschen in den ärmeren Ländern nütze. Noch weiter gehe die Verpflichtung im Utilitarismus, der das Glück aller Menschen maximieren wolle.

Man sieht, wie fundamental die Frage der Welternährung in ihren Anfängen debattiert wurde. Bei allen politischen Differenzen, die auch heute noch bestehen, gibt es mittlerweile einen Konsens, dass die Frage aufgrund der Sozialpflichtigkeit des Eigentums prinzipiell alle Menschen angeht und verpflichtet. Zu welchen konkreten Maßnahmen, bleibt allerdings umstritten und ist Gegenstand von Debatten. Dass dabei die ideologischen Differenzen auf einer neuen Ebene wiederkehren, wird nicht verwundern.

6.2.1
Historische Erfahrungen des Hungers und seiner Überwindung

Welche Erfahrungen lassen sich aus der abendländischen Geschichte fruchtbar machen, wenn es um Ernährungssicherheit geht? Eine erste Lehre lässt sich aus dem Mittelalter ziehen (vgl. Ernst Schubert 2006: 33–44): Allein für das frühe und hohe Mittelalter, also die Zeit vom 8. bis 13. Jahrhundert, zählt Ernst Schubert 18 allgemeine, das heißt überregionale Hungersnöte in Mitteleuropa. Mit anderen Worten ist damals etwa alle 25 bis 30 Jahre, das heißt einmal in jeder Generation, mit einer Hungersnot zu rechnen. Diese dauert jeweils mindestens zwei Jahre, da im ersten Jahr ein Teil des Saatgetreides für das zweite angegriffen und verzehrt wird. Unmittelbare Folge ist das Essen vergifteter, verdorbener Nahrungsmittel und damit ein Massensterben. Mittelbar kommt es zur Auflösung menschlicher Ordnungen durch Verzweiflungstaten wie den Verkauf der eigenen Kinder in die Knechtschaft oder hilf- und ziellose Migration. Da der Hunger in einer apokalyptisch gestimmten Mentalität als Strafe Gottes gesehen wird, gegen den es keine menschlichen Maßnahmen gibt, fehlt bis zum 15. Jahrhundert trotz der alttestamentlichen Josefserzählung (Gen 37–50) jeder Versuch, größere Vorräte anzulegen.

Erst in der Zeit des Humanismus entstehen städtische Kornhäuser, die in guten Jahren Reserven für schlechte Jahre zurücklegen. Parallel dazu entwickelt sich der Handel weiter und ermöglicht den Transport von Getreide über größere Strecken. Damit wird die Abhängigkeit von Wetterereignissen gemildert. Das Brot kommt zu den Menschen, die Menschen müssen nicht mehr durch Migration dem Brot nachgehen. Die Zeiten von hungerinduziertem Massensterben sind vorüber, wenn auch Unterernährung und daraus folgende Krankheiten eine häufige Erscheinung bleiben.

Verfolgt man die Entwicklung der letzten 150 Jahre, kann man die Relevanz unterschiedlicher Landnutzungssysteme erkennen (Norbert Ortmayr 2012: 35–86): Im Jahr 1850 umfassen Japan, China, Indien und Europa zusammen 9,4 Prozent der Fläche der Welt, aber 75 Prozent der Bevölkerung. Ein Grund dafür ist, dass sie schon damals, also vor der eigentlichen industriellen Landwirtschaft, intensive Landnutzungssysteme entwickelt haben. Dabei steht in puncto Landnutzungseffizienz Japan ganz vorne (835 Personen pro Quadratkilometer Nutzfläche im Jahr 1867) vor China (509 Personen pro Quadratkilometer Nutzfläche im Jahr 1873), Indien (358 Personen pro Quadratkilometer Nutzfläche im Jahr 1901) und Europa (155 Personen pro Quadratkilometer Nutzfläche im Jahr 1850). Als zentrale Gründe für den Vorsprung der Asiaten gegenüber den Europäern nennt Ortmayr drei enorme Vorteile des Reises gegenüber dem Getreide: Der Reis ist erstens eine absolute Hochertragssorte. Das Verhältnis von Aussaat zu Ernte liegt bei 1:100, beim Getreide nur bei 1:10 bis 1:20. Das Wasser, in dem der Reis angebaut wird, liefert zweitens selbst die nötigen Nährstoffe, daher braucht es weder Mistdüngung noch Bodenbearbeitung und damit auch keine Nutztiere, deren Futter Flächen beanspruchen würde. Indien hat weniger Wasser, daher auch weniger Ertrag als China und Japan. Das Intensivierungspotenzial des Reisanbaus ist drittens bereits vorindustriell sehr hoch: Man kann Reispflanzen verpflanzen, mehrere Anbauzyklen im Jahr organisieren, den Wassereinsatz effizient gestalten und anderes mehr.

Parallel zu agrartechnischen Entwicklungen läuft die ökonomische Globalisierung: »Kaum ein Sektor war stärker von dem Globalisierungsschub des 19. Jahrhunderts betroffen als die Landwirtschaft. Früher als im industriellen Bereich hatten sich dort wirklich globale Märkte herausgebildet ...« (Alexander Nützenadel 2007: 15). Der Erste Weltkrieg unterbricht diese Entwicklung für wenige Jahre, erhöht aber zugleich die Sensibilität für die globale Dimension der Ernährung: Nicht zuletzt die Hungersnöte im Deutschen Reich entscheiden den Krieg, denn die Gegner können auf große internationale Märkte zugreifen. Die traumatische Erfahrung, dass der besiegt geglaubte Hunger nach Europa zurückkehrt, führt zu dem Bewusstsein, dass es eine koordinierte Weltordnung für den Handel mit Nahrungsmitteln braucht. Es ist die Geburtsstunde einer neuen, internationalen Ernährungspolitik (Alexander Nützenadel 2007: 12–27). Denn einerseits kommt es zum Aufbau einer weltweiten Agrar- und Ernährungsstatistik durch das Institut International d'Agriculture in Rom – den Vorläufer der späteren FAO – und zu wissenschaftlichen Ernährungsstudien durch die Gesundheitsorganisation des Völkerbundes in Genf – den Vorläufer der späteren WHO. Bereits zu diesem frühen Zeitpunkt wird die Ernährungsfrage konsequent global diskutiert. So können die Alliierten bereits während des Zweiten Weltkriegs mit den Planungen für eine gemeinsame Welternährungspolitik beginnen. Die FAO ist eine der ersten Organisationen der Vereinten Nationen und wird bereits 1945 gegründet.

Bis 1950 wachsen die Weltbevölkerung und die weltweit verfügbaren Ackerflächen im Gleichschritt. Seitdem öffnet sich unaufhaltsam eine Schere: Die Bevölkerung wächst weiter, die Ackerfläche nicht mehr (Norbert Ortmayr 2012: 56–57). Soll die Welt ernährt werden, braucht es daher unweigerlich kontinuierliche Ertragssteigerungen pro Hektar. Genau dafür sorgt die sogenannte »Grüne Revolution«, die seit den 1960er-Jahren in viele ärmere Länder exportiert wird. Sie verfolgt drei Strategien: die Züchtung von Hochertragssorten; die intensive Düngung mit Stickstoffdünger; den Einsatz von Spritzmitteln zum Pflanzenschutz. Als Ergebnis gleichen sich die Hektarerträge der ärmeren Länder zunehmend denen der Industrieländer an (Norbert Ortmayr 2012: 58–73).

Entwicklung der Weltbevölkerung,
der weltweiten Agrarflächen und des Stickstoffdüngereinsatzes.

Jahr	Bevölkerung (Mrd.)	Agrarfläche (Mrd. ha)	Stickstoffdüngerproduktion (Mio. t)
1900	1,65		
1910	1,75		
1920	1,86		1,5
1930	2,07		2,2
1940	2,30		2,6
1950	2,52		3,6
1960	3,02	13,05	10,0
1970	3,70	13,05	31,7
1980	4,44	13,05	59,7
1990	5,27	13,05	82,3
2000	6,06	13,01	85,1
2010	6,79	13,00	105,6
2020	7,50		
2030	8,11		
2040	8,58		
2050	8,91		

Quelle: Zahlen – Bevölkerung: United Nations 1999, The World at Six Billion, New York: 5, Tab. 1; Ackerland: FAOSTAT 2013; Stickstoffdünger: Norbert Ortmayr 2012: 83).

Der Preis der grünen Revolution ist hoch: Ökologisch betrachtet kommt es zu einer massiven Nitratbelastung der Gewässer durch Überdüngung, außerdem erfordert die Düngemittelherstellung einen hohen Energieverbrauch (eine Tonne Stickstoffdünger

6.2 Ernährungssicherheit (Sicherheit)

braucht zwei Tonnen Erdöl). Weiterhin ist die Stagnation der Weltagrarfläche der Bodendegradation durch windbedingten Bodenabtrag (keine ganzjährige Bodenbedeckung) und Versalzung (künstliche Bewässerung trägt zu viele Salze ein) geschuldet, denn an sich werden auch jetzt noch neue Ackerflächen erschlossen. Schließlich geht die massive Abnahme der weltweiten Biodiversität wesentlich auf das Konto der Spritzmittel. Gesundheitlich gefährden die Pestizide ganz unmittelbar die LandwirtInnen, die sie ausbringen, und mittelbar die KonsumentInnen, die ihre Rückstände in den Lebensmitteln mitverzehren. Sozial kommt es immer mehr zur Verdrängung der Kleinbauern, die sich große Investitionen nicht leisten können (Norbert Ortmayr 2012: 80 f.).

Während man bis 1970 allein auf Globalisierung der Lebensmittelmärkte setzt, hat man mittlerweile den Wert regionaler Märkte neu erkannt. In etlichen Fällen, in denen die internationale Gemeinschaft akute Ernährungskrisen mit kostenlosen Lebensmittellieferungen aus den Industrieländern bekämpft, kommt es in den nicht betroffenen Ländern der Region zum Zusammenbruch der Märkte. Die Gratislebensmittel im einen Land drücken den Preis auch dort, wo keine Hungersnot herrscht. Seit man das erkannt hat, gilt im Falle der kostenlosen Nothilfe das Prinzip, Hilfslieferungen möglichst regional einzukaufen.

Schon mit diesem sehr oberflächlichen und gerafften Durchgang durch die abendländische Geschichte lassen sich wichtige Lehren ziehen: Langfristige Planung, Vorratshaltung und Handel verringern die Risiken einer Ernährungskrise massiv (Spätmittelalter). Das Steigerungspotenzial der Bodeneffizienz ist auch im vorindustriellen »ökologischen« Anbau enorm, wenn man es kennt und nutzt (19. Jahrhundert). Die Globalisierung der Agrar- und Lebensmittelpolitik und eine weltweit abgestimmte Strategie zur Bekämpfung des Hungers sind notwendig, brauchen aber nicht notwendig die Bevorzugung globaler Märkte. Vielmehr könnte das Motto lauten: Global denken, regional handeln soweit möglich (20. Jahrhundert). Eine differenzierte Modernisierung der landwirtschaftlichen Anbaumethoden ist nötig und sinnvoll, muss aber die langfristigen Folgen für Umwelt und Menschen mitbedenken (21. Jahrhundert).

6.2.2
Biotechnologie oder Ökolandbau?

Mit dem eben Gesagten ist die Ausgangslage klar: Die »grüne Revolution« der 1960er- und 1970er-Jahre, die auf eine massive Technisierung und Chemisierung der Landwirtschaft setzte, hatte trotz aller Ertragssteigerungen langfristig zu viele negative Nebenwirkungen (Norman Uphoff [Hg.] 2002: 3–20; Catherine Badgley et al. 2007: 86–87). Zudem untergrub sie ihre eigenen Voraussetzungen: Der Weltagrarbericht 2010, der von fast 500 WissenschaftlerInnen im Auftrag von Vereinten Nationen und Weltbank verfasst wurde, bezweifelt, dass die industrielle Landwirtschaft auf Dauer die gesamte Menschheit ernähren kann, vor allem wegen ihres ungeheuren Ressourcenverbrauchs und der ungebrochenen Abhängigkeit von fossilen Treibstoffen (International Assessment of Agricultural Knowledge, Science and Technology for Development [IAASTD] 2010). Mitte des 21. Jahrhundert wird ein Drittel des beackerbaren Landes und vermutlich noch mehr von den Bewässerungsressourcen verloren sein (Norman Uphoff [Hg.] 2002: 6). Parallel werden die Biodiversität ab- und Wetterextreme zunehmen.

So kann es also nicht weitergehen. »More of the same« geht nicht mehr. Die Menschheit braucht eine »doubly green revolution« (Gordon Conway 1997), die ökonomisch, ökologisch und sozial nachhaltig ist. Darin sind sich heute alle ExpertInnen einig. Zugleich fordert das sich zwar verlangsamende, aber doch anhaltende Wachstum der Weltbevölkerung auf über zehn Milliarden Menschen noch in diesem Jahrhundert deutlich mehr Nahrungsmittel, als derzeit auf den Weltagrarflächen erwirtschaftet werden. Wie lassen sich diese beiden Herausforderungen gemeinsam meistern? Wie kann die Ernährung aller Menschen sichergestellt werden, ohne verheerende ökologische und soziale Nebenwirkungen zu erzeugen?

Wenn man von der Chemie der Spritz- und Düngemittel weitgehend Abschied nehmen will, gibt es derzeit nur zwei Lösungsstrategien: Entweder setzt man auf die Karte der grünen Gentechnik oder auf ökologischen Landbau. Die grüne Gentechnik soll das Problem mittels genetischer Veränderung der Pflanzen so lösen, dass diese resistent gegen Schädlinge und Krankheitsbefall werden und am besten auch mehr Stickstoff aus der Luft binden als konventionelle Züchtungen. Der Ökolandbau versucht mit komplexen Mischfrucht- und Fruchtwechselsystemen und aufwändiger menschlicher Pflege günstige Erträge zu sichern.

Einer der ranghöchsten kirchlichen Player ist die Päpstliche Akademie der Wissenschaften, die seit dem Jahr 2000 relativ geduldig und konsequent für die grüne Gentechnik plädiert. In jenem Jahr widmet sie erstmals eine ihrer Studienwochen dem Thema des Nahrungsmittelbedarfs am Beginn des 21. Jahrhundert (Tu-Tzu Chang / Bernardo M. Colombo / Marcelo Sánchez Sorondo [Hg.] 2000). Geht man die Dokumentation der gehaltenen Referate durch, sind die ersten 149 Seiten der Problemanalyse gewidmet (25–173), während bei der Problemlösung 160 Seiten auf die Technik schauen (175–336), 74 auf die Ökologie (337–411) und nur 62 auf Ökonomie und Soziales (413–475). Die Studienwoche zeugt also schon in ihrer Konzeptionierung von einer bemerkenswerten Einseitigkeit – die Lösung wird überwiegend von der (Agrar-) Technik erwartet.

Während die Studienwoche im Jahr 2000 der Agrartechnologie ganz allgemein zuneigt, erarbeitet die Akademie 2001 speziell zur grünen Gentechnik ein offizielles Studiendokument, dessen zentrale Empfehlung lautet: »Genetically modified food plants can play an important role in improving nutrition and agricultural products, especially in the developing world.« (Pontificia Academia Scientiarum [Hg.] 2004: 6) Die Ergebnisse einer Studienwoche zur grünen Gentechnik im Mai 2009 fallen aufgrund der Einseitigkeit der eingeladenen ReferentInnen ebenfalls klar für die grüne Gentechnik aus (Ingo Potrykus / Klaus Ammann [Hg.] 2010). Im abschließenden Statement der TeilnehmerInnen wird das hinreichend deutlich (Pontifical Academy of Sciences [Hg.] 2010).

Nun nahmen an der Studienwoche 2000 nur vier Mitglieder (von 80) der Päpstlichen Akademie teil, an der Studienwoche 2009 nur sechs. Insofern kann von einer Repräsentativität der Ergebnisse nicht die Rede sein. Dennoch werden derartige Tagungen in der Öffentlichkeit als Positionierung der Akademie und indirekt sogar des Papstes wahrgenommen – obwohl die Akademie ihrerseits unabhängig ist und der Papst sich seinerseits ebenfalls nicht den Ergebnissen der Akademie anschließen muss. Zudem gibt es die offizielle Stellungnahme von 2001, die von allen Mitgliedern in einer Vollversammlung abgestimmt wurde. Insofern ist die Richtung der Akademie eindeutig.

Kann die grüne Gentechnik ihr Versprechen einlösen, die Menschheit nachhaltig zu ernähren? Ohne im Detail alle Argumente pro und contra Gentechnik durchzugehen, seien die Ausführungen ganz auf diese Frage konzentriert. Drei zentrale Einwände begründen schwerwiegende Bedenken (vgl. Joachim Spangenberg 2003: 110, und 1996: 15):

1) Die herrschende Nahrungsmittelknappheit ist ein Verteilungs- und kein Mengenproblem. Es gibt global betrachtet nicht zu wenig Lebensmittel, sie kommen nur nicht bei denen an, die sie brauchen. An der Agrartechnologie liegt das offenkundig nicht.

2) Der entscheidende Ertragsfaktor der Landwirtschaft ist die Bodenfruchtbarkeit, nicht die Pflanzenproduktivität. Jenseits der Steigerung der Pflanzenproduktivität, die mit konventionellen Züchtungs- und Anbaumethoden möglich ist, braucht es keine weitere Maximierung derselben. Die Bodenfruchtbarkeit hingegen nimmt in vielen Weltregionen massiv ab, weil die Böden durch mangelnde Bedeckung und nachfolgende höhere Erosion abgetragen und / oder durch künstliche Bewässerung versalzt werden. Hier hilft nur eine Landwirtschaft, die den Boden ganzjährig besser bedeckt und mit deutlich weniger Bewässerung auskommt. Das aber sind bisher kaum Ziele gentechnischer Entwicklungen.

3) Die Gentechnik ist eine teure Technik, die die KleinlandwirtInnen in den armen Ländern nicht bezahlen können. Sie brauchen Anbausysteme, die mit geringem finanziellem Input auskommen, weil ihre Erlöse stark vom schwankenden Welt-

marktpreis abhängen. Dagegen ist eine hohe Arbeitsleistung für sie kein Hindernis, weil sie ohnehin in der Regel keine Großflächen bewirtschaften. Die Gentechnik passt mit anderen Worten nicht in das System der kleinbäuerlichen Landwirtschaft.

Systemisch gedacht kann die Gentechnik also das Versprechen nicht einhalten, wesentlich zur besseren Ernährung der Weltbevölkerung beizutragen (Wissenschaftliche Arbeitsgruppe für weltkirchliche Aufgaben der Deutschen Bischofskonferenz 2012: 47–48). Das schließt punktuelle Potenziale einzelner gentechnisch veränderter Pflanzen nicht aus, die in das kleinbäuerliche Anbausystem hineinpassen. Doch als große Linie einer Lösungsstrategie muss eine Alternative gesucht werden. Kann das der ökologische Landbau sein? Von der Sicherung der Bodenfruchtbarkeit und der Finanzierbarkeit für KleinlandwirtInnen her betrachtet ist er zweifelsohne hervorragend geeignet. Doch werden seine Erträge hoch genug ausfallen?

Die Zahl der Studien zu diesem Thema ist unüberschaubar. Und oft überlagern ideologische Vorannahmen das methodische Vorgehen. Es lässt sich also bestenfalls ein Trend ablesen. Bisherige Studien über die landwirtschaftlichen Potenziale in den Industrieländern lassen im Ökolandbau etwa 20 bis 40 Prozent weniger Ertrag erwarten. Doch in den Entwicklungsländern ist das aufgrund anderer klimatischer Bedingungen und anderer Bearbeitungsmethoden anders. Bei einer Auswertung von sieben Fallstudien (Reis, Mais bzw. Kartoffel in Indien, Mexiko, Tansania, Senegal und Kenia) war in zwei Fällen die konventionelle Landwirtschaft deutlich überlegen, in drei die ökologische und in zwei Fällen lagen beide gleichauf (Carola Busemann 1999: 28–31).

Die bislang umfassendste Studie ist eine Metastudie von 2007 (Catherine Badgley et al. 2007: 86–108), die insgesamt 293 publizierte Studien auswertet, die Erträge in Relation zu einer bestimmten Anbaumethode untersucht haben. Das ermöglicht einen Ertragsvergleich zwischen konventioneller Landwirtschaft (160 Fallstudien) und ökologischer Landwirtschaft mit Stickstofffixierung durch zyklischen Leguminosenanbau (133 Fallstudien) (Catherine Badgley et al. 2007: 87). Als Ergebnis lässt sich festhalten (Catherine Badgley et al. 2007: 88): In den Industrieländern erreicht der Ökolandbau etwa 92 Prozent des Ertrags aus konventioneller Landwirtschaft, in den Entwicklungsländern 180 Prozent, weltweit gemittelt also 132 Prozent. Besonders hoch ist die Ertragssteigerung durch Ökolandbau bei Früchten (208 Prozent), stärkehaltigen Knollen (169 Prozent) und Gemüse (152 Prozent).

Im Weiteren rechnet die Studie von Badgley und KollegInnen zwei Szenarien durch: Im ungünstigen Szenario 1 wird angenommen, dass der Ökolandbau in den Entwicklungsländern in absehbarer Zeit dieselben Ertragsverluste bringen wird wie in den Industrieländern schon jetzt. Im günstigen Szenario 2 hingegen geht man davon aus, dass der Ökolandbau in den Industrieländern dieselben Ertragsverluste und in den Entwicklungsländern dieselben Ertragssteigerungen erbringt wie derzeit. Beide Szenarien stehen unter der Annahme einer gleichbleibenden Landnutzung für Ackerbau und Weideland.

Welche Nahrungsmittelmenge stünde in den beiden Szenarien pro Person der Weltbevölkerung täglich zur Verfügung? Derzeit sind es 2.786 Kilokalorien pro Person und Tag. Im Szenario 1 wären es geringfügig weniger, nämlich 2.641 Kilokalorien pro Person und Tag, was immer noch genug wäre, um jeden Menschen ausreichend zu ernähren. Im Szenario 2 hingegen stünde für jeden Menschen fast doppelt so viel Nahrung zur Verfügung, nämlich 4.381 Kilokalorien pro Person und Tag (Catherine Badgley et al. 2007: 92). Das sei die Folge von Fruchtwechsel, bodendeckenden Pflanzen, Agroforstwirtschaft, organischem Dünger, effizientem Wassermanagement und anderen Methoden. »The most unexpected aspect of this study is the consistently high yield ratios from the developing world. These high yields are obtained when farmers incorporate intensive agroecological techniques, such as crop rotation, cover cropping, agroforestry, addition of organic fertilizers, or more efficient water management. In some instances, organic-intensive methods resulted in higher yields than conventional methods for the same crop in the same setting (e.g., the system of rice intensification [SRI] in ten developing countries).« (Catherine Badgley et al. 2007: 92) Dieser Effekt könnte allerdings, wie Badgley eingesteht, schwächer ausfallen, wenn man die ausfallenden Jahre der Fruchtfolge im Ökolandbau einrechnen könnte – was derzeit mangels Datenbasis nicht möglich ist. Klar ist aber, dass man mit dieser Strategie auf sämtlichen Stickstoffdünger verzichten könne (Catherine Badgley et al. 2007: 93).

Natürlich – so räumen Badgley et al. ein – brauche es eine konsequente Forschungs-, Bewusstseins- und Bildungsarbeit, damit die möglichen Potenziale auch real erschlossen würden. Aber es sei eben keine Frage mehr, ob der Ökolandbau die Welt ernähren könne. Daher gelte es jetzt, zur Umsetzung zu schreiten: »the results show the potential for serious alternatives to green revolution agriculture as the dominant mode of food production. In spite of our optimistic prognosis for organic agriculture, we recognize that the transition to and practice of organic agriculture contain numerous challenges – agronomically, economically, and educationally. The practice of organic agriculture on a large scale requires support from research institutions dedicated to agroecological methods of fertility and pest management, a strong extension system, and a committed public. But it is time to put to rest the debate about whether or not organic agriculture can make a substantial contribution to the food supply. It can, both locally and globally. The debate should shift to how to allocate more resources for research on agroecological methods of food production and how to enhance the incentives for farmers and consumers to engage in a more sustainable production system.« (Catherine Badgley et al. 2007: 94)

In einem Kommentar zur Metastudie von Badgley et al. räumt der Herausgeber der Zeitschrift, Kenneth Grassmann (2007: 83–84) ein, dass die Metastudie aufgrund von Mängeln der ausgewerteten Studien selbst gewisse Grenzen aufweise. So würden in den meisten ausgewerteten Studien die tatsächlichen Anbaumethoden miteinander verglichen, nötig wäre aber ein Vergleich der jeweiligen best practices. Auch seien, wie Badgley selber zugibt, der Fruchtwechsel und die Rotation meist nicht berücksichtigt worden, obgleich die Felder im Ökolandbau in manchen Jahren nicht zur Verfügung stünden. Weiterhin müsse der Nährstoffeintrag im Ökolandbau zunächst deutlich höher sein, da der Boden die Nährstoffe langsamer zur Verfügung stelle, und es müssten mehr Nährstoffe als Stickstoff, Phosphor und Schwefel berücksichtigt werden – die Kunstdünger enthielten sie alle. Schließlich seien statistische Mängel der ausgewerteten Studien zu berücksichtigen. Daher empfehle er ein pragmatisches Vorgehen, das den ökologischen, ökonomischen und sozialen Output eines Anbausystems betrachte. Wenn der stimme, sehe er auch die Freiheit, gegen strikte Regeln ökologischer Anbauverbände zu verstoßen. »In conclusion, the question of whether organic systems can feed the world remains unanswered … the emphasis should be on developing cropping systems that best contribute to a set of well-defined performance parameters that ensure adequate food supply, farm family income, and protection of environmental quality and natural resources. If a system meets these criteria, it should not matter whether it complies with rules prescribed for organic production systems, or any other arbitrary set of prescriptions for crop and soil management.« (Kenneth Grassmann 2007: 84)

Alles in allem ist auch in der nüchterneren, distanzierteren Betrachtung Grassmanns klar, dass es eine starke Ökologisierung der Landwirtschaft braucht, wenn die anstehenden Herausforderungen bewältigt werden sollen. Diese kann nur gelingen, wenn die ökonomischen Folgekosten der konventionellen Landwirtschaft durch ihre Schädigung Umweltmedien (Wasser, Boden, Luft), Klima, Biodiversität, menschliche Gesundheit, die bisher zum größten Teil externalisiert und der Gesellschaft aufgebürdet werden, internalisiert und dem Verursacher selbst angerechnet werden. Allein im kleinen Österreich rechnet das Forschungsinstitut für ökologischen Landbau mit einem jährlichen Milliardenbetrag: »Selbst bei konservativer Schätzung der externen Kosten der österreichischen Landwirtschaft muss von einer jährlichen Belastung der Gesellschaft von rund 1,3 Milliarden Euro ausgegangen werden.« (Christian Schader et al. 2013: 14) Um diesen Betrag nachhaltig zu verringern, helfen nur systemische Maßnahmen, nämlich »Stickstoff-, Energie- und Pestizidsteuern. Diese Maßnahmen dürften als volkswirtschaftlich sinnvoll angesehen werden, da sie dazu beitragen, die externen Effekte dieser Betriebsmittel zu internalisieren.« (Christian Schader et al. 2013: 27) Ähnlich argumentiert die Wissenschaftliche Arbeitsgruppe für weltkirchliche Aufgaben der Deutschen Bischofskonferenz (2012: 59).

Funktionalistisch betrachtet braucht es steuer- und abgabenpolitische Maßnahmen, um zu einer ressourcenschonenden Landwirtschaft zu gelangen. Und das nicht nur in Österreich oder Europa, sondern weltweit. Landwirtschaft ist ein Teil des Wirtschaftssystems und unterliegt den vorherrschenden finanziellen Systemzwängen. Eine rein symbol- und kommunikationstheoretische Lösungsstrategie käme hier schnell an ihre Grenzen. Gleichwohl hat sie ebenfalls einen genuinen Beitrag einzubringen, und zwar die Option für eine partizipative Strategie der Weiterentwicklung landwirtschaftlicher Methoden. Diesen wichtigen Impuls unterstreichen die AutorInnen eines Sammelbands von Norman Uphoff (2002; vgl. auch Michael Rosenberger 2001b: 124–127).

In den Prozess der landwirtschaftlichen Weiterentwicklung hin zur Nachhaltigkeit im umfassenden Sinne müssen die LandwirtInnen als PartnerInnen einbezogen werden. Es kommt darauf an, Lösungen, die von innen kommen, solchen vorzuziehen, die von außen kommen, und auf diese Weise das Wissen der Menschen vor Ort zu nutzen und fruchtbar zu machen (Norman Uphoff [Hg.] 2002: 9). Dieses Erfahrungswissen bezieht sich im Regelfall auf komplexe ganzheitliche Produktionssysteme und nicht wie das externe Wissen auf isolierte Einzeltechnologien (Norman Uphoff [Hg.] 2002: 10). Schaut man in dieser Weise genauer hin, erkennt man viele verheißungsvolle Ansätze, die evaluiert und weiterverfolgt werden können. Insgesamt geht es um die Förderung und Begleitung solcher Prozesse, nicht um die Bereitstellung von Endprodukten. Dafür braucht es prozessbegleitend inter- und transdisziplinäre Forschung vor Ort und nicht im fernen Labor (Norman Uphoff [Hg.] 2002: 11–20).

Das Plädoyer des Sammelbands richtet sich auf Verfahren statt auf Ergebnisse (Norman Uphoff [Hg.] 2002: 243–260). Konzepte müssten nicht primär klären, *was* gelernt werden soll, sondern *wie, warum und mit wem*. Dabei entstünden neue Rollenbeziehungen zwischen LandwirtInnen, ForscherInnen und MultiplikatorInnen. Letztere seien mehr »FacilitatorInnen« auf Augenhöhe als Vermittler eines Wissens von oben herab. – Der Vorschlag von Uphoff und KollegInnen scheint mir im Kontext moderner Verfahrensethiken wie der Diskursethik von Jürgen Habermas und der Gerechtigkeitstheorie von John Rawls absolut richtig zu sein. Sämtliche Konzepte, die direkt auf die Implementierung eines Anbausystems zielen, atmen noch immer den Geist von Kolonialismus und Paternalismus. Der aber ist einer modernen Lösungsstrategie unwürdig. Zugleich relativiert ein partizipatives Modell den Streit um die richtige Technik. Sowohl die reine Lehre der Biotechnologie als auch die reine Lehre des Ökolandbaus verkörpern verdeckte Machtansprüche, die effektive Prozesse mehr behindern als fördern. Organisationen, die in der Entwicklungszusammenarbeit aktiv sind, allen voran die kirchlichen, arbeiten seit Jahrzehnten mit partizipativen Ansätzen. Die multinationalen Konzerne im Agrarbereich hingegen tun sich damit extrem schwer.

6.2.3

Food or Fuel, Teller oder Tank?
Die Konkurrenz der Agroenergie

Seit Beginn des dritten Jahrtausends tritt durch die zunehmende Nutzung von Ackerflächen für den Anbau von Energiepflanzen eine erhebliche Verschärfung des Welternährungsproblems ein. 2011 wurden weltweit etwa 54,8 Millionen Hektar Ackerland
für energetisch zu nutzende nachwachsende Rohstoffe verwendet (Umweltbundesamt
Deutschland 2013: 18), also für energetisch genutztes Palmöl, Soja, Zuckerrohr und
Mais. Bei 13 Milliarden Hektar weltweiten Agrarflächen sind das 0,42 Prozent aller
Flächen – noch ein sehr geringer Anteil. Doch beschleunigt die Aussicht auf Agro-
kraftstoffe die Abholzung der Regenwälder und hat damit fatale Auswirkungen auf
Biodiversität und Treibhauseffekt. Und der Anteil der Ackerflächen für Agroenergie
wächst schnell. Schätzungen zufolge sollen 2016 bereits acht Prozent der Weltgetreide-
ernte für Agrotreibstoffe verwendet werden (Stefan Tangermann 2008: 30–32). Und in
Deutschland baute man 2010 Energiepflanzen bereits auf über 1,8 Millionen Hektar
an – das sind circa 16 Prozent der deutschen Ackerfläche (Umweltbundesamt Deutschland 2013: 19). Die Richtung scheint also klar zu sein: LandwirtInnen werden zunehmend EnergiewirtInnen. Doch ist das verantwortbar, wenn 860 Millionen Menschen
hungern und die Weltbevölkerung weiter wächst?

Das Energiepotenzial der Bioenergie vom Acker ist sehr begrenzt: 2011 setzt sich
die in Deutschland gewonnene Bioenergie wie folgt zusammen: 71 Prozent Brenn-
holz, 7 Prozent Holzkohle, 6 Prozent Altholz, 5 Prozent Abfallholz – in Summe also
89 Prozent Holz – sowie 7 Prozent Reststoffe vom Acker und 3 Prozent Energiepflanzen (Umweltbundesamt Deutschland 2013: 18). Weltweit wird derzeit etwa 1 Prozent
des Weltenergiebedarfs für den Straßenverkehr aus Agrokraftstoffen gewonnen, bis
2030 sollen es 2 bis 3 Prozent werden (Sebastian Heselhaus 2009: 124–128): Das ist ein
extrem niedriger Wert. Verzichtet man auf Bioenergiepflanzen auf dem Acker, fällt
das für die weltweite Energieversorgung kaum ins Gewicht – für die Welternährung
aber sehr wohl. »Daraus wird ersichtlich, dass Anbaubiomasse wegen ihrer niedrigen
Flächeneffizienz in Kombination mit sehr begrenzten Flächenkapazitäten im Inland
nur einen sehr geringen Beitrag zur Deckung unseres künftigen Energiebedarfs leisten kann, selbst wenn ein beträchtlicher Anteil der Ackerfläche dafür zu Verfügung
gestellt werden würde.« (Umweltbundesamt Deutschland 2013: 49)

Um die Relationen ins Bild zu setzen: Eine Tankfüllung von 50 Litern Bioethanol
entspricht etwa 200 Kilogramm Mais. Das ist der Jahresbedarf eines Menschen, für
den Mais das Grundnahrungsmittel ist (Sebastian Heselhaus 2009: 94–95). Hinzu
kommt die begründete Befürchtung, das Einkommen aus Agrokraftstoffen werde in
den reichen Ländern bleiben (Stefan Tangermann 2008: 30–32). Zudem werde die

Folge ein höherer Lebensmittelpreis sein – und damit Hunger in armen Ländern: Denn eine Preissteigerung der Grundnahrungsmittel von einem Prozent führe weltweit zu circa 16 Millionen Hungernden zusätzlich (Sebastian Heselhaus 2009: 124–128). Die Ernährungssicherheit der armen Länder schwinde damit weiter. Schließlich steigen mit der Nachfrage nach Agroenergie die Bodenpreise massiv. Von 2007 bis 2012 sind die Preise für Ackerland in Deutschland um zwei Drittel gestiegen – in den alten Bundesländern um etwa ein Drittel, in den neuen Bundesländern um nahezu 150 Prozent. Das macht es LandwirtInnen teilweise schon unmöglich, dieses Ackerland noch zu pachten, wenn sie Lebens- oder Futtermittelpflanzen anbauen.

Preise für Ackerflächen in Deutschland (in Euro je Hektar).

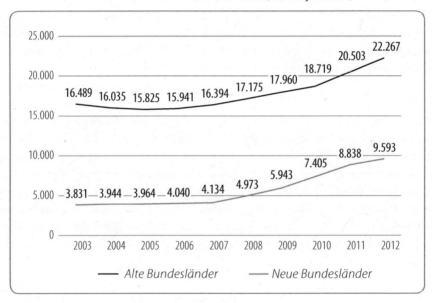

Quelle: Statistisches Bundesamt 2013, Fachserie 3.

Bewusst wird in dieser Abhandlung darauf verzichtet, die ökologischen Effekte des Anbaus von Energiepflanzen auf dem Acker zu prüfen. Das ist in verschiedenen Studien geschehen, hier aber nicht relevant. Denn selbst wenn es gewaltige ökologische Vorteile der Agroenergie gäbe (was nicht der Fall ist), müsste die Frage prioritär bleiben, ob man es verantworten könnte, Menschen dafür verhungern zu lassen, dass man die Umwelt rettet.

»Daher ist das Umweltbundesamt der Ansicht, dass die energetische Nutzung von Anbaubiomasse, inkl. Rohholz, nicht weiter ausgebaut werden sollte. Darüber hinaus sollten jetzt Strategien und Maßnahmen entwickelt und eingeleitet werden, um mittel- und langfristig vollständig auf Energie aus Anbaubiomasse ... verzichten zu können. Demgegenüber ist die energetische Verwertung von organischen Reststoffen und Abfallbiomasse voranzubringen. Deren Nutzung erfordert keine zusätzlichen Flächen und verursacht nach derzeitigem Kenntnisstand keine gravierenden negativen Umweltauswirkungen – sofern sichergestellt wird, dass die Nährstoff- und insbesondere die Humusbilanzen nicht durch den zusätzlichen Biomasseentzug beeinträchtigt werden.« (Umweltbundesamt Deutschland 2013: 80)

Um den beschriebenen Weg gehen zu können, muss die Förderpolitik sehr grundsätzlich verändert werden: »Der skizzierte Wandel kann in Teilen durch eine entsprechende Anpassung des Erneuerbare Energien Gesetz EEG induziert werden, sollte aber durch agrarpolitische Vorgaben flankiert werden. Das novellierte EEG setzt zwar deutlich stärkere Anreize zur Nutzung von Abfall- und Reststoffen als die bisherigen Fassungen und reizt nicht mehr so stark den Einsatz von Anbaubiomasse an. Allerdings ist derzeit noch nicht einzuschätzen, ob diese vergleichsweise geringe Änderung der Anreizstruktur eine Wirksamkeit entfaltet. Aus unserer Sicht ist die derzeitige Vergütung ... immer noch zu hoch und müsste in der nächsten Novelle konsequenterweise ganz gestrichen werden.« (Umweltbundesamt Deutschland 2013: 81)

Wie schon im vorangehenden Abschnitt sind wichtige funktionalistisch-systemverändernde Maßnahmen nötig, um den notwendigen Wandel zu schaffen. Das gilt nicht nur für Deutschland, sondern für die gesamte Europäische Union, die USA und andere Industrieländer, die derzeit fast alle den Agroenergiepflanzenanbau fördern. Symbol- und kommunikationstheoretisch bleibt hingegen die provokante Formel »Food or Fuel« bzw. »Teller oder Tank« hilfreich – bei allen Unschärfen, die sie wie alle symbolischen Formeln hat.

6.2.4
Das Menschenrecht auf Nahrung

»Offen gesagt, besteht das Problem nicht so sehr in einem Mangel an Nahrung als vielmehr in einem Mangel an politischem Willen.« So äußerte sich der Direktor der FAO, Jacques Diouf, im Jahr 2005 (zitiert nach Frank Braßel 2005: 1473). Denn neben Kriegen und Bürgerkriegen sind die wichtigsten Ursachen des Welthungers die Verdrängung der Kleinbauern durch die Agrarindustrie, die Erschließung von Naturgebieten für den Ressourcenabbau und das Fehlen nationaler Landreformen, die eine Umverteilung von Land von den GrundgrundbesitzerInnen zu den KleinstlandwirtInnen und Landlosen vornehmen.

Die nationalen PolitikerInnen haben es in den vergangenen Jahrzehnten in den meisten Ländern nicht geschafft, das Welthungerproblem effektiv anzugehen. Die Wirtschaft aber auch nicht (Jacqueline Mowbray 2007: 547–557): Weil genug Nahrung für alle da wäre und das Hungerproblem ein Verteilungsproblem ist, gäbe es theoretisch zwei Möglichkeiten: Entweder die Menschen produzieren ihre Nahrung selbst oder sie kaufen sie. Produzieren können sie nur, wenn sie Land besitzen, kaufen nur, wenn sie genügend Geld haben. Die ökonomische Kernursache sind tiefgehende strukturelle Fehler im Weltwirtschaftssystem. Unterernährung entsteht meist nicht aus individuellem Fehlverhalten, sondern hat systemische Ursachen. Das Weltwirtschaftssystem ist aber nicht von Staaten kontrollierbar – und die Verhandlungen der Staatengemeinschaft zur Regulierung der Weltwirtschaft quälen sich im Schneckentempo vorwärts.

Die Idee liegt nahe, dass ein anderes gesellschaftliches Teilsystem der Politik und Wirtschaft zur Hilfe kommt: das Rechtssystem. Dessen Bemühungen haben ihren Kern im Menschenrecht auf Nahrung. Es ist das erklärte Ziel, das Recht auf Nahrung zu einem justiziablen, einklagbaren Recht zu machen. Schlüssel zu diesem Ziel ist das individuelle Klagerecht, das im Blick auf die Menschenrechte grundsätzlich jedem Menschen zusteht (Marco Borghi/Letizia Postiglione Blommestein [Hg.] 2006: 17–18). Langfristig wäre also anzustreben, dass jeder Mensch der Erde sein Recht auf Nahrung vor einem klar zuständigen Gericht einfordern kann (George Kent 2005: 80–97).

Dieses Recht ist eine Strategie, über die Mikroebene des Einzelmenschen zur Ernährungssicherheit zu gelangen. Es greift nicht wie landwirtschaftliche Strategien direkt und generalstabsmäßig auf der Makroebene der globalen Lebensmittelproduktion an, sondern indirekt auf der Mikroebene des einzelnen unterernährten Menschen. Ausgangspunkt ist die Allgemeine Erklärung der Menschenrechte durch die Vereinten Nationen von 1948. Dort heißt es in Artikel 25 (1): »Jeder hat das Recht auf einen Lebensstandard, der seine und seiner Familie Gesundheit und Wohl gewährleistet, einschließlich Nahrung, Kleidung, Wohnung, ärztliche Versorgung und notwendige soziale Leistungen, sowie das Recht auf Sicherheit im Falle von Arbeitslosigkeit, Krankheit, Invalidität oder Verwitwung, im Alter sowie bei anderweitigem Verlust seiner Unterhaltsmittel durch unverschuldete Umstände.«

Nun ist 1948 noch völlig unklar, wie die einzelnen Menschenrechte der UN-Charta auf staatlicher oder überstaatlicher Ebene eingefordert werden können. Diese Unklarheit versucht man 1966 zu beseitigen, indem die UN-Charta der Menschenrechte in zwei bindende Dokumente gegossen wird: Den »International Covenant on Civil and Political Rights« (ICCPR) und den »International Covenant on Economic, Social and Cultural Rights« (ICESCR) (vgl. Sally-Ann Way 2006: 45–56). In diesem zweiten heißt es in Artikel 11 § 1:

»(1) Die Vertragsstaaten erkennen das Recht eines jeden auf einen angemessenen Lebensstandard für sich und seine Familie an, einschließlich ausreichender Ernährung, Bekleidung und Unterbringung, sowie auf eine stetige Verbesserung der Lebensbedingungen. Die Vertragsstaaten unternehmen geeignete Schritte, um die Verwirklichung dieses Rechts zu gewährleisten, und erkennen zu diesem Zweck die entscheidende Bedeutung einer internationalen, auf freier Zustimmung beruhenden Zusammenarbeit an.

(2) In Anerkennung des grundlegenden Rechts eines jeden, vor Hunger geschützt zu sein, werden die Vertragsstaaten einzeln und im Wege internationaler Zusammenarbeit die erforderlichen Maßnahmen, einschließlich besonderer Programme, durchführen

a) zur Verbesserung der Methoden der Erzeugung, Haltbarmachung und Verteilung von Nahrungsmitteln durch volle Nutzung der technischen und wissenschaftlichen Erkenntnisse, durch Verbreitung der ernährungswissenschaftlichen Grundsätze sowie durch die Entwicklung oder Reform landwirtschaftlicher Systeme mit dem Ziel einer möglichst wirksamen Erschließung und Nutzung der natürlichen Hilfsquellen;

b) zur Sicherung einer dem Bedarf entsprechenden gerechten Verteilung der Nahrungsmittelvorräte der Welt unter Berücksichtigung der Probleme der Nahrungsmittel einführenden und ausführenden Länder.«

Mit dieser Entfaltung des Menschenrechts auf Nahrung ist ein deutlicher Schritt nach vorne gemacht. Denn es wird klar formuliert, worin die Verantwortung staatlicher Instanzen zur Ernährung der Bevölkerung liegt. Jedoch bleibt ein erhebliches Problem offen: Im ersten Pakt über bürgerliche und politische Rechte ist die Einklagbarkeit der garantierten Rechte ausdrücklich festgeschrieben, im zweiten Pakt über wirtschaftliche, soziale und kulturelle Rechte nicht. Das führte dazu, dass viele JuristInnen den zweiten Pakt als »weiches Recht« bezeichneten und ihm damit in gewisser Weise die juristische Dignität absprachen. Denn »hartes Recht« muss einklagbares Recht sein – das ist der Schlüssel aller juristischen Ansprüche.

Doch mit der Formulierung der beiden Pakte 1966 ist kein Schluss der Debatte gesetzt worden. Vielmehr sind die Pakte ein Meilenstein, der in den Vereinten Nationen weitere Prozesse auslöst. Zu diesem Zweck wird unter anderem ein Komitee über wirtschaftliche, soziale und bürgerliche Rechte eingesetzt, das in seiner 12. Sitzung am 12.5.1999 den »General Comment 12« der Vereinten Nationen über den normativen Gehalt des Artikels 11 ICESCR beschließt. Darin heißt es in Nr. 6: »The right to adequate food is realized when every man, woman and child, alone or in community with others, have physical and economic access at all times to adequate food or means for its procurement. The right to adequate food shall therefore not be interpreted in a narrow or restrictive sense which equates it with a minimum package of calories, proteins and other specific nutrients. The right to adequate food will have to be realized progressively. However, States have a core obligation to take the necessary action to mitigate and alleviate hunger as provided for in paragraph 2 of article 11, even in times of natural or other disasters.« Hier wird einerseits das Recht auf Nahrung weit gefasst, nämlich als Recht auf ständigen physischen und ökonomischen Zugang zu umfassender Ernährung, und andererseits dem Staat eine »Kernverpflichtung« auferlegt, den Hunger zu mindern und zu beseitigen. In Nr. 4 desselben General Comment 12 wird diese Verpflichtung direkt aus der Menschenwürde hergeleitet: Hunger ist menschenunwürdig. Nr. 7 klärt die Fragen nach der »Angemessenheit«, Sicherheit und Nachhaltigkeit einer menschenwürdigen Ernährung. Nr. 15 bringt schließlich drei Prinzipien ins Spiel, die seitdem den Diskurs um das Menschenrecht auf Nahrung bestimmen: respect – protect – fulfil (= facilitate and provide).

Auch der General Comment kann, insofern er den bestehenden Pakt interpretiert und keinen neuen entwickelt, die Frage der Einklagbarkeit nicht wesentlich voranbringen. In der jüngeren Zeit wird allerdings in den Rechtswissenschaften die These vertreten, dass auf Grundlage des Pakts zumindest auf die Unterlassung bestimmter staatlicher Handlungen geklagt werden kann, zum Beispiel die willkürliche staatliche Wegnahme von Land oder Erträgen oder den Missbrauch von Lebensmittelhilfen zu Wahlkampfzwecken (Sally-Ann Way 2006: 49). Zudem gibt es einen breiten Konsens, dass alle Menschenrechte Verpflichtungen auf den erwähnten drei Ebenen bedeuten: respektieren – schützen – erfüllen (= erleichtern und bereitstellen): »Respektieren« meint eine negative Verpflichtung, nicht in die Sphäre des Anderen einzugreifen, wie das bei einer staatlichen Enteignung armer KleinbäuerInnen der Fall ist. »Schützen« umfasst negative und positive Verpflichtungen, letztere etwa gegen die Eigenmächtigkeiten von GroßgrundbesitzerInnen oder multinationalen Konzernen. »Erfüllen« in der doppelten Weise des »Erleichterns« und »Bereitstellens« ist eine rein positive Pflicht (Sally-Ann Way 2006: 50).

Auf der Grundlage des so entfalteten Menschenrechts auf Nahrung lässt sich nun eine klarere Zuschreibung von Verantwortlichkeiten vornehmen (George Kent 2005: 98–125): Die Verantwortlichkeit jedes Staats ist es, die Ressourcen und Fähigkeiten der Menschen zu achten, sich ihren Lebensunterhalt eigenständig zu verdienen (respect); die Menschen vor ökonomischer Übermacht, Betrug, gefährlichen Produkten und anderem mehr zu schützen (protect); ein sozioökonomisches Umfeld zu schaffen, das Eigenversorgung ermöglicht (facilitate); ein minimales Sicherheitsnetz für jene bereitzuhalten, bei denen die ersten drei Maßnahmenbündel nicht greifen (provide). Dabei liegt das Subsidiaritätsprinzip darin, die Reihenfolge der Maßnahmen einzuhalten: Maßnahmen der nachgeordneten Ebenen dienen der Verwirklichung der vorgeordneten Ebenen und sollen nur zum Zuge kommen, wenn diese gefährdet sind. – Die Verantwortlichkeit von nichtstaatlichen Organisationen ist es, dass sie im Sinne einer moralischen Pflicht (dem Staat wie den Unterernährten gegenüber) subsidiär helfen dürfen und sollen, aber keiner juristischen Verpflichtung aus dem Menschenrecht auf Nahrung unterliegen. Parallel zum tatkräftigen Helfen sollen sie die staatliche Erfüllung des Menschenrechts auf Nahrung einfordern. Unverantwortlich ist angesichts des in die Strategie eingebauten Subsidiaritätsprinzips jede staatliche oder nichtstaatliche »disempowering assistance«, Hilfe, die die primären VerantwortungsträgerInnen unselbständig und unmündig macht.

Gegen eine schrittweise Stärkung des Menschenrechts auf Nahrung werden nicht nur praktische, sondern auch prinzipielle Gegenargumente gebracht. Die zwei am häufigsten genannten verdienen es, kurz bedacht zu werden (Christophe Golay 2006: 122–123):

1) Aufgrund seiner »Natur« sei das Recht auf Nahrung schwer justiziabel, da es Gelder erfordere, die nur die Politik beschließen könne.
2) Das Recht auf Nahrung sei zu wenig konkret – seine Judizierung würde daher eine Grenzüberschreitung der Justiz ins Feld der Politik bedeuten.

Gegen das erste Argument spricht, dass die Notwendigkeit der Budgetierung nicht prinzipiell die Justiziabilität verhindert. Denn bei einigen bürgerlichen und politischen Rechten haben die Höchstgerichte wie der Europäische Gerichtshof für Menschenrechte längst anerkannt, dass auch kostenintensive staatliche Maßnahmen juristisch erzwungen werden können, wenn die betreffenden Rechte anders nicht umgesetzt werden können. Zudem brauchen nicht alle Maßnahmen auf diesem Feld Gelder. Man denke zum Beispiel an die Beseitigung von Diskriminierung im Kontext des Rechts auf Nahrung oder die Respektierung von Wasser und Boden der Menschen durch den Staat. Schließlich können Gerichte das Budgetrecht von Regierungen durchaus achten und trotzdem substanzielle Maßnahmen erzwingen, zum Beispiel die Effektivität von Maßnahmen der Art, dass den am meisten Betroffenen vorrangig geholfen wird. In Indien, Argentinien, Südafrika unter anderem gab es derartige Gerichtsurteile, die sich auf das Menschenrecht auf Nahrung beriefen.

Am zweiten Argument stimmt, dass das Recht auf Nahrung im ICESCR zu wenig konkret entfaltet ist. Aber das verhindert nicht seine Justiziabilität, weil die ersten beiden Ebenen des Respektierens und Schützens relativ klar sind und nur die dritte Ebene des Erfüllens komplexere Überlegungen erfordert. Prinzipiell wäre das Menschenrecht aber nichts wert, wenn es nicht auch im Bereich des Erfüllens langfristig zu Gerichtsurteilen käme (Christophe Golay 2006: 117–149).

In den vergangenen Jahren hat das Menschenrecht auf Nahrung zunehmend mehr AnhängerInnen gefunden, die ihm einen substanziellen Beitrag zur Lösung des Welternährungsproblems zutrauen. Die Nichtregierungsorganisation FIAN (Food First Information and Action Network) engagiert sich bereits seit 1986 in diesem Sinne und gehört zum Urgestein der auf Ernährung konzentrierten Menschenrechtsszene. Aber auch im kirchlichen Bereich findet das Menschenrecht auf Nahrung stetig größere Akzeptanz, etwa in der jüngsten Positionierung einer Arbeitsgruppe der deutschen Bischofskonferenz (Wissenschaftliche Arbeitsgruppe für weltkirchliche Aufgaben der Deutschen Bischofskonferenz 2012: 39–48).

Dennoch muss man einräumen, dass das Recht nicht alle Probleme lösen kann. Mit guten Gründen wird auf Grenzen des Menschenrechtsdiskurses hingewiesen (Kerstin Mechlem 2004: 47–69; Jacqueline Mowbray 2007: 557–566). Das Menschenrechtsdenken ist auf Staaten als Akteure und Individuen als NutznießerInnen zentriert und reduziert die Idee der Gerechtigkeit methodisch bewusst auf das Recht. Diese Strategie steht jedoch der Problembeschreibung entgegen, die den Welthunger vor allem als ein politisch-ökonomisches Problem begreift. Negativ könnte man mit Jacqueline Mowbray eine Inkompatibilität feststellen: Der menschenrechtliche Ansatz verdunkelt die Wirkung der nichtstaatlichen Akteure, also der globalen Konzerne, und nimmt Wirtschaftsstrukturen als naturgegeben hin. Er fokussiert auf rechtliche und technische statt auf wirtschaftliche Maßnahmen. So macht Mowbray der Nichtregierungsorganisation FIAN zum Vorwurf, in deren Jahresberichten komme das Weltwirtschaftssystem kaum in den Blick, im Fokus stünden allein staatliche Verletzungen des Menschenrechts auf Nahrung. Kerstin Mechlem hingegen betont eher die Komplementarität: Die beiden Ansätze – der menschenrechtliche und der politisch-ökonomische – ergänzten einander, könnten sich aber nicht ersetzen.

Ich schließe mich der Komplementaritätsthese von Mechlem an und halte die Inkompatibilitätsthese von Mowbray für überzogen. Natürlich kann das Recht nicht alle Probleme der Welt lösen. Im Kontext einer postmodernen Ausdifferenzierung der Gesellschaft in viele autonome Teilsysteme ist von keinem System allein die Lösung aller Probleme zu erwarten. Aber gerade deswegen scheint mir ein Ansatz besonders hilfreich, in dem sich unterschiedliche Bemühungen in verschiedenen Teilsystemen zu einer synergetischen Bewegung bündeln. Strukturelle Veränderungen im Weltwirtschaftssystem kommen nicht von allein zustande. Sie brauchen den Druck von außen, aus anderen Systemen. Es dürfte in der Menschheitsgeschichte kaum substanzielle gesellschaftliche Veränderungen gegeben haben, die allein durch Einsicht von innen ausgelöst wurden. Vielmehr gehört es zu den Urerfahrungen, dass einschneidende Reformen nur durch anhaltenden Druck von außen zustande kommen. Das gilt auch für das Weltwirtschaftssystem. Ein möglicher Druckerzeuger von außen ist aber das Rechtssystem. Immer öfter tritt es in den letzten Jahren an die Stelle der Politik, die niemandem wehtun will und auf windelweiche Kompromisse setzt. Man mag das gut oder schlecht finden, doch es ist ein Faktum: Das Recht wird zunehmend ein politisch relevanter Akteur.

6.3
»Jeder sitzt unter seinem Weinstock« (Mi 4, 4)
Ernährungssouveränität (Ansehen)

»Jeder sitzt unter seinem Weinstock« (Mi 4, 4). Diese Vision ist fester Bestandteil dessen, was sich der Prophet Micha am Ende der Tage erwartet. Für ihn ist das Ziel allen menschlichen Bemühens und zugleich die ultimative Gabe Gottes nicht nur, dass alle satt werden, sondern dass sich alle selbstständig und selbstbestimmt ernähren können.

Nahrungsmangel ist nie ausschließlich in der Kategorie von Kaloriendefiziten erklärbar (Eva Barlösius 1999: 12–13). Die Kategorien des »Vorhanden-Seins« müssen mit solchen des »Verfügen-Könnens« verbunden werden (Eva Barlösius 1999: 13). »Für die meisten Hungersnöte galt, dass sie seltener durch eine insgesamt zu geringe Versorgung mit Nahrung ausgelöst wurden als vielmehr dadurch, dass die vorhandenen, oft für die gesamte Bevölkerung ausreichenden Lebensmittel sozial ungleich verteilt wurden.« (Eva Barlösius 1999: 13) Dies schließt die Produktionsmethoden einer erzwungenen Landbewirtschaftung ein, die allein oder primär auf die Bedürfnisse der Reichen ausgerichtet ist.

»Ernährungssouveränität ist das Recht von Gemeinschaften, Völkern und Ländern, ihre eigenen Landwirtschafts-, Arbeits-, Fischerei-, Ernährungs- und Landpolitiken zu bestimmen, welche ökologisch, sozial, wirtschaftlich und kulturell ihren einzigartigen Bedingungen angemessen sind. Sie schließt das wirkliche Recht auf Nahrung – und Nahrung zu produzieren – mit ein. Das bedeutet, dass alle Menschen das Recht haben auf sichere, nahrhafte und kulturell angemessene Nahrung, auf die Ressourcen zur Nahrungsmittelproduktion und auf die Fähigkeit, sich selbst und ihre Gesellschaften zu versorgen.« (Michael Windfuhr/Jennie Jonson 2005: 12).

Den Begriff als solchen prägte die 1992 gegründete internationale KleinbäuerInnen- und LandarbeiterInnenorganisation »La Vía Campesina« im Jahr 1996 und eroberte damit den im selben Jahr stattfindenden World Food Summit in Rom. Mit dem Konzept der Ernährungssouveränität sollte global gesehen ein Prozess in Gang kommen, der den damaligen Liberalisierungstendenzen der Welthandelsorganisation WTO eine Alternative entgegenhält und die Veränderung bestehender Herrschaftsverhältnisse weltweit anstrebt. Lokal betrachtet sollte Ernährungssouveränität zum Konzept werden, das der ländlichen Bevölkerung eine neue Identität gibt, die nicht mit Rückständigkeit in Verbindung gebracht wird, wie es im englischen Wort »peasant«, das pejorativ auch »Armer« oder »Prolet« meinen kann, und im deutschen Wort »Bauer« mitschwingt, sondern ein selbstbewusstes Verbundensein mit dem eigenen (Acker-) Land zum Ausdruck bringt (Marc Edelman 2003: 187).

Diese doppelte Lesart des Souveränitätsbegriffs durch La Vía Campesina scheint mir essenziell. Auf der Makroebene des Welthandels steht das Konzept in Analogie zur neuzeitlichen Idee der Souveränität von Staaten. Ernährungssouveränität schließt folglich das staatliche Recht ein, wo nötig Hürden gegen den Weltmarkt zu errichten (Jacqueline Mowbray 2007: 566–568). Das gilt für Zölle auf Lebensmittelimporte, Importverbote für gentechnisch veränderte Organismen, den Schutz uralten Wissens der indigenen Bevölkerung oder Restriktionen beim Verkauf oder Verpachten von Ackerland an multinationale Konzerne. Hier sind funktionalistische Systemregulierungen notwendig.

Auf der Mikroebene der Landbevölkerung geht es dem Konzept der Ernährungssouveränität um ein neues Selbstbewusstsein. In den letzten beiden Jahrhunderten ist das Ansehen von LandwirtInnen stetig geringer geworden. Der gesellschaftliche Status ist aus großer Höhe immer tiefer herabgesunken. Dabei stellen LandwirtInnen ihren Mitmenschen das Überlebensnotwendige zur Verfügung und verdienen von daher höchste Anerkennung. Parallel zum funktionalistisch-systemverändernden Ansatz kommt hier die symbol- und kommunikationstheoretische Ebene ins Spiel: Die AkteurInnen auf dem Acker brauchen ein neues Ansehen, um ihre Verantwortung autonom und selbstreflektiert wahrnehmen zu können. Funktionalismus und Strukturalismus greifen ineinander wie zwei Zahnräder.

Drei Kernbereiche prägen die Diskussion: Land, Geld und geistiges Eigentum. Die Verfügungsmacht über diese drei Güter ist unverzichtbar, wenn Ernährungssouveränität erreicht werden soll. Exemplarisch soll hier der erste behandelt werden. Die anderen beiden sind ebenso höchst wichtig, aber moraltheologisch betrachtet analog zu diskutieren.

Lange Zeit ging es beim Zugang zu Ackerland vor allem um das Problem der sogenannten »Landlosen« (portugiesisch »os sem terra«/spanisch »los sin tierra«), genauer der landlosen LandarbeiterInnen (portugiesisch »trabalhadores rurais sem terra«, spanisch »trabajadores rurales sin tierra«). Wie schon an den beiden Originalsprachen sichtbar wird, ist der Begriff vor allem für die LandarbeiterInnen in Südamerika geläufig, wo ein Großteil des Landes in den Händen von GroßgrundbesitzerInnen ist. Das damit beschriebene Problem gibt es aber auch in Indien und Südostasien sowie in manchen Ländern Afrikas. Landlose können erstens Menschen sein, die als LandpächterInnen ein Stück Land pachten, meist gegen eine nicht geringe Naturalpacht. Das ist der günstigste Fall, denn er gibt wenigstens ein Minimum an Rechtssicherheit. Landlose können aber zweitens Menschen sein, die – schon weit prekärer – aus Mangel an Alternativen als abhängige landwirtschaftliche LohnarbeiterInnen, meist im Tagelohn, das heißt ohne feste Anstellung, für eineN GroßgrundbesitzerIn arbeiten. Schließlich gibt es drittens Landlose, die »herrenloses« Land bebauen, zum Beispiel die dem Staat gehörenden Seitenstreifen der lateinamerikanischen Nationalstraßen, mit dem Risiko, von heute auf morgen vertrieben zu werden und alle Investitionen in das Land zu verlieren.

In den letzten Jahrzehnten sind – von der katholischen Kirche unterstützt – zahlreiche Landlosen-Bewegungen entstanden, die auf die Durchführung von Bodenreformen drängen. Diese Forderung vertreten sie durch ihre Wählerstimmen, durch Demonstrationen (die oft mit religiösen Prozessionen oder Wallfahrten verknüpft sind) und durch illegale Landbesetzungen. Die zahlenmäßig größte Gruppe der Landlosen ist jene in Brasilien, wo noch immer 4,6 Millionen bäuerliche Familien ohne Landbesitz sind, während 50 Prozent der Agrarfläche nur 26.000 GroßgrundbesitzerInnen gehören. Die etwa 350.000 brasilianischen Familien, die in den letzten Jahrzehnten ein Stück Land bekommen haben, sind da nur ein Tropfen auf den heißen Stein.

Seit der starken Zunahme der staatlichen Förderung von Agrotreibstoffen in den Industrieländern, der Finanzkrise und der dramatischen Steigerung der Lebensmittelpreise etwa ab dem Jahr 2007 ist das sogenannte *Land Grabbing*, das Aufkaufen riesiger Landflächen der armen Länder, ein zunehmendes Problem für Afrika, Südostasien und Lateinamerika geworden (UNCTAD 2013: 235). Investoren sind Länder wie China, aber auch Konzerne wie Shell, oft unterstützt durch internationale Großbanken wie Goldman Sachs und JP Morgan (UNCTAD 2013: 239). Die erschreckendste Folge sind massenhafte Landvertreibungen, weil die indigene Bevölkerung für ihr durch Jahrhunderte ererbtes Land keinen Grundbucheintrag hat und daher aus der Sicht moderner Rechtsstaaten nicht Besitzer dieses Landes ist (UNCTAD 2013: 239).

Allen Beteuerungen und Versprechungen zum Trotz schafft Land Grabbing vor Ort weder Wirtschaftswachstum noch Arbeitsplätze noch höhere Ernährungssicherheit (UNCTAD 2013: 239–241). Letztlich erscheint das alte koloniale Ausbeutungssystem in neuem Gewand (UNCTAD 2013: 234).

Die Bibel sieht das Problem des Landzugangs sowohl funktionalistisch-systemtheoretisch als auch strukturalistisch-symboltheoretisch (vgl. zum Folgenden Frank Crüsemann 1992: 256–259, 268). Für den funktionalistischen Zugang steht die priesterschriftliche Regelung des Jubeljahres in Lev 25,8–31. Jedes fünfzigste Jahr soll ein Jubeljahr sein, das die kostenfreie Rückerstattung allen verkauften Besitzes bedeutet, vor allem aber allen verkauften Grundbesitzes. Verkauft jemand einen Acker, so richtet sich der Preis nach der Anzahl der Jahre, die bis zum nächsten Jubeljahr noch ausstehen, und nach dem für diese Zeit geschätzten Ertrag des Ackers (Lev 25,15–16). Der Verkäufer behält bis zum Jubeljahr ein Rückkaufsrecht, und wenn er es einlöst, zahlt er wiederum entsprechend den bis zum Jubeljahr noch zu erwartenden Erträgen des Ackers (Lev 25,24–27). Aufs Ganze gesehen behält jeder freie Mann in Israel damit auf Dauer all seinen ererbten Grundbesitz – er kann ihn gar nicht endgültig veräußern. Denn, so argumentiert der Text, Gott spricht: »Das Land darf nicht endgültig verkauft werden; denn das Land gehört mir und ihr seid nur Fremde und Halbbürger bei mir.« (Lev 25,23) Mit der Idee der Leihgabe des Landes durch Gott wird eine höchst soziale Regelung festgeschrieben: Nie darf die Verschuldung eines Menschen so weit gehen, dass er seine Existenzgrundlage nicht spätestens nach 50 Jahren wiedererhält. Egal ob diese Regelung je praktiziert wurde oder ob sie eher visionär und idealtypisch gemeint war: Sie fordert eine Gestaltung des Wirtschaftssystem derart, dass jeder Mensch prinzipiell genügend Ressourcen hat, um sich selbst und seine Familie zu ernähren. Das ist Ernährungssouveränität pur.

Strukturalistisch-symboltheoretisch betrachtet gibt es in der Bibel kein anderes Buch, das den Landbesitz so stark mit der Vorstellung von Freiheit und Wohlergehen verknüpft wie das Buch Deuteronomium. »Land« ist dort ein Symbol für Freiheit und Wohlstand. Zunächst wird den Zuhörenden immer wieder eingeschärft, Israel sei »das Land, von dem ihr wisst: Der Herr hat euren Vätern geschworen, es ihnen und ihren Nachkommen zu geben.« (Dtn 11,9 – insgesamt 18 gleichlautende Stellen) Dieses Versprechen wird Gott wahrmachen: »Ihr werdet in das Land, das der Herr, der Gott eurer Väter, euch gibt, hineinziehen und es in Besitz nehmen.« (Dtn 4,1 – insgesamt 54 gleichlautende Stellen) Der Besitz des Landes ist ein Erbbesitz für alle Generationen, denn es ist das »Land, das der Herr, dein Gott, dir als Erbbesitz gibt.« (Dtn 4,21 – insgesamt 14 gleichlautende Stellen)

Dabei geht es nicht um irgendein Land, sondern ein »prächtiges Land« (Dtn 1,35; 3,25; 6,18; 9,6), das vor guten Früchten überfließt, »ein Land mit Bächen, Quellen und Grundwasser, das im Tal und am Berg hervorquillt, ein Land mit Weizen und Gerste, mit Weinstock, Feigenbaum und Granatbaum, ein Land mit Ölbaum und Honig, ein Land, in dem du nicht armselig dein Brot essen musst, in dem es dir an nichts fehlt.« (Dtn 8,7–9; vgl. 33,28) Kurzum, ein »Land, in dem Milch und Honig fließen« (Dtn 6,3; 26,9.15; 27,3; 31,2).

Israel weiß um die Kostbarkeit dieser Gabe, weil es Zeiten der Landlosigkeit erlebt hat. Deswegen ist der Erntedank immer auch ein Dank für das Land, von dem der Ertrag stammt: »Wenn du in das Land, das der Herr, dein Gott, dir als Erbbesitz gibt, hineinziehst, es in Besitz nimmst und darin wohnst, dann sollst du von den ersten Erträgen aller Feldfrüchte, die du in dem Land, das der Herr, dein Gott, dir gibt, eingebracht hast, etwas nehmen und in einen Korb legen. Dann sollst du zu der Stätte ziehen, die der Herr, dein Gott, auswählt, indem er dort seinen Namen wohnen lässt. Du sollst vor den Priester treten, der dann amtiert, und sollst zu ihm sagen: Heute bestätige ich vor dem Herrn, deinem Gott, dass ich in das Land gekommen bin, von dem ich weiß: Er hat unseren Vätern geschworen, es uns zu geben.« (Dtn 26,1–3)

Mit diesen Texten des Buchs Deuteronomium wird deutlich, dass Landbesitz auch eine Sache der Symbolik ist. Traditionell wurde das in vormodernen Gesellschaften sehr deutlich wahrgenommen – die landbesitzenden Bauern galten mehr als die landlosen Handwerker, die sich erst nach und nach durch Ausbildung der Zünfte ein eigenes Image aufbauen mussten. Land ist objektiv betrachtet handfeste Macht. Es ist aber subjektiv betrachtet auch ein Hauptfaktor zur Mehrung von Ansehen. Konstruktivistisch gesehen sind objektive Macht und subjektives Image ohnehin nicht zu trennen. Der Einsatz für die gerechte Verteilung des Ackerlands ist folglich keine rein systemisch zu lösende Frage, sondern wird parallel immer auch symbolische Codes in Dienst nehmen müssen.

Analog zur Frage des *Zugangs zu Land* könnte man die Frage des Zugangs zu Geld anpacken. Es ist evident, dass eine Hauptursache des Hungers der Mangel der Hungernden an Kaufkraft ist (Stefan Tangermann 2012: 97). In Japan hungert niemand, obgleich 60 Prozent der Lebensmittel importiert werden müssen. In Nigeria hungern Millionen Menschen, obwohl pro Kopf genügend Lebensmittel vorhanden wären. Hunger ist ein ökonomisches und soziales Problem. Schließlich liegt auch die Frage des Schutzes geistigen Eigentums der indigenen Bevölkerung in dieser Linie. Es geht um ihre Autonomie, ihre Souveränität im Umgang mit ihrem Wissen.

»Jeder sitzt unter seinem Weinstock« (Mi 4,4). Die biblische Vision sieht keine AlmosenempfängerInnen, sondern autonome, selbstbewusste Menschen, die ihre Lebensgrundlagen selbst erwirtschaften können. Das Konzept der Ernährungssouveränität greift diesen Gedanken in modernem Gewand auf – und mit ihm eine der vier Kategorien symbolischer Codes.

6.4
»Wer das Korn geerntet hat, soll es auch essen« (Jes 62,9)
Fairer Handel (Zugehörigkeit)

»Wer das Korn geerntet hat, soll es auch essen« (Jes 62,9). Was eigentlich eine Selbstverständlichkeit scheint, ist es offensichtlich nicht. Sonst müsste der Prophet Jesaja, genauer Tritojesaja, also der dritte Autor, der unter dem Pseudonym »Jesaja« schreibt und zeitlich nach dem babylonischen Exil gegen Ende des 6. Jahrhundert v. Chr. zu datieren ist, diese Verheißung gar nicht erwähnen. Liest man den Kontext, wird klar, dass der Satz sich gegen die Babylonier richtet, die die Israeliten arbeiten ließen, selbst aber aßen und tranken:

> »Der Herr hat geschworen bei seiner rechten Hand
> und bei seinem starken Arm:
> Nie mehr gebe ich dein Korn
> deinen Feinden zu essen.
> Nie mehr trinken Fremde deinen Wein,
> für den du so hart gearbeitet hast.

Nein, wer das Korn geerntet hat, soll es auch essen
und den Herrn dafür preisen.
Wer den Wein geerntet hat, soll ihn auch trinken
in den Vorhöfen meines Heiligtums.«

(Jes 62,8–9)

Was Tritojesaja kritisiert, ist also nicht die individuelle Ausbeutung eines Landwirts durch eine andere Einzelperson, sondern die systemische Ausbeutung eines ganzen Volkes durch ein anderes. Diese systemische Ausbeutung dürfte heute noch viel systematischer ablaufen als vor 2.500 Jahren, auf jeden Fall aber global umfassender. Insofern werden die ersten drei Unterabschnitte, in denen wir uns der Frage eines gerechten Weltwirtschaftssystems zuwenden, stark funktionalistisch analysiert werden. Der letzte Unterabschnitt zeigt aber, dass die strukturalistisch-symboltheoretische Betrachtung notwendig hinzukommen muss, wenn eine Reform des Weltwirtschaftssystems Erfolg haben soll.

6.4.1
Makroebene I:
Die globale Marktordnung der WTO

Ein fairer Weltagrarhandel erfordert Gerechtigkeit auf fünf Ebenen (Awudu Abdulai / Silke Schmitz 2008: 12): Auf der unmittelbaren Ebene der Tauschgerechtigkeit der Güter, der mittelbaren Ebene der Verfahrensgerechtigkeit der Ordnungsstrukturen, der Bedarfsgerechtigkeit im Blick auf einzelne Länder, der Chancengerechtigkeit im wirtschaftlichen Wettbewerb und der Generationengerechtigkeit im Blick auf Ökologie, Ökonomie, Soziales. Es ist evident, dass der Verfahrensgerechtigkeit der Ordnungsstrukturen unter diesen fünf die Schlüsselrolle zukommt: Ist eine Institution etabliert, die die internationalen Märkte durch gerechte Entscheidungsverfahren steuert und ordnet, wird eine umfassend gerechte Weltwirtschaft nur noch eine Frage der Zeit sein. Ohne eine solche Instanz hingegen bleiben die Global Players stets in Detailfragen gefangen. Letztlich wird dann immer der Stärkere gewinnen.

Für starke politische Instanzen spricht auch die Tatsache, dass das Handeln von staatlichen Institutionen im Verbund mit Nichtregierungsorganisationen in den letzten Jahrzehnten weniger Hindernis und mehr Garant für eine effektive Hungerbekämpfung war, sowohl wenn es um akuten (famine) als auch wenn es um dauerhaften, schleichenden Lebensmittelmangel (undernutrition) ging (Jean Drèze / Amartya Sen 1998: 9–17).

Der Fairness halber sei aber auch die Argumentation derjenigen präsentiert, die einen extrem liberalistischen Standpunkt vertreten und dem möglichst freien und ungehinderten Welthandel die größten Chancen einräumen, den Welthunger zu besiegen. Einer von ihnen ist der »Chicago-Boy« D. Gale Johnson (1978: 265–282). Liberal meint für ihn »a firm belief in the worth of the individual; confidence in the ability of individuals to think and act rationally in terms of their own interests; and the view that individual freedom and choice should be cherished and nourished.« (D. Gale Johnson 1978: 266) Wirtschaftsliberale sind fest davon überzeugt, dass jeder Mensch sich am besten selbst helfen kann. Für sie geht es daher vor allem um drei Maßnahmen:

1) *Handelsbarrieren reduzieren* (D. Gale Johnson 1978: 267–273): Die Entwicklungsländer sind Nettoexporteure von Agrarprodukten. Die Liberalisierung durch den Abbau von Zollschranken und die Abschaffung des Protektionismus der Industrieländer für ihre eigene Landwirtschaft würde ihnen bessere und stabilere Preise ermöglichen (D. Gale Johnson 1978: 267). Womöglich wäre ein staatlich gelenktes Pufferprogramm hilfreich, das extreme Preisausschläge abfedert (D. Gale Johnson 1978: 269). Nachfrage und Angebot dürften aber nicht künstlich verändert werden, nur um Profit zu machen.

2) *Die Lebensmittelproduktion in den Entwicklungsländern steigern* (D. Gale Johnson 1978: 273–276): Permanente Lebensmittelimporte in die Entwicklungsländer sind aus Sicht des Liberalismus keine Lösung. Um zu deren Selbstversorgung zu gelangen, müssten die Zollschranken der Entwicklungsländer gleichwohl beseitigt werden. Ihre LandwirtInnen sollten auf dem Weltmarkt anbieten, damit sie Nachfrage- und Preisschwankungen im Inland ausgleichen können.

3) *Ernährungssicherheit verbessern* (D. Gale Johnson 1978: 276–282): Um die Ernährungssicherheit in den armen Ländern zu erhöhen, macht Johnson einen unkonventionellen Vorschlag: die Etablierung eines »Grain insurance program«. Mit diesem Programm versprächen die USA allen interessierten Entwicklungsländern, ihnen den unerwarteten Ausfall eigener Getreidemengen über einem bestimmten Mindestprozentsatz (Vorschlag: sechs Prozent) zu liefern. Der Mindestprozentsatz muss so hoch sein, dass die Entwicklungsländer eine eigene Reserve anlegen und um ausreichende Eigenproduktion bemüht sind. Er muss so niedrig sein, dass sie im wirklichen Katastrophenfall effektiv Hilfe erfahren.

Man sieht leicht, dass Johnson bis auf den Getreideversicherungsfonds keine Regulierungen der globalen Märkte vorsieht. Das Credo der freien Marktwirtschaft, die ihre Kräfte entfaltet und die anstehenden Herausforderungen ungefesselt am besten meistert, ist deutlich erkennbar. In der einen oder anderen Weise sind die Ideen der Chicago-Boys und anderer liberaler ÖkonomInnen in den 1980er- und 1990er-Jahren

6.4 Fairer Handel (Zugehörigkeit)

durch die Weltbank und die auf dem Weltmarkt dominierenden Länder wie die USA um- und durchgesetzt worden. Die ärmeren Länder, die internationale Unterstützung erfahren wollten, wurden mehr oder weniger sanft gezwungen, sich einem harten Liberalisierungskurs zu unterziehen.

Die Folgen dieser Maßnahmen beschreibt die UNCTAD am Beispiel Ghanas sehr eindrucksvoll (UNCTAD 2013: 255): Zwischen 1980 und 2000 unterwarf sich Ghana einer fast vollständigen Liberalisierung seines Agrarmarkts. Das betraf unter anderem die Abschaffung der Subventionen für den Kauf von Düngemitteln, die Aufhebung des garantierten Mindestpreises für Reis, die Abschaffung der für die Landwirtschaft angebotenen vergünstigten Kredite, das Ende der staatlichen Saatgutverkäufe und die Reduzierung der Zölle auf Lebensmittelimporte auf 20 Prozent. – Die Ergebnisse sprechen für sich: Die eigene Reisernte fällt von 56.000 Tonnen pro Jahr zwischen 1978 und 1980 auf 27.000 Tonnen im Jahr 1983. 2003 exportieren die USA 111.000 Tonnen Reis nach Ghana, der bei ihnen hoch subventioniert worden ist. Die Tomatenproduktion Ghanas stagniert seit 1995, der Import steigt hingegen von 3.200 Tonnen 1995 auf 24.000 Tonnen im Jahr 2002, er ist von der EU hoch subventioniert. Die Geflügelproduktion Ghanas erreicht ihren Höhepunkt Ende der 1980er-Jahre und fällt seitdem beständig, von 95 Prozent des heimatlichen Marktangebots im Jahr 1992 auf nur noch elf Prozent im Jahr 2001. Auch hier sind die subventionierten europäischen Hähnchen weit billiger als die nichtsubventionierten ghanaischen.

Kernproblem sind also die Zölle auf Lebensmittelimporte, die in den Industrieländern teils noch immer weit über 100 Prozent liegen, in Entwicklungsländern auf Druck von Weltbank oder IWF aber drastisch gesenkt werden mussten – auf durchschnittlich 18 Prozent (Awudu Abdulai/Silke Schmitz 2008: 14–19). Hinzu kommen die Exportsubventionen in den Industrieländern, die deren eigenen LandwirtInnen nochmals einen günstigeren Verkaufspreis auf den Weltmärkten ermöglichen. Grundsätzlich hat die Welthandelsorganisation WTO das Problem erkannt. In der 9. Runde der WTO-Verhandlungen in Doha 2001 wurde beschlossen, dass Exporte der ärmsten Länder in die Industrieländer ab 2008 zollfrei sind. Exportsubventionen der Industrieländer sollen bis 2013 auslaufen. Zusätzlich lässt ein Spezieller Sicherungsmechanismus (»Special Safeguard Mechanism«) in den armen Ländern Preis- und Mengenbegrenzungen von Importen zu, um die internen Märkte zu schützen. Aber die vielen neuen bilateralen Handelsabkommen unterminieren die Rolle der WTO (Awudu Abdulai/Silke Schmitz 2008: 19–21).

An dieser Stelle ist ein Blick auf Funktionsweise und Prinzipien der World Trade Organization angebracht (vgl. Genevieve Parent 2004: 23–46). Alles beginnt 1947 mit dem GATT, dem »General Agreement on Tariffs and Trade«. Im Verlauf seiner Geschichte führt das GATT 1995 zur Gründung der WTO, in die es noch heute eingegliedert ist. Kerninhalte seines »Agreement on Agriculture« von 1994 sind folgende Ziele:

1) *Zugang zu den Märkten:* Alle Mitgliedsländer müssen ihre Zölle im Gesamtmittel und bei jedem Einzelzoll um festgelegte Prozentsätze reduzieren, nur die am wenigsten entwickelten Länder haben weiterhin volle Gestaltungsfreiheit. Weitere Reduktionen der Zölle sollen in den folgenden WTO-Runden vereinbart werden. Falls ein Produkt plötzlich in Massen in ein bestimmtes Land importiert wird und dort die Preise zerstört, gibt es spezielle Notfallklauseln. Insgesamt aber müssen alle Länder eine Importquote landwirtschaftlicher Produkte von zunächst mindestens drei Prozent, später dann fünf Prozent erreichen.

2) *Reduktion interner Subventionen:* Die staatlichen Förderungen für die Landwirtschaft teilt man in drei Kategorien auf. Förderungen, die rein mengenbezogen sind und keine weiteren Bedingungen an die LandwirtInnen stellen, müssen stark reduziert werden. Förderungen, die an international abgestimmte Mengenbegrenzungen gekoppelt sind, bleiben ohne Einschränkung erlaubt. Förderungen, die als Direktzahlungen keinen Einfluss auf die Marktpreise haben, dürfen ebenfalls erhalten bleiben.

3) *Reduktion der Exportsubventionen:* Die Subventionen auf den Export landwirtschaftlicher Güter und die Menge subventionierter Exportgüter müssen um festgelegte Prozentsätze gekürzt werden.

4) Spezifische *Regeln für die Lebensmittelhilfe* schließen das Agreement ab.

Zur Einhegung dieser ehcr liberalistischen Regeln zum Abbau von Handelsbarrieren hat die WTO zwei weitere Prinzipien vereinbart:

1) Das Prinzip der *Nichtdiskriminierung* konkretisiert sich gegenüber anderen Staaten im Prinzip der *Meistbegünstigung* (Artikel 1 GATT): Sämtliche Vorteile, die ein Mitgliedstaat einem anderen Staat einräumt, sollen unverzüglich auch allen anderen Mitgliedsstaaten eingeräumt werden, es sei denn die Vergünstigung wird im Rahmen einer Freihandelszone oder Zollunion gewährt. Gegenüber wirtschaftlichen Einzelakteuren konkretisiert sich das Prinzip der Nichtdiskriminierung im Prinzip der Inländergleichbehandlung (Artikel 3 GATT). Ausländische Produkte dürfen gegenüber inländischen Produkten nicht benachteiligt werden. Auch hier gibt es eine Ausnahmeregelung für die Produkte aus Entwicklungsländern.

2) Das Prinzip der *Reziprozität* stellt die Ergänzung zum Prinzip der Meistbegünstigung dar. Es besagt, dass Staaten einander stets gleichwertige Zugeständnisse einräumen müssen.

Mit diesen Regeln hat sich die WTO 1995 gegründet. Es war nicht zu erwarten, dass mit ihnen schon alle Probleme gelöst sind. Im Gegenteil stellten sich viele Kinderkrankheiten ein. Dennoch ist zum ersten Mal eine weltweite, demokratische Plattform vorhanden, auf der zwischen allen mittlerweile 160 Mitgliedsländern Regeln für den Welthandel vereinbart werden. Dass der nächste große Schritt fast 20 Jahre brauchen würde, hat 1995 allerdings niemand erwartet. Fünf Verhandlungsrunden vergingen, bis im Dezember 2013 auf Bali weitere Maßnahmen vereinbart werden konnten. Sie setzen den eingeschlagenen Weg fort, sind aber stärker als bisher von einem Kräftegleichgewicht zwischen Industrieländern, Schwellenländern und Entwicklungsländern gekennzeichnet. Letztlich waren die langwierigen Verhandlungen für viele arme Länder ein Emanzipations- und Bewusstseinsbildungsprozess. Aus diesem Grund, und weil der Beschluss in Bali einstimmig fiel, sprechen manche von einem historischen Erfolg. Ob er das ist, wird sich in den nächsten Jahren zeigen müssen.

Drei Kriterien könnten hierfür Prüfsteine werden, die die UNCTAD für die Weiterentwicklung des Welthandels in Richtung Gerechtigkeit aufgestellt hat (UNCTAD 2013: 251): 1) Vollständiger Abbau der mengenbezogenen Subventionen in Industrieländern und zielgerichtete Unterstützung der kleinbäuerlichen Betriebe in den armen Ländern. 2) Ausbalancieren des Ungleichgewichts zwischen multinationalen Lebensmittelkonzernen und KleinbäuerInnen in den armen Ländern. 3) Ökologisierung der Landwirtschaft der armen Länder, die für die KleinbäuerInnen ökologisch, ökonomisch und sozial nachhaltiger und persönlich auch gesünder ist. Zusammengenommen messen die drei Kriterien den Gerechtigkeitsfortschritt gut biblisch daran, ob es den am meisten Benachteiligten besser geht.

Gewiss ist die Welt von einer fairen Gestaltung der globalen Märkte noch meilenweit entfernt. Doch markiert die Etablierung der WTO als einer demokratischen und überparteilichen Organisation einen enormen Fortschritt. Diesen gilt es zu würdigen. Fairer Handel ist seit 1994 nicht mehr gegen die WTO, sondern nur noch mit ihr zu erreichen. Alle berechtigte Kritik sollte dies berücksichtigen.

6.4.2
Makroebene II:
Das Problem der Lebensmittelspekulation

Seit Mitte des 19. Jahrhundert gibt es den Handel mit sogenannten Futures, Kaufverträgen zu einem vereinbarten Preis, die an einem festgelegten Termin in der Zukunft fällig werden. Gerade im Lebensmittelbereich sind solche Futures höchst sinnvoll. Sie sichern die LandwirtInnen ebenso wie die LebensmittelhändlerInnen und die lebensmittelverarbeitenden Betriebe (Getreidemühlen, Bäcker, Ölmühlen etc.) ab: Alle Beteiligten haben etwas davon, wenn sie auf lange Sicht einen moderaten Preis vereinbaren, der zwar nicht der tagesaktuelle Marktpreis zum Fälligkeitstermin ist, aber ein einträgliches Auskommen ermöglicht. Im Grunde verzichten alle Beteiligten darauf, das Maximum an Gewinn zu machen, weil ihnen Berechenbarkeit und Sicherheit wichtiger sind.

Bis 2002 waren die Futures reale Verträge, die praktisch immer mit dem Transfer realer Lebensmittel eingelöst wurden. GeschäftspartnerInnen waren nur die AkteurInnen des Agrar- und Lebensmittelsektors. Das hat sich seitdem fundamental geändert. Ein Großteil der Futures wird jetzt von AkteurInnen gehandelt, die allein daran interessiert sind, mit ihnen als einer Finanzanlage zu spekulieren. Bedingung für diese Entwicklung war die Liberalisierung der Finanzanlage in Futures durch den »Commodities Futures Modernization Act«, ein Gesetz der USA im Jahr 2000. In seiner Folge bieten die Großbanken seit 2002 Rohstoffindexfonds an, die vor allem von Pensionsfonds und Stiftungen gerne in ihr Anlageuniversum aufgenommen werden. 2002 war die Zeit, als die »Dotcom-Blase« platzte und Investitionen aus der Internetbranche abgezogen wurden, die nun neue Anlagemöglichkeiten suchten. Da kam die Deregulierung der Futures gerade recht, um in Lebensmittelrohstoffe zu investieren bzw. mit ihnen zu spekulieren.

Es kam zu einer explosiven Entwicklung der Finanzanlagen in Agrarrohstoffe. Bis 1999 lag der rein spekulative Handel mit Futures an der Börse von Chicago bei 20 bis 30 Prozent, 2010 bereits bei 80 Prozent. Weniger als 3 Prozent aller Future-Kontrakte führten 2005 tatsächlich noch zur Lieferung des jeweiligen Rohstoffs (Oxfam Deutschland [Hg.] 2012: 14). Zwischen 1998 und 2008 stieg das weltweite Anlagevolumen in Rohstoff-Indexfonds von 3 auf 174 Milliarden US-Dollar, von denen 2011 allein 99 Milliarden US-Dollar in Lebensmittelrohstoffe investiert wurden (Oxfam Deutschland [Hg.] 2012: 7–8). Die Spekulation mit Lebensmittelrohstoffen erlebte einen bis heute nicht endenden Boom.

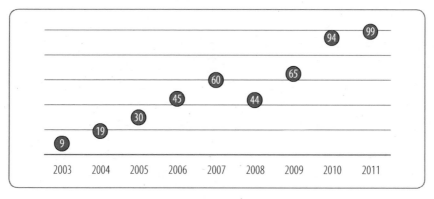

Volumen an Finanzanlagen in Agrarrohstoffen weltweit (in Mrd. US-Dollar).

Quelle: Oxfam 2012: 17.

6.4 Fairer Handel (Zugehörigkeit)

Mit der enormen Ausweitung der Spekulation auf Lebensmittel-Futures stieg die »Nachfrage« nach Lebensmitteln künstlich an, und mit ihr auch deren Preis. Denn dass zwischen den Future-Preisen an den Börsen und realen Verkaufspreisen an den sogenannten Spotmärkten kein Zusammenhang bestehe, wie Paul Krugman behauptet, wurde schnell und relativ eindeutig widerlegt (Foodwatch [Hg.] 2011: 46–50). Die Preise für Weizen, Mais und Reis sind von 2000 bis 2011 weltweit inflationsbereinigt um 150 Prozent gestiegen. In Deutschland stiegen die allgemeinen Nahrungsmittelpreise von 2003 bis 2011 inflationsbereinigt um 100 Prozent – mit Spitzen in den Jahren 2008 und 2011.

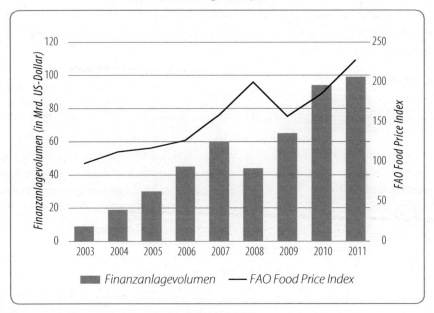

Finanzanlagen in Agrarrohstoffen weltweit und FAO-Nahrungsmittelpreisindex.

Quelle: Oxfam 2012: 2.

Ein zweiter nachteiliger Nebeneffekt des Handels mit Lebensmittel-Futures in Indexfonds ist, dass die Banken Lebensmittelrohstoffe und andere Rohstoffe meist in einen Fonds packen. Damit wollen sie Schwankungen der Preise in einem Sektor mit gegenläufigen Preisentwicklungen anderer Sektoren ausgleichen und den Fonds insgesamt stabiler gestalten. Allerdings führt die Verknüpfung unterschiedlicher Rohstoff-Futures in Fonds auch zu einer Preisverkoppelung, weil diese Futures unterschiedlicher Rohstoffe von den AnlegerInnen im Fonds gleichzeitig ge- und verkauft werden (Oxfam

Deutschland [Hg.] 2012: 23–24; Foodwatch [Hg.] 2011: 55–63). Der Preis von Lebensmittelrohstoffen wird damit teilweise durch den Preis von Erdöl oder sogar Silber mitbestimmt.

Die Folge der teilweise, nicht allein durch die Lebensmittelspekulation ausgelösten dramatischen Preissprünge und Preissteigerungen in den letzten Jahren ist der Hunger jener Menschen, die diese Preise nicht bezahlen können. Die beiden Spitzenjahre im Food Price Index 2008 und 2011 waren auch die beiden Jahre mit den höchsten Zahlen unterernährter Menschen weltweit. In der Tat: Die dramatisch Verteuerung des Getreides ist eine apokalyptische Plage (Offb 6,5–6)*.

Wie erwähnt sind die Futures für AkteurInnen der Lebensmittel erzeugenden und verarbeitenden Branchen ein wertvolles und bewährtes Hilfsmittel zur berechenbaren Preisbildung. Was es aus ethischer Perspektive zu erreichen gilt, ist eine Re-Regulierung des Future-Handels, die den Einfluss der reinen AnlagespekulantInnen massiv verringert und den realen AkteurInnen das Heft wieder in die Hand gibt. Daher fordern die Nichtregierungsorganisationen Oxfam (Oxfam Deutschland [Hg.] 2012: 10) und Foodwatch (Foodwatch [Hg.] 2011: 76–79) vor allem folgende Maßnahmen, die zusammengenommen einer Rücknahme der Liberalisierung von 2002 entsprechen:

- Transparenz: kein außerbörslicher Handel mit Lebensmittel-Futures, Offenlegung aller Transaktionen, strenge Berichtspflichten der Finanzdienstleister.

- Regulierung: Begrenzung des spekulativen Handels mit Futures durch strenge Positionslimits (Obergrenzen des gehandelten Volumens), Verbot von Indexfonds an Agrarrohstoffmärkten oder mindestens aggregierte Positionslimits für die gesamte Händlerklasse der Indexfonds, wirksame Kontrollen durch starke Aufsichtsbehörden.

Die Positionierung der Kirche orientiert sich weitgehend an den fachlich kompetenteren Nichtregierungsorganisationen: »Insbesondere sind wirksame Vorkehrungen zu treffen, um die renditegetriebene Spekulation auf den Nahrungsmittelmärkten massiv zu begrenzen. Warentermingeschäfte müssen ihren eigentlichen Zweck erfüllen, nämlich die risikoreichen Agrarmärkte im Interesse aller Beteiligten zu stabilisieren und so einen Beitrag zur Ernährungssicherung zu leisten. Dazu müssen die Transaktionen auf den Nahrungsmittelmärkten allerdings in transparenter Art und Weise vonstattengehen. Die nationalen Regierungen und internationalen Institutionen stehen

---

* Eine 1924 gefundene Inschrift des Lucius Antistius Rusticus, eines Legaten des Kaisers Domitian 92–93 n. Chr., berichtet von einer Hungersnot in Kleinasien wegen der Härte des vorangehenden Winters. Daher organisiert der Legat den zentralen Einkauf aller Getreidevorräte zu einem Maximalpreis von einem Denar je Modius Weizen – das ist ungefähr der doppelte Preis wie üblich und ungefähr drei Viertel eines Tageslohns. Offb 6,5–6 nennt das Vierfache dieses Maximalpreises, was die Dramatik der Situation verdeutlicht (Klaus Berger 1993: 70–74).

6.4 Fairer Handel (Zugehörigkeit)

in der Verantwortung, ohne Verzögerung geeignete Instrumente wie Positionslimits, Preislimits, Zugangsbeschränkungen für nicht kommerzielle Händler, Zulassungsbedingungen für Finanzprodukte oder eine Finanztransaktionssteuer einzurichten und sorgfältig zu überwachen, dass diese Regulierungsmaßnahmen auch eingehalten werden.« (Wissenschaftliche Arbeitsgruppe für weltkirchliche Aufgaben der Deutschen Bischofskonferenz 2012: 61–62)

Sowohl in den USA als auch in der EU sind diese Forderungen wahrgenommen und aufgegriffen worden. Die bisherigen Umsetzungsschritte lassen aber ein deutliches Einknicken gegenüber der Finanzbranche erkennen. In den USA wurde zwar 2011 ein einschneidender »Commodities Exchange Act« beschlossen, der die Rückkehr zur Ordnung von vor 2002 bedeuten würde, doch seine Umsetzung wird immer weiter aufgeweicht. In der EU einigten sich Parlament, Rat und Kommission am 16.1.2014 auf eine Neufassung der Europäischen Finanzmarktrichtlinie, die aber ausgerechnet die Positionslimits nicht EU-weit einheitlich festlegt, sondern den nationalen Aufsichtsbehörden überlässt. Foodwatch und Oxfam befürchten daher zwischen den europäischen Finanzplätzen zurecht einen regulatorischen Wettlauf nach unten.

Die Forderungen nach Regulierung der Finanzmärkte sind funktionalistisch-systemtheoretische Impulse – und das ist bei einem hochgradig durchorganisierten System wie dem der Finanzmärkte auch vollkommen richtig. Interessant scheint mir aber, dass Oxfam schon im Titel seiner Kampagne mit dem alten Sprichwort Bewusstsein schaffen will »Mit Essen spielt man nicht!« Weitere Nichtregierungsorganisationen wie INKOTA, die Arbeitsgemeinschaft bäuerliche Landwirtschaft, attac, Campact, KAB, medico, Misereor und Weed haben sich diesem Motto angeschlossen. Für die Bewusstseinsweckung in der Bevölkerung wählt man also (meines Erachtens sehr zu Recht) eine altbewährte symbolische Codierung der Lebensmittel. Das macht deutlich, wie sehr auch hier funktionalistische und strukturalistische Maßnahmen ineinandergreifen: Das öffentliche Bewusstsein, das auf die systemregulierenden Instanzen Druck machen soll, lässt sich nur über Symbole gewinnen.

6.4.3
Mikroebene I:
Regionale Märkte für Kleinbauern in den armen Ländern

Das International Food Policy Research Institute IFPRI zeigt in einem geschichtlichen Rückblick, dass das Denken in Kategorien der »Entwicklung« lange Zeit auf die Öffnung der Agrar- und Lebensmittelmärkte der »Entwicklungsländer« als einzige Möglichkeit ihrer Förderung setzte (Xinshen Diao et al. 2007: 3–18). Die Lösung sah man folglich allein in der Globalisierung. An diesem Denken war sicher richtig, dass offene Märkte besser in der Lage sind, schnell auf regionale Krisen zu reagieren und akute Engpässe in der Lebensmittelversorgung gar nicht erst entstehen zu lassen. Allerdings gilt dies nur auf der Makroebene der Gesamtversorgung eines Landes. Was man weitgehend übersah, war die Frage der Versorgung einzelner Menschen – also die Mikroebene. Wie schon erwähnt leben 80 Prozent aller weltweit unterernährten Menschen auf dem Land – also dort, wo der Tisch des Ackers reich gedeckt ist. Sie verhungern gleichsam am gedeckten Tisch.

Das IFPRI wie auch die UNCTAD sprechen daher der kleinbäuerlichen Landwirtschaft eine Schlüsselrolle in der Armutsbekämpfung zu: »Small-scale farming must be at the centre of any strategy that pursues the goal of feeding a growing world population while addressing rural poverty in a context of increasing environmental degradation and climate change.« (UNCTAD 2013: 231; vgl. auch Xinshen Diao et al. 2007: 38–41). Über zwei Drittel der am wenigsten entwickelten afrikanischen Länder hätten günstige natürliche und klimatische Bedingungen, und genau zwei Drittel erwirtschafteten mehr als ein Drittel ihres Bruttoinlandsprodukts in der Landwirtschaft. In allen am wenigsten entwickelten afrikanischen Ländern lebten gerade die ärmsten Menschen auf dem Lande und seien landwirtschaftlich tätig. KleinbäuerInnen seien zwar ineffizient beim Personaleinsatz, aber hocheffizient in der Land- und Ressourcennutzung – und auf die komme es derzeit am meisten an. Gerade auch in Verbindung mit den ökologischen Herausforderungen, die die grüne Revolution eher verschärft als gemildert hat, rückt daher die Rolle kleinbäuerlicher Landwirtschaft gegenwärtig wieder stärker ins Bewusstsein. Um ihr den nötigen Spielraum zu geben, braucht es eine Reihe von politischen Steuerungsmaßnahmen (Xinshen Diao et al. 2007: 3–18; auch UNCTAD 2013: 232–233):

1) Die kleinbäuerlichen Betriebe sind nur haltbar, wenn sie auf den Weltmärkten gezielten Schutz erfahren und Zugang zu Geldern er- bzw. behalten. Es gilt, ihnen ein sie befähigendes ökonomisches Umfeld zu garantieren, das stabile ökonomische Anreize schafft und öffentliche Güter und Dienstleistungen bereitstellt. An die Stelle eines freien Marktes muss ein behutsam und gezielt regulierter Markt treten.

2) Das Marktpotenzial afrikanischer Kleinbauern liegt nach wie vor zu über 70 Prozent in regionalen und nationalen Märkten, deren Nachfrage aufgrund des Bevölkerungswachstums sogar weiter steigen wird. Statt »hochwertige commodities« wie Blumen oder Früchte zu exportieren sollten sie daher besser die Grundnahrungsmittel im eigenen Land liefern.

3) Auch wenn in der Vergangenheit öffentliche Hilfen oft zur Abhängigkeit führten, sollten sie durch ein gezieltes Lernen aus den Fehlern besser aufgestellt werden, aber in dem von der WTO vorgegebenen Rahmen vorhanden bleiben. Zu den-

ken ist dabei vor allem an wachstumsorientierte Strategien, zum Beispiel an das staatliche Investieren in Human- und Sozialkapitel, also in die Bildung der KleinbäuerInnen und die Förderung von Kooperationen in Produktion und Vermarktung, und an ein Sicherheitsnetz für solche, die trotz aller Unterstützung scheitern.

Das Plädoyer für die Abkehr von der derzeit vorherrschenden und auf GroßgrundbesitzerInnen fokussierten Exportorientierung hin zu einer Regionalisierung der Versorgung durch KleinbäuerInnen ist in den facheinschlägigen Debatten zum Welthungerproblem immer öfter zu hören. Selbst der Weltagrarbericht, der von der eigentlich liberalistisch denkenden Weltbank initiiert wurde, macht sich in dieser Richtung stark (IAASTD 2010: 193–209). Soll diese Perspektivenwende greifen, müssen aber vor allem die bereits thematisierten Landreformen und die Förderung subsidiärer Strukturen (Landwirtschaftsschulen mit entsprechenden Lehrplänen, Kooperativen etc.) verwirklicht werden (Fred Magdoff 2008: 13–15). Insgesamt können die Entwicklungsländer weit mehr von der Neuordnung ihres eigenen nationalen Markts profitieren als von der Neuordnung der internationalen Märkte (Sabine Daude 2001: 325).

Die Aktivitäten der kirchlichen und säkularen Entwicklungshilfeorganisationen zielen seit Jahrzehnten in diese Richtung. Dort, wo sie sich engagieren, haben sie mit dieser Strategie beeindruckende Erfolge erreicht (vgl. Michael Rosenberger 2001b). Wo jedoch staatliche und internationale Rahmenbedingungen kleinbäuerliche Landwirtschaft und regionale Vermarktung nicht unterstützen, wird es bei sehr begrenzten Erfolgen bleiben (vgl. Wissenschaftliche Arbeitsgruppe für weltkirchliche Aufgaben der Deutschen Bischofskonferenz 2012: 50–58).

6.4.4
Mikroebene II:
Das Konsumverhalten in den reichen Ländern

In der modernen Mediengesellschaft haben die KonsumentInnen eine Macht gewonnen, die sie nie zuvor besaßen. Einerseits können sie jedes Produkt, das irgendwo auf der Welt angeboten wird, schnell und direkt einkaufen – sei es direkt im realen Handelsgeschäft vor Ort, sei es online im virtuellen Versandhandel rund um den Globus. Ihre Entscheidungsmöglichkeiten, was sie konsumieren wollen, sind damit ins Extrem gestiegen. Zugleich haben sich ihre Informationsmöglichkeiten in ungeheurem Maße ausgedehnt. Über jedes Produkt gibt es nicht nur Hersteller- und Anbieterinformationen, sondern auch Kommentare von NutzerInnen.

Nochmals wird die Macht der KonsumentInnen dadurch gesteigert, dass auch ProduzentInnen und HändlerInnen blitzschnell und hochpräzise das Verkaufsverhalten ihrer Kundschaft analysieren können. Wird ein Artikel wider Erwarten nicht angenommen, können die Unternehmen postwendend reagieren – mit Preisnachlässen, Werbekampagnen oder Rückrufaktionen. Die gestiegenen Informationsmöglichkeiten führen also zu einer Beschleunigung und Verstärkung der Rückkopplungsschleife zwischen AnbieterInnen und KonsumentInnen.

Systemtheoretisch betrachtet ist die gestiegene KonsumentInnenmacht eine logische Folge der postmodernen Ausdifferenzierung der Gesellschaft in autonome Teilsysteme. Je mehr solcher Teilsysteme wirksam sind, umso weniger Machtmonopole kann es geben. Die Politik ist nicht mehr für konkrete Handlungen zuständig, sondern nur noch für die Schaffung von Rahmenbedingungen in den Teilsystemen. Sie muss Strukturen schaffen, innerhalb denen die AkteurInnen vernünftige und tragfähige Entscheidungen treffen können.

Aus der massiv gestiegenen KonsumentInnenmacht erwächst aber auch eine Pflicht, sie zu nutzen. Macht bedeutet Verantwortung – insbesondere dort, wo es um ethisch relevante Kaufentscheidungen geht. Zu diesen gehört die Frage fairer Preise und fairer Produktionsbedingungen. Es geht in der ausdifferenzierten Moderne nicht mehr an, Gerechtigkeit nur auf der Ebene der Regeln für internationale Märkte zu fordern. Vielmehr muss sich das eigene Konsumverhalten selbst an der geforderten Gerechtigkeit messen lassen.

Aus diesem Grund sieht Harald Lemke in der ethischen Verantwortung der KonsumentInnen den Schlüssel zu einer gerechten Ernährungspolitik (Harald Lemke 2012: 76–90). Da die Politik ohne Druck von unten weitgehend versage, sei ethischer Konsum die »Selbsthilfe der ethisch Essgestörten« (Harald Lemke 2012: 72). Doch habe diese Selbsthilfe auf lange Sicht weitreichende politische Konsequenzen: »Mit jedem ethisch guten Kauf von Lebensmitteln zu fairen Preisen üben die, die so handeln, ihre konsumpolitische Macht auf das kollektive Wirtschaftsgeschehen aus.« (Harald Lemke 2012: 73) Konsum ist politisch: »Dann tritt … das politische Wesen unseres individuellen und kollektiven Handelns als Wirtschaftssubjekte, Weltbürger und Kaufkräfte zutage.« (Harald Lemke 2012: 74) Mit gezieltem Konsum übten die KonsumentInnen also in einem vertieften Sinn demokratische Mitgestaltung aus: »Die Einsicht, dass der Konsum eine politische Praxis ist, radikalisiert und ökonomisiert demokratische Mitbestimmung diesseits des staatlichen Regierens.« (Harald Lemke 2012: 74) Politik sei folglich zuerst das Tun der Menschen und erst danach das Regieren der professionellen PolitikerInnen. Die von allen Seiten geforderten und notwendigen Strukturveränderungen auf Weltebene kämen nur durch den praktischen Druck von unten zustande. Ihr ethischer Einkauf sei ein Hebel – wenn die kritische Masse erreicht sei, habe er gewaltige Wirkung.

Genau hier setzt die Bewegung des fairen Handels an, die seit den Jahren nach dem Zweiten Weltkrieg eine stetig wachsende Bekanntheit und Akzeptanz gefunden hat. Ihre ersten Anfänge spielen sich 1946 im religiösen Bereich der USA ab, seit den 1960er-Jahren hat sie auch in Europa Fuß gefasst. Die Kirchen waren und sind ihre wichtigsten gesellschaftlichen Promotorinnen (Jutta Roosen 2008: 27–31). Dabei haben sich im Laufe der Jahre folgende Prinzipien herausgebildet:

- Ziel der Organisationen des fairen Handels ist es, Chancen für wirtschaftlich benachteiligte ProduzentInnen zu schaffen und ihnen einen fairen Preis über dem Weltmarktpreis zu zahlen.

- Dafür verlangen die Organisationen von den ProduzentInnen sozialverträgliche Arbeitsbedingungen, die Gleichberechtigung von Frauen, den Aufbau von Kapazität und Know-how durch Schulung der MitarbeiterInnen, Transparenz ihrer Aktivitäten und Umweltschutz.

Unterm Strich zeichnet sich ein Deal ab, der ökonomische Nachhaltigkeit gibt und soziale und ökologische Nachhaltigkeit verlangt. Ethische Verantwortung wird mit Geld belohnt. Daher laufen die am häufigsten geäußerten Einwände gegen Fair Trade ins Leere: Fair Trade setze keinen Anreiz zu Produktivitätssteigerungen – ja, das stimmt, aber es steigert die ethische Verantwortung. Fair Trade sei eine Ermunterung zur weiteren Steigerung der weltweiten Überproduktion etwa von Kaffee – auf den ersten Blick vielleicht, aber wenn Bildungsarbeit tatsächlich ein Schlüsselbestandteil fairer Produktion ist, wird man die Mengen langfristig klug kalkulieren. Fair Trade setze auf die Förderung eines vormodernen Modells von Landwirtschaft – nun ja, wenn man kleinbäuerlich-ökologische Landwirtschaft anders als IFPRI, UNCTAD und andere pauschal als vormodern ansieht, vielleicht schon. Insgesamt haben die Kritiken ihren wahren Kern, bedeuten aber keine grundsätzliche Delegitimierung von Fair Trade. Ziel von Fair Trade ist es ja nicht, seine Kriterien auf die gesamte Weltwirtschaft zu übertragen, sondern Prozesse des Nachdenkens und Umsteuerns anzustoßen, die am Ende viel weiter führen. Die Kriterien von Fair Trade sind ein Weg, kein Ziel.

Fair Trade ist nicht auf den Lebensmittelhandel beschränkt, wohl aber auf ihn konzentriert. Derzeit gewinnen andere Segmente wie die Kleidungsbranche zunehmend Aufmerksamkeit – es deutet sich eine Ausweitung an. Insgesamt jedoch ist der faire Handel ein winziges Segment des globalen Lebensmittelhandels, wenn er auch bei einzelnen Produkten (zum Beispiel Kaffee, Bananen, Schokolade) beachtliche Margen erreicht: In den Niederlanden und der Schweiz sind diese am höchsten und liegen über drei Prozent, in den USA, Japan, Finnland und Frankreich sind sie noch sehr niedrig und liegen unter 0,5 Prozent (Awudu Abdulai/Silke Schmitz 2008: 9–26).

Für unsere symboltheoretische Analyse besonders bedeutsam ist die Tatsache, dass Fair Trade der entscheidende Sprung mit der Einführung von Siegeln gelang. 1988 entstand in den Niederlanden das erste Logo »Max Havelaar«. Während es in Ländern wie Holland, Belgien, Dänemark, Frankreich und der Schweiz das bekannteste Siegel ist, wurden die Produkte in Ländern wie Deutschland, Österreich und Italien mit dem »Transfair«-Siegel ausgezeichnet, in Großbritannien und Irland mit dem »Fairtrade Mark«. Diese beiden Siegel sind mittlerweile in einem gemeinsamen »Fair Trade«-Siegel zusammengeschlossen, das »Max Havelaar«-Siegel wurde ihm in Aussehen und Beschriftung angenähert.

Der Bekanntheitsgrad des Fair-Trade-Siegels ist enorm hoch: In Österreich lag er im Mai 2007 bei 84 Prozent (GfK Austria) und hielt dieses hohe Niveau gemäß einer weiteren Umfrage im Jahr 2011 mit 85 Prozent (GlobeScan 2011). 90 Prozent derer, die das Gütesiegel kennen, vertrauen ihm und schätzen die Standards als streng ein (GlobeScan 2011). Auch für die Schweiz werden vergleichbare Zahlen bekanntgegeben: Dort hat das Fairtrade Max Havelaar-Gütesiegel einen Bekanntheitsgrad von 91 Prozent und genießt bei 90 Prozent der Befragten Vertrauen (GlobeScan 2013).

Die typische Käuferschicht von Fair-Trade-Produkten hat mittleres Alter, hohen Bildungsgrad und hohes Einkommen. In den USA liegt ihre Zahlungsbereitschaft für fair gehandelte Waren um circa 30 Prozent höher als für Produkte aus ökologischem Landbau (Jutta Roosen 2008: 32–33). Intragenerationale Gerechtigkeit scheint in der subjektiven Wahrnehmung also eine größere Rolle zu spielen als intergenerationale Gerechtigkeit, wie sie im Erhalt der natürlichen Lebensgrundlagen tragend ist.

Fair-Trade-Produkte sind symboltheoretisch betrachtet »Attributsbündel« (Jutta Roosen 2008: 31). Wer sie kauft, kauft starke symbolische Werte mit ein: das Gefühl eines guten Gewissens (Zugehörigkeit); das Selbstbewusstsein, etwas tun zu können (Prestige); das Image, an einem allseits geschätzten Produkt Anteil zu haben (Ansehen); die Gewissheit, es »richtig« zu machen (Sicherheit). Und vielleicht auch die Freude, dass das fair gehandelte Lebensmittel besser schmeckt (Lust).

Letztlich ist der faire Handel auch und vielleicht sogar zuallererst ein Signal an Politik und Wirtschaft. Ein Signal von KonsumentInnen, was sie für fair halten. Empirisch wird es schwer messbar sein, ob und wie weit der faire Handel die Verhandlungen der WTO beeinflusst. Aus symboltheoretischer Perspektive sollte man diesen Einfluss allerdings nicht unterbewerten. Funktionalistische Maßnahmen sind notwendig, damit die breite Masse der Bevölkerung gerechte Preise zahlt. Doch in Gang gesetzt werden sie womöglich nur durch die Signale, die eine Minderheit symbolisch setzt.

6.5
»Das Brot schmeckte wie Honigkuchen« (Ex 16, 31)
Einfachheit teilen (Lust)

Das übliche Mittel kirchlicher Initiativen, auf die Ungerechtigkeiten der Weltwirtschaft und die fast eine Milliarde hungernden Menschen hinzuweisen, ist das Solidaritätsfasten. So üben es die verschiedenen kirchlichen Hilfswerke, die ihre großen Aktionen in der Fastenzeit ansiedeln, so schlug es die US-amerikanische Bischofskonferenz mit ihrer Initiative der »First Fridays for Food Security« zwischen Aschermittwoch 2012 und Ostern 2013 vor. In dieser Initiative sollten die amerikanischen ChristInnen jeweils am ersten Freitag im Monat nur so viel Geld für die Ernährung ausgeben, wie einE mittelloseR AmerikanerIn ihres Alters und Geschlechts als Lebensmittelhilfe vom Staat bekommt.

Fraglos ist das Fasten ein starkes Symbol der Verbundenheit mit den Opfern der Weltwirtschaft. Fastende lassen die Not der Mitmenschen ganz leibhaftig an sich heran oder besser in sich herein – in den leeren Magen nämlich. Sie fördern auf diese Weise ihre Empathiefähigkeit und werden zugleich angeregt, durch Spenden und Fair Trade einen wirksamen Beitrag der Linderung von Not zu leisten. Alle kirchlichen Initiativen, die das Solidaritätsfasten propagieren, rufen gleichzeitig zu finanziellen Zuwendungen und Fair Trade auf. Zudem ist das Fasten ein Symbol für Außenstehende. Es zwingt sie nahezu zum Nachdenken und Innehalten. Am Fasten kann man nicht unberührt vorbeigehen, erst recht nicht, wenn man mit Fastenden am selben Tisch sitzt. So wird das Fasten zu einer Kritik an ungebührlichem, übermäßigem Genuss auf Kosten der Armen und Hungernden.

Schon im Hochmittelalter entwickelt sich in Mitteleuropa eine deutlich vernehmbare Kritik an der »Völlerei« in Form einer Sozialkritik an der Oberschicht: Der »Fraß« (frâz) der Reichen sei Habgier zulasten der Hungernden. Besser wäre es, nach dem natürlichen Bedürfnis zu leben, also mit Maß (mâze) zu essen und zu trinken. Hugo von Trimberg (circa 1230–1313) spottet in seinem »Renner«, der die sieben Kapitallaster behandelt, Tiere und Bauern lebten gemäß der Natur, aber die Reichen nicht (Verse 9432–11726). Hier werden erstmals die Frage der Moraltheologie nach dem rechten Umgang mit der Gaumenlust und die Frage der Sozialethik nach dem Hunger der Armen miteinander in Verbindung gebracht: Es geht bei jedem Essen um eine gerechte Weltordnung. Als Strafe des Völlers nennt Hugo übrigens ganz in der Logik des Mittelalters die Zwangsernährung zur Mast für »des Teufels Küche« (Ernst Schubert 2006: 245–253). Dort werden die SünderInnen der Völlerei als »Satansbraten« verspeist – wie auch sonst in der mittelalterlichen Hölle für jede Sünde eine der Tat spiegelbildlich entsprechende Strafe vorgesehen ist.

So wichtig die Solidarität im Fasten und Maßhalten ist, so wichtig ist aber auch die Lust am Tun des Gerechten. Die Sensibilisierung für die Herausforderung des Welthungers darf nicht nur negativ vermittelt werden. Es braucht auch positive Erfahrungen, wie gerechter Lebensmittelkonsum aussehen (Orientierung), lustvoll sein und Spaß machen kann (Motivation). Genau diese beiden Funktionen der Orientierung (»Ach, so geht das!«) und Motivierung (»Das geht ja wirklich! Das ist ja gar nicht so schlimm!«) sind die klassischen Funktionen von Tugenden. Wie also kann die Lust am Einsatz gegen den Welthunger geweckt werden?

Eine erste Möglichkeit nutzen die kirchlichen Hilfswerke bei ihren Fastenaktionen selbst. Parallel zum strengen Fasten, bei dem nur Flüssigkeit aufgenommen wird, bieten sie Vorschläge zu einfachen, aber wohlschmeckenden Speisen an, deren Rezepte aus einem der armen Länder stammen und in denen sich fair gehandelte Zutaten und Gewürze verarbeiten lassen. Nicht selten werden solche Speisen am entsprechenden Sonntag nach dem Gottesdienst angeboten und miteinander verzehrt. Mitunter werden dann auch die entsprechenden Rohstoffe aus fairem Handel sowie Kochbücher mit Rezepten der armen Länder zum Verkauf angeboten, so dass das Nachkochen leicht gemacht wird.

In diesem Fall bekommt Fair Trade einen Geschmack der Lust. Als vierte Symbolkategorie ist diese unverzichtbar, wenn der nötige Prozess der Veränderung des globalen Wirtschaftssystems gelingen soll. Es ist lustvoll, in globaler Verbundenheit zu essen und die Menschen aus fernen Ländern durch ihre Rezepte, Gewürze und Zutaten zu schmecken. Es macht Spaß, auf immer mehr Produkten und in immer mehr Läden das Fair-Trade-Siegel zu entdecken und Waren aus diesem Angebot zu kaufen. Diesen Lustfaktor müssen die am fairen Handel beteiligten Organisationen den KonsumentInnen gegenüber verdeutlichen und bewerben.

Letztlich isst und genießt bei fair gehandelten Speisen das gute Gewissen mit. Im Lebensmittel wird die Ethik mit verspeist. Das ist nicht nur beruhigend, so dass man kein Bauchweh bekommt wie beim Essen auf Kosten der Armen, sondern zugleich ein Wohlgefühl, eine innere Freude. Als Israel aus der Sklaverei Ägyptens wegzieht und eine lange Zeit durch die Wüste gehen muss, dient ihm das karge Manna als Speise – ein Sekret der Manna-Tamariske, das wie Harz ausgesondert wird und von den Pflanzen eingesammelt werden kann. Eine wahre Fastenspeise. Und doch beschreibt die Bibel es als köstliche Speise: »Das Brot schmeckte wie Honigkuchen« (Ex 16,31). Denn Israel isst nicht nur das Manna, sondern kostet in ihm den Geschmack von Freiheit und Gerechtigkeit.

6.6
»Gebt ihr ihnen zu essen!« (Mk 6, 37)
Eine ethische Gesamtschau

In den Jahren 2007 und 2008 erlebte die Welt eine noch nie dagewesene Steigerung der Lebensmittelpreise. Verdoppelungen bis Verdreifachungen innerhalb eines Jahres waren an der Tagesordnung. Die Folge war ein drastischer Anstieg der weltweiten Zahl der Hungernden auf rund eine Milliarde Menschen – auch das ein nie zuvor erreichter Wert. Für diese furchtbare Entwicklung wird rückblickend ein ganzes Bündel an Ursachen verantwortlich gemacht:

- die gestiegene Weltbevölkerung,
- der höhere Fleischverbrauch in einigen Schwellenländern, besonders in China,
- die Liberalisierung der Weltmärkte, die manche armen Länder zu Nettoimporteuren von Lebensmitteln gemacht hat,
- die massive Verteuerung von Düngemitteln aufgrund des Anstiegs der Energiepreise,
- der Umstieg auf Agroenergiepflanzen,
- die Lebensmittelspekulation an den Börsen.

Die meisten dieser Probleme sind in diesem Kapitel bzw. im nächsten Kapitel angesprochen. Ihre Zusammenstellung macht deutlich, dass es nicht die eine Maßnahme gibt, die allein das Welternährungsproblem lösen kann. Eine Vielzahl von Maßnahmen auf allen Ebenen muss verwirklicht werden (vgl. Wissenschaftliche Arbeitsgruppe für weltkirchliche Aufgaben der Deutschen Bischofskonferenz 2012: 49–68). Dabei sind vor allem folgende gesellschaftliche Teilsysteme angesprochen:

- Agrarwirtschaft: Entwicklung standortgerechter und effizienter ökolandbaunaher Systeme für KleinbäuerInnen.

- Finanzwirtschaft: Vergabe von Mikrokrediten in den armen Ländern, Verzicht auf Lebensmittelspekulation in den reichen Ländern.

- Justiz: Weiterentwicklung und differenziertere Anwendung des Menschenrechts auf Nahrung; gerechtere Behandlung ungeschriebener, aber überlieferter Landnutzungsrechte.

- Politik: Bodenreform, Schutz des alten Wissens, Vorantreiben einer globalen Umweltpolitik und Energiewende, Ordnung der Weltmärkte, Eingrenzung der Lebensmittelspekulation.

- Verwaltung: Bereitstellung von Infrastruktur, Förderung von Kooperativen, Bildung.

- Globales Wirtschaftssystem: faire Regeln auf den Realmärkten und den Finanzmärkten; regionale Märkte in den armen Ländern.

All diese Maßnahmen werden aber nur möglich sein, wenn das entsprechende Bewusstsein vorhanden ist: »Um dem Problem des Hungers und der Mangelernährung in der Welt begegnen zu können, muss man den ethischen Aspekt des Problems erfassen. Die Ursache des Hungers ist sittlicher Natur; sie liegt jenseits aller physischen, strukturellen und kulturellen Gründe. Somit ist auch die Herausforderung sittlicher Natur.« (Päpstlicher Rat »Cor Unum« 1996: 29) Diese ethische Herausforderung kristallisiert sich im Bewusstsein, dass die Güter der Erde allen Menschen gleichermaßen zugedacht sind: »Im Herzen der sozialen Gerechtigkeit steht das Prinzip der universellen und allgemeinen Bestimmung der Güter der Erde. Papst Johannes Paul II. hat es folgendermaßen ausgedrückt: ›Gott hat die Erde dem ganzen Menschengeschlecht geschenkt, ohne jemanden auszuschließen oder zu bevorzugen, auf dass sie alle seine Mitglieder ernähre‹ (Enzyklika Centesimus Annus Nr. 31)« (Päpstlicher Rat »Cor Unum« 1996: 31). Letztlich geht es damit um eine Prioritätensetzung, wie Thomas W. Pogge zurecht bemerkt (2001: 6–24).

Doch was bringen funktionalistisch-systemtheoretische Forderungen an »die Politik«, wenn sie nicht mit dem symbolischen Nachdruck des eigenen Konsums verbunden werden? fragt Harald Lemke (2012: 1–90). Während Peter Singer (2009) voll und ganz auf das Tun des Einzelnen setze, von dem er einen bescheidenen Lebensstil und großzügige Spenden fordere, die Politik aber vollständig abschreibe (Harald Lemke 2012: 35–49) und Thomas W. Pogge (2001) auf eine Reform der globalen Handelsstrukturen setze, aber im System des Kapitalismus verbleibe, was Lemke als »obrigkeitliches Politikverständnis« (Harald Lemke 2012: 62) und »unpolitische Philosophie« (Harald Lemke 2012: 64) ablehnt, ist für Lemke die innere Verbindung des persönlichen Konsumverhaltens mit politischen Konsequenzen der Knackpunkt (Harald Lemke 2012: 76–90). Wenngleich ich die abwertenden Bezeichnungen für Pogge nicht teile, scheint mir Lemkes Kernthese richtig zu sein. Politische Fortschritte sind in einer postmodernen Gesellschaft nur durch symbolischen Druck von außen, aus anderen Teilsystemen zu erwarten. Und das mächtigste dieser Systeme ist zweifelsohne das Wirtschaftssystem. Die KonsumentInnenmacht ist nicht zu unterschätzen. Sie sendet Signale in die Politik, und diese gestaltet dann im zweiten Schritt das System um.

Auf diese Weise ist die Sozialethik, die dieses Kapitel dominiert hat, an die Individualethik zurückgebunden, und mit ihr die funktionalistisch-systemtheoretische Sicht der Probleme an die strukturalistisch-symboltheoretische. So lässt sich abschließend fragen, wie die acht Tugenden, die für dieses Buch leitend sind, die KonsumentInnen und ihren Umgang mit dem Welternährungsproblem prägen und leiten können.

- In Dankbarkeit die eigene Selbstbestimmung beim Essen und Trinken annehmen.
- In Demut die Ernährungssouveränität anderer anerkennen und fördern.
- In Ehrfurcht die Mühe der Armen um das tägliche Brot wahrnehmen und wertschätzen.
- Für globale Gerechtigkeit in Wort und Tat eintreten.
- Mit Maßhaltung die kostbaren Gaben der Erde essen, damit sie für alle reichen.
- Mit Genuss die ethische Qualität guter Lebensmittel kosten.
- Mit Hingabe und Leidenschaft für die Hungernden eintreten.
- In Gelassenheit die Sättigung aller einem Größeren anvertrauen.

»Gebt ihr ihnen zu essen!« fordert Jesus seine Jünger angesichts des Hungers von Tausenden von Menschen auf (Mk 6,37). Angesichts dieser klaren Option für die Ethik als Schlüssel zum Welthungerproblem müssen alle Behauptungen, man könne das Problem technisch lösen – mit Agrar- und Biotechnik, Wirtschafts- und Finanztechniken –, hochmütig und überheblich klingen. Selbstverständlich: Die Techniken der autonomen gesellschaftlichen Systeme haben ihren Beitrag zu leisten. Grundlage aber kann nur der »Hunger nach Gerechtigkeit« sein. Im Bewusstsein der geschwisterlichen Verbundenheit aller Menschen in der Einen Welt.

6.7
»Und alle aßen und wurden satt.« (Mk 6,42)
Biblische Hungererfahrungen und Sättigungshoffnungen

Es wäre genug für alle da. Das ist die überraschende, aber den Tatsachen entsprechende Erkenntnis mit Blick auf die Welternährung. Kein Mensch muss hungern, weil die Erde nicht genug Nahrung zur Verfügung stellen würde, sondern nur deshalb, weil er an den Gaben der Erde keinen Anteil bekommt. Diese Tatsache lässt sich erst heute empirisch belegen. Für die Menschen der Bibel aber war sie bereits vor jeder empirischen Prüfung eine feste Überzeugung: Es können alle satt werden. Das war eine Frage des Glaubens an die Gutheit des Schöpfers. In diesem Sinne sollen am Schluss dieses Kapitels biblische Impulse die ethischen Einsichten vertiefen, die wir bisher gewonnen haben.

6.7.1
Den Hunger kennen.
Die Unersetzlichkeit krisenhafter Erfahrungen

In der Bibel wird Hunger sowohl als natürliches Widerfahrnis als auch als Folge menschlicher Sünde dargestellt (Walter Harrelson 1976: 84–99). Hunger als natürliche Widrigkeit begegnet etwa bei Abraham (Gen 12,10), in der Josefserzählung (Gen 37–50) und im Gleichnis von den beiden verlorenen Söhnen und dem barmherzigen Vater (Lk 15,11–32). Hunger als Folge von Sünde ist insgesamt die häufigere Sichtweise, die vor allem bei den Propheten eine Rolle spielt, etwa bei Jeremia und Ezechiel (Jer 14,15–18; 15,2; 16,4; Ez 7,15; 14,13.21). Da und dort dreht sich aber auch die Perspektive um, und es wird nicht mehr nach der Ursache des Hungers gefragt, sondern nach seiner Bedeutung, seiner symbolischen Botschaft. Dann wird er vor allem als Mahnung zur Abkehr von sündhaftem Verhalten verstanden, etwa beim Propheten Amos: »Ich ließ euch hungern in all euren Städten, ich gab euch kein Brot mehr in all euren Dörfern und dennoch seid ihr nicht umgekehrt zu mir – Spruch des Herrn. Ich versagte euch den Regen drei Monate vor der Ernte. Über der einen Stadt ließ ich es regnen, über der anderen nicht; das eine Feld bekam Regen, das andere nicht, sodass es verdorrte. Zwei, drei Städte taumelten zu der einen; sie wollten Wasser trinken und blieben doch durstig. Und dennoch seid ihr nicht umgekehrt zu mir – Spruch des Herrn. Ich vernichtete euer Getreide durch Rost und Mehltau, ich verwüstete eure Gärten und Weinberge; eure Feigenbäume und eure Ölbäume fraßen die Heuschrecken kahl. Und dennoch seid ihr nicht umgekehrt zu mir – Spruch des Herrn.« (Am 4,6–9) Hungersnöte und andere Katastrophen ereignen sich nicht, weil das Volk gesündigt hat, sind keine Strafe Gottes, sondern geben Gelegenheit und Mahnung zur Umkehr, ja drängen gleichsam dazu – und doch rührt es Israel nicht.

In aller Ausgesetztheit gegenüber dem physischen Hunger vergisst Israel aber nicht, dass es einen noch schlimmeren Hunger gibt, nämlich den spirituellen: »Seht, es kommen Tage – Spruch Gottes, des Herrn –, da schicke ich den Hunger ins Land, nicht den Hunger nach Brot, nicht Durst nach Wasser, sondern nach einem Wort des Herrn. Dann wanken die Menschen von Meer zu Meer, sie ziehen von Norden nach Osten, um das Wort des Herrn zu suchen; doch sie finden es nicht.« (Am 8,11–12; vgl. auch Dtn 8,3; Mt 4,4) Alle Härten des physischen Hungers werden übertroffen, wenn eine ganze Gesellschaft ethisch und spirituell orientierungslos wird, wenn in ihr die elementarsten Regeln des Zusammenlebens nicht mehr gelten und das einzige Gesetz die Macht des Stärkeren ist. Der Hunger nach Gerechtigkeit, der dann herrscht, ist schwerer erträglich als jeder Hunger nach Brot.

Was lässt sich aus diesen Beobachtungen für die Gegenwart lernen? Als Strafe Gottes für Taten, die keinerlei kausalen Zusammenhang zum Nahrungsmangel aufweisen, können wir den Hunger heute nicht mehr verstehen. Jene, die Hunger leiden, können meistens am wenigsten dafür, dass es Hunger gibt. Hier durchschauen wir bei allen Grenzen des Wissens die Zusammenhänge besser als die Menschen vor 2500 Jahren. Dennoch bleibt die Frage, wo der Hunger menschengemacht ist und wer dafür die Verantwortung trägt. Mit Amos sollte dabei die Hauptperspektive nach vorne, in die Zukunft gerichtet sein und nicht nach hinten, in die Vergangenheit. Jeder einzelne Mensch, der Hunger leidet, ist eine lebendige Mahnung an alle, sich zu fragen, was dagegen getan werden kann und muss. Die Umkehr in ein neues, gerechtes Weltwirtschaftssystem bleibt die große Forderung, die den Satten in jedem Hungernden vor Augen steht.

6.7.2
Auf Sattheit hoffen.
Die Kraft positiver Visionen

Im 12. bis 14. Jahrhundert, einer Epoche der massiven Verknappung von Nahrungsmitteln, entsteht in Mitteleuropa als Ergänzung zur oder Aktualisierung der biblischen Paradiesvorstellung der Mythos vom Schlaraffenland. Angesichts des Hungers braucht man Träume (Jakob Tanner 1996: 399–419). Die Vorstellung vom Schlaraffenland bindet den Nahrungserwerb nicht mehr an Arbeit, wie es die Bibel für die Zeit nach dem menschlichen Sündenfall für unausweichlich ansieht: »Im Schweiße deines Angesichts sollst du dein Brot essen, bis du zurückkehrst zum Ackerboden« (Gen 3,19). Diese Bindung ist nun aufgehoben, »Faulenzer, Nichtstuer und Müßiggänger sind willkommen« (Eva Barlösius 1999: 17). Außerdem stellt das Schlaraffenland völlige soziale Gleichheit her: Alle Menschen essen die Speisen der Reichen (Eva Barlösius 1999: 17).

In der Tat, im Garten Eden des Paradieses wird dem Menschen zugesagt: »Von allen Bäumen des Gartens darfst du essen!« (Gen 2,16) Ein einziger Baum wird von dieser Erlaubnis ausgenommen – und doch bedeutet die Erlaubnis Gottes ein fast grenzenloses Geschenk: Essen und Trinken sind paradiesische Vollzüge – sie lassen träumen, genießen, sich freuen.

Zwar hat der Mensch – so die Überzeugung der Bibel – diesen paradiesischen Zustand durch die Sünde vorerst verspielt, doch bleibt die Verheißung Gottes bestehen, dass die Möglichkeit überreichen Essens und Trinkens dereinst wiederhergestellt wird: »Seht, es kommen Tage – Spruch des Herrn –, da folgt der Pflüger dem Schnitter auf dem Fuß und der Keltertreter dem Sämann; da triefen die Berge von Wein und alle Hügel fließen über. Dann wende ich das Geschick meines Volkes Israel. Sie bauen die verwüsteten Städte wieder auf und wohnen darin; sie pflanzen Weinberge und trinken den Wein, sie legen Gärten an und essen die Früchte.« (Am 9,13–15)

Anders als im Mythos vom Schlaraffenland ist zwar von Arbeit die Rede, doch es ist eine leichte und sehr erfolgreiche Arbeit, die mehr Früchte trägt als zu erwarten wäre.

Die Mühen der (Feld-)Arbeit verblassen, wenn Israel sich bewusst macht, dass die Sättigung aller Menschen letztlich ein Geschenk ist, das sich nicht machen lässt. Wenn Gott es gewährt, dann sind daher alle Gesetze der Ökonomie vom Kaufen und Bezahlen außer Kraft gesetzt. Die Nahrung wird umsonst geschenkt: »Auf, ihr Durstigen, kommt alle zum Wasser! Auch wer kein Geld hat, soll kommen. Kauft Getreide und esst, kommt und kauft ohne Geld, kauft Wein und Milch ohne Bezahlung! Warum bezahlt ihr mit Geld, was euch nicht nährt, und mit dem Lohn eurer Mühen, was euch nicht satt macht? Hört auf mich, dann bekommt ihr das Beste zu essen und könnt euch laben an fetten Speisen.« (Jes 55,1–2)

Die Bibel kennt drei große Visionen für eine erlöste Welt: dass Mensch und Tier miteinander in Frieden leben (Bewahrung der Schöpfung); dass alle Völker zum Zion pilgern und dort miteinander in Frieden leben (Frieden); und dass alle Menschen satt werden (Gerechtigkeit). Diese drei Visionen sind für Israel der kritische Maßstab allen gegenwärtigen Tuns, die richtungweisende Orientierung für zukünftiges Handeln, und ein starkes Motiv, sich tatsächlich in Bewegung zu setzen: Es wird möglich sein!

Das Neue Testament sieht alle drei Visionen im Kommen Jesu von Nazaret erfüllt: Er lebt mit den wilden Tieren in Frieden (Mk 1,13); er öffnet die Tore des himmlischen Jerusalem für alle Völker (Offb 21–22); er sättigt alle Hungernden und preist sie deswegen glücklich: »Selig, die ihr jetzt hungert, denn ihr werdet satt werden.« (Lk 6,21) Dies ist der Kontext der Erzählung von der Brotvermehrung, die an sechs Stellen in allen vier Evangelien erzählt wird und schon allein dadurch als eine der wichtigsten Botschaften des Neuen Testaments gelten muss (vgl. zum Folgenden vor allem János Bolyki 1998: 89–102). Genau besehen geht es um zwei Geschichten: die Speisung der Fünftausend (Mk 6,30–44; Mt 15,13–21; Lk 9,10–17; Joh 6,1–15) und die Speisung der Viertausend (Mk 8,1–9; Mt 15,32–38). Ob es sich historisch um zwei verschiedene Ereignisse oder um zwei mündlich tradierte Geschichten desselben Ereignisses handelt, ist letztlich unerheblich.

Insbesondere auf zwei alttestamentliche Erzählungen spielen die Texte deutlich an (vgl. dazu besonders Peter J. Scaer 2008: 119–133; Klaus Berger 1993: 119–121):

♦ *Die Erzählung vom Manna in der Wüste* (Ex 16): Die »einsame Gegend« (Mk 6,32), in der sich das Wunder ereignet, ist im griechischen Text ein ερημος, eine »Wüste«. Gemäß Mk 6,40 sollen sich die Menschen in Gruppen zu je 100 und 50 setzen (in Lk 9,14 nur zu je 50). Hier wird auf die hierarchische Ordnung Israels in der Wüste angespielt, die Abteilungen zu je 1000, 100, 50 und 10 vorsieht (Ex 18,21; Dtn 1,15). Am Ende bleiben zwölf Körbe voll Brotstückchen übrig – eine Anspielung auf die zwölf Stämme Israels (Mk 6,43; Mt 14,20; Lk 9,17). Die Botschaft, die mit all diesen Querverbindungen zu Israel auf dem Weg in die Freiheit vermittelt werden soll, ist klar: Jesus nährt das neue Israel auf seinem Weg durch die Wüste in die Freiheit.

◆ *Die Erzählung vom Speisewunder des Propheten Elischa* (2 Kön 4,42–44): Zu Elischa, so wird erzählt, kommt ein Mann und bringt zwanzig Gerstenbrote und frische Körner. Elischa befiehlt seinem Diener: »Gib es den Leuten zu essen!« Doch dieser sagt: »Wie soll ich das hundert Männern vorsetzen?« Elischa aber insistiert: »Gib es den Leuten zu essen! Denn so spricht der Herr: Man wird essen und noch übrig lassen.« Und tatsächlich: Sie essen und lassen noch übrig. – Die gemeinsamen Strukturmerkmale mit den Erzählungen von der Brotvermehrung liegen auf der Hand: Der Befehl, zu essen zu geben – die Nennung der Zahl der Brote und einer Beikost – die Nennung der Zahl der speisenden Menschen – der Einwand der Diener/Jünger – die Wiederholung des Befehls Elischas/Jesu – die Feststellung, dass alle satt werden und noch viel übrig bleibt. Der einzige Unterschied ist, dass die Zahlen in den Evangelien weit größer sind als die Zahlen der Elischa-Erzählung. Jesus ist der viel größere Prophet Gottes, so der Impuls.

Die inhaltliche Quintessenz im Johannesevangelium ist eine gänzlich andere als bei den Synoptikern. Bei Johannes ist es allein Jesus, der die Menschen speist. Er besitzt von Anfang an einen klaren Plan: »Er selbst wusste, was er tun wollte.« (Joh 6,6) Diesen Plan führt er ohne Hilfe der Jünger ganz alleine aus: »Dann nahm Jesus die Brote, sprach das Dankgebet und teilte an die Leute aus.« (Joh 6,11) Der vierte Evangelist spielt damit auf das antike Königsprivileg der Armenspeisung an (Klaus Berger 1993: 121–124): Vor Julius Caesar gab es im Römerreich Mäzene, die Hungernde speisten und denen deswegen Inschriften an Gebäuden gewidmet wurden, in denen die Begriffe »retten« oder »Retter« vorkamen. Caesar macht daraus ein Privileg der Kaiser, anderen Personen im römischen Reich werden die Armenspeisung und deren Verewigung in Inschriften verboten. Genau darauf spielt Johannes an. Denn als alle satt geworden sind, erzählt er: »Da erkannte Jesus, dass sie kommen würden, um ihn in ihre Gewalt zu bringen und zum König zu machen.« (Joh 6,15) – Wie sonst auch treten bei Johannes die Jünger völlig hinter dem souverän handelnden Jesus zurück. Er ist es, der die Menschen speist.

Das ist bei den Synoptikern völlig anders. In ihren Versionen der Geschichte gibt es kein Spendewort wie in den von ihnen erzählten übrigen Wundergeschichten. Es geht also nicht um ein Tun Jesu (János Bolyki 1998: 89–102). Vielmehr liegt der Akzent wie schon in der Elischa-Erzählung ganz auf dem Befehl Jesu an die Jünger: »Gebt ihr ihnen zu essen!« (Mk 6,37 parr Mt 14,16; Lk 9,13). In der Erzählung von der Speisung der Viertausend, die deutlich kürzer ausfällt, kommt dieser Befehl zwar nicht vor, aber auch dort wird betont, dass es die Jünger sind, die die Speisen austeilen. Die Synoptiker wollen also verdeutlichen, dass die Speisung der Menschen die erste und vorrangigste Aufgabe aller JüngerInnen Jesu ist. Wo Menschen bereit sind, miteinander geschwisterlich zu teilen, da braucht niemand hungern, da werden alle satt.

6.7.3
Dem Schöpfer vertrauen.
Die Bitte um das tägliche Brot

Die Vision der Brotvermehrung mag Mut machen. Und doch erleben jene, die sich für den Kampf gegen den Welthunger einsetzen, viele Enttäuschungen und Rückschläge. Ihnen schlägt Jesus vor, die Sorge um das tägliche Brot jenseits des eigenen Mühens und Arbeitens einem anderen anzuvertrauen. Brot ist in der Antike nicht ersetzbar – es gibt kein anderes stärkehaltiges Lebensmittel, weder Reis noch Kartoffeln. Brot ist das einzige, unersetzliche Grundnahrungsmittel (Klaus Berger 1993: 15). Die Rede vom »Brot« wird damit zur Chiffre für die lebenserhaltende Nahrung insgesamt (Klaus Berger 1993: 17).

Die Brotbitte im Vaterunser (Mt 6,11; Lk 11,3) ist die erste der »Wir-Bitten«, in denen die BeterInnen etwas für sich erbitten. Ohne eine ausreichende Ernährung wären alle weiteren Bitten sinnlos. In dieser Bitte begegnet bei Matthäus das griechische Wort επιουσιον, das wir üblicherweise mit »täglich« übersetzen. Bereits Lukas eliminiert das Wort, weil es ihm unverständlich scheint. Klaus Berger bietet eine genaue und meines Erachtens überzeugende Übersetzung an: »Unser Brot für morgen gib uns heute« (Klaus Berger 1993: 75). Damit spiegelt Berger die Zeitversetzung um einen Tag, die durch das Mahlen des Getreides und das Backen des Brotes entsteht. Die BeterInnen erbitten im Vaterunser heute das Korn für das Brot von morgen (Klaus Berger 1993: 76).

Bei Matthäus steht die Brotbitte des Vaterunser in engem Zusammenhang mit einem anderen Text der Bergpredigt, der nur wenige Sätze später folgt (Mt 6,25–34): die Aufforderung Jesu zur Sorglosigkeit. Diese Aufforderung betrifft gleichermaßen die Sorge der Männer um die Ernährung und die Sorge der Frauen um die Kleidung. Am Beispiel der Vögel, die von Gott genährt, und der Blumen, die von Gott gekleidet werden, sollen Männer und Frauen lernen, was Sorglosigkeit ist: Vertrauen auf den Schöpfer, der es mit seinen Geschöpfen gut meint und ihnen genug zum Leben schenkt. Besonders eindringlich sind die letzten Sätze dieses Abschnitts: »Macht euch also keine Sorgen und fragt nicht: Was sollen wir essen? Was sollen wir trinken? Was sollen wir anziehen? Denn um all das geht es den Heiden. Euer himmlischer Vater weiß, dass ihr das alles braucht. Euch aber muss es zuerst um sein Reich und um seine

Gerechtigkeit gehen; dann wird euch alles andere dazugegeben.« (Mt 6,31–33) In diesen ungeheuer dichten Sätzen wird die jesuanische Ethik und Spiritualität auf den Punkt gebracht: maximaler menschlicher Einsatz für Gerechtigkeit – und maximales Vertrauen auf die nährende Fürsorge des Schöpfers. Diese beiden Aspekte sind kein Widerspruch, sondern bedingen einander: Nur wer sich mit ganzer Kraft für Gerechtigkeit einsetzt, lässt Gott die Freiheit und reduziert ihn nicht zum Wunscherfüller. Und nur wer ganz auf Gott vertraut, wird in seinem Engagement nicht verbissen und moralinsauer als Macher, der sich ständig unter Druck setzt. Die Verbindung von Gottvertrauen und Engagement atmet eine grenzenlose Freiheit – für den Menschen und für Gott.

Dieses Gottvertrauen spricht Jesus auch im Gleichnis von der selbstwachsenden Saat (Mk 4,26–29) an, in dem er verdeutlicht, dass die Nahrungsmittel letztlich nicht »produziert«, »gemacht« werden können, sondern von selber wachsen und reifen. Und das Vertrauen in die nährende Fürsorge des Schöpfers sollen seine JüngerInnen einüben, indem sie kein Brot (Mk 6,8; Lk 9,3) und keinen Brotsack (Mt 10,10; Lk 10,4) mit auf den Weg nehmen. Das Vertrauen in hilfsbereite Menschen, die ihnen unterwegs etwas zu essen schenken werden (denn Geld dürfen sie ja auch nicht mitnehmen), soll Ausdruck ihres Vertrauens in Gott selbst sein.

Das Tischgebet ist von daher nicht irgendein Gebet, sondern das Grundgebet des christlichen Alltags. Keine Bitte ist wichtiger als die um das tägliche Brot, kein Dank wichtiger als der für die empfangene Speise. Die frühjährlichen Bittprozessionen hinaus auf die Felder können diese Haltung demütigen Bittens und dankbaren Empfangens noch verstärken – sie gehören zu den bedeutendsten Ausdrucksformen der Volksfrömmigkeit, die sich im Laufe der Jahrhunderte entwickelt haben.

Im Buch der Sprichwörter heißt es: »Nähr mich mit dem Brot, das mir nötig ist, damit ich nicht, satt geworden, dich verleugne und sage: Wer ist denn der Herr?« (Spr 30,9) Wer übersättigt isst, vergisst schnell, dass er alles empfangen hat. Das jüdische und christliche Beten richten sich daher auf das Lebensnotwendige. Es erbittet keinen Überfluss. Und es ist bemüht, nie zu vergessen, dass eine gute Mahlzeit ein unschätzbares Geschenk darstellt.

6.8
Eucharistie als Weltverantwortung

Bereits im vorangehenden Kapitel hatten wir gesehen, dass Paulus die ChristInnen von Korinth eindringlich mahnt: Wenn die einen schon satt sind, bevor die anderen überhaupt etwas gegessen haben, »dann ist das kein Herrenmahl« (1 Kor 11,20). Was Paulus für die winzige, einige Dutzend Menschen umfassende ChristInnengemeinschaft von Korinth schreibt, gilt auch für den großen Tisch der Weltkirche. Das haben die ersten ChristInnen verstanden und beherzigt (Klaus Berger 1993: 106–109). Während Paulus ziemlich resigniert die Eucharistie vom Sättigungsmahl trennen will, widmen die frühen Christengemeinden die zur Eucharistie mitgebrachten Speisen der Speisung von Armen und Hungernden. Ohne diesen »profanen Kult«, so spüren sie, würde das Gebet der Eucharistie in der Luft hängen und diese eine »ideologische Lüge« werden (Goran Dabić 2005: 83). »Religion lässt sich nicht auf Mitmenschlichkeit und sozialpolitische Sorge für den Mitmenschen reduzieren, aber sie kann diese Vermittlung genauso wenig entbehren. Ohne diese Vermittlung hieße Religion einer Leere nachjagen« (Edward Schillebeeckx 1977: 794).

Jahrhundertelang gehört die Armenspeisung untrennbar zur Feier der Eucharistie dazu: Die bei der Gabenbereitung in einer Prozession dargebrachten Gaben werden von den Amtsträgern an den Kirchentüren an die Armen ausgeteilt, die dort bereits warten. Erst später, als sich die Armenfürsorge immer mehr entfaltet, in den sogenannten Xenodochien umfangreiche bauliche und personelle Strukturen entwickelt und stärker auf Geldspenden als auf Naturalien basiert, wird der unmittelbare Zusammenhang zur Eucharistie unsichtbar.

Ist die christliche Armenspeisung, die heute in den weltweit agierenden Entwicklungshilfeorganisationen wie »Misereor« und »Brot für die Welt« weiterlebt, systemerhaltend oder systemverändernd? Ein Gang durch die Geschichte und eine Sichtung der offiziellen Positionierungen der Kirche heute zeigen sehr klar, dass konkrete Hilfe für den Menschen in Not und Engagement für Veränderungen der herrschenden Wirtschaftsordnung Hand in Hand gingen und gehen (siehe dazu Edeltraud Koller et al. 2013).

Das hat seinen Grund darin, dass die Eucharistie insgesamt einen anderen Blick auf die Ökonomie ermöglicht. Die profane »Ökonomie des Marktes« zielt nach ihrer eigenen Theorie auf einen permanenten Austausch von Gütern und Dienstleistungen. Kapital ist »tot«, wenn es gehortet und dem Wirtschaftskreislauf entzogen wird. Insofern tut man alles, um das Kapital in ständigem Fluss zu halten und dorthin zu bringen, wo es gerade gebraucht wird. In der Praxis der Ökonomie des Marktes kommt es aber zunehmend zu einer Anhäufung von Kapital (Andrea Bieler / Luise Schottroff 2007: 122). Das hat damit zu tun, dass der zentrale Antrieb des »homo oeconomicus« seit Adam Smith in der Realisierung des Eigeninteresses gesehen wird (Andrea Bieler / Luise Schottroff 2007: 129–131). Wenn der Einzelne nur seinem eigenen Nutzen folge, so die Idee, dann werde er von einer unsichtbaren Hand schon dazu gebracht, wie von selbst das Gemeinwohl aller zu befördern. In Wirklichkeit handelt der Mensch aber nicht rein rational, wie das die ökonomische Theorie voraussetzt, sondern höchst emotional, und zwar umso mehr, je mehr er an seine Zukunft denkt: Angst kommt ins Spiel, und er häuft Besitz und Kapital an anstatt sie fließen zu lassen. Kapitalakkumulation wird zum Götzen, das Horten von Besitz zum Fetisch (Andrea Bieler/Luise Schottroff 2007: 131–132).

Die spirituelle »Ökonomie der Gnade« hingegen setzt nicht auf den Tausch als Selbstwert, sondern auf Beziehungen, die durch den Tausch entstehen und bestärkt werden. Sie sieht den Tausch wie Marcel Mauss als symbolische Kommunikation (Andrea Bieler/Luise Schottroff 2007: 137): Gott gibt verschwenderisch und im Überfluss. Doch seine Gaben kann man nicht aufbewahren, sondern nur weiterschenken, weil sie ansonsten verrotten wie das Manna, das die Israeliten in der Wüste horten wollten (Ex 16). Aber es ist genug da, und so braucht der spirituelle Mensch keine Angst vor dem Morgen haben – das soll er ganz allein Gott anvertrauen (Mt 6,33). Die Eucharistie symbolisiert in ihrem Ritual dieses Vertrauen und diese Gelassenheit. Sie ist ein »Gabentauschritual« zwischen Gott und Mensch (Andrea Bieler/Luise Schottroff 2007: 138), durch das die Feiernden ermächtigt werden, die empfangenen Gaben an Bedürftige weiterzuschenken. Eucharistie als Danksagung ist damit eine »subversive Praxis …, die die omnipotenten Ansprüche des homo oeconomicus herausfordert.« (Andrea Bieler/Luise Schottroff 2007: 153)

Kernritual dieses Gabentauschs ist das »Zurückbringen der Gaben«, wie Andrea Bieler und Luise Schottroff die Gabenbereitung, das Offertorium nennen (2007: 156): »Wir bringen, was wir von Gott durch die Hände von arbeitenden Menschen erhalten haben. Wir bringen Gaben, die uns von anderen gegeben wurden. In diesem Sinne bringen wir eher die Gaben zum Altar zurück, und indem wir das tun, partizipieren wir an dem Kreislauf der Ökonomie der Gnade.« (Andrea Bieler/Luise Schottroff 2007: 157) Die Gabendarbringung ermöglicht einen klareren Blick auf Ökonomie des Marktes und nährt die Überzeugung, dass es auch anders ginge: »Die Gaben als Ausdruck der Dankbarkeit repräsentierten die Bemühungen um soziale Gerechtigkeit in der Alten Kirche.« (Andrea Bieler/Luise Schottroff 2007: 161).

Ursprünglich tragen die Gläubigen ihre materiellen Gaben wie gesagt zum Altar. Doch diese frühchristliche Praxis endet etwa um das Jahr 400. Von da an bringt man die Gaben ins Pfarrhaus. So bestimmt die Synode von Hippo im Jahr 393 im Canon 23, auf dem Altar solle man nur Brot und mit Wasser gemischten Wein darbringen. Und der Apostolische Kanon Nr. 2 schreibt wenig später vor: »Wenn ein Bischof oder Priester wider die vom Herrn über das Opfer gegebene Konstitution etwas Anderes auf dem Altare Gottes geopfert hat als Honig oder Milch, oder statt des Weines ein berauschendes oder künstliches Getränk, oder Vögel, oder irgendwelche Tiere, oder Hülsenfrüchte: der soll, weil ordnungswidrig handelnd, abgesetzt werden. Ausgenommen zu einer Zeit frischer Ähren und Trauben darf man nichts Anderes zum Altar bringen als Öl zum heiligen Licht und Räuchergewürze für die Zeit des göttlichen Opfers. Eine jegliche andere Frucht aber soll in das (Bischofs-)Haus geschickt werden, als Erstlinge für Bischof und Priester, nicht aber zum Altar.«

So verständlich es ist, dass man die eucharistischen Spezies von Brot und Wein nicht undifferenziert mit den anderen Gaben vermischt sehen möchte, so tragisch ist doch das Auseinanderreißen der beiden Aspekte der Gabenbereitung. Ab dem 11. Jahrhundert wird ohnehin Geld gegeben und damit die Zweckbestimmung für die Armen und Hungernden gänzlich unsichtbar gemacht. Dabei war die Gabenprozession ursprünglich ein »formeller öffentlicher Akt der Übergabe in Gottes Gemeindeeigentum« (Andrea Bieler/Luise Schottroff 2007: 171). So wie die ersten ChristInnen von Jerusalem ihren Besitz zu Füßen der Apostel niederlegen und ihn damit der Gemeinde übereignen (Apg 4,35.37; 5,2), so bringen die ChristInnen der nachfolgenden Generationen ihre Gaben zum Altar und übereignen sie Gott, der sie durch die Amtsträger an die Armen weitergeben lässt.

Es wäre gut, wenn die Verbindung von Eucharistie und Einsatz für Gerechtigkeit wieder deutlicher sichtbar würde als in den letzten Jahrhunderten. Die kirchlichen Hilfswerke haben dazu bereits die Tür geöffnet, indem sie ihre großen Kollekten in einer sonn- oder feiertäglichen Eucharistiefeier einsammeln. Da und dort werden diese Kollekten allerdings aus der Eucharistiefeier verbannt und vor die Kirchentüren verlegt. Ich halte das für einen symbolisch-kommunikativen Super-GAU. Denn was wird den Menschen damit signalisiert? Einsatz für Gerechtigkeit ist etwas Sekundäres, Äußerliches, was zwar nicht schlecht ist, aber unser Eigentliches nicht berührt! Eine theologisch völlig verkehrte Botschaft. Nein: Der Einsatz gegen den Hunger in der Welt ist Kernberufung aller Glaubenden. Denn der, der sie an den Tisch der Eucharistie lädt, will, dass sie nicht nur das eucharistische, sondern auch das tägliche Brot mit allen teilen, die danach hungern. Eucharistie feiern bedeutet glauben, dass die Geschwisterlichkeit Jesu alle Systeme der Welt verwandeln kann.

7

TischgenossInnen und Nahrungsquelle

Tierethische Aspekte der Ernährung

Unser Blick über den Tellerrand hinaus, der in Kapitel 5 begonnen hat, und über den Tischrand hinaus, der mit Kapitel 6 seinen Anfang nahm, weitet sich immer mehr: Denn am Tisch sitzt nicht nur die globale Menschengemeinschaft, sondern auch die Gemeinschaft der Geschöpfe, die in diesem Kapitel in den Blick kommt. Die Redensweise vom Blick über den Tellerrand meint dabei einen ethisch geweiteten Blick, der die Bedürfnisse der anderen ebenso wahrnimmt wie die eigenen: Wer über den eigenen Tellerrand hinausschaut, achtet auf den Teller der TischgenossInnen, sieht, wenn diese etwas brauchen, und kommt ihrer Bitte mit dem Angebot zuvor, etwas anzureichen. In den westeuropäischen Sprachen findet sich eine Entsprechung nur noch im Englischen, wo es nicht der Teller, sondern die Teetasse ist, über deren Rand man schaut: »To look over the rim of the tea cup« heißt es dort.

Die Tiere, die in diesem Kapitel im Mittelpunkt stehen, kommen in einer doppelten Rolle in den Blick. Einerseits sind sie TischgenossInnen, die mit den Menschen gemeinsam am großen Tisch der Schöpfung sitzen und die Nahrung mit ihnen teilen. Sie sind Kumpanen im wörtlichen Sinne, gerade auch die Nutztiere, weil sie sich vom selben Acker nähren wie der Bauer, der sie füttert. Andererseits aber sind sie im 21. Jahrhundert mehr denn je zur Nahrung geworden. Die Menschen essen und trinken nicht nur ihre Milch und ihre Eier, sondern vor allem sie selbst, ihr Leben, ihr Fleisch und Blut. Weil diese letzte Nutzung des Tieres mit Abstand am meisten von ihm fordert, soll sie pars pro toto für die gesamte Tiernutzung zur menschlichen Ernährung untersucht und diskutiert werden.

Im Grunde ist die Doppelnatur des Fressens und Gefressenwerdens, des Fütterns und Gefütterwerdens in jedem Ernährungsvorgang präsent (vgl. Kapitel 3). Doch spitzt sie sich in der Gestalt der Fleischtiere in unüberbietbarer Weise zu: Während der Mensch andere Geschöpfe erst dann mit seinem Leib nährt, wenn er eines natürlichen Todes gestorben ist, werden Fleischtiere gezielt geboren, aufgezogen und geschlachtet, um diesem Zweck zu dienen. Lässt sich die Schlachtung von Tieren in einer modernen Industriegesellschaft überhaupt noch rechtfertigen, die leicht eine gesunde, rein vegetarische Ernährung bereitstellen könnte?

Diese Frage wird in dem Bewusstsein gestellt, dass gerade der Fleischkonsum in höchstem Maße symbolisch aufgeladen ist. Während das Welthungerproblem stärker sozialethisch-funktionalistisch angegangen werden muss und nur als Auslöser und Motivator das individualethische Symbolhandeln der KonsumentInnen braucht, sind beim Fleischverzehr so tief in der menschlichen Psyche verankerte Symboliken wirksam, dass eine rein oder primär funktionalistische Strukturveränderung, etwa durch Verteuerung des Fleisches, kaum etwas bewirken wird.

Nach einem Blick auf die wichtigsten Fakten des gegenwärtigen Fleischkonsums und seiner Nebenwirkungen (7.1) wird wenigstens ansatzweise die Frage einer gerechten Tierhaltung thematisiert (7.2) und der Vorgang des Schlachtens selbst problematisiert (7.3). Ihm wird das Ideal einer vegetarischen Ernährung gegenübergestellt (7.4), ehe nach einem verantwortbaren Fleischkonsum gefragt wird (7.5). Abschließend werden wie gewohnt biblische Impulse (7.6) und eucharistische Kontrastierungen (7.7) das Kapitel beschließen.

7.1
Wohlstandssymbol
Fleischverzehr am Beginn des 21. Jahrhunderts

Einige wenige Fakten werden genügen, um die enormen quantitativen Dimensionen zu verdeutlichen, die der Fleischverzehr in den vergangenen fünf Jahrzehnten angenommen hat. Erst auf ihrem Hintergrund kann die ethische Debatte angemessen geführt werden.

7.1.1
Der Konsum von Fleisch rund um den Globus

Zeitgenössische Statistiken unterscheiden begrifflich zwei Maße: Unter *Fleischverbrauch* versteht man (brutto) das Gewicht der gesamten verbrauchten Tiere. Hier sind Knochen, Knorpel und Fette mit eingerechnet, auch wenn diese von den KonsumentInnen nicht verzehrt werden. Unter Fleischverzehr hingegen versteht man (netto) den Fleischverbrauch abzüglich jener Teile, die nicht verzehrt werden. Die Differenz

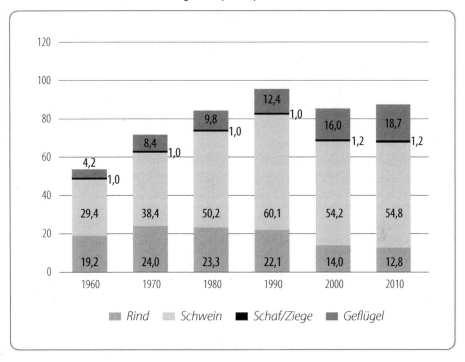

Fleischverbrauch in Deutschland
(in Kilogramm pro Kopf und Jahr).

	1960	1970	1980	1990	2000	2010
Schaf/Ziege	4,2	8,4	9,8	12,4	16,0	18,7
	1,0	1,0	1,0	1,0	1,2	1,2
Schwein	29,4	38,4	50,2	60,1	54,2	54,8
Rind	19,2	24,0	23,3	22,1	14,0	12,8

Rind   Schwein   Schaf/Ziege   Geflügel

Quelle: LEL/LfL 2013.

ist erheblich und beträgt zwischen 25 Prozent und 33 Prozent des Fleischverbrauchs. Als Beispiel: Der Fleischverbrauch betrug in Deutschland 2011 statistisch 89,2 Kilogramm pro Kopf. Die tatsächlich verzehrte Fleischmenge lag laut Deutschem Fleischerverband bei 61 Kilogramm Fleisch pro Kopf. Knapp ein Drittel des verbrauchten Fleisches waren also Abfälle, die nicht verzehrt wurden.

Eine erste Zahlenreihe (Abbildung oben) zeigt die Entwicklung des Pro-Kopf-Fleischverbrauchs in Deutschland von 1960 bis 2010. Von knapp 53 Kilogramm im Jahr 1960 stieg der Verbrauch auf fast 95 Kilogramm im Jahr 1990, sank dann bis zum Jahr 2000 leicht ab und hält sich seither fast konstant auf hohem Niveau. Die Entwicklung verläuft parallel zu jener des Wohlstands. Fleisch – so wird sich immer wieder zeigen – ist eines der signifikantesten Wohlstandssymbole.

Fleischverbrauch in Deutschland
(in Kilogramm pro Kopf und Jahr).

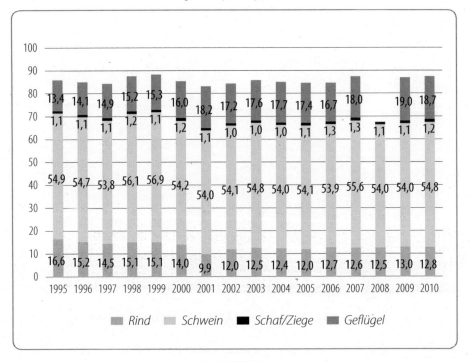

Quelle: EUROSTAT 2013.

Eine etwas feinmaschigere Entwicklung zeigt die nächste Grafik (Abbildung oben): Hier lässt sich erkennen, dass die BSE-Krise im Jahr 2001 in Deutschland nach einem kurzfristig dramatischen Einbruch eine nachhaltige Reduktion des Rindfleischkonsums um 25 Prozent bewirkt. Dieser wird nicht durch einen entsprechend höheren Verbrauch anderen Fleisches kompensiert. Denn der Verbrauch von Geflügel steigt schon vor der BSE-Krise kontinuierlich an und springt im Krisenjahr selber nur einmalig nach oben. Insgesamt steigt der Verbrauch von Geflügelfleisch aber um 40 Prozent in 15 Jahren – ein gewaltiger Zuwachs. Der Verbrauch von Schweinefleisch, dem deutschen Hauptfleischtyp, bleibt hingegen fast exakt auf dem Wert von 1995 – er bewegt sich weder nach oben noch nach unten.

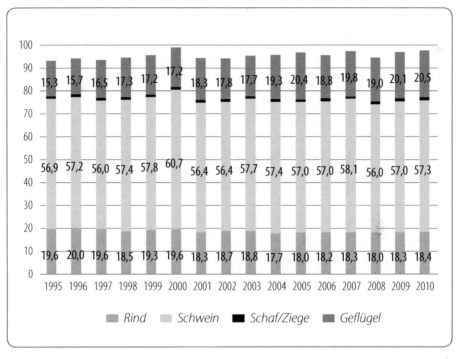

Fleischverbrauch in Österreich
(in Kilogramm pro Kopf und Jahr).

Quelle: EUROSTAT 2013.

In Österreich (Abbildung oben) bewirkt die BSE-Krise von 2001 eine zwar ebenfalls nachhaltige, aber doch äußerst geringe Reduktion des Rindfleischkonsums um nur 5 Prozent. Von 2001 bis 2010 gibt es ganze acht Fälle erkrankter Rinder – eine verschwindend kleine Zahl, die die Bevölkerung offensichtlich kaum in Besorgnis versetzt. Im Blick auf die anderen Fleischarten ist die Entwicklung in Österreich der in Deutschland absolut vergleichbar: Der Verbrauch von Geflügelfleisch steigt kontinuierlich an – um 30 Prozent in 15 Jahren –, der Verbrauch von Schweinefleisch bleibt konstant.

Vergleicht man das absolute Verbrauchsniveau zwischen Österreich und Deutschland, liegt Österreich bei allen Fleischarten über dem deutschen Verbrauch. Beim Rind sind es vor und nach dem Ausbruch von BSE gleichermaßen fast 50 Prozent mehr, beim Schwein 5 Prozent und beim Geflügel 10 Prozent mehr. Das Rind hat im Almenland Österreich einen signifikant höheren Stellenwert als in Deutschland.

7.1 Fleischverzehr am Beginn des 21. Jahrhunderts

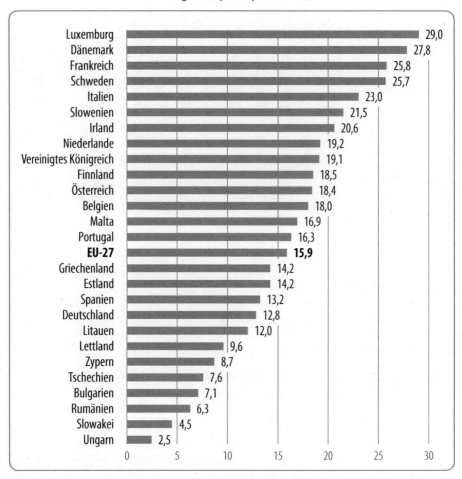

Rindfleischverbrauch in der EU 2010
(in Kilogramm pro Kopf und Jahr).

Luxemburg	29,0
Dänemark	27,8
Frankreich	25,8
Schweden	25,7
Italien	23,0
Slowenien	21,5
Irland	20,6
Niederlande	19,2
Vereinigtes Königreich	19,1
Finnland	18,5
Österreich	18,4
Belgien	18,0
Malta	16,9
Portugal	16,3
EU-27	**15,9**
Griechenland	14,2
Estland	14,2
Spanien	13,2
Deutschland	12,8
Litauen	12,0
Lettland	9,6
Zypern	8,7
Tschechien	7,6
Bulgarien	7,1
Rumänien	6,3
Slowakei	4,5
Ungarn	2,5

Quelle: EUROSTAT 2013.

Interessant sind die Konsumgewohnheiten der verschiedenen Mitgliedsstaaten der Europäischen Union (Abbildung oben). Beim Rindfleisch ist der Spitzenverbrauch in Luxemburg, den skandinavischen Ländern Dänemark und Schweden sowie den Gourmetländern Frankreich und Italien anzutreffen. Alle Staaten unterhalb des EU-27-Durchschnitts sind arme Länder – mit Ausnahme Deutschlands. Das Vereinigte Königreich liegt noch immer über dem EU-Schnitt, hat aber seit der BSE-Krise seinen Rindfleischverbrauch massiv reduziert.

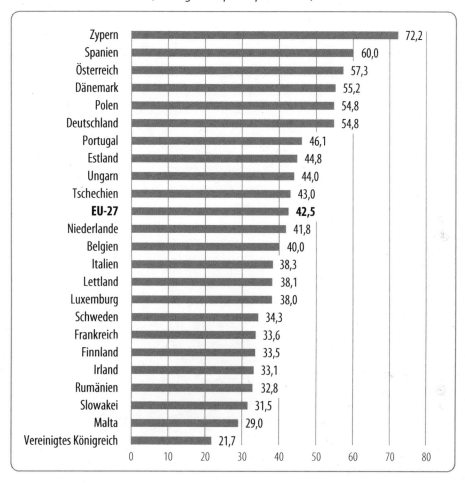

Schweinefleischverbrauch in der EU 2010
(in Kilogramm pro Kopf und Jahr).

Zypern	72,2
Spanien	60,0
Österreich	57,3
Dänemark	55,2
Polen	54,8
Deutschland	54,8
Portugal	46,1
Estland	44,8
Ungarn	44,0
Tschechien	43,0
EU-27	**42,5**
Niederlande	41,8
Belgien	40,0
Italien	38,3
Lettland	38,1
Luxemburg	38,0
Schweden	34,3
Frankreich	33,6
Finnland	33,5
Irland	33,1
Rumänien	32,8
Slowakei	31,5
Malta	29,0
Vereinigtes Königreich	21,7

Quelle: EUROSTAT 2013.

Beim Schweinfleischverbrauch ist die Korrelation zum Durchschnittseinkommen weder bei den Spitzen- noch bei den Geringverbraucherländern erkennbar (Abbildung oben). Dass England das Schlusslicht der EU darstellt, mag überraschen, war es doch im 19. Jahrhundert das Mutterland einer industrialisierten Schweinehaltung und -zucht. Es hat aber traditionell immer mehr Geflügel und Rind als Schwein verzehrt, wie übrigens auch die USA.

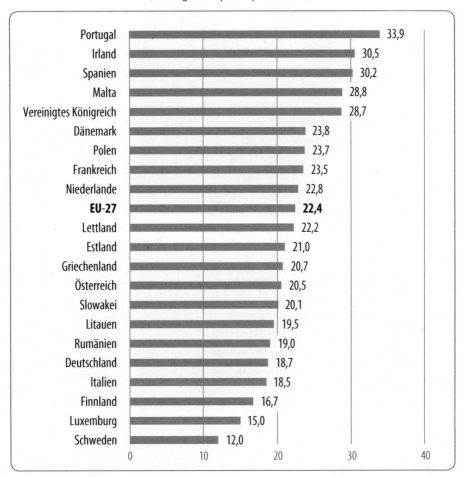

*Geflügelfleischverbrauch in der EU 2010
(in Kilogramm pro Kopf und Jahr).*

Portugal	33,9
Irland	30,5
Spanien	30,2
Malta	28,8
Vereinigtes Königreich	28,7
Dänemark	23,8
Polen	23,7
Frankreich	23,5
Niederlande	22,8
EU-27	**22,4**
Lettland	22,2
Estland	21,0
Griechenland	20,7
Österreich	20,5
Slowakei	20,1
Litauen	19,5
Rumänien	19,0
Deutschland	18,7
Italien	18,5
Finnland	16,7
Luxemburg	15,0
Schweden	12,0

Quelle: EUROSTAT 2013.

Beim Geflügel (Abbildung oben) gibt es wiederum klar erkennbare regionale Präferenzen. Westeuropa, also die iberische Halbinsel und das Vereinigte Königreich sowie Irland, zudem das aufgrund der Geschichte englisch geprägte Malta, sind die absoluten Spitzenreiter beim Geflügelverbrauch. In der Schlussgruppe, die nur halb so viel Geflügel verzehrt wie die Spitzengruppe, sind neben Luxemburg vor allem nordeuropäische Länder zu finden.

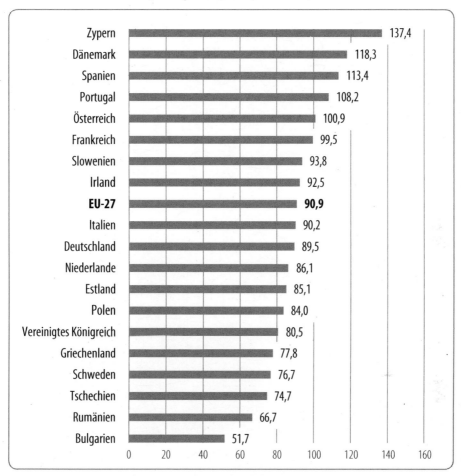

Fleischverbrauch gesamt in der EU 2010
(in Kilogramm pro Kopf und Jahr).

Zypern	137,4
Dänemark	118,3
Spanien	113,4
Portugal	108,2
Österreich	100,9
Frankreich	99,5
Slowenien	93,8
Irland	92,5
EU-27	**90,9**
Italien	90,2
Deutschland	89,5
Niederlande	86,1
Estland	85,1
Polen	84,0
Vereinigtes Königreich	80,5
Griechenland	77,8
Schweden	76,7
Tschechien	74,7
Rumänien	66,7
Bulgarien	51,7

Quelle: EUROSTAT 2013.

Für den Gesamtverbrauch an Fleisch (Abbildung oben) fehlen der Statistikbehörde der EU etliche Zahlen. Sichtbar wird, dass große Armut den Fleischverbrauch drückt: Rumänien und Bulgarien rangieren am Ende der Skala. Großer Wohlstand führt aber nicht zu einem immer weiteren Ansteigen des Fleischkonsums. Vielmehr spielen ab einer gewissen Gesamtmenge kulturelle Gewohnheiten und Vorlieben die Hauptrolle.

Die eben gemacht Beobachtung lässt sich relativ gut verallgemeinern: Sobald das durchschnittliche Einkommen eines Landes wächst, steigt auch der Fleischkonsum, der sich zugleich von Geflügel und Lamm zu Schwein und Rind verschiebt. Allerdings gibt es ein unsichtbares Maximum des Konsums bei rund 100 Kilogramm pro Kopf und Jahr – ab diesem Wert steigt der Fleischverbrauch trotz Einkommenserhöhungen nicht mehr an (Ted C. Schroeder et al. 1995: 28). Die Food and Agriculture Organization FAO hat das 2010 in folgendes Schaubild gegossen:

Fleischkonsum in Abhängigkeit vom BIP 2005.

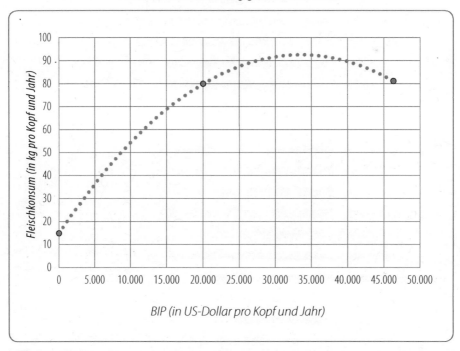

Quelle: FAO 2010, 2012.

Es ist klar, dass angesichts dieser Korrelation der weltweite Fleischkonsum in den nächsten Jahrzehnten stark ansteigen wird, weil insbesondere in den Schwellenländern die Einkommen wachsen. Das wird, wie wir sehen werden, enorme Folgeprobleme erzeugen.

Ehe wir uns diesen zuwenden, muss aber noch an eine spezifische Korrelation erinnert werden, von der schon mehrfach die Rede war: Fleischkonsum ist männlich. Auch in den Industriegesellschaften, in denen die meisten Männer ebenso wie die meisten Frauen an einem Schreibtisch arbeiten und nur noch ein geringer Teil von ihnen wirklich körperliche Schwerstarbeit zu leisten hat, essen Männer in der Regel doppelt so viel Fleisch wie Frauen (für Deutschland siehe Bundesministerium für Ernährung, Landwirtschaft und Verbraucherschutz 2008b: 44). Hier zeigt sich, dass nicht die objektiven Notwendigkeiten, sondern die kulturellen Codierungen den Fleischverzehr bestimmen. Eine Veränderung ist folglich nur über die symbolischen Codes zu erreichen.

7.1.2
Die weltweiten Folgen der Fleischproduktion

2010 wurden weltweit etwa 294 Millionen Tonnen Fleisch produziert. Im globalen Schnitt standen pro Person und Jahr 42,5 Kilogramm Fleisch zur Verfügung. In den Entwicklungsländern lag der durchschnittliche Fleischverbrauch bei 32,4 Kilogramm, in den Industriestaaten bei 79,2 Kilogramm pro Person und Jahr. Das bedeutet innerhalb von 25 Jahren praktisch eine Verdoppelung der weltweiten Fleischproduktion. Der Fleischhunger der Menschen ist groß.

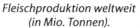

**Fleischproduktion weltweit
(in Mio. Tonnen).**

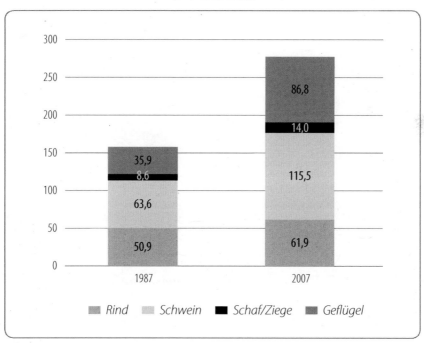

Quelle: FAO 2010: 16.

7.1 Fleischverzehr am Beginn des 21. Jahrhunderts

Allerdings sind die Folgen der derzeit praktizierten Viehwirtschaft, die zum größten Teil der Fleischproduktion dient, enorm (vgl. dazu auch Kapitel 8.1):

♦ *Treibhauseffekt:* Auf das Konto der Tierhaltung gehen 80 Prozent der landwirtschaftlichen und 18 Prozent der weltweiten anthropogenen Treibhausgas-Emissionen (Martin Schlatzer 2011[2]: 60–69). Der Ausstoß von Methan und Lachgas nahm von 1990 bis 2005 um 17 Prozent zu. Das ist in erster Linie eine Folge des steigenden Fleischkonsums in vielen Teilen der Welt.

♦ *Landverbrauch:* 26 Prozent der globalen Landfläche sind Weideland, 33 Prozent des Ackerlandes dienen der Futtermittelproduktion. Rund 70 bis 80 Prozent der weltweiten landwirtschaftlichen Nutzfläche werden damit von der Tierhaltung beansprucht. Wenn alle so viel Fleisch essen wollten wie die Menschen der Industrieländer, müsste man die weltweiten Agrarflächen verdoppeln (Martin Schlatzer 2011[2]: 72–87).

Flächenverbrauch pro Kilokalorie.

Lebensmittel	Flächenbedarf (m²/kcal)	Lebensmittel	Flächenbedarf (m²/kcal)
Rindfleisch	31,2	Ölfrüchte	3,2
Hühnerfleisch	9,0	Obst	2,3
Schweinefleisch	7,3	Hülsenfrüchte	2,2
Eier	6,0	Gemüse	1,7
Milch	5,0	Getreide	1,1

Quelle: Martin Schlatzer 2011[2]: 83, nach Christian Peters et al. 2007: 145–153.

♦ *Wasserverbrauch:* Weltweit verursacht die Nutztierhaltung etwa acht Prozent des menschlichen Wasserverbrauchs, vor allem für die Bewässerung beim Anbau von Futtermitteln. Pro Kilogramm Rindfleisch werden 15.455 Liter Wasser verbraucht, pro Kilogramm Reis 3.400 Liter, pro Kilogramm Weizen 1.300 Liter, pro Kilogramm Kartoffeln 255 Liter (Heinrich-Böll-Stiftung et al. 2013: 29). Ein Kilogramm Rindfleisch beansprucht also mehr als das Zehnfache an Wasser wie ein Kilogramm Weizen.

♦ *Zerstörung der Umweltmedien Boden und Wasser:* In den USA verursacht die Tierhaltung 55 Prozent der Bodenerosion, 37 Prozent des Pestizideinsatzes, 50 Prozent des Antibiotikaverbrauchs und 33 Prozent der Süßwasserbelastung mit Stickstoff und Phosphat (FAO 2010).

♦ *Zerstörung der Artenvielfalt:* In zwei Lebensräumen spielt die Nutztierhaltung eine entscheidende Rolle für die Bedrohung der Artenvielfalt: Für Süßwasserlebewesen spielt die Immission von Schadstoffen in die Gewässer eine Rolle, die zu einem guten Teil aus der Tierhaltung stammen, und bei Gefäßpflanzen die Überweidung durch Nutztiere.

♦ *Abholzung der Regenwälder:* Der größte Teil der Regenwaldflächen, die derzeit gerodet werden, dient anschließend der Tierhaltung. Das gilt insbesondere in Brasilien.

♦ *Nahrungskonkurrenz zum Menschen:* 57 Prozent der weltweiten Mais- und Getreideernten werden an Vieh verfüttert. Um aber eine Kilokalorie Rindfleisch zu erzeugen, braucht man zehn Kilokalorien Futtergetreide. Bei Schwein und Geflügel sind die Verwertungseffizienzen zwar günstiger, doch ist die Nutztierhaltung letztlich ein großes Lebensmittelvernichtungsprogramm.

Verwertungseffizienz der Tiere.

	Huhn	Schwein	Rind
Futtermitteleffizienz (Tiermasse/Futtermasse in %)	40	20	10
Energieeffizienz (% der Primärenergie)	11	9	3
Proteineffizienz (% der Primärproteine)	20	10	4

Quelle: Martin Schlatzer 2011[2]: 76, nach Vaclav Smil 2002: 305–311.

♦ *Bildung von Antibiotika-Resistenzen in der Darmflora des Menschen:* Die industrialisierte Nutztierhaltung arbeitet mit großen Mengen Antibiotika – sei es, um Erkrankungen der Tiere vorzubeugen, sei es, um den Fleischansatz der Tiere zu steigern. Trotz aller gesetzlichen Maßnahmen nimmt der Antibiotikaverbrauch nicht signifikant ab. Er sorgt dafür, dass sich Bakterien gegen Antibiotika resistent machen, auch solche, die den Menschen befallen. Das kann zur Unwirksamkeit verwandter Antibiotika führen, wenn sie als ärztliches Mittel eingesetzt werden. Die WHO sieht es als dringendes Ziel an, die flächendeckenden Antibiotika aus der Tierhaltung zu verbannen (Heinrich-Böll-Stiftung 2013: 33).

Zusammengenommen sind die Folgen der Tierhaltung gravierend. Dem steht eine ökonomisch höchst geringe Bedeutung gegenüber: Die Viehwirtschaft trägt weniger als 1,5 Prozent zur globalen Wirtschaftsleistung bei. Wieder zeigt sich: Rein funktionalistisch lässt sich der enorme Trend zum Fleisch nicht erklären. Hier greifen vielmehr uralte symbolische Muster, die umso besser wirken, je mehr Menschen ein akzeptables Einkommen erreichen.

7.2
Mitgeschöpfe als NahrungsproduzentInnen
Die Frage der Nutztierhaltung

Die bekannte Gründungslegende Roms erzählt, dass eine Wölfin die im Wald ausgesetzten Zwillinge Romulus und Remus gesäugt und so vor dem Verhungern bewahrt habe, bis ein Schweinehirt die beiden fand und sich ihrer annahm (so in Plutarch, Vitae, Romulus, IV, 3, der auf ältere Quellen zurückgreift). Mochte man solche Erzählungen bis vor Kurzem als romantische Legenden abtun, wissen wir heute, dass Wölfe, deren Sozialverhalten dem menschlichen äußerst ähnlich ist, ein ausgeprägtes Kindchenschema besitzen und sich daher wehrloser Neugeborener verschiedener Tierarten fürsorglich annehmen. An ihren gezähmten Verwandten, den Hunden, können wir das bisweilen gut beobachten.

Ein Tier nährt Menschen – freiwillig, uneigennützig und spontan. Aber auch Menschen haben Tiere schon lange vor deren Domestikation gefüttert – und vermutlich zuerst die Wölfe, die die menschlichen Jagden aus einigem Abstand begleiteten, die Reste der gejagten Tiere erhielten und später wie von selbst (als Hunde) die ersten tierlichen Gefährten des Menschen wurden (Josef H. Reichholf 2009: 18–20).

Menschen und Tiere nähren einander wechselseitig – eine geradezu romantische, verträumte Vorstellung, insbesondere wenn man an die Brutalität denkt, die 95 Prozent der heutigen Nutztierhaltung prägt: Auf maximale »Leistung« (an gelegten Eiern, produzierter Milch, angesetztem Fleisch) hochgezüchtete Tiere werden in den engen Gefängnissen der Massentierhaltung gehalten, trotz aller gesetzlichen Verbote systematisch mit Antibiotika vollgestopft und mit importiertem Hochleistungsfutter, das auf fast 40 Prozent der weltweiten Agrarflächen angebaut wird, ungesund und unnatürlich ernährt. Nach einem kurzen Leben, das ihre Grundbedürfnisse auch nicht annähernd berücksichtigt, werden sie zumeist am Fließband geschlachtet.

Angesichts solcher Fakten muss man sich fragen: Mit welchem Recht tun wir das den Tieren an – in einer Zeit höchsten menschlichen Wohlstands, in der genügend Alternativen vorhanden wären? Wie können wir zu einer Ernährungsweise finden, die den uns nährenden Tieren gerecht wird?

7.2.1
Die vier Begründungsansätze der Tierethik

Die Tierethik als eigener Bereich der speziellen Ethik ist relativ jung. Im umfassenden Sinne gibt es sie erst seit etwa 230 Jahren. In diesem Zeitraum haben sich vor allem vier Gruppen von Begründungsansätzen herausgebildet (vgl. Michael Rosenberger 2001a: 133–180; 2014):

♦ Der klassische *Ansatz der materialen Anthropozentrik* (im Kern vertreten von René Descartes und Immanuel Kant) sieht den Menschen als Spitzengeschöpf, auf den allein hin die Natur geschaffen ist, so dass er sie für sich nutzen darf, solange er nur einen Grund dafür hat. Seine Verantwortung für die nichtmenschlichen Geschöpfe ist keine direkte Verantwortung diesen gegenüber, sondern eine indirekte vor den übrigen Menschen. Es ist klar, dass dieser Ansatz die halbwegs »humane« Tiernutzung und Tiertötung zu Ernährungszwecken jederzeit rechtfertigt.

♦ Der *pathozentrische Ansatz* (vertreten von den verschiedenen Formen des Utilitarismus) hält ein Handeln dann für richtig, wenn es aufs Ganze gesehen Lust fördert und Schmerz verringert. Dabei geht es nicht um Lust und Schmerz des Einzelnen, sondern um das »größte Glück der größten Zahl« (so das von Francis Hutcheson übernommene Diktum): Richtig ist eine Handlung dann, wenn die Summe der bewirkten Lust abzüglich der Summe der bewirkten Schmerzen für alle zusammen positiv ausfällt. »Das größte Glück der größten Zahl« bezieht sich folglich auf alle Entitäten, die Lust und Schmerz bewusst empfinden können. Das sind alle Lebewesen, die ein Nervensystem besitzen, mithin alle Tiere. Pflanzen, denen vergleichbare Empfindungen fehlen, sind für den Utilitarismus irrelevant. Für den Tierschutz hat der Utilitarismus im 18. und 19. Jahrhundert Pionierarbeit geleistet, mit den Pflanzen konnte er nichts anfangen. Entscheidend ist für ihn, ob auf die Minimierung des Tierleids geachtet wird. Dann kann die Tiernutzung zu Nahrungszwecken bei entsprechend hohem Glücksgewinn für die Menschen gerechtfertigt werden.

♦ Der *Ansatz der Tierrechte* (animal rights) von Tom Regan schreibt bestimmten Lebewesen einen inhärenten Wert zu, was Regan ausdrücklich als »eher katholisch« (Tom Regan 2004[4]: 241) bezeichnet. Lebewesen, denen inhärenter Wert zugeschrieben wird, müssten »Subjekte eines Lebens« sein, das heißt Individuen mit einer langen Liste von Fähigkeiten (Tom Regan 2004[4]: 243). Besäßen sie diese Fähigkeiten, müsse ihr inhärenter Wert respektiert werden (Tom Regan 2004[4]: 248). Sie dürften dann nicht als bloße Mittel zum Zweck anderer behandelt werden, denn das wäre ungerecht. Genau das geschehe aber den Nutztieren, so Regan. Sie würden in ökonomischer Perspektive als erneuerbare Ressourcen betrachtet, die nur für andere einen Wert hätten (Tom Regan 2004[4]: 344–345). Weil aber alle höher entwickelten Lebewesen mindestens aus Vorsichtsgründen unter die »Subjekte eines Lebens« gerechnet werden müssten, sei das Ziel des Tierrechtsansatzes »die totale Auflösung der Tierindustrie, wie wir sie kennen« (Tom Regan 2004[4]: 348). Ein veganer Lebensstil entspricht dieser Forderung.

Man sieht schnell, dass die drei dargelegten Begründungsansätze auf sehr unterschiedliche Urteile darüber hinauslaufen, ob die Nutzung oder gar Tötung von Tieren zu Nahrungszwecken erlaubt ist. Aus verschiedenen Gründen halte ich sie jedoch nicht für adäquat und konsistent. Ich selber vertrete mit anderen KollegInnen, insbesondere im theologischen Bereich (wie zum Beispiel Alberto Bondolfi, Andrew Linzey, Hans Jürgen Münk), einen *Ansatz der Tier- bzw. Schöpfungsgerechtigkeit.*

Konzepte der Tier- bzw. Schöpfungsgerechtigkeit nehmen ihren Ansatzpunkt in der Erkenntnis, dass Tiere Geschöpfe mit einer ihnen eigenen, unveräußerlichen »Würde« sind. Diese Basisannahme hat viele philosophische und theologische Gründe auf ihrer Seite (vgl. Michael Rosenberger 2009: 375–377): Philosophisch betrachtet sind Tiere eigenständige Wesen, die aus eigener Kraft danach streben, ihr Gut zu verwirklichen, nämlich die Entfaltung der in ihnen liegenden Möglichkeiten. Sie sind damit Subjekte von Zwecken und haben ein praktisches Selbstverhältnis. Theologisch lassen sich drei Gründe für die Annahme ihrer geschöpflichen Würde anführen: der unmittelbare Bezug Gottes zu allen Geschöpfen; die (mittelalterliche) Überzeugung, dass der Schöpfer seine Geschöpfe in eine Eigenständigkeit, eine Autonomie und Unabhängigkeit von ihm selbst setzt; und die Kernbotschaft des christlichen Glaubens, dass der Schöpfer in Jesus Christus selbst Geschöpf (»Fleisch«) wurde und die Geschöpflichkeit als Moment seiner selbst angenommen hat.

Welche ethischen Konsequenzen ergeben sich aus der Grundannahme einer geschöpflichen Würde? Etwas, das Würde besitzt, hat Eigenständigkeit und Selbstzwecklichkeit. Es geht nicht in der Beziehung auf anderes Seiendes auf. Der Mensch hat ihm gegenüber direkte Pflichten. Es steht nicht beliebig zur Disposition, sondern ist zunächst und zuerst unverfügbar.

♦ Die Unverfügbarkeit a priori impliziert nicht das generelle Verbot der Nutzung eines Lebewesens, wie der *Tierrechtsansatz* meint. Es schließt allein die pure Reduktion auf den Nutzen aus.

♦ Die Forderung geschöpflicher Würde bedeutet keine Einebnung der Unterschiede zwischen Mensch und Tier, wie es *materiale AnthropozentrikerInnen* fürchten.

◆ Die Forderung einer geschöpflichen Würde gründet im Gegensatz zu *pathozentri-schen Ansätzen* nicht auf aktuellen »Interessen« irgendwelcher, beliebig austausch-barer Lebewesen, sondern auf der Anerkennung des inhärenten Werts eines uner-setzlichen, einzigartigen Individuums.

Die Individuen, denen wir Würde zusprechen, sind AdressatInnen der Gerechtigkeit: Sie müssen gerecht behandelt werden. Ihre Güter und Bedürfnisse sind in jede Güter-abwägung fair einzubringen. Genau das fordert die Bibel, indem sie die Tiere in den Schöpfungsbund Gottes mit Noach einschließt. Dieser Bund gilt nicht nur Noach und seinen Nachkommen, sondern allen Lebewesen der Erde (Gen 9,9f.; vgl. Hos 2,20f.). Gott, Mensch und Tier sind BundesgenossInnen. Allen Beteiligten schulden die jeweils anderen gerechte Behandlung. Konsequenterweise wird das Tier in vielen Vorschriften der Tora ausdrücklich zum Adressaten gemacht, allen voran im Sabbat-gebot, das auch die Ruhe der Nutztiere fordert.

7.2.2
Auf dem Weg zu einer tiergerechten Haltung

Was könnte das konkret bedeuten, wenn wir nach einer verantwortbaren Haltung von Nutztieren für Nahrungszwecke fragen? Zunächst einmal gilt es, die breite Palette an Grundbedürfnissen wahrzunehmen, die Tiere haben. Der Veterinärmediziner Hans-Hinrich Sambraus nennt (1998: 543–545, 548):

◆ Gesundheit: somatisch wie psychisch
◆ Fress- und Trinkverhalten: Ort und Zeit, Futterqualität, Art und Weise der Nah-rungsaufnahme;
◆ Ausscheideverhalten: Ort, Zeit und Umstände;
◆ Körperpflegeverhalten;
◆ Ruheverhalten;
◆ Bewegungsverhalten;
◆ Wahrnehmungsverhalten: Betätigung der Sinnesorgane und der entsprechenden Gehirnareale;
◆ Handlungsverhalten: aktive und kreative Gestaltung der eigenen Umwelt;
◆ Sozialverhalten;
◆ Sexualverhalten.

Wenn es legitim ist, den Analogieschluss vom Menschen auf das Tier zu vollziehen, und genau das lehrt die klassische Analogielehre, wenn es also (bei allen je größeren Unähnlichkeiten!) Ähnlichkeiten zwischen Mensch und Tier, zwischen menschlichem und tierischem Verhalten und Erleben gibt, dann erahnen wir schnell, wie komplex jedes einzelne Feld tierlicher Bedürfnisse aufgebaut ist, und wie vital das Verlangen des Tieres nach entsprechenden Möglichkeiten sein dürfte: Ein Schwein möchte von Natur aus nicht an dem Platz koten, an dem es frisst – wir zwingen es dazu durch die Enge des Stalles. Eine Kuh möchte nicht den ganzen Tag in der Gruppe sein, sondern sich auch einmal zurückziehen können – wir geben ihr dafür keinen Raum. Ein Huhn möchte im Boden scharren und Körner picken – wir beginnen erst langsam, unsere Haltungsbedingungen darauf einzustellen. Und so weiter. Die derzeitige industrielle Tierhaltung der allermeisten Tiere wird den tierlichen Grundbedürfnissen (von Luxusbedürfnissen ganz zu schweigen) nicht einmal im Ansatz gerecht.

Nun wird man einwenden, dass die ökonomischen »Sachzwänge« dagegenstehen, und dass eine angemessene Tierhaltung nicht wirtschaftlich realisierbar ist. Grundsätzlich hat der Einwand berechtigte Anliegen: Gerechtigkeit heißt nicht, jedem alles zu geben, sondern jedem das Seine – im Rahmen des Möglichen. Aber gerade wenn wir auf die wirtschaftlichen Möglichkeiten einer modernen Industriegesellschaft schauen, übertreffen diese die Möglichkeiten aller vorangehenden Menschheitsgenerationen und der meisten heutigen Weltregionen. In Mitteleuropa geben wir nur noch 10 bis 20 Prozent unserer durchschnittlichen Einkommen für Ernährung aus. Das dürfte ruhig etwas mehr sein, wenn von Tiergerechtigkeit gesprochen werden soll.

Klar ist, dass solche Güterabwägungen zwischen Mensch und Tier immer ein Geben und ein Nehmen umfassen müssen, wenn sie gerecht sein wollen (vgl. hierzu besonders Michael Rosenberger 2009 und 2012b). Aber wie viel Geben rechtfertigt wie viel Nehmen? Das bleibt im ethischen Diskurs bislang weitgehend offen. Denn anders als im zwischenmenschlichen Bereich haben wir im Umgang mit Tieren noch viel zu wenige Erfahrungswerte von verantwortlichen Güterabwägungen, an denen wir uns orientieren könnten. Doch eines scheint klar: Die wenigen Erfahrungswerte, die bisher gelten, werden wir zugunsten der Tiere und nicht der Menschen verändern müssen. Denn noch tendieren wir sehr stark dahin, im Zweifelsfall für den Menschen und gegen das Tier zu entscheiden. Wenn wir zu einer gerechten Behandlung der Tiere kommen wollen, muss sich das ändern. Gerechtigkeit heißt Unparteilichkeit. Die momentanen gesetzlichen Mindeststandards der Tierhaltung sind jedenfalls weit entfernt von dem, was man aufgrund der Überlegungen von Sambraus als ethisch gerecht bezeichnen kann. Einzig die Verbände des Ökolandbaus haben standardisierte Kriterien, die den Tieren ein lebenswertes Leben ermöglichen. Wer Fleisch, Eier und Milchprodukte mit gutem Gewissen essen will, muss tierische Produkte entweder direkt auf einem Hof kaufen, dessen gute Haltungsbedingungen er kennt, oder auf ein anerkanntes Ökosiegel setzen.

7.3
Das Leben nehmen
Zu einem Ethos des Schlachtens

Bisher haben wir uns gefragt, welche Haltungsform den Tieren gerecht wird, deren Produkte wir essen und trinken. Noch nicht gefragt haben wir, ob wir Tiere heute, da es Alternativen gäbe, noch töten dürfen. Bis vor 150 Jahren wären die meisten Menschen in unseren Breiten verhungert, wenn sie auf den Verzehr von Fleisch verzichtet hätten. Im Winter gab es zu wenig pflanzliche Nahrung, weil die Konservierungsmöglichkeiten sehr eingeschränkt waren. Aber heute? Theoretisch könnten wir in den Industrieländern gesund und satt leben ohne Fleisch. Ist das folglich ein ethisches Gebot?

Der Utilitarismus kann, wie Peter Singer zugesteht, kein intrinsisches Argument gegen eine schmerzfreie Tiertötung und den dadurch ermöglichten Fleischverzehr vorweisen (Peter Singer 1982: 177–198). Da der Utilitarismus nur auf das größte Glück der größten Zahl abzielt, ist Lustgewinn dann ein hinreichender Grund, wenn der im Nebeneffekt entstehende Schmerz minimiert wird. Sofern also Tiere schmerzfrei geschlachtet werden, rechtfertigt das utilitaristische Prinzip ihre Schlachtung, wenn das die Lust der FleischesserInnen erhöht.

Singer behauptet allerdings, dass die Erlaubnis der Tierschlachtung zu Nahrungszwecken zwangsläufig eine psychologische Dynamik in Gang setze, die in den Tierfabriken der Massentierhaltung ende. Weil dort aber in hohem Maße Tierleid erzeugt werde, müsse man im Sinne des Dammbrucharguments den Anfängen wehren und die Tierschlachtung verbieten. – Wie von Singer selbst zugestanden, handelt es sich hier um ein extrinsisches Argument. Nicht die Schlachtung an sich sei verwerflich, sondern die befürchteten Folgen, die ihre Erlaubnis auf lange Sicht hervorbringe. Dann muss Singer aber beweisen, dass es nur diese eine, sehr radikale Möglichkeit gibt, Massentierhaltung zu verhindern, nämlich indem man die Schlachtung verbietet. Diesen Beweis bleibt er schuldig.

John Mizzoni (2002: 125–131) betont die Tatsache, dass der Mensch medizinisch betrachtet gesund vegetarisch leben könne. Die Gründe für den heutigen Fleischverzehr seien kulturelle und nicht biologische (John Mizzoni 2002: 128–130). Fleisch sei ein Statussymbol, schmecke gut, und die Menschen glaubten (subjektiv und irrig), bei einer vegetarischen Ernährung nicht genügend Proteine zu essen. Außerdem sei das Verharren im alten Verhaltensmuster des Fleischverzehrs bequem. Wenn aber der Mensch in Wirklichkeit fleischlos leben könne, dann müsse er es tun. – Mizzonis Blickwinkel ist insgesamt relativ beschränkt. Die systemischen Fragen ökologischer und agroökonomischer Art wie auch das Welternährungsthema blendet er aus. Insofern kann man ihm zwar faktisch zustimmen, dass viele Menschen nur aus Gewohnheit Fleisch essen, doch damit allein ist eine allgemeine Pflicht des Vegetarismus nicht begründbar.

Michael Allen Fox (2006: 295–310) sieht den gegenwärtigen menschlichen Umgang mit Tieren als schizophren an: Die geliebten Tiere (pets) würden gehätschelt und vermenschlicht, die Nutztiere depersonalisiert und zur Sache »Fleisch« umdeklariert (Michael Allen Fox 2006: 296–298). Doch Tiere seien leidende und Schmerz empfindende Wesen, deren Haltung und Schlachtung für sie ein Schaden sei (Michael Allen Fox 2006: 298–300). Gemäß der klassischen Gerechtigkeitsvorstellung könne aber der Schaden einer Gruppe nicht durch den Nutzen einer anderen aufgewogen werden. Zweitens sei der Schaden der Tiere weit größer als der Nutzen der Menschen. Der tierliche Schaden betreffe drittens ein Grundbedürfnis, der menschliche Nutzen nur ein Komfortbedürfnis. Außerdem könne ein Nutzen auf Kosten Unschuldiger nicht gerecht sein (Michael Allen Fox 2006: 301–302). Aus all diesen Gründen sei der Vegetarismus, der einen geringeren Schaden erzeugt, ethisch zwingend vorzuziehen (Michael Allen Fox 2006: 302–304, 307).

Wie Mizzoni setzt auch Fox unausgesprochen voraus, dass die Frage der Tiertötung allein tierethisch zu klären sei. Nun ist Gerechtigkeit dem Tier gegenüber zweifelsohne eine allgemein verbindliche Pflicht. Aber Gerechtigkeit definiert sich stets im Rahmen der systemischen Kapazitäten. Schon zwischenmenschlich wird man das menschenwürdige Existenzminimum, das die sozialen Sicherungssysteme des Staates den Bedürftigen bereitstellen müssen, nur im Rahmen des allgemeinen Wohlstands der betreffenden Gesellschaft definieren können. Und ebenso wird man die ökosystemischen Tragekapazitäten berücksichtigen müssen – auf Kosten eines rücksichtslosen Raubbaus an der Natur darf kein Sozialsystem mit Geld gespeist werden (etwa wenn ein Staat dafür rücksichtslos Bodenschätze ausbeutet). Analog muss auch das dem Tier Gerechte stets in Abhängigkeit vom Wohlstand einer Gesellschaft und den Möglichkeiten des Ökosystems Erde definiert werden.

Aus diesen Gründen sind zwei Betrachtungsweisen wichtig, die tierethisch individuelle und die ökologisch und ökonomisch systemische. Die tierethische Betrachtungsweise fragt nach dem Tier als Individuum und muss Folgendes bedenken: Wie alle Tiere lebt der Mensch – ob Vegetarier, Veganer oder nicht – von der Tötung anderer Lebewesen. Daher lässt sich nur einen relativen Unterschied zwischen vegetarischer und nichtvegetarischer Ernährung machen. Will der Mensch leben, ist er gezwungen, Gewalt gegen andere Lebewesen anzuwenden. »An einem späteren, aber durchaus bestimmten Punkt ist auch der Vegetarier rücksichtslos gegen das Leben, das ihn nähren soll … Nur tot kann das andere Wesen den Menschen ernähren.« (Gottfried Bachl 2008: 35) Der Mensch kann versuchen, mit einem Minimum an Gewalt gegenüber den Lebewesen auszukommen und diese ehrlich zu rechtfertigen. Er kann ihr aber nicht gänzlich ausweichen. Das spricht im Sinne der Übelminimierung für den Vegetarismus, aber nicht prinzipiell, sondern nur tendenziell.

Die systemische Betrachtungsweise sieht das Nutztier als Teil der ökologischen und landwirtschaftlichen Kreisläufe und Wechselbeziehungen. Sie sieht, dass der ökologische Landbau keinen Acker ohne den natürlichen Dünger aus dem Mist seines Viehs bewirtschaften kann. Sie sieht auch, dass weltweit viele Flächen nicht zum Lebensmittelanbau für den Menschen, wohl aber zum Futtermittelanbau für das Vieh geeignet sind – man denke an Almen und Flächen in Steillage, an Feuchtwiesen und andere nicht beackerbare Böden. Würde man solche Flächen unbewirtschaftet lassen, wäre ein erheblicher Verlust an Nahrungsmitteln für den menschlichen Verzehr die Folge, aber auch ein enormer Verlust an Biodiversität. Denn solche extensiv genutzten Flächen tragen in höchstem Maße zur Vielfalt von Arten und Biotopen bei. Natürlich könnte man versuchen, diese Flächen ausschließlich für Milchvieh zu nutzen. Dann aber hätte ausgerechnet das Schwein, der Allesfresser und Resteverwerter unter den Nutztieren, keinen Platz mehr in der Landwirtschaft. Hinzu kommt die Frage der Jagd. Jagdbare Tiere haben heute kaum noch natürliche Fressfeinde und vermehren sich selbst ohne die menschliche Fütterung oft so stark, dass sie die Baumbestände gefährden. Jagd reguliert die Tierbestände – wenn sie nur sachgerecht und waidgerecht genug ausgeübt wird. Und schließlich ist auch an die Fischerei zu denken: Zwar sind die Weltmeere derzeit hoffnungslos überfischt – aber können wir wirklich ganz ohne Fischfang auskommen, wenn wir die Menschheit ernähren wollen?

Beide Betrachtungsweisen, die tierethisch-individuelle wie die ökonomisch-ökologisch-systemische, verhindern in ihrer Verbindung wenigstens nach heutigem Kenntnisstand eine generelle Ablehnung der Tiertötung. Umso mehr muss aber gefragt werden, wie eine ethisch verantwortbare Tiertötung ablaufen kann und soll.

7.3.1
Die Industrialisierung und Unsichtbarmachung des Schlachtens

Orte sagen viel über die gesellschaftliche Wertschätzung. Wenn das Schlachten in der mittelalterlichen Stadt zunächst am Marktplatz stattfindet, dann darf dies als Zeichen seiner Wertschätzung verstanden werden (vgl. zum Folgenden Ernst Schubert 2006: 96–119). Erst im Spätmittelalter wandert die Schlachtung in Schlachthäuser mit kühlen Räumen nahe am Fluss. Doch auch diese befinden sich mitten in der Stadt und gehören zum Leben der Menschen selbstverständlich dazu. Dem entspricht, dass die Zunft der Metzger sehr angesehen und wohlhabend ist. Der Fleischhandel findet auf der »Fleischbank« statt, einer Bank am Marktplatz oder Rathaus, die wie der Viehhandel vom Rat der Stadt kontrolliert wird.

Die Konzentration des Schlachtens an einem überregional zentralisierten Ort beginnt um das Jahr 1820 in den USA und wird im Sinne eines regelrechten »Schlachtapparats« ab 1830 in Cincinnati sichtbar (Jakob Tanner 2003: 37–40). Ab 1860 wird Chicago die Metropole des Schlachtens. Zunächst kommt es zu einer gewaltigen Überschussproduktion und zum Wegwerfen der minderwertigen Tierteile. Die immer stärkere Industrialisierung und Technisierung des Schlachtens führt dann aber zu dem Bestreben, das Tier mit Haut und Haaren zu nutzen. Es entwickelt sich die erste Fließbandproduktion, ein halbes Jahrhundert vor dem Auto. Hygiene und Tierschutz sind in diesem System irrelevant. Faktisch vollzieht sich erst hier die Säkularisierung des Schlachtens (Jakob Tanner 2003: 40).

Im Jahr 1905 arbeitet der amerikanische Schriftsteller Upton Sinclair sieben Wochen undercover als Schlachtarbeiter in einem der größten Schlachthöfe Chicagos und schreibt im Jahr darauf den Roman »The Jungle«, der großes Aufsehen erregt. Das führt in den USA zwar umgehend zu strengeren Hygienebestimmungen, nicht aber zu besseren Arbeitsbedingungen. Die Schlachter sind zu einem Beruf ganz unten in der gesellschaftlichen Hierarchie geworden, mit allen Konsequenzen für Löhne und Arbeitsbedingungen. Bert Brecht greift diese Beobachtungen Sinclairs 1931 in seinem Theaterstück »Die heilige Johanna der Schlachthöfe« auf.

Die Konzentration der Schlachthöfe ist bis heute immer weiter gewachsen. Großkonzerne beherrschen die Weltmärkte (Heinrich-Böll-Stiftung et al. 2014: 18–21). Die zehn größten Unternehmen der deutschen Fleischbranche schlachteten 2011 rund 45 von 60 Millionen Schweinen und 2,8 von 3,7 Millionen Rindern, also bei beiden Tieren etwa drei Viertel (Claudia Heinze/Ralf Bundschuh 2013: 158–168). Deutschland ist aufgrund seiner Größe, Kaufkraft und Schlachttiererzeugung ein attraktiver Standort. Der Konkurrenzdruck ist aber enorm, was für die Schlachtarbeiter zu unsäglichen Bedingungen führt.

In der modernen Gesellschaft ist das Schlachten zu einer »Peinlichkeit« geworden, zu etwas, das Pein verursacht, wenn man es wahrnimmt (Heike Baranzke 2004: 242–243). Fast jeder Mensch isst Fleisch, aber vom Schlachten will er nichts sehen und hören, und den Schlachter sieht er als einen Schuldigen. In diesem Kontext ist die aufgeregte Debatte um eine sachgerechte Betäubung der Tiere vor ihrer Schlachtung eine pure Verdrängungsstrategie, denn: »Ob mit oder ohne Betäubung – eine Tötung bleibt eine Tötung« (Heike Baranzke 2004: 244). Und für eine wirklich tierschonende Tötung fehlt es den handelnden Personen an Zeit und Sachkunde. Würde man diese einführen, dann wäre Fleisch erheblich teurer und könnte nur noch in geringer Menge konsumiert werden. Am niedrigen Fleischpreis kann man die geringe Achtung der Tiere ebenso ablesen wie die des Fleischerhandwerks. Wieder wird sichtbar, dass funktionalistische Veränderungen wie der bald in Deutschland eingeführte flächendeckende Mindestlohn, von dem die Schlachtarbeiter sehr profitieren dürften, das Problem nicht an der Wurzel packen und nur ein Symptom kurieren. Sie sind wichtig und auf jeden Fall eine soziale Verbesserung, reichen aber nicht aus.

Wie eine bessere Praxis des Schlachtens aussehen könnte, wird umrisshaft und ex negativo aus einer Untersuchung von Karin Jürgens erkennbar, die darstellt, wie LandwirtInnen die Massenkeulung ihrer Rinder während der BSE-Krise 2001 wahrnahmen (Karin Jürgens 2008: 41–56). Die Keulung erlebten sie unmittelbar auf ihren Höfen und nahmen sie völlig anders wahr als die normale Schlachtung ihrer Tiere. Schon die Wortwahl zeigt eine ganz andere ethische Einschätzung: Statt vom »Schlachten« sprechen sie von »umbringen«, »totmachen«, »totschlagen«, »erschlagen«, »abschlachten«, »ermorden« (Karin Jürgens 2008: 45–46). Aus ihren Beschreibungen wird deutlich, dass sie das klassische christliche Ethos verinnerlicht haben, das die Tiertötung nur zu Nahrungszwecken erlaubt (Karin Jürgens 2008: 46–47). Auch waren aufgrund der schnellen Massenkeulung die üblichen Abschiedsrituale meist nicht mehr möglich wie zum Beispiel eine Extragabe Futter, ein letztes Striegeln, die letzte Körperpflege und die verbale Verabschiedung von dem zu schlachtenden Tier. Nicht selten hätte man sich die Unterstützung durch den Pfarrer gewünscht (Karin Jürgens 2008: 47–48).

Aus den Untersuchungen von Jürgens wird deutlich, wie differenziert die traditionelle Normierung des Schlachtvorgangs in der kleinbäuerlichen Landwirtschaft geregelt war. Zudem lässt sich das Bedürfnis nach ritueller Entlastung erkennen, wobei mit Ritualen hier keineswegs spezifisch religiöse Handlungen gemeint sein müssen. Die letzte Fütterung ist ebenfalls ein Ritual, und es kann unabhängig von jedem Glauben zu einer den Menschen entlastenden und das Tier stärkenden Geste werden. Wie also könnte ein neues, modernes Ethos des Schlachtens aussehen? Wie kann man diesen belastenden Vorgang so gestalten, dass er tierethisch betrachtet so leidarm wie möglich und symboltheoretisch betrachtet so verständlich und wahrnehmbar wie möglich vollzogen wird? Um diese Frage zu beantworten, soll zunächst die große Tradition des Schächtens in zwei der drei monotheistischen Religionen betrachtet werden, im Judentum und im Islam.

7.3.2
Das Schächtritual als tierethisch bedeutsames Symbol

Die Praxis rituellen Schlachtens scheint in der Geschichte Israels weit zurückzureichen. Denn im ältesten Rechtskorpus mit ausführlichen Weisungen, dem vorexilisch zu datierenden Buch Deuteronomium aus dem späten 7. Jahrhundert v. Chr., wird in Dtn 12,21 mit der Formel »so, wie ich dir befohlen habe« ausdrücklich auf ältere Überlieferungen angespielt. Es gibt offenkundig bereits eine weithin bekannte und anerkannte Regelung des Schlachtvorgangs, die nicht mehr detailliert wiederholt werden muss. Angesichts einer wachsenden Zahl von Diaspora-JüdInnen hebt das Dtn allerdings eine Vorschrift auf: Wer Fleisch essen will, muss sein Tier nicht mehr in Jerusalem schlachten lassen (Dtn 12,13–15). Ansonsten ruft Dtn 12,20–28 das Identitätsmerkmal einer rechtmäßigen Schlachtung in Erinnerung: Wenn du Appetit auf Fleisch hast, darfst du essen, so viel du möchtest (Dtn 12,20–21). Doch beherrsche dich und iss kein Blut! Denn Blut ist Lebenskraft (Dtn 12,23) – du sollst es nicht genießen, sondern wie Wasser auf die Erde schütten (Dtn 12,24).

Das Verbot des Blutgenusses ist also das zentrale, sinnenhafte und ausgesprochen eingängige Merkmal einer rechtmäßigen Schlachtung. In ihm drückt sich der Respekt vor dem Tier als Mitgeschöpf aus, indem darauf verzichtet wird, sich seiner Lebenskraft zu bemächtigen. – Der animistische Kern des Gebots ist nicht zu übersehen. Dass aber die Symbolkraft des Blutgenussverzichts auch weit jenseits animistischer Anschauungen wirksam sein kann, darauf werde ich noch zurückkommen.

Die Ausführungen der nachexilischen Priesterschrift zum Vorgehen bei Opfer- und Verzehrschlachtung (besonders Lev 1–7 und 17) bringen einige zusätzliche Details zutage: Neben dem Blut sind nämlich bei jenen Tierarten, die zum Opfer herangezogen werden, auch das Fett (Lev 1,8.12; 3,3 f.9 f.14–17; 4,8 f.19.26.31.35; 7,3 f.30–33; 8,16.20.25; 9,10; Num 18,17) und die Nieren (Lev 3,4.10.15; 4,9; 7,4; 8,16.25; 9,10.19) tabu. Für die Nieren dürfte der Grund sein, dass sie als Sitz der Gefühle galten – im Verbot ihres Genusses drückt sich also wiederum der Respekt vor der Lebenskraft des Tieres aus. Das Fett hingegen galt als der beste Teil am Opfer, er durfte nicht der Gottheit vorenthalten und selbst verspeist werden. Summarisch wird in Lev 7,22–27 die Generalregel ausgegeben: Während das Fett (und die Nieren, die hier nicht genannt werden) ausschließlich bei der Schlachtung jener Tierarten tabu sind, die zum Opfer verwendet werden, gilt das Verbot des Blutgenusses für die Schlachtung sämtlicher Tiere. Fett und Blut sind »meine Opferspeise«, wie es Ez 44,7 heißt: Der Herr allein darf sie verzehren. Das Blut aber ist nicht nur aus Respekt zum Herrn, sondern auch aus Respekt zum Mitgeschöpf tabu: Blut ist Lebenskraft, wie in Lev 17,10–14 gleich zweimal eingeschärft wird.

Genauere Vorschriften zur Schlachttechnik finden sich erst ein rundes Jahrtausend später im Talmud (Endredaktion um 500 n. Chr.). Hier ist insbesondere der Traktat Chulin 1–2 zu nennen. Dort werden unter anderem Regelungen zur Person des Schlachtenden getroffen – jeder gesunde volljährige Mensch darf schlachten (Chulin 1,1). Die notwendige Schärfe des Schlachtmessers wird als entscheidendes Kriterium festgeschrieben (Chulin 1,2). Es wird für die Schnelligkeit und Präzision des Schlachtschnitts Sorge getragen (Chulin 1,3–4). Bei nicht sachgemäßem Schnitt wird das Fleisch als unrein erklärt (Chulin 2,1.4). Wird ein krankes Tier geschlachtet, muss es nach dem Schlachten zucken, wenn es als koscher gelten soll (Chulin 2,6). Und schließlich folgen lange Abhandlungen über die Anrufung Gottes beim Schlachten, denn offenbar wurden nicht selten Götzen sowie See- und Berggeister angerufen und ihnen das Tier gewidmet (Chulin 2,8–9; ein ausformuliertes Segensgebet über das Tier in Pesachim 1,1 Fol 7b). Was aus ersichtlichen Gründen fehlt, sind Bestimmungen zur Betäubung des Tieres – sie war damals schlicht unmöglich.

Die heutige Praxis des jüdischen Schächtens kann folgendermaßen skizziert werden: Der Schächter (Schochet) muss qualifiziert und ethisch tadelfrei sein wie ein Rabbi; er muss bewusst und aufmerksam schlachten. Wichtig ist die vorbereitende Fixierung des Tieres, das bei Bewusstsein ist. Diese geschieht ursprünglich mit Stricken, heute mit unterschiedlichen, oft sehr aufwändigen und (zumindest aus der Außenperspektive betrachtet) spitzfindigen Spezialapparaten, da eine Haltung des Tieres erreicht werden muss, die sein vollständiges Ausbluten gestattet. Für die eigentliche Schlachtung dürfen keine mechanisch-automatischen Apparate verwendet werden. Der Schochet muss einen einzigen, nicht unterbrochenen, schnellen Schnitt durch alle Weichteile des Halses mit absolut scharfer Klinge führen. Nur die Wirbelsäule (inklusive Rückenmark) bleibt undurchtrennt. Die Schärfe der Klinge ist für jede einzelne Schlachtung vorher zu kontrollieren.

Nach erfolgter Schlachtung muss im Sinne der Qualitätskontrolle geprüft werden, ob das Tier vor dem Schlachten gesund war. Dies kann nach Israel Meir Levinger nur sichergestellt werden, wenn nach dem Schlachten noch eine Bewegung nachzuweisen ist (vgl. Talmud, Chulin 2,6), und das geht wiederum nur ohne Betäubung (Israel Meir Levinger 2001: 4). Auch das völlige Ausbluten des Tieres dient nach Levinger ausschließlich der optimalen Haltbarkeit des Fleisches, sichert also seine Qualität (Israel Meir Levinger 2001: 3, 8). Es überrascht, dass eine der gegenwärtig anerkanntesten Autoritäten zur Interpretation der Schechita diese völlig rationalistisch und funktionalistisch, also ohne symboltheoretische und strukturalistische Bedeutungszuschreibung interpretiert.

Die Loslösung des *frühen Christentums* vom Schächtgebot der jüdischen Mutterreligion vollzieht sich offensichtlich sehr mühsam, dann aber radikal. Im Neuen Testament finden wir noch Zeugnisse dafür, dass das alttestamentliche Blutgenussverbot zu jenen Weisungen zählt, die für JudenchristInnen am schwersten aufgebbar scheinen. Noch als man im Kontext der Heidenmission die gesamte Tora als für HeidenchristInnen nicht verbindlich erklärt, hält man an dieser Vorschrift fest: Zwei der vier Ausnahmeklauseln des Apostelkonzils, die Lukas in Apg 15,20 referiert, nämlich die Enthaltung von Götzenopferfleisch und Unzucht, Blut und Ersticktem, betreffen das Blutgenussverbot, das damit für HeidenchristInnen Geltung erlangt. Burkhard Jürgens erkennt in den Klauseln eine innere Struktur von zweimal zwei Geboten: Die ersten beiden Gebote der Enthaltung von Götzenopferfleisch und Unzucht beziehen sich auf die Alleinverehrung Gottes (Burkhard Jürgens 1999: 163), die nächsten beiden der Enthaltung von Blut und Ersticktem auf seine Schöpfermacht: Niemand soll einem Tier Blut oder Lebensodem nehmen – die Vitalität der Geschöpfe ist unverfügbar (Burkhard Jürgens 1999: 164).

Paulus ist mit den Ausnahmeklauseln des Aposteldekrets nicht einverstanden. Der Römerbrief bezeugt, dass für ihn das Essen von unkoscherem Fleisch kein verwerfliches Tun darstellt, sondern in der Freiheit des Evangeliums prinzipiell möglich ist (Röm 14,14). Einzig weil es bei den »Schwachen« Anstoß erregen würde, die noch an den überlieferten Geboten hängen, sollen die »Starken« auf den Verzehr von unkoscherem Fleisch verzichten.

Noch für Tertullian, der von circa 150 bis 220 in Karthago lebt, ist die Enthaltung von Tierblut selbstverständlich (Tertullian, Apologie 9,13; vgl. Johannes Schümmer 1933: 9). Allerdings beruft sich Tertullian nicht auf das Aposteldekret aus Apg 15,20, sondern auf den alttestamentlichen Noachbund in Gen 9,4 (Tertullian, De ieiunio 4) bzw. auf den »Anfang« der Menschheitsgeschichte, was dasselbe bedeutet (Tertullian, De monogamia 5). Tertullian kennt das Aposteldekret offensichtlich in einer veränderten Fassung, in der nur Götzendienst und Unzucht sowie der Mord an Menschen erwähnt sind und die Verbote von Blut und Ersticktem fehlen (so zitiert Tertullian in De pudicitia 12; vgl. Johannes Schümmer 1933: 11). Während nämlich die ältere alexandrinische Textvariante Apg 15,20 mit allen vier ursprünglichen Verboten beibehält, verändert der jüngere westliche Codex, den Tertullian in Karthago vorliegen hat, den Beschluss des Apostelkonzils – offensichtlich, um die im Westen übliche liberale Praxis zu rechtfertigen (Franz Böhmisch 2007: 47–48). In Alexandrien scheinen die ChristInnen hingegen noch länger am jüdischen Blutgenussverbot festgehalten zu haben.

Die Option der jungen Kirche für die Heidenmission führt also innerhalb weniger Generationen zur Aufhebung der jüdischen Schlachtvorschriften. Damit ist das christliche Schlachten zumindest formal profaniert – ein aus der Dynamik der Heidenmission heraus verständlicher, aber folgenschwerer Schritt. Seine Konsequenzen für die christliche Einstellung zum Tier und deren Ausblendung der neuzeitlichen industriellen Nutztierhaltung lassen sich selbst heute nur in Umrissen erahnen. Die Kirche hat sich ungewollt des Einflusses auf die Schlachtung von Tieren begeben.

Während das Christentum sich radikal von der jüdischen Schlachtpraxis löst, greift der *Islam* sie weitestgehend auf und führt sie fort. »Halal«, das heißt erlaubt (im Gegensatz zu »haram«, das heißt verboten) ist der Fleischverzehr im Koran vor allem unter zwei Bedingungen: wenn das völlige Ausbluten des Tieres sichergestellt ist (Sure 5,3) und wenn der Name Gottes über dem Tier ausgerufen wurde (Sure 5,3; 22,28.34–37). Nur in außergewöhnlichen Notlagen darf haram-Fleisch schuldfrei gegessen werden (Sure 2,173 und 16,115 wörtlich gleich). Die gängige islamische Auslegungstradition sieht die »Notlage« nur in einer ernsthaften Bedrohung für Gesundheit oder Leben gegeben. Eine staatliche Gesetzgebung, die die Halal-Schlachtung verbietet, wird nicht als Notlage akzeptiert.

Wie in der Tora finden sich auch im Koran keine Angaben über die Technik des Schlachtens, wohl aber in der Hadit, der islamischen Traditionsliteratur. So nennt zum Beispiel Averroes (Mohammed Ibn Rushd, 1126–1198) in den Bidayat almugtahid I, 2 das vollständige Durchtrennen der beiden Halsschlagadern sowie von Luft- und Speiseröhre als Voraussetzung. Für deutsche MuslimInnen wurde 1988 seitens eines autorisierten Arbeitskreises aller muslimischen Organisationen als verbindliche Vorschrift formuliert (vgl. Axel Ayyub Köhler 1996: 145): Ein Tier darf nicht zusehen, wie ein anderes geschlachtet wird; das Tier darf bei der Schlachtung nicht vollständig gefesselt sein; es muss vorher getränkt, gefüttert und beruhigt werden; der Schlachter spricht Richtung Mekka gewandt ein Gebet über das Tier; der Schnitt mit einem sehr scharfen, unmittelbar vorher frisch geschliffenen Messer muss Halsschlagader und Luftröhre sofort durchtrennen, damit der Tod schnellstens eintritt und das Leiden des Tieres auf ein Minimum begrenzt wird.

Üblicherweise wird heute behauptet, bei vorheriger Betäubung des Tieres wäre das Fleisch haram (so Manfred Götz 1989). De facto fehlen aber wie im Judentum sowohl eine Schriftstelle als auch ein sachlicher Grund. Denn die Prüfung der Gesundheit des Tieres wäre heute leicht auf anderem Wege möglich als über die Beobachtung der Zuckungen nach der Schlachtung.

Resümierend verdeutlichen die Vorschriften der Muslime und Juden eine Reihe zentraler Aspekte des Mühens um eine humane Gestaltung des Schlachtvorgangs:

1) Es geht nicht allein um die Frage der Betäubung vor der Schlachtung. Die Reduktion auf die Frage des körperlichen Schmerzes ist unsachgemäß. Denn die Frage der psychischen Verfassung des Tieres hat mindestens ebenso große Bedeutung. Menschliche Zuwendung und Fürsorge sind wichtig und womöglich tiergerechter als eine gefühlskalte, automatisierte Betäubung.

2) Auch das Sozialempfinden der Tiere wird berücksichtigt: Zu verhindern, dass das Tier angsterfüllt erleben muss, wie ArtgenossInnen betäubt werden oder sterben, gehört zu den grundlegenden Aspekten humanen Schlachtens.

3) Judentum wie Islam haben einen Sinn für die spirituelle Dimension des Schlachtens bewahrt: Das Gebet bzw. die Mitwirkung eines Religionsvertreters machen den Schlachtenden sichtbar, dass sie in dem für sie enorm belastenden Tun nicht allein gelassen werden. Durch die Profanierung der Schlachtung hat die christliche Gesellschaftsordnung die Schlachter mit ihren Problemen faktisch isoliert und ausgegrenzt.

4) Judentum wie Islam haben das zentrale Symbol bewahrt, das dem Schlachtenden wie den Fleisch Essenden die Ehrfurcht vor dem getöteten Tier ermöglicht: das Verbot des Blutgenusses. Es macht sehr augenscheinlich deutlich, dass es dem Menschen nicht erlaubt ist, das Tier »bis zum letzten Blutstropfen auszukosten«. Eine völlige Instrumentalisierung des Tieres würde eine Missachtung seiner geschöpflichen Würde bedeuten – in Analogie zu Immanuel Kants zweiter Formel des kategorischen Imperativs, der die völlige Verzweckung des Menschen verbietet (GMS AA IV 429). Das Verbot des Blutgenusses ist dementsprechend ein starkes Symbol, das eine wirksame emotionale Hemmschwelle setzt und den Fleischgenuss tendenziell einschränkt.

Judentum und Islam bieten also im Rahmen vormoderner Strukturen einen über nahezu 3000 Jahre bewährten Weg zu einer humanen und in die Gesamtgesellschaft eingebundenen Schlachtung, die zugleich allen das Übel der Tötung eines Mitgeschöpfs sichtbar macht. Was sie bisher nicht bieten, ist eine Integration der modernen Betäubungsmöglichkeiten in ihre symbolisch-rituell auch heute wert- und sinnvolle Praxis. Insofern haben innerjüdische und innerislamische Stimmen für eine Weiterentwicklung der Schächtpraxis besonderes Gewicht. Israel Meir Levinger betont 1996 in einer Podiumsdiskussion, die Tora verbiete die Betäubung nicht, sie sei also diskutabel. Das Islamische Zentrum Bern verlautbart 1995, die Betäubung widerspreche nicht den Vorschriften des Korans. Analog äußern sich auch andere Stimmen in Judentum und Islam, die aber bisher eindeutig die Minderheit darstellen. Die EU hat von 2006 bis 2009 das DIALREL-Projekt gefördert, das die Frage der Betäubung vor dem Schlachten im Kontext interkultureller Verständigung untersuchte (Johannes Caspar/Jörg Luy [Hg.] 2010). Es deutet sich an, dass eine Verständigung möglich wird.

Das Schächtritual macht etwas sichtbar, das die moderne Gesellschaft nicht gerne sehen will: das Töten von Lebewesen. Vielleicht reagiert sie deswegen so allergisch (und vielleicht auch aus antijüdischen und antiislamischen Ressentiments heraus). Doch das Ritual versucht, die Durchbrechung des Tötungstabus aufzufangen (Heike Baranzke 2004: 242–243). Es bedeutet den »Verzicht auf die Einverleibung des Lebenssaftes … auf die schrankenlose Herrschaft und Aneignung des Lebens.« (Heike Baranzke 2004: 245). So ist es ein Signal der Demut und Dankbarkeit gegenüber dem Mitgeschöpf (Ansehen). Es ist ein Symbol der Ehrfurcht und des schwierigen Mühens um Gerechtigkeit, denn das Tier gehört in das Boot der Schöpfungsgemeinschaft hinein (Zugehörigkeit). Es ist ein Zeichen der Maßhaltung und des wahrhaften Genießens einer kostbaren Gabe (Lust). Und schließlich ist es ein Ritual, das Vertrauen und Gelassenheit gibt angesichts des unauflöslichen Geheimnisses, dass Geschöpfe nur auf Kosten anderer Geschöpfe leben können (Sicherheit).

7.3.3
Zu einem neuen Ethos des Schlachtens

Der Kontrast zwischen der heutigen Praxis industrieller Schlachtung am Fließband und dem im Schächtritual angezielten Ideal eines möglichst sanften und gewaltarmen Tötens des Tieres könnte kaum größer sein. Gewiss, auch die jüdische und muslimische Praxis verläuft bei Weitem nicht immer vorschriftsgemäß. Doch hält sie im Ritual das vorgestellte Ideal wach und straft den, der sich nicht daran hält, Lügen. Nun ist es in einer pluralen Gesellschaft unmöglich, ein Ethos des Schlachtens über ein verbindliches Ritual von oben herab zu verordnen. Dafür fehlt eine von allen anerkannte Instanz. Gleichwohl haben die vorangehenden Ausführungen deutlich gemacht, dass es wünschenswert wäre, sowohl tierethische Normen als auch symbolisch verdichtete Rituale zu entwickeln. Das Töten eines Lebewesens ist ein Vorgang, der mehr als andere ritualaffin ist, wie Karin Jürgens gezeigt hat. Wie also könnte eine neue Praxis des Schlachtens aussehen?

Was die Rahmenbedingungen humanen Schlachtens angeht, dürfte klar sein, dass ein Massentransport in engen Transportern über weite Strecken und eine industrielle, automatisierte Schlachtung dem Tier kaum gerecht werden können. Allein schon die Angst vor einer fremden Umgebung und die Trennung von den bekannten menschlichen Bezugspersonen bedeuten für die Tiere eine so große Verunsicherung, dass der Gang zur Schlachtbank größten Stress auslöst. Das kann auch dem menschlichen Fleischesser nicht gleichgültig sein, denn im Stress schüttet das Tier Hormone aus, die noch im Fleisch auf dem Teller nachgewiesen werden können.

Das Anliegen muss also ein möglichst kurzer Transport zum Schlachtort sein, der so organisiert wird, dass das Tier den Ortswechsel freiwillig und angstfrei mitmacht. Ideal wäre es, das Tier dort zu schlachten, wo es gelebt hat. Wenn das nicht möglich ist, muss größtmögliche Sanftheit des letzten Weges das Ziel sein. In der ökologischen Landwirtschaft haben sich verschiedene Methoden etabliert, wie das geschehen kann.

Die Schlachtung selbst soll nicht nur frei von physischem, sondern auch von psychischem Schmerz erfolgen. Die Vorschriften für das Schächten regeln mit Recht die menschliche Zuwendung zum Tier, die körperliche Zärtlichkeit und das sanfte Zureden. Und sie achten auf die sozialen Folgen für andere Tiere, wenn diese den Tod des Artgenossen erleben müssen. Das muss sie nicht in jedem Fall erschrecken. Es muss aber bei der Gestaltung des Schlachtens berücksichtigt werden.

Was das Ritual angeht, zeigen die oben dargelegten Untersuchungen von Karin Jürgens, dass das letzte Tränken und Füttern des Tieres für viele LandwirtInnen eine wichtige Rolle spielen. Das ganze Tierleben lang waren die TierhalterInnen diejenigen, die das Tier genährt und gefüttert haben. Sie haben damit eine sehr intime Aufgabe übernommen, die eine tiefe Beziehung zwischen ihnen und dem Tier begründet hat. Diese noch einmal symbolisch wahrzunehmen hat hohen Wert. Damit kommt wiederum einem Ernährungsritual zentrale Bedeutung zu – wie der letzten Wegzehrung, dem »viaticum« der Eucharistie bei glaubenden ChristInnen. Worte und Gesten der Zärtlichkeit werden wie von selbst hinzutreten. Und gläubige TierhalterInnen oder SchlachterInnen werden selbstverständlich ein Gebet anschließen, ehe sie das Leben eines Mitgeschöpfs in die Hände des Schöpfers zurücklegen.

Schon im vorangehenden Kapitel zeigte sich, dass die entscheidende Macht bei den KonsumentInnen liegt. Solange diese nicht bereit sind, mehr Geld für Fleisch aus tiergerechter Haltung auszugeben, wird der Gesetzgeber kaum den Mut finden, der Tierhaltung wirksame Grenzen zu setzen. Daher halte ich alle Versuche für zentral, den KonsumentInnen die Art der Haltung und Schlachtung der Tiere sichtbar zu machen, deren Fleisch sie essen. Die Tierrechtsbewegung arbeitet hier gerne mit Schreckensbildern, und natürlich haben diese ihre Berechtigung und abschreckende Wirkung. Noch wirksamer dürften aber positive Bilder sein: Wenn Biometzger oder ÖkolandwirtInnen mit Direktvermarktung an der Verkaufstheke Bilder von Haltung und Schlachtung ihrer Tiere aufhängen, oder wenn ÖkolandwirtInnen ihre KundInnen einladen, einmal bei einer Schlachtung zuzuschauen. Die größte Herausforderung auf dem Weg zu einem Ethos des Schlachtens, das nicht nur ein Ethos der Schlachtenden, sondern aller Fleisch Essenden sein muss, ist das Sichtbarmachen dessen, was in den letzten 150 Jahren sehr erfolgreich unsichtbar gemacht wurde.

7.4
Auf Fleisch verzichten
Der Vegetarismus

Auch wenn sich eine allgemeine ethische Verpflichtung zum Vegetarismus nicht begründen lässt, kann er im Sinne einer freiwillig gewählten Option dennoch eine individuell und gesellschaftlich wertvolle Lebensweise begründen. Das hängt allerdings davon ab, in welche Lebensgestalt er eingebettet ist. Im Folgenden soll daher auf dem Hintergrund geschichtlicher Entwicklungen eine ethische Einordnung vegetarischen Lebens versucht werden, die insbesondere die symbolisch-kommunikativen Aspekte dieser Lebensform wahrnimmt und bewertet.

Der Begriff Vegetarismus ist – anders als die durch ihn bezeichnete Lebensform, die seit der Entstehung der Hochkulturen stets von kleineren oder größeren Gruppen gelebt wurde – erst im England der späten 1830er-Jahre im Zusammenhang mit der Gründung vegetarischer Gesellschaften kreiert worden (Rod Preece 2008: 12). Unter dem Sammelbegriff »Vegetarismus« gilt es, verschiedene Formen des Verzichts auf Nahrungsmittel zu unterscheiden:

- Der Ovo-Lacto-Vegetarismus bezeichnet den Verzicht auf Fleisch bei gleichzeitigem Konsum von Milch, Milchprodukten und Eiern. Diese Form des Vegetarismus lehnt also ausschließlich das direkte Töten von geborenen Tieren zum Fleischverzehr ab.

- Der Lacto-Vegetarismus geht einen Schritt weiter und verzichtet neben Fleisch auch auf Eier. Denn in Eiern könnte ja theoretisch der Keim eines kleinen Lebewesens liegen.

- Der Veganismus plädiert mit der Tierrechtsbewegung für die Auflösung der gesamten Tierwirtschaft, die er als reine Ausbeutung der Tiere betrachtet, und verzichtet daher neben Fleisch und Eiern auch auf Milch und Milchprodukte. Darüber hinaus tragen VeganerInnen auch keine Kleidung aus tierischer Wolle und keine Schuhe oder Produkte aus Leder.

- Der Fructarismus als radikalste denkbare Form will über die Tiernutzung hinaus auch auf das Töten ganzer Pflanzen verzichten und konsumiert daher nur Früchte, die die Pflanzen ohnehin mit dem Ziel hervorbringen, dass sie von Tieren oder Menschen gegessen werden, um mit den Exkrementen dann den Samen zu verbreiten.

Im Folgenden werde ich mit dem unspezifischen Begriff »Vegetarismus« den Ovo-Lacto-Vegetarismus bezeichnen. Sofern eine der anderen Formen des Vegetarismus gemeint ist, verwende ich die spezifischere, präzise Begrifflichkeit für diese Form.

7.4.1
Menschwerdung durch Fleischnahrung in prähistorischer Zeit

Nach den heute verfügbaren Erkenntnissen evolvieren die sogenannten Australopithekinen vor etwa 2,5 Millionen Jahren in zwei unterschiedlichen Typen (Elisabeth S. Vrba 1993: 47–51; vgl. auch Urs Dierauer 2001: 9–72): Die robusteren Australopithekinen mit starken Backenzähnen essen in der Savanne des südlichen Afrika hartfaserige Pflanzen – sie sterben bei einer Klimaveränderung vor rund 1 Million Jahren aus. Die grazileren Australopithekinen essen auf der Grundlage eines differenzierten Werkzeuggebrauchs alles – auch Fleisch. Aus ihnen entwickelt sich vor etwa 1,5 Millionen Jahren der homo erectus, der gezielt jagt. »Der Übergang zur Jagd ist … die entscheidende ökologische Veränderung zwischen den übrigen Primaten und den Menschen. Man kann den Menschen geradezu definieren als den ›hunting ape‹ … Die Jägerzeit umfasst den weitaus größten Teil der Menschheitsgeschichte; die höchstens 10.000 Jahre seit der Erfindung des Ackerbaus fallen demgegenüber kaum ins Gewicht. Von hier aus ergibt sich eine Perspektive, die die erschreckende Gewalttätigkeit verstehen lässt aus dem Raubtierverhalten, das er bei seiner Menschwerdung angenommen hat.« (Walter Burkert 1972: 24–25)

Die Techniken der Jagd entwickeln sich dabei sehr allmählich (Nan Mellinger 2003: 17–18): Seit etwa 300.000 Jahren machen die Menschen Jagd auf kleine Großtiere, die über steile Klippen gescheucht und gestürzt werden – durch alle Männer, Frauen und Kinder eines Clans gemeinsam. Diese Form der Jagd ist allerdings sehr ineffizient und nicht nachhaltig, da der Verlust an Tieren hoch ist, die man nicht vor dem Verderben des Fleisches essen kann, weil man viel zu viele Tiere auf einmal getötet hat. Vor etwa 30.000 Jahren entwickelt man daher die Pirschjagd mit gezielter Jagdtechnik und speziellen Waffen, die nur durch die Männer durchgeführt wird.

Vor der Sesshaftwerdung schätzt man den Fleischkonsum des Menschen auf etwa ein Drittel der benötigten Kalorien und damit auf knapp 800 Gramm pro Tag (Nan Mellinger 2003: 17–18). Mit der Sesshaftwerdung nach der letzten Eiszeit vor etwa 10.000 Jahren entwickelt der Mensch parallel Ackerbau und Tierhaltung. Dieser Paradigmenwechsel zwingt ihn wie von selbst zu strikter Ressourceneffizienz, da er seine Nahrung nun selbst erarbeitet. Und das wiederum reduziert den Fleischverzehr drastisch, weil es effizienter ist, pflanzliche Kalorien direkt zu essen als indirekt durch den Tiermagen hindurch (Nan Mellinger 2003: 39–44).

7.4.2
Der philosophische Vegetarismus der Antike

Verschiedene Mythen stellen sich den Urzustand der Menschheit als einen Zustand vegetarischer Ernährung vor. So hat dieser Mythos in Griechenland seit Hesiod (geboren circa 700 v. Chr.) großen Anklang gefunden (Hesiod, Erga 109–119; vgl. Urs Dierauer 2001: 18) und nach dem babylonischen Exil (587–540 v. Chr.) auch in Israel, nämlich in der ersten Schöpfungserzählung der Bibel (Gen 1, 1–2, 4a; besonders Gen 1, 29 f.). Doch muss man solche Mythen als das lesen, was sie sind, nämlich als anthropologisch-ethische Aussagen über Sinn und Ziel menschlichen Lebens, und nicht als prähistorische Reminiszenzen, die uns den tatsächlichen vorgeschichtlichen Hergang schildern.

Für eine dauerhaft vegetarische Lebensweise gibt es Rahmenbedingungen, die in vorindustriellen Agrargesellschaften notwendig gegeben sein müssen: zum einen eine hoch entwickelte Ackerbaukultur mit einer Vielfalt angebauter Nutzpflanzen, zum anderen ein Klima, das keine langen und strengen Winter kennt. Nur so ist eine ganzjährige, gesunde Ernährung mit pflanzlichen Lebensmitteln denkbar. In polarnahen Gebieten können die Menschen nicht genügend Vorräte für den Winter erwirtschaften und bleiben daher zumindest in der kalten Jahreszeit auf Jagd und Fischfang angewiesen.

Beinahe zeitgleich dürfte der Vegetarismus in zwei Hochkulturen entstanden sein: In Indien führt ihn der Gründer des Jainismus, *Mahavira* (gestorben 527 v. Chr.) ein – ein strenger Asket, der das hinduistische Prinzip der Ahimsa (Gewaltlosigkeit) mit dem Gedanken der Seelenwanderung verknüpft. Weil im Jainismus auch gegen Tiere keine Gewalt angewandt werden darf, leben die Mitglieder dieser Religion (in Indien heute circa drei Millionen) streng vegetarisch. Mit dieser Lebensweise setzt sich der Jainismus explizit vom Buddhismus ab (Rod Preece 2008: 73–75). Denn es gibt klare Belege, dass sich der frühe Buddhismus nicht vegetarisch ernährt – nicht einmal die Mönche verzichten auf Fleisch. Im »mittleren Weg« sieht man den Vegetarismus sogar als zu extrem an und bekämpft ihn. Schließlich habe der Gründer Gautama Siddharta ebenfalls Fleisch gegessen (Rod Preece 2008: 68). Erst im 3. Jahrhundert v. Chr. behauptet ein srilankesischer Text, Buddha sei Vegetarier gewesen (Rod Preece 2008: 69).

Alles in allem ist aber eine charakteristische Ambiguität der buddhistischen Texte zu beobachten (Stephanie Kaza 2005: 399–400): Für den Buddhismus sind Tiere einerseits fühlende, leidensfähige Lebewesen wie der Mensch, haben aber weniger Erkenntnis als Menschen und gehören folglich einer niedrigeren Klasse von Lebewesen an, weshalb die Wiedergeburt eines Menschen in einem Tier als schwere Strafe gilt. Die buddhistischen Texte sehen alle Lebewesen in einer universalen Harmonie vereint, ihre Tötung wäre eine Zerstörung dieser Harmonie, doch Strafen für Tierschädigung sind geringer als solche für Menschenschädigung. Hier bleiben fundamentale Spannungen offen. Insgesamt zeigt der Buddhismus zwar von Anfang an eine hohe Wertschätzung für das Tier, kennt aber keine Verpflichtung zum Vegetarismus. Bis heute bleibt es bei einer sehr unterschiedlichen Praxis in den einzelnen buddhistischen Ländern und Klöstern (Rod Preece 2008: 73). Der Jainismus hingegen sieht den Vegetarismus als Identitätsmerkmal gegenüber den anderen in Indien beheimateten Religionen und hat diese Lebensform bis heute konsequent beibehalten.

Die zweite Hochkultur, die fast gleichzeitig einen vegetarischen Lebensstil entwickelt, ist Griechenland. Dort gilt *Pythagoras* (circa 570–490 v. Chr.) als »Stammvater des Vegetarismus in Europa« (Hans-Jürgen Teuteberg 1994: 37). Ob Pythagoras selbst vegetarisch lebt, ist umstritten – die überlieferten Aussagen widersprechen einander. Die in der Geschichtsforschung meistvertretene These besagt, dass Pythagoras von sich selbst und seinen engsten Jüngern den Vegetarismus verlangt, von seinem erweiterten Schülerkreis nicht (Urs Dierauer 2001: 16). Als originäre Gründe für diese Lebensweise finden sich in seinen Schriften die beiden Gedanken, dass Tiere beseelte Wesen sind und dass die Seele von Tieren zu Menschen wandern kann und umgekehrt, weshalb der Mensch Tiere nicht essen dürfe. In den Schriften seiner Schüler kommen drei weitere Argumente hinzu: Die vegetarische Ernährung diene der Reinheit der Seele und der Klarheit des Denkens; Fleischgenuss sei gesundheitsschädlich; die Barmherzigkeit und Milde gegenüber Tieren sei Ausdruck wahrer Humanität (vgl. Hans Jürgen Teuteberg 1994: 37–38; Rod Preece 2008: 76–93; Urs Dierauer 2001: 16). In jedem Fall ist der pythagoräische Vegetarismus auch ein Zeichen des Protests gegen die etablierte gesellschaftliche Hierarchie, weil die Pythagoräer nicht an den vorgeschriebenen Opfermahlzeiten teilnehmen und so die Gesellschaft sichtbar als gewalttätig entlarven (Eva Barlösius 1999: 118–122).

In beiden Ursprungssituationen in Indien und Griechenland ist der Vegetarismus keine rein private Entscheidung, die Menschen für sich treffen und im stillen Kämmerlein leben. Vielmehr wird über die alternative vegetarische Lebensweise eine von der Mehrheitsgesellschaft differierende Wertorientierung gelebt, die für diese sichtbar ist. Und gerade weil Essen und Trinken im Sinne des Food Sharing ein enormes verbindendes Potenzial aufweisen (siehe Kapitel 5), wird das Sichabsetzen von den geltenden Standards des Essens wie von selbst als Distanzierung und Provokation empfunden. Daran hat sich bis heute nichts geändert: Vegetarismus begründet die Lebensgestalt einer gesellschaftlichen Minderheit, die sich als Elite versteht.

Wie entwickelte sich der Vegetarismus im griechisch-römischen Kulturkreis weiter? *Platon* (428–348 v. Chr.) unterhält eine enge Beziehung zu den Pythagoräern. Auch er vertritt die Lehre von der Seelenwanderung, auch er schließt die Tiere als beseelte Wesen in diese Lehre ein. Inspiriert von Hesiod ist Platon überzeugt von einer Urzeit, in der alle Menschen vegetarisch lebten (Politikos 271c–272d). Analog sei auch der Staat ursprünglich ein vegetarisch lebendes Gemeinwesen gewesen, dann aber degeneriert (Politeia 372a–373d). Trotz dieser erkennbaren Präferenz für den Vegetarismus erhebt Platon aber keine explizite, für alle verbindliche ethische Forderung. Dennoch ist seine Sympathie für den vegetarischen Lebensstil später eine fruchtbare Quelle für die Neuplatoniker, die konsequent vegetarisch leben (Urs Dierauer 2001: 21–22).

Gegen die pythagoräische und platonische Präferenz des Vegetarismus erheben sich schon bald prominente Gegenstimmen: *Herakleides von Pontos* (390–322 v. Chr.), ursprünglich ein Schüler Platons, dann aber Peripatetiker, wird ein dezidierter Antivegetarier. Seine Argumente sind uns durch Porphyrios bekannt (Porphyrios, De abstinentia 1,13–26; siehe unten): Wenn man keine Tiere essen dürfe, dann auch keine (ebenfalls beseelten) Pflanzen; wenn man kein Fleisch essen dürfe, dann auch nicht Milch, Honig und Eier – auch das Essen dieser Produkte beraube die Tiere. Der (Ovo-Lakto-)Vegetarismus ist für Herakleides also inkonsequent. Darüber hinaus bietet er zwei positive Argumente, die seines Erachtens stark für den Fleischverzehr sprechen: Einerseits würden sich die Tiere ohne ihre Tötung durch den Menschen zu stark vermehren, und andererseits sei eine frühe Tötung gut für die Tiere, weil ihre Seelen dann schneller wieder in einen Menschen gelangen, und das sei ja besser (Urs Dierauer 2001: 24–26).

Zum stärksten Gegner vegetarischen Lebens entwickelt sich die *Stoa*, die strikt material anthropozentrisch denkt: Der Mensch ist den Göttern verwandt und besitzt die Vernunft. Damit ist er den Tieren weit überlegen. Hier greift die Stoa alte griechische Ideen auf, aus denen die Bezeichnung der Tiere als vernunftlose Wesen (ἄλογα) entsteht, spitzt diese These aber massiv zu: Tiere haben weder Vernunft noch Gefühle – sie können sich nur »gewissermaßen« freuen, erinnern, zürnen. Im Sinne der stoischen Teleologie ist damit klar: Tiere sind nur zum Wohl des Menschen erschaffen (Cicero, De natura deorum 2: 154–162) und daher mit Eigenschaften begabt, die für den Menschen besonders hilfreich sind, zum Beispiel der Esel mit einem starken Rücken, der Ochs mit einem breiten Nacken, Vögel und Fische mit schmackhaftem Fleisch usw. (Urs Dierauer 2001: 29–30). – Der Erfolg der stoischen Lehre ist nicht nur in dieser Hinsicht durchschlagend: Vom 3. bis zum 1. Jahrhundert v. Chr. gibt es kaum Vegetarier-Philosophen (Urs Dierauer 2001: 32).

Doch man braucht nur lange genug warten, bis das Pendel wieder in die Gegenrichtung ausschlägt. Ein starker Protagonist vegetarischen Lebens ist der Mittelplatoniker *Plutarch* (um 45 – um 125 n. Chr.). Seine beiden Abhandlungen über das Fleischessen (Περὶ σαρκοφαγίας / De esu carnium, deutscher Text in Heike Baranzke et al. 2000: 138–149), zwei Jugendwerke, sind die ältesten vollständig erhaltenen Schriften für eine vegetarische Ernährung, und zugleich die ersten, die das Tierwohl in den Mittelpunkt stellen (Urs Dierauer 2001: 35–45). Darüber hinaus finden sich weitere Argumente für den Vegetarismus in einer Reihe anderer Schriften aus seiner Feder.

Für Plutarch ist es nicht verwunderlich, wenn jemand auf Fleisch verzichtet, sondern wenn jemand es isst. Denn der Fleisch essende Mensch muss das Schlachten der Tiere sehen, riechen und schmecken und das Brüllen der Tiere hören. Schon hier wird offenkundig, dass Plutarch das Tier in seinem Eigensein und seiner eigenen Wertigkeit, man könnte auch sagen: in seiner Tierwürde, wahrnimmt. Dementsprechend gehen seine wesentlichen Argumente für den Vegetarismus von einer Gerechtigkeitsvorstellung aus, die auch die Tiere als AdressatInnen ansieht:

◆ Die Tiertötung entspricht nicht dem Gebot der Verhältnismäßigkeit der Mittel: »Für ein kleines Stückchen Fleisch nehmen wir den Tieren die Seele sowie Sonnenlicht und Lebenszeit« (De esu carnium 994 C).

◆ Die Zufügung von Tierleid ist nur aus einem angemessenen Grund zu rechtfertigen, nicht aber aus reiner Lust auf Fleisch (De abstinentia 3, 19). Der Verzehr von Fleisch ist gegenwärtig nicht lebensnotwendig, da genug pflanzliche Nahrung vorhanden ist (De esu carnium 993 C – 994 A).

◆ Tiere verdienen wie SklavInnen eine faire Behandlung bis zum (natürlichen) Tod (Cato maior 5).

◆ Wenn man daran glaube, könne man die Vorstellung von der Seelenwanderung als Hilfsargument heranziehen (De esu carnium 998 F): Tiere sind zweifellos beseelte

Wesen. Weil aber über die Seelenwanderung Unsicherheit besteht, muss man Vorsicht walten lassen und darf die Tiere nicht töten.

Zu diesen auf das Tierwohl konzentrierten Hauptargumenten kommen bei Plutarch einige eher anthropozentrisch angelegte Ergänzungsargumente. Sie haben im Dialog mit den strikt anthropozentrisch denkenden Stoikern hohe Bedeutung, denn diese werden dem Tierwohl keine ethische Relevanz zuschreiben und daher die »biozentrischen« Argumente, die Plutarchs »Herzensargumente« sind, als haltlos betrachten.

- Tierschonung fördert Mitmenschlichkeit und Menschenliebe, das Schlachten hingegen Gewalt auch gegen Menschen (De sollertia animalium 959 D – 960 A; De esu carnium 996 A–B).

- Fleischverzehr stumpft die Seele ab, macht sie schwach und kraftlos (De esu carnium 995 D – 996 A).

- Fleischverzehr ist unnatürlich: Der Mensch hat keine natürlichen Tötungswerkzeuge wie die tierlichen Beutegreifer, weder Krallen noch scharfe Zähne noch einen scharfen Schnabel. Auch besitzt er keinen dem Fleischverzehr angepassten Magen. Er muss das Fleisch kochen, damit es genießbar wird, und balsamiert es gleichsam wie einen Leichnam, damit es ihm überhaupt schmeckt. Doch seine Verdauung hat gleichwohl Probleme mit dem Fleisch, und überhaupt schadet dieses der menschlichen Gesundheit (De esu carnium 994 F – 995 D; 998 C).

- Die Begierde, Fleisch zu essen, ist eine widernatürliche, wesensfremde Lust. Der Mensch wandte sich dem Fleischverzehr in einer Notzeit zu, als die pflanzliche Ernährung nicht zum Überleben reichte. Jetzt aber ist wieder pflanzliche Nahrung im Überfluss vorhanden und daher der Fleischverzehr eine Beleidigung der agrarischen Gottheiten Demeter und Dionysos.

Trotz all dieser Argumente verlangt Plutarch keinen strikten Vegetarismus (und lebt ihn als Opferpriester wohl auch selber nicht), sondern nur einen sehr maßvollen Fleischverzehr, der sich an den Notwendigkeiten und nicht an der Lust orientiert: Die Tiere riefen in ihrem Schreien: »Töte mich, um mich zu essen, aber bring mich nicht um, um genussvoller zu essen!« (De esu carnium 994 E) Gerade die Stoiker, die nach ihren eigenen Ansprüchen ihren Lüsten überlegen sein wollten, sollten sich folglich des lustgeleiteten Fleischverzehrs enthalten.

Gegen Ende der Antike verfasst der Neuplatoniker *Porphyrios aus Tyros* (um 234–301/305) mit seiner Schrift περὶ ἀποχῆς ἐμψυχῶν, lateinisch »De abstinentia« und deutsch »Über die Enthaltung von Beseeltem« in vier Büchern die einzige längere antike Abhandlung über den Vegetarismus – sie ist neunmal so lang wie Plutarchs Reden, sehr systematisch aufgebaut und durch eine breite Rezeption antivegetarischer Argumente ausgezeichnet (Urs Dierauer 2001: 45–49; deutscher Text in Heike Baranzke et al. 2000: 151–163). Im Unterschied zu Plutarch und trotz seiner dezidierten Gegnerschaft zum Christentum argumentiert Porphyrios stark theologisch, was ihn aus unserer Perspektive doppelt interessant macht.

Das erste Buch thematisiert vor allem den Aspekt von Lust und Wohlergehen des Fleischverzehrs: Ein weiser Mensch werde seinem Körper nur das quantitativ und qualitativ Notwendige geben (De abstinentia 1,38). Geist und Gefühl seien eine Einheit, daher berühre die Wollust auch den Geist (De abstinentia 1,42). Der Fleischverzehr mache folglich an Seele und Geist müde, schwach und träge (De abstinentia 1,46) und behindere die Angleichung an Gott (De abstinentia 1,33.37 f.; 2,43; 3,27). Das maßvolle Essen hingegen befreie von vielen Übeln: von Überfluss, Verschlafenheit, Krankheiten, sexueller Erregung, Fettleibigkeit und Gewalttätigkeit (De abstinentia 1, 47). Die vegetarische Ernährung mache die Seele folglich rein und bereit zur Gotteserfahrung (De abstinentia 1,57).

Im zweiten Buch geht es um Liebe zu und Mitgefühl mit den Mitgeschöpfen, was dem symbolischen Code von Sicherheit und Geborgenheit entspricht: Hunger und Kriege hätten den Menschen zum Fleischverzehr gezwungen – jetzt aber herrsche Überfluss und mache den Fleischverzehr unnötig (De abstinentia 2,12). Pflanzen gäben ihre Früchte freiwillig, Bienen teilten ihren Honig mit den Menschen, die sie versorgen (De abstinentia 2,13) – hier gehe es um ein wechselseitiges Schenken der Nahrung. Liebe zu und Mitgefühl mit den Mitgeborenen würden geweckt, wenn man sich entsprechend ernähre (De abstinentia 2,22).

Das dritte Buch reflektiert die Fähigkeiten und den moralischen Status der Tiere und damit den Aspekt von Zugehörigkeit und Verortung: Tiere hätten entgegen der stoischen Überzeugung sehr wohl Vernunft, sonst könnten sie weder dem Menschen dienen noch untereinander neiden und streiten (De abstinentia 3,13). Alle Tiere hätten in gewissem Maße Vernunft, wenn auch die meisten sehr unvollkommen (De abstinentia 3,18). Tiere seien auch nicht allein oder primär zum menschlichen Nutzen geschaffen – wozu gäbe es sonst nicht jagdbare Wildtiere (De abstinentia 3,20)? Und schließlich wäre in einer so strikt teleologischen Sicht wie der stoischen auch der Mensch zum Nutzen der Löwen geschaffen (De abstinentia 3,25). Nein: Tiere hätten dieselbe Entstehungsweise wie Menschen und seien deshalb im Unterschied zu den Pflanzen deren Verwandte (De abstinentia 3,26). Aus diesen naturphilosophischen Überlegungen folgt für Porphyrios ethisch eine Rechtsgemeinschaft zwischen Mensch und Tier, die das Verbot einschließt, sanfte Tiere zu töten, und nur die Notwehrtötung erlaubt. Das Prinzip der Gerechtigkeit verlange für Gewaltanwendung Notwendigkeiten, Fleischverzehr sei aber nicht notwendig (De abstinentia 3,18.26). Schließlich sei Gott das Prinzip der Nichtschädigung zu eigen (De abstinentia 3,27).

Im vierten Buch geht es um kulturgeschichtliche Betrachtungen, die auch den Mythos vegetarischer Ernärung im Goldenen Zeitalter behandeln. Sie können in unserer systematisch orientierten Darstellung übergangen werden. – Interessant scheint aber, dass Porphyrios seine drei ersten Bücher von De abstinentia entlang drei der vier Kategorien symbolischer Codes strukturiert. Die vierte Kategorie von Ansehen und Prestige hingegen kommt bei ihm nicht vor, weil er sie als der Kategorie von Zugehörigkeit und Verortung entgegengesetzt wahrnimmt: Die stoische Überordnung des Menschen über die Tiere hebelt er mit seiner These einer tendenziell egalitären Rechtsgemeinschaft aus. Der Mensch braucht sein Prestige nicht auf Kosten der Tiere zu begründen.

Insgesamt kann die griechisch-römische Kultur der Antike als tendenziell vegetarische Kultur betrachtet werden (Massimo Montanari 1994: 12–18). Sie interessiert sich nicht für die wilde Natur. Zivilisation und Stadt stehen im Mittelpunkt der Aufmerksamkeit, der Acker ist ihnen zugeordnet und der wilden, nichtmenschlichen, nichtproduktiven Natur (»saltus«) entgegengesetzt. Wald ist ein Synonym für Ausgeschlossensein und Marginalität. Als Kern der Ernährung und Inbegriff der Kultur gelten Getreide, Wein und Öl. In diesem Sinne sehen sich Griechen und Römer ganz im Gegensatz zu den »Barbaren«. Diese neigen zu Jagd und Fischerei und zum Sammeln wilder Früchte. Sie essen bzw. trinken viel Fleisch und Milch, tierische Fette und Butter, Sidre aus wilden Früchten und Bier – für die Griechen und Römer alles Speisen und Getränke, die sie eher meiden. Entscheidendes Kennzeichen der Zivilisation ist für sie das künstliche Konstruieren und »Erfinden« der Speisen durch die Entwicklung komplexer Verarbeitungsschritte (Massimo Montanari 1994: 16). Während sich die Menschen im germanischen Paradies vor allem vom »Großen Schwein« ernähren, das täglich gekocht wird und am Abend wieder ganz ist (Edda Kapitel 38), wird das Paradies der griechischen und römischen Urmythen wie in der Bibel als ein Garten beschrieben.

7.4.3
Der religiöse Vegetarismus in den christlichen Orden und Bewegungen

Im Mittelalter vermischen sich die beiden Kulturen in Europa – die römische und die barbarische –, und Fleischverzehr wird auf dem gesamten Kontinent wichtiger (Massimo Montanari 1994: 18–23). Seit dem 7. und 8. Jahrhundert bewertet man die Wälder nicht mehr nach der Fläche, sondern nach der Zahl der Wildschweine. Fleisch statt Brot wird als Nahrung der Kranken empfohlen. Es wird zum Symbol von Kraft und Macht. Wer vom Fleischverzehr ausgeschlossen ist, ist gedemütigt. Viel stärker als zuvor ist nun das Fleisch ein Symbol von Ansehen und Prestige.

Doch der Vegetarismus ist schon in der Antike ein Eliteprogramm einer kleinen Minderheit gewesen, und das bleibt auch so. Im Christentum wird er vor allem durch das Mönchtum weitergetragen und gelebt (vgl. zum Folgenden vor allem Michael Rosenberger 2012a: 193–197). Vorab zu einer genaueren Analyse muss vorausgeschickt werden, dass die im Mönchtum verwendeten *Begrifflichkeiten* keinerlei biologische Präzision haben. Stets vermischen sich Wahrnehmungen des Tieres mit sozialen Gegebenheiten der menschlichen Gesellschaft. Nur unter dieser Perspektive kann die folgende Grobgliederung plausibilisiert werden:

◆ *»Fleisch«* im engen Sinn meint das Fleisch warmblütiger, vierfüßiger Tiere. Nur diese sind exklusiver Besitz der Reichen – der Arme besitzt keinen Zugang zu ihrem Fleisch. Das gilt sowohl für das Vieh als auch für das Wild, dessen Bejagung dem Adel vorbehalten ist.

◆ *Geflügel* als das Fleisch warmblütiger, aber zweifüßiger Tiere ist aus tierethischer und biologischer Perspektive zwar nicht vom »Fleisch« im engen Sinn zu unterscheiden, wohl aber aus sozialer Perspektive: Geflügel ist das Fleisch des armen Mannes. Sein Verzehr lässt keinen übertriebenen Wohlstand erkennen. Zudem stehen Vögel und Fische, die gemeinsam am fünften Schöpfungstag erschaffen werden, dem Menschen räumlich und emotional nicht so nahe wie die vierfüßigen Landtiere, die am sechsten Schöpfungstag erschaffen werden – eine Überlegung, die man in vormodernen Zeiten nicht unterschätzen darf und die bei Hrabanus Maurus zentrale Bedeutung hat (Commentarium in Genesim I: 6).

◆ Für *Fisch* als das Fleisch kaltblütiger Tiere gilt Ähnliches. Auch hier ist natürlich schon in der Antike jedem Menschen klar, dass es sich um Lebewesen handelt, die getötet werden. Aber da die meisten Gewässer im Unterschied zu Wäldern kein Privateigentum sind, sondern allen Menschen zum Fischfang offenstehen, ist der Fisch prinzipiell ein Nahrungsmittel für jedermann. Die häufig kolportierte Behauptung, das mittelalterliche Mönchtum habe Biber und Fischotter zu den Fischen gerechnet, entbehrt hingegen jeglichen Quellenbelegs und dürfte eine Erfindung sein (Susanne Fritsch 2008: 65).

◆ Auch *Eier* sind für den tierschutzsensiblen Menschen keine selbstverständliche Speise, da sie potenziell den Keim eines jungen Vogels enthalten, der bei ihrem Verzehr getötet würde. Aus diesem Grund gibt es im Mönchtum durchaus Traditionsstränge, die auf den Verzehr von Eiern ganz oder teilweise verzichten.

◆ Ähnliches gilt für *Milch und Milchprodukte*. In der Milch ist zwar kein heranwachsendes Lebewesen enthalten, doch dient sie den Jungtieren zur Nahrung. Nimmt der Mensch sie zum eigenen Verzehr, dann beraubt er den tierischen Nachwuchs.

7.4 Der Vegetarismus

Daher beschränken manche Mönchstraditionen den Milch- und Käsekonsum erheblich.

◆ Das einzige vordergründig »unproblematische« Nahrungsangebot sind *Pflanzen*. Ihr Verzehr wird in den monastischen Traditionen keinerlei Restriktionen unterworfen.

Das *östliche Mönchtum* scheint von Beginn an einen strikten Vegetarismus zu leben (wobei Eier und Milch nicht problematisiert werden). Dort wird der vegetarische Lebensstil zuerst von den ägyptischen und syrischen Wüstenvätern und -müttern gelebt (siehe oben Kapitel 4.5.2). Wenn sie nicht fasten, essen sie gemäß den Apophthegmata Patrum nur Brot und Salz (AP 217; 226), also trockene Speisen im Gegensatz zu frischem Obst, gekochtem Gemüse und fettem Fleisch, trinken absolut keinen Wein (AP 566; 593; 787; 974 f.) und verzichten fast vollständig auf Öl (AP 169). Sie betrachten die Abstinenz als privilegiertes Mittel, um die leiblichen Begierden zu überwinden (AP 318; 919). Ihre Xerophagie (ξεροφαγία), deren zentrale Merkmale die Enthaltsamkeit von Fleisch und Wein sind, muss im Zusammenhang der Sexualmoral verstanden werden: Nach antiker Vorstellung fördert der Verzehr trockener Nahrung die Enthaltsamkeit, weil das Verspeisen von feuchtem Obst oder gekochtem Gemüse die Produktion sexueller Körperflüssigkeiten anregt und der Verzehr von Fleisch sexuell »heiß« macht. Als leuchtendes biblisches Beispiel dienen die drei Jünglinge am Königshof Nebukadnezzars in Babylon, die Xerophagie praktizieren (Dan 1,4–16) und im Feuerofen nicht verbrennen (Dan 3; vgl. Johannes Cassian, Unterredungen mit den Vätern 12,11).

Insgesamt bleibt das frühe Christentum aber seinen Wurzeln treu und übernimmt die Zurückhaltung Jesu und des Judentums gegenüber zu strengen Abstinenzgeboten. Vor allem mahnt es, Fasten und Xerophagie nicht zur Ideologie zu machen, innerhalb der jede Freude am Essen und Trinken verteufelt wird. Irenäus von Lyon (Adversus haereses 1,24,2; 1,28,1) kritisiert den Gnostiker Saturninus in Syrien, der die Ehe als Werk des Satans bezeichne und die Fleischabstinenz als zwingende Verpflichtung propagiere.

Durch die griechischen Philosophen inspiriert präsentiert insbesondere Hieronymus ein leidenschaftliches Plädoyer für vegetarische Ernährung (Adversus Iovinianum I,18; II,5–17; Epistula 117,7; vgl. Hubertus Lutterbach 1999). Im Goldenen Zeitalter vor der Sintflut hätten die Menschen kein Fleisch gegessen, sondern nur grüne Pflanzen (Gen 1,29 f.). Erst im Noachbund (Gen 9,3) sei der Fleischverzehr erlaubt worden. Außerdem bedrohe er die Reinheit der Seele und die Gesundheit des Leibes. So ist für Hieronymus der Verzicht auf Fleisch ein Signum der Vollkommenheit und der Vorwegnahme des Paradieses. Denn im Himmel werde kein Fleisch gegessen.

Die Mönche des Athos sind noch heute den Vorstellungen des Hieronymus sehr nahe. Sie kennen nicht einmal die Haltung von Hühnern oder Milchvieh, nur für die Mahlzeiten an Hochfesten ist der Fischfang üblich. Ansonsten gilt mit Berufung auf die biblischen Schöpfungserzählungen das Prinzip, keine Gewalt gegen Tiere anzuwenden und in der Mönchsgemeinschaft der Realisierung des Schöpfungsfriedens zumindest nahe zu kommen.

Das *westliche Mönchtum* ist demgegenüber einen etwas moderateren Weg gegangen. Zwar erlaubt Caesarius von Arles selbst für die Kranken nur den Verzehr von Geflügel, das Fleisch vierfüßiger Tiere hingegen gar nicht (Regula Virginum 71: 7–9). Damit ist er einem strikten Vegetarismus noch sehr nahe. Doch die anderen westlichen Regeln enthalten entweder keine Angaben oder erlauben wie die Regula Magistri und die Regel Benedikts eine behutsame Öffnung: Nicht jeglicher Fleischgenuss ist verboten, sondern nur der Verzehr vierfüßiger Tiere, wobei die Kranken von dieser Einschränkung dispensiert sind (Regula Magistri 53, 56–60; RB 36,9; 39,11). Geflügel (und zumindest nach späterer Interpretation auch Fisch) ist hingegen auch den Gesunden erlaubt.

Wie hat sich die begrenzte Öffnung Benedikts für den Fleischverzehr in späteren Jahrhunderten ausgewirkt? Einige wenige Schlaglichter auf die großen monastischen Reformen müssen genügen*:

Die *KartäuserInnen* verzichten gänzlich auf Fleisch. Jeden Donnerstag essen sie etwas Käse, am Sonntag auch Fisch und Eier, ansonsten nur pflanzliche Nahrung (Consuetudines Cartusiae 33). Diese Strenge hat ihren Grund zunächst darin, dass sie gemäß ihren Konstitutionen außerhalb der Klostermauern keine Äcker besitzen dürfen und deshalb die für Mastvieh notwendigen Futtermittel nicht erwirtschaften können. Die annähernd vegetarische Lebensweise ist für sie damit primär ein Zeichen ihrer Armut. Aber natürlich wirken auch in ihr die schöpfungstheologischen Impulse des Hieronymus weiter.

Obgleich der Kartäuserorden bis heute der strengste monastische Orden des Abendlands geblieben ist, hat sein absolutes Fleischverbot stets für Diskussionen über mögliche Ausnahmen gesorgt. So vertritt schon Johannes Gerson (1363–1429) in seiner Abhandlung »De non esu carnium« (hier zitiert nach: Oeuvres complètes 3: 77–95) die Überzeugung, es gebe keine Regel ohne Ausnahme. In Situationen extremer Not müssten Kartäuser Fleisch essen, zum Beispiel wenn keine andere Nahrung vorhanden sei oder ein Kranker ohne Fleisch sterben würde (Oeuvres complètes 3: 83). Doch wenn der Fleischkonsum eines kranken Kartäusers die gesunden Brüder zur Nachahmung verführe, dann solle er es lassen (Oeuvres complètes 3: 89–90). Auch sei meist unsicher, ob das Fleisch im konkreten Fall wirklich die Gesundheit stärke, und über-

---

* Für wertvolle Hinweise in diesem Abschnitt danke ich Dr. Thomas Wallnig.

haupt sei die Lebensverlängerung um jeden Preis ein unsinniges Ziel (Oeuvres complètes 3,84–85). Noch subtiler ist die Argumentation des Dominikaners Francisco de Vitoria (1483–1546) in seiner »Relectio de temperantia«, deren ursprünglicher Titel vermutlich »De usu ciborum« lautete: Wenn keine andere Nahrung vorhanden sei, müsse der Kartäuser Fleisch essen, wenn er schwer krank sei, aber nicht – denn dann wäre das Fleisch eine Medizin, und die müsse man im Unterschied zur lebensnotwendigen Nahrung nicht nehmen.

Die *zisterziensische Reform* schärft ebenfalls aufs Neue ein, dass es Fleisch und tierisches Fett nur für Kranke und Lohnarbeiter gibt, die gesunden Mönche darauf aber vollständig verzichten müssen (Exordium Cistercii et Capitula 13). Der Verzehr von Fisch hingegen nimmt gerade bei den ZisterzienserInnen beträchtliche Ausmaße an.

In den traditionellen *benediktinischen Klöstern* des Mittelalters dürfte der Fleischverzehr eine enorm umstrittene, aber weit verbreitete Praxis gewesen sein (vgl. Susanne Fritsch 2008). Denn mehrfach mahnen die Päpste zu Reformen. So erwähnt Innozenz III. in seinem Dekretale »Cum ad monasterium« von 1203 als einen von fünf dringend reformbedürftigen Punkten die Fleischabstinenz. 1336 fordert auch Benedikt XII. in seiner Bulle »Summi magistri dignatio« (genannt Benedictina) grundlegende Reformen für die benediktinischen Klöster – mit einem starken Akzent auf der Fleischabstinenz. Doch erst im 15. Jahrhundert setzt sich in der benediktinischen Ordensfamilie selbst die Erkenntnis der Notwendigkeit von Reformen durch.

Eine dieser Reformen geht 1418–1452 vom Stift Melk aus – die sogenannte *Melker Reform*: Sie verfügt den absoluten Fleischverzicht gemäß den Bestimmungen Benedikts XII., auch für die Gäste der Klöster und für den Abt. Den Gästen wird es notfalls erlaubt, auf der Krankenstation der Mönche Fleisch mitzuessen (Meta Niederkorn-Bruck 1994: 78). Während der vielen und langen Fastenzeiten schreibt die Reform sogar den Verzicht auf Milchprodukte und Eier vor – erlaubt jedoch an einigen Wochentagen Fisch (Meta Niederkorn-Bruck 1994: 77). – Insgesamt handelt es sich bei den Melker Bestimmungen zum Fleischverzicht um einen »der am heftigsten umstrittenen und … am häufigsten vernachlässigten Programmpunkte der Reform … vor allem in den Frauenklöstern« (Meta Niederkorn-Bruck 1994: 75–76; vgl. auch Albert Groiss 1999: 187). Und so wundert es nicht, dass sich bereits 1460 Relativierungen finden (Albert Groiss 1999: 185–188): Am Dienstag und Donnerstag wird der Fleischverzehr erlaubt, wenn es sich nicht um einen Fasttag handelt.

Warum ist ausgerechnet die Fleischabstinenz ein Punkt so intensiver und permanenter Auseinandersetzungen? Warum scheitern viele Klöster genau daran? Aus den historischen Quellen lässt sich die Antwort bestenfalls erahnen. Natürlich dürfte ein Aspekt die sehr menschliche Schwäche der Mönche und ihre Freude am Fleischverzehr gewesen sein. Aber das ist kaum die ganze Erklärung. Vermutlich ist es in der Vormoderne nördlich der Alpen und insbesondere in rauen, unwirtlichen Gegenden schlichtweg unmöglich, genügend pflanzliche Nahrung zur Verfügung zu stellen. Fleischabstinenz heißt dann hungern – dass das auf Dauer keine Akzeptanz findet, kann man verstehen. Am Montecassino, in Subiaco und im mediterranen Raum insgesamt mögen über den gesamten Jahreskreis genügend pflanzliche Produkte vorrätig sein und ein (nahezu) vegetarisches Leben ermöglichen. In kälteren Klimazonen aber wirft der analoge Versuch größte Schwierigkeiten auf und ist offenbar oft gescheitert. Dennoch bleibt die Mahnung Benedikts gültig, den Fleischverzehr der eigenen Gemeinschaft beständig zu prüfen und seine Reduktion auf ein Mindestmaß zu versuchen. Es ist nicht selbstverständlich, dass der Mensch andere Lebewesen tötet, um sich von ihnen zu ernähren – so die Überzeugung der gesamten monastischen Tradition.

Dass es im Christentum immer wieder extreme Strömungen gibt, deren Fleischabstinenz aus einer dezidierten Leibfeindlichkeit und Sexualfeindlichkeit erwächst, zeigt sich exemplarisch an den mittelalterlichen Katharern (wörtlich »die Reinen«, von griechisch καθαρός = rein) oder Albigensern (nach der südfranzösischen Stadt Albi, die eines ihrer Zentren ist). Diese christliche Laienbewegung breitet sich ab etwa 1140 schnell über ganz Europa aus und wird durch die römische Inquisition zwischen 1209 und 1310 derart konsequent verfolgt, dass von ihr nichts übrig bleibt. Bei allen Unsicherheiten über ihre Lehre darf als erwiesen gelten, dass die Katharer einem konsequenten Dualismus von Geist und Materie folgen. Damit ist insbesondere die Sexualität für sie im wörtlichen Sinne Teufelswerk. Deren Ablehnung begründet zumindest teilweise die Ablehnung tierischer Speisen. Fische dürfen aber verzehrt werden, weil man im Mittelalter überzeugt ist, sie seien kein Produkt sexueller Zeugung, sondern gingen aus dem Wasser hervor. Eine weitaus stärkere Begründung für die Fleischabstinenz liegt jedoch in der ebenfalls geglaubten Seelenwanderungslehre. – Ohne ihre gewaltsame Verfolgung rechtfertigen zu wollen, bleibt die Option der Kirchenleitung, einer derart radikalen Leibfeindlichkeit nicht zu folgen, von grundsätzlicher anthropologischer und ethischer Bedeutung. Bei aller Hochschätzung vegetarischer Ernährung weigert sich die Kirche konsequent, daraus eine für alle verbindliche Pflicht zu machen.

7.4.4
Der säkulare Vegetarismus der Neuzeit

Der frühneuzeitliche, humanistisch inspirierte Vegetarismus hat seine Wurzeln in *Italien*. Der erste »säkulare« Vegetarier seit der Antike ist Luigi Cornaro (1467–1565; vgl. Rod Preece 2008: 148–150). Sein vegetarisches Plädoyer ist nicht (tugend-)ethisch, sondern gesundheitlich motiviert. In seiner Autobiografie »Discorsi della vita sobria« von 1548 preist er die Freuden seines Alters gegenüber vielen, die ein weit geringeres Lebensalter haben, und sieht die Voraussetzung seiner guten Gesundheit und seines hohen Alters in der Befolgung einer strengen vegetarischen Diät. Auch der belgische Jesuit und Moraltheologe Leonard Lessius (Lenaert Leys, 1554–1623; vgl. Rod Preece 2008: 151) empfiehlt in seinem Buch »Hygiasticon« von 1614 – inspiriert von Cornaro – eine vegetarische Diät als unter dem Gesichtspunkt der Maßhaltung einzig gesunde Lebensweise. Leonardo da Vinci (1452–1519; vgl. Rod Preece 2008: 151–153) ist schließlich der erste neuzeitliche Vertreter eines tierethisch motivierten Vegetarismus. Zwar gibt es keinen sicheren Beweis, dass er vegetarisch lebt. Doch wird vermutet, dass die Rechnungen für Fleisch, die sich in seiner Hinterlassenschaft finden, das Fleisch für seine Familie und die weiteren HausbewohnerInnen betreffen. Seine Tagebücher enthalten jedenfalls viele Hinweise auf eine konsequente Humanität gegenüber Tieren.

Das Mutterland des neuzeitlichen Vegetarismus ist jedoch *England*. Inspiriert von der englischen Übersetzung der Schriften von Jakob Böhme (1575–1624) zwischen 1644 und 1662 und dessen starkem Akzent auf dem Mitgefühl entwickelt sich dort ein zunächst dezidiert religiöser Vegetarismus, der nach und nach eine autonome, von der christlichen Religion unabhängige Gestalt annimmt. Der Kaufmann und Bestsellerautor Thomas Tryon (1634–1703) ist der erste, der für den Vegetarismus wirbt: Vegetarische Ernährung sei das beste Mittel, um das Fleisch zu überwinden und den Geist triumphieren zu lassen. Fleischverzehr zeuge von moralischem Verfall. Denn die Tiere hätten Gott ebenso zum Vater wie die Menschen, daher dürfe man sie nicht unterdrücken, quälen oder töten (Arouna P. Quédraogo 2000: 826–828).

Die ebenfalls von Jakob Böhme beeinflusste christliche Mystikerin Jane Lead (1623–1704) glaubt an ein baldiges Anbrechen des in der Bibel verheißenen Friedensjahrtausends und gründet 1670 die überkonfessionelle »Philadelphian Society«. Einige Jahrzehnte später gibt der Londoner Arzt George Cheyne (1671–1743), Mitglied dieser Society und gleichfalls Böhme-Anhänger, den entscheidenden Impuls für die englische vegetarische Bewegung: Der Leib sei ein Ort der Leidenschaften, seine mangelnde Kontrolle gefährde daher die Gesellschaft. Aus diesem Grund sei der Vegetarismus besonders für die geistig arbeitende Oberschicht sehr geeignet. Es brauche eine neue Diätetik: Fettleibigkeit und Depression seien Degenerationsmerkmale der Überflussgesellschaft, man solle zur natürlichen Einfachheit der Mönche und Soldaten zurückkehren. Die Bücher Cheynes erfahren unzählige Auflagen. Unter den begeisterten LeserInnen befindet sich auch der Prediger John Wesley (1703–1791), Gründer der Methodisten, dessen Bücher ebenfalls weite Verbreitung finden (Arouna P. Quédraogo 2000: 828–831). Aufgrund der primären Verbreitung vegetarischer Ideen über Bücher bleibt das vegetarische Leben in dieser Phase jedoch ein Phänomen der Ober- und Mittelschicht.

Eine neue Zielgruppe erreicht der stark calvinistisch inspirierte englische Vegetarismus 1809, als William Cowherd (1763–1816) in Salford bei Manchester die Biblical

Church gründet (Arouna P. Quédraogo 2000: 831–835). Ein Großteil der Mitglieder seiner Pfarrei sind arme Heimarbeiter der Textilbranche. Sie haben den Anbau der traditionellen Feldfrüchte verlassen, um Weißbrot als Zeichen ihres neuen Wohlstands zu essen. Doch der Weizenpreis steigt von 1793 bis 1819 stark an, so dass Hunger und Elend vieler Arbeiterfamilien die Folge sind. Cowherd entwickelt angesichts dieser Herausforderung parallel zu sozialethisch-politischen Forderungen von Demokratisierung, Gehaltserhöhung, Bildung und Gesundheitsfürsorge für alle eine individualethische Ernährungspädagogik der Armen. Deren Kernelement ist ein vegetarischer Lebensstil. Cowherds Werben für vegetarische Ernährung ermöglicht der höheren ArbeiterInnenklasse und den MittelschichtbürgerInnen einen Ansehensgewinn, da sie sich kein teures Fleisch mehr leisten brauchen. Die aus dem Biblical Church Movement 1847 hervorgehende Vegetarian Society findet daher besonders in den nördlichen Industrieregionen Liverpool und Manchester zahlreiche Mitglieder. Wenig später gründet eine 1817 nach Philadelphia in den USA emigrierte Gruppe der Biblical Church 1850 die US-amerikanische Vegetarian Society (Arouna P. Quédraogo 2000: 835–837). Der angelsächsische Vegetarismus verbindet also von einem seiner Ursprünge her calvinistische Askese mit Aufstiegsperspektiven für niedrige soziale Schichten.

Wie schnell eine Emanzipationsbewegung in erneute Ausbeutung umkippen kann, zeigt die Entwicklung in den 1850er-Jahren, als der Utilitarismus die Ideen der Vegetarian Society aufgreift (Arouna P. Quédraogo 2000: 836–840). Er stellt die Verbindung zu den Ideen bürgerlicher, religiöser und ökonomischer Freiheit her und macht den Vegetarismus zum effizienten Mittel des Wirtschaftsliberalismus und Kapitalismus: Vegetarismus ist schlichtweg billiger, ermöglicht also aus Arbeitgeberperspektive die Zahlung geringerer Gehälter. Daher propagieren führende Utilitaristen eine Idealisierung des Industriearbeiters als klug und engagiert, selbstbeherrscht, charakterstark, entschlossen, im Unterschied zum dummen und trägen Bauern, der sich mit Fleisch und anderen Speisen den Magen fülle. Vegetarismus wird zum Mittel der Gewinnung effizienter und billiger Arbeiter – eine fragwürdige Weise der Laisierung und Säkularisierung des Vegetarismus, die aber in den 1860er-Jahren allmählich wieder verblasst.

Seit dieser Zeit sind nicht mehr die Arbeiterzentren Mittelenglands, sondern ist London das Zentrum des Vegetarismus (Arouna P. Quédraogo 2000: 840–842). Die Londoner Vegetarian Society hat im Jahr 1870 125 Mitglieder, im Jahr 1880 bereits 2.070 und im Jahr 1890 rund 5.000 plus 5.000 assoziierte Mitglieder, die Fisch essen. Ihr Aufstieg geht bis zum Ersten Weltkrieg unaufhaltsam weiter. Die zentralen Argumente dieser Jahrzehnte rekurrieren auf den Tierschutz (Schlachttiere würden während der Tiertransporte krank, Tierzüchter seien Räuber der Lebensmittel und Ausbeuter der Tiere) und die Kritik an freien Weltmärkten (Plädoyer für die Rückkehr zur Regionalität).

Für die Entwicklung in *Deutschland* sind die Impulse von Jean Jacques Rousseau (1712–1778) entscheidend, der in seinem Werk »Über Ursprung und Grundlagen der Ungleichheit« eine naturphilosophische Begründung des Vegetarismus gibt. Besonders zwei morphologische Merkmale unterschieden Fleisch- und Pflanzenfresser: Gebiss und Eingeweide. Der Mensch habe beide eher wie die Pflanzenfresser. Schließlich könne ein drittes Merkmal herangezogen werden: Die Zahl der Jungen sei bei Pflanzenfressern auf maximal zwei pro Wurf begrenzt, bei Fleischfressern liege sie meist höher. Der Mensch sei also von Natur aus ein Pflanzenfresser.

Rousseaus starker Rekurs auf die Natur und sein Plädoyer für ein »retour à la nature« sorgen in Deutschland im 19. Jahrhundert für die Entwicklung einer mehrdimensionalen Naturbewegung (Hans-Jürgen Teuteberg 1994: 33–65): Naturheilkunde (Wissenschaft), Naturheilbewegung (Gruppen) und Naturheilverfahren (Praxis) sind die tragenden Säulen dieses Prozesses. 1884 gibt es 15 Vegetariervereine in Großbritannien, zwei in Frankreich, drei in Österreich-Ungarn und immerhin elf in Deutschland. Neben England ist Deutschland zum Kernland des Vegetarismus geworden, allerdings mit einem völlig anderen ideologischen Setting. Kerngedanke des deutschen Vegetarismus ist die Rousseau'sche Verfallstheorie: Industrialisierung und Verstädterung entfremdeten die Menschen von der Natur, zu der man zurückkehren müsse. Ursprünglich sei der Mensch Vegetarier gewesen, das Tier habe Würde besessen, Fleischverzehr sei als Völlerei und Tiermord als widernatürlich gebrandmarkt gewesen. Wie die englische Bewegung prägt auch die deutschen VegetarierInnen, zu deren leitenden Persönlichkeiten ebenfalls etliche evangelische Pfarrer gehören, ein starkes Erwählungs- und Missionsbewusstsein, das in den mit »Naturheil-« beginnenden Begriffen deutlich aufscheint. Die Mitglieder der Bewegung stammen aus der bürgerlichen Mitte der Städte, aber kaum aus Süddeutschland. Ihr Hauptziel ist Gesundheit (»Heil«), die sie vor allem mit eigenem Obst- und Gartenbau erreichen wollen. Die vegetarische Kolonie mit dem biblischen Namen »Eden« in Oranienburg in der Mark Brandenburg wird zum Flaggschiff dieser insgesamt konservativen Alternativbewegung.

7.4.5
Der plurale Vegetarismus in der modernen Weltgesellschaft

In allen hier dargestellten Epochen ist der Vegetarismus nicht nur ein Essstil, sondern repräsentiert einen umfassenden Lebensstil. Überzeugungen, Haltungen und alltägliche Praxis verbinden sich zu einer Lebensgestalt. Zugleich ist der Vegetarismus ein Merkmal sozialer Distinktion. VegetarierInnen aus den Industrieländern des 21. Jahrhundert kommen meist aus der Mittelschicht. Sie grenzen sich vom vulgären Ernährungsstil der Armen und vom luxuriösen der Reichen gleichermaßen ab und setzen beiden die Maßhaltung entgegen (Eva Barlösius 1999: 118–122).

Die Vegetarierstudie der Friedrich-Schiller-Universität Jena hat im Jahr 2007 versucht, durch einen online auszufüllenden Fragebogen wesentliche Erkenntnisse über den typischen Vegetarier in Deutschland zu gewinnen. Die 2.500 ausgewerteten Antworten ergeben folgendes Bild: Der typische Vegetarier ist weiblich (70 Prozent), jung (77 Prozent sind weniger als 40 Jahre alt), überdurchschnittlich gebildet (75 Prozent haben mindestens Abitur) und lebt in einer Großstadt (47,2 Prozent wohnen in Städten über 100.000 EinwohnerInnen).

Gefragt nach den zehn wichtigsten Gründen, die zur Entscheidung für die vegetarische Lebensweise führten, und nach dem einen wichtigsten Grund, gaben die Befragten an: fünf Gründe aus dem Bereich Tierschutz und ein Grund aus der Ethik allgemein (für 63 Prozent ist einer dieser Gründe der Wichtigste), zwei Gründe aus dem Bereich Gesundheit (für 20 Prozent ist einer dieser Gründe der Wichtigste), ein Grund aus dem Bereich der Gefühle (für 11 Prozent ist ihr Ekel vor Fleisch der wichtigste Grund), ein Grund aus dem Feld sozialer Beziehungen, nämlich der Einfluss des Freundeskreises oder der Familie (dies ist nie der wichtigste Grund). Für fast zwei Drittel der VegetarierInnen ist also der Tierschutz das tragende Motiv ihrer Entscheidung.

Gefragt nach ihrer Religionszugehörigkeit gaben die befragten VegetarierInnen an: 51,93 Prozent bekenntnislos, 23,44 Prozent evangelisch, 17,28 Prozent katholisch, 2,30 Prozent buddhistisch, 5,15 Prozent andere Konfessionen und Religionen. Das ist bemerkenswert. Denn wenn man davon ausgeht, dass in Deutschland 2007 ungefähr 35 Prozent Bekenntnislose, 30 Prozent evangelische und 30 Prozent katholische ChristInnen sowie 5 Prozent Angehörige anderer Konfessionen und Religionen leben (so der Zensus 2011), sind unter den Angehörigen von Religionsgemeinschaften deutlich weniger VegetarierInnen vertreten als unter den Bekenntnislosen, und zwar unter den evangelischen ChristInnen nur etwa halb so viele und unter katholischen ChristInnen nur gut ein Drittel wie unter der gleichen Zahl von Bekenntnislosen.

VegetarierInnen in Deutschland sind in weit überdurchschnittlichem Maße keiner Religion zugehörig. Dieses Faktum kann man in zwei Richtungen interpretieren: Entweder sind die bekenntnislosen VegetarierInnen aus ihrer Religionsgemeinschaft ausgetreten, weil diese den Vegetarismus zu wenig schätzt, fördert, propagiert oder den Tierschutz allgemein zu wenig thematisiert. Dann wäre die Entscheidung für ein vegetarisches Leben der Grund für den Abschied von der Religion. Oder die bekenntnislosen VegetarierInnen waren zuerst bekenntnislos und haben sich danach für ein vegetarisches Leben entschieden. Dann ist es zumindest denkbar, dass sie mit der vegetarischen Lebensoption eine Leerstelle ihres Lebens füllen wollen, indem sie sich selbstlos für etwas Sinnvolles einsetzen, den Tierschutz. Ihr Vegetarismus hätte dann die Funktion von Religion, wobei ich den negativ wertenden Begriff der »Ersatzreligion« bewusst zurückweise. In jedem Fall müssen beide Seiten, religionslose VegetarierInnen und Religionsgemeinschaften, ein Interesse daran haben, die offenkundig zwischen ihnen bestehende Distanz zu überwinden: die VegetarierInnen, um den Tierschutz voranzubringen, die Religionen, um unnötige Konfrontationen zu vermeiden.

Jene Religionsgemeinschaft, die gemäß der Vegetarierstudie den höchsten Anteil an vegetarisch lebenden Menschen hat, sind die BuddhistInnen. Sie machen in Deutschland nur 0,2 Prozent der Bevölkerung aus, stellen aber 2,3 Prozent der VegetarierInnen. Das ist auch im Vergleich zu den Religionslosen eine deutlich höhere Quote. Es lohnt sich daher, einen Blick auf die Ernährungsgewohnheiten des gegenwärtigen westlichen Buddhismus zu werfen, und zwar in den USA und Kanada (Stephanie Kaza 2005: 401–407), weil vergleichbare Daten für Deutschland fehlen.

Stephanie Kaza hat zunächst das Essensangebot an den buddhistischen Meditationszentren in Nordamerika untersucht: 58 Prozent von ihnen bieten vegetarisches Essen an, 33 Prozent auch veganes Essen. 55 Prozent bieten regulär kein Fleisch an, bereiten es aber auf Nachfrage zu, 5 Prozent bieten nie Fleisch an. Damit kochen etwa 60 Prozent der Meditationszentren weitgehend fleischfrei – was im Umkehrschluss heißt, dass 40 Prozent regulär Fleisch anbieten. Allerdings wird ein Kontrast deutlich, wenn man auf andere Kriterien der Speisenangebote in den Meditationszentren schaut: Nur 9 Prozent von ihnen bieten regelmäßig regionale und nur 15 Prozent regelmäßig ökologische Lebensmittel an. Mit anderen Worten: Der Fokus ist ungemein stark auf die Fleischfrage verengt. Andere Aspekte einer ethisch verantwortbaren und gesunden Ernährung geraten dabei fast vollständig aus dem Blick.

Was die US-amerikanischen und kanadischen BuddhistInnen selbst angeht, leben exakt 50 Prozent vegetarisch oder vegan, die anderen 50 Prozent essen Fleisch und / oder Fisch. Jedoch ergibt sich hier ein sehr differierendes Bild, wenn man die Zugehörigkeit zu einzelnen Richtungen des Buddhismus betrachtet: Während fast zwei Drittel der Theravada-BuddhistInnen vegetarisch oder vegan leben, sind es bei den Angehörigen des tibetischen Buddhismus nur gut ein Drittel. Tibetische BuddhistInnen sind aufgrund der klimatischen und geografischen Gegebenheiten in Tibet von jeher FleischesserInnen. Auch heute lebt dort nur eine kleine Zahl von Mönchen und Nonnen vegetarisch. Stephanie Kaza erzählt, dass viele tibetische Mönche begeistert Big Macs von McDonald's essen. Und offenbar hat die Ernährungspraxis im Herkunftsland auch dann Bestand, wenn man ins nordamerikanische Exil geht (Stephanie Kaza 2005: 396–400). Die Rolle der religiösen Lehre stößt also im Buddhismus an dieselben Grenzen wie in den mittelalterlichen Benediktinerklöstern nördlich der Alpen. Und Gewohnheiten, die einmal eingeführt sind, lassen sich nur schwer zurücknehmen, wenn sich äußere Bedingungen verändern.

Was könnte die potenzielle Rolle buddhistischer VegetarierInnen für die nordamerikanischen sozialen Bewegungen sein? fragt Stephanie Kaza (2005: 407–409). Für die Tierrechtsbewegungen sieht sie keine Bedeutung buddhistischer VegetarierInnen, da die Tierrechtsbewegungen zu stark und zu antireligiös seien – die kleine Gruppe der BuddhistInnen werde sie von ihren antireligiösen Ressentiments nicht abbringen. Für die Eine-Welt-Bewegungen sieht Kaza ebenfalls keine Bedeutung buddhistischer VegetarierInnen, da globale Gerechtigkeit kein buddhistisches Motiv sei. Im Blick auf die Umweltbewegungen sieht Kaza mögliche Impulse der BuddhistInnen für einen bescheidenen Lebensstil, aber auch das sei ein eher bescheidener Beitrag.

Was Kaza für Nordamerika untersucht hat, könnte auch in Mitteleuropa relevant sein. Wie die christlichen Kirchen muss sich auch der Buddhismus öffnen. Während die Kirchen eine Öffnung in Richtung Tierschutz und Vegetarismus brauchen, bedarf der Buddhismus der Öffnung in Richtung Ökologie und globale Gerechtigkeit. Aber auch die säkulare Tierrechtsbewegung braucht eine Öffnung: Religionen müssen nicht ihre Gegnerinnen sein, sondern können Verbündete werden, wenn man nur auf beiden Seiten ideologisch abrüstet. Religionen einschließlich des Buddhismus können daran erinnern, dass die vegetarische oder vegane Lebensweise bei aller Hochschätzung kein Dogma ist. Sie sollen aber denjenigen Wertschätzung zeigen, die konsequent auf den Verzehr von Fleisch verzichten.

7.4.6
Vegetarismus als Lebensgestalt und Ausdruck der Identität

Schon verschiedentlich wurde deutlich, wie stark die vegetarische Ernährungsweise als komplexe, ganzheitliche Lebensgestalt in Erscheinung tritt. Zu welchen Wertorientierungen »passt« diese Gestalt? Zu welchen nicht? Diese Frage bearbeitete eine Forschergruppe an der Universität Fairfax in Virginia in zwei Schritten (Thomas Dietz et al. 1995: 533–542; Linda Kalof et al. 1999: 500–512). Zunächst erarbeitete sie in Orientierung an den theoretischen Konzepten von Milton Rokeach und Shalom H. Schwartz vier Wertcluster, denen sie die Menschen zuordnen kann (Thomas Dietz et al. 1995: 537): Der Altruismus-Cluster Nr. 1 umfasst Wertorientierungen, die stark altruistisch geprägt sind. Engagierter Einsatz für Arme und Hungernde, Tiere und Umwelt macht diese Wertorientierung sichtbar. Der Selbstentfaltungs-Cluster Nr. 2 zielt auf Werte wie die eigene Gesundheit, die eigenen Begabungen und Interessen, während Umwelt- oder Tierschutz nur dort in den Blick kommt, wo er der Person selbst unmittelbar nützt. Der »Offenheit-zum-Wechsel-Cluster« Nr. 3 erfasst jene Menschen, die Neues und Exotisches als Wert in sich betrachten und ihr persönliches Reifen als ständigen Prozess verstehen. Der Traditions-Cluster Nr. 4 schließlich zielt auf traditionelle Werte wie Familie, Freundeskreis und eine stabile soziale Ordnung.

Wirkt sich die Zugehörigkeit der Menschen zu einem Wertecluster auf ihren Fleischkonsum aus, wenn die persönlichen Überzeugungen über die Auswirkungen vegetarischer Ernährung berücksichtigt werden? Das war die Frage der zweiten Forschungsstaffel (Linda Kalof et al. 1999: 500–512). Insbesondere wurden dabei die Überzeugungen der Menschen bezüglich der gesundheitlichen Folgen vegetarischer Ernährung berücksichtigt (Linda Kalof et al. 1999: 502). Als Ergebnis konnte für die Entscheidung zum vegetarischen Leben ein positiver Effekt von Wertcluster 1 (Altruismus) und ein negativer Effekt von Wertcluster 4 (Tradition) nachgewiesen werden, während die Wertcluster 2 und 3 keine Auswirkungen auf die Entscheidung zu vegetarischer Ernährung haben. Altruistisch orientierte Menschen entscheiden sich leichter für eine vegetarische Ernährung, Traditionsorientierte schwerer (Linda Kalof et al. 1999: 504–506). Interessant ist, dass ausgerechnet diese beiden Cluster der christlichen Botschaft am nächsten stehen – und im Blick auf die vegetarische Ernährung widerstreitende Impulse senden. – Ob eine Ursache der Geschlechterdifferenz beim Fleischverzehr darin zu suchen ist, dass Frauen klassisch eher die altruistische Rolle zugeschrieben wird und Männern die Rolle, Familie und Sozialverband zusammenzuhalten?

Die Option für das vegetarische Leben hat nicht nur Ursachen in, sondern auch Folgen für Beziehungen (Jennifer Jabs et al. 2000: 375–394). Wie beeinflusst das vegetarische Leben Identität und Beziehungen von Menschen? Qualitative Interviews in New York zeigen zunächst, dass vegetarisch lebende Menschen sagen, dass sie VegetarierInnen »sind«. Sie erachten die vegetarische Lebensweise also als einen bestimmenden Teil ihrer Identität (Jennifer Jabs et al. 2000: 382–383). Was die familiären und freundschaftlichen Interaktionen angeht, erleben VegetarierInnen ihre Eltern oft konfrontativ und ablehnend und erzählen, diese machten Witze über sie. Väter seien sehr skeptisch, ob das gesund ist (Sachebene), Mütter sehr besorgt (Beziehungsebene). Umgekehrt erleben VegetarierInnen, dass sich erwachsene Kinder von ihnen zurückziehen. Sie selber sagen bei einer Einladung schon vorbeugend, dass sie VegetarierInnen sind. Sie sehen das Bemühen der GastgeberInnen, das aber aus mangelndem praktischem Wissen nicht immer zielführend ist. Dann machen VegetarierInnen Kompromisse und brechen ihre Regeln. Sie fühlen sich schuldig, wissen aber auch, dass die GastgeberInnen hilflos sind (Jennifer Jabs et al. 2000: 383–386).

Egal wie sie ausfällt, ist die Wahl des Ernährungsstils stark mit Identitätsfragen verbunden (Jennifer Jabs et al. 2000: 386–390). VegetarierInnen geben sich ein »Selbst-Label«, das eine Brücke zu anderen VegetarierInnen baut und eine Hierarchisierung fördert, innerhalb der VeganerInnen nochmals höher stehen als Ovo-Lacto-VegetarierInnen. Für Interaktionen werden Strategien des discounting, also der Relativierung der eigenen Regeln, und des accounting, also der Zurechnung des Regelbruchs als Schuld, entwickelt. Eltern interpretieren den Vegetarismus ihres Kindes als Zurückweisung. Erwachsene Kinder vegetarisch werdender Eltern interpretieren das als Verlust ihrer ungetrübten Kindheitserinnerungen und als Bruch. Insgesamt zeigt die Untersuchung von Jennifer Jabs und ihren KollegInnen also, wie komplex und sensibel das Gefüge eines dezidierten Ernährungsstils ist: Wie sehr es die eigene Identität definiert, wie sehr es aber auch Beziehungen beeinflusst und verändert.

Kann eine vegetarische Ernährung dann überhaupt zu Autonomie, Integration und Selbstbeherrschung beitragen und konstitutiver Bestandteil einer ethisch reifen Persönlichkeit sein, die Liebe und Mitgefühl besitzt (Paul Marcus 2008: 62)? Aus psychoanalytischer Perspektive sieht Paul Marcus sowohl die Chance, dass der Vegetarismus Transformationsprozesse einer Person ausdrücken und fördern kann, die zu einer höheren Sensibilität nicht nur gegenüber Tieren, sondern auch gegenüber Mitmenschen führen (Paul Marcus 2008: 74–75). Auch könne ein vegetarisches Leben eine höhere Offenheit für Religion als stützende Autorität bewirken. Die Gefahr sei aber eine nur scheinbare Identitätsstärkung durch Abwertung der FleischesserInnen und damit verbundene Überlegenheitsgefühle (Paul Marcus 2008: 76). Auf diese Weise könne der Vegetarismus neurotisch und psychopathologisch werden.

7.4.7
Vegetarismus als wertvolles Zeugnis und »evangelischer Rat«

Bereits oben wurde die These aufgestellt, dass eine allgemeine Pflicht zum vegetarischen Leben ethisch nicht angemessen begründet werden kann, auch in Gesellschaften, die aufgrund der klimatischen Bedingungen und der technischen Möglichkeiten eine ganzjährige vegetarische Ernährung sicherstellen können. Damit ist aber der vegetarische Lebensstil noch lange keine ethisch indifferente Option. Vielmehr gibt es gute Gründe, ihn im Sinne einer alten kirchlichen Tradition als »evangelischen Rat« einzustufen.

Der Begriff des »Rates« ist biblisch inspiriert von 1 Kor 7,25, wo Paulus zwischen allgemein verbindlichen Geboten und individuell adressierten Ratschlägen unterscheidet. Ein Rat kann denjenigen absolut bindend verpflichten, der die Begabung dazu hat. Für alle anderen soll dessen Lebensform unter dem Rat ein leuchtendes Beispiel und eine ständige Erinnerung sein, dass es Alternativen zum gängigen Modell eines durchschnittlichen bürgerlichen Lebens gibt.

Ein evangelischer Rat ist also eine ständige Störung der Durchschnittsgesellschaft. Er zeigt: Es geht auch anders! Es gibt Alternativen zum satten, selbstzufriedenen Leben im Mainstream. Dass die Kirche einige Räte im Laufe der Kirchengeschichte offiziell als solche anerkannt hat, zeigt, dass sie diese permanente Störung für notwendig hält, damit sie als ganze auf dem richtigen Weg bleiben kann. Der Mainstream braucht QuerdenkerInnen, die alternativ leben, damit er selbst in Bewegung bleibt. Der Rat der Ehelosigkeit hält die Erinnerung wach, dass Sex nicht alles ist, wie uns der Mainstream vorgaukeln möchte. Der Rat der Armut mahnt, den hohen materiellen Lebensstandard nicht allzu selbstverständlich vorauszusetzen, sondern auch seine

Schattenseiten wahrzunehmen. Der Rat des Gehorsams signalisiert die Relativität des Strebens nach Macht.

Die Räte fordern der Kirche als ganzer also einiges ab. Sie sind eine beständige Provokation im Sinne des Evangeliums, weil sie einen Zug der Botschaft Jesu in besonderer Klarheit und Radikalität leben. Damit sie dem Mainstream aber ihre mahnende Botschaft von vorhandenen Alternativen annehmbar machen können, müssen sie mit großer Bescheidenheit, ja Demut auftreten. Sobald sich Menschen, die nach einem oder mehreren der evangelischen Räte leben, den DurchschnittschristInnen moralisch überlegen fühlen, werden diese sich abgrenzen und der Botschaft verschließen. Derjenige, der sich zum Leben nach einem der Räte befähigt und gerufen fühlt, soll das nicht deswegen verwirklichen, weil er damit besser ist als andere Menschen, sondern weil es für ihn ganz persönlich die beste Gestalt seines Lebens aus dem Glauben, eines Lebens in Fülle ist. Ein elitäres Bewusstsein im Sinne des Besonderen ist berechtigt, im Sinne der Überlegenheit nicht. Daher muss jemand, der nach einem Rat lebt, anerkennen, dass dieser keine Pflicht für alle ist und sein kann. Missionarischer Eifer in dem Sinne, andere zur eigenen Lebensform zu bekehren, ist nicht zu rechtfertigen.

Symboltheoretisch betrachtet geschieht über die Lebensgestalten der evangelischen Räte also eine wechselseitige Kommunikation zwischen denen, die sie leben, und der Mehrheitskirche des Mainstreams. Der Mainstream erkennt an, dass die betreffende Lebensform wertvoll ist und Freiheiten eröffnet. Der nach einem Rat Lebende erkennt an, dass der Mainstream nicht der Sünde verfallen ist, sondern ebenfalls wichtige Aufgaben in Kirche und Gesellschaft wahrnehmen kann.

Nun hat die Kirche im Laufe ihrer Geschichte bei der Ausgestaltung der evangelischen Räte zwei Fehler gemacht: Sie hat sich inspiriert von der Ordensregel der Trinitarier 1198 und der Regel des Franz von Assisi 1223 auf die Dreizahl von Ehelosigkeit, Armut und Gehorsam als scheinbar abgeschlossenes System festgelegt – und sie hat ebenfalls in Orientierung an diesen beiden Ordensregeln suggeriert, man könne nur alle drei Räte gemeinsam oder keinen von ihnen leben. Beides halte ich für eine theologisch unbegründete Restriktion dieser fantastischen Einrichtung.

Ich plädiere also dafür, die Möglichkeit einzuräumen, einen der evangelischen Räte allein zu leben – ohne die Realisierung der anderen. Und ich plädiere dafür, den drei bekannten Räten weitere hinzuzufügen. Ein neuer evangelischer Rat könnte zum Beispiel im Sinne von Mt 5,38–42 die Gewaltlosigkeit sein, der Verzicht auf körperliche oder kriegerische Gewalt auch dort, wo diese ethisch gerechtfertigt wäre (man denke an Mahatma Gandhi oder Martin Luther King). Sie ist biblisch fundiert, jesuanisch gelebt und hat starke symbolische Kraft. Inspiriert von der Vision des Schöpfungsfriedens (Gen 1,1–2, 4a; Jes 11,1–9; Mk 1,13 und anderen; siehe Kapitel 7.6) könnte die Gewaltlosigkeit in einem fünften Rat auf die nichtmenschliche Schöpfung bezogen werden und den vegetarischen Lebensstil, der innerkirchlich bisher eine Sache der

Ordensleute war, zum mahnenden Zeichen für den Fleisch essenden Mainstream aufwerten. Mindestens für diese beiden Räte sehe ich ein gutes biblisches Fundament, eine lange innerkirchliche Tradition kleiner Gruppen und eine hohe Signifikanz für Kirche und Welt der Gegenwart. Wenn der Vegetarismus zum evangelischen Rat deklariert wäre, würde er von der Kirche verlangen, dass sie den Mitgliedern, die vegetarisch leben, über die vier Kategorien symbolischer Codierung eine Einbindung in die größere Gemeinschaft ermöglicht:

- Ansehen und Prestige: Die Kirche müsste jene hochschätzen, die vegetarisch leben, und jeder Verächtlichmachung ihrer Lebensgestalt mit Entschiedenheit entgegentreten.

- Zugehörigkeit und Verortung: VegetarierInnen hätten über die Anerkennung ihrer Lebensgestalt eine neue Zugehörigkeit zur Kirche, trotz und wegen der Differenz zur Lebensgestalt des Mainstreams. Was erst einmal trennend wirkt – die unterschiedliche Ernährung – wird verbindend.

- Lust und Wohlergehen: So wie die gesamte Kirche dafür verantwortlich ist, dass es ehelosen oder arm lebenden OrdenschristInnen gut geht, müsste sie auch Sorge tragen für das Wohlergehen der VegetarierInnen in ihren Reihen.

- Sicherheit und Geborgenheit: Eine klare Verortung des Vegetarismus als evangelischer Rat gibt Halt und Orientierung für alle. Dem muss aber die Entwicklung praktischer Hilfen für die mitunter ungewohnte Tischgemeinschaft von VegetarierInnen und NichtvegetarierInnen folgen.

Umgekehrt wären die vegetarisch lebenden ChristInnen gerufen, die acht Tugenden zu leben, die unsere Untersuchung leiten:

- Dankbar sein für die Begabung, fleischlos leben zu können.

- Demütig gegenüber denen auftreten, die diese Begabung nicht besitzen.

- Ehrfürchtig zurücktreten vor dem Geheimnis, dass alle Lebewesen voneinander leben.

- Gerechtigkeit gegenüber Tieren geduldig, aber beharrlich einfordern.

- Maßvoll bleiben im Blick auf die Gefahr übertriebener Askese.

- Genussfähigkeit entwickeln durch einen lustvollen Verzehr fleischloser Speisen.

- Gelassen bleiben mit Blick auf den überzogenen Fleischverzehr vieler Menschen.

- Mit ganzer Hingabe für einen alternativen Umgang mit Tieren eintreten.

In der Grundspannung dieser Tugenden könnte ein neues, beide Seiten bereicherndes Miteinander entstehen, das auch deren Ernährungsgewohnheiten verändert, die prinzipiell am Essen von Fleisch festhalten.

7.5
Die Gier beherrschen
Maß- und genussvoller Fleischkonsum

Wie wohl kaum ein anderes Lebensmittel vereint Fleisch die vier Kategorien symbolischer Codes auf sich: Es steht für *Ansehen und Prestige*, weil es klassisch schwerer zu erwerben war (und in armen Gesellschaften noch heute ist) als pflanzliche Nahrung, weil es eine weit höhere Energiedichte hat, weil es anders als bei pflanzlichen Speisen bessere und schlechtere Stücke gibt, so dass eine Hierarchisierung der MahlteilnehmerInnen praktisch unumgänglich ist, und aus vielen anderen Gründen mehr. Dass der Tischvorstand den Braten anschneidet, ist eines von vielen Fleischritualen, das dessen Prestige auch rituell manifestiert. Fleisch steht aber ebenso für *Zugehörigkeit und Verortung*, insbesondere über seine differenzierte Codierung der Geschlechterrollen. Fleisch ist männlich. Ein vegetarisch lebender Mann hat es viel schwerer, gesellschaftlich anerkannt zu werden, als eine vegetarisch lebende Frau. Fleisch wird verbunden mit *Lust und Wohlergehen* – es schmeckt besser, so vermitteln es die meisten Kulturen der Erde. An der Größe der Fleischportion wird das Maß des Wohlstands gemessen, zumindest bis zu einem bestimmten Einkommen. Und schließlich bedeutet der Verzehr von Fleisch *Sicherheit und Geborgenheit*: Ein Tag ohne Fleisch ist für viele moderne Menschen in den Industriegesellschaften undenkbar geworden – Fleisch dient als Fetisch.

Die Bibel kennt die Gier nach Fleisch. Als Israel auf dem Weg durch die Wüste in das Gelobte Land ist, vermisst es am meisten die Fleischtöpfe Ägyptens. Für Fleisch wäre das Volk sogar bereit, seine Freiheit aufzugeben und sich aufs Neue zu versklaven. Dem Fleischverzicht würde es sogar den Tod vorziehen: »Wären wir doch in Ägypten durch die Hand des Herrn gestorben, als wir an den Fleischtöpfen saßen und Brot genug zu essen hatten.« (Ex 16,3)

Die Bibel nimmt kein Blatt vor den Mund und nennt das übertriebene Bedürfnis der Israeliten nach Fleisch als das, was es ist, als Gier: »Die Leute, die sich ihnen angeschlossen hatten, wurden von der Gier gepackt und auch die Israeliten begannen wieder zu weinen und sagten: Wenn uns doch jemand Fleisch zu essen gäbe!« (Num 11,4) Gott gesteht dem Volk eine moderate Fleischmenge in Form von Wachteln zu, die aus Erschöpfung vom Himmel fallen. Doch erzürnt er über die Gier der Menschen und fügt vorausblickend hinzu: »Nicht nur einen Tag werdet ihr es essen, nicht zwei

Tage, nicht fünf Tage, nicht zehn Tage und nicht zwanzig Tage, sondern Monate lang, bis es euch zum Hals heraushängt und ihr euch davor ekelt. Denn ihr habt den Herrn, der mitten unter euch ist, missachtet.« (Num 11,19–20) Eine Plage befällt die Israeliten, manche sterben und werden begraben. »Daher nannte man den Ort Kibrot-Taawa (Giergräber), da man dort die Leute begrub, die von der Gier gepackt worden waren.« (Num 11,34)

Die Warnung der Bibel vor übermäßigem Fleischgenuss ist nicht zu überhören. Fragt man, was das in modernen Industriegesellschaften zuträgliche Maß an Fleisch wäre, kommt man ungefähr auf ein Viertel des gegenwärtigen Verbrauchs, also etwa 20 Kilogramm pro Person und Jahr. Würde dieses Maß verwirklicht, könnte man

* den Nutztieren eine tiergerechte Haltung und Schlachtung bieten,

* den Import von Hochleistungsfutter in die Industrieländer reduzieren und damit ärmeren Ländern die Möglichkeit geben, sich selbst zu ernähren,

* und die ökologischen Nebenfolgen der Tierwirtschaft auf ein vertretbares Maß reduzieren (Treibhauseffekt, Landverbrauch, Wasserverbrauch, Zerstörung der Umweltmedien Boden und Wasser, Zerstörung der Artenvielfalt, Abholzung der Regenwälder – siehe Kapitel 7.1.2).

Natürlich müsste die Reduzierung des Fleischkonsums allmählich und für die LandwirtInnen sozialverträglich erfolgen. Aber wenn weniger Fleisch gegessen wird, kann man auch mehr dafür bezahlen – und wird es gerne tun, wenn es besser schmeckt. Ein richtig gutes Stück Fleisch aus artgerechter Haltung, köstlich zubereitet, kann man genießen und hochschätzen. Und das geht am besten, wenn man nicht täglich und nicht zu große Mengen Fleisch isst. Die tägliche Megaportion Fleisch auf dem Teller ist ein Programm zur Abstumpfung der Geschmacksfähigkeit.

7.5.1
Es geht auch mal ohne.
Die Tradition kirchlicher Abstinenztage und -zeiten

Im frühen Mittelalter wird die Kultur der Gallier und Germanen die dominante Kultur des zunehmend christianisierten Abendlands. Weide und Jagd spielen eine große Rolle, Fleisch und nicht mehr Brot gilt als das kraftspendende Lebensmittel. Sehr treffend wird diese kulturelle Differenz in den Geschichten von Asterix und Obelix dargestellt: Die Gallier lieben Schweinefleisch und essen es in rauen Mengen. Nördlich der Alpen ist das fast überall so. Das produziert einen Konflikt mit dem Christentum, das eine Brot- und Weinkultur ist und tendenziell fleischkritisch daherkommt. Für die gallischen und germanischen Völker ist der Starke aber der Fleischesser, der Macht und Ansehen hat, weil er im Kampf führen kann (Massimo Montanari 2012: 69–79).

Gegen diese auf das Fleisch ausgerichtete Esskultur kommt das Christentum nur teilweise an. Seine Kompromisslösung sind fleischfreie Zeiten der Abstinenz. Die werden jedoch nur möglich durch die Erlaubnis von drei Speisen als »mager« bzw. »trocken«, die das in der ursprünglichen Kategorisierung des Mönchtums nicht waren:

♦ Der *Fisch* gilt ab dem 9./10. Jahrhundert als »mager« (Massimo Montanari 2012: 82–83) und wird zur Fastenspeise all derer, die ihn sich leisten können. Zum Fisch als Fleischersatz führt kein offensichtlicher, auf der Hand liegender Weg, sondern ein jahrhundertelanger Diskussionsprozess. Doch ab dem 11. Jahrhundert beginnt die gezielte Ansiedlung der Klöster an Gewässern und der hochprofessionelle Bau von Fischteichen insbesondere durch die Zisterzienser, so dass eine Umkehr nicht mehr möglich ist (Massimo Montanari 2012: 194–210).

♦ *Milch* wird ebenfalls zur »mageren« Fastenspeise (Massimo Montanari 2012: 88–99). In der griechisch-römischen Antike wurde die Milch mit der Kindheit gleichgesetzt – der Erwachsene trinkt keine Milch. Diese Geringschätzung der Milch hängt womöglich mit ihrer Verderblichkeit im warmen Mittelmeerraum zusammen. Jedenfalls trinken die Menschen anderer Kulturen wie Skythen und Goten viel Milch – eben die »Barbaren«. Mit Milch ist damals Schafsmilch und gegebenenfalls Ziegenmilch gemeint – die Kuhmilch gewinnt erst im 15. Jahrhundert eine vergleichbare und noch später eine überlegene Rolle.

♦ Auch der *Käse* gilt der antiken und mittelalterlichen Medizin als verdächtig, besonders der reife Käse (Massimo Montanari 2012: 88–99). In der Antike ist der Käse das Hauptgericht der Armen, auf den Tischen der Reichen aber nur Beigabe. Gerade deswegen ist er als Kloster- und Fastenspeise akzeptabel. So entwickelt sich, von den Klöstern ausgelöst und von den Bauern verbreitet, eine enorme Käsekultur (die monastischen Klöster liegen auf dem Land!). Damit wird der Käse zunehmend Bestandteil aufwändiger Rezepte, bleibt aber als Fastenspeise kirchlich erlaubt.

Über viele Jahrhunderte gelten in etwa die gleichen Abstinenzgebote, die noch im Codex des Kirchenrechts von 1917 enthalten sind: Abstinenz ist geboten an den Freitagen (can 1252 § 1), am Aschermittwoch, an den Samstagen der Fastenzeit, den vierteljährlichen Quatembermittwochen und -freitagen, den Vortagen von Pfingsten, Mariä Aufnahme in den Himmel, Allerheiligen und Weihnachten (can 1252 § 2). An Sonn- und Feiertagen sowie am Karsamstag ab Mittag ist die Abstinenz aufgehoben (can 1252 § 4). Rechnet man alles zusammen, gibt es vor dem II. Vatikanischen Konzil etwa 72 Tage im Jahr mit verpflichtender Fleischabstinenz. Das ist nicht wenig, aber auch nicht so viel wie oft dargestellt wird, indem man Fleischabstinenz und Fasten miteinander vermengt.

Im Codex Iuris Canonici von 1983 finden sich nur noch der Aschermittwoch und der Karfreitag als Fast- und Abstinenztage und die Freitage des Jahres als Abstinenztage, wobei der Fleischverzicht an diesen durch ein anderes Opfer ersetzt werden kann (can 1251). Somit sind Anfang und Ende der Fastenzeit und der Freitag als Wochentag herausgehoben: ein wöchentlich und ein jährlich wiederkehrender Zeitraum. Alles andere überlässt die nachkonziliare Fastenordnung der Eigenverantwortung der Glaubenden.

Gegenwärtig werden von säkularen Umwelt- und Tierschutzbewegungen, ausgehend von Nord- und Westeuropa, feste fleischfreie Wochentage propagiert. Das mag der »meatfree Monday«, der »Doenderdag Veggiedag« oder der »Fleischfreitag« sein. Mir scheint das eine absolut richtige und hilfreiche Entwicklung zu sein. Damit der Fleisch essende Mensch sich bewusst bleibt, dass Fleisch eine besondere Speise ist und keine Selbstverständlichkeit darstellt, ist ein regelmäßiges Innehalten und Verzichten höchst klug und einprägsam. Wenn Menschen einer Stadt oder eines Dorfes das gemeinsam tun, geht es leichter und funktioniert verlässlicher. Der fleischfreie Tag wird dann zum Symbol einer freiwilligen Selbstbegrenzung des Fleischgenusses.

Die Kirche musste in der Zeit des II. Vatikanischen Konzils lernen, dass man einen solchen Wochentag nicht mehr von oben verordnen kann. Vielmehr muss er von der Basis her wachsen. Jedoch sollten sich kirchliche Pfarreien und Einrichtungen unbedingt beteiligen, wenn sich vor Ort eine Bewegung für den fleischfreien Tag rührt. Dass sie dann gerne ihren alten Veggie-Day, den Freitag, ins Rennen führt, sollte kein Hindernis für eine Zusammenarbeit jenseits aller Grenzen von Religion und Weltanschauung sein. Und vielleicht findet dann ja mancher Lust, einmal die gesamten vierzig Tage der Fastenzeit auf Fleisch zu verzichten.

7.5.2
Fleischverzehr und Männerbild.
Eine feministische Analyse

Wer sich an die Herausforderung wagt, den Fleischkonsum der Industrieländer zu reduzieren, kommt an der Tatsache nicht vorbei, dass Fleischverzehr männlich ist. Männer verzehren in Deutschland etwa doppelt so viel Fleisch wie Frauen (Bundesministerium für Ernährung, Landwirtschaft und Verbraucherschutz 2008b: 44) – und das in einer Zeit, in der die meisten Männer keinen körperlich schweren und harten Tätigkeiten mehr nachgehen.

Der Ursprung der Debatte um den Zusammenhang von Fleischkonsum und Männerbild ist ein explizit theologischer. Die US-amerikanische Theologin Carol J. Adams stößt bereits 1975 eine Debatte um Feminismus und Vegetarismus an und bleibt bis heute eine der maßgeblichen Exponentinnen. Zunächst ist die Rezeption ihrer Thesen zaghaft, mit Erscheinen ihres einschlägigen Buchs 1990 (deutsch 2002) werden die Debatten jedoch intensiver (vgl. Sheri Lucas 2005: 150–177).

Adams' Ziel ist es, eine strukturelle Verwandtschaft der Gewalt gegen Tiere und der Gewalt gegen Frauen zu zeigen – was sowohl TierschützerInnen als auch Feministinnen meist leugnen. In beiden Fällen sei der Referent, also das Tier bzw. die Frau, abwesend, das heißt von den männlichen Tätern unsichtbar gemacht. Adams macht auf zwei Aspekte aufmerksam, die diese These untermauern sollen (Carol J. Adams 2002: 41–70), nämlich Umbenennung und Zerstückelung.

- *Umbenennung:* Wenn ein Tier zu Fleisch wird, nennen wir das Tier nicht mehr. Im Englischen vollzieht sich diese Unsichtbarmachung des Tieres krasser als im Deutschen, wo »Schweinefleisch«, »Rinderbraten« und andere Fleischspeisenbezeichnungen die Tierspezies nennen. Der englische Begriff »Meat« wird hingegen nur an eine Speziesbezeichnung angehängt, wenn das Fleisch nicht gegessen wird und steht alleine, wenn das Fleisch verzehrt werden soll. Das Deutsche ist offener, aber das dominierende Substantiv ist »Fleisch«, »Schnitzel«, »Bratwurst« etc. und eben nicht »Schwein«, »Rind«, »Lamm«.

- *Zerstückelung:* Dass das geschlachtete Tier zerlegt wird, ist unumgänglich, wenn man es verzehren will (es sei denn, eine Gruppe von Menschen verzehrt gemeinsam ein Tier, das unzerlegt auf den Tisch kommt). So wird das Tier auch sprachlich zu »Rippchen«, »Lende«, »Schinken«, »Speck«, »Niere« und »Leber«.

Adams beobachtet diese beiden Vorgänge der Umbenennung und Zerstückelung auch gegenüber Frauen, die zu Sexobjekten werden. Die Frau für eine Nacht wird sexuell »vernascht«. Junge Prostituierte nennt man »Frischfleisch«, einen Bordellbesuch »Fleischbeschau«. Frauen werden »gejagt«, gelten gar als »Freiwild«. Nicht zufällig nennt man die französischen Massenbordelle im 19. Jahrhundert »maisons d'abattage« – »Schlachthäuser«. So kann Nan Mellinger die Analysen Adams' treffend auf den Punkt bringen: Der Mann isst Fleisch, die Frau ist Fleisch (Nan Mellinger 2003: 144).

Adams stellt diese Unsichtbarmachung des Referenten Tier in einen größeren Kontext: Die Sprache diene als Maske, um die Individualität des Tieres zu verbergen und es zur Sache zu machen: Das Tier wird im Englischen »it« genannt, immer und bei allen Spezies (Carol J. Adams 2002: 71–95). Auch hier ist das Deutsche weiter, denn im Deutschen haben Tiere meistens männliches oder weibliches und nur selten neutrales Genus.

Insgesamt geben die feministischen Analysen Adams' wertvolle Impulse: Sie machen einerseits auf die Rolle der Sprache und andererseits auf die Rolle visueller Präsentation aufmerksam: Je mehr das Fleisch sprachlich und visuell vom ursprünglichen Tier entfernt wird, umso weniger können emotionale Barrieren den zügellosen Fleischkonsum verhindern. Hier sind wir ganz bei unserem methodischen Herangehen an die Ernährung als Trägerin symbolischer Codes.

Fleisch ist »der Inbegriff einer Herrenspeise (Derrida)« (Monika Setzwein 2004: 130) und symbolisiert Herrschaftsverhältnisse: Die Herrschaft des Menschen über die Natur, des Zivilisierten über den Nichtzivilisierten, des Reichen über den Armen, des Mannes über die Frau. Wie konnte sich aber die Männlichkeitssymbolik in der Epoche der Aufklärung so stark durchsetzen, dass sie heute fast die einzige Symbolik des Fleisches darstellt? Als materielle Voraussetzung ist hier sicher das männliche Quasimonopol auf die Tiertötung von großer Bedeutung, das sowohl die Jagd als auch das Schlachterhandwerk betrifft, die seit Jahrtausenden männliche Domänen darstellen (nur Kleintiere wie Geflügel oder Fische schlachtet auch die Frau). Ideologisch muss aber als entscheidend veranschlagt werden, dass das 18. Jahrhundert jene Epoche ist, in der die metaphysische Überhöhung der männlichen und der weiblichen Natur einen Höhepunkt erreicht. In diesem ideologischen Kontext dürfte der historische Grund dafür liegen, dass gegenwärtig kein anderes Lebensmittel so männlich codiert ist wie Fleisch.

7.5.3
Die Symbolik des Fleischs gestalten und
die Rahmenbedingungen ändern

Wie kann der weit überhöhte Fleischverbrauch der Industrieländer langsam, aber sicher auf ein verträgliches Maß heruntergefahren werden? Gewiss braucht es dazu funktionalistisch betrachtet eine Erhöhung der Fleischpreise. Der hohe Fleischkonsum ist auch das Ergebnis einer jahrzehntelangen Verquickung von politischer Steuerung und Ökonomisierung: Hohe Subventionen förderten die Steigerung und Industrialisierung der Fleischproduktion in den USA massiv (Bill Winders 2004: 76–95) – und in Europa sieht das nicht wesentlich anders aus. Wer also den Fleischkonsum reduzieren will, muss die Förderpolitik für Tierhaltung und die Preispolitik für Fleisch verändern.

Und doch ist der Preis nicht alles. Die starke Symbolik des Fleisches, die auf die Emotionen der Männer zielt, lässt sich nicht allein mit rationalen Gesichtspunkten des Preises überwinden. Es muss vielmehr an der Symbolik selbst gearbeitet werden. Das hat die amerikanische Fleischindustrie sehr genau erkannt, die die Symbolik natürlich in ihrem Sinne verändert hat und weiter verändern möchte (zum Folgenden Barbara E. Willard 2002: 76–95). Um 1890 entsteht in den USA der Mythos vom Cowboy, der den wilden Westen als mutiger Held in fruchtbares Land verwandelt und dabei gegen »Indianer«, wilde Tiere und große Hitze gleichzeitig anzukämpfen hat. Dieses Bild haben Landwirtschaftsverbände und Fleischindustrie erfolgreich transformieren können in das Bild vom Rancher als Hightech-Cowboy, der für alle Menschen im Land sicheren Fleischnachschub besorgt. In Anklang an Gen 1,26f. wird der Cowboy heute zudem als Haushalter dargestellt, der sich um Land und Tiere sorgt – eine Antwort auf das schlechte Image des Fleischs seit den ökologischen und tierschützerischen Debatten der 1980er-Jahre.

Nur: Die alte Story vom Cowboy war allein auf den Mann ausgerichtet. Die Botschaft lautete: Fleisch gibt Männern für ihre harte Arbeit physische Kraft. Seit den 1970er-Jahren gilt Fleisch in den USA aber eher als ungesund und verantwortlich für die Hauptkrankheiten Herzinfarkt und Krebs. Zudem kaufen Frauen die Lebensmittel ein, nicht Männer. Es braucht also aus Sicht der Fleischindustrie eine Feminisierung des Fleischsymbols. Und so lautet die Werbebotschaft der US-Fleischindustrie im neuen Jahrtausend: Die starke und vielfältige Aufgaben bewältigende Frau braucht gutes Fleisch. Das maskuline Image der Stärke bleibt dem Fleisch in dieser Strategie erhalten. Nicht das Fleisch wird verweiblicht, sondern die Frau vermännlicht (Barbara E. Willard 2002: 76–95). Ob die Strategie allerdings langfristig Erfolg haben wird, muss sich noch zeigen.

Die Werbestrategie der US-Fleischindustrie ist ein gutes Beispiel, um zu sehen, wie sich Symboliken langsam, aber wirksam verändern lassen – und zwar gezielt gesteuert. Anstatt das Fleisch der Frau schmackhaft zu machen, kann man daher auch versuchen, pflanzliche Ernährung an den Mann zu bringen. Dazu muss man zweifellos an ihre Männlichkeit oder ihre Attraktivität appellieren. – Untersuchungen von Jan Havlicek und Pavlina Lenochova (2006: 747–752) ergaben, dass der Geruch von Achselschweiß je nach den Ernährungsgewohnheiten der Person deutlich anders riecht. Nun wurde der Achselschweiß von Männern, die sich fleischlos ernährten, und solchen, die sich mit Fleisch ernährten, in Behältern gesammelt und von Frauen, die keine hormonellen Kontrazeptiva nehmen, nach Angenehmheit, Attraktivität, Maskulinität und Intensität beurteilt. Um sicherzugehen, dass keine Abhängigkeit von den männlichen Testpersonen besteht, wurde der Test einen Monat später dergestalt wiederholt, dass die Fleisch essenden Männer der Testserie 1 nun fleischlos aßen und umgekehrt. Es stellte sich heraus, dass der Körpergeruch von fleischlos ernährten Männern den Frauen deutlich attraktiver, angenehmer und dezenter schien als von Fleisch essenden Männern. Man könnte sagen: »Veggie macht sexy!«

Eine solche Strategie greift natürlich wieder nur bestimmte Aspekte heraus und geht die Thematik nicht vom Grund an. Letztlich wäre es der hoffnungsvollste und ethisch höchststehende Weg, das klassische Männerbild insgesamt zu verändern. Das geschieht durch die Genderdebatten der letzten Jahrzehnte ohnehin. Auch ohne das Vorliegen empirischer Untersuchungen bin ich überzeugt, dass der wachsende Trend zu vegetarischer Ernährung, der die letzten Jahrzehnte kennzeichnet, eng mit dem Wandel des Männerbildes zu tun hat. Wer den Fleischkonsum nachhaltig reduzieren will, muss Genderdiskurse beflügeln.

Schließlich bieten die Analysen von Carol J. Adams, die auf die Wichtigkeit der visuellen und sprachlichen Repräsentation von geschlachteten Tieren abheben, einen weiteren hilfreichen Ansatz zur Gestaltung der Fleischsymbolik. Das geschlachtete Tier muss bestmöglich sichtbar und benennbar gemacht werden. Die beiden Biofleischvermarkter Dennis Buchmann und Bernd Schulz, die seit 2012 unter dem Motto »Wir geben Fleisch ein Gesicht« ein Foto und den Namen des individuellen Tieres, von dem das Fleisch stammt, auf dem Etikett ihrer Fleischverpackung oder Wurstdose anbringen, liegen richtig. Natürlich lässt sich am Foto nicht erkennen, ob das Tier gut gehalten und schmerzfrei geschlachtet wurde. Das muss auf andere Weise dokumentiert werden. Aber die Bewusstmachung, dass man Fleisch eines individuellen Lebewesens konsumiert, ist ein hoher Wert. Wenn Carol J. Adams Recht hat, müsste eine solche Methode den Fleischkonsum senken.

7.6
Tiere als TischgenossInnen
Die biblische Utopie vom Schöpfungsfrieden

Der Mensch kann ohne Träume nicht leben. Er braucht das, was wir »Utopie« nennen: die modellhafte Veranschaulichung eines Leitbildes, nach dem er sein Leben orientiert und auf das hin er den Alltag gestaltet. In einem solchen Leitbild ist der Werthorizont eines Menschen verkörpert: die Summe all dessen, was sein Leben sinnvoll und lebenswert macht. Dass eine derartige Utopie in diesem Leben immer unerfüllbar bleibt, dass der Mensch sich ihr nur in kleinen, oft unmerklichen Schritten annähern kann, liegt auf der Hand. Und doch wäre das Leben ohne sie ziel- und orientierungs-, ja hoffnungslos.

In der Bibel werden mehrere derartige Leitvisionen angeboten und in bildhaften Erzählungen illustriert. Eine der größten und bedeutendsten biblischen Utopien ist die messianisch-eschatologische Vision vom Schöpfungsfrieden vor, die an rund zehn Stellen im Alten und Neuen Testament entfaltet wird. Sie beschreibt das Zusammenleben aller Geschöpfe in einer heilen Gemeinschaft von Gerechtigkeit und Frieden.

Schon die erste, priesterschriftliche Schöpfungserzählung Gen 1,1–2,4a entwirft »als positive Utopie für den Umgang mit der Schöpfung ein friedliches und gewaltfreies Verhältnis zwischen Mensch und Tier.« (Bernhard Irrgang 1992: 130) Die Lebewesen leben in ihnen je zugeeigneten Lebensräumen, es ist genug Platz für alle, sie haben ausreichend Nahrung, die ausschließlich pflanzlich ist. So hat Gott die Welt geschaffen und gewollt: »Dass das kostbarste Gut im Lebenshaus der Schöpfung das glückende Leben aller Lebewesen ist, entfaltet Gen 1,29 f. mit einem Friedensbild, das wir gerade heute als fortschrittskritisches Paradigma meditieren und konkretisieren müssen ... Der zentrale Punkt dieser Utopie ist ein Zusammenleben aller Lebewesen ohne Gewalt.« (Erich Zenger 1989: 142).

Noch deutlicher drücken es die exilisch oder nachexilisch zu datierenden Prophetentexte aus, nämlich Hos 2,20 f.; Jes 32,15–20; 65,25; Ez 34,25–30 und vor allem Jes 11,1–9: Der Messias wird Recht und Gerechtigkeit schaffen, es wird Friede herrschen, der nicht nur dem Volk Israel gilt, sondern alle Tiere und die gesamte Schöpfung umfasst: Wolf und Lamm, Panther und Böcklein, Kalb und Löwe, Kuh und Bärin, Natter und Menschenkind leben unbehelligt und in Frieden miteinander (man beachte, dass jedes Begriffspaar ein Wildtier den Haustieren bzw. dem Menschen gegenüberstellt). Dieser Frieden beginnt nach Jesaja exemplarisch auf dem Zion – und wird von dort aus in alle Welt ausstrahlen.

Neutestamentlich wird das Motiv des Schöpfungsfriedens dreimal aufgegriffen, und das an zentraler Stelle: In Mk 1,13 wird der Wüstenaufenthalt Jesu so dargestellt, dass ihm die wilden Tiere friedlich Gemeinschaft leisten. In Christus, dem neuen Adam, bricht das messianische Zeitalter an, das uns den schon im Paradies grundgelegten Schöpfungsfrieden bringt (Joachim Gnilka 1978: 57–58). In ihm ist der Kreislauf der Gewalt gegen die Schöpfung durchbrochen und dem Menschen die Möglichkeit eröffnet, selbst als neue Schöpfung zu leben. Neben dieser direkten Verarbeitung des Themas muss Röm 8,18–30 als indirekter Reflex angesprochen werden: Wenn Paulus von der gesamten Schöpfung sagt, dass sie stöhnt und seufzt, dann stellt er die gesamte nichtmenschliche Kreatur unter das Kreuz Christi: im Leiden, aber auch in der Hoffnung auf Vollendung. Christus leidet mit den Tieren, diese werden mit ihm leben. Schließlich spricht Kol 1,15–20 von der Versöhnung der ganzen Schöpfung in und durch den auferstandenen Christus.

Mit solchen eschatologischen und auf den ersten Blick utopischen Aussagen wird eine ethische Richtungsweisung verbunden. Wohl ist es Gott, der seiner Schöpfung Frieden und Gerechtigkeit schenkt und ihr das Gelingen des Lebens ermöglicht. Der Mensch ist gleichwohl gerufen und befähigt, sich in seinem Handeln dem Willen Gottes zu öffnen. Er kann sich von utopischen Leitbildern inspirieren lassen und erste Schritte in der mit ihnen angezeigten Richtung gehen, ohne zu meinen, er müsse selbst das Ziel erreichen und aus eigener Kraft den Endzustand herstellen.

In der biblischen Vision vom Schöpfungsfrieden sind die Tiere nicht mehr NahrungslieferantInnen, sondern TischgenossInnen. Mensch und Tier sitzen gemeinsam am reich gedeckten Tisch des Lebenshauses der Schöpfung. In manchen Gegenden des deutschsprachigen Raums gibt es den Brauch, dass der Bauer oder die Bäuerin den Tieren an Ostern ein Stück vom gesegneten Osterbrot füttert. Man kann diesen Brauch magisch interpretieren – als Aberglauben, dass das Osterbrot das Tier gesundhält. Man kann darin aber auch ein Symbol dafür sehen, dass Mensch und Tier Kumpane im wörtliche Sinne sind: Lebewesen, die miteinander das Brot teilen.

7.7
Die Eucharistie – eine vegetarische Speise

Das frühe Christentum hat sich als materielle Basis seiner Sakramente die mediterranen Prestigeprodukte gewählt: Brot, Wein und Öl (Massimo Montanari 1994: 24–30; vgl. auch Aurelius Augustinus, Sermo VI, 1–3, wobei diese Predigt nicht zweifelsfrei von ihm stammt). Brot, Wein und Öl sind Symbole der *Sicherheit*, ja sie sind »die sichersten Nahrungsmittel des Lebens« (Maximus von Turin, Sermo 28, 3, 70). Sie sind Symbole von *Prestige* verheißender Technik und Verarbeitung, denn zwar hängt die Traube am Weinstock und die Olive am Baum, doch Wein und Öl werden sie erst durch den komplexen Vorgang des Auspressens (Aurelius Augustinus, Enarrationes in Psalmos 83, 1, 22). Und sie sind Zeichen der *Lust*, wenn Augustinus darauf verweist, Bischof Ambrosius von Mailand, der fromme »Pflanzer« Gottes, habe in seinen Predigten »deinem Volk die Blume deines Weizens, die Freude deines Öls und die nüchterne Trunkenheit deines Weines ausgeteilt.« (Aurelius Augustinus, Confessiones 5, 13, 23; vgl. Massimo Montanari 2012: 155–158)*.

Brot, Wein und Öl als materielle Basis der Sakramente und Inbegriff der Hochschätzung: Damit ist das Christentum in seiner Gründungsphase höchst modern und gibt sich zugleich eine ethische Wertoption zugunsten einer fleischlosen oder wenigstens fleischarmen Ernährung. Die Tradition des Vegetarismus in den frühchristlichen Mönchsgemeinschaften wäre gar nicht möglich geworden, hätte das Christentum sein sakramentales Mahl mit Fleisch gefeiert. Das kann man gut an den dort stattfindenden Debatten über den Wein erkennen – eine strikte Weinabstinenz wird mit Verweis auf die Eucharistie als schöpfungs- und leibfeindlich abgelehnt.

---

* Maximus von Turin, Sermo 28, 3, 70: »vinum, oleum, panis sunt vitae alimenta firmissima«. Aurelius Augustinus, Enarrationes in Psalmos 83, 1, 22: »Uva pendet in vitibus, et oliva in arboribus … et nec uva vinum est, nec oliva oleum, ante pressuram«. Aurelius Augustinus, Confessiones 5, 13, 23: »et veni Mediolanium ad Ambrosium episcopum, in optimis notum orbi terrae, pium cultorem tuum, cuius tunc eloquia strenue ministrabant adipem frumenti tui, et laetitiam olei, et sobriam vini ebrietatem, populo tuo.« Der Begriff »cultor«, den Augustinus verwendet, ist sehr mehrdeutig: Er kann den landwirtschaftlichen Bebauer oder Pflanzenzüchter meinen, aber auch den Verehrer oder Priester. Diese Mehrdeutigkeit ist von Augustinus zweifelsohne gewollt.

Bemerkenswert ist die symbolische Umcodierung der eucharistischen Spezies in den Worten Jesu über die Gaben: Das Brot wird »Fleisch«, der Wein wird »Blut«. Mochte das in der mediterranen Welt der Antike noch wenig Bedeutung haben, gewinnt es in dem Moment an Brisanz, als die Eucharistie in eine auf Fleisch ausgerichtete Ernährungspraxis trifft wie die gallische und germanische. Hier muss die Behauptung als Provokation verstanden werden, Brot und Wein seien Fleisch und Blut. Sie bedeutet eine Umwertung aller (Ernährungs-)Werte: Was weltlich höchstes Ansehen bringt, wird sekundär, während die weltlich nachgeordneten pflanzlichen Speisen hohe Aufwertung erfahren. Die Eucharistie gewinnt den Charakter einer Gegenkultur. Sie setzt dem gängigen Machtsymbol Fleisch einen wirksamen Widerspruch entgegen (Jakob Tanner 1996: 403).

8

Das Lebenshaus als Nähr-Boden

Ernährung und Ökologie

Im vorletzten Kapitel soll der Blick auf die ethischen und spirituellen Aspekte der Ernährung nochmals geweitet werden. Er richtet sich jetzt auf die Erde als den Nährboden aller Lebewesen. Dabei ist der Begriff vom Nährboden zugleich wörtlich und metaphorisch zu verstehen. Wörtlich meint er die Ackerböden und Weideflächen, metaphorisch das gesamte Lebenshaus Erde mit seinen Gewässern, Landflächen und seiner Atmosphäre.

Formal richtet sich das Augenmerk direkt auf die moraltheologische Frage eines nachhaltigen Konsums und nur indirekt auf die sozialethische Frage einer nachhaltigen Lebensmittelproduktion. Natürlich hängen beide Fragen eng miteinander zusammen und lassen sich nicht voneinander trennen. Gleichwohl ist der spezifische Zugang des Fachs zu achten. Die Moraltheologie betrachtet den individuellen Lebensmittelkonsum unter der Frage seines »ökologischen Rucksacks«: Wie viel und welcher Art Umweltnutzung kommt mit einer durchschnittlichen Mahlzeit auf den Tisch? Was davon lässt sich ethisch verantworten? Und gibt es spirituelle Impulse, die zu mehr nachhaltigem Konsum etwas beitragen können?

Nach einer Bestandsaufnahme der zentralen Herausforderungen (8.1) wird die Frage des Verhältnisses zu Raum und Zeit als Kernfrage ökologischen Konsums herausgeschält (8.2). Auf diesem Hintergrund werden die Umrisse einer nachhaltigen Landwirtschaft sichtbar (8.3). Mit der ökologischen Frage der Reduktion von Lebensmittelabfall schlagen wir die Brücke zurück ins dritte Kapitel (8.4). Daraus ergeben sich die Konturen nachhaltigen Lebensmittelkonsums (8.5), ehe seine Beziehungen zur Eucharistie analysiert werden (8.6).

Die Übernutzung des Lebenshauses Erde
Bestandsaufnahme

Wie schon in den letzten Kapiteln soll zunächst eine Bestandsaufnahme die Größe der Herausforderung klarmachen. Dabei wird die Analyse stark von der Frage eines nachhaltigen Ernährungskonsums geleitet: Wie weit ist der gegenwärtige Lebensmittelkonsum nachhaltig, das heißt so gestaltet, dass die Grundbedürfnisse nachfolgender Generationen genauso befriedigt werden können wie die Grundbedürfnisse der jetzt lebenden Generation? Zur Beantwortung dieser Frage sollen die beiden Kernfelder der UN-Vollversammlung für Umwelt und Entwicklung (UNCED) 1992 in Rio, nämlich Klimaschutz und Biodiversität, und anschließend die Fragen der Umweltmedien Boden und Wasser sowie das Problem der Überfischung untersucht werden. Nur kurz werden die Auswirkungen für die menschliche Gesundheit gestreift.

8.1.1
Ernährung und der anthropogene Treibhauseffekt

Die Landwirtschaft, die einen Großteil der menschlichen Ernährung bereitstellt, ist vor allem über zwei Treibhausgase direkt am anthropogenen Treibhauseffekt beteiligt: Methan (CH_4) und Lachgas oder Distickstoffoxid (N_2O). Für beide Gase ist die Landwirtschaft der globale Hauptverursacher.

◆ *Methan* entsteht vor allem bei der Verdauung in den vier Mägen der Rinder – sie stoßen das Gas durch Rülpsen aus. Außerdem wird es durch das Ausbringen von Viehdung auf die Felder freigesetzt. Methan hat ein Treibhauspotenzial, das 25-mal so groß ist wie das von Kohlendioxid, verbleibt allerdings nur 10 bis 15 Jahre in der Atmosphäre, ehe es natürlich abgebaut wird. Von der weltweit emittierten Methanmenge stammt ein gutes Drittel direkt oder indirekt aus der Viehhaltung. Ein weiterer erheblicher Anteil entsteht bei der Reisproduktion. Reis steht im Wasser, wo durch Faulprozesse der auf den Feldern liegengelassenen Pflanzenreste der Vorernte Methan freigesetzt wird. Die Landwirtschaft ist der Hauptemittent von Methan.

◆ *Lachgas* entweicht aus Viehdung, der auf die Böden ausgebracht wird. Es hat ein Treibhauspotenzial, das 298-mal so groß ist wie das von Kohlendioxid, und verbleibt 114 Jahre in der Atmosphäre, ehe es natürlich abgebaut wird.

In Österreich emittierte die Landwirtschaft im Jahr 2011 etwa 9,5 Prozent der gesamten anthropogenen Treibhausgase. »Allerdings beinhalten diese Emissionen weder die Emissionen von Vorleistungen aus anderen Wirtschaftssektoren, die für die Landwirtschaft notwendig sind (zum Beispiel Mineraldüngerproduktion), noch die landwirtschaftlichen Vorleistungen aus anderen Ländern (beispielsweise Futtermittel aus Drittländern).« (Christian Schader et al. 2013: 6–7) Rechnet man die genannten Vorleistungen ebenso ein wie die nachfolgenden klimarelevanten Vorgänge, bis die Lebensmittel auf dem Teller der EndverbraucherInnen liegen, kommt man auf einen weit höheren Anteil an den gesamten anthropogenen Treibhausgasemissionen: »So werden dem Ernährungssektor – je nach Studie – 16 bis 22 Prozent der gesamten Emissionen von Treibhausgasen Deutschlands zugerechnet … Hierbei werden auch für die Bewertung der Klimaauswirkungen dem Ernährungssektor sowohl die landwirtschaftliche Produktion als auch die Weiterverarbeitung, Lagerung, der Transport und die Zubereitung von Lebensmitteln zugerechnet. Zur Produktion zählt auch der Teil des Energie- und Chemiesektors, welcher landwirtschaftliche Vorleistungen wie Düngemittel herstellt.« (Sachverständigenrat für Umweltfragen 2012: 107)

Global kommt ein weiterer Faktor hinzu: Die sogenannten »Landnutzungsänderungen«, die vor allem die Rodung von Wald zur Gewinnung von Acker- und Weideflächen meinen. Rechnet man diese hinzu, kommt der Landwirtschaftssektor schon ohne die vor- und nachgeordneten Prozesse auf fast ein Drittel der weltweiten Treibhausgase: »Die agrarische Landnutzung trägt global mit circa 15 Prozent der Gesamtemission von Klimagasen in etwa im gleichen Umfang zum Klimawandel bei wie die Entwaldung. Da die Entwaldung meist der Gewinnung neuer landwirtschaftlich nutzbarer Flächen dient, kann der Anteil der Landwirtschaft (einschließlich Landnutzungsänderungen) am globalen Treibhauseffekt auf circa 30 Prozent veranschlagt werden.« (Almut Jering et al. 2013: 28)

Um sich den klimarelevanten Rucksack einzelner Lebensmittel bewusst zu machen, ist ein Blick auf vergleichende Werte hilfreich (siehe Tabelle Seite 358).

Gut erkennbar wird in dieser Tabelle, dass pflanzliche Produkte einen weit geringeren Treibhauseffekt aufweisen als tierische. Bemerkenswert ist weiterhin der Vergleich verarbeiteter Milchprodukte mit der frischen Milch selbst: Ein Großteil der Treibhausgasemissionen entsteht bei der Verarbeitung zu Käse oder Butter und nicht bei der Produktion der Milch. Nicht ersichtlich ist in dieser Tabelle, wie sich saisonal und regional gekauftes frisches Obst und Gemüse von importiertem oder im Gewächshaus gezogenen Obst und Gemüse unterscheiden.

Treibhausgas-Emissionen
pro Kilogramm ausgewählter Lebensmittel.

Produkt	Kilogramm Kohlendioxidäquivalent/ Kilogramm Produkt	Einbezogener Pfad
Gemüse, frisch	0,1	Produktion, Verarbeitung, Kühlung, Transport
Kartoffeln, frisch	0,2	Produktion, Verarbeitung, Kühlung, Transport
Tomaten, frisch	0,3	Produktion, Verarbeitung, Kühlung, Transport
Obst, frisch	0,4	Produktion, Verarbeitung, Kühlung, Transport
Weizen	0,4 – 0,5	Produktion
Margarine	0,7	Produktion, Verarbeitung, Kühlung, Transport
Mischbrot	0,7	Produktion, Verarbeitung, Kühlung, Transport
Kuhmilch	0,8 – 2,4	Produktion
Joghurt	1,2	Produktion, Verarbeitung, Kühlung, Transport
Zucker	1,5	Produktion, Verarbeitung, Kühlung, Transport
Geflügelfleisch	1,6 – 4,6	Produktion
Eier, Freiland	2,7	Produktion, Verarbeitung, Kühlung, Transport
Reis	2,9	Produktion, Verarbeitung, Kühlung, Transport
Schweinefleisch	3,1 – 3,3	Produktion, Verarbeitung, Kühlung
Rindfleisch, Schlachtgewicht ab Hof	6,0 – 14,7	Produktion, Verarbeitung, Kühlung
Rindfleisch (nur essbare Teile)	7,0 – 28,0	Produktion
Käse	8,5	Produktion, Verarbeitung, Kühlung, Transport
Butter	23,7	Produktion, Verarbeitung, Kühlung, Transport

Quelle: Sachverständigenrat für Umweltfragen 2012: 108.

Ob ein pflanzliches Lebensmittel saisonal im Freiland oder antisaisonal im Gewächshaus angebaut wird, macht in Bezug auf das Weltklima einen enormen Unterschied, wie die folgende Tabelle zeigt:

Treibhausgasemissionen bei Anbau im Treibhaus und im Freiland.

Produkt	Gewächshausanbau Kilogramm Kohlendioxidäquivalent/ Kilogramm Produkt	Freilandanbau Kilogramm Kohlendioxidäquivalent/ Kilogramm Produkt
Bohnen	6,36	0,22
Lauch	5,43	0,19
Kopfsalat	4,45	0,14
Sellerie	3,66	0,19
Gurken	2,30	0,17
Paprika	1,10	0,21
Tomaten	0,88	0,11

Quelle: Niels Jungbluth 2000: 162 und Anhang.

Die Treibhausgasemissionen beim Anbau im Freiland liegen relativ gleichmäßig bei rund 200 Gramm pro Kilogramm Gemüse. Nur die Freilandtomate schneidet mit der Hälfte deutlich günstiger ab. Im Gewächshaus hingegen sind die Bilanzen höchst unterschiedlich: Während die Gewächshaustomate »nur« achtmal so viele Treibhausgase benötigt wie die Freilandtomate, liegen die Emissionen der Gewächshausbohnen fast beim Dreißigfachen des Freilandwerts. In jedem Fall ist der Faktor gewaltig.

Wie sieht es mit der Regionalität von Lebensmitteln aus? Hat sie Klimawirkungen? Die Zahl der Futter- und Lebensmitteltransporte in Deutschland hat sich von 1990 bis 2010 verdoppelt. Pro transportierter Tonne und Kilometer setzen die verschiedenen Transportmittel dabei folgende CO_2-Emissionen frei:

Treibhausgasemissionen der Transportmittel.

Transport- mittel	Gramm Kohlendioxidäquivalent/ Tonnenkilometer	Transport- mittel	Gramm Kohlendioxidäquivalent/ Tonnenkilometer
Hochseeschiff	9	Lkw	135
Binnenschiff	34	Flugzeug	2041
Bahn	40		

Quelle: Ilka Lauber/Ingrid Hoffmann 2001: 189.

8.1 Die Übernutzung des Lebenshauses Erde

Lebensmitteltransporte mit dem Flugzeug sind hoch problematisch. Wird eine Frucht aus Übersee per Flugzeug statt per Schiff nach Europa gebracht, braucht sie das Zweihundertfache an Treibhausgasemissionen. Die Entscheidung für das Flugzeug ist zumeist aus der Sorge um die Frische der Lebensmittel bedingt. Zu den typischerweise als Luftfracht beförderten Lebensmitteln gehören (Kirsten Havers 2008: 44):

◆ Fleisch, darunter vor allem Rindfleisch und Lammfleisch, aber auch Pferdefleisch und Wild,

◆ frischer Fisch, darunter vor allem der Nil- oder Viktoriabarsch aus Tansania, Seehecht aus Südafrika, Lachs, Thunfisch, Hummer und Hecht,

◆ frisches Gemüse, darunter vor allem frische Hülsenfrüchte wie Zuckerschoten oder Bohnen, Spargel, Avocado und tropisches Gemüse,

◆ frisches Obst, darunter Erdbeeren, Beeren, Trauben, Mangos, Papaya, Maracuja, Lychees, Ananas, Sternfrucht und Melonen.

Wird ein Lebensmittel aus Übersee per Luftfracht nach Deutschland transportiert, kann der Anteil des Transports an den gesamten Treibhausgasemissionen des Lebensmittels leicht 80 Prozent ausmachen. Mit anderen Worten: Ein Lufttransport verfünffacht die Klimawirkungen. Aber auch Straßentransporte mit dem Lkw sind nicht zu vernachlässigen. Da viele Lebensmittel für die einzelnen Verarbeitungsschritte hin- und hertransportiert werden, kommen schnell Tausende für die KundInnen unsichtbare Kilometer zusammen.

Insgesamt kommen durch Produktion und Transport erhebliche klimawirksame Lasten auf ein Lebensmittel. Die KonsumentInnenentscheidung bekommt allein aus Klimaschutzgründen einen hohen Stellenwert.

Dass der anthropogene Treibhauseffekt seinerseits gravierende Auswirkungen auf die Landwirtschaft hat, wird nicht verwundern. Insgesamt dürfte die Landwirtschaft einer der vom Klimawandel am meisten betroffenen Wirtschaftszweige sein: »Der Klimawandel hat substanzielle Auswirkungen auf die globale Biomasseproduktion, denn der Temperaturanstieg beeinflusst alle dafür wesentlichen Faktoren: Niederschläge, Wasserverfügbarkeit, Wetterextreme und Anstieg des Meeresspiegels. Der Klimawandel wird aller Voraussicht nach zu Ertragsrückgängen in Australien, Indien und Teilen Afrikas führen. Inwieweit sich das mit Ertragssteigerungen in Nordeuropa, Nordasien und -amerika ausgleichen lässt, ist derzeit noch umstritten.« (Almut Jering et al. 2013: 28)

Ernährung und die Bedrohung der Biodiversität

Nach der Roten Liste der weltweit bedrohten Tiere und Pflanzen, die die Weltnatur-schutzunion (IUCN) Mitte 2013 vorgestellt hat, werden knapp ein Drittel aller 70.294 untersuchten Arten, nämlich 20.934, als gefährdet aufgeführt. Das sind rund 1.100 Arten mehr als im Juni 2012 (www.iucnredlist.org/). Für die EU hat die IUCN eine eigene Liste erstellt (http://ec.europa.eu/environment/nature/conservation/species/ redlist/index_en.htm). Aus dieser ergeben sich folgende Zahlen:

Rote Liste der weltweit bedrohten Tiere und Pflanzen der Weltnaturschutzunion (IUCN) 2013 (in Prozent).

Klassifikation	Bedrohte Arten	Abnehmende Arten
Gefäßpflanzen	45	38
Süßwasser-Weichtiere	44	o.A.
Süßwasserfische	37	17
Amphibien	23	59
Landschnecken	20	o.A.
Reptilien	19	42
Säugetiere	15	27
Vögel	13	o.A.
Holzbewohnende Käfer	11	14
Schmetterlinge	9	31

Quelle: (www.iucnredlist.org/).

Als hauptsächliche Ursachen nennt die IUCN für die meisten Klassen von Lebewesen den Verlust, die Verschlechterung oder die Fragmentierung ihrer Habitate. Bei Süß-wassermolluskeln und Süßwasserfischen wird die Immission von Schadstoffen in die Gewässer durch Industrie und Landwirtschaft verantwortlich gemacht, bei Schmet-terlingen die Intensivierung der Landwirtschaft und bei Gefäßpflanzen die Über-weidung durch Nutztiere und Freizeitaktivitäten in der Natur. Es ist gut erkennbar, dass die Landwirtschaft zu einem erheblichen Teil für die Verluste an Artenvielfalt verantwortlich ist.

Die globale Situation beleuchtet seit vielen Jahren der Global Living Planet Index, der vom UN-Umweltprogramm UNEP gemeinsam mit dem World Wildlife Fund

WWF entwickelt wurde. Hochgerechnet aus einer Zählung von 2.688 größeren Tier-arten der Vögel, Säugetiere, Amphibien, Reptilien und Fische gibt er ein Maß der Verbesserung oder Verschlechterung der Artenvielfalt gegenüber 1970 an. Der jüngste Bericht konstatiert für 2008 einen Rückgang der weltweiten Biodiversität von 28 Pro-zent (World Wildlife Fund 2012: 9).

Schaut man auf die regionale Situation, wird die Dramatik noch deutlicher: Wäh-rend sich die Lage in den gemäßigten Klimazonen auf dem Land um fünf Prozent verbessert hat, hat sie sich in den anderen Klimazonen um 44 Prozent verschlechtert (World Wildlife Fund 2012: 23). Allerdings muss man berücksichtigen, dass die Lage der Biodiversität in den gemäßigten Zonen, in denen die Industrieländer liegen, 1970 bereits auf einem schlechten Niveau angekommen war, während sie damals in den ärmeren Ländern der nicht gemäßigten Klimazonen noch ein fast intaktes System repräsentierte.

Insgesamt kann man mit dem deutschen Sachverständigenrat für Umweltfragen festhalten: »Die Landwirtschaft, die in den vergangenen Jahrhunderten zur Erhal-tung und Schaffung neuer Lebensräume für viele Arten beigetragen hat ..., ist durch ihre Intensivierung und Industrialisierung zu einem der Hauptfaktoren der Gefähr-dung der Biodiversität in Deutschland und Europa, aber auch weltweit geworden.« (Sachverständigenrat für Umweltfragen 2012: 106) Dabei sieht der Sachverständigen-rat zumindest für Deutschland die größte Einzelursache in den hohen Stickstoffein-trägen: »Stickstoffbelastungen sind der größte Treiber für die Verminderung der Bio-diversität, sowohl terrestrisch ... als auch in Süß- und Meerwasser-Ökosystemen.« (Sachverständigenrat für Umweltfragen 2012: 109) Hinzu kommt bezogen auf den Lebensmittelkonsum das Transportproblem: Je mehr Lebensmittel über weite Stre-cken transportiert werden, umso mehr Verkehrswege werden die Ökosysteme zer-schneiden und fragmentieren.

Schaut man auf die globale Situation, lassen sich die wesentlichen Ursachen des Verlusts an Biodiversität so zusammenfassen:

- Zerstörung und Zerschneidung von Lebensräumen: Bau von Siedlungen und Ver-kehrswegen, Abholzung und Brandrodung, Tagebau und Entwässerung, industri-elle Landwirtschaft.

- Übernutzung und Degradation: Überweidung, Bodenerosion, nichtnachhaltige Brennholznutzung, Pestizideinsatz, Schadstoffeinträge, Gewässerverschmutzung, nichtnachhaltiger Tourismus, nichtnachhaltige Landwirtschaft, Fischerei und Jagd.

- Nutzungswandel in der Landwirtschaft: Aufgabe von extensiv genutzten Flächen und Intensivierung der Landwirtschaft.

- Gebietsfremde Arten, die die heimische Flora und Fauna bedrohen und verdrängen.

◆ Klimawandel: An zu schnell fortschreitende Veränderungen können sich Ökosysteme und ihre Arten nicht in der nötigen Geschwindigkeit anpassen.

Auch aus dieser Liste wird ersichtlich, welche Schlüsselrolle die Landwirtschaft für die Biodiversität einnimmt. Das gilt in besonderem Maße, wenn es um die sogenannte »Agrobiodiversität« geht. Agrobiodiversität bezieht sich auf Nutzpflanzen und Nutztiere, Bodenorganismen im Acker, Insekten, Bakterien, Pilze, Agroökosystemkomponenten und wilde Ressourcen in der Nachbarschaft (Lori Ann Thrupp 2000: 265–281). Die traditionelle Landwirtschaft maximiert die Agrobiodiversität, umfasst kleinteilige Polykulturen, Agroforstsysteme, Landrassen und kulturell vielfältiges Wissen. Mit dem Strukturwandel weg von der kleinbäuerlich-traditionellen hin zur großflächig-industriellen Landwirtschaft kommt es zu einem dramatischen Agrobiodiversitätsverlust (Lori Ann Thrupp 2000: 270): So wurde gegen Ende des zweiten Jahrtausends Reis in Sri Lanka zu 75 Prozent von einer einzigen Sorte angebaut, in Bangladesch zu 62 Prozent, in Indonesien zu 74 Prozent. In den USA stammen vom Weizen 50 Prozent aus neun, von der Kartoffel 75 Prozent aus vier und von Soja 50 Prozent aus sechs Varietäten.

Dieser dramatische Verlust der genetischen Vielfalt verursacht eine größere Verletzlichkeit der Anbausysteme gegenüber Stressfaktoren und Klimawandel und der Anbau in Monokulturen eine größere Verletzlichkeit gegenüber Schädlingen und Krankheiten (Lori Ann Thrupp 2000: 269–273). Hinzu kommen der Verlust an nützlichen Bodenorganismen und Bodennährstoffen durch den Einsatz von Agrochemikalien sowie der Wegfall von Wasserrückhaltesystemen und Kreislaufkomponenten durch die Zerstörung von Regenwald und Feuchtgebieten.

Biodiversität ist ein zentraler Stabilitätsfaktor im Ökosystem Erde. Wird sie auf dem Acker oder in der vom Menschen weniger genutzten Natur deutlich reduziert, erhöht das die Anfälligkeit von Ökosystemen. An vielen der Prozesse, die Biodiversität verringern, ist die Landwirtschaft beteiligt.

8.1.3
Ernährung und die Umweltmedien Boden und Wasser

Klimaschutz und Erhalt der Biodiversität sind die zwei größten globalen Herausforderungen im ökologischen Bereich. Ihnen sind die beiden Konventionen der UN-Konferenz für Umwelt und Entwicklung (UNCED) von Rio 1992 gewidmet. Doch andere Herausforderungen kommen hinzu. Insbesondere nimmt die Landwirtschaft großen Einfluss auf die sogenannten »Umweltmedien« Boden und Wasser.

»Wir leben auf dünnem Grund« (Wilfried Bommert 2009: 73): Nur elf Prozent der Landfläche der Erde ist landwirtschaftlich nutzbar. Die durchschnittliche Dicke des nährenden *Bodens* beträgt ganze 15 bis 20 Zentimeter. Um einen Millimeter Boden aufzubauen, braucht die Natur ungefähr 100 Jahre (Wilfried Bommert 2009: 75), so dass die durchschnittliche Humusschicht sich in rund 2000 Jahren aufgebaut hat. Was ein verfehlter Umgang mit dieser dünnen Nährschicht der Erde anrichten kann, zeigte sich in den USA ab April 1935 für rund sechs Jahre mit der »Dust Bowl«: Teile der Südstaaten Oklahoma, Kansas, Texas, Colorado und New Mexico wurden regelmäßig in 50 bis 100 Meter hohe Staubwolken gehüllt und stellenweise meterhohe Staubberge aufgehäuft. 50 Millionen Hektar Land wurden »wasteland«, verlorenes, nicht mehr nutzbares Land. Die Ursache war anthropogen: Man hatte Land gerodet, das eigentlich nicht zum Ackerbau geeignet war, weil es viel zu trocken ist, und damit die dramatische Erosion ausgelöst (Wilfried Bommert 2009: 77–78). Dass Staubwolken kein ausschließlich amerikanisches Phänomen darstellen, zeigte sich, als am 7. 4. 2011 eine Staubwolke die Autobahn A 19 bei Rostock derart einhüllte, dass in einer durch sie ausgelösten Massenkarambolage zehn Menschen ums Leben kamen. Mangelnde Bodenbedeckung der Felder, gerodete Hecken zwischen den Feldern und längere Trockenheit hatten die Staubwolke möglich gemacht.

Global gesehen ist allerdings die Bodenerosion durch Wasser erheblich größer als die Bodenerosion durch Wind. Die Regenerosion der Böden von gerodetem Regenwald ist so stark, dass sich dort die landwirtschaftlichen Erträge schon nach wenigen Jahren auf weniger als die Hälfte reduzieren (Wilfried Bommert 2009: 80).

Georg Dersch und Karin Böhm (1997: 118) berechnen auf Basis historischer Daten, dass der durchschnittliche Humusgehalt der Ackerflächen in Niederösterreich und Oberösterreich zwischen den Jahren 1965 und 1991 um 16 Prozent (Niederösterreich) bzw. 6 Prozent (Oberösterreich) abgenommen hat. Weltweit gehen nach Schätzungen der UNESCO jedes Jahr rund fünf bis sieben Millionen Hektar Ackerland durch beschleunigte Degradation der Böden verloren, das sind 0,6 Prozent der gesamten Weltackerflächen (UNESCO 2012: 46). Weil zugleich die Weltbevölkerung wächst, ist das pro Person zur Verfügung stehende Ackerland von 0,4 Hektar im Jahr 1961 auf 0,2 Hektar 2005 zurückgegangen (UNESCO 2012: 46).

Neben einem besseren Schutz des Bodens muss auch ein sorgsamerer Umgang mit *Wasser* erreicht werden. Von der Verschmutzung des Süßwassers durch Stickstoff- und Spritzmitteleinträge der Landwirtschaft und insbesondere der Tierwirtschaft war schon die Rede. Zugleich ist die Landwirtschaft der größte Wasserverbraucher der Welt. Sie verbraucht 70 Prozent des weltweit von Menschen genutzten Wassers, wovon 80 Prozent »grünes Wasser« (aus Niederschlägen) und 20 Prozent »blaues Wasser« (aus Flüssen und Seen) für die künstliche Bewässerung sind. Das eigentliche Problem stellt dieses blaue Wasser dar: Einerseits sorgt es auf weniger als 20 Prozent der weltweiten Ackerflächen für 40 Prozent aller Erträge, wird also für eine sehr flächeneffiziente Landwirtschaft eingesetzt (UNESCO 2012: 46). Andererseits hat gerade die ineffiziente Nutzung des blauen Wassers zur Folge, dass Flüsse vertrocknen und Böden versalzen. Sparsamere Bewässerungssysteme sind dringend erforderlich.

Hinzu kommt, dass die Intensivlandwirtschaft den Wasserverbrauch zusätzlich nach oben treibt: Laut einer Studie der Universität Göttingen verdunstet auf intensiv gedüngtem Grünland bis zu 15 Prozent mehr Regenwasser als auf ungedüngten Flächen. Gleichzeitig ist die Wassermenge, die im Boden versickert und neue Grundwasservorräte bildet, bis zu 50 Prozent geringer (Laura Rose et al. 2012: 64–72).

Aus KonsumentInnensicht interessant ist der extrem unterschiedlich hohe Wasserverbrauch für die Produktion einzelner Lebensmittel. Man bezeichnet dieses Wasser als »virtuelles Wasser«, weil es für die KonsumentInnen unsichtbar ist. Um es sichtbar zu machen, berechnet man den »Water Footprint«, den Fußabdruck des Wasserverbrauchs durchschnittlicher KonsumentInnen. Zieht man auf diese Weise Bilanz, verbraucht jedeR Deutsche pro Tag rund 4.000 bis 5.000 Liter virtuelles Wasser. Arjen Y. Hoekstra hat verschiedene einschlägige Studien zusammengestellt, die den virtuellen Wasserverbrauch berechnen. Daraus lassen sich folgende Mittelwerte bilden:

Geschätzter Verbrauch virtuellen Wassers verschiedener landwirtschaftlicher Produkte.

Produkt	Spezifischer Wasserverbrauch (Liter Wasser/ Kilogramm Produkt)	Produkt	Spezifischer Wasserverbrauch (Liter Wasser/ Kilogramm Produkt)
Rindfleisch	16.726	Sojabohnen	2.517
Schweinefleisch	5.469	Weizen	1.437
Käse	5.288	Mais	1.020
Hühnerfleisch	3.809	Milch	738
Eier	3.519	Kartoffeln	133
Reis	2.552		

Quelle: Nach Arjen Y. Hoekstra [Hg.] 2003: 16.

Das Konzept virtuellen Wassers lässt es auch zu, dass man unsichtbare, weil virtuelle »Wasserimporte« auf Ebene von Ländern und Weltregionen berechnet. Wenn ein Industrieland ein Kilogramm Reis importiert, führt es gleichzeitig 2,6 Kubikmeter virtuelles Wasser mit ein. Rechnet man diese Daten auf die Weltregionen hoch, gehören Nordamerika und Australien zu den großen und Südamerika und Südostasien zu den moderaten Exporteuren von virtuellem Wasser, während Westeuropa, Zentralasien und Südasien zu den großen sowie Nordafrika und der Mittlere Osten zu den moderaten Importeuren von virtuellem Wasser gehören (Arjen Y. Hoekstra [Hg.] 2003: 18). Die Verantwortung für den Umgang mit Wasser ist also keine rein nationale Angelegenheit, sondern erfordert koordinierte Maßnahmen der Völkergemeinschaft.

8.1.4
Ernährung und die Übernutzung der Meere und Gewässer

Der Vollständigkeit halber muss ein kurzer Blick auf die Meere und Gewässer geworfen werden, denn diese tragen in nicht unerheblichem Maße zur Ernährung der Menschheit bei. Auch hier sind alarmierende Entwicklungen zu beobachten. Ein erheblicher Teil der Bestände von Fischen und Meeresfrüchten ist derzeit überfischt. Von Überfischung spricht man im Sinne der Nachhaltigkeitsdefinition dann, wenn die Fangrate die Regenerationsrate übersteigt, wenn also mehr Fische gefangen werden als im gleichen Zeitraum nachwachsen. Dann kommt es zu einer kontinuierlichen Abnahme der betreffenden Fischbestände. Langfristig muss dabei auch der Dominoeffekt berücksichtigt werden: Fische sind Teil einer marinen Nahrungskette, die großen Fische nähren sich von den kleinen. Fällt eine Fischart aus, übernehmen zunächst ähnliche Arten deren Funktion des Fressens und Gefressenwerdens. Fallen aber auch sie durch Überfischung aus, kommt es plötzlich zum Zusammenbruch der gesamten Kette.

Waren 1974 weltweit 39 Prozent aller Fischbestände unterfischt, 51 Prozent voll befischt und 10 Prozent überfischt, hat sich dieses Gefälle im Jahr 2009 umgedreht: Nur 12 Prozent der weltweiten Fischbestände sind noch unterfischt, 58 Prozent voll befischt und 30 Prozent überfischt (FAO 2012: 56). Das entspricht den Ausmaßen des gefangenen Fischs: Wurden 1950 weltweit 20 Millionen Tonnen Fisch gefangen, waren es 1990 bereits 80 Millionen und 2011 über 90 Millionen Tonnen.

Dass die Fangmenge von 1990 bis 2011 nur noch sehr langsam stieg, liegt aber nicht daran, dass internationale Abkommen zur Begrenzung des Fischfangs erfolgreich wären, sondern am explodierenden Ausbau von Aquakulturen. Aquakulturen sind künstlich angelegte Becken oder abgezäunte Meeresbuchten, in denen auf engstem Raum eine hohe Anzahl von Fischen gezüchtet wird. Die in Aquakulturen produzierte Fischmenge beläuft sich 2011 bereits auf 63,6 Millionen Tonnen (FAO 2012: 3), also auf zwei Drittel der aus den Meeren gefangenen Fischmenge. Auf diese Weise stammen 40 Prozent des weltweit konsumierten Fischs aus Aquakulturen. 61 Prozent davon stammt aus chinesischen Aquakulturen (FAO 2012: 28), rund zwei Drittel sind gefütterte Fischarten (FAO 2012: 34), 60 Prozent werden in Süßwasser kultiviert, davon am meisten Karpfenarten (FAO 2012: 34, 38).

Nun könnte man denken, dass Aquakulturen die Lösung darstellen, weil sie den Fischfang auf hoher See auf lange Sicht überflüssig machen. Das ist aber aus mehreren Gründen nicht zu erwarten. Einerseits nimmt der Fischkonsum pro Kopf der Weltbevölkerung dermaßen schnell zu, dass Aquakulturen und Hochseefischerei kaum in Konkurrenz zueinander treten. Andererseits werden zwei Drittel der Fische in Aquakulturen gefüttert. Die meisten von ihnen erhalten wie der meistverwendete Karpfen ein Futter, das neben Getreide und pflanzlichen Eiweißfuttermitteln auch tierische Rohstoffe in Form von Fischmehl und Fischöl enthält. Viele Fische werden auch direkt mit kleineren Fischen gefüttert – und die kommen wiederum aus den Meeren und unterbrechen dort die Nahrungskette. Ein dritter Nachteil der durchschnittlichen Aquakulturen ist ihre extrem hohe Besatzdichte, die dem einzelnen Fisch kaum Raum zur Bewegung lässt und an die Massentierhaltung von Schweinen oder Geflügel erinnert.

Lag der Fischkonsum in Deutschland 1980 noch bei 11,2 Kilogramm pro Kopf und Jahr, ist er 2010 bereits auf 15,5 Kilogramm pro Kopf und Jahr gestiegen. Weltweit werden 2010 durchschnittlich 18,8 Kilogramm pro Kopf und Jahr konsumiert (FAO 2012: 4). Das hat einerseits mit gestiegenen Einkommen zu tun, andererseits mit fallenden Preisen: Inflationsbereinigt auf die Preise von 2005 umgerechnet ist der Fischpreis von 2,70 US-Dollar pro Kilogramm im Jahr 1990 auf 2,30 US-Dollar pro Kilogramm im Jahr 2010 gefallen (FAO 2012: 69). Fisch hat also knapp 20 Prozent an Wert verloren. In der Begrenzung des Fischkonsums und der Verschärfung gesetzlicher Standards für Fang und Haltung von Fischen liegt daher eine weitere große Herausforderung für eine ökologisch verträgliche, nachhaltige Ernährung.

8.1.5
Ernährung und die menschliche Gesundheit

Ein letztes Problemfeld sei nur kurz angerissen, ohne es im Detail zu vertiefen: Die gegenwärtige Form der Intensivlandwirtschaft mit hohem Einsatz von Pestiziden ist im Blick auf die menschliche Gesundheit keineswegs unbedenklich. Das Waschen von Obst und Gemüse genügt nicht, um sich der Risiken zu entledigen: »Die Risiken von Pestiziden hinsichtlich der Gesundheit des Menschen infolge von Pestizidrückständen in Lebensmitteln sowie die hormonelle Wirkung von Pestiziden sind immer wieder in Diskussion.« Es gibt »vielfältige Hinweise auf Zusammenhänge von Pestizidexposition und Krankheiten wie Krebs (zum Beispiel Hirnkrebs, Leukämie, Brustkrebs), Lungenkrankheiten, Depressionen, ADHS, Alzheimer, Fehlbildungen von Neugeborenen oder Parkinson.« (Christian Schader et al. 2013: 9) Um nur die letztgenannte Parkinson-Krankheit zu erwähnen, liegen gewichtige Hinweise dafür vor, dass die Wirkungen von Pestiziden auf das zentrale Nervensystem die Progression von Parkinson auslösen können (Francisco Pan-Montojo et al. 2010: 1).

Die neue europäische Pestizid-Gesetzgebung, nämlich die Verordnung (EG) Nr. 1107/2009 über das Inverkehrbringen von Pflanzenschutzmitteln und die Richtlinie

2009/128/EG über den nachhaltigen Einsatz von Pestiziden, ist seit 1.1.2014 in nationales Recht übersetzt. Es wird zu prüfen sein, ob sie eine spürbare Reduzierung der Pestizidrückstände in Lebensmitteln und im Grundwasser bringen.

Zusammenfassend lässt sich festhalten: Die gegenwärtigen Muster des Lebensmittelkonsums sind in keiner Weise nachhaltig. Es bedarf eines grundlegenden Wandels, sollen gesunde Lebensmittel für alle aus einem stabilen Ökosystem dauerhaft zur Verfügung gestellt werden. Ernährungsethik wird zum Kernbereich der Umweltethik. Das ist deswegen besonders brisant, weil die Ernährung im Sinne von Marcel Mauss ein »Totalphänomen« darstellt. Die nötige »große Transformation« (so der Titel und das Leitmotiv von: Wissenschaftlicher Beirat der Bundesregierung Globale Umweltveränderungen [WBGU] 2011) der Industriegesellschaften, die angesichts der ökologischen Erfordernisse angestrebt wird, kann und muss daher in einer neuen Ernährungsweise Gestalt gewinnen. Wenn die Ernährungswende nicht gelingt, wird die ökologische Wende insgesamt nicht vollzogen werden können.

Das scheint im Jahresgutachten des Wissenschaftlichen Beirats der Bundesregierung Globale Umweltveränderungen (WBGU) von 2011 zu wenig berücksichtigt zu sein. Landwirtschaft und Ernährung kommen dort nur auf rund 15, die Rolle der VerbraucherInnen nur auf sechs von 446 Seiten vor (WBGU 2011: 153–155, 269–275, 317–322). Unter den »Zehn Maßnahmenbündeln mit großer strategischer Hebelwirkung« (WBGU 2011: 295) ist nur »Bündel 7: Klimaverträgliche Landnutzung voranbringen« (WBGU 2011: 317–321) den Fragen der Ernährung gewidmet, und zwar im Blick auf die Landwirtschaft, nicht auf die KonsumentInnen. Insgesamt merkt man dem Bericht einen sehr technokratischen Zugang zur Problematik an. Die Transformation wird kaum als gesellschaftliche Transformation konzipiert, schon gar nicht als Transformation von Konsumgewohnheiten. Die Macht des Marktes wird allein funktionalistisch über Emissions- und Energiesteuern in den Blick genommen. Ohne die Bedeutung dieses Zugangs zu leugnen, reicht er doch alleine nicht aus, um die angestrebte Transformation zu erzielen.

8.2
Die Enträumlichung und Entzeitlichung der Ernährung

Ein Schlüsselfaktor in der Entwicklung von Lebensmittelproduktion und -handel moderner Industriegesellschaften ist die Überwindung von Raum und Zeit (Dagmar Vinz 2008: 39–49). Strategien dazu gibt es seit den Anfängen der Menschheit (Hans J. Nissen 2003: 9–11): In den wenigsten Weltregionen steht ganzjährig genug pflanzliche Nahrung zur Verfügung. Man kann also im Sinne der Entzeitlichung versuchen, pflanzliche Lebensmittel haltbar zu machen, sei es durch Konservierungstechniken, sei es durch ihre »Speicherung« im Fleisch von Tieren, die im Sommer gemästet und im Winter geschlachtet werden. In gewissen Grenzen kann man auch durch Diversifizierung angebauter Sorten die Ernte auf einen längeren Zeitraum verteilen, wie es schon das »Capitolare de villis« Karls des Großen versucht hat (Massimo Montanari 2012: 43–58). Oder man kann im Sinne der Enträumlichung dem pflanzlichen Nahrungsangebot im wörtlichen Sinne nachgehen, indem man im Winter halbnomadisch in wärmere Gebiete zieht, oder pflanzliche Nahrung aus wärmeren Zonen zu sich bringen lassen. Doch haben Enträumlichung und Entzeitlichung mittlerweile ein Maß erreicht, das viele negative ökologische Nebenwirkungen mit sich bringt.

Wie alle Wirtschaftsbereiche unterliegt auch die Landwirtschaft der gesamtwirtschaftlichen Logik, Zeit zu sparen, weil Zeit Geld ist (Dagmar Vinz 2008: 39–43). Am weitesten vorangeschritten ist die *Entzeitlichung* und Beschleunigung in der Tierhaltung: Um 1900 hatte ein Schwein eine Mastdauer von etwa elf Monaten, um 2000 war diese auf rund fünf Monate geschrumpft, was in etwa eine Halbierung bedeutet. Der nichtmonetäre Preis, den Mensch und Tier dafür zahlen, ist hoch: Qualitätseinbußen beim Fleisch, bei der Tiergesundheit, ungewollte Zusatzkosten in der Verarbeitung (zum Beispiel für das Aussortieren ungesunder Teile). Auch die Pflanzenproduktion hat sich massiv beschleunigt, weil durch Gewächshausproduktion die natürlichen Ruhezeiten des Winters überbrückt werden. Der Preis ist wiederum offenkundig: Während die Landwirtschaft vorindustriell die größte solare Energiequelle war, ist sie heute eine der größten VerbraucherInnen fossiler Energien.

In der Landwirtschaft stehen die beiden Systeme, die sie bestimmen, in einem permanenten Konflikt: Während das Wirtschaftssystem auf unentwegte maximale Produktivität zielt, braucht das Ökosystem Rhythmen von Produktions- und Ruhephasen. Wenn nun das Wirtschaftssystem das naturale System dominiert, kommt es zur Entsaisonalisierung der Landwirtschaft und zum Abschneiden ihrer Produktion von natürlichen Rhythmen und Eigenzeiten. Im Nebeneffekt bedeutet das einen großen Verlust an Geschmack und Nährwert für die VerbraucherInnen sowie schwere Schäden für Tier und Umwelt (Dagmar Vinz 2008: 39–43).

Auch die *Enträumlichung* moderner Ernährung ist gegenwärtig auf die Spitze getrieben (Dagmar Vinz 2008: 43–46): Voraussetzungen dieser Entwicklung sind ein funktionierendes Verkehrswesen, eine ausgefeilte Logistik und eine vollständig durchgeplante Kühlkette. Während von 1978 bis 2008 der Lebensmittelkonsum in Deutschland praktisch konstant blieb und die Ausgaben dafür sogar rückläufig waren, hat sich das Volumen des Lebensmitteltransports verdoppelt. Der große Nachteil für die VerbraucherInnen ist, dass auf diese Weise sowohl die Zusammensetzung der Lebensmittelinhaltsstoffe als auch deren Produktions- und Verarbeitungsbedingungen nicht mehr durchschaubar und nachvollziehbar sind. Der Pferdefleischskandal in der Lasagne hat in Deutschland 2013 eindrucksvoll bewiesen, wie wenig Einfluss und Kontrolle auf die Lebensmittelverarbeitung möglich ist, wenn jeder Verarbeitungsschritt in einem anderen Land stattfindet.

Wie in der Einleitung zu diesem Abschnitt angedeutet, braucht es eine gewisse Abkoppelung der Nahrungsmittelproduktion und -distribution von Raum und Zeit, um Ernährungssicherheit herzustellen. Die ethisch entscheidende Frage ist die nach dem rechten Maß. Um dieses zu bestimmen, müssen die drei Säulen des Nachhaltigkeitskonzepts – Ökologie, Ökonomie und Soziales – in die Balance gebracht werden. Das Problem gegenwärtiger Ernährungsstile ist die erdrückende Dominanz des ökonomischen Systems über die beiden anderen Systeme. Für die nachfolgende Diskussion über Saisonalität und Regionalität wird diese Beobachtung von großer Bedeutung sein.

8.3
Umrisse nachhaltiger Landwirtschaft

Wie kann eine wachsende Weltbevölkerung so ernährt werden, dass gleichzeitig ökologische, ökonomische und soziale Nachhaltigkeit erreicht werden? Theoretisch wären folgende Strategien denkbar (Almut Jering et al. 2013: 38–41):

◆ Ausweitung der weltweiten Agrarflächen: Diese Strategie hätte jedoch hohe Umweltrisiken, weil viele der dafür infrage kommenden Flächen sehr verletzlich sind (Erosion).

◆ Nutzung »marginaler« (bisher unwirtschaftlicher) und degradierter Flächen: Diese Strategie dürfte punktuell möglich sein, doch sollte man sich von ihr nicht zu viel erhoffen.

◆ Züchtung salztoleranter Pflanzen: Diese Strategie sollte man unbedingt verfolgen, doch wird ihre Verwirklichung aufgrund langer Entwicklungszeiten auf sich warten lassen.

◆ Steigerung der Flächenproduktivität: Diese Strategie ist der Schlüssel zum Erfolg. Die Frage ist aber, welche Methoden hierfür angemessen sind. Aus Gründen der ökologischen Nachhaltigkeit kommen keine Methoden infrage, die zur weiteren Erosion der Böden und Verschmutzung der Gewässer beitragen. Aus Gründen der sozialen Nachhaltigkeit kommen nur Low-Input-Methoden infrage, die mit geringen Investitionen einhergehen und für KleinbäuerInnen geeignet sind, wie sie in den ärmeren Ländern der Erde einen Großteil der Landbevölkerung und einen Großteil der Hungernden darstellen.

All diesen Erfordernissen wird derzeit am ehesten der ökologische Landbau gerecht: »Der Ökologische Landbau als bekanntestes Beispiel angepasster Methoden und Verfahren ist ein mittlerweile etabliertes, dennoch unter ständiger Weiterentwicklung begriffenes Landbewirtschaftungssystem. Der Ökolandbau ist ein dynamisches Wirtschaftsmodell, bei dem das Streben nach ökonomischer Effizienz und Einkommenserzielung ethischen Kriterien unterworfen wird, die einen ausgewogenen Umgang mit der Natur weitgehend sicherstellen. Er zeichnet sich durch überwiegend geschlossene Nährstoffkreisläufe sowie den Verzicht auf mineralische Stickstoffdünger und synthetisch hergestellte Pflanzenschutzmittel aus. Auch im Bereich der Tierhaltung sind ökologische Betriebe strengeren Regeln unterworfen als konventionell wirtschaftende Landwirtschaftsbetriebe. Der Ökolandbau gilt deswegen als besonders ressourcenschonende und umweltverträgliche Form der Landwirtschaft (UBA 2002) ... Der Ökologische Landbau bietet vor allem auch für die nahrungsunsicheren Länder des Südens Chancen.« (Almut Jering et al. 2013: 77)

In fast allen Entwicklungshilfeorganisationen und vielen staatlichen Behörden und Institutionen hat sich die zitierte Position durchgesetzt. Auch der deutsche Sachverständigenrat für Umweltfragen (2012: 112) bestätigt, dass der Ökolandbau selbst in einem Industrieland wie Deutschland erhebliche Vorteile hat: Zwar sei die Entlastung des Klimas eher gering (durch den Verzicht auf Düngemittel werde zwar Kohlendioxid reduziert, dafür habe der Ökolandbau in Deutschland aber einen geringeren Ertrag), doch die Förderwirkung für die Biodiversität sei hoch (man schätzt bei Umstieg auf Ökolandbau etwa 25 Prozent mehr Biodiversität) und ebenso die Schutzwirkung für die Umweltmedien Boden und Wasser (auf die Böden kommen nur ein Drittel der Stickstoffeinträge und zwei Drittel der sauren Substanzen der konventionellen Landwirtschaft; Ökolandbau erzeugt weniger Bodendegradation und -erosion; in das Oberflächenwasser kommt nur halb so viel Nitrat; vgl. zu diesen Angaben auch Christian Schader et al. 2013: 15–17). Selbst wenn man die »reine Lehre« des Ökolandbaus nicht unterschreiben will, gibt es viel Spielraum für eine weitergehende Ökologisierung der konventionellen Landwirtschaft.

Insgesamt sind die weltweiten Ackerflächen in ökologischer Bewirtschaftung in den letzten Jahren deutlich gewachsen, wie der Jahresbericht 2014 des Forschungsinstituts für biologischen Landbau FiBL und der Internationalen Vereinigung der ökologischen Landbaubewegungen IFOAM zeigt (Helga Willer/Julia Lernoud [Hg.] 2014). Den größten Teil dieses Wachstums und die stabilsten Steigerungsraten weist dabei Europa auf. Australien und Ozeanien liegen bei Betrachtung der Gesamtfläche immer noch vor Europa, wenngleich sie kaum noch Zuwächse verzeichnen und anscheinend eine vorläufige Sättigungsgrenze ihrer Märkte erreicht haben. Prozentual liegen sie aber mit großem Abstand vor allen anderen Weltregionen: Nahezu 10 Prozent der landwirtschaftlichen Nutzflächen Australiens und Ozeaniens werden ökologisch bewirt-

Wachstum des ökologischen Landbaus (in Millionen Hektar).

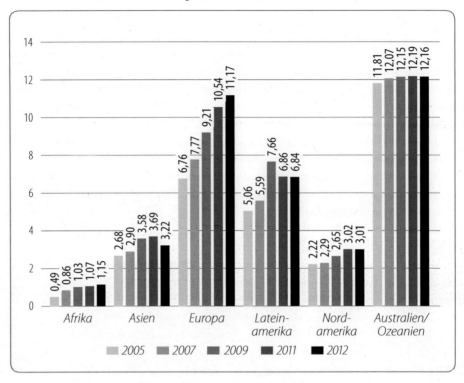

Quelle: FiBL-IFOAM survey 2014.

schaftet – ein Wert, den auch Europa mit knapp 3 Prozent mehrfach verfehlt. Die übrigen Weltregionen liegen – bezogen auf die Anbaufläche – noch weit unter 1 Prozent. Allerdings ist der Ökolandbau in den ärmeren Weltregionen vor allem eine Sache der KleinbäuerInnen – sie haben sich ihm in hohem Maße verschrieben. 2011 kamen 34 Prozent der ÖkobäuerInnen aus Asien, 30 Prozent aus Afrika, 18 Prozent aus Lateinamerika, 16 Prozent aus Europa und je 1 Prozent aus Nordamerika und Australien / Ozeanien. Diese Zahlen unterstreichen die Option, bei der weltweiten Weiterentwicklung der Landwirtschaft vor allem auf die kleinbäuerlichen Strukturen in den ärmeren Ländern zu achten.

Wie kann die Ökologisierung der weltweiten Landwirtschaft vorangetrieben werden? Verordnungen, etwa mit Grenzwerten für die Verwendung von Spritz- und Düngemitteln, greifen nur die Symptome an, kurieren das Problem aber nicht von der Wurzel her. Sie können daher nur eine erste Akutmaßnahme darstellen. Langfris-

Anteil des ökologischen Landbaus am nutzbaren Land (in Prozent).

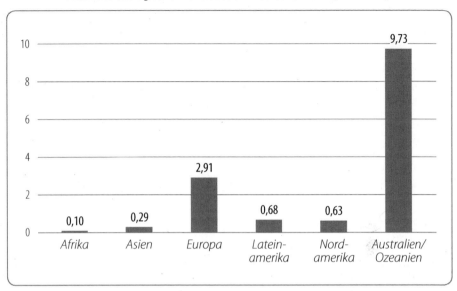

Quelle: FiBL-IFOAM survey 2014.

Die zehn Länder mit dem höchsten Anteil ökologischer Landwirtschaft 2012 (in Prozent).

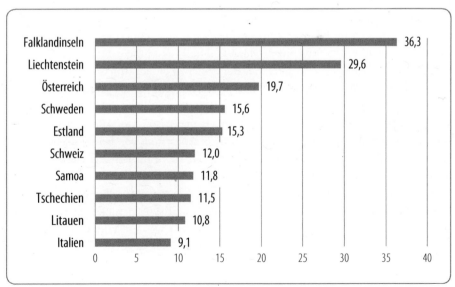

Quelle: FiBL-IFOAM 2014.

8.3 Umrisse nachhaltiger Landwirtschaft

tig muss man tiefer schürfen, um den Problemen auf den Grund zu kommen. Denn vor allem lastet die Landwirtschaft einen hohen Anteil ihrer sogenannten »externen Kosten«, also jener Kosten, die zur Beseitigung von Umwelt- und Gesundheitsschäden anfallen, bisher der Allgemeinheit an. Ein Ziel echter Kostenwahrheit und fairen Wettbewerbs muss es sein, diese Kosten zu internalisieren: Wer Kosten verursacht, soll sie auch bezahlen. Dabei geht es keineswegs um Kleinigkeiten: »Selbst bei konservativer Schätzung der externen Kosten der österreichischen Landwirtschaft muss von einer jährlichen Belastung der Gesellschaft von rund 1,3 Milliarden Euro ausgegangen werden. Die tatsächlichen Kosten liegen wahrscheinlich wesentlich höher.« (Christian Schader et al. 2013: 14)

Um externe Kosten zu internalisieren, ist eine Besteuerung »at the beginning of the pipe« am geeignetsten: Eine höhere Energiesteuer auf die sogenannten »Betriebsmittel« der Landwirtschaft, eine Treibhausgasemissionssteuer auf Düngemittel, eine Wasserimmissionssteuer auf Spritzmittel oder vergleichbare fiskalische Maßnahmen belohnen den, der sorgsam mit der Umwelt umgeht, und bestrafen den, der die Umwelt schädigt. In der richtigen Höhe erhoben können solche Steuern eine erhebliche Lenkungswirkung entfalten.

Hinzukommen muss eine Reform der landwirtschaftlichen Förderungen. Der landwirtschaftliche Sektor ist in der EU wie kein anderer von Förderungen betroffen. Doch handelt es sich bei den meisten um mengenbezogene Direktzahlungen. Der Anteil sogenannter Agrarumweltmaßnahmen (AUM) an allen landwirtschaftlichen Subventionen lag in Deutschland 2009 nur bei 7,6 Prozent. Mit anderen Worten: Nur ein Vierzehntel aller Förderungen waren ein echtes Entgelt für ökologische Leistungen der LandwirtInnen im Dienste der Allgemeinheit. Angesichts eines solchen Missverhältnisses liegt die Folgerung auf der Hand: »Die Einkommensstützungen über den Weg der Direktzahlungen verlieren bei steigenden Weltmarktpreisen ihre Legitimation. Sie sollen daher im Zuge der anstehenden Reform für die Jahre 2014 bis 2020 mit einer Ökologisierungskomponente (›Greening‹) versehen werden, die über die fachrechtlichen Anforderungen hinausgehen. Längerfristig muss die Säulenarchitektur abgelöst werden von einem Fonds für die Finanzierung von landwirtschaftlichen Umweltdienstleistungen. Die Direktzahlungen sind dann abzuschaffen, ggf. mit sozialer Abfederung.« (Almut Jering et al. 2013: 76)

Es wird ersichtlich, dass auf der Ebene der Landwirtschaft selbst vor allem funktionalistische Strategien gefragt sind. Das Wirtschaftssystem funktioniert nach der Logik des Geldes, und dem muss Rechnung getragen werden. Hier ist mit Symbolpolitik wenig zu erreichen. Das ändert sich aber erheblich, wenn wir im übernächsten Abschnitt auf das Verhalten der KonsumentInnen schauen. Vorher soll aber noch auf den Weg der Lebensmittel zu den KonsumentInnen geschaut werden. Es ist ein sehr verlustreicher Weg.

8.4

»Brot wirft man nicht weg!«
Was machen mit dem Überfluss?

Ausgelöst durch den Kinofilm »Taste the Waste« von Valentin Thurn ist seit 2011 eine intensive Debatte über die ökologischen Folgen der Lebensmittelabfälle entstanden. Nun hatten wir das Problem der Lebensmittelreste bereits einmal in Kapitel 3.2 thematisiert. Dort stand das Einsammeln der Brotkrümel und Lebensmittelreste unter der Grundhaltung der Ehrfurcht vor dem Lebensmittel. Diese Frage nach der gebührenden Ehrfurcht spitzt sich in der modernen Gesellschaft auf doppelte Weise zu: Einerseits, weil diese Gesellschaft es sich als »Wegwerfgesellschaft« leisten zu können meint, erhebliche Teile ihrer Ressourcen ungenutzt zu entsorgen. Und andererseits, weil gerade angesichts der gegenwärtigen ökologischen Herausforderungen einer effizienten Nutzung aller Ressourcen zentrale Bedeutung zukommt. Nie klafften Ist und Soll der Lebensmittelnutzung so weit auseinander wie heute.

»Lebensmittelverluste bezeichnen die Abnahme der Menge essbarer Lebensmittel innerhalb der logistischen Kette, die zu essbarer Nahrung für den Menschen führt.« (Sachverständigenrat für Umweltfragen 2012: 112) Nach groben Schätzungen geht weltweit rund ein Drittel der essbaren Lebensmittel verloren – das sind etwa 1,3 Milliarden Tonnen pro Jahr. »Die Europäische Kommission hat errechnet, dass pro Jahr in der EU-27 in der gesamten Lebensmittelkette bis zum Verbraucher 89 Megatonnen Lebensmittel verschwendet werden (ohne den Verlust in der landwirtschaftlichen Produktion gerechnet). Umgerechnet würde dies bedeuten, dass 179 Kilogramm Lebensmittel pro Kopf und Jahr verschwendet werden.« (Sachverständigenrat für Umweltfragen 2012: 112) »Insgesamt werden in der EU-27 durch die Produktion später vernichteter Lebensmittel mindestens 170 Megatonnen Kohlendioxidäquivalent emittiert, dies entspricht 3 Prozent der gesamten Treibhausgasemissionen.« (Sachverständigenrat für Umweltfragen 2012: 113)

Wie verteilen sich die Verluste und welche Ursachen führen dazu? Gehen wir die Lebensmittelkette entlang der wesentlichen Schaltstellen durch (vgl. Sachverständigenrat für Umweltfragen 2012: 112–114 nach Angaben der EU von 2010 – ausgeklammert ist die Landwirtschaft!):

◆ Das *verarbeitende Gewerbe* ist für 39 Prozent aller Lebensmittelverluste verantwortlich. Hier geht es um unvermeidbare Lebensmittelabfälle von Knochen, Kadavern und bestimmten Organen und um technische Fehler wie Überproduktion, missratene Produkte, Produkt- und Verpackungsschäden.

◆ Der *Groß- und Einzelhandel* ist mit 5 Prozent an den Lebensmittelverlusten beteiligt. Ursachen sind »handwerkliche« Fehler wie ineffiziente Lieferketten, fehlerhaftes Bestandsmanagement – individuell und strukturell durch falsche Anreizregelungen – und die Nichteinhaltung der Kühlkette, aber auch falsche Prioritätensetzungen, die den Umsatz unter allen Umständen über die Ethik stellen, zum Beispiel durch »2 für 1-Angebote« und große Verpackungsgrößen oder das Aussortieren von Produkten aufgrund von Schönheitsfehlern oder Verpackungsschäden, die die Lebensmittelqualität nicht beeinflussen.

◆ Die *Gastronomie* steht für 14 Prozent der Lebensmittelverluste. Das hat vor allem zu tun mit der Schwierigkeit der Festlegung geeigneter Portionsgrößen, des Abschätzens der KundInnenzahl, und der Unüblichkeit, den Gästen Speisereste nach Hause mitzugeben.

◆ Die *Haushalte* verursachen den größten Brocken und sind für 42 Prozent der gesamten Lebensmittelverluste verantwortlich. In der EU sind dies 76 Kilogramm pro Person und Jahr, 25 Prozent des Gewichtes der gekauften Lebensmittel bzw. 565 Euro pro Haushalt und Jahr. Laut EU sind folgende Ursachen besonders einschlägig: Fehlende theoretische Kenntnisse: mangelndes Problembewusstsein für die Menge an Lebensmittelabfällen, die dadurch entstehenden Umweltprobleme und finanziellen Nachteile und Missdeutung von Haltbarkeitsdaten. Fehlende praktische Fertigkeiten: mangelnde praktische Kenntnisse über effiziente Resteverwertung, mangelnde Einkaufsplanung bzw. Kauf oder Zubereitung zu großer Mengen. Mangelnde Rahmenbedingungen: suboptimale Lagerbedingungen und Behältnisse. Mangelnde ethische Grundhaltungen: geringe Wertschätzung von Lebensmitteln, Vorzug des persönlichen Geschmacks vor dem achtsamen Umgang mit unattraktiven Lebensmittelteilen (zum Beispiel Brotrinde etc.).

Sofern die Zahlen der Europäischen Union stimmen, müssen vor allem Haushalte und Lebensmittel produzierendes bzw. verarbeitendes Gewerbe angesprochen werden. Gerade weil die einzusparenden Geldbeträge im Haushalt erheblich sind und im Schnitt fast zwei Euro pro Tag ausmachen, müsste dort leicht eine Motivation zu wecken sein. Öffentliche Küchen gewinnen Bedeutung, weil sie als Multiplikatorinnen eine Vorbildfunktion einnehmen. Sie für eine Einsparoffensive zu gewinnen, kann strategisch bedeutsam sein – insbesondere die Küchen von Bildungs- und Sozialeinrichtungen.

Am wenigsten Lebensmittelverluste verursacht der Handel. Es erstaunt, wie hoch seine Ressourceneffizienz ist. Dennoch gehen einige Kampagnen gezielt daran, die Verluste des Handels weiter zu reduzieren. Das Ziel ist gut, doch die Mittel sind nicht immer optimal. In der Kritik der Sozialwissenschaften stehen vor allem die sogenannten »Tafeln«. Kernidee der Tafeln ist die Nutzung von brauchbaren, unverdorbenen Lebensmitteln des Handels, deren Haltbarkeitsdatum nahezu abgelaufen oder schon überschritten ist, indem man diese zu Speisen verarbeitet und Bedürftigen an der Tafel kostenlos anbietet. Zielgruppe sind nicht die Obdachlosen, sondern SozialhilfeempfängerInnen und MigrantInnen mit festem Wohnsitz.

Ende der 1960er-Jahre in den USA entstanden, kam die erste Tafel 1993 nach Deutschland. Im Oktober 2010 engagierten sich deutschlandweit rund 50.000 Ehrenamtliche an 877 Tafeln für 1,3 Millionen Menschen (Stephan Lorenz 2012: 15–16). Organisatorisch sind 43 Prozent der Tafeln eingetragene Vereine, 29 Prozent sind in kirchlichen Dachorganisationen verankert und 28 Prozent gehören zu den freien Wohlfahrtsverbänden (Stefan Selke 2009: 95–100). Der Jahresumsatz der an den Tafeln genutzten Lebensmittel aus den Restbeständen der Supermärkte beträgt etwa 100.000 Tonnen.

Auf den ersten Blick scheinen die Tafeln eine Situation herzustellen, in der alle gewinnen: Der Lebensmittelhandel spart Entsorgungskosten, die Umwelt Ressourcen, die sozial Benachteiligten Geld und die Ehrenamtlichen gewinnen Anerkennung und Nähe. Doch bei genauerer Betrachtung ergibt sich eine Reihe von Schwierigkeiten für das schwächste Glied der Kette, die sozial Bedürftigen. Die Tafeln sind nämlich in erster Linie ein Überflussproblem, nicht ein Mangelproblem (Stephan Lorenz 2012: 19–27): Ausgangspunkt ist nicht der Mangel armer Menschen, sondern der Überfluss der Gesellschaft – die überschüssigen Lebensmittel sollen irgendwie verwendet werden. Nun ist aber derjenige von der Überflussgesellschaft ausgeschlossen, der keinen Überfluss hat (Stephan Lorenz 2012: 38). Denn Überfluss bedeutet Wahlmöglichkeiten, und Wahlmöglichkeiten sind die Bedingung zur Inklusion in die Gesellschaft. Wer keine Wahl hat, ist ausgeschlossen. Das ist das Paradox: Überfluss produziert über höhere Ansprüche aller einen subjektiven Mangel bei denen, die keine Wahl haben (Stephan Lorenz 2012: 41).

Der Begriff der »Tafel« ist traditionell ein Synonym für Überfluss. Er meint das Festessen, bei dem sich die Tische biegen, nicht das karge Brot des Alltags (Stephan Lorenz 2012: 104–113). An der Tafel gibt es Wahlmöglichkeiten in Hülle und Fülle, so viele, dass niemand sie alle nutzen kann. Dem wird die Praxis der Tafeln jedoch nicht gerecht. Hier wird gegessen, was auf den Tisch kommt. Und auf den Tisch kommt, was im Supermarkt übrig war, weil es dort keiner mehr essen will. Symbol- und kommunikationstheoretisch werden also die Wirklichkeiten auf den Kopf gestellt. Es wird Wein versprochen und Wasser gereicht.

Hinzu kommt, dass ökologische Fragen in den offiziellen Schriften und Homepages der Tafelbewegung kaum thematisiert werden (Stephan Lorenz 2012: 135): Zwar benennen einige lokale Tafeln im Unterschied zum Bundesverband den Lebensmittelüberschuss als Ausgangsproblem (Stephan Lorenz 2012: 172–173), doch bleibt ein »nicht geklärtes Verhältnis« der Tafeln zur Ökologie (Stephan Lorenz 2012: 176). In der Praxis wird es sogar kritisiert, wenn der Lebensmittelhandel die Preise seiner Produkte kurz vor Erreichen des Mindesthaltbarkeitsdatums senkt (Stephan Lorenz 2012: 178). Und eine der großen deutschen Handelsketten, die die Unterstützung der Tafeln als ihr Nachhaltigkeitsprojekt betrachtet, bemüht sich in keinerlei Weise um Überschussvermeidung (Stephan Lorenz 2012: 266).

Was wäre die Alternative? Die sozial Benachteiligten sollte man vor allem durch Beratung und Bildung fördern (Stephan Lorenz 2012: 184). Für sie geht es gemäß dem Subsidiaritätsprinzip um Hilfe zur Selbsthilfe und nicht um die Schaffung oder Verfestigung von Abhängigkeiten (Stephan Lorenz 2012: 130). Wie aber kann dann das ökologische Problem des Lebensmittelverlusts im Handel verringert werden? Hier gibt Lorenz leider keine Antwort. Die generelle Strategie muss die Vermeidung von Lebensmittelverlusten »at the beginning of the pipe« sein, also zum frühestmöglichen Zeitpunkt. Dazu gehört im Handel selbst vor allem eine systematische Preissenkung von Produkten, deren Mindesthaltbarkeitsdatum nahe ist. Hinzukommen sollte eine gesetzliche Änderung der sprachlichen Begrifflichkeiten: Statt des abstrakten und missverständlichen Begriffs »Mindesthaltbarkeitsdatum« schlägt der Sachverständigenrat für Umweltfragen vor, beispielsweise »am frischesten/besten vor ...« oder »voller Genuss bis ...« zu formulieren (Sachverständigenrat für Umweltfragen 2012: 121).

Und was geschieht mit den Resten, die dann immer noch übrig bleiben? In Österreich hat die Tafelbewegung außerhalb Wiens nie recht Fuß gefasst. Alternativ entstanden die sogenannten Sozialmärkte (SOMA): Lebensmittelläden, in denen sozial Bedürftige die von den Handelsketten gratis zur Verfügung gestellten Produkte nahe am Mindesthaltbarkeitsdatum zu sehr günstigen Preisen einkaufen können. Sie haben also eine Wahl, wenn auch vielleicht keine so üppige wie in den normalen Supermärkten. Sie müssen selbst zahlen, wenn auch einen reduzierten Preis. Und sie müssen selbst kochen – in eigener Verantwortung, aber auch mit eigener Kreativität und entsprechend den eigenen Vorlieben. Die österreichischen Sozialmärkte erreichen also weit besser als die Tafeln eine Verbindung sozialer, ökonomischer und ökologischer Nachhaltigkeit.

Vergessen werden soll aber nicht, dass der Löwenanteil des Lebensmittelabfalls in den Haushalten entsteht. Hier muss zunächst ein Problembewusstsein geschaffen werden. Davon wird im nachfolgenden Abschnitt noch die Rede sein, in dem es um eine Gestalt nachhaltiger Ernährung geht.

8.5
Unterwegs zu einer Gestalt nachhaltiger Ernährung

In den letzten Jahrzehnten haben sich sechs Schlagworte herausgebildet, die nachhaltigen Ernährungskonsum auszeichnen (vgl. Sachverständigenrat für Umweltfragen 2012: 115 und andere): Saisonal – regional – fair gehandelt – ökologisch – fleischarm (und artgerecht) – abfallfrei. Alle sechs Schlagworte haben wir bereits unter anderen Aspekten als dem ökologischen behandelt. Sie sind vielschichtig angelegt und lassen schon von daher ein ethisch bedeutsames Potenzial erwarten. In ihnen geschieht gleichsam eine Bündelung der roten Linien dieses gesamten Buchs. Alle sechs sind zudem hochgradig symbolisch aufgeladen. Wie alle Symbole weisen sie deren typische Stärken und Schwächen auf: Einerseits sind sie unscharf und ungenau und können nicht dieselbe Präzision anbieten wie funktionale Steuerungsmechanismen. Andererseits erreichen sie den Menschen dort, wo sein Handeln am meisten motiviert wird: in den Emotionen.

Selbstverständlich würden sich aufgrund der eben geforderten anderen Besteuerung und Förderung landwirtschaftlichen Arbeitens auch die Preise ändern. Umweltschädlich erzeugte Lebensmittel würden teurer, umweltfreundlich erzeugte billiger. Da die deutschen und österreichischen KonsumentInnen beim Lebensmitteleinkauf mehr als in den meisten Sektoren auf den Preis achten, kommt der Neugestaltung der Steuer- und Förderpolitik im landwirtschaftlichen Bereich hohe Bedeutung zu. Aber eine funktionalistische Umgestaltung des Wirtschaftssystems allein wird die Herzen der Menschen nicht erreichen. Weder werden sie wissen, wie sie aus einem Kopf Weißkohl im Winter etwas kochen können, noch werden sie den Weißkohl als Wintergemüse schätzen lernen. Hinzu kommt, dass nur eine strukturalistische Betrachtung, die die Symbolwerte der Ernährung berücksichtigt, eine Gesamtgestalt nachhaltiger Ernährung entwickeln kann. Sie allein kann sichtbar machen, dass das, was in vielen Einzelfacetten über ein gutes Essen und Trinken gesagt wurde, in einem schlüssigen Gesamtbild zusammenpasst.

8.5.1
Saisonal (zeitliche Zugehörigkeit und Verortung)

Saisonal essen und trinken bedeutet, die frischen Lebensmittel entsprechend der regionalspezifischen Erntezeit zu konsumieren. Saisonalität betrifft nie alle Lebensmittel – viele Speisen entstehen erst durch eine zugleich konservierende Verarbeitung. Und doch gehören zu einer guten Ernährung frische Bestandteile dazu – allein aus »Konserven« lässt sich eine qualitätsvolle Mahlzeit nicht zubereiten.

In Kapitel 4.2.3 hatten wir bereits auf die kulturelle Bedeutung der Saisonalität geschaut und sie als großen Reichtum erkannt. Unter ökologischen Gesichtspunkten, die dieses Kapitel leiten, spielt mehr die naturale Saisonalität eine Rolle. Doch korrespondiert die eine mit der anderen: Die Kultur jahreszeitlicher Speisen ist weitgehend aufgrund naturaler Notwendigkeiten entwickelt worden. Lebkuchen und anderes haltbares Süßgebäck dienten dem Ziel, nahrhafte und wohlschmeckende Speisen in den Wintermonaten vorrätig zu machen. Dass man an den winterlichen Festen mehr Fleisch isst (Martinsgans, Weihnachtsgans usw.), hat mit dem zu dieser Jahreszeit reduzierten Angebot pflanzlicher Nahrung zu tun: Im Sommer werden die Tiere mit dem Überfluss pflanzlicher Nahrung gemästet, im Winter holt man sich die auf diese Weise konservierten Kalorien durch das Schlachten der Tiere wieder. Auch dass die christliche Fastenzeit auf der Nordhalbkugel der Erde, auf der sie entstand, in den Frühling und damit in die Monate des kärgsten Nahrungsangebots der Natur fällt, ist kein Zufall. Jetzt hat man selbst die im Sommer gemästeten Tiere verzehrt, so dass fast nichts mehr zum Essen zur Verfügung steht. Was man noch hat, braucht man für die Aussaat, daher gilt es zu fasten.

Parallel zu den durch Festtage und -zeiten saisonal codierten Speisen und Getränken hat sich in allen äquatorfernen Weltregionen ein großes kulturelles Wissen um typische jahreszeitliche Pflanzen und deren Verarbeitung zu Speisen entwickelt. Darin kann man die enorme Kreativität der Menschen erkennen, angesichts der Alternative des Hungerns etwas Wohlschmeckendes auf den Tisch zu zaubern. Viel von diesem Wissen droht gegenwärtig verloren zu gehen: In den Supermärkten sind alle Gemüsesorten ganzjährig verfügbar, wenn nicht aus dem heimischen Freiland, dann eben aus dem Gewächshaus oder aus dem Ausland. Die Notwendigkeit, jahreszeitlich spezifisch zu kochen, ist nicht mehr gegeben. In der Gastronomie wird jedoch – gleichsam als Ersatz – umso intensiver mit saisonalen Aspekten geworben (»Spargelwochen«, »Wildwochen« usw.).

Ist Saisonalität überhaupt ein Wert? Oder wird mit ihr eher ein rückwärtsgewandtes, melancholisch-konservatives Lebensstilmodell gezeichnet? Gewiss gibt uns die globalisierte Industriegesellschaft die Möglichkeit, einer starren, sklavisch verstandenen Saisonalität zu entgehen. Diese Freiheit soll man ohne schlechtes Gewissen nutzen. Saisonalität wird hier nicht als strikt einzuhaltende ethische Norm verstanden, sondern als ungefähr orientierendes ethisches Wertsymbol. Das macht einen Unterschied. Doch welche Werte bietet Saisonalität? Warum ist sie jenseits ökologischer Vorteile überhaupt erstrebenswert?

Zunächst einmal hat das Konzept saisonaler Ernährung mit zeitlicher *Verortung* zu tun: Wer die Jahreszeit auf dem Teller ablesen kann, erhält dadurch ohne viel Überlegen eine verlässliche zeitliche *Zugehörigkeit* und Orientierung. Klarheit und Übersicht sind der Lohn. Allerdings fordert das seinen Preis: Zugehörigkeit ist auch

Bindung. Saisonalität auf dem Teller braucht die demütige Bereitschaft, sich in die naturalen Zyklen des Jahres einbinden zu lassen. Das ist eine Frage der Inkarnation, der Einfleischung: Bin ich bereit, mich als körperlichen Menschen zu sehen, der die Gesetze der Körperlichkeit bejaht, oder suche ich mich soweit wie möglich von Bindungen an den Körper zu befreien? Die christliche Botschaft der Inkarnation Gottes stellt die These auf, dass Gott nur im Fleisch des Geschöpfs erfahrbar ist und nicht jenseits desselben im »fleischfreien Raum« des reinen Geistes.

Die zeitliche, rhythmisch wiederkehrende Verortung der eigenen Identität im naturalen Jahreskreis, der kulturell und spirituell geformt und gedeutet wird, ermöglicht auch *Sicherheit und Geborgenheit*. Das manchmal fast manische Insistieren auf überkommenen familiären Essensgewohnheiten an den großen Feiertagen (das die Saisonalität als ethische Norm missversteht!) ist ein Zeichen dafür, wie schnell ein Abweichen von Saisonalität zur Verunsicherung führen kann. Das gilt auch für ökologisch motivierte Diskussionen über das wetter- oder schädlingsbedingte Ausbleiben der Ernte einer bestimmten Frucht: Es verunsichert, wenn innerhalb weniger Jahre dieselbe Frucht mehrfach nicht geerntet werden kann.

Saisonale Ernährung hat auch Bedeutung für das Streben nach *Lust und Wohlergehen*: Der Verzicht auf nichtsaisonale Speisen, die im Supermarkt verfügbar sind, steht der Erfüllung der kurzsichtigen Lust entgegen, die jederzeit alles haben will. Dieser Verzicht fördert aber zugleich die weitsichtige und viel länger anhaltende Lust, die daraus erwächst, dass man sich schon am ersten Advent auf die Gans zu Weihnachten freut und am Aschermittwoch auf das Glas Wein an Ostern. Im Saporetto 80 des Simone Pudenzani aus Orvieto hatten wir die Lust gespürt, die sich einstellt, wenn man die Jahreszeiten als Chance begreift (siehe oben Kapitel 4.2.3). Hinzu kommt, dass die kurzsichtige, asaisonal befriedigte Lust oft schnell einem schalen Geschmack weicht: Die Erdbeere im Winter schmeckt eben nicht so voll und frisch wie die im Frühjahr.

Schließlich ermöglicht Saisonalität auch ein intensiveres Erleben von *Ansehen und Prestige*: Das Essen und Trinken der typischen Speisen der hohen Festtage vermittelt den Teilnehmenden ihren Anteil am Prestige der Feste selbst. Das Essen und Trinken erhebt sie im umfassenden Sinne. Insgesamt bietet eine saisonale Ernährung damit vielzählige und vielschichtige Möglichkeiten, die individuelle und kollektive Identität zu stärken und zu formen. Es geht um weit mehr als bloße ökologische Funktionalität.

Regional (räumliche Zugehörigkeit und Verortung)

Regional essen und trinken bedeutet, vorzugsweise und hauptsächlich Lebensmittel aus der eigenen Region zu konsumieren und nach regionaltypischen Rezepten zuzubereiten. Regionalität betrifft nie alle Lebensmittel – manche Lebensmittel und Gewürze können nur aus fernen Ländern bezogen werden. Doch sollten sie (außer vielleicht bei MigrantInnen) nicht den Großteil der eigenen Ernährung ausmachen.

Das Kriterium der Regionalität braucht scheinbar kaum Begründungen. In einer globalisierten Welt ist es fast slbsterklärend geworden, denn die Sehnsucht nach Beheimatung ist groß. Das verführt zum Missbrauch, weswegen Herkunftsbezeichnungen in der EU seit 1992 strengen gesetzlichen Schutz genießen. Drei Kategorien mit unterschiedlicher Intensität der Regionalbeziehung werden geschützt:

◆ Geschützte Ursprungsbezeichnung (zum Stichtag 1.1.2014 sind 569 Produkte registriert): Erzeugung, Verarbeitung *und* Herstellung eines Produkts müssen in einem bestimmten geografischen Gebiet und nach anerkannten und festgelegten Verfahren stattfinden. Parmaschinken, der in diese Kategorie gehört, muss also aus Schweinen der Region hergestellt werden, und zwar von Metzgern in der Region.

◆ Geschützte geografische Angabe (zum Stichtag 1.1.2014 sind 593 Produkte registriert): Erzeugung, Verarbeitung *oder* Herstellung eines Produkts müssen in einem bestimmten geografischen Gebiet stattfinden. In dieser Kategorie sind etliche berühmte deutsche Spezialitäten registriert, etwa Dresdner Stollen, Lübecker Marzipan, Kölsch, Schwäbische Maultaschen und Nürnberger Lebkuchen.

◆ Garantiert traditionelle Spezialität (zum Stichtag 1.1.2014 sind 45 Produkte registriert): Zusammensetzung oder Herstellungsverfahren des Produkts müssen einer regionalen Tradition folgen, Erzeugung, Verarbeitung und Herstellung können aber an jedem Ort der Welt stattfinden. In diese Kategorie gehört zum Beispiel der italienische Mozzarella.

Alle Produkte, die eine der Klassifikationen für sich beanspruchen wollen, werden nach Genehmigung durch die europäischen Behörden in dem zentralen Register DOOR eingetragen (Database of Origin and Registration, online unter: http://ec.europa.eu/agriculture/quality/door/list.html). Dabei sind die länderspezifischen Häufigkeiten der obersten Kategorie höchst interessant: Während Italien zum Stichtag 1.1.2014 insgesamt 158 Produkte mit geschützter Ursprungsbezeichnung aufweisen kann, darunter 45 Käsesorten, und Frankreich 90 Produkte, darunter 44 Käsesorten, kommt Deutschland nur auf neun Produkte, wovon vier Käsesorten sind, und Österreich auf acht Produkte, wovon sechs Käsesorten sind. Das scheint damit zusammenzuhängen, dass in Deutschland die Regionalität schon seit Jahrzehnten oder Jahrhunderten aufgeweicht ist und zum Beispiel Münchner Weißwurst weit über die bezeichnete Region hinaus produziert wird. Jedenfalls hat so das Bundespatentamt argumentiert, das am 8.12.2008 die Eintragung der Münchner Weißwurst als geschützte geografische Angabe verweigerte (Az.: 30 W [pat] 22/06). Die EU schützt nur die zum Zeitpunkt der Antragsstellung gelebte Wirklichkeit der Regionalität – einmal verloren, kann diese nicht durch Gerichtsbeschluss wiedergewonnen werden. Insofern ist das europäische System der Herkunftsbezeichnungen ein Bestandsschutz des Status quo, mehr aber auch nicht.

Die Attraktivität der Herkunftsbezeichnungen zeigt, wie sehr die globalisierte Welt nach räumlicher Ordnung sucht. Denn die Bezeichnungen dienen nicht dazu, dass nur noch der Nürnberger die gleichnamigen Rostbratwürste kauft – ganz im Gegenteil soll mit dem Namensschutz die Vermarktung jenseits der eigenen Region gefördert werden. Der Name macht den Parmesankäse attraktiver, und er wird weltweit geschätzt und konsumiert. Dresdner Stollen und Lübecker Marzipan werden nicht erst seit Einführung der EU-Schutzregeln in alle Welt exportiert. Regionsbezeichnungen sind also genau betrachtet ein Element und Medium der Globalisierung. Gleichwohl haben sie drei Vorteile, die die Begrenzung des Exports auf ein vernünftiges Maß erwarten lassen: Erstens beziehen sich die meisten Regionalbezeichnungen auf aufwendig verarbeitete, teure Produkte, die niemand in Unmengen konsumiert. Zweitens wirken solche Bezeichnungen nur, wenn jedeR sie kennt. Das menschliche Gedächtnis wird aber kaum in der Lage sein, die im Kopf abgespeicherte Liste von Herkunftsbezeichnungen beliebig zu erweitern. Drittens wird es nicht jede Herkunftsbezeichnung in die Weltliga der Global Players schaffen. Das System könnte daher indirekt in jedem Land und jeder Region die Wertschätzung von Regionalmarken fördern, die überhaupt nicht in DOOR registriert sind.

Fast könnte man den Eindruck gewinnen, als gehe es in den geschützten Herkunftsbezeichnungen der EU nur um ökonomische Nachhaltigkeit, an die sich im Windschatten die ökologische Nachhaltigkeit andocke. Doch das wäre eine verengte Sichtweise. Die Europäische Union fördert die Regionalität nämlich auch dort, wo dies mit dem Konsum und wirtschaftlichem Wachstum gar nichts zu tun hat. Denn sie weiß, dass in dem immer größer werdenden »Moloch« EU regionale Identitäten immer wichtiger werden. Die wechselseitige Anerkennung regionaler Identitäten ist ein soziokulturelles Bindemittel, das die unübersichtliche EU und erst recht die globalisierte Welt zusammenzuhalten hilft.

Auch Regionalität ist keine präzise ethische Norm, sondern als symbolische Codierung eine Groborientierung. Wo es Wahlmöglichkeiten gibt, sollten KonsumentInnen regionale Produkte im Großen und Ganzen vorziehen. Wo jemanden Prestigeprodukte ferner Weltregionen locken, sollte man sie in Maßen kaufen und mit umso mehr Hochgenuss verzehren. Wo es keine Wahlmöglichkeiten gibt, sollten sie zurückhaltend, aber ohne Gewissensbisse Produkte mit einer Reise im Rucksack kaufen – aber möglichst nicht mit einer Flugreise.

Ist Regionalität ein Wert? Sicher nicht, wenn damit eine Abschottung gegenüber anderen Kulturen oder Märkten gemeint ist. Wenn Regionalität aber im Sinne einer ethischen Präferenz verstanden wird, hat sie ökologisch betrachtet den Wert, die überbordenden Lebensmitteltransporte zu reduzieren, und kulturell gesehen den Wert, dem eigenen Ernährungsstil ein Gesicht zu geben – und zwar eines, das in der eigenen Region verwurzelt und in deren naturale Voraussetzungen inkarniert ist. Wiederum geht es also um Inkarnation, den Schlüsselwert des christlichen Glaubens: Gott ist nur im »Fleisch« der eigenen Geschöpflichkeit erfahrbar und nicht jenseits desselben im »fleischfreien Raum« des ortlos frei schwebenden Geistes.

Regionalität schenkt räumliche *Zugehörigkeit und Verortung*, um den Preis der demütigen Bindung an den Boden der eigenen Region (humilitas als Bindung an den eigenen humus). Diese Bindung bedeutet nicht Unfreiheit, sondern garantiert die nötige *Sicherheit und Geborgenheit* in einer global geöffneten Welt. Die kurzsichtige Lust, alles jederzeit konsumieren zu können, wird transformiert in eine weitsichtige *Lust und* ein umfassendes *Wohlergehen*, das aus der Genussfähigkeit wächst, die Herkunft von Speisen und Getränken schmecken zu können. Zudem wird niemand den Geschmack vergessen, den eine Südfrucht am Ort ihrer Herkunft hat. Demgegenüber ist ihr Geschmack nach langem Transport dürftig bis armselig. Schließlich besitzt jede Region ihre typischen Spitzenprodukte, mit denen sie auch weit über ihre Grenzen hinaus *Ansehen und Prestige* erfährt. KonsumentInnen werden daran ebenso teilhaben wie ProduzentInnen.

8.5.3
Fair (sozioökonomische Zugehörigkeit und Verortung)

Die klassische Nachhaltigkeitsdefinition umfasst die ökologische, ökonomische und soziale Dimension: Jede der drei braucht die beiden anderen, keine kann allein nachhaltig sein. Mit der Frage fairer Preise und gerechter Regeln auf den globalen Märkten haben wir bereits in Kapitel 6.4 die ökonomische und soziale Dimension von Nachhaltigkeit diskutiert und etabliert. ProduzentInnen aller Welt sollen zu fairen Bedingungen Zugang zu den Märkten haben, um ihre Produkte anbieten und verkaufen zu können. Faire Preise beziehen sich daher nicht nur auf das klassische Herkunftsgebiet von Fair Trade in den armen Ländern, sondern ebenso auf die Landwirtschaft in den reichen Ländern. Je besser die Qualität der gekauften Produkte ist, desto mehr können KonsumentInnen diese in Maßen statt in Mengen genießen, weniger einkaufen, um weniger wegzuwerfen, und desto mehr können sie die Lebensmittel auch monetär wertschätzen.

Je weniger Geld den LandwirtInnen andererseits für eingekaufte Ressourcen verloren geht, weil asaisonal im Gewächshaus produziert, aregional über weite Strecken transportiert, unökologisch mit viel Dünge- und Spritzmitteleinsatz bearbeitet oder nicht tiergerecht mit Futterimporten und Antibiotika gefüttert wird, umso mehr Geld bleibt ihnen vom Verkaufspreis ihrer Produkte in der eigenen Tasche. Eine stärkere Regionalisierung des Handels lockert die Bindung an die schwankenden Weltmarktpreise. Direkt auf dem Bauernhof einkaufende KundInnen werden nicht erst die aktuellen Börsenpreise für Rindfleisch lesen, ehe sie beim Bauern um die Ecke den Preis für ihr Steak aushandeln.

Dennoch bleibt die Tatsache, dass in Deutschland der Großteil der KundInnen zuerst auf den billigen Preis der Lebensmittel schaut (siehe oben Kapitel 4.3). Hier darf man sich keine falschen Hoffnungen machen: Anders als Saisonalität und Regionalität, die in den letzten Jahren sehr beliebt geworden sind, haben »öko« und »fair« noch vergleichsweise wenige FreundInnen gefunden. Sie sind abstrakter und damit schwerer erlebbar zu machen. Bis das Symbol »fair« im Ernährungsbereich dieselbe symbolische Potenz erlangt wie die Attribute regional und saisonal, werden also vermutlich noch einige Generationen vergehen. Die »alten« Wertsymbole sind leichter zu modernisieren als die »neuen« zu etablieren. Hinzu kommt, dass »öko« und »fair« mehr an den Geldbeutel gehen als saisonale und regionale Lebensmittel. Ohne strukturelle Veränderungen bei der Preisbildung werden sie vermutlich auf lange Sicht ein Minderheitenprogramm der Wohlhabenden bleiben.

Ist ein fairer Preis überhaupt erstrebenswert, wenn er vom Marktpreis abweicht? Diese durchaus ernste Frage ist in Kapitel 6.4.4 bereits behandelt und bejaht worden. Symboltheoretisch betrachtet sind fair gehandelte Produkte schließlich vollgepackt mit starken symbolischen Werten: dem Gefühl eines guten Gewissens, der Bedingung der Erfahrung von *Zugehörigkeit*; dem Selbstbewusstsein, mit dem eigenen Kaufverhalten etwas bewirken zu können, einer guten Voraussetzung für *Prestige*; der subjektiven Gewissheit, es »richtig« zu machen, was *Sicherheit* gibt; und vielleicht auch der *Lust*, dass das fair gehandelte Lebensmittel besser schmeckt.

8.5.4
Ökologisch (Ansehen und Prestige)

Obwohl die Flächen des ökologischen Anbaus in Europa stetig zunehmen, stehen derzeit nicht genügend ökologisch erzeugte Lebensmittel für die europäischen VerbraucherInnen zur Verfügung. Die Nachfrage ist größer als das Angebot. Das könnte ein Zeichen dafür sein, dass »öko« zumindest bei Besserverdienenden allmählich an

Prestige gewinnt. Als Folge ergibt sich allerdings ein gestiegener Transport von Öko-produkten über weite Strecken, um in den nachfragestärksten Gebieten wie Deutsch-land Waren aus den produktionsstärksten Gebieten wie Italien zu platzieren. Dass das auf Dauer nicht das Ziel sein kann, ist evident.

Zugleich bleiben aber die Absatzmöglichkeiten auch in den am weitesten voran-geschrittenen Ländern wie Australien oder Österreich auf etwa zehn Prozent aller Lebensmittel begrenzt. Solange ökologische Lebensmittel deutlich teurer sind als sol-che aus konventionellem Anbau – besonders wenn dieser hochindustrialisiert von-stattengeht –, wird ein Großteil der Menschen sie nicht in seinen Einkaufskorb legen. Mehr als alle anderen fünf Kriterien braucht das Kriterium »öko« daher die Unter-stützung funktionalistischer Maßnahmen in Gestalt einer umfassenden ökologischen Steuerreform.

Wie alle anderen Kriterien erlaubt auch das Wertsymbol »öko« Abstufungen und gleitende Übergänge. Schon die vorhandenen Siegel haben unterschiedlich hohe Stan-dards. Während die Siegel der Anbauverbände strengen bis sehr strengen Kriterien folgen, ist das Siegel der EU deutlich großzügiger. Damit ergibt sich für Konsumen-tInnen die Möglichkeit eines sanften Einstiegs – allerdings auch die Gefahr, dass sie sich mit dem weicheren Siegel auf Dauer begnügen. Insgesamt ist »öko« aber gerade dann ein Wertsymbol, wenn nicht die Strenge einer präzisen ethischen Norm angelegt wird. Wie oben gezeigt gehen heute sowohl die staatlichen und überstaatlichen Insti-tutionen als auch die Nichtregierungsorganisationen im Ernährungsbereich überein-stimmend davon aus, dass eine signifikante Ökologisierung der Landwirtschaft drin-gend erforderlich ist.

Ökolebensmittel schenken *Ansehen und Prestige*, wenn sie erst einmal als die bes-sere Wahl erkannt sind. Subjektiv empfinden ökologisch korrekte KonsumentInnen einen Statusgewinn, sie gehören zu einer Elite. Ökologisch erzeugte Lebensmittel schmecken aber auch besser, wenn sie fachgerecht erzeugt sind. Ihr Geschmack hat mehr Charakter und übertrifft die profillosen Massenprodukte bei Weitem. *Lust und Wohlergehen* können also gerade beim Konsum von Ökolebensmitteln sehr hoch sein. Auch *Sicherheit und Geborgenheit* erfahren eine Steigerung, wenn man an die gesund-heitlichen Folgen von Pestizidrückständen in Obst und Gemüse oder von Antibio-tika im Fleisch der Massentierhaltung denkt. Der Aspekt von *Zugehörigkeit und Ver-ortung* ist hingegen eher indirekt verwirklicht: Gerade ÖkolandwirtInnen tendieren zur Nutzung alter regionaler Obst- und Gemüseorten und Tierrassen, so dass sie in ihren Produkten sehr spezifische regionale Bezüge herstellen. Zu den Kriterien des ökologischen Landbaus gehört es zudem, dass der Futtermittelzukauf eng begrenzt ist, vor allem über größere Entfernungen.

8.5.5
Fleischarm und tiergerecht (Lust und Wohlergehen)

Auch dem fünften Aspekt eines maßvollen Fleischkonsums aus artgerechter Tierhaltung haben wir uns bereits intensiv gewidmet (siehe Kapitel 7). Selbstverständlich ist das Kriterium zu ergänzen um einen ebenso maßvollen Fischkonsum aus nachhaltigem Fang oder nachhaltiger Aquakultur (Kapitel 8.1.4). Fisch und Fleisch weisen in der industrialisierten Moderne dieselben strukturellen Probleme auf, in der Produktion ebenso wie im Konsum.

Zweifelsohne hat der Aspekt eines erheblich verringerten und tiergerechten Fleisch- und Fischkonsums neben dem höchsten Potenzial für mehr Tiergerechtigkeit auch die höchste Umweltwirkung auf Klima, Biodiversität und Umweltmedien. Doch ist er der für die meisten Menschen am schwersten zu erwirklichende Aspekt aus unserer Sechs-Punkte-Liste, denn die Liebe zum Fleisch ist sehr groß. Mögen die ersten beiden Kriterien »saisonal« und »regional« schon als intrinsische Werte anerkannt und daher relativ gut zu verwirklichen sein, mögen die nächsten beiden Kriterien »öko« und »fair« wenigstens dann Erfolg haben, wenn die nötigen Strukturveränderungen der Marktordnung durchgesetzt und Preiswahrheit verwirklicht wird, so fehlen dem fünften Kriterium beide Hebel: Weder symbolisch-kommunikativ noch über den Preis lässt sich der Fleischverzehr wirksam drosseln.

Vorsichtige Hoffnung habe ich geäußert, dass sich die Veränderung der Geschlechterrollen positiv auswirken kann: Je mehr das alte patriarchale Männerbild einem modernen, sanfteren Männerbild weicht, umso eher dürfte die Reduktion des Fleischkonsums möglich werden. Ansonsten ist hier aber die Umwertung von Werten nicht einmal im Ansatz sichtbar. In der Community der VegetarierInnen schafft ein verringerter Konsum von Fleisch und Fisch keinerlei *Ansehen und Prestige* und erst recht keinerlei *Zugehörigkeit und Verortung*. VegetarierInnen exkludieren jene, die wenig Fleisch essen, und schrecken sie mit der Forderung eines Totalverzichts häufig noch ab. Gerade die Tischgemeinschaft zwischen VegetarierInnen und maßvoll genießenden FleischesserInnen hat dieselben Hürden wie zwischen VegetarierInnen und Durchschnitts-FleischesserInnen.

Mir scheint daher die Umcodierung der Wertsymbole für maßvoll genießende FleischesserInnen nur auf einem Wege halbwegs erfolgversprechend zu sein: In der lebendigen Verbindung mit ÖkolandwirtInnen und ihren Höfen, von denen man sein Fleisch bezieht, und den zugehörigen MetzgerInnen. Hier ist *Zugehörigkeit und Verortung* möglich – sowohl zum Ökohof und seinen Menschen und Tieren als auch zur Community derer, die dort kaufen. Hier erfährt man *Ansehen und Prestige*, weil man Qualität zu schätzen weiß. Hier wird man bestätigt, auf dem richtigen Weg zu sein, was *Sicherheit und Geborgenheit* gibt. Und hier lernt man, den Geschmack eines richtig guten Stückes Fleisch Bissen für Bissen auszukosten, was *Lust und Wohlergehen* bereitet. Doch eine solche Umwertung von Wertsymbolen braucht viel Selbstbewusstsein und Geduld.

8.5.6
Abfallfrei (kulinarische Zugehörigkeit)

Im vorangehenden Abschnitt 8.4 hatten wir bereits gesehen, dass die *Haushalte* den größten Teil der Lebensmittelabfälle verursachen und für 42 Prozent der gesamten Lebensmittelverluste außerhalb der Landwirtschaft verantwortlich sind. 565 Euro könnte jeder Haushalt in Europa nach EU-Berechnungen jährlich einsparen, würde er sorgsamer mit seinen eingekauften Lebensmitteln umgehen. Anders als bei »öko«, »fair« und »tiergerecht« haben wir es beim letzten Kriterium also mit dem einzigartigen Fall zu tun, dass der Preis offenbar kein ausreichender Motivationsfaktor zu einer Verhaltensänderung ist.

Laut EU sind folgende Ursachen besonders einschlägig (siehe oben Kapitel 8.4):

• *Fehlende theoretische Kenntnisse:* mangelndes Problembewusstsein für die Menge an Lebensmittelabfällen, die dadurch entstehenden Umweltprobleme und finanziellen Nachteile und Missdeutung von Haltbarkeitsdaten.

• *Mangelnde Rahmenbedingungen:* suboptimale Lagerbedingungen und Behältnisse.

• *Fehlende praktische Fertigkeiten:* mangelnde praktische Kenntnisse über effiziente Resteverwertung, mangelnde Einkaufsplanung bzw. Kauf oder Zubereitung zu großer Mengen.

• *Mangelnde ethische Grundhaltungen:* geringe Wertschätzung von Lebensmitteln, Vorzug des persönlichen Geschmacks vor dem achtsamen Umgang mit unattraktiven Lebensmittelteilen (zum Beispiel trocken gewordenes Brot).

Die ersten beiden Defizite sind leicht zu beseitigen – sie dürften sich durch die Diskussion der letzten Jahre bereits weitgehend verflüchtigt haben. Die anderen beiden Defizite stellen jedoch enorme Herausforderungen dar. Um Lebensmittelreste erst gar nicht entstehen zu lassen, braucht es *praktisches Erfahrungswissen* zur genauen Kalkulation der Lebensmittelmengen – beim Einkaufen wie beim Kochen. Um unvermeidliche oder unvorhersehbare Lebensmittelreste weiter zu nutzen, braucht es ebenfalls praktisches Erfahrungswissen über die vielfältigen, kreativen Möglichkeiten der Resteverwertung. Dieses Wissen, das noch vor zwei Generationen zum Standardrepertoire der sparsamen Hausfrau gehörte, ist mit zunehmendem Wohlstand und abnehmender Zahl von Mahlzeiten daheim verloren gegangen. Früher gab es im Wochenlauf feste »Restertage«: Am Montag gab es die Reste vom Sonntagsbraten, am Samstag die

Reste der Speisen der gesamten Woche. Im Haushalt kreativer Köchinnen konnten das mitunter die beliebtesten Wochentage sein, weil Speisen aus Resten ungemein köstlich zubereitet werden können.

Neben die Vermittlung praktischen Wissens muss die Vermittlung alter, aber verloren gegangener *ethischer Grundhaltungen* treten, die den Lebensmitteln jene Wertschätzung geben, die ihnen gebührt (siehe oben Kapitel 3.2). Vor allem geht es um die Ehrfurcht vor dem Lebensmittel, wie sie sich in dem uralten, vorchristlichen und christlich weitervermittelten Brauch manifestiert, die Brotreste einzusammeln. Die alte Regel »Brot wirft man nicht weg« hat bis zur Generation der Babyboomer eine große Bekanntheit und eine tiefe emotionale Verankerung gehabt. Viele Tischregeln sorgten dafür, dies praktisch bis ins Detail umzusetzen (siehe Kapitel 5.5): Nicht zu viel auf den Teller nehmen! Was auf dem Teller ist, aufessen! Lieber zweimal kleine Portionen nehmen als einmal zu viel! Nicht mit dem Essen spielen! Doch seit dem Aufschwung der 1960er- und 1970er-Jahre geriet die Ehrfurcht vor dem Lebensmittel zunehmend ins Hintertreffen. In der Überflussgesellschaft hatte sie nicht die nötige Kraft, sich gegen den Wertverfall der Lebensmittel durchzusetzen. Sie muss also im neuen Kontext von Wohlstand und Überfluss neu gewonnen und konturiert werden. Durch die mediale Aufbereitung der letzten Jahre ist sie zumindest schon aus dem Dornröschenschlaf erwacht.

Beide, praktisches Wissen wie ethische Haltungen, sind Fertigkeiten, die eingeübt werden müssen. In theoretischen Trockenübungen sind sie nicht zu gewinnen. Daher kommt noch einmal den Küchen und Mensen der Kindertagesstätten, Schulen und Hochschulen eine zentrale Bedeutung zu. Sie haben eine privilegierte Chance, zu einer neuen Achtsamkeit im Umgang mit Nahrung ihren Beitrag zu leisten. Diese könnte neu erfahrbar machen, dass »die Sonne scheint, wenn der Teller leer ist« (Ansehen und Prestige), dass es ein Ausdruck der Solidarität mit den Hungernden ist, nichts Essbares wegzuwerfen (Zugehörigkeit und Verortung), dass ein Resteessen großartig schmecken kann (Lust und Wohlergehen) und dass es auch ohne die Drohung mit dem »Dämon der Armut« einfach richtig ist, die Lebensmittel sorgsam zu verwenden (Sicherheit und Geborgenheit).

Nachhaltig essen und trinken.
Eine Gesamtgestalt ethischen Nahrungsmittelkonsums

Zusammengenommen gibt Niels Jungbluth (2000: 256) auf der Grundlage einer Lebenszyklusanalyse folgende Empfehlungen für den ökologischen Konsum von Lebensmitteln:

◆ Verzicht auf frische Produkte aus Übersee, bei denen nicht sicher ausgeschlossen werden kann, dass sie eingeflogen wurden;
◆ Einkauf von Produkten aus der Region;
◆ Verzicht auf Produkte aus dem beheizten Gewächshaus;
◆ Einkauf von frischen bzw. gekühlten statt tiefgekühlten Produkten;
◆ Verzicht auf konservierte Produkte in Einweg-Glasverpackungen;
◆ Einkauf von Bioprodukten;
◆ Reduktion des Fleischkonsums.

Wie leicht zu sehen ist, sind die ersten beiden Kriterien der Regionalität, die nächsten drei der Saisonalität, das sechste der ökologischen Produktion und das siebte dem Fleischkonsum gewidmet. Es fehlt das Kriterium fairen Einkaufens, das nicht unter Jungbluths Fragestellung fällt, und das Kriterium der Abfallminimierung, das im Jahr 2000 noch im Dornröschenschlaf lag. Was aber tun, wenn zwei der Kriterien in Konkurrenz zueinander treten? Insbesondere die Regionalität kann schnell in Konkurrenz zu anderen Kriterien geraten. Die zwei am heftigsten diskutierten Alternativen seien kurz dargestellt:

◆ *Regional oder ökologisch?* lautet die erste Alternative. Intuitiv würden sich die meisten Menschen vermutlich zugunsten von regionalen Produkten aussprechen. Und tatsächlich ist das die gängige Empfehlung der Ernährungs- und VerbraucherInnenberatung. Eine Eindeutigkeit der Präferenz unter allen Umständen lässt sich aber nicht gewinnen, weil viele schwer miteinander verrechenbare Parameter eine Rolle spielen. Deswegen sollten Strategien der Regionalvermarktung immer auch auf ökologische Kriterien achten und die beiden Aspekte so gut wie möglich miteinander verbinden (Guido Reinhardt et al. 2009: 52–53). Am besten wäre es, wenn sich die Alternative »regio oder öko« gar nicht stellen würde.

◆ *Regional oder saisonal?* ist die zweite Frage. Deutlicher formuliert: Sollen wir im Winter lieber aus dem beheizten Gewächshaus in der Region kaufen oder aus dem Freilandanbau im südlichen Ausland? Diese Frage lässt sich eindeutiger beantworten, weil vor allem ein Parameter entscheidend ist, nämlich die fossile Energie und ihre Treibhausgaswirkung: »Der Energiebedarf für die Heizung von Gewächshäusern zur Tomatenproduktion übersteigt den Bedarf für Transporte auch aus großer Distanz bei Weitem (außer beim Transport per Flugzeug).« (Niels Jungbluth 2000: 139) Sofern ein Obst oder Gemüse also noch per Lkw angeliefert werden kann, ist es eindeutig dem Gewächshausanbau in der eigenen Heimat vorzuziehen. Am besten ist es freilich, auf das betreffende Lebensmittel zu verzichten und Saisonalität als Saisonalität der eigenen Region zu verstehen. Doch wenn man Ausnahmen von der Regel machen will, dann so wie hier beschrieben.

Derartige Entscheidungen könnten leicht(er) gemacht werden, wenn die ökologischen Rucksäcke der verschiedenen Lebensmittel monetarisiert würden. Gäbe es Steuern auf alle umweltrelevanten Aspekte, also auf Dünge- und Spritzmittel und auf Treibhausgasemissionen in Produktion, Verkehr und Lagerung, könnten VerbraucherInnen schon am Preis ablesen, welches Produkt ökologisch vorteilhafter ist: Das wäre dann nämlich billiger. »Besonders Erfolg versprechend erscheinen – aufgrund der starken Preisabhängigkeit des Lebensmittelkonsums – Veränderungen der Preisrelationen, die vor allem durch Steuern und Subventionen, aber auch durch ordnungsrechtliche Anforderungen an die Produktionsweise erfolgen können. Demgegenüber haben »weiche« Instrumente (zum Beispiel Kommunikationsmittel) eine weniger starke Steuerungswirkung.« (Sachverständigenrat für Umweltfragen 2012: 118) Insgesamt muss aber betont werden, dass sich auch mit einem ökologischen Steuersystem nicht alle Konflikte eindeutig lösen lassen.

Die sechs Kriterien, es sei wiederholt, sind keine strikten, präzisen ethischen Normen, sondern Wertsymbole, die eine ungefähre Richtung anzeigen. Sie dürfen nicht überstrapaziert und im Sinne ethischer Normen verabsolutiert werden. Aber gerade als Wertsymbole lassen sie in Umrissen eine Ernährungsgestalt sichtbar werden, die in sich stimmig und nachhaltig ist. Trotz mancher Entscheidungssituationen, in denen es um ein Entweder-oder geht, sind die sechs Kriterien nachhaltigen Ernährungskonsums im Regelfall gut und homogen miteinander verbunden.

Ein Beweis dafür sind die »Zeitpioniere«, die wir bei der Frage nach Zeiten und Rhythmen des Essens und Trinkens betrachtet hatten (siehe Kapitel 4.2). Nach der Beschreibung von Hans-Joachim Lincke haben sie hohe Ansprüche an ihre Lebensmittel und Speisen: Sie verlangen qualitativ hochwertige, ruhig teuer und damit fair bezahlte (Hans-Joachim Lincke 2007: 145–156), regionale, saisonale und ökologisch hergestellte Produkte (Hans-Joachim Lincke 2007: 260). Aber das war ja noch nicht alles: Zeitpioniere essen diszipliniert, maßvoll und rhythmisch (Hans-Joachim Lincke 2007: 140) und kaufen sehr planvoll ein (Hans-Joachim Lincke 2007: 144). Offensichtlich haben sie eine für sich sehr stimmige Gestalt der Ernährung gefunden.

Ein zweiter Beweis kann die Slow-Food-Bewegung sein, die ebenfalls schon mehrfach erwähnt wurde. Alle sechs hier angeführten Kriterien nachhaltigen Konsums gehören seit Jahrzehnten zum festen Repertoire von Slow Food – und eine Reihe mehr, die sich auf die Mahlkultur beziehen. Zugleich ist es ihr von ihrem Gründer Carlo Petrini als einem ausgewiesenen Repräsentanten der italienischen Linken ins Stammbuch geschrieben worden, keine Elite im Sinne des Einkommens zu sein. Die Bewegung legt viel Wert darauf, dass man ihre Ansprüche auch mit wenig Geld realisieren kann. Sozial Schlechtergestellte sind für sie eine wichtige Zielgruppe. Gutes Essen und Trinken soll kein Privileg der Wohlhabenden sein.

Dass die sechs Kriterien nachhaltigen Lebensmittelkonsums nur Eckpunkte einer nachhaltigen Ernährungsgestalt sind und diese in Wirklichkeit weit mehr Charakteristika umfasst, zeigt eine Untersuchung von Moira Dean et al. (2008: 2088–2107): Sie fragte sich, ob die Menschen zu verarbeiteten Bioprodukten dieselbe Einstellung haben wie zu unverarbeiteten (Moira Dean et al. 2008: 2089). Damit bringt sie ein Kriterium in die Wahrnehmung herein, das nicht nur den Konsum, sondern vor allem die Verarbeitung von Lebensmitteln im Haushalt betrifft. Erfährt also »Convenience-Food« dieselbe Wahrnehmung durch die KonsumentInnen wie frische Lebensmittel? Die Ergebnisse sind interessant (Moira Dean et al. 2008: 2101–2103):

- Jene, die zum Kauf von Ökoprodukten neigen, haben eine positivere Einstellung sowohl zu unverarbeiteten als auch zu verarbeiteten Ökoprodukten als jene, die nicht zum Kauf von Ökoprodukten neigen.

- Jene, die zum Kauf von Ökoprodukten neigen, schätzen die Ökopizza gleich teuer wie jene, die nicht zum Kauf von Ökoprodukten neigen, den Ökoapfel aber billiger ein als jene, die nicht zum Kauf von Ökoprodukten neigen.

- Jene, die zum Kauf von Ökoprodukten neigen, haben bei Ökopizza nur eine geringfügig optimistischere Vermutung über Chemikalien im Produkt als jene, die nicht zum Kauf von Ökoprodukten neigen, beim Ökoapfel hingegen eine deutlich optimistischere.

Die KonsumentInnen, die zum Kauf von Ökoprodukten neigen, schätzen also den Ökoapfel wesentlich positiver (preisgünstiger, weniger pestizidbelastet) ein als die Ökopizza, weil es zu ihrer idealen Ernährungsgestalt wesentlich dazugehört, Lebensmittel frisch zu verarbeiten. Zur Ökopizza haben sie keinen positiven emotionalen Bezug, weswegen sie diese preislich und gesundheitlich genauso einschätzen wie diejenigen, die nicht zum Kauf von Ökoprodukten neigen. Die eigene in Wertsymbolen codierte ethische Gestalt der Ernährung wirkt sich also in der Wahrnehmung der Produkte aus. Dennoch kaufen auch zu Ökoprodukten neigende Menschen manchmal eine Fertigpizza. Anders als jene, die nicht zum Kauf von Ökoprodukten neigen, plagen sie dann Schuldgefühle, nichts Frisches gekauft zu haben.

Der Preis eines Lebensmittels ist also nicht alles – seine Wahrnehmung lässt sich verändern: »People evaluate food-related behaviors not only in terms of costs and benefits, but also in terms of the positive or negative feelings generated.« (Moira Dean et al. 2008: 2103) Beide, objektive Fakten und subjektive Wertvorstellungen, tragen zur Kaufentscheidung bei.

Schließlich sei nochmals gesagt: Der entscheidende Faktor für gesunde Ernährung ist nicht das Einkommen, sondern die Bildung (siehe oben Kapitel 3.5). Sie schlägt in Deutschland dreimal stärker zu Buche als das Einkommen. Und das ist nachvollziehbar: Wer keine hinreichende Bildung hat, kann mit Lebensmitteln nicht sparsam umgehen – er wird einen hohen Verlust haben. Wer keine hinreichende Bildung hat, kann aus unverarbeiteten Lebensmitteln nichts zubereiten – er wird die teuren und ungesunden Convenience-Produkte kaufen. Wer keine hinreichende Bildung hat, kann Qualitätsunterschiede der Lebensmittel nicht schmecken und daher auf Quantität gehen. Aus diesem Grund ist Bildung die wichtigste Maßnahme, damit mehr Menschen eine wirklich gute und umfassend nachhaltige Ernährung genießen können.

Die Internationale Slow-Food-Bewegung hat das erkannt. Sie bietet Bildung auf allen Ebenen und in allen Ländern: Die 2004 gegründete Universität für gastronomische Wissenschaften in Bra (Piemont) bietet Studiengänge auf höchstem akademischen Niveau. Daneben baut die Bewegung ein Netzwerk europäischer Schulkantinen (»Traumkantinen«) auf, fördert die Errichtung von Schulgärten in Afrika, bietet Kochkurse in den Favelas in Lateinamerika und Schulungen der Sinne in armen und reichen Ländern. Fast ihr gesamtes Engagement liegt im Bildungsbereich, und das ist absolut richtig.

Was meint nachhaltiges Essen und Trinken in ethischer und spiritueller Perspektive? Demütig den Nährboden schonen, von dem wir genommen sind, von dem wir uns nähren und zu dem wir einst zurückkehren. Dankbar dafür sein, dass er uns trägt. Ehrfürchtig mit ihm umgehen und ihn gerecht behandeln. Unsere Maße für Raum und Zeit mit seinen Maßen in Einklang bringen. Seinen Geschmack genießen, denn alle Speisen und Getränke schmecken nach ihrem Boden. Darauf vertrauen, dass dieser Boden uns auch morgen nährt. Ihn daher gelassen und frei, aber mit vollem Engagement und ganzer Hingabe gestalten.

8.6
Die »Naturreinheit«
der eucharistischen Gaben

Kann sich die Eucharistie an den Kriterien nachhaltigen Lebensmittelkonsums messen lassen? Kann sie womöglich sogar zum Leitsymbol dieser Kriterien werden? Fleischlos sind die eucharistischen Lebensmittel ohnehin – das im profanen Leben schwierigste Kriterium erfüllt das heilige Mahl ganz von selbst. Einen fairen Preis werden sie meistens auch erzielen, wenngleich osteuropäische Hostienhersteller in den letzten Jahren mit Dumpingpreisen auf die westeuropäischen Märkte drängen. Saisonal sind die Gaben von Brot und Wein nicht, wohl aber umweltschonend konservierte übersaisonale Lebensmittel. Ihr ökologischer Rucksack zur Konservierung ist sehr leicht. Abfallfreiheit ist ein zentrales, wenn auch mitunter angstbesetztes Prinzip: Nichts soll zu Boden fallen. Regional sollte auf jeden Fall das Brot bezogen werden, der Wein dort, wo der Weinbau nicht fern ist. Es ist ein Selbstwiderspruch, wenn Pfarreien in Weingegenden Messwein aus fernen Ländern kaufen.

Bleibt die Frage, ob Brot und Wein nicht aus ökologischem Anbau bezogen werden sollten. Beim Messwein ist das leicht machbar, denn der Anteil ökologisch wirtschaftender Betriebe ist im Weinbau deutlich höher als in der Landwirtschaft. Bei den Hostien ist das Backen mit Mehl aus ökologischem Anbau nicht einfach, aber machbar. Es braucht die passende Mehltype, die für die Waffeleisen der Hostienbäckerei geeignet ist.

Die Frage ökologisch angebauter Lebensmittel für die Eucharistie ist nicht nur eine ökologische Symbolfrage, sondern hat theologische Relevanz. Wenn die Eucharistie das Zeichen der Nähe Gottes in seiner Schöpfung sein soll, dann müssen die materiellen Gaben mit einem Minimum an Schädigung und einem Maximum an Pflege und Sorgfalt für die Schöpfung hergestellt werden. Die Materie der Eucharistie darf ihre spirituelle Botschaft nicht verraten. Daher ist die Frage ökologisch hergestellter Spezies eine Glaubensfrage.

Einen Kern dieser Einsicht enthalten die uralten Forderungen nach (natur-)reinen Gaben, wie sie noch in den aktuellen kirchlichen Regelungen enthalten sind: »Das Brot, das für die Feier des hochheiligen eucharistischen Opfers verwendet wird, muss … aus reinem Weizenmehl bereitet und noch frisch sein, so dass keine Gefahr der Verderbnis besteht … Der Wein, der für die Feier des hochheiligen eucharistischen Opfers verwendet wird, muß naturrein, aus Weintrauben gewonnen und echt sein, er darf nicht verdorben und nicht mit anderen Substanzen vermischt sein … Es ist sorgfältig darauf zu achten, dass der für die Eucharistie bestimmte Wein in einwandfreiem Zustand aufbewahrt und nicht zu Essig wird … Es ist streng verboten, Wein zu benützen, über dessen Echtheit und Herkunft Zweifel bestehen.« (Kongregation für den Gottesdienst und die Sakramentenordnung 2004, Nr. 48 und 50).

Man erkennt das intensive Bemühen um höchste Qualität der eucharistischen Gaben. Das Beste ist für Gott wie für den glaubenden Menschen gerade gut genug. Der Preis darf keine Rolle spielen. Er wird nicht ausdrücklich erwähnt, doch manche der abgelehnten Praktiken wie der Kauf von Wein, dessen Echtheit und Herkunft nicht ohne Zweifel sind, sind nur verständlich, wenn sie aus Gründen der Kostenersparnis stattfinden. Gott schmeckt nach dem Besten: dem Besten für die menschliche Zunge und die menschliche Gesundheit, dem Besten aber auch für seine ganze Schöpfung, die mit am Tisch sitzt und den Schöpfer lobt.

9

Das Mahl im Himmel –
der Himmel im Mahl

Schritt für Schritt ist in den letzten Kapiteln der Teller gewachsen, über dessen Rand wir geschaut haben. Und obwohl er mittlerweile das gesamte Lebenshaus der Schöpfung umfasst, ist er immer noch nicht groß genug. In diesem letzten Kapitel möchte ich über den Tellerrand des Faktischen schauen: Glaube bedeutet die Überzeugung, dass mit den Tatsachen des Lebens noch nicht alles wahrgenommen ist. Glaube gibt sich nicht zufrieden damit, wie die Welt ist, sondern sieht im Faktischen ungeahnte Möglichkeiten verborgen. Er setzt auf Potenziale, die er solange nicht beweisen kann, wie sie nicht realisiert worden sind. Doch können sie nur realisiert werden, wenn jemand auf sie setzt. Und das wagt der Glaube.

Klassisch nennt die Theologie die Lehre von den verborgenen Potenzialen der Realität »Eschatologie«. Wörtlich übersetzt heißt das die »Lehre von den letzten Dingen«. Der Begriff ist insofern unglücklich, als er allein auf eine zeitliche Abfolge abzuheben scheint: Eschatologie fragt sich, was zuletzt kommt. Das wäre aber eine reduktive Vorstellung dessen, worum es geht. Denn Eschatologie fragt nach dem Ende. Und »Ende« meint mehr als nur einen zeitlichen Schlusspunkt. Der Begriff trägt wie das lateinische »finis« in sich auch die Bedeutung von »Grenze« und »Ziel«. Wer an das Ende denkt, geht bis an die Grenze, bis zum Äußersten. Und dieses Ende hat das Potenzial zur Voll-Endung. Vollenden kann sich aber nur das, was jetzt gegenwärtig ist und schließlich zu seinem Ende kommt. Das Ende ist nichts völlig anderes, fremdes, sondern die Vollendung der Gegenwart.

Damit ist klar, dass das Ende nicht erst in ferner Zukunft beginnt, sondern hier und jetzt. Das Ende ist im Gegenwärtigen bereits angelegt und präsent. Für glaubende Menschen ist es die verborgene Innenseite der Wirklichkeit. Natürlich, das (gute)

Ende lässt sich nicht beweisen wie eine Tatsache. Aber es lässt sich ahnen, spüren, schmecken: »Das Reich Gottes ist (schon) mitten unter euch«, sagt Jesus (Lk 17,21). Seine Eschatologie ist »präsentisch«, auf die Gegenwart des Hier und Heute ausgerichtet. Sie erscheint in einem neuen Licht, wenn ihr potenziell gutes Ende entdeckt wird. Der Glaube traut sich, auf diese Möglichkeit zu setzen.

Nun gehört es zu den Charakteristika der jüdischen und der christlichen Religion, dass sie das Ende als Sättigung aller und als Mahl beschreibt. Sind das beliebig austauschbare Metaphern? Oder drängen sich die Beschreibungen des Himmels als Sättigung und als Mahl geradezu auf? Und wenn sie kein Zufall sind: Was können sie uns über das Ende, das heißt das Ziel und den Sinn von Ernährung und Mahl sagen? Das sind die leitenden Fragen dieses letzten, kurzen Kapitels.

In fünf Abschnitten sollen die zentralen Hoffnungen der Bibel analysiert werden, die mit Ernährung und Mahlhalten zu tun haben. In einem ersten Schritt geht es um die Hoffnung Israels in der Wüste auf dem Weg ins Gelobte Land (9.1). Dann kommen prophetische Texte von der endzeitlichen Sättigung aller in den Blick (9.2). Nochmals soll ein Auge auf die Mahlpraxis Jesu geworfen werden, weil er selber sie als ein eschatologisches Tun versteht (9.3). Auf diesem Hintergrund können dann seine Reden vom Himmel als einem Mahl betrachtet werden (9.4), ehe die eucharistische Praxis der frühen ChristInnen auf ihre eschatologischen Gehalte untersucht wird (9.5). Eine Zusammenfassung soll die Relevanz der christlichen Hoffnung für eine Spiritualität der Ernährung profilieren (9.6).

9.1
Im Brot der Wüste: Milch und Honig

Als Israel aus der Sklaverei Ägyptens wegzieht und symbolisch zu verstehende »vierzig Jahre« durch die Wüste ziehen muss, dient ihm das karge Manna als Speise – ein Sekret der Manna-Tamariske, das wie Harz ausgesondert wird und von den Pflanzen eingesammelt werden kann (siehe Kapitel 6.5). Eine wahre Fastenspeise. Und doch beschreibt die Bibel sie als köstliche Festtagsspeise: »Das Brot schmeckte wie Honigkuchen« (Ex 16,31). Jedenfalls ist dies eine von zwei biblischen Interpretationen des Geschmacks von Manna. Die andere lautet: »Es schmeckte wie Ölkuchen« (Num 11,8). Das klingt nüchterner und realistischer. Doch geht es nicht um physiologische Fakten, sondern um subjektive Geschmackswahrnehmungen. Die Erzählung in Ex 16 will die unübertreffliche Süßigkeit des Manna deutlich machen: Israel isst nicht nur das Manna, sondern kostet in ihm den Geschmack von Freiheit und Gerechtigkeit und den Vorgeschmack des Landes, »in dem Milch und Honig fließen«, wie die Bibel insgesamt achtzehnmal formuliert (elfmal in den Erzählungen von Auszug aus Ägyp-

ten: Ex 3,17; 13,5; 33,3; Lev 20,24; Num 13,27; 14,8; Dtn 6,3; 26,9.15; 27,3; 31,2; fünf-
mal in den Prophetenbüchern: Jos 5,6; Jer 11,5; 32,22; Ez 20,6; Bar 1,20; zweimal im
Sinne einer Negation: Num 16,13 f.; siehe Kapitel 3.3.2).

Bis ins Hochmittelalter ist der Honig das, was seit dem 15. Jahrhundert der Zucker
ist (Gerhard de Haan 1994: 184–185): Der universale Süßstoff und der Inbegriff der
Essenslust. Das karge Manna, das gerade einmal den gröbsten Hunger der Wüsten-
wanderung stillen kann, bereitet Israel eine unübertreffliche Lust, weil es die Freiheit
schmecken lässt. Doch das ist eine Glaubensfrage – und so schmeckt das Manna in
Momenten des Zweifels ganz anders. Dann wird es zur trockenen, faden Angelegenheit und lässt den Wandernden ausgerechnet Ägypten als das Land erscheinen, in
dem Milch und Honig fließen (Num 16,13 f.). Der Ort ihrer Sklaverei und Unter-
drückung wird zum Sehnsuchtsort. Das ist eine völlige Verkehrung der Tatsachen.
Doch es zeigt: Der Glaube an den befreienden Gott ist eine Geschmacksfrage. Wird
das Leben nicht richtig geschmeckt, werden die Vorgänge der Wirklichkeit nicht wach
und kritisch wahrgenommen, kommt es zu einer Geschmacksverirrung. Zurecht
erkennt Mose, dass das Murren der Israeliten über Aaron und ihn in Wirklichkeit ein
Murren über Gott ist (Num 16,11): Die Menschen schmecken im Manna nicht mehr
die Verheißung, sondern den Untergang.

Spiritualität ist eine Frage des Schmeckens der Wirklichkeit von innen her. Es geht
darum, Sachverhalte im eigenen Leben durch das »Verspüren und Verkosten von innen
her« (»el sentir y gustar de las cosas internamente«) zu entdecken, wie Ignatius von
Loyola in der Einleitung zu seinen »Geistlichen Übungen« schreibt (Nr. 2). Natürlich lässt sich über Geschmack trefflich streiten. Und doch gibt es eine Schulung des
Geschmacks – des kulinarischen ebenso wie des spirituellen. Es ist nicht beliebig, ob
man im Manna der Wüste die Ausweglosigkeit der Verzweiflung oder die Perspektive der Freiheit schmeckt. Vielmehr lassen sich Kriterien entwickeln, mit denen man
prüfen kann, ob im konkreten Fall eher der eine oder eher der andere Geschmack
der Wirklichkeit entspricht. Nichts anderes versucht Ignatius von Loyola in seinen
geistlichen Übungen den Menschen nahezubringen: Unterscheide gut, indem du den
Geschmack der Ereignisse so sorgfältig wie möglich wahrnimmst!

Die Geschmacksfrage bleibt für Israel auch dann relevant, als das Volk im Gelobten
Land angekommen ist. Wer Israel kennt, weiß, dass die fruchtbarsten Gebiete jene
sind, die damals wie heute nicht zum Territorium Israels gehören: der Küstenstreifen
um Gaza und die Jordanebene. Objektiv betrachtet hat Israel nie die Filetstücke des
Nahen Ostens besessen. Doch angesichts der gewonnenen Ernährungssouveränität
empfinden die Menschen die kargen Höhen des Gebirges als ein »prächtiges Land«
(Dtn 1,35; 3,25; 6,18; 9,6), das vor guten Früchten überfließt, »ein Land mit Bächen,
Quellen und Grundwasser, das im Tal und am Berg hervorquillt, ein Land mit Weizen und Gerste, mit Weinstock, Feigenbaum und Granatbaum, ein Land mit Ölbaum

und Honig, ein Land, in dem du nicht armselig dein Brot essen musst, in dem es dir an nichts fehlt.« (Dtn 8,7–9; vgl. 33,28; siehe Kapitel 6.3)

Es ist ein Land, in dem »Korn, Wein und Öl« die zentralen Lebensmittelressourcen darstellen (Dtn 7,13; 12,17; 14,23; 18,4; 28,51; Jer 31,12; Hos 2,10.24; Joel 1,10; 2,19). Insgesamt neunzehnmal wird diese Trias der Lebensmittel als leitende Vision guter Ernährung entfaltet, wobei die Begriffe »Wein« und »Öl« immer die gleichen sind, während für »Korn« auch andere Begriffe stehen können: Getreide (Neh 5,11; 10,40; 13,5.12; Jdt 11,13; Joel 2,24; Mi 6,15; Hag 1,11), Weizen (Esra 6,9; 7,22; Offb 18,13), Weizen und Gerste (2 Chr 2,9.14; Offb 6,6), Mehl (1 Chr 9,29; 12,41), Brot (Ps 104,15; Hag 2,12) oder Brotteig (Neh 10,38). Nur sechsmal werden der Liste auch Fleischtiere hinzugefügt (Dtn 12,17; 14,23; Esra 6,9; Jer 31,12; Jdt 11,12; Offb 18,13). Seinen Reichtum sieht Israel nicht mehr wie in Abrahams Zeiten im Vieh der Nomaden, sondern in den pflanzlichen Lebensmitteln der Ackerbauern. Das entspricht der gesamten damaligen Mittelmeerkultur: Brot, Wein und Öl gelten als Kern der Ernährung und Inbegriff von Kultur, während der Fleischverzehr eher einen Kulturmangel ausdrückt, wie man ihn bei den »Barbaren« diagnostiziert (Massimo Montanari 1994: 12–18; siehe Kapitel 7.4.2, 7.5.1 und 7.7).

Am lust- und prestigeträchtigsten unter den drei Leitlebensmitteln ist zweifelsohne der Wein. Während Brot und Öl eher den Alltag markieren, ist der Wein das Zeichen dessen, was nicht notwendig ist, aber gerade deswegen umso köstlicher schmeckt. Insofern wird auch das Gelobte Land besonders durch seinen Reichtum an Wein hervorgehoben. Doch auch der kann je nach Sichtweise sehr unterschiedlich schmecken, wie der sogenannte Kundschafterbericht (Num 13,1–33) zeigt: Als das Volk Israel sich dem Gelobten Land nähert, schickt Mose zwölf Kundschafter aus, aus jedem Stamm einen. Sie sollen herausfinden, »ob das Land fett oder mager ist« (Num 13,20). Als sie in das Traubental kommen, schneiden sie eine Rebe mit einer Weintraube ab und tragen sie zu zweit auf einer Stange, weil sie so groß ist. Außerdem nehmen sie einige Granatäpfel und Feigen mit. Als sie zu Mose zurückkehren, zeigen sie ihm die Früchte des Landes und sagen: »Wir kamen in das Land, in das du uns geschickt hast: Es ist wirklich ein Land, in dem Milch und Honig fließen; das hier sind seine Früchte. Aber das Volk, das im Land wohnt, ist stark und die Städte sind befestigt und sehr groß … Wir können nichts gegen dieses Volk ausrichten; es ist stärker als wir … Das Land, das wir durchwandert und erkundet haben, ist ein Land, das seine Bewohner auffrisst; alle Leute, die wir dort gesehen haben, sind hochgewachsen. Sogar Riesen haben wir dort gesehen … Wir kamen uns selbst klein wie Heuschrecken vor und auch ihnen erschienen wir so.« (Num 13,27–33)

Objektiv nehmen die Kundschafter sehr korrekt wahr, dass das Land »fett« ist. Aber gerade deswegen werden sie mutlos: Es kann doch gar nicht sein, dass ihnen so viel Glück zugedacht ist! Da muss ein Haken verborgen sein! Und in ihrer Wahrnehmung werden die Menschen des Landes zu menschenfressenden Riesen. – Ein Bild für die moderne Gesellschaft? Die Menschen in den reichen Industrieländern tragen heute riesige »Trauben« nach Hause, auch ohne gentechnische Veränderung. Der Wohlstand hat Ausmaße erreicht, die kaum noch zu überbieten sind. Doch viele können das Erreichte nicht entspannt genießen, weil sie Angst haben, es könnte ihnen wieder verloren gehen. Sie sehen die weltweite Migration, den Konkurrenzkampf um Arbeitsplätze, der in eine Spirale der Dumpinglöhne führt, die demografische Überalterung – und sie verzagen. Genussfähigkeit ist eine »Glaubens«-Sache, nicht im Sinne des Glaubensbekenntnisses einer verfassten Religion, wohl aber im Sinne des Glaubens daran, dass das eigene Leben gelingen und gut ausgehen kann. Die größte Traube flößt Angst ein, wenn dieser Glaube fehlt.

Letztlich, so erzählt die Bibel weiter, überwindet Israel seine Zweifel und Ängste. Letztlich traut es dem Geschmack der Freiheit, den es im Manna von innen her verspürt und verkostet. Letztlich fasst es sich ein Herz, in das Land mit den übergroßen Früchten hineinzugehen und sich dort niederzulassen. Seine kühnsten Träume werden wahr – aber nur, weil das Volk das Wagnis eingegangen ist.

Hoffnung und Vertrauen ändern die Wirklichkeit – schon jetzt. Das ist der Kern der biblischen Erzählungen vom Exodus aus Ägypten. Die Hoffnung auf das Gelobte Land schenkt schon jetzt *Ansehen und Prestige*, denn in ihm warten Korn, Wein und Öl, die Prestigeprodukte des mediterranen Raums. Sie vermittelt schon jetzt *Zugehörigkeit und Verortung*, denn endlich bekommt Israel einen Platz, an dem es frei und selbstbestimmt leben kann. In der Erwartung des Gelobten Landes erfährt das Volk schon jetzt *Lust und Wohlergehen*, denn im Manna schmeckt es die Süßigkeit von Milch und Honig, die im Lande reichlich fließen. Und schließlich schmeckt es im Manna schon jetzt *Sicherheit und Geborgenheit*, denn täglich ist genug davon zu finden, so dass niemand hungern muss.

9.2
Im Mahl der Endzeit: Überfluss

Der Großteil der Exoduserzählungen, die wir im vorangehenden Abschnitt analysiert haben, ist während des babylonischen Exils (587–540 v. Chr.) geschrieben worden. In dieser Zeit ist die komplette intellektuelle Elite Jerusalems und Judas nach Babylon deportiert. Ihr bisheriges Glaubensbild, das JHWH als einen Stammesgott seines Volkes Israel sah und ihn für den stärksten und mächtigsten aller Stammesgötter hielt, ist zerbrochen. Doch die damit induzierte Glaubenskrise erweist sich für Israel als sehr fruchtbar. Erst jetzt kommt eine monotheistische Weltsicht zum Durchbruch, in der Gott nicht mehr der Stammesgott Israels, sondern der Herrscher aller Völker und

Nationen ist, auch des babylonischen Volkes. Erst jetzt wird er als der Schöpfer des ganzen Kosmos begriffen, wie es in der in dieser Zeit verfassten ersten Schöpfungserzählung Gen 1,1–2,4a zum Ausdruck kommt.

Auf Basis dieser »Häutung« des vorexilischen Gottesbildes verfassen einige Autorengruppen Erzählungen vom Auszug aus Ägypten. Die Absicht ist klar: Wenn Gott Israel damals in die Freiheit geführt hat, dann wird er das auch jetzt wieder tun. Im Auszug der Väter und Mütter aus Ägypten erkennt Israel das Potenzial Gottes. Er war es, der den Babyloniern die Zerstörung Jerusalems und die Deportation der Oberschicht ermöglicht hat. Er wird es auch sein, der Israel nach einer Zeit der Läuterung die Heimkehr in die Freiheit schenkt.

Parallel zu den narrativen Texten vom Auszug aus Ägypten entstehen im Exil aber auch prophetische Texte. Sie projizieren ihre Hoffnungen nicht in eine erzählte Vergangenheit zurück, sondern in eine ausgemalte Zukunft voraus. Und in dieser Zukunftsbeschreibung spielen die Bilder der Sättigung aller und eines endzeitlichen Festmahles eine Rolle (siehe Kapitel 6.7.2). Allerdings sind es nur wenige Texte, die in diese Richtung gehen. Im Vergleich zu den biblischen Visionen vom Schöpfungsfrieden (siehe Kapitel 7.6) und von der friedlichen Wallfahrt aller Völker zum Zion weist die Vision von der Sättigung aller und einem endzeitlichen Mahl im Alten Testament die geringste Häufigkeit auf. Genau besehen geht es um drei Texte:

Der vermutlich älteste einschlägige Text ist *Am 9, 11–15*. Es sind die letzten Verse des Buchs Amos. Nach übereinstimmender Meinung der ExegetInnen stammen sie nicht von Amos selbst, der im 8. Jahrhundert v. Chr. gelebt hat, sondern sind eine spätere Hinzufügung in der Zeit des babylonischen Exils. Das wird schon daran sichtbar, dass der Text von der »zerfallenen Hütte Davids« spricht, also vom Untergang des davidischen Königshauses. Und der ereignet sich 587 v. Chr. Mit einem messianischen König, so der Text, soll das Königshaus Davids wiederhergestellt werden: »An jenem Tag richte ich die zerfallene Hütte Davids wieder auf und bessere ihre Risse aus, ich richte ihre Trümmer auf und stelle alles wieder her wie in den Tagen der Vorzeit.« (Am 9,11)

Sichtbares Zeichen der Wiedererrichtung des Davidreichs ist die paradiesische Fülle an Lebensmitteln. Wie im Garten Eden wird es den Menschen an nichts mangeln, der Überfluss ist unerschöpflich: »Seht, es kommen Tage – Spruch des Herrn –, da folgt der Pflüger dem Schnitter auf dem Fuß und der Keltertreter dem Sämann; da triefen die Berge von Wein und alle Hügel fließen über. Dann wende ich das Geschick meines Volkes Israel. Sie bauen die verwüsteten Städte wieder auf und wohnen darin; sie pflanzen Weinberge und trinken den Wein, sie legen Gärten an und essen die Früchte.« (Am 9,13–15)

Nur wenig später entsteht ein zweiter, ähnlicher Text in *Jes 55, 1–2*. Er befindet sich im letzten Kapitel des sogenannten Deuterojesaja, wörtlich übersetzt des zweiten

Jesaja, der die Kapitel Jes 40–55 verfasst hat. Auch das Jesajabuch ist nicht von einem einzigen Autor verfasst worden. Deuterojesaja, der pseudonym unter dem Namen Jesaja schreibt, verfasst seine Texte fast zweihundert Jahre nach diesem kurz vor Ende des babylonischen Exils um circa 540 v.Chr. Deuterojesaja sieht den Befreier, den Perserkönig Kyrus, schon herankommen. Kyrus erobert Stück für Stück das babylonische Reich und entlässt alle Gefangenen der Babylonier in die Freiheit. Das erhofft Deuterojesaja auch für Israel und macht dem Volk daher Mut, die letzten Monate oder Jahre der Gefangenschaft durchzuhalten.

Ganz am Ende seiner Trost- und Ermutigungsschrift beschreibt Deuterojesaja, wie im wieder aufgerichteten Davidreich alle kostenlos essen und trinken dürfen: »Auf, ihr Durstigen, kommt alle zum Wasser! Auch wer kein Geld hat, soll kommen. Kauft Getreide und esst, kommt und kauft ohne Geld, kauft Wein und Milch ohne Bezahlung! Warum bezahlt ihr mit Geld, was euch nicht nährt, und mit dem Lohn eurer Mühen, was euch nicht satt macht? Hört auf mich, dann bekommt ihr das Beste zu essen und könnt euch laben an fetten Speisen.« (Jes 55,1–2) Im neuen, von Gott geschenkten Reich sind alle Gesetze der Ökonomie vom Kaufen und Bezahlen außer Kraft gesetzt. Die Nahrung wird umsonst geschenkt, und das im Überfluss. Wenn die Gefangenen in ihr Land zurückgekehrt sind, ist das das Paradies auf Erden.

Der dritte und letzte alttestamentlich-prophetische Text befindet sich ebenfalls im Buch Jesaja, nämlich *Jes 25, 6–8*. Er steht in einer größeren textlichen Einheit, der sogenannten Jesaja-Apokalypse von Jes 24–27. Diese vier Kapitel sind eine der spätesten Hinzufügungen zum Jesajabuch und stammen aus der frühen apokalyptischen Zeit gegen Ende des 3. Jahrhundert v. Chr. In dieser Epoche gehört Israel zum makedonischen Weltreich und sieht sich mit der griechischen Kultur konfrontiert. Es kommt zu einer heftigen innerjüdischen Auseinandersetzung über die Frage, wie weit man die »heidnische« Kultur assimilieren darf und wo die Grenzen der Interkulturalität liegen.

Angesichts dieses innerjüdischen Pluralismus kommt es wiederum zu einer tiefen religiösen Krise und zu einer »Häutung« – diesmal weniger der Gottesvorstellung als mehr der Erlösungsvorstellung. Wenn JüdInnen einander in zentralen Fragen direkt widersprechen, kann es keine kollektive Erlösung des ganzen Volkes geben. Es kann nicht sein, dass das Weiterleben nach dem Tod sich auf das Weiterleben in den Nachkommen beschränkt, die den eigenen Namen tragen, wie man bisher dachte. Vielmehr wird jeder Mensch, so sieht man es jetzt, nach seinem Tod individuell gerichtet und dann ebenso individuell zu einem neuen Leben auferstehen. Die Jesaja-Apokalypse beginnt mit einem Bild von endzeitlichen Katastrophen und vom Weltgericht (Jes 24) und eröffnet gegen Ende die Hoffnung auf eine individuelle Auferstehung der Toten (Jes 26,19).

In diesem Kontext erzählt der Text von einem Festmahl auf dem Berg Zion, zu dem Gott einlädt: »Der Herr der Heere wird auf diesem Berg für alle Völker ein Festmahl geben mit den feinsten Speisen, ein Gelage mit erlesenen Weinen, mit den besten und feinsten Speisen, mit besten, erlesenen Weinen.« (Jes 25, 6) Erstmals ist in der alttestamentlichen Prophetie dezidiert von einem endzeitlichen Mahl die Rede. An ihm nehmen Menschen aller Völker teil, soweit sie gerecht gelebt haben. Und dieses Mahl ist sehr weit entfernt von der gegenwärtigen Wirklichkeit, viel weiter als die Sättigung aller in den Verheißungen der Exilspropheten. Denn gleich in den folgenden Sätzen wird deutlich, dass mit ihm eine ganz andere Wirklichkeit beginnt: »Er zerreißt auf diesem Berg die Hülle, die alle Nationen verhüllt, und die Decke, die alle Völker bedeckt. Er beseitigt den Tod für immer. Gott, der Herr, wischt die Tränen ab von jedem Gesicht. Auf der ganzen Erde nimmt er von seinem Volk die Schande hinweg. Ja, der Herr hat gesprochen.« (Jes 25, 7–8) Erstmals ist von einem Endzustand »für immer« die Rede. Und dieser Zustand ist ohne Tod, ohne Tränen, ohne Schande. Es ist ein Zustand reiner, ewiger Freude.

Man erkennt den Unterschied zu den beiden exilischen Texten: Dort geht es um die paradiesische Sättigung aller, hier um ein Festmahl. Dort wird das eine Volk als Ganzes gesättigt, hier sind die individuell Erlösten aus allen Völkern am Tisch. Dort geht die kollektive Buße aller in der Gefangenschaft voraus, hier das individuelle Gericht über jedeN EinzelneN. Dort geht es um die Wiederherstellung des Davidreiches, hier um ein kosmisches Geschehen. Dort geht es um einen Zustand »auf absehbare Zeit«, hier »für immer und ewig«.

Ein für uns entscheidender weiterer Unterschied betrifft die symbolischen Codes: Während sich die beiden ersten Texte übereinstimmend auf die beiden symbolischen Codierungen von *Lust und Wohlergehen* (Überfluss, Geschmack, gratis geschenkt) sowie von *Sicherheit und Geborgenheit* (Ernährungssicherheit) konzentrieren, kommen im letzten Text auch die beiden anderen Kategorien vor: *Ansehen und Prestige* ist angesprochen in der Schande, die Gott wegnimmt, *Zugehörigkeit und Verortung* in der Tatsache, dass die MahlteilnehmerInnen aus allen Völkern stammen, aber nur die aus dem Gericht als Erlöste hervorgegangenen Menschen sind. Hier liegt ein symbolisches Potenzial, das im Judentum zur Zeit Jesu weit stärker wahrgenommen und entsprechend ausgebaut wird.

9.3

Am Tisch mit Jesus: Herrschaft

Die gesamte Verkündigung und Praxis Jesu von Nazaret stehen unter der Überzeugung von der erfüllten Zeit und der angebrochenen Gottesherrschaft (Mk 1, 15). Reich und Herrschaft Gottes sind keine Erwartungen ferner Zukunft, sondern Erfahrungen gegenwärtiger Wirklichkeit. »Das Reich Gottes ist (schon) mitten unter euch.«

(Lk 17,21) Wenn Jesus Kranke heilt; wenn er Hungernde speist; wenn er SünderInnen im Namen Gottes vergibt; wenn er mit ihnen isst und trinkt; wenn er mit Autorität lehrt; dann ist Gottes Herrschaft hier und heute erfahrbar. Die Lebenspraxis Jesu ist also eine Aussage über seine Eschatologie, seine Botschaft vom Ende, und muss deshalb an dieser Stelle nochmals zur Sprache kommen.

In der Mahlpraxis Jesu wird sein Verständnis von der Gottesherrschaft mehr als in allen anderen Vollzügen erlebbar. Und genau hier wird es für Andersdenkende zum Skandal (siehe Kapitel 5.7). Dass Jesus Kranke heilt und Hungernde speist, ist für seine GegnerInnen zumindest dann kein Problem, wenn es nicht am Sabbat geschieht. Dass Jesus mit den Pharisäern über die richtige Interpretation alttestamentlicher Gebote streitet, ist im rabbinischen Kontext höchst normal. Diskussionen bedeuten gegenseitige Anerkennung, und das Judentum hat diese Diskussionen mit großer Lust geführt. In dieser Hinsicht unterscheidet sich Jesus für sie kaum von anderen bedeutenden Rabbinern seiner Zeit. Doch dass er Sünden vergibt, erregt Anstoß. Und dass er dann auch noch mit SünderInnen isst, überschreitet für traditionelle JüdInnen definitiv eine (Schmerz-)Grenze. Mit diesem Schritt schließt sich Jesus aus ihrer Gemeinschaft aus.

Es wurde bereits betont, dass die Tischgemeinschaft mit Zöllnern und SünderInnen wie im Gleichnis vom barmherzigen Vater (Lk 15,11–32) ein autoritativer Akt der Vergebung ist – das haben AnhängerInnen wie GegnerInnen Jesu vollkommen richtig verstanden. Sündenvergebung wäre leeres Gerede, wenn sie nicht zum gemeinsamen Essen und Trinken berechtigte. Insofern ist die Mahlpraxis Jesu die Nagelprobe für seine Verkündigung. Leicht lassen sich die vier Kategorien symbolischer Codes in Jesu Mahlpraxis finden:

- *Zugehörigkeit und Verortung:* An den Tisch Jesu sind alle ohne Vorbedingung geladen, denn auf dem Hintergrund des gemeinsamen Essens und Trinkens werden sie ganz von selbst umkehren und sich öffnen (Lk 19,8). Nur wer die Gemeinschaft mit Zöllnern und SünderInnen verweigert, schließt sich selbst aus und gehört nicht dazu. Er kann aber jederzeit hinzukommen, wenn er es sich anders überlegt (Lk 15,28–32).

- *Sicherheit und Geborgenheit:* Jesus vollzieht den Akt der Sündenvergebung in Wort und Zeichen mit Vollmacht. Seine GegnerInnen sprechen ihm diese Vollmacht (εξουσια) ab, die Evangelien sprechen sie ihm zu (Mk 2,10; Mt 9,6; Lk 5,24). Für jene, denen Jesus vergibt, ist die subjektive Gewissheit entscheidend, dass er das tun darf und dass sein Wort und sein Zeichen »gelten«.

- *Ansehen und Prestige:* Wie in Kapitel 5.7 gesehen dürfte Jesus zunächst mit den HonoratiorInnen gegessen haben. Da er sich aber der Tischgemeinschaft mit den

Beladenen öffnet, halten die Prominenten zunehmend Abstand vom Mahl mit Jesus. Was zunächst ihr Ansehen vergrößerte, scheint ihnen nun eher rufschädigend. Jesus selbst stört sich nicht an dem potenziellen Imageverlust, wenn die ehrenwerte Gesellschaft ihn auslädt. Für ihn geht es um ein neues Verständnis von Ansehen: Das Ansehen bei Gott, der die Herzen sieht und nicht auf äußere Positionen achtet.

◆ *Lust und Wohlergehen:* Die Mähler mit Jesus atmen Freude und Wohlergehen. Es ist lustvoll, mit dem »Fresser und Säufer« (Lk 7,34) im Überfluss zu essen und zu trinken. Denn in seiner autoritativen Anerkennung wird ein Stück Paradies erfahrbar, wie es die alttestamentlichen Texte für die Endzeit verheißen.

9.4
Beim (Hochzeits-)Mahl des Himmels: Erde

Wie und was erzählen Jesus und seine JüngerInnen vom endzeitlichen Mahl des Himmels? Gehen wir die vier Evangelien der historischen Reihe nach durch und werfen anschließend einen Blick auf das letzte Buch der Bibel, die Offenbarung des Johannes.

Das *Markusevangelium* kennt überhaupt keine Mähler in der Endzeit einer anderen Welt (Peter-Ben Smit 2008: 109). Der Satz Mk 14,25 »Amen, ich sage euch: Ich werde nicht mehr von der Frucht des Weinstocks trinken bis zu dem Tag, an dem ich von neuem davon trinke im Reich Gottes« geht nicht über eine Anspielung hinaus (Peter-Ben Smit 2008: 109) und ist eher als jüdische Martyrologie zu lesen: Seine Sinnspitze zielt auf die Auferstehung des Märtyrers Jesus, nicht auf das endzeitliche Mahl (Peter-Ben Smit 2008: 103–104, 107–109). Auch das Wort vom Bräutigam Mk 2,18–20 bezieht sich nicht auf ein endzeitliches Mahl, sondern will die freudvolle Mission Jesu unterstreichen. Das Markusevangelium kennt also keine Erzählung Jesu von einem endzeitlichen Mahl – Markus besitzt keine Quellen, die ihm diese Informationen geben. Bei ihm beschränken sich die Mahlerzählungen auf Freudenmähler des irdischen Jesus (Peter-Ben Smit 2008: 110).

Das *Lukasevangelium* ist von allen Evangelien am meisten an Mählern Jesu interessiert, an irdischen wie himmlischen (Peter-Ben Smit 2008: 196). Beide Gruppen von Erzählungen konzentrieren sich auf die Umrisse erfüllter Jüngerschaft: Die Teilnahme am irdischen Mahl ist die Realisierung der Jüngerschaft als Tischgenossenschaft (Peter-Ben Smit 2008: 198–199). Die Teilnahme am endzeitlichen Mahl ist die Belohnung treuer Jüngerschaft: Jene Menschen, die bei der Rückkehr des Herrn wach sind, wird dieser »am Tisch Platz nehmen lassen und sie der Reihe nach bedienen«. (Lk 12,36 f.) Jene hingegen, die sich auf ihre angestammten Privilegien verlassen, werden die Tür zum Festsaal verschlossen finden und feststellen müssen, dass Nichtprivilegierte drinnen feiern: »Da werdet ihr heulen und mit den Zähnen knirschen, wenn ihr seht, dass Abraham, Isaak und Jakob und alle Propheten im Reich Gottes sind, ihr selbst aber ausgeschlossen seid. Und man wird von Osten und Westen und von Norden und Süden kommen und im Reich Gottes zu Tisch sitzen.« (Lk 13, 22–30) Ähnlich erzählt es auch das Gleichnis von der Einladung zum Festmahl: Die Geladenen haben ausnahmslos faule Ausreden und schlagen die Einladung aus. Da lädt der Gastgeber die Armen und Krüppel, die Blinden und Lahmen von den Straßen und Gassen der Stadt ein. Und Jesus kommentiert das Gleichnis so: »Keiner von denen, die eingeladen waren, wird an meinem Mahl teilnehmen.« (Lk 14,16–24) Am deutlichsten wird der Belohnungsgedanke beim Letzen Abendmahl: »In allen meinen Prüfungen habt ihr bei mir ausgeharrt. Darum vermache ich euch das Reich, wie es mein Vater mir vermacht hat: Ihr sollt in meinem Reich mit mir an meinem Tisch essen und trinken, und ihr sollt auf Thronen sitzen und die zwölf Stämme Israels richten.« (Lk 22,28–30)

Das *Matthäusevangelium* fokussiert die Erzählungen über das endzeitliche Mahl (Mt 8,11–12; 22,1–14; 25,1–13) einerseits auf die Frage, wer daran teilnehmen darf (Peter-Ben Smit 2008: 256): Teilnehmen werden wie schon bei Lukas jene, die auf die Einladung des Gastgebers positiv antworten. Andererseits richtet Matthäus sein Augenmerk auf die ethische Haltung der Eingeladenen: Sie müssen ein »festliches Kleid« tragen (Mt 22,11–14), das heißt mit den entsprechenden ethischen Tugenden bekleidet sein, und genügend Öl in ihren Lampen tragen (Mt 25,3–4), damit sie dem Bräutigam leuchten können, also in ihrer Lebensführung strahlen. Nur bei Matthäus handelt es sich übrigens an zwei der drei Stellen um ein Hochzeitsmahl (Mt 22,1–14; 25,1–13).

Im *Johannesevangelium* findet sich (außer einer Anspielung in Joh 3,29) keine einzige Stelle, an der von einem endzeitlichen Festmahl die Rede wäre. Der vierte Evangelist konzentriert sich ganz auf die Beziehung der JüngerInnen zu Christus, der sie nährt (Joh 2,1–11; 6,1–15; 21,1–14), ja der selbst ihre Nahrung, ihr Brot und Wasser des Lebens ist (Joh 4,1–42; 6,22–71; 7,37–39). Leben ist für ihn Ernährtwerden durch Christus (Peter-Ben Smit 2008: 322–324).

Die *Offenbarung des Johannes* zeichnet sich durch zwei große Linien aus (Hermann Lichtenberger 2004: 227–252; Peter-Ben Smit 2008: 375–377): Einerseits dürfen die Standhaften und Glaubenstreuen in der himmlischen Paradiesesstadt vom Baum des Lebens (Offb 2,7) und vom verborgenen Manna (Offb 2,17) essen und vom Wasser des Lebens trinken (Offb 7,15–17; 21,6; 22,17). Physisch bedeuten diese Verheißungen das reale Ende von Hunger und Durst, metaphorisch die Bürgerschaft im himmlischen Jerusalem. Andererseits gibt es eine Reihe von Beschreibungen eines Mahles. Wieder wird die soziale Beziehung zu anderen Menschen völlig von der Christusbeziehung überdeckt: »Wer meine Stimme hört und die Tür öffnet, bei dem werde ich eintreten und wir werden Mahl halten, ich mit ihm und er mit mir.« (Offb 3,20) Es scheint fast, als gehe es um ein Mahl in trauter Zweisamkeit. Dass das nicht gemeint ist, zeigt sich erst gegen Schluss des Buchs, als es heißt: »Selig, wer zum Hochzeitsmahl des Lammes eingeladen ist.« (Offb 19,9) Da kann man nur an ein Mahl für alle Geladenen denken.

Traditionsgeschichtlich lässt sich für die neutestamentlichen Überlieferungen vom endzeitlichen Mahl kein einzelner alttestamentlicher Text als Inspirationsquelle ausmachen, auch nicht Jes 25,6–8. Vielmehr wächst das bildliche Repertoire auf einem breiteren Hintergrund, der durch die zentrale Bedeutung von Mählern für die Herstellung von Gemeinschaft sowohl in der hellenistischen als auch in der jüdischen Kultur der Zeit Jesu bedingt ist. Die Inspiration, diese Tradition aufzugreifen und auszubauen, dürfte von der Logienquelle Q kommen, die nur Matthäus und Lukas vorliegt. Deswegen legen diese beiden Evangelien einen starken Akzent auf die Erzählungen vom endzeitlichen Mahl, alle anderen neutestamentlichen Schriften nicht. Im Zusammenspiel mit der frühchristlichen Mahlpraxis dürfte es in der späteren liturgischen Tradition zum Ausbau dieser Idee gekommen sein (Peter-Ben Smit 2008: 380). Schwieriger ist die Idee vom Hochzeitsmahl traditionsgeschichtlich herleitbar. Insgesamt führen aber Spuren zum historischen Jesus zurück (Peter-Ben Smit 2008: 381).

Versuchen wir die Kerninhalte der Beschreibung des endzeitlichen Mahls in den Evangelien zusammenzufassen, lassen sich diese gut zwei der vier Kategorien symbolischer Codes zuordnen:

1) *Zugehörigkeit und Verortung:* Zum Mahl eingeladen sind alle, teilnehmen dürfen aber nur jene, die auf die Verkündigung Jesu positiv reagieren und sich ihm zuwenden und zudem ein entsprechendes christliches Leben führen. Die Klärung dieser Frage ist für das frühe Christentum nötig, weil es dabei um die Klärung der eigenen Identität geht. Es lässt sich nicht von der Hand weisen, dass die Texte eine Verbindung zum Gedanken vom Gericht aufweisen: Manche bleiben ausgeschlossen.

2) *Ansehen und Prestige:* Beim endzeitlichen Mahl gibt es keine Ehrenplätze, die Sitzordnung ist egalitär (Peter-Ben Smit 2008: 384–385). Darauf legen Matthäus und Lukas viel Wert, denn sie wollen eine enge Verbindung zwischen der Mikrokommunität der frühchristlichen Tischgemeinschaft und der gedachten universalen Gesellschaftsordnung herstellen (Peter-Ben Smit 2008: 393). Damit verbunden ist die Abschaffung von Privilegien: Die scheinbar Außenstehenden nehmen am Gastmahl teil, die scheinbar Privilegierten müssen am Ende draußen bleiben. Zudem erscheint Jesus den MahlteilnehmerInnen als Sklave, der sie bedient und ihnen damit ein Vorbild gibt, das sie nachahmen sollen.

Man erkennt recht gut, dass die beiden anderen Aspekte von *Lust und Wohlergehen* sowie von *Sicherheit und Geborgenheit* nicht in den Erzählungen vom endzeitlichen Mahl, sondern in den Speisungswundern aufgehoben sind. Hier liegt der signifikante Unterschied zu den alttestamentlichen Texten, namentlich zu Jes 25, 6–8. Umso klarer ist damit aber auch, dass die Evangelien das endzeitliche Mahl keineswegs als puren Traum oder harmlose Vertröstung konzipieren. Vielmehr geht es um eine intrinsische Verbindung zwischen jetzigem Verhalten und künftiger Hoffnung: Wer jetzt nach anderen Werten strebt als sie das Mahl Jesu verkörpert, wird sich am Ende schwer tun, diese Werte anzunehmen. Der Akzent liegt dabei auf jenen Tugenden, die wir den ersten beiden Symbolkategorien zugeordnet hatten: Ehrfurcht und Gerechtigkeit, Demut und Dankbarkeit. Beim Hochzeitsmahl des Himmels wird Erde zu schmecken sein.

9.5
Im Mahl des Gehenkten: Leben

Die Eucharistie lässt sich so, wie sie im Laufe der ersten Jahrzehnte des Christentums entwickelt worden ist, nicht von der Erinnerung an den Tod Jesu ablösen. In Kapitel 2.4 hatten wir gesehen, dass von den vielen Ritualen der urchristlichen Gemeinden nur die beiden Schlüsselsakramente Taufe und Eucharistie eine immanente Verbindung zum Tod Christi herstellen konnten (Gerd Theißen 2000: 171–194). Die aber war nötig, denn schließlich handelte es sich beim Tod Jesu um die größte Hürde, die die junge Gemeinde theologisch zu überwinden hatte: Wie konnte es sein, dass ein Hingerichteter, ein Geschändeter und auf die damals schmählichste und grausamste Weise Ermordeter als Herr der ganzen Schöpfung bekannt und verehrt wurde? War das nicht töricht oder sogar skandalös (vgl. 1 Kor 1, 23; Gal 5, 11)?

Taufe und Eucharistie deuten den Tod Jesu als Zeichen seiner Hingabe, als Opfer, und verwenden damit eine in der Antike allgemein anerkannte theologische Kategorie. Doch sie tun dies in größtmöglicher Diskretion: »In der Nacht, als Jesus übergeben wurde, nahm er das Brot … Es ist die Nacht, bevor all diese Dinge passieren … Die Abendmahlsfeier exponiert nicht direkt, sondern weist indirekt auf einen gefolterten Körper hin.« (Andrea Bieler/Luise Schottroff 2007: 200) Das Erschauern vor dem Geschehen am Kreuz von Golgota ist so groß, dass man es weder direkt anspricht noch direkt darstellt. Es braucht über tausend Jahre, bis das Christentum in der Gotik einen qualvoll sterbenden Menschen am Kreuz zeigt und anschaut. Und auch heute wird der Gekreuzigte in der Karfreitagsliturgie so langsam und vorsichtig wie möglich enthüllt.

Die christliche Eucharistiefeier ist untrennbar mit Jesu Tod am Kreuz verbunden, aber ebenso untrennbar mit der Überzeugung, dass Gott ihn von den Toten erweckt hat. Das ist so lange keine billige Vertröstung, wie die Erinnerung an seine Hinrichtung ebenso präsent ist wie die Hoffnung auf seine Auferweckung. Nur wenn die Spannung von Tod und Leben nach der einen Seite aufgelöst wird, darf, ja muss man von Vertröstung sprechen.

Das biblische Zeugnis von der »Auferstehung des Fleisches« geht von einer Neuschöpfung der irdischen Wirklichkeit (»Fleisch«) im Geheimnis Gottes aus (1 Kor 15). Für die Bibel geht es nicht wie für die griechische Philosophie um eine unsterbliche Seele, die alles Leibliche hinter sich lässt und sich, aus dem Kerker des Leibes befreit, in himmlische Sphären emporschwingt, sondern um eine Wirkmacht des treuen Gottes. Der Gott, der ein Geschöpf mit Haut und Haaren und all seiner Körperlichkeit in Liebe geschaffen hat, kann es im Tod nicht im Stich lassen. Der Gott, der Jesus von Nazaret als Boten der Frohen Botschaft gesandt hat, kann ihn am Kreuz nicht »hängen lassen«. Die Frage der Auferweckung ist eine Frage der Treue.

Selbstverständlich ist auch das ein Glaubensstandpunkt. Man kann ihn teilen, man kann ihn bestreiten. Es ist eine Geschmacksfrage, nämlich die Frage, wie man die Wirklichkeit von innen her verspürt und verkostet (»el sentir y gustar de las cosas internamente«, Ignatius von Loyola, Geistliche Übungen Nr. 2, siehe Kapitel 9.1): Schmeckt der Tod Jesu von Nazaret nach bitterer Niederlage und definitiver Resignation? Oder schmeckt er eher nach bestärkender Hoffnung und beflügelndem Leben? Schließt er alle Perspektiven zu, dass einmal Gerechtigkeit herrschen wird? Oder öffnet er die Zuversicht, dass das möglich ist?

Um diese Fragen, die nur mit viel Imagination zu beantworten sind, ernsthaft zu prüfen, kann es helfen, auf andere Menschen zu schauen, die wie Jesus Opfer ungerechter Gewalt geworden sind. Andrea Bieler und Luise Schottroff erzählen von Hingerichteten in den USA, von Ermordeten in Lateinamerika und zahlreichen anderen Opfern von Gewalt.

Wie »schmeckt« es, den konkreten Tod solcher Menschen zu verinnerlichen, in sich hereinzulassen und zu verdauen? Wie ist es, der menschlichen Brutalität ins Gesicht zu sehen, die ihn verursacht hat? Wie fühlt es sich an, den Leib eines Ermordeten in der eigenen Imagination in ein (ver-)bergendes Tuch einzuhüllen?

Die Eucharistie bringt die Menschen mit solchen Vorstellungsbildern immer neu vor die Kernfrage des Lebens, wie das Leben wirklich schmeckt. Glaubende schmecken in ihm trotz aller Schmerzlichkeit eine ermutigende Botschaft, die die vier Kategorien symbolischer Codes umfasst:

* *Ansehen und Prestige:* Der bis in den Tod Erniedrigte ist der Höchste, der am Kreuz Gehenkte ist der Herr (Phil 2,5–11). Angesichts des Gekreuzigten kehren sich die bisher gültigen Wertvorstellungen um.

- *Zugehörigkeit und Verortung:* In dem Gemarterten und Auferweckten gehören alle zu einer neuen Welt – schon jetzt, da die Erde nach Himmel schmeckt, und erst recht einst, wenn der Himmel nach Erde schmeckt.

- *Lust und Wohlergehen:* In der spätmittelalterlichen Mystik ist eine eigene »Leidensmystik« entstanden, die die Passion Jesu in den Mittelpunkt mystischer Betrachtung stellt. Diese Form der Spiritualität ist sehr lustbetont. Doch geht es ihr nicht darum, den Schmerz um seiner selbst willen als lustvoll zu empfinden, sondern um des Heils willen, das er eröffnet hat. Das Bild der verklärten Wundmale des Auferstandenen, das in diesem Zusammenhang von Bedeutung ist, macht deutlich, dass Leben nur durch Leiden und Tod hindurch zu gewinnen sind. Auferstehung beseitigt Leid und Tod nicht, sondern verwandelt sie. Der Mensch kann sie in einem neuen Licht sehen.

- *Sicherheit und Geborgenheit* (siehe Kapitel 3.7): Die Eucharistie wird seit dem 2. Jahrhundert als φάρμακον ἀθανασίας, als Medikament der Unsterblichkeit bezeichnet (Ignatius von Antiochien, Epistula ad Smyrnaeos, 7, 1; Epistula ad Ephesios 20, 2). Sie ist die Wegzehrung, wenn es ans Sterben geht. Mit ihr genährt stirbt man gut, weil sie Hoffnung auf Leben öffnet.

9.6
Ernährung, die Mut macht, und Glaube, der schmeckt

Wir sind am Ende eines langen Weges angekommen. Die Ausgangsfrage lautete: Wie kann der Mensch unter den Bedingungen einer globalisierten, industrialisierten und ökonomisierten »Lebensmittelwelt« gut essen und trinken? Wie kann er seine Verantwortung rund um den Globus und über alle Speziesgrenzen hinweg gerecht werden und sich zugleich voller Lust und Freude ernähren? Wie kann er die Chancen und die guten Seiten der modernen Weltgesellschaft für sein persönliches Wohlergehen nutzen und zugleich negative Wirkungen für sich selbst und andere wirksam vermeiden?

Im Laufe der Untersuchung sind die Umrisse einer stimmigen Gestalt guter Ernährung sichtbar geworden. Zugleich wurde Schritt für Schritt deutlicher, dass diese Gestalt eng mit der Urgestalt der christlichen Eucharistie korrespondiert. Damit wird das Konzept guter Ernährung nicht zum geistigen Exklusivbesitz des Christentums, denn es ist ja nicht aus dessen Voraussetzungen hergeleitet worden, sondern allein aus philosophischen Begründungen, die sich in den Vernunftdiskurs der Ethik einordnen. Doch im Sinne der autonomen Moral Alfons Auers erweisen sich die Querverbindungen zwischen der Gestalt guter Ernährung und der Gestalt wahrhaftiger Eucharistie als wechselseitig inspirierend, kritisierend und integrierend. Manches kann die Eucharistie nichtchristlichen Menschen geben – manches erschließen die »profanen« Mähler den ChristInnen. So wird in den Korrespondenzen zwischen profanem Mahl und christlicher Eucharistie zweierlei deutlich:

- Einerseits, dass eine umfassende Gestalt guter Ernährung Potenziale einer Hoffnung in sich birgt, die über die irdischen Tatsachen hinausreicht. Gutes Essen und Trinken führt die Menschen in die Tiefe ihres Herzens und lässt sie an das Geheimnis ihres Lebens rühren – egal welche Religion oder Weltanschauung sie teilen. Gute Ernährung ist Ernährung, die Mut macht, ohne zwanghaft zu werden.

- Andererseits, dass eine gereinigte Gestalt des christlichen Mahlsakraments viel humanes Potenzial besitzt. Ein eucharistisches Mahl, wie es Jesus von Nazaret heute feiern würde, macht sensibel für Gerechtigkeitsfragen in der ganzen Schöpfung. TeilnehmerInnen an der Eucharistie können gar nicht anders als über den Tellerrand der eucharistischen Gefäße weit hinauszublicken.

Für beide, »profane« wie »heilige« Mähler, hat sich die strukturalistische Analyse auf dem Hintergrund der vier Symbolkategorien als extrem fruchtbar erwiesen. Sie macht sichtbar, wie tief die menschliche Identität in Essen und Trinken eingewurzelt ist. Sie lässt erahnen, wie vielschichtig die symbolischen Botschaften jedes noch so unscheinbaren Elements der Ernährung sind. Sie macht klar, dass die Veränderung ethischer Normen im Ernährungsbereich nie ohne die Veränderung symbolischer Codes »funktionieren« wird.

Auf der Folie der symbolischen Codes konnten klassische Tugenden der Moraltheologie profiliert werden, die die humane Gestaltung der Ernährung formen können. Diese Tugenden sind offen genug für eine Pluralität ethischer Modelle, aber zugleich dezidiert genug, um richtungsweisend wirken zu können und Beliebigkeit auszuschließen. Tugenden haben selbst Symbolcharakter und passen daher perfekt zur strukturalistischen Analyse.

Essen und Trinken sind ein »Totalphänomen« (Marcel Mauss), ein soziologisches ebenso wie ein theologisches. Es gibt nichts im Gesellschaftsleben und im Glaubensleben, was sich nicht in ihnen niederschlägt. Aus diesem Grund ist das Hoffnungsbild vom endzeitlichen Hochzeitsmahl kein beliebiges Bild vom Himmel, sondern das eine Bild, das die menschliche Existenz in ihrer Hoffnung auf Erfüllung am besten beschreiben kann. Das heißt aber auch: Auf keine andere Weise können Glaube, Hoffnung und Liebe besser vermittelt werden als indem sie gegessen und getrunken werden. Und damit meine ich nicht nur und nicht einmal zuerst das Essen und Trinken in einem »heiligen« Mahl. Nein, die erste und wichtigste Glaubensschule sind die scheinbar profanen Mähler, die Menschen miteinander halten. Hier muss die Offenheit für das Geheimnis des Lebens zuallererst zu spüren sein.

Nicht nur, aber ganz besonders der christliche Glaube soll ein Glaube sein, der schmeckt. Wortwörtlich im physischen Sinne: In der Weihnachtsgans ebenso wie im Osterei, im Martinsweck ebenso wie im Johanneswein, im Festtagsbraten ebenso wie in der Fastenspeise, im Hochzeitsessen ebenso wie im Leichenschmaus. Wer dem Glauben seinen physischen Geschmack nimmt, verbaut den Menschen den Zugang zu ihrem Schöpfer und Erlöser ebenso wie der, der dem physischen Geschmack der Speisen und Getränke ihre Hoffnung nimmt. »Wenn das Salz seinen Geschmack verliert, womit kann man es wieder salzig machen? Es taugt zu nichts mehr; es wird weggeworfen und von den Leuten zertreten.« (Mt 5,13)

Wer in Brot und Wein die Erde schmeckt, die diese Lebensmittel hervorgebracht hat, kostet zugleich den Himmel. Und wer den Geschmack des Himmels auf seiner Zunge wahrnimmt, wird mit der Erde so behutsam umgehen wie der, der sie ihm anvertraut hat.

Literaturverzeichnis

Awudu Abdulai/Silke Schmitz 2008, Wie liberal und fair ist der Weltagrarhandel? In: Hans-Jürgen Kaatsch et al. (Hg.) 2008, 9–26.

Carol J. Adams 2002, Zum Verzehr bestimmt. Eine feministisch-vegetarische Theorie, Wien u. a. (englisches Original: Carol J. Adams 1990, The sexual politics of meat. A feminist-vegetarian critical theory. New York).

William Aiken/Hugh La Follette (Hg.) 1977, World Hunger and moral obligation, Englewood Cliffs.

Michael Allen Fox 2006, Why We Should Be Vegetarians, in: International Journal of applied Philosophy 20, 295–310.

Beate Andelshauser 1996, Schlachten im Einklang mit der Scharia, Sinzheim.

Alfons Auer 1989², Autonome Moral und christlicher Glaube, Düsseldorf.

Christoph Auffarth et al. 1995, Gastfreundschaft, in: Lexikon für Theologie und Kirche 4, 299–301.

Minna Autio/Eva Heiskanen/Visa Heinonen 2009, Narratives of »green« consumers – the antihero, the environmental hero and the anarchist, in: Journal of Consumer Behaviour 8, 40–53.

Gottfried Bachl 2008, eucharistie. macht und lust des verzehrens, St. Ottilien.

Catherine Badgley/Ivette Perfecto 2007, Can organic agriculture feed the world? In: Renewable Agriculture and Food Systems 22, 80–82.

Catherine Badgley/Jeremy Moghtader/Eileen Quintero/Emily Zakem/M. Jahi Chappell/Katia Avilés-Vázquez/Andrea Samulon/Ivette Perfecto 2007, Organic agriculture and the global food supply, in: Renewable Agriculture and Food Systems 22, 86–108.

Heike Baranzke 1998, Lammfleisch Gottes. Den Christen fehlt ein Ethos des Schlachtens, in: Die Zeit 15/1998, 67.

Heike Baranzke 2004, Interkulturelle Bioethik – Beispiel: Rituelles Schlachten. Einblicke in den Zusammenhang von Leben, Töten und Essen. In: Zeitschrift für Didaktik der Philosophie und Ethik 3/2004, 241–250.

Heike Baranzke/Franz-Theo Gottwald/Hans Werner Ingensiep 2000, Leben Töten Essen. Anthropologische Dimensionen, Stuttgart/Leipzig.

Eva Barlösius 1999, Soziologie des Essens. Eine sozial- und kulturwissenschaftliche Einführung in die Ernährungsforschung, Weinheim/München.

Susan Basow 1993, What Is She Eating? The Effects of Meal Size on Impressions of a Female Eater, in: Sex roles 28, 335–344.

Brenda Beagan/Gwen E. Chapman/Andrea D'Sylva/B. Raewyn Bassett 2008, »It's Just Easier for Me to Do It«. Rationalizing the Family Division of Foodwork, in: Sociology 42, 653–671.

Karin Becker 2000, Der Gourmand, der Bourgeois und der Romancier: die französische Esskultur in Literatur und Gesellschaft des bürgerlichen Zeitalters, Frankfurt/Main.

Rudolf Bell 1985, Holy Anorexia, Chicago.

Costi Bendaly 2009, Il digiuno cristiano: aspetti psicologici e spirituali, Magnano (BI).

William H. Bender 1997, How Much Food Will We Need in the 21st Century?, in: Environment. Science and policy for sustainable development 39, 7–11, 27–28.

Benedikt XVI. 2012, Brief an die Mitglieder der Deutschen Bischofskonferenz zur Frage der Übersetzung des Kelchwortes 24.04.2012, in: www.dbk.de/nc/presse/details/?presseid=2091 (Stand: 24.1.2014);

Klaus Berger 1993, Manna, Mehl und Sauerteig. Korn und Brot im Alltag der frühen Christen, Stuttgart.

Andrea Bieler/Luise Schottroff 2007, Das Abendmahl. Essen, um zu leben, Gütersloh.

Gwendolyn Blue 2008, If It Ain't Alberta, It Ain't Beef. Local Food, Regional Identity, (Inter) National Politics, in: Food, Culture & Society 11, 70–85.

Franz Böhmisch 2007, Das verlorene Paradies. Die Bibel und das Fleischessen, in: Theologisch-praktische Quartalschrift 155, 39–50.

János Bolyki 1998, Jesu Tischgemeinschaften, Tübingen.

Wilfried Bommert 2009, Kein Brot für die Welt. Die Zukunft der Welternährung, München.

Alberto Bondolfi (Hg.) 1994, Mensch und Tier. Ethische Dimensionen ihres Verhältnisses, Fribourg.

Marco Borghi/Letizia Postiglione Blommestein (Hg.) 2006, The Right to Adequate Food and Access to Justice, Brüssel/Genf/Zürich/Basel.

Anna Botonaki/Efthimia Tsakiridou/Konstadinos Mattas 2009, Willingness to Pay for Quality Labeled Meat in a Rural Area, in: Journal of International Food & Agribusiness Marketing 21, 228–238.

Pierre Bourdieu 1974, Zur Soziologie der symbolischen Formen, Frankfurt/Main.

Pierre Bourdieu 1982, Die feinen Unterschiede. Kritik der gesellschaftlichen Urteilskraft, Frankfurt/Main.

Frank Braßel 2005, Die Globalisierung des Hungers und das Menschenrecht auf Nahrung, in: Blätter für deutsche und internationale Politik 50, 1473–1480.

Bert Brecht 1997, Ausgewählte Werke in sechs Bänden, Frankfurt/Main.

Gerhard Breitschuh/Hans Eckert 2008, Nachhaltige Landwirtschaft – Realität oder Vision für das 21. Jahrhundert, in: Hans-Jürgen Kaatsch/Hartmut Rosenau/Friedhelm Taube/Werner Theobald (Hg.) 2008, Ethik der Agrar- und Ernährungswissenschaften, Münster [u. a.] 61–83.

Peter Brown 1991, Die Keuschheit der Engel, München.

Joan Jacobs Brumberg 1986, Rezension zu Rudolf Bell, Holy Anorexia, in: Los Angeles Times 19.1.1986.

Barbara Buddeberg-Fischer 2003, Epidemiologie und Prävention von Störungen des Essverhaltens, in: Felix Escher/Claus Buddeberg (Hg.) 2003, Essen und Trinken zwischen Ernährung, Kult und Kultur, Zürich, 139–158.

Walter Burkert 1972, Homo Necans, Berlin/New York; Eleanor Carlson/Michael Kipps/Andrew Lockie/James Thompson 1985, A comparative evaluation of vegan, vegetarian and omnivora diets, in: Journal of plant foods. Studies in human nutrition, food science and related disciplines 6, 89–100.

Charles Burnett 1991, The superiority of taste, in: Journal of the Warburg and Courtauld Institutes 54, 230–238.

Carola Busemann 1999, Ernährungssicherung durch ökologischen Landbau?, in: Ökologie und Landbau 27/110, 28–31.

Albert Camus 2004[6], Der Mythos des Sisyphos, Reinbek bei Hamburg.

Johannes Caspar/Jörg Luy (Hg.) 2010, Tierschutz bei der religiösen Schlachtung/Animal Welfare ar Religious Slaughter, Baden-Baden.

Tu-Tzu Chang/Bernardo M. Colombo/Marcelo Sánchez Sorondo (Hg.) 2000, Food needs of the developing world in the early twenty-first century. Study-Week of the Pontifical Academy of Sciences, Vatikan.

Bruce Chilton 2003, Jesus, Leviticus purity, and the development of primitive Christianity, in: Rolf Rendtorff/Robert A. Kugler (Hg.), The book of Leviticus. Composition and reception, Leiden/Boston, 358–382.

Beverley Clack/John Dixon/Colin Tredoux 2005, Eating Together Apart. Patterns of Segregation in a Multi-ethnic Cafeteria, in: Journal of Community & Applied Social Psychology 15, 1–16.

Giacomo Coccolini 2001, Ospitalità, in: Rivista di Teologia morale 33, 435–447.

Christian Coff 2006, The taste for ethics. An ethic of food consumption. Dordrecht.

Francis Leo Collins 2008, Of »kimchi« and coffee: globalisation, transnationalism and familiarity in culinary consumption, in: Social & Cultural Geography 9, 151–169.

Gordon Conway 1997, The Doubly Green Revolution, London; Xinshen Diao/Peter Hazell/Danielle Resnick/James Thurlow 2007, The Role of Agriculture in Development. Implications for Sub-Saharan Africa, Washington DC.

Ian Cook 2008, Geographies of food: mixing, in: Progress in Human Geography 32, 821–833.

Charles K. Cooper/Thomas Wise/Lee Mann 1985, Psychological and cognitive characteristics of vegetarians, in: Psychosomatics 26, 521–527.

Frank Crüsemann 1992, Die Tora. Theologie und Sozialgeschichte des alttestamentlichen Gesetzes, München.

Goran Dabić 2005, La condivisione di tavola di Gesù con i peccatori e nel cenacolo e la grazia eucaristica quale stimolo all'umanizzazione del mondo negli scritti di Edward Schillebeeckx, Roma.

Silvia Daini/Carla Panetta 2010, Anorexia and Patients, in: Antonio Mancini/Silvia Daini/Louis Caruana (Hg.), Anorexia Nervosa: A Multi-Disciplinary Approach: From Biology to Philosophy, New York, 117–136.

Antonio Damasio 1997, Descartes' Irrtum. Fühlen, Denken und das menschliche Gehirn, München.

Sabine Daude 2001, Food security strategies of developing countries in the WTO negotiations. A model-based approach, in: Quarterly journal of international agriculture 40, 325–342.

Moira Dean/Monique M. Raats/Richard Shepherd 2008, Moral Concerns and Consumer Choice of Fresh and Processed Organic Foods, in: Journal of Applied Social Psychology 38, 2088–2107.

Ignazio De Francesco/Carla Noce/Maria Benedetta Artioli 2011, Il digiuno nella Chiesa antica: testi siriaci, latini e greci, Cinisello Balsamo (MI).

Georg Dersch/Karin Böhm 1997, Anteil der Landwirtschaft an der Emission klimarelevanter Spurengase in Österreich, in: Die Bodenkultur – Journal for Land Management, Food and Environment 48, 115–129;

Placide Deseille 1974, Jeûne, in: Dictionnaire de Spiritualité 8, 1164–1175.

Adriana Destro/Mauro Pesce 2008, L'uomo Gesù. Giorni, lughi, incontri di una vita, Milano.

Urs Dierauer 2001, Vegetarismus und Tierschonung in der griechisch-römischen Antike (mit einem Ausblick aufs Alte Testament und frühe Christentum), in: Manuela Linnemann/Claudia Schorcht (Hg.) 2001, 9–72.

Thomas Dietz/Ann Stirling Frisch/Linda Kalof/Paul Stern/Gregory Guagnano 1995,Values and Vegetarianism. An Exploratory Analysis, in: Rural Sociology 60, 533–542.

John F. Donahue 1998, Rezension zu Veronika E. Grimm 1996, in: The American Journal of Philology 119, 655–657.

Mary Douglas 1966, Purity and Danger. An Analysis of Concepts of Pollution and Taboo, New York (dt. 1985, Reinheit und Gefährdung. Eine Studie zu Vorstellungen von Verunreinigung und Tabu, Berlin).

Mary Douglas 1988, Reinheit und Gefährdung. Eine Studie zu Verunreinigung und Tabu, Frankfurt/Main.

Mary Douglas 1999, Leviticus as Literature, Oxford.

Mary Douglas 2002, The Compassionate God of Leviticus and his Animal Creation, in: Martin O'Kane (Hg.), Borders, Boundaries and the Bible, 61–73.

Jean Drèze/Amartya Sen 1998, Hunger and public action, Oxford; Foodwatch (Hg.) 2011, Die Hungermacher. Wie Deutsche Bank, Goldman Sachs & Co. auf Kosten der Ärmsten mit Lebensmitteln spekulieren, Berlin.

Kathleen M. Dugan 1995, Fasting for Life: The Place of Fasting in the Christian Tradition, in: Journal of the American Academy of Religion 63, 539–548.

Klaus Dürrschmid/Eva Unterberger/Sabine Bisovsky 2008, Untersuchung zu den gustatorischen und olfaktorischen Wahrnehmungsfähigkeiten von 10- bis 13-jährigen Schulkindern in Österreich, Wien, in: www.ama-marketing.at/uploads/media/Studienbericht.pdf (Stand: 1.12.2013).

Marc Edelman 2003, Transnational peasant and farmer movements and networks, in: Mary Kaldor/Helmut Anheier/Marlies Glasius (Hg.), Global Civil Society Yearbook 2003, London, 185–220.

Klaus Eder 1988, Die Vergesellschaftung der Natur. Studien zur sozialen Evolution der praktischen Vernunft, Frankfurt/Main.

Paul R. Ehrlich/Anne H. Ehrlich/Gretchen C. Daily 1993, Food Security, Population, and Environment, in: Population and development review 19, 1–32.

Norbert Elias 1992[17], Über den Prozeß der Zivilisation, Soziogenetische und psychogenetische Untersuchungen, 2 Bde., Frankfurt/Main [Erstauflage 1939].

Erick Fernandes/Alice Pell/Norman Uphoff 2002, Rethinking Agriculture for New Opportunities, in: Norman Uphoff (Hg.), Agroecological innovations. Increasing food production with participatory development, London, 21–39.

Ludwig Feuerbach 1971, Die Naturwissenschaft und die Revolution, in: Gesammelte Werke Bd. 10, Berlin.

Claude Fischler 1992, L'Homnivore, Paris; Solomon H. Katz 1974, Anthropologie sociale/culturelle et biologique, in: Edgar Morin/Massimo Piattelli-Palamarini (Hg.), Pour une anthropologie fondamentale Bd. 3, Paris, 49–86.

Michel Foucault 1995, History of Sexuality, Bd. 2, The Use of Pleasure, New York/Toronto.

David M. Freidenreich 2011, Foreigners and their food. Constructing otherness in Jewish, Christian, and Islamic law, Berkeley CA/Los Angeles/London.

Susanne Fritsch 2008, Das Refektorium im Jahreskreis. Norm und Praxis des Essens in Klöstern des 14. Jahrhunderts, Wien/München.

Johannes Gartner 2004, »Alle Gäste sollen aufgenommen werden wie Christus«. Gedanken zur benediktinischen Gastfreundschaft, in: Theologisch-praktische Quartalschrift 152, 158–169.

Marlis Gielen et al. 2001, Werke der Barmherzigkeit, in: Lexikon für Theologie und Kirche 10, 1098–1100.

Gisela Gniech 2002, Essen und Psyche. Über Gesundheit, Hunger und Sattheit und Kultur, Berlin.

Joachim Gnilka 1978, Das Evangelium nach Markus (EKK 2) I., Zürich u. a., 55–60.

Jacques T. Godbout 1997, Recevoir, c'est donner, in: Communications. École des hautes études en sciences sociales 65, 35–48.

Christophe Golay 2006, The International Covenant on Economic, Social and Cultural Rights Beforre National Jurisdictions, in: Marco Borghi/Letizia Postiglione Blommestein (Hg.) 2006, 117–149.

Franz-Theo Gottwald/Hans Werner Ingensiep/Marc Meinhardt 2010, Food ethics, New York/London.

Manfred Götz 1989, Schächten von Opfer- und Nutztieren nach islamischem Ritus zur Vorlage bei den zuständigen Bundes- und Länderministerien, in: www.vikz.de/index.php/Archiv-Pressemitteilungen-VIKZ.html (Stand: 1. 2. 2014).

Kenneth Grassmann 2007, Editorial Response, in: Renewable Agriculture and Food Systems 22, 83–84.

Erich Gräßer 1990, Das Seufzen der Kreatur (Röm 8,19–22), in: Jahrbuch für biblische Theologie 5, 93–117.

Susan Grieshaber 1997, Mealtime rituals, power and resistance in the construction of mealtime rules, in: The british journal of sociology 48, 649–666.

Veronika E. Grimm 1996, From Feasting to Fasting. The Evolution of a Sin. Attitudes to Food in Late Antiquity, London/New York.

Albert Groiss 1999, Spätmittelalterliche Lebensformen der Benediktiner von der Melker Observanz vor dem Hintergrund ihrer Bräuche. Ein darstellender Kommentar zum Caeremoniale Mellicense des Jahres 1460, Münster.

Gerhard de Haan 1994, Kann denn Zucker Sünde sein? Die Spur des Süßen in der Geschichte, in: Alexander Schuller/Jutta Anna Kleber, Verschlemmte Welt. Essen und Trinken historisch-anthropologisch, Göttingen, 171–196.

Niels Halberg/Hugo F. Alrøe/Marie Trydeman Knudsen/Erik Stehen Kristensen (Hg.) 2005, Global Development of Organic Agriculture: Challenges and Prospects, Wallingford UK/Cambridge MA, in: http://f3.tiera.ru/1/genesis/655-659/656000/7664dea2a3677b1ac2128b173bd2 36d6 (Stand: 24.1.2014).

Garrett Hardin 1977, Lifeboat Ethics: The Case Against Helping the Poor, in: William Aiken/Hugh La Follette (Hg.) 1977, 11–21.

Walter Harrelson 1976, Famine in the Perspective of Biblical Judgements and Promises, in: George R. Lucas jr./Thomas W. Ogletree (Hg.), Lifeboat ethics: the moral dilemmas of world hunger, New York, 84–99.

Jürgen Hartmann 2007, Das Staatsbankett, in: Stephan Loos/Holger Zaborowski (Hg.) 2007, »Essen und Trinken ist des Menschen Leben«. Zugänge zu einem Grundphänomen, Freiburg, 148–172.

Kirsten Havers 2008, Die Rolle der Luftfracht bei Lebensmitteltransporten. Aktuelle Entwicklungen in Deutschland und deren ökologische Folgen, Berlin.

Jan Havlicek/Pavlina Lenochova 2006, The Effect of Meat Consumption on Body Odor Attractiveness, in: Chemical Senses 31, 747–752.

Timo Heimerdinger 2009, Essen und Trinken in der Kirche? Ein kulturanthropologischer Selbstversuch, in: Praktische Theologie 44, 108–112.

Claudia Heinze/Ralf Bundschuh 2013, Vieh und Fleisch, in: Landesanstalt für Entwicklung der Landwirtschaft und der Ländlichen Räume (LEL)/Bayerische Landesanstalt für Landwirtschaft (LfL) 2013, Agrarmärkte 2013, Schwäbisch Gmünd/Weihenstephan, 158–168.

Sebastian Heselhaus 2009, Biokraftstoffe und das Recht auf Nahrung, in: Archiv des Völkerrechts 47, 93–133.

Konrad Hilpert 1998, Moraltheologie, in: Lexikon für Theologie und Kirche 7, 462–467.

Arjen Y. Hoekstra (Hg.) 2003, Virtual Water Trade. Proceedings of the International Expert Meeting on Virtual Water Trade, Delft, in: www.waterfootprint.org/Reports/Report12.pdf (Stand: 1.12.2013).

Martin Hofmeister 2011, Essgeschwindigkeit und Adipositas. Eine Metaanalyse, in: Ernährung im Fokus 11, 390–397.

Heike Hölling/Robert Schlack 2007, Essstörungen im Kindes- und Jugendalter. Erste Ergebnisse aus dem Kinder- und Jugendgesundheitssurvey (KiGGS), in: Bundesgesundheitsblatt – Gesundheitsforschung – Gesundheitsschutz 50, 794–799.

Amy Hollywood 1994, Suffering Transformed. Marguerite Porete, Meister Eckhart, and the Problem of Women's Spirituality, in: Bernard McGinn (Hg.), Meister Eckhart and the Beguine Mystics, New York, 87–113.

Jon Holtzman 2006, Food and Memory, in: Annual Review of Anthropology 35, 361–378.

Georg Holzherr 1980, Die Benediktsregel. Eine Anleitung zum christlichen Leben, Einsiedeln, 219–223.

Raymond F. Hopkins/Donald J. Puchala (Hg.) 1978, The global political economy of Food, Madison.

Elizabeth N. Hopton 2011, Anorexia Nervosa in Adolescent Girls: A Culture-Bound Disorder of Western Society? In: Social Cosmos 2, 175–183.

David Horrell 1995, The lord's supper at corinth and in the church today, in: Theology 98, 196–202.

Walter J. Houston 2003, Towards an Integrated Reading of the Dietary Laws of Leviticus, in: Rolf Rendtorff/Robert A. Kugler (Hg.), The book of Leviticus. Composition and reception, Leiden/Boston, 142–161.

Gerald Hüther et al. 1998, Essen, Serotonin und Psyche, in: Deutsches Ärzteblatt 95, A 477–479.

Bernhard Irrgang 1992, Christliche Umweltethik. Eine Einführung, München/Basel, 125–130.

Jennifer Jabs/Jeffery Sobal/Carol M. Devine 2000, Managing Vegetarianism: Identities, Norms and Interactions, in: Ecology of Food and Nutrition 39, 375–394.

Adrian V. Jaeggi/Michael Gurven 2013, Reciprocity explains food sharing in humans and other primates inde-pendent of kin selection and tolerated scrounging: a phylogenetic meta-analysis, in: Proceedings of the Royal Society Biological Sciences 280, http://rspb.royalsocietypublishing.org/content/280/1768/20131615.full.pdf+html (Stand: 15.1.2014).

Almut Jering/Anne Klatt/Jan Seven/Knut Ehlers/Jens Günther/Andreas Ostermeier/Lars Mönch 2013, Globale Landflächen und Biomasse nachhaltig und ressourcenschonend nutzen, Berlin.

Johannes Paul II. 2005, Schreiben an die Priester zum Gründonnerstag 2005, in: www.vatican.va/holy_father/john_paul_ii/letters/2005/documents/hf_jp-ii_let_20050313_priests-holy-thursday_ge.html (Stand: 24.1.2014).

Franz Johna 1988, Gastfreundschaft, in: Praktisches Lexikon des Spiritualität 429–435.

D. Gale Johnson 1978, World Food Institutions: A »Liberal« View, in: Raymond F. Hopkins/Donald J. Puchala (Hg.) 1978, 265–282.

Hans Jonas 1993, Rückschau und Vorschau am Ende des Jahrhunderts, Frankfurt/Main.

Manfred Josuttis 1980, Abendmahl und Kulturwissenschaften, in: Manfred Josuttis/Gerhard Marcel Martin (Hg.), Das heilige Essen. Kulturwissenschaftliche Beiträge zum Verständnis des Abendmahls, Stuttgart, 11–28.

L. Shannon Jung 2004, Food for life. The spirituality and ethics of eating, Minneapolis MN.

Niels Jungbluth 2000, Umweltfolgen des Nahrungsmittelkonsums – Beurteilung von Produkt-merkmalen auf Grundlage einer modularen Ökobilanz, Berlin.

Burkhard Jürgens 1999, Zweierlei Anfang. Kommunikative Konstruktionen heidenchristlicher Identität in Gal 2 und Apg 15, Berlin, 143–197.

Karin Jürgens 2008, Emotionale Bindung, ethischer Wertbezug oder objektiver Nutzen? Die Mensch-Nutztier-Beziehung im Spiegel landwirtschaftlicher (Alltags-) Praxis, in: Zeitschrift für Agrargeschichte und Agrarsoziologie 56, 41–56.

Hans-Jürgen Kaatsch/Hartmut Rosenau/Friedhelm Taube/Werner Theobald (Hg.), Ethik der Agrar- und Ernährungswissenschaften, Münster u. a.

Linda Kalof/Thomas Dietz/Paul C. Stern/Gregory A. Guagnano 1999, Social Psychological and Structural Influences on Vegetarian Beliefs, in: Rural Sociology 64, 500–512.

Solomon H. Katz 1979, Un exemple d'évolution bioculturelle: la fève, in: Communications 32, 53–69.

Jean-Claude Kaufmann 1999, Mit Leib und Seele. Theorie der Haushaltstätigkeit, Konstanz.

Stephanie Kaza 2005, Western Buddhist motivations for Vegetarianism, in: Worldviews. Environment, culture, religion 9, 385–411.

Ulrich Keller/Robin A. Chanda 2003, Einfluss der Ernährung auf die Gesundheit in der Schweiz, in: Felix Escher/Claus Buddeberg (Hg.) 2003, Essen und Trinken zwischen Ernährung, Kult und Kultur, Zürich, 111–120.

George Kent 2005, The Human Right to Adequate Food, Washington DC.

Hans Kessler 1990, Das Stöhnen der Natur. Plädoyer für eine Schöpfungsspiritualität und Schöpfungsethik, Düsseldorf, 52–67.

Jutta Anna Kleber 1994, Zucht und Ekstase. Maßregeln des klösterlichen Essens, in: Alexander Schuller/Jutta Anna Kleber (Hg.), Verschlemmte Welt. Essen und Trinken historisch-anthropologisch, Göttingen, 235–253.

Reinhard Kögerler (Hg.) 2012, Welternährung, Linz; Harald Lemke 2012, Politik des Essens. Wovon die Welt von morgen lebt. Bielefeld.

Axel Ayyub Köhler 1996, Schächten in Deutschland, in: CIBEDO 10, 145–146.

Alexander Kokkinos et al. 2010, Eating Slowly Increases the Postprandial Response of the Anorexigenic Gut Hormones, Peptide YY and Glucagon-Like Peptide-1, in: Journal of Clinical Endocrinology and Metabolism 95, 333–337.

Edeltraud Koller/Michael Rosenberger/Anita Schwantner (Hg.), Werke der Barmherzigkeit. Mittel zur Gewissensberuhigung oder Motor zur Strukturveränderung? Linz 2013, elektronische Publikation, in: www.wiege-linz.at/band5 (Stand: 24.1.2014).

Jürgen Krönig 1996, Tod im Topf? in: Die Zeit 29.3.1996, 9.

Seth D. Kunin 2004, We think what we eat. Neo-structuralist analysis of Israelite food rules and other cultural and textual practices, London/New York.

David Lambert 2003, Fasting as a penitential rite. A biblical phenomenon? In: Harvard theological review 96, 477–513.

Ilka Lauber/Ingrid Hoffmann 2001, Gütertransporte im Zusammenhang mit dem Lebensmittelkonsum in Deutschland, in: Zeitschrift für Ernährungsökologie 2, 108–113, 187–193, 244–252.

Edmund Leach 1972, Anthropologische Aspekte der Sprache: Tierkategorien und Schimpfwörter, in: Eric H. Lenneberg (Hg.), Neue Perspektiven in der Erforschung der Sprache, Frankfurt/Main, 32–73.

Harald Lemke 2012, Politik des Essens. Wovon die Welt von morgen lebt, Bielefeld.

Israel Meir Levinger 1996, Schechita im Lichte des Jahres 2000. Kritische Betrachtung der wissenschaftlichen Aspekte der Schlachtmethoden und des Schächtens, Bonn-Bad Godesberg.

Israel Meir Levinger 2001, Die jüdische Schlachtmethode, in: Richard Potz/Brigitte Schinkele/Wolfgang Wieshaider (Hg.), Schächten. Religionsfreiheit und Tierschutz, Freistadt/Egling, 1–15.

Claude Lévi-Strauss 1971, Das Rohe und das Gekochte, Frankfurt/Main (Mythologica Bd. 1).

Claude Lévi-Strauss 1973, Der Ursprung der Tischsitten, Frankfurt/Main (Mythologica Bd. 3).

Hermann Lichtenberger 2004, Die Mahlmetaphorik in der Johannesapokalypse, in: Christian Grappe (Hg.) 2004, Le Repas de Dieu – Das Mahl Gottes. 4. Symposium Strasbourg, Tübingen, Upsala (Strasbourg 11–15 septembre 2002), Tübingen, 227–252.

Hans Josef Limburg/Ambrosius Backhaus 2004, Das Brot in der Liturgie, in: Oliver Seifert (Hg.), Panis Angelorum – Das Brot der Engel. Kulturgeschichte der Hostie, Ostfildern, 128–147.

Hans-Joachim Lincke 2007, Doing Time. Die zeitliche Ästhetik von Essen, Trinken und Lebensstilen, Bielefeld.

Manuela Linnemann/Claudia Schorcht (Hg.) 2001, Vegetarismus. Zur Geschichte und Zukunft einer Lebensweise, Erlangen.

Stephan Lorenz 2012, Tafeln im flexiblen Überfluss. Ambivalenzen sozialen und ökologischen Engagements, Jena.

Yao-Chi Lu/Terry Kelly 1995, Implications of sustainable agriculture for the world food situation, in: Food reviews international 11, 255–280.

Sheri Lucas 2005, A Defense of the Feminist-Vegetarian Connection, in: Hypatia. A journal of feminist philosophy 20, 150–177.

Hubertus Lutterbach 1999, Der Fleischverzicht im Christentum, in: Saeculum 50, 177–209.

Hubertus Lutterbach 2001, »Hungernde speisen, Fremde beherbergen …« Tradition und Visionskraft christlicher Gastfreundschaft, in: Bernhard Nacke (Hg.), Visionen für Gesellschaft und Christentum, Würzburg, 129–161.

Fred Magdoff 2008, The World Food Crisis. Sources and Solutions, in: Monthly review 60, 1–15.

Tito Marci 2001, L'etica dell'ospitalitá nell'era della globalizzazione, in: Studi di Sociologia 39, 239–265.

Paul Marcus 2008, Victory through vegetables: self-mastery through a vegetarian way of life, in: The Psychoanalytic Review 95, 61–77.

Nicola di Mauro 1997, L'accoglienza e l'ospitalità medievale, in: Quaderni medievali 43, 221–229.

Marcel Mauss 1968, Die Gabe, Frankfurt/Main.

Bernard McGinn 1988, Rezension zu Caroline Walker Bynum, Holy Feast and Holy Fast, in: History of Religions 28, 90–92.

Philip McMichael 2008, Agrofuels, food security, and the metabolic rift, in: Kurswechsel 3/2008, 14–22.

George Herbert Mead 1968, Geist, Identität und Gesellschaft, Frankfurt/Main.

Kerstin Mechlem 2004, Food Security and the Right to Food in the Discourse of the United Nations, in: Francis Snyder (Hg.) 2004, 47–69.

Nan Mellinger 2003², Fleisch. Ursprung und Wandel einer Lust; eine kulturanthropologische Studie, Frankfurt/Main.

Ben Mepham (Hg.) 1996, Food Ethics, London.

Karl Wilhelm Merks 2003, »Gleiches Recht soll bei euch für den Fremden wie für den Einheimischen gelten« (Lev 24,22) Oder: Warum Gastfreundschaft nicht genügt, in: Brixener Theologisches Forum 113, Supplement 44–67.

Alfred Mertens 2007, »Iss freudig dein Brot und trink vergnügt deinen Wein« (Koh 9, 7). Biblisches zu einer Kulturgeschichte von Essen und Trinken, in: Stephan Loos/Holger Zaborowski (Hg.) 2007, »Essen und Trinken ist des Menschen Leben«. Zugänge zu einem Grundphänomen, Freiburg, 44–56.

John Mizzoni 2002, Against Rolston's Defense of Eating Animals. Reckoning with the Nutritional Factor in the Argument for Vegetarianism, in: International journal of applied philosophy 16, 125–131.

Maren Möhring 2012, Fremdes Essen, München.

Massimo Montanari 1994, La fame e l'abbondanza: storia dell'alimentazione in Europa, Roma/Bari.

Massimo Montanari 2012, Gusti del Medioevo: i prodotti, la cucina, la tavola, Roma/Bari.

Jacqueline Mowbray 2007, The Right to Food and the International Economic System. An Assessment of the Rights-Based Approach to the Problem of World Hunger, in: Leiden journal of international law 20, 545–569.

Manfred J. Müller/Sandra Plachta Danielzik/Dominique Lange 2008, Sozialer Status, Ernährung und Gesundheit – wie gehen wir damit um? In: Hans-Jürgen Kaatsch/Hartmut Rosenau/Friedhelm Taube/Werner Theobald (Hg.), Ethik der Agrar- und Ernährungswissenschaften, Münster [u. a.], 37–59.

Jan Narveson 1977, Morality and Starvation, in: William Aiken/Hugh La Follette (Hg.) 1977, 49–65.

Meta Niederkorn-Bruck 1994, Die Melker Reform im Spiegel der Visitationen, Wien/München, 75–79.

Franz Nikolasch 1994, Brot. II. Liturgisch, in: Lexikon für Theologie und Kirche 2, 704.

Hans J. Nissen 2003, Essen und Trinken im alten Vorderen Orient, in: Felix Escher/Claus Buddeberg (Hg.) 2003, Essen und Trinken zwischen Ernährung, Kult und Kultur, Zürich, 9–25.

Alfred North Whitehead 1994², Prozess und Realität, Frankfurt.

Alexander Nützenadel 2007, »A World without Famine?« Internationale Ernährungspolitik im Zeitalter der Weltkriege, in: Maren Möhring/Alexander Nützenadel (Hg.), Ernährung im Zeitalter der Globalisierung: Comparativ. Zeitschrift für Globalgeschichte und vergleichende Gesellschaftsforschung 17/3, 12–27.

Norbert Ortmayr 2012, Weltbevölkerung, Ernährung und Agrarproduktion 1850–2010, in: Reinhard Kögerler (Hg.) 2012, Welternährung, Linz, 35–86.

Rei Otsuka et al. 2006, Eating fast leads to obesity: findings based on self-administered questionnaires among middle-aged Japanese men and women, in: Journal of Epidemiology 16, 117–124.

Francisco Pan-Montojo/Oleg Anichtchik/Yanina Dening/Lilla Knels/Stefan Pursche/Roland Jung/Sandra Jackson/Gabriele Gille/Maria Grazia Spillantini/Heinz Reichmann/Richard H. W. Funk 2010, Progression of Parkinson's Disease Pathology Is Reproduced by Intragastric Administration of Rotenone in Mice, in: PLOS ONE 5/Issue 1, 1–10.

Genevieve Parent 2004, L'OMC, l'Accord sur l'agriculture et la sécurité alimentaire, in: Francis Snyder (Hg.) 2004, 23–46.

Christian Peters/Jennifer Wilkins/Gary Fick 2007, Testing a complete-diet model for estimating the land resource requirements of food consumption and agricultural carrying capacity: The New York State example, in: Renewable Agriculture and Food Systems 22, 145–153.

Maria Luisa di Pietro/Andrea Virdis/Dino Moltisanti 2010, Anorexia Nervosa: Ethical Issues, in: Antonio Mancini/Silvia Daini/Louis Caruana (Hg.), Anorexia Nervosa: A Multi-Disciplinary Approach: From Biology to Philosophy, New York, 163–173.

Thomas W. Pogge 2001, Priorities of Global Justice, in: Metaphilosophy 32, 6–24.

Paul Pojman 2011, Food ethics, Boston MA.

Julia Pönicke/Birgit Albacht/Bernd Leplow 2005, Kognitive Veränderungen beim Fasten, in: Zeitschrift für klinische Psychologie und Psychotherapie 34, 86–94.

Ingo Potrykus/Klaus Ammann (Hg.) 2010, Transgenic Plants for Food Security in the Context of Development. Proceedings of a Study Week of the Pontifical Academy of Sciences, in: New Biotechnology. Official Journal of the European Federation of Biotechnology 27/5, in: www.casinapioiv.va/content/dam/accademia/pdf/newbiotechnology.pdf (Stand: 24.1.2014).

Rod Preece 2008, Sins of the flesh. A history of ethical vegetarian thought, Vancouver.

Jules Pretty/Rachel Hine 2001, Reducing Food Poverty with Sustainable Agriculture: A Summary of New Evidence. Final Report from the »SAFE-World« (The Potential of Sustainable Agriculture to Feed the World) Research Project at the University of Essex, in: https://www.sx.ac.uk/ces/occasionalpapers/SAFE%20FINAL%20-%20Pages1-22.pdf (Stand: 20.9.2012).

Peter Pringle 2003, Hunger and the Biotec Wars, in: World policy journal, 20, 43–50.

Vivien Procher/Colin Vance 2013, Who Does the Shopping? German Time-use Evidence, 1996–2009, Wuppertal.

Michaela Puzicha 1980, Christus peregrinus. Die Fremdenaufnahme (Mt 25,35) als Werk der privaten Wohltätigkeit im Urteil der alten Kirche, Münster.

Michaela Puzicha (Hg.) 2002, Kommentar zur Benediktusregel, St. Ottilien.

Michaela Puzicha (Hg.) 2007, Quellen und Texte zur Benediktusregel, St. Ottilien.

Arouna P. Quédraogo 2000, De la secte religieuse à l'utopie philanthropique. Genèse sociale du végétarisme occidental, in: Annales HSS 55, 825–845.

Karl Rahner 1960, Zur Theologie des Symbols, in: Schriften zur Theologie Band 4, Einsiedeln, 275–311.

John Rawls 1999, The Law of Peoples, Cambridge MA.

Odile Redon/Françoise Sabban/Silvano Serventi 2008, A tavola nel Medioevo. Con 150 ricette dalla Francia e dall'Italia, Roma/Bari.

Tom Regan 1983[1]/2004[4], The Case for Animal Rights, Berkeley/Los Angeles.

Josef H. Reichholf 2009, Die Bedeutung der Tiere in der kulturellen Evolution des Menschen, in: Carola Otterstedt/Michael Rosenberger (Hg.), Gefährten, Konkurrenten, Verwandte. Die Mensch-Tier-Beziehung im wissenschaftlichen Diskurs, Göttingen, 11–25.

Hermann Reifenberg 2001, Wein. II. Liturgisch, in: Lexikon für Theologie und Kirche 10, 1028.

Guido Reinhardt/Sven Gärtner/Julia Münch/Sebastian Häfele 2009, Ökologische Optimierung regional erzeugter Lebensmittel: Energie- und Klimagasbilanzen, Heidelberg.

George Ritzer 2001, Explorations in the sociology of consumption. Fast food, credit cards and casinos, London/New Delhi.

Frédéric Rognon 2008, Le sens de la grève de la faim et du jeûne politique, in: Foi & Vie 107, 23–30.

Jutta Roosen 2008, Ethische Motive beim Kauf von Lebensmitteln, In: Hans-Jürgen Kaatsch/ Hartmut Rosenau/Friedhelm Taube/Werner Theobald (Hg.), Ethik der Agrar- und Ernährungswissenschaften, Münster [u. a.], 27–35.

Laura Rose et al. 2012, Effects of fertilization and cutting frequency on the water balance of a temperate grassland, in: Ecohydrology 5, 64–72.

Michael Rosenberger 1999, Fasten – Klärung durch Versuchung, in: Peter Fonk/Udo Zelinka (Hg.), Orientierung in pluraler Gesellschaft. Ethische Perspektiven an der Zeitenschwelle, Freiburg i. Ue./Freiburg i. B., 222–243.

Michael Rosenberger 2001[1]/2008[2], Im Zeichen des Lebensbaums. Ein theologisches Lexikon der christlichen Schöpfungsspiritualität, Würzburg.

Michael Rosenberger 2001a, Was dem Leben dient. Schöpfungsethische Weichenstellungen im konziliaren Prozess der Jahre 1987–89, Stuttgart.

Michael Rosenberger 2001b, Autonomie und Nachhaltigkeit. Eindrücke einer Expertenreise mit Misereor durch Nordargentinien und Paraguay, in: Orientierung 65, 124–127.

Michael Rosenberger 2004, »Nicht bis zum letzten Blutstropfen …«. Das Schlachten von Tieren in den monotheistischen Religionen, in: Andreas Lob-Hüdepohl (Hg.), Ethik im Konflikt der Überzeugungen, Freiburg i. B./Freiburg i. Ue., 154–164.

Michael Rosenberger 2005[1]/2008[2], Wege, die bewegen. Eine kleine Theologie der Wallfahrt, Würzburg, 100–109.

Michael Rosenberger 2009, Mensch und Tier in einem Boot. Eckpunkte einer modernen theologischen Tierethik, in: Carola Otterstedt/Michael Rosenberger (Hg.), Gefährten, Konkurrenten, Verwandte. Die Mensch-Tier-Beziehung im wissenschaftlichen Diskurs, Göttingen, 368–389.

Michael Rosenberger 2012a, Bei Tageslicht speisen (RB 41, 8–9). Essen und Trinken in der Regel Benedikts, in: Geist und Leben 85, 182–198.

Michael Rosenberger 2012b, Mit Noach in der Arche, mit Jesus im Paradies. Neuere Ansätze der theologischen Tierethik, in: Herwig Grimm/Carola Otterstedt (Hg.), Das Tier an sich? Disziplinen übergreifende Perspektiven für neue Wege im wissenschaftsbasierten Tierschutz, Göttingen, 14–36.

Michael Rosenberger 2014, Füttern und gefüttert werden. Tierethische Aspekte menschlicher Ernährung, in: Theologisch-praktische Quartalschrift 162, 158–165.

Gayle Rubin 1975, The Traffic in Women. Notes on the ›Political Economy‹ of Sex, in: Rayna Reiter (Hg.), Toward an Anthropology of Women, New York, 157–210.

Kenneth C. Russel 2005, Extended Fasting. A Critique, in: Theoforum 36, 33–45.

Gary Sacks/Mike Rayner/Boyd Swinburn 2009, Impact of front-of-pack ›traffic-light‹ nutrition labelling on consumer food purchases in the UK, in: Health Promotion International 24, 344–352.

Hans-Hinrich Sambraus 1998, Tierhaltung, in: Lexikon der Bioethik 3, 539–554.

Roman Sandgruber 2007, Brot und Fleisch. Eine kleine Kulturgeschichte des Essens, in: Theologisch-praktische Quartalschrift 155, 3–18.

Gertrude Sartory 1993, In der Arena der Askese. Fasten im frühen Christentum, in: Uwe Schultz, Speisen, Schlemmen, Fasten. Eine Kulturgeschichte des Essens, Frankfurt/Main/Leipzig, 71–82;

Peter J. Scaer 2008, The Lord's Supper as Symposium in the Gospel of Mark, in: Concordia Theological Quarterly 72, 119–133.

Adele Scarnera 1990, Il digiuno cristiano dalle origini al IV secolo: contributo per una rivalutazione teologica, Roma.

Christian Schader/Richard Petrasek/Thomas Lindenthal/Rainer Weisshaidinger/Werner Müller/Adrian Müller/Urs Niggli/Matthias Stolze 2013, Volkswirtschaftlicher Nutzen der Bio-Landwirtschaft für Österreich. Beitrag der biologischen Landwirtschaft zur Reduktion der externen Kosten der Landwirtschaft Österreichs, Frick CH, in: www.fibl.org/fileadmin/documents/de/news/2013/studie_volkswirtschaft_nutzen_131205.pdf (Stand: 29.1.2014).

Susanne Schäfer/Claudia Wüstenhagen 2012, Keine Angst vorm Pfifferling, in: Die Zeit 52/19.12.2012, 35.

Edward Schillebeeckx 1977, Christus und die Christen. Die Geschichte einer neuen Lebenspraxis, Freiburg i.B./Basel/Wien, 793–797.

Martin Schlatzer 2011², Tierproduktion und Klimawandel. Ein wissenschaftlicher Diskurs zum Einfluss der Ernährung auf Umwelt und Klima, Wien.

Eric Schlosser/Charles Wilson 2006, Chew on this. Everything you don't want to know about fast food, Boston.

Manuel Schneider 2001, Essen in der Non-Stop-Gesellschaft. Die prekäre Balance zwischen gelungenem und gehetztem Leben, in: Politische Ökologie 73/74, 16–19.

Ted C. Schroeder/Andrew Barkley/Kathi Schroeder 1995, Income Growth and International Meat Consumption, in: Journal of international food and agribusiness marketing 7/3, 15–30.

Ernst Schubert 2006, Essen und Trinken im Mittelalter, Darmstadt.

Alexander Schuller/Jutta Anna Kleber (Hg.) 1994, Verschlemmte Welt, Göttingen.

Johannes Schümmer 1933, Die altchristliche Fastenpraxis mit besonderer Berücksichtigung der Schriften Tertullians, Münster.

Curt Schweicher 1968, Barmherzigkeit, Werke der, in: Lexikon der christlichen Ikonographie 1, 245–251.

Stefan Selke 2009, Die neue Armenspeisung. Der Boom der Tafel-Bewegung, in: Blätter für deutsche und internationale Politik 54, 95–100.

Brigitte Sellach 1996, Wie kommt das Essen auf den Tisch? Die Frankfurter Verköstigungsstudie, Hohengehren, in: www.gsfev.de/pdf/WiekommtdasEssenaufdenTisch.pdf (Stand: 13.12.2013);

Monika Setzwein 1997, Zur Soziologie des Essens. Tabu. Verbot. Vermeidung, Opladen.

Monika Setzwein 2004, Erfahrung – Körper – Geschlecht. Zur sozialen Konstruktion von Geschlecht im kulinarischen Kontext, Wiesbaden.

Wolfram Siebeck 1996, Bambikiller oder Genießer? In: Die Zeit 22/24.5.1996.

Georg Simmel 1910, Soziologie der Mahlzeit, in: Der Zeitgeist, Beiblatt zum Berliner Tageblatt Nr. 41 vom 10.10.1910 (= Festnummer zum hundertjährigen Jubiläum der Berliner Universität), Berlin, 1–2.

Frederick J. Simoons 1967, Eat Not This Flesh. Food Avoidances in the Old World, Madison WI.

Peter Singer 1977, Famine, Affluence, and Morality, in: William Aiken/Hugh La Follette (Hg.) 1977, 22–36.

Peter Singer 1982, Befreiung der Tiere. Eine neue Ethik der Tiere, München.

Peter Singer 2005, Eating ethically, in: Free inquiry. The international secular humanist magazine 25/4, 18–19.

Peter Singer 2009, The life you can save. Acting now to end world poverty, London.

Vaclav Smil 2002, Worldwide transformation of diets, burdens of meat production and opportunities for novel food proteins, in: Enzyme and Microbial technology 30, 305–311.

Peter-Ben Smit 2008, Fellowship and food in the Kingdom. Eschatological meals and scenes of utopian abundance in the New Testament, Tübingen.

Francis Snyder (Hg.) 2004, International food security and global legal pluralism = Sécurité alimentaire international et pluralisme juridique mondial, Bruxelles.

Joachim Spangenberg 1996, Gentechnik. Wunderwaffe gegen Welthunger? in: Ökologie & Landbau 98, 14–17.

Joachim Spangenberg 2003, Versprechen machen nicht satt. Gentechnik und Welternährung, in: Politische Ökologie 81–82, 109–113.

Hasso Spode 1994, Von der Hand zur Gabel, in: Alexander Schuller/Jutta Anna Kleber, Verschlemmte Welt. Essen und Trinken historisch-anthropologisch, Göttingen, 20–46.

Ekkehard W. Stegemann 1990, Das Abendmahl im Kontext antiker Mahlzeiten, in: Zeitschrift für Mission 16, 133–139.

Bruno Steimer/Horst Bürkle et al. 2009, Symbol, in: Lexikon für Theologie und Kirche 9, 1154–1161.

Ruth H. Striegel-Moore/Cynthia M. Bulik 2007, Risk Factors for Eating Disorders, in: American Psychologist 62, 181–198.

David Sutton 2008, A Tale of Easter Ovens: Food and Collective Memory, in: Social Research 75, 157–180.

Stefan Tangermann 2008, Biofuels and food security, in: Rural 21/2, 30–32.

Stefan Tangermann 2012, Welternährung: Handel und Verteilung, in: Reinhard Kögerler (Hg.) 2012, Welternährung, Linz, 87–120.

Jakob Tanner 1996, Der Mensch ist, was er isst. Ernährungsmythen und Wandel der Esskultur, in: Historische Anthropologie. Kultur, Gesellschaft, Alltag 4, 399–419.

Jakob Tanner 2003, Modern Times: Industrialisierung und Ernährung in Europa und den USA im 19. und 20. Jahrhundert, in: Felix Escher/Claus Buddeberg (Hg.) 2003, Essen und Trinken zwischen Ernährung, Kult und Kultur, Zürich, 27–52.

Andrew Tardiff 1996, Simplifying the Case for Vegetarianism, in: social theory and practice. An international and interdisciplinary journal of social philosophy 22, 299–314.

Ines Testoni/Adriano Zamperini/Marisa Cemin 2008, Anorexia: the female identity from holy mysticism to the new social feminine mystique, in: World Cultural Psychiatry Research Review 106–123.

Hans-Jürgen Teuteberg 1994, Zur Sozialgeschichte des Vegetarismus, in: Vierteljahrsschrift für Sozial- und Wirtschaftsgeschichte 81, 33–65.

Hans-Jürgen Teuteberg 1997, Homo edens. Reflexionen zu einer neuen Kulturgeschichte des Essens, in: Historische Zeitschrift 265, 1–28.

Gotthard M. Teutsch 1987, Mensch und Tier. Lexikon der Tierschutzethik, Göttingen.

Gerd Theißen 1982, Social integration and Sacramental Activity. An Analysis of 1 Cor 11, 17–34, in: Ders., The Social Setting of Pauline Christianity, Edinburgh, 153–159.

Gerd Theißen 2000, Die Religion der ersten Christen. Eine Theorie des Urchristentums, Gütersloh.

Lori Ann Thrupp 2000, Linking agricultural biodiversity and food security. The valuable role of agrobiodiversity for sustainable agriculture, in: International affairs 76, 265–281.

Norman Uphoff (Hg.) 2002, Agroecological innovations. Increasing food production with participatory development, London.

Dagmar Vinz 2008, Enträumlichung und Entzeitlichung der Ernährung als Herausforderung an eine nachhaltige Entwicklung, in: Kurswechsel 3, 39–49.

Giulio Viviani 2011, »Perché digiunare, se tu non lo vedi?« (Is 58,3): la pratica del digiuno e dell'astinenza oggi nella Chiesa, Città del Vaticano.

Herbert Vorgrimler 2000[3], Symbol, in: ders., Neues Theologisches Wörterbuch, Freiburg, 601–602.

Elisabeth S. Vrba 1993, The Pulse That Produced Us, in: Natural History 5/1993, 47–51 http://web.mesacc.edu/dept/d10/asb/origins/pulse.html (Stand 9.3.2013).

Max Währen 2004, Zur Geschichte der Hostienbäckerei, in: Oliver Seifert (Hg.), Panis Angelorum – Das Brot der Engel. Kulturgeschichte der Hostie, Ostfildern, 11–21.

Caroline Walker Bynum 2001, Sacro convivio, sacro digiuno: il significato religioso del cibo per le donne del Medioevo, Milano (orig. engl. 1987, Holy Feast and Holy Fast).

Sally-Ann Way 2006, Understanding the Right to Food as a »Negative« Right, in: Marco Borghi/Letizia Postiglione Blommestein (Hg.) 2006, 45–56.

Manfred Wienand/Heinz Müller-Dietz/Wilhelm Korff 1998, Gewalt, in: Lexikon der Bioethik 2, 145–151.

Barbara E. Willard 2002, The American Story of Meat. Discursive Influences on Cultural Eating Practice, in: the journal of popular culture. Comparative studies in the world's civilizations 36, 105–118.

Literaturverzeichnis

Helga Willer/Julia Lernoud (Hg.) 2014, The World of Organic Agriculture. Statistics and Emerging Trends 2014. Forschungsinstitut für biologischen Landbau (FiBL), Frick und International Federation of Organic Agriculture Movements (IFOAM), Bonn.

Bill Winders 2004, Consuming the Surplus. Expanding »Meat« Consumption and Animal Oppression, in: inter-national journal of sociology and social policy 24/9, 76–95.

Michael Windfuhr/Jennie Jonson 2005, Food Sovereignty. Towards Democracy in Localised Food Systems, Warwickshire.

Hans Ulrich Wittchen/Christopher B. Nelson/Gabriele Lachner 1998, Prevalence of mental disorders and psychosocial impairments in adolescents and young adults, Psychological Medicine 28, 109–126.

Roman M. Wittig/Catherine Crockford/Tobias Deschner/Kevin E. Langergraber/Toni E. Ziegler/Klaus Zuberbühler 2014, Food sharing is linked to urinary oxytocin levels and bonding in related and unrelated wild chimpanzees, in: Proceedings of the Royal Society Biological Sciences 281, http://rspb.royalsocietypublishing.org/content/281/1778/20133096.full.pdf+html (Stand: 15.1.2014).

Friedrich Wulf 1988, Sind wir »nur Gast auf Erden«?, in: Ders., Gott begegnen in der Welt. Erfahrungen des Glaubens, Würzburg, 49–55.

Holger Zaborowski 2007, Essen, Trinken und das gute Leben. Überlegungen aus philosophischer Sicht, in: Stephan Loos/Holger Zaborowski (Hg.) 2007, »Essen und Trinken ist des Menschen Leben«. Zugänge zu einem Grundphänomen, Freiburg, 14–43.

Erich Zenger 1989, »Du liebst alles, was ist« (Weish 11,24). Biblische Perspektiven für einen erneuerten Umgang mit der Schöpfung, in: Bibel und Kirche 44, 138–147.

Hub Zwart 2000, A Short History of Food Ethics, in: Journal of Agricultural and Environmental Ethics 12, 113–126.

Bundesministerium für Ernährung, Landwirtschaft und Verbraucherschutz 2008, Nationale Verzehrsstudie II, Ergebnisbericht Teil II, Berlin, in: www.mri.bund.de/NationaleVerzehrsstudie (Stand: 26.10.2013).

Bundesministerium für Ernährung, Landwirtschaft und Verbraucherschutz 2008a, Nationale Verzehrsstudie II, Ergebnisbericht Teil I, www.was-esse-ich.de (Stand: 24.6.2013).

Bundesministerium für Ernährung, Landwirtschaft und Verbraucherschutz 2008b, Nationale Verzehrsstudie II, Ergebnisbericht Teil II, Berlin, in: www.mri.bund.de/NationaleVerzehrsstudie (Stand: 26.10.2013).

Conferenza Episcopale Italiana 1994, Nota pastorale Il senso cristiano del digiuno e dell'astinenza, in: http://profezie3m.altervista.org/archivio/Nota_CEI_Digiuno.htm (Stand: 11.11.2013).

Deutscher Tierschutzbund 2010, Position zum betäubungslosen Schlachten oder Schächten, in: www.tierschutzbund.de/fileadmin/user_upload/Downloads/Positionspapiere/Landwirtschaft/Schaechten.pdf (Stand: 1.2.2014).

Food and Agriculture Organization (FAO) 2010, State of Food and Agriculture: Livestock in the Balance, in: www.fao.org/docrep/012/i0680e/i0680e.pdf (1.2.2013).

Food and Agriculture Organization (FAO) Fisheries and Aquaculture Department 2012, The State of World Fisheries and Aquaculture, Rom.

Food and Agriculture Organization (FAO) 2013, FAO Statistical Yearbook 2013. World food and agriculture, in: www.fao.org/docrep/018/i3107e/i3107e00.htm (Stand: 1.2.2014).

Friedrich-Schiller-Universität Jena 2007, Ergebnisse der Vegetarierstudie, in: www.vegetarierstudie.uni-jena.de/ (Stand: 11.2.2014).

Health Behaviour in School-aged Children (HBSC). Die internationale Kinder- und Jugendgesundheitsstudie in Zusammenarbeit mit der Weltgesundheitsorganisation 2009/10, in: http://hbsc-germany.de/wp-content/uploads/2012/02/Faktenblatt_Körperbild-und-Diätverhalten_final.pdf (Stand: 1.12.2013).

Heinrich-Böll-Stiftung/BUND/Le Monde Diplomatque 2013, Fleischatlas 2013. Daten und Fakten über Tiere als Nahrungsmittel, Berlin.

Heinrich-Böll-Stiftung/BUND/Le Monde Diplomatque 2014, Fleischatlas 2014. Daten und Fakten über Tiere als Nahrungsmittel, Berlin.

International Assessment of Agricultural Knowledge, Science and Technology for Development (IAASTD) 2010, Weltagrarbericht Synthesebericht, Hamburg, in: www.weltagrarbericht.de/fileadmin/files/weltagrarbericht/IAASTDBerichte/IAASTDSyntheseDeutsch.pdf (Stand 24.1.2014).

Kongregation für den Gottesdienst und die Sakramentenordnung 2002[3], Missale Romanum. Institutio Generalis, in: www.liturgie.de/liturgie/index.php?bereich=publikationen&datei=pub/oP/dok/InstGenMissRomani2002 (Stand: 1.12.2013).

Kongregation für den Gottesdienst und die Sakramentenordnung 2004, Instruktion Redemptionis sacramentum über einige Dinge bezüglich der heiligsten Eucharistie, die einzuhalten und zu vermeiden sind, in: www.vatican.va/roman_curia/congregations/ccdds/documents/rc_con_ccdds_doc_20040423_redemptionis-sacramentum_ge.html#_ftn123 (Stand: 1.12.2013).

Nestlé Deutschland AG 2009, So is(s)t Deutschland – Ein Spiegel der Gesellschaft, Stuttgart.

Oxfam Deutschland (Hg.) 2012, Mit Essen spielt man nicht! Die deutsche Finanzbranche und das Geschäft mit dem Hunger, Berlin.

Päpstlicher Rat »Cor Unum« 1996, Der Hunger in der Welt. Eine Herausforderung für alle: solidarische Entwicklung, Bonn.

Pontifical Academy of Sciences 2010 (Hg.), Transgenic Plants for Food Security in the Context of Development – Statement of the participants of the Study Week at the Pontifical Academy of Sciences, in: www.casinapioiv.va/content/dam/accademia/pdf/multilanguagestatement.pdf (Stand: 24.1.2014).

Pontificia Academia Scientiarum (Hg.) 2004, Study-Document on the Use of ›Genetically Modified Food Plants‹ to Combat Hunger in the World, Vatikan, in: www.casinapioiv.va/content/dam/accademia/pdf/es23.pdf (Stand: 24.1.2014).

Sachverständigenrat für Umweltfragen 2012, Umweltgutachten 2012. Verantwortung in einer begrenzten Welt, Berlin.

Statistisches Bundesamt 2006, Zeitbudgets – Tabellenband I. Zeitbudgeterhebung: Aktivitäten in Stunden und Minuten nach Geschlecht, Alter und Haushaltstyp 2001/02, Wiesbaden.

Statistisches Bundesamt 2013, Statistisches Jahrbuch 2013, Wiesbaden.

Umweltbundesamt Deutschland 2013, Globale Landflächen und Biomasse nachhaltig und ressourcenschonend nutzen, Dessau-Roßlau, in: www.umweltbundesamt.de/publikationen/ globale-landflaechen-biomasse (Stand: 27.1.2014).

United Nations Conference on Trade and Development (UNCTAD) 2013, Trade and Environment Review 2013. Wake up before it is too late, Genf, 251–320, in: http://unctad.org/en/PublicationsLibrary/ditcted2012d3_en.pdf (Stand: 24.1.2014).

United Nations Educational, Scientific and Cultural Organization (UNESCO) 2012, Managing Water under Uncertainty and Risk. The United Nations World Water Development Report 4 Volume 1, Paris.

U.S. Department of Agriculture/U.S. Department of Health and Human Services 2010, Dietary Guidelines for Americans 2010, Washington, in: www.health.gov/dietaryguidelines/dga2010/ dietaryguidelines2010.pdf (Stand: 1.12.2013).

Welthungerhilfe/Concern worldwide/International Food Policy Research Institute (IFPRI) 2013, Welthunger-Index 2013: Widerstandsfähigkeit der Menschen stärken, Bonn/Washington DC/ Dublin, in: www.welthungerhilfe.de/ueber-uns/mediathek/whh-artikel/welthunger-index-2013. html (Stand: 1.2.2014).

Wissenschaftliche Arbeitsgruppe für weltkirchliche Aufgaben der Deutschen Bischofskonferenz 2012, Den Hunger bekämpfen. Unsere gemeinsame Verantwortung für das Menschenrecht auf Nahrung, Bonn.

Wissenschaftlicher Beirat der Bundesregierung Globale Umweltveränderungen (WBGU) 2011, Welt im Wandel – Gesellschaftsvertrag für eine Große Transformation, Berlin.

World Wildlife Fund 2012, Living Planet Report 2012. Biodiversity, biocapacity and better choices, Gland CH.

Register

Bibelstellen

Neh 5,11: 400
Neh 10,38: 400
Neh 10,40: 400
Neh 13,5.12: 400
Num 11,4: 344
Num 11,8: 398
Num 11,19–20: 345
Num 11,34: 345
Num 13,1–33: 400
Num 13,27: 399
Num 14,8: 399
Num 16,11: 399
Num 16,13f: 399
Num 18,17: 314
Num 25,1–3: 196

Offb 1,10: 168
Offb 2,7: 407
Offb 2,17: 407
Offb 3,20: 407
Offb 6,5–6: 269
Offb 7,15–17: 407
Offb 18,13: 400
Offb 19,9: 408
Offb 21–22: 283
Offb 21,6: 407
Offb 22,17: 407

Phil 2,5–11: 410
Phil 3,10: 111
Phil 3,19: 69

Ps 41,10: 222
Ps 104,14f: 86
Ps 104,27–29: 65

Ri 19,1–30: 214
Röm 8,18–30: 352
Röm 14,1–23: 224
Röm 14,14: 316

Sach 7,9: 151
Sach 8,16: 151
Sach 8,19: 151
Spr 30,9: 286

Tob 1,10–13: 196

1 Chr 9,29: 400
1 Chr 12,41: 400
1 Kor 4,7: 54
1 Kor 5,9–13: 225
1 Kor 6,19: 108
1 Kor 7,25: 341
1 Kor 8,1–13: 224
1 Kor 8,1–13; 10,14–32: 224
1 Kor 11,20: 168
1 Kor 11,24: 224
1 Kor 15: 286
1 Tim 4,1–5: 71
1 Tim 4,4–5: 75
2 Chr 2,9.14: 400
2 Kön 4,42–44: 2843

Schlagwörter

Nachhaltigkeit von

A-Z →

A wie aktuelle Erkenntnisse

Die Nachhaltigkeitsforschung berücksichtigt aktuelle Erkenntnisse der Psychologie bisher viel zu wenig. Gerade Untersuchungen zur Nachhaltigkeit von Lebensstilen können von diesen profitieren. Denn psychische Ressourcen wie Genussfähigkeit, Selbstakzeptanz, Selbstwirksamkeit, Achtsamkeit, Sinnkonstruktion und Solidarität sind hier von zentraler Bedeutung – vor allem in der Praxis von Gesundheitsförderung, Schulen und Hochschulen oder in Unternehmen und Non-Profit-Organisationen.

M. Hunecke
Psychologie der Nachhaltigkeit
Psychische Ressourcen für Postwachstumsgesellschaften
124 Seiten, broschiert, 19,95 Euro, ISBN 978-3-86581-452-4

E wie Erfolgsgeschichten

Wir sollten unsere Zeit- und Arbeitsorganisation ändern, um so zu leben und zu wirtschaften, dass sich unsere Ressourcennutzung verringert – am besten bei gleichbleibend hohem Wohlbefinden aber weniger sozialer Ungleichheit. Eine schöne, aber völlig unrealistische Utopie? Keineswegs, wie dieser leicht verständliche und doch fachlich fundierte Einstieg in die anregende Debatte um nachhaltiges Wirtschaften und innovative Zeitkonzepte zeigt.
Mit Beiträgen von Niko Paech, Hartmut Rosa, Friederike Habermann, Frigga Haug, Felix Wittmann, Lena Kirschenmann.

Konzeptwerk Neue Ökonomie e.V. (Hrsg.)
Zeitwohlstand
Wie wir anders arbeiten, nachhaltig wirtschaften und besser leben
112 Seiten, Softcover, 16,95 Euro, ISBN 978-3-86581-476-0

/|||| oekom

Bestellen Sie versandkostenfrei innerhalb Deutschlands unter www.oekom.de, oekom@verlegerdienst.de